HOJA DE RUTA

Cultura y civilización de Latinoamérica

SEXTA EDICIÓN

Revisada abril 2013

DRA. PRISCILLA GAC-ARTIGAS

Academic Press ENE

Hoja de ruta
Copyright © Priscilla Gac-Artigas – 2006 – 2007 – 2008 – 2010 – 2012
Academic Press ENE

Ediciones Nuevo Espacio – Academic Press ENE
http://editorial-ene.com/
New Jersey, 07704, USA
AcademicPressENE@aol.com
Editor: Gustavo Gac-Artigas
Fotos tango, Isla Negra: Melina Gac-Artigas
Otras fotos, mapas y grabados han sido autorizados por gentileza del autor o son de dominio público de acuerdo a las leyes de Estados Unidos, sea por el tiempo transcurrido, por el tipo de organismo emisor o por estar liberados por el autor.
Primera edición, limitada, marzo del 2006
Segunda edición, junio del 2006
Tercera edición, marzo del 2007
Cuarta edición, julio 2008
Quinta edición, julio 2010
Sexta edición, diciembre 2012 / **revisada, abril del 2013**
ISBN: 1-930879-60-1 / 978-1-930879-60-7
Direct Orders:
By e-mail to: AcademicPressENE@aol.com
By fax to: Academic Press ENE (1) 732- 483 7194

PARTE II: NUESTRO PRESENTE

CAPÍTULO I
Nuevo mapa político: dos décadas que transformaron Latinoamérica

PARTE III: ASPECTOS DE NUESTRA CULTURA Y CIVILIZACIÓN

CAPÍTULO IV

CAPÍTULO V

PARTE I

NUESTRO PASADO HISTÓRICO

Hoja de ruta: lo que veremos en este capítulo

CAPÍTULO I

Las primeras civilizaciones en la América precolombina

I.1. Los orígenes

I.2. Civilizaciones existentes a la llegada de los españoles

    A. Culturas de Mesoamérica
        1. Los mayas
        2. Los aztecas

    B. Culturas andinas
        1. Los incas
        2. Los mapuches o araucanos

    C. Culturas de las Antillas
        1. Los caribes
        2. Los taínos

I.3. Situación general de las poblaciones indígenas latinoamericanas en el presente

CAPÍTULO I
Las primeras civilizaciones en la América precolombina

I. Conteste las siguientes preguntas y luego compare sus respuestas con un compañero/a de clase. Cuando termine de estudiar el capítulo, después de completar la sección **¿Cuánto sabemos ahora?**, vea cuáles de sus respuestas iniciales estaban correctas.

1) Los primeros habitantes de las Américas fundaron ciudades permanentes en el primer lugar al que llegaron y de ahí nunca se movieron.

Cierto o Falso

2) El nombre "Mesoamérica" se refiere en términos generales a lo que hoy conocemos como:

    a) Centro América

    b) Sudamérica

    c) Norte América

3) De los siguientes productos, uno no es originario de las Américas. ¿Cuál?:

    tabaco, maíz, papas, frijoles, naranjas

4) Todas las culturas prehispánicas hablaban el mismo idioma.

Cierto o Falso

5) Los mayas tuvieron su imperio en Machu Picchu, Perú.

Cierto o Falso

6) Un juego practicado en diferentes variantes por la mayoría de las civilizaciones prehispánicas fue el juego de:

    a) las canoas

    b) el arco y la flecha

    c) la pelota

7) Las civilizaciones prehispánicas siempre fueron muy pacíficas; sólo hicieron la guerra contra los españoles.

Cierto o Falso

8) Todas las culturas prehispánicas eran caníbales.

Cierto o Falso

9) Hoy en día ya no existen descendientes de ninguna de las civilizaciones prehispánicas.

Cierto o Falso

10) Todas las civilizaciones prehispánicas eran politeístas. Eso quiere decir que:

    a) los hombres tenían muchas esposas

    b) creían en diversos dioses

    c) hablaban diversas lenguas

Mapa de las civilizaciones prehispánicas

I.1. Las primeras civilizaciones en la América precolombina

Los orígenes

Existen diversas teorías que tratan de explicar el origen de las primeras civilizaciones en habitar el continente americano, la predominante, que son de origen asiático y que llegaron a Alaska cruzando por el estrecho de Bering. De acuerdo a esta teoría, el proceso migratorio no se detuvo con la llegada a tierras americanas; estas civilizaciones se fueron expandiendo hacia el oeste y comenzaron a bajar hacia el Sur hasta llegar a Puerto Montt en el sur de Chile. Las teorías para explicar este desplazamiento son varias, pero en general coinciden en que el continuo viajar obedecía a la búsqueda de alimentos.

Con el pasar de los años, estos grupos nómadas fueron estableciendo comunidades estables que se distinguieron por el desarrollo del cultivo agrícola. Se sabe que la calabaza, el cacao, diversos tipos de frijoles (habichuelas, porotos), el maíz, la papa, el tabaco y el tomate son productos originarios del Nuevo Mundo. Investigaciones realizadas en el 2008 por científicos de la Academia de Ciencias de los Estados Unidos demostraron que el girasol, que se creía había sido introducido en México en el siglo XVI por los españoles, era en verdad originario de esta región. De los resultados de las investigaciones se desprende, además, que el consumo de las semillas de girasol, utilizadas sobre todo durante algunos rituales, fue prohibido en la época de la Conquista por atribuírseles cualidades afrodisíacas.

Hasta fines de los años noventa, se creía que los primeros asentamientos poblacionales habían sido los de la llamada cultura Clovis en Norteamérica, descubiertos en los años treinta. Adquirieron el nombre del lugar donde fue encontrado el mayor y más importante sitio arqueológico, la ciudad de Clovis, Nuevo México. Los vestigios Clovis encontrados, compuestos de cuchillos; instrumentos para pulir y esculpir; puntas de lanzas; y restos humanos y de animales, databan de 11.500 y 10.900 años (11.050 y 10.800, luego de una reevaluación de la datación en los años dos mil).

En 1976, un arqueólogo norteamericano, Tom D. Dillehay y un geólogo chileno, Mario Pino, descubrieron el sitio arqueológico de Monte Verde, localizado a unos 760 kilómetros al sur de Santiago, Chile, en las inmediaciones de Puerto Montt. Después de años de excavaciones y análisis de los artefactos encontrados: residuos de fogatas, chozas, herramientas filosas y fósiles de plantas y algas marinas, vegetales, nueces, pescados, conchas de moluscos, de una especie de llama hoy día extinta y de un animal grande parecido al elefante, anunciaron que estos vestigios eran anteriores a la cultura Clovis pues databan de entre 14.220 y 13.980 años de antigüedad. El de Monte Verde fue un asentamiento de unas 20 a 30 personas que vivían en úna docena de cabañas.

Como era de esperarse, esta teoría causó mucha controversia. En mayo del 2008, Dillehay (Universidad de Vanderbilt) y Pino (Universidad Austral de Chile) publicaron un nuevo estudio que confirma las fechas y refuerza la teoría lanzada en los noventa, basados en nuevos análisis y el hallazgo de nuevos artefactos. El descubrimiento de restos de animales terrestres demostró que este grupo se desplazaba tanto por la costa como por el interior.

Si aceptamos la teoría de que los primeros habitantes atravesaron el estrecho de Bering hace unos 24.000 años, pero que comenzaron a bajar hacia el sur del continente hace 18.000, y que el primer asentamiento se dio en Monte Verde, al sur de Chile hace 16.000 años, como probó el equipo de arqueólogos dirigido por Dillehay, podemos concluir que los primeros habitantes tardaron 2.000 en recorrer el continente de Norte a Sur. Aunque todavía no existen suficientes pruebas para saber si el proceso de colonización se dio por la costa, por el interior o por ambos alternativamente, la vía costera aparece como la más rápida y lógica.

Sitio arqueológico de Monte Verde, Chile (foto: Uky.edu)

I.2. Civilizaciones existentes a la llegada de los españoles

Para facilitar el estudio de las más representativas civilizaciones que poblaban el continente americano a la llegada de Cristóbal Colón en 1492 las dividiremos en tres grupos: Culturas de Mesoamérica, Culturas Andinas y Culturas del Caribe. Hemos escogido presentar grupos aborígenes con alto grado de civilización como los mayas, los aztecas y los incas como también pueblos considerados de menor desarrollo, como los caribes, los taínos y los mapuches o araucanos, pero cuyo contacto con la civilización española tuvo un impacto significativo en el choque o encuentro que se produce con la llegada de Colón a América.

Sin embargo, antes de entrar de lleno en el estudio de esas civilizaciones, nos parece relevante detenernos un momento en rectificar la creencia hasta ahora establecida de que en la selva amazónica no se dieron culturas tan avanzadas como los mayas, aztecas o incas. Estudios publicados en el 2009 dieron a conocer los planos de una extensa red de caminos y edificios que conformaban el asentamiento de una civilización precolombina avanzada, hoy día desaparecida, en la región del Alto Amazonas en territorio fronterizo entre Brasil y Bolivia. La deforestación de dicha región para utilizar las tierras para pastar ganado y el uso de satélites permitieron el desarrollo de la investigación.

Luego de estudiar el sitio, los arqueólogos Martti Parssinen, Denise Schaan y Alceu Ranzi concluyeron que esta comunidad podría haber constado de unos 60.000 habitantes y que sus orígenes podían ser trazados al año 200 a.C. El asentamiento cubre más de 250 kilómetros de estructuras y caminos organizados en estricta forma geométrica que incluyen pirámides que pueden rivalizar con las de Egipto. Se cree que esta civilización, por lo avanzada, representa el mítico El Dorado buscado, pero nunca hallado, por los conquistadores. Hasta el momento sólo ha quedado al descubierto el 10% de lo que representan las estructuras.

(Sitio arqueológico del Alto Amazonas. Foto: *Antiquity*)

A. Culturas de Mesoamérica

Mesoamérica comprende las regiones central y sur de lo que hoy en día conocemos como México, Guatemala y Belice y la zona norte de El Salvador y Honduras. Esta región es la cuna de dos de las más avanzadas civilizaciones americanas, la cultura maya y la cultura azteca, las que fueron precedidas por otros grupos entre ellos los olmecas, los teotihuacán, los zapotecas, los toltecas y los chichimecas. Estos grupos se fueron sucediendo unos a otros sobre los siglos de desarrollo en que los arqueólogos dividen la historia de las civilizaciones de Mesoamérica: el periodo formativo, el periodo clásico y el periodo postclásico.

En el periodo formativo (año 1800 a.C. –200 d.C.) las tribus, antes nómadas, comienzan a crear asentamientos, a organizarse y a desarrollar la agricultura. Durante el periodo clásico (año 200–800) los grupos continuaron desarrollándose socialmente y fueron creando las ciudades-Estado. En esta época se construyeron grandes centros ceremoniales. En el periodo postclásico (año 800 -llegada de los conquistadores) las tribus ya conocen un gran desarrollo social y económico. Es en este periodo cuando entran en contacto América y Europa.

En el 2007, un grupo de científicos descubrió en el sitio arqueológico de Tula (antigua ciudad capital de los toltecas a cincuenta kilómetros al noroeste de la Ciudad de México) entierros infantiles que sugieren que los toltecas hacían sacrificios humanos, algo que hasta el momento no había sido probado. Encontraron la osamenta de una niña sobre una especie de altar rodeada de los esqueletos de un grupo de niños.

Igualmente, en el 2008, arqueólogos del Instituto Nacional de Antropología e Historia de México descubrieron indicios de que en el periodo postclásico, entre el año 900 y 1200, hubo una importante actividad pesquera-comercial en un puerto localizado en las márgenes del río Coatzacoalcos en Veracruz. Los arqueólogos encontraron en el sitio artefactos de pesca, navajas de obsidiana y diversos tipos de recipientes que eran utilizados para disecar y salar el pescado. Hallaron además dos moldes de piraguas o embarcaciones hechas de madera e impermeabilizadas con chapopote (especie de alquitrán) lo que corrobora la existencia del puerto, uno de los más importantes del periodo prehispánico. Se cree que a través de este puerto los olmecas mantenían actividades comerciales con los mayas y los teotihuacanos. Antes de este descubrimiento, el asentamiento demográfico de este lugar era datado al 1522 con la llegada de Hernán Cortés.

Sitio arqueológico de Coatzacoalcos, Veracruz

Otros descubrimientos arqueológicos mostraron que entre los años 500 a.C. hasta la llegada de Cortés existían al interior de estas sociedades prehispánicas las tlatlamiani (en lengua náhuatl, "las que hacen feliz"), prostitutas que acompañaban a los soldados a la guerra para evitar que éstos violaran o raptaran a las mujeres de los pueblos conquistados. Nunca se casaban y eran muy respetadas por considerarse que cumplían una labor social. Por ello, eran pagadas por el Estado y también por sus clientes.

Figura en greda de una tlatlamiani   Cabeza olmeca

Estas culturas dejaron para la posteridad extraordinarias muestras de escultura, arquitectura y arte. Vale la pena señalar las gigantescas cabezas humanas dejadas por los olmecas y las pinturas murales dejadas por los teotihuacán, además de su majestuoso complejo religioso-administrativo conformado por la Pirámide de la Luna, la Pirámide del Sol y el Palacio de Quetzalpapalot junto a otros edificios de carácter ritual y político situados a lo largo de la Calzada de los Muertos en Teotihuacán. Teotihuacán significa "lugar donde los hombres se convertían en dioses". Este complejo arqueológico fue declarado Patrimonio de la Humanidad por la UNESCO en 1987.

A fines de los noventa, un grupo de trabajadores camineros descubrió en el Estado de Veracruz, México, una piedra con grabados, la que bautizaron como Bloque de Cascajal, considerada el texto más antiguo del Nuevo Mundo. La piedra, atribuida a los olmecas, muestra un sistema de escritura antiguo de 2000 años. Hasta el momento se sabía que ya en el año 900 a.C. los olmecas habían creado glifos, una figura simbólica o carácter que representaba una letra, un sonido o una palabra, pero los estudiosos no estaban de acuerdo en considerar que se trataba de un sistema de escritura. El texto grabado en el Bloque de Cascajal, en cambio, se ajusta a todas las características de la escritura puesto que tiene elementos diferenciados, secuencias, patrones y un orden consistente de lectura. El texto está compuesto por 62 símbolos, algunos de los cuales se repiten hasta cuatro veces.

Pirámide de la luna

1. Los mayas

Los mayas fueron descendientes directos de los olmecas. Ocuparon las regiones de la península de Yucatán, Guatemala y parte de Honduras, Belice y El Salvador. Los centros más importantes están repartidos en México: Chichén Itzá, Palenque, Tulum y Uxmal; Guatemala: Tikal, San Bartolo y Piedras Negras; Honduras: Copán; Belice: Caracol y El Salvador: Joya de Cerén.

No conformaban un grupo uniforme, sino alrededor de 28 grupos que hablaban diversas lenguas, pero que compartían una cultura bastante homogénea. Su civilización está marcada por un gran desarrollo artístico, científico y arquitectónico. Astrónomos expertos y matemáticos disciplinados, 1300 años antes de que el calendario gregoriano utilizado actualmente fuera adoptado en 1582, los mayas ya poseían un calendario de 365 días más exacto que el calendario cristiano que se utilizaba en la época.

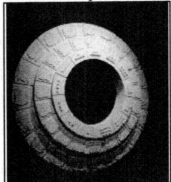
Calendario maya

El calendario maya, a diferencia del nuestro, era cíclico; cuenta el tiempo como el último ciclo a partir del 13 de agosto de 3113 a.C. Contaba los años en ciclos de veinte llamados katún y en series de 20 katunes llamados baktún los que equivalían a 394 años. Hasta mayo del 2012 el calendario que se conocía contenía 13 ciclos que terminaban el 21 de diciembre de ese mismo año. A medida que se fue acercando el 2012, este cómputo dio pie a especulaciones sobre la posibilidad de que esa fecha representara el día del fin del mundo. Incluso Hollywood, en el 2009, produjo su versión de este

24

acontecimiento: la película *2012* dirigida por Roland Emmerich. Dato curioso, en el mes de mayo, los arqueólogos William Saturno, de la Universidad de Boston, y David Stuart, de la Universidad de Texas-Austin dieron a conocer su descubrimiento de otro calendario maya. El mismo data del siglo IX, lo que según los expertos, lo hace el calendario maya más antiguo conocido hasta la fecha. Además, como contiene 17 ciclos en vez de 13, demuele la teoría que auguraba el fin del mundo para diciembre del 2012. Es pintado, y fue encontrado al interior de un templo en un complejo arqueológico descubierto en 1915 en la ciudad de Xultún, Petén, al norte Guatemala.

Cómputos matemáticos encontrados en el templo en Xultén

Vale la pena señalar que los expertos en astronomía coinciden en que lo que ocurrirá el 21 de diciembre del 2012, día de solsticio de invierno, es la conjunción planetaria de Marte, Júpiter y Saturno la que los mayas asociaban con el fin de un ciclo y el comienzo de otro, época de transformación y renovación. El descubrimiento de Saturno y Stuart confirma el gran desarrollo de los mayas en esta ciencia; según ellos el templo descubierto podría tratarse del lugar de reunión de astrónomos y sacerdotes encargados del calendario pues las paredes muestran cálculos correspondientes al ciclo lunar (pared del este) y jeroglíficos que podrían relacionarse con los ciclos de Marte, Mercurio y posiblemente Venus (pared del norte).

El año solar o haab estaba compuesto de 18 meses de 20 días cada uno, llamados *winal* (mes de 20 días), al final del cual había un mes corto de sólo cinco días, llamado *wayeb* o *uayeb*, lo que suma un total de 365 días.

Los nombres de los meses eran: pop, uo, zip, zotz, tzec, xul, yaxkin, mol, chen, yax, zac, ceh, mac, kankin, moan, pax, kayab, cumbu y uayeb.

Cada día se escribía usando un número del 0 al 19 o del 0 al 4 y el nombre del mes representado por un glifo (signo), no se comenzaba con el 1. Por ejemplo, el primer día del año se escribía: 0 y el glifo que representaba pop y el último, 4 y el glifo que representaba wayeb.

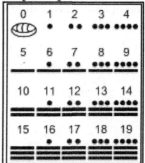 Sistema numérico

Habían establecido también un sistema numérico basado en veintenas representadas por puntos y rayas (el número uno lo representaba un punto y el cinco una raya). Inventaron un símbolo para representar el cero y comenzaron a utilizarlo en sus cálculos matemáticos alrededor de mil años antes que los hindúes. Estos descubrimientos e invenciones tenían aplicación práctica en la vida diaria; gracias a los mismos, los mayas podían calcular las buenas y malas épocas para la agricultura.

A través de las épocas muchos investigadores han tratado de dar respuesta a la pregunta de cómo y por qué una civilización tan avanzada pudo desaparecer. Un estudio publicado en el 2012 en la revista *Science* por científicos de la Universidad Estatal de Pensilvania adjudicaron el desarrollo y la desintegración del sistema político maya a los cambios climáticos: cuando la lluvia fue abundante (del 440-660) la civilización floreció y se expandió; en cambio, a partir de ese año, con apogeo entre 1010 y 1100, se inició un periodo de extrema sequía que provocó guerras y posibles hambrunas causando el debilitamiento político y económico y la desintegración social de esta civilización.

Organización social y política

Como en muchas civilizaciones indígenas, la organización social de los mayas era hereditaria y muy estratificada. Estaban divididos en cuatro clases: la nobleza, los sacerdotes, el pueblo y los esclavos. Los nobles ejercían poder político siendo gobernadores y jueces de las diversas ciudades y poblaciones. Los sacerdotes provenían de la nobleza y ejercían el poder religioso sobre todos. Su poder, al igual que el de los sacerdotes católicos, residía en su erudición. También eran los encargados de los estudios de astronomía y matemáticas. Como en todo tipo de gobierno organizado de esta manera, al pueblo le correspondía realizar todo el trabajo de manutención económica del grupo.

Los agricultores cultivaban la tierra. Tomaban lo necesario para su sostenimiento personal y el de sus familias y entregaban a los nobles y sacerdotes el excedente de las cosechas. A cambio, recibían otros productos necesarios a la supervivencia. Los trabajadores construían templos, caminos y edificios.

Todos pagaban impuestos con productos de su trabajo bien fuera tejidos, productos agrícolas, aves, etc.

Los esclavos representaban una clase considerada inferior compuesta por prisioneros de guerra, hijos de esclavos, huérfanos o delincuentes públicos.

La organización política de la civilización maya era la ciudad-Estado. Por sobre todos los sacerdotes y jefes civiles de una ciudad-Estado estaba el halach uinic, líder supremo con carácter de semidiós quien detentaba poderes políticos y a la vez religiosos.

La mujer dentro de la sociedad maya

El rol principal de la mujer en la sociedad maya estaba asociado al hogar y a la educación de los niños, pero iba más allá que el simple cuidado de la casa. Su trabajo era de capital importancia para la economía familiar ya que de ellas dependía la elaboración de piezas de cerámica, la fabricación de algodón para la confección de tejidos y la crianza de animales. Aunque no era la regla, algunas mujeres de la nobleza llegaron a ocupar posiciones de mando como lo fue el caso de la Señora de Tikal y de la Reina Roja de Palenque. Las mujeres gobernantes accedían al poder únicamente frente al peligro de la desaparición de la línea patrilineal que daba derecho al trono.

En todas las clases sociales el matrimonio era una alianza de carácter político o económico y el hombre recién casado debía trabajar bajo las órdenes del suegro por un periodo de tiempo que podía extenderse hasta cinco años. Al interior de la nobleza, estos matrimonios arreglados eran aún más importantes puesto que podían significar alianzas de poder para fortalecer las ciudades-Estado.

Economía

Pueblo esencialmente agrícola, los mayas utilizaban los productos que cultivaban: algodón, batata o camote, cacao, caucho, chicle, maíz, papa, tabaco, tomate y yuca para la alimentación y para obtener pinturas para sus murales y tejidos. Poco a poco su actividad agrícola dejó de ser solamente para autoconsumo y se convirtió en una actividad igualmente comercial con otros pueblos. Al hacer comercio, utilizaban como unidad de cambio, semillas de cacao, discos de jade o plumas de aves de bellos colores como el quetzal, los tucanes y las cotorras.

Religión

La vida de los mayas estaba regida por un profundo sentido religioso arraigado en la naturaleza y en las actividades inherentes a la vida diaria. La suya era una religión dualista, es decir, fundada en una visión del mundo donde coexistían el bien y el mal. Del bien dependía la vida; el mal acarreaba la guerra, el hambre, la miseria. El destino de los hombres se veía afectado por la lucha constante entre estas dos fuerzas en las que, evidentemente, sus más de 165 dioses estaban divididos. Entre los dioses asociados al bien estaba Chac, dios de la lluvia; entre los asociados al mal, Ah Puch, dios de la muerte.

Algunos de sus dioses principales fueron: Hunab Ku, Dios Creador del mundo y del hombre a partir del maíz, padre y señor de todos los dioses cuyo nombre significa "un solo dios"; Itzamná, hijo de Hunab ku, señor de los cielos, la noche y el día a quien se atribuye la invención del calendario y la escritura; Ixchel, esposa de Itzamná, diosa de la luna, las corrientes de agua y la fecundidad femenina e inventora del arte del tejido. Ixchel es representativa de la cosmovisión dualista de los mayas pues al ser diosa de las aguas, se le consideraba también la causante de las inundaciones y la destrucción que éstas provocaban.

Otra deidad importante fue Kukulkán, dios del viento, en quien la leyenda fundió deidad y humanidad y quien era representado como una serpiente con plumas a semejanza de Quetzalcóatl, dios azteca. Al mismo tiempo, su nombre alude a un caudillo y sacerdote que llegó a la península de Yucatán y fue fundador de una gran civilización.

Otros dioses de menor importancia representaban actividades relacionadas con la vida doméstica y el trabajo como Yum Caay, dios del maíz; Ahau-Chamahez, dios de la medicina y Ek Chuak, dios de los comerciantes.

A diferencia de los cristianos, los mayas creían que los suicidas, los sacerdotes, los guerreros muertos en la lucha, las víctimas de sacrificios a los dioses y las mujeres que morían durante el parto iban al cielo. Ixtab era la diosa del suicidio y se llevaba al cielo a quienes se habían quitado la vida.

Ofrendar a sus dioses animales, productos agrícolas, flores, caucho y jade era parte importante de la religión maya, al igual que realizar sacrificios humanos. Sin embargo, esta última era una práctica menos extendida entre ellos que entre los aztecas. Algunos eran autosacrificios, otros, sacrificios de hombres, muchas veces prisioneros de guerra; los más recientes descubrimientos arqueológicos han mostrado que también hacían sacrificios de mujeres y sobre todo de niños. En los alrededores de Chichén Itzá un grupo de científicos encontró en el 2008 más de 100 restos óseos de los cuales el 80% pertenecía a niños entre las edades de 3 y 11 años y 20% a mujeres. Lo relevante del sacrificio humano para los mayas era el desangramiento, el que veían como un intercambio de fluidos: la sangre de los humanos alimentaba a los dioses y éstos, en agradecimiento, les enviaban agua para sus cosechas. Por ello los sacrificios más comunes implicaban la rápida salida de sangre como cortes en la lengua, orejas, brazos, piernas u órganos sexuales o la extracción del corazón con un cuchillo de piedra. Igualmente hacían parte de sus rituales religiosos la oración, el ayuno y la abstinencia sexual.

| Chac | Ixchel | Ah Puch | Ixtab |

Escritura

Al igual que los egipcios, desarrollaron una escritura jeroglífica que se conserva en códices hechos de diferentes tipos de corteza de árboles. También se encuentran inscripciones grabadas en bloques o pilares de piedra en los centros religiosos y edificios. Este tipo de escritura les permitió conservar su historia, sus creencias y sus mitos, y la tradición oral les ayudó a perpetuar su explicación particular de la creación del mundo, del origen del bien y del mal y los consejos morales que el hombre debía seguir para ser bendecido y protegido por los dioses y para evitar su cólera y sus castigos. En el siglo XVI se recoge en castellano una versión del original en quiché (una de las lenguas mayas) del *Popol Vuh o Libro del consejo*, equivalente a la Biblia cristiana.

Escritura: jeroglíficos

Artes y arquitectura

En cuanto a las artes, los mayas se destacaron en la construcción de pirámides como la del centro religioso de Chichén Itzá. El juego de la pelota era considerado un ritual de iniciación, muerte y renacimiento y cada centro religioso tenía una especie de cancha donde jugaban con una pelota de caucho que pateaban con los pies basando su movimiento en el movimiento de los astros. Estas canchas de forma rectangular, como un estadio moderno, estaban rodeadas de asientos de piedra para los espectadores.

Juego de pelota: fabricante de pelotas

También se destacaron en la pintura mural con la que decoraban las paredes de edificios importantes; la escultura, en la que sobresalieron por la utilización de la técnica del bajo relieve; la cerámica; y la orfebrería. Utilizaban metales preciosos como el oro, la plata y el cobre, así como el jade, las plumas de aves y las conchas con motivos ornamentales.

Los murales pintados al interior de edificios mayas presentaban tanto escenas mitológicas como de la vida diaria. En el año 2002, en la zona arqueológica de San Bartolo, Guatemala, William Saturno, investigador de la Universidad de Nueva Hampshire descubrió los murales mayas más antiguos conocidos hasta la fecha al interior de una tumba real. En éstos se ve al dios del maíz representado de cuatro maneras distintas: sacrificando un ciervo (símbolo del mundo terrestre); ofreciendo un pez (mundo acuático); un pavo (mundo aéreo) y finalmente flores, todo ello en una representación del paraíso del Este, lugar por donde nace el sol cada día.

Aunque, aparentemente, la música no tuvo un gran desarrollo dentro de la cultura maya, la danza y el teatro tuvieron representaciones sobresalientes. Ha llegado a nuestros días el texto de una obra dramática de carácter político titulada *Rabinal Achí*, única obra del teatro indígena precolombino cuyo texto se conserva. Declarada obra maestra de la tradición oral e intangible de la humanidad en el 2005 por la UNESCO, *Rabinal Achí* se sirve de los elementos del teatro: vestuario, música, danza y expresión corporal para presentar la historia del combate a muerte entre dos guerreros.

Actuales descendientes de los mayas

En la actualidad, alrededor de tres millones de indígenas descendientes de los mayas viven aún en las mismas regiones que sus predecesores de diversos grupos poblaron por años y años. En general son campesinos; sus comunidades, todas muy pobres se establecen alrededor de una plaza donde venden sus productos. Conservan sus ritos, costumbres y su respectiva lengua.

2. Los aztecas

La segunda gran cultura de Mesoamérica fueron los aztecas, sucesores de los toltecas. Se establecieron en la meseta del valle de México donde fundaron, en el año 1325, la ciudad de Tenochtitlán en lo que es hoy México DF.

Cuenta la leyenda que fue en ese lugar donde vieron el cactus sobre el cual se elevaba un águila con una serpiente en el pico, lugar donde, según el dios Huitzilopochtli, debían fundar su ciudad. La ciudad estaba localizada en una especie de islote rodeado de pantanos. Para remediar esta situación, construyeron jardines y huertas flotantes sobre el pantano, un sistema de canales de irrigación para llevar el agua por todo el islote y puentes para unir la ciudad a tierra firme.

Fundación de Tenochtitlán según la leyenda

Al conquistar al pueblo que dominaba Tlatelolco, otro islote hacia el norte, los aztecas unificaron las dos ciudades convirtiendo a Tenochtitlán en el centro urbano más grande de la época con alrededor de 100.000 habitantes. A diferencia de los mayas, a los aztecas los caracterizó un espíritu belicoso, el que les llevó a someter otras tribus y a establecer un inmenso imperio, el que hacia el sur se extendió hasta Guatemala y El Salvador.

Organización social y política

La población azteca estaba dividida en tres clases: nobles, plebeyos y esclavos al interior de las cuales había subgrupos que realizaban tareas específicas. Como veremos en los párrafos siguientes, a pesar de ser ésta una sociedad estratificada, había una pequeña posibilidad de movilidad social, específicamente para los guerreros y para los esclavos.

La nobleza estaba comprendida por los nobles de nacimiento, los sacerdotes y aquellos guerreros que por sus hazañas habían accedido a esa clase social. Los máximos jefes políticos y religiosos eran elegidos de entre los nobles. El jefe político y religioso más importante, el emperador, como lo llamaron los españoles, era el tlacatecutli. El cargo era hereditario, pero el emperador anterior no nombraba a su sucesor, sino que se escogía de entre sus parientes cercanos: hijos, hermanos, etc. En los orígenes, la elección era más democrática: participaban todos los jefes de familia; a medida que el imperio se fue extendiendo, el cuerpo electoral se fue restringiendo a una pequeña oligarquía. Este emperador o jefe supremo se hacía asesorar por un grupo de cuatro concejales provenientes a su vez de los jefes de los veinte calpullis o clanes en que se subdividía el pueblo azteca.

Un clan estaba compuesto por varias familias y cada clan se auto-administraba bajo el mando de un jefe civil y uno militar quienes eran elegidos por el consejo del clan. Dentro del clan, los mercaderes estaban a cargo del desarrollo del intercambio comercial, los militares se dedicaban a hacer la guerra, conquistar otras tribus e imponer el poder azteca, y el resto, los plebeyos o pueblo común, realizaban todo tipo de oficio incluyendo la construcción de templos, edificios y caminos. Los esclavos realizaban los trabajos agrícolas pesados. Éstos podían comprar su libertad, y los que lograban escaparse de sus amos y llegar al palacio real sin ser capturados, la obtenían automáticamente.

Entre los plebeyos había una subdivisión social. Estaban los macehualtin, a quienes se les otorgaba la propiedad a vida de un terreno el cual podían cultivar y en el que podían construir una casa propia, y los tlalmaitl, capa más baja a quienes no se les permitía tener propiedades y vivían como campesinos en tierras arrendadas.

Los macehualtin pagaban impuestos lo que les concedía derechos ciudadanos como votar en la elección de jefes locales o participar de las ganancias del Estado como excedentes de comida o ropa, de lo cual se beneficiaban más quienes vivían en las grandes ciudades como Tlatelolco que los que habitaban las zonas rurales. Como parte de sus deberes ciudadanos estaban obligados a hacer el servicio militar y a estar disponibles para realizar trabajo comunitario de limpieza, mantenimiento, construcción (puentes, caminos, templos) o abastecimiento de agua y leña para el fuego. Los más inteligentes podían acceder a puestos más elevados, pero de menor rango social como ujieres, mensajeros, oficiales menores de todo tipo bien fuera a través de hazañas militares o por aptitudes especiales gracias al patrocinio del emperador o de un miembro influyente de la comunidad.

Los tlalmaitl se diferenciaban de los macehualtin en que eran campesinos sin tierra que se quedaban en las tierras conquistadas por los aztecas en sus luchas o víctimas del desplazamiento por las guerras. Éstos no pagaban impuestos al Estado y no tenían derechos ciudadanos, pero sí debían servir en el ejército y estaban bajo la ley civil y criminal azteca. El dueño de las tierras les entregaba un terreno para cultivar para su consumo y a cambio de ese beneficio debían pagarle un arriendo fuera con parte de la cosecha o cultivándole otro campo, así como proveerle de agua, leña y servicio doméstico.

La mujer dentro de la sociedad azteca

De acuerdo a Fray Bernardino de Sahagún en su *Historia general de las cosas de Nueva España*, el destino de la mujer azteca quedaba sellado en el momento de su nacimiento cuando la partera le cortaba el cordón umbilical y lo enterraba bajo las cenizas del hogar para marcar su lugar dentro de la sociedad: "No habéis de andar fuera de casa. No habéis de tener costumbre de ir a ninguna parte. [...] En este lugar os entierra nuestro señor. Aquí habéis de trabajar. Vuestro oficio ha de ser traer agua y moler maíz en el metate". (416).

La mujer noble debía aprender a tejer e hilar, ser diestra en refinadas artes culinarias y criar y educar a sus hijos. Debía encargarse personalmente de fabricar la ropa de su esposo e hijos. Las niñas nobles adquirían además una educación formal en religión, escritura, lectura, historia y música. Las mujeres del pueblo no tenían acceso a la educación; su obligación principal era aprender a realizar los quehaceres domésticos, desde limpiar y cocinar hasta cuidar y educar a los niños. Al igual que la mujer noble debían confeccionar la ropa de la familia; a diferencia de ésta, debían contribuir a la economía participando en las tareas agrícolas y artesanales del clan y en ocasiones podían ser empleadas como sirvientas en casa de los nobles.

En resumen, a pesar de ser el núcleo de la estructura familiar como entre los mayas, la mujer azteca no ocupó, en general, posiciones de poder. Las princesas nobles, por ejemplo, podían llegar a ser vírgenes del templo y ser sacrificadas a los dioses, pero no podían llegar a ser sacerdotisas.

Ancianos aztecas ingiriendo veneno. Códice Mendoza

Economía

Estaba fundada en la agricultura y el comercio. Cosechaban, en general, los mismos productos que las otras culturas de Mesoamérica: frijoles, maíz, papas, tabaco, tomates. Cada clan o grupo de familias debía cultivar colectivamente el pedazo de tierra que le fuera asignado. De una manera rotativa debían cultivar también las tierras del emperador. Como los mayas, pagaban los impuestos con el producto de su trabajo.

Su gran afición al comercio quedó destacada en los coloridos mercados que hacían parte esencial de cada ciudad. Se dice que el mercado más grande, el de Tlatelolco atraía diariamente más de 60.000 personas. Allí se intercambiaba de todo: productos alimenticios, utensilios, cerámicas, pieles así como esclavos.

Los aztecas no poseían una moneda de cambio, sus intercambios comerciales estaban basados en el trueque. A veces, como los mayas, utilizaban los granos de cacao como moneda.

Religión

Como los otros grupos precolombinos, los aztecas eran politeístas y sus deidades representaban fuerzas o aspectos de la naturaleza o la rutina diaria como Tláloc, dios de la lluvia, del rayo y la fertilidad, o Centéotl, dios del maíz. También adoraban a Quetzalcóatl, a quien representaban como una serpiente emplumada y asociaban con el planeta Venus, y a Ehécatl-Quetzalcóatl, dios del viento.

La religión jugó para esta civilización el rol de organizador de la vida política, cívica y espiritual del pueblo puesto que religión y guerra se consideraban inseparables y ello era sintetizado en Huitzilopochtli, dios de la guerra y del sol. Al igual que el sol, pensaban, su dios renacía cada día, y para vivir, requería alimentarse de corazones humanos y sangre. Los sacrificios humanos hechos a Huitzilopochtli, afirma el antropólogo mexicano Eduardo Matos Moctezuma, eran un rito propiciatorio, de origen agrario para que la vida no se detuviera, para que el sol siguiera su curso. La mayoría de las víctimas que ofrecían en sacrificio en espera de recibir sus favores eran prisioneros de guerra. De ello se deduce que los mismos no respondían a un sentimiento de crueldad, sino de una forma diferente de ver la relación de dependencia del pueblo con respecto a sus dioses.

Templo dedicado a Huitzilopochtli.

Sacrificio humano

En febrero de 2010, arqueólogos del Instituto Nacional de Antropología e Historia (INAH) de México, bajo la dirección de Raúl Barrera, descubrieron vestigios que corresponden a lo que fue el Templo de Ehécatl-Quetzalcóatl. Las ruinas presentan una construcción en dos etapas: una que se realizó entre 1486-1502 durante el auge del Imperio azteca y otra que se realizó posteriormente, entre 1502-1521, que fue la que estaba en pie a la llegada de Cortés.

Ruinas del Templo de Ehécatl-Quetzalcóatl en el centro histórico de Ciudad de México

Escritura

Los aztecas desarrollaron una escritura pictográfica que relataba narraciones históricas, religiosas o mitológicas. Escribían en un papel de su propia creación parecido al papiro de los egipcios. Se conservan aún varios códices que recogen momentos históricos y elementos de la mitología azteca.

Gracias al análisis de estos códices, se ha podido establecer lo avanzado del pensamiento matemático azteca. En el 2008, dos investigadoras: María del Carmen Jorge y Bárbara Williams de la Universidad Nacional Autónoma de México (UNAM) y la Universidad de Wisconsin respectivamente, dieron a conocer el resultado de un estudio de años en el que descifran dos códices provenientes de la región de Tepetlaoztoc en el Valle de México: el Códice de Vergara y el de Santa María Asunción. Estos códices representan un registro de las propiedades de los habitantes de la región entre 1540 y 1544. Los documentos estudiados no solamente registraban la población del lugar y la distribución de las propiedades, sino el tipo de suelo poseído (arenoso, cultivable, etc.) de lo que dependía su valor. En base al valor establecido, se calculaban los tributos a pagar.

Descubrieron también las expertas que los aztecas habían creado unos glifos para expresar las fracciones, los que ellas llamaron mónadas. Por ejemplo: la mano equivalía a 1,5 metros; la flecha a 1,25 metros; el corazón a 1 metro; el brazo a 0,83 metro y el hueso 0,5 metro. Estas medidas eran más pequeñas que su unidad de longitud estándar, el *tlalquahuitl* o vara que equivale a 2.5 metros aproximadamente (1 metro = 3,28 pies). Por ejemplo: con una flecha, los aztecas representaban media vara; con cinco corazones representaban dos, y con cinco manos representaban tres varas.

Artes y arquitectura

Los aztecas sobresalieron en la arquitectura y la escultura. Sus pirámides no terminaban en punta, sino en un plano, como si se les hubiese cortado el tope. Al igual que los mayas, construían en sus ciudades canchas rectangulares donde jugaban una variante del juego de la pelota. Utilizando sólo las piernas, los codos o las caderas los jugadores debían hacer pasar una pelota de caucho por un anillo de piedra o madera colgado de una pared.

La mayoría de sus viviendas eran construidas sin ventanas y alineadas en calles estrechas y con canales de riego rectilíneos. Cada casa poseía un patio interior adornado con plantas y flores, lo que junto al hecho de la falta de ventanas parece indicar un modo de vida volcado hacia el interior de los aposentos.

En cuanto a la escultura, dejaron piezas en piedra de gran tamaño que representan dioses o jefes políticos y religiosos, sus mitos y sus hazañas, con las que adornaban sus templos y otros edificios. Uno de los temas más representados fue el de la serpiente emplumada símbolo de Quetzaltcoátl. El calendario azteca, tallado en una enorme piedra, que se conserva en el Museo Nacional de Antropología de la Ciudad de México es una obra maestra de la escultura de todas las épocas.

Calendario azteca

Los aztecas dejaron también piezas de escultura más pequeñas en que representaban temas cotidianos, animales u objetos. Se conservan por ejemplo, unas pequeñas figuras de cerámica representando a la mujer como símbolo de la fertilidad. Desarrollaron también el arte textil, la orfebrería, para hacer alhajas, y sobre todo, fueron expertos en la utilización de las plumas de pájaros para crear diversos tipos de vestimenta, tocados y joyas.

Actuales descendientes de los aztecas

Hoy en día, viviendo en diversas regiones de México y Centroamérica, podemos encontrar descendientes de los aztecas quienes mantienen vivas las costumbres de sus antepasados así como diversas variantes de su lengua, el náhuatl. Sus condiciones de vida, como la de los diversos grupos indígenas en la actualidad, son muy precarias y en general viven marginados de la sociedad.

B. Culturas andinas

De entre las culturas andinas, nos centraremos en los incas y los mapuches o araucanos. Sin embargo, nos parece importante señalar el descubrimiento en la primera década del 2000 de un observatorio solar de unos 2300 años en la región de Chankillo en los Andes peruanos, el que ha resultado ser el más antiguo del hemisferio occidental. El observatorio es parte de un complejo ceremonial en lo alto de una montaña que incluye templos y edificios encerrados por tres murallas concéntricas con doce puertas y trece torres dispuestas en línea recta por la ladera de una montaña cercana en dirección norte-sur. Aunque los incas fueron grandes adoradores del sol y utilizaron los movimientos solares para demostraciones de poder, las pruebas de carbón mostraron que este observatorio es anterior a la presencia inca en esta zona.

Complejo arqueológico de Chankillo

1. Los incas

Lo que representaron los mayas y los aztecas para Mesoamérica, lo representaron los incas para la región andina: la cultura más avanzada. Se establecieron en el área del Cusco alrededor del año 1100 y desde ahí fueron expandiéndose llegando a crear un imperio que abarcó, por la costa occidental, desde lo que hoy se conoce como Colombia hasta el noroeste de Argentina pasando por Ecuador, Perú Bolivia y la mitad norte de Chile, uniendo el todo a través de un camino conocido como Qhapac Ñan.

Debido a la monumentalidad de sitios arqueológicos como Machu Picchu o el Valle Sagrado en la capital del Imperio, Cusco, otros lugares representativos de esta cultura en regiones más apartadas han pasado desapercibidos en la historia, lo que puede cambiar con un proyecto presentado frente a la UNESCO por varios países, entre ellos Chile y Perú, para declarar el camino de Qhapac Ñan patrimonio cultural de la humanidad. Uno de los lugares hasta ahora poco conocidos, pero que formarán parte del complejo turístico del Qhapac Ñan se encuentran en el norte de Chile. En la foto, una kallanka que sirvió como hospedaje para administradores y funcionarios en campaña durante la conquista inca de esta parte del territorio andino.

Kallanka inca en el camino de Qhapac Ñan, norte de Chile

En septiembre del 2006, en el Parque Nacional del Manu, Perú, el arqueólogo francés Thierry Jamin descubrió un conjunto de geoglifos y petroglifos de origen incaico. Los geoglifos, caminos grabados en la montaña, son similares a los de las Líneas de Nasca y confirman la presencia inca en la selva amazónica. Los petroglifos de unos 500 metros de extensión muestran rostros gigantes. Según su descubridor, el conjunto representaría un mapa de caminos secretos que conducirían a Paitati, la mítica ciudad perdida donde los incas habrían enterrado sus tesoros tras la muerte de Atahualpa.

La doncella, joven inca sacrificada hace 500 años, descubierta en 1999 en las laderas del volcán Llullaillaco, en el límite entre Argentina y Perú

La lengua oficial del imperio o Tawantinsuyo era el quechua. En un comienzo, el sustantivo "inca" era un título político que se aplicaba solamente a los jefes máximos del imperio, pero con el correr del tiempo los historiadores utilizaron este nombre para referirse a toda la población.

Administrativamente, el imperio estaba dividido en cuatro grandes regiones o suyos cuyo punto central era la ciudad de Cusco, que significa ombligo o centro del mundo. Cada suyo estaba bajo el mandato de un alto funcionario pariente del Sapa Inca. A partir del ángulo sur oriental de la plaza principal, salían cuatro caminos que conducían a los cuatro suyos.

Para facilitar la administración de este vasto imperio los incas construyeron una red de caminos que salían de Cusco, la capital y unían todo el territorio. Había dos caminos principales: el de la costa y el camino real o del inca que pasaba por las montañas, y de éstos salían muchos caminos transversales. A diferencia de los mayas y a semejanza de los aztecas, los incas eran un pueblo guerrero siendo su jefe máximo o emperador el Sapa Inca, quien ofrecía protección al hombre común.

Existen aspectos poco conocidos, pero muy interesantes, sobre las costumbres de los incas descubiertos en documentos inéditos por el historiador peruano Waldemar Espinoza Soriano. Según este experto, los incas eran un pueblo con un gran sentimiento de hermandad, de reciprocidad y colectivismo demostrado en su saludo. Cuenta Espinoza Soriano que amigos o familiares al encontrarse levantaban la mano derecha con la palma abierta a la altura del hombro y se decían unas palabras que traducidas significaban "Hola, hermano".

En cuanto a las relaciones amorosas, afirma el investigador que no eran consideradas tan importantes porque los matrimonios eran arreglados por los padres, lo que no significa que no existiera, en algunos casos, el amor verdadero. Sobre la conducta sexual nos dice que entre los incas existieron los homosexuales, lesbianas y travestís, prácticas comunes en la costa central y la costa norte, pero no aceptadas la sierra sur, y que incluso existieron los prostíbulos de homosexuales. Al homosexual se le llamaba hualmishcu y a la lesbiana, holjoshta (David Hidalgo Vega "El hombre que sabe de incas").

Organización social y política

El Imperio incaico era una teocracia hereditaria basada en el sistema de ayllus, especies de clanes o grupos de parentesco sobre los cuales estaba el Sapa Inca quien era adorado como un dios. El Sapa Inca se casaba con una pariente suya, fuera su propia hermana, una prima o una sobrina quien se convertía en su esposa principal o Coya, y la sucesión al poder recaía sobre uno de sus hijos varones con la Coya, no necesariamente el primogénito, sino el que más capacitado estuviera para tomar el mando. El Sapa Inca poseía igualmente otras esposas, también de sangre real, y concubinas; sólo los miembros de la familia real podían ser polígamos.

Cuando el Inca se casaba, el matrimonio establecía una especie de poder paralelo con su Coya. La Coya adoraba la luna, así como el Inca adoraba al sol, y era considerada reina y gobernante de todas las mujeres del imperio. En el Templo del sol existía una habitación dedicada a la luna donde se le rendía culto a las Coyas fallecidas en adoración análoga a la que se le prodigaba a los antiguos Incas.

Se esperaba que también la Coya mostrara características de líder pues éstas podían ejercer el poder en la ausencia de sus maridos. Igualmente, jugaban un rol parecido al de primera dama en nuestros días, ocupándose de labores sociales como la organización de ayuda a damnificados de catástrofes naturales. En adición, era suya la responsabilidad de escoger la esposa adecuada para asignarles a otros miembros de la nobleza o del ejército con el fin de establecer o fortalecer alianzas. Esta especie de poder paralelo de la Coya se hacía evidente en los festivales imperiales pues los hombres le rendían pleitesía y besaban la mano del Inca, mientras que las mujeres juraban obediencia y besaban la mano de la Coya.

Los incas no perdonaban a los gobernantes inmorales. Comenta Espinoza Soriano que Inca Urco, quien según el cronista español Pedro Cieza de León gobernó por ocho años, fue descuartizado y sus miembros tirados en un río por ser un "hombre vil, cobarde, indigno, la vergüenza del Tawantinsuyo" (David Hidalgo Vega "El hombre que sabe de incas").

La sociedad estaba organizada en forma piramidal y constaba de tres clases. En el tope de la pirámide se encontraba el Sapa Inca y su familia real, y de entre los miembros de la familia real o la nobleza se escogían los sacerdotes que se encargaban de organizar la vida religiosa del imperio. Debajo de la nobleza (llamados orejones por los conquistadores por su deformación en las orejas debido al uso de pendientes y adornos pesados) estaban los servidores que incluían a los amautas u hombres sabios, quienes ejercían la actividad intelectual de educadores, poetas, historiadores, etc.; los yanaconas, en un comienzo esclavos y luego criados o sirvientes que realizaban todo tipo de trabajo manual; y los mitimaes, quienes eran enviados a poblar las regiones recién conquistadas. En la base de la pirámide estaban los runas o pueblo común quienes se ocupaban de la agricultura y la ganadería.

La mujer dentro de la sociedad inca

Entre los incas existía una gran diferencia entre la mujer del pueblo y la de la nobleza. La mujer runa cocinaba y tejía e hilaba la ropa para su familia y para pagar tributo, y al mismo tiempo, debía ayudar al marido en los trabajos agrícolas y el cuidado de los animales. La mujer noble también cuidaba de sus hijos, tejía e hilaba, pero tenía jóvenes a su servicio y disponía de tiempo libre para cuidar de su aspecto físico. En adición, las mujeres de la nobleza tenían derecho a tierras, animales y mano de obra para laborar sus campos.

Algo paradójico dentro de esta sociedad tan estratificada es que la mujer del pueblo tenía una posibilidad mínima de cambiar de situación social gracias a su belleza o a sus habilidades artísticas. Estas jóvenes, llamadas acllas, eran escogidas de todo el imperio y enviadas a Cusco a una especie de monasterio (el Acllahuasi), donde por cuatro años, desde la pubertad, recibían una educación especial junto a las jóvenes de la nobleza. Esta educación las preparaba para convertirse en esposas de un noble, concubinas del Sapa Inca, sirvientes de la Coya o para dedicarse a la religión de por vida. Un pequeño número podía ser escogido para sacrificios a los dioses.

De entre las acllas provenientes de la nobleza se escogían las que se dedicarían al culto del sol, quienes debían permanecer vírgenes de por vida. Éstas pasaban a llamarse mamaconas y eran las encargadas de instruir a las novicias que llegaban al Acllahuasi. Oficiaban de sacerdotisas en los cultos, y por su voto de eterna castidad, fueron llamadas vírgenes del sol por los conquistadores.

Economía

Una de las áreas de mayor desarrollo del pueblo inca fue la agricultura. Para cada zona desarrollaron una estrategia de cultivo que permitía obtener el máximo provecho del terreno. Construyeron grandes terrazas de cultivo en las laderas de las montañas así como camellones o waru waru en zonas altas inundables. Otro de sus grandes aciertos fue la elaboración de un excelente sistema de irrigación a través de canales gracias al cual abastecían de agua todo el Imperio.

Laderas de cultivo en el Valle Sagrado, ruinas de Pisaq

Para el cultivo de sus productos utilizaban una especie de arado de pie que ellos llamaban chaquitaclla. La actividad agrícola se llevaba a cabo comunitariamente y las cosechas se repartían entre las familias, el Estado y la jerarquía religiosa. El excedente de los productos, una vez estas capas de la población abastecidas, se depositaba en tambos, grandes almacenes a lo largo y a lo ancho del imperio para alimentar a los soldados. Sus productos agrícolas más importantes fueron la papa o patata y el maíz, pero también sembraban ají, chirimoyas o guanábanas, papayas, tomates y frijoles. Para todas las personas entre 25 y 50 años el trabajo era obligatorio.

Tenían un sistema de división de tierras con partes destinadas al Sol, al Inca y al Estado. La mayor parte de las tierras era destinada para el usufructo del pueblo donde cada hombre tenía derecho a un topo de tierra cultivable y cada mujer a medio topo (topo o tupu: medida basada en el paso humano, equivalente a 0.27 hectáreas). A la muerte de una persona su topo volvía a manos del Estado y éste era asignado a otra. El Estado garantizaba una ayuda al anciano, al huérfano, a la viuda o al caído en desgracia, lo que corresponde en nuestros días a un sistema de seguridad social.

En cuanto a los animales, domesticaron la llama, que utilizaban para el transporte de productos, así como la vicuña y la alpaca, muy apreciadas por su fina lana.

La economía inca no conoció la moneda.

Religión

Al igual que en la religión maya y azteca la vida religiosa del pueblo inca estaba muy ligada a la organización de la vida política, cívica y actividades del pueblo, y los dioses adorados, en su mayoría, estaban relacionados con fenómenos de la naturaleza. Viracocha, creador y señor del cielo y de la tierra y todo lo viviente, era el nombre de su dios supremo, pero se cree que la adoración a este dios era practicada más bien por la minoría educada.

El pueblo común adoraba también otros dioses como Pachacamac, dios de la creación y de la vida, Inti, dios del sol (padre de los incas), y a las diosas de la luna (Mamaquilla), de la tierra (Pachamama), y del rayo y la lluvia (Illapa). Existía también entre los incas un culto importante a los antepasados, y la importancia de una persona dentro del ayllu la establecía su cercanía en descendencia al antepasado común.

Los incas realizaban ceremonias religiosas durante las cuales se sacrificaban animales para pedir buenas cosechas o la cura de ciertas enfermedades. Las vírgenes del sol, encargadas de mantener encendido el fuego sagrado en honor al dios Inti, eran parte de esta institución religiosa.

Templo del Sol

Cóndor tallado en piedra
en las ruinas de Machu Picchu

Escritura

A pesar de ser una cultura tan avanzada, los incas no tuvieron un sistema de escritura per se, pero desarrollaron, en cambio, un sistema muy efectivo para archivar datos, inventarios de población, de tropas, de cosechas así como fechas importantes que llamaban quipu.

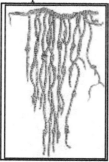
Quipu

El quipu consistía de una serie de cuerdas con nudos de varios colores que eran llevados por los chasquis (mensajeros) para transmitir información a todas partes del imperio. Los chasquis corrían en relevos alrededor de 402 kilómetros al día a lo largo de los caminos, y junto al quipu, transmitían un mensaje verbal. El color de los nudos indicaba a qué se refería la cantidad expresada por los mismos: el negro hacía alusión al tiempo, el azul a la religión, el amarillo al oro, el rojo al ejército, el carmesí al jefe inca, el blanco a la paz, etc., pero dependiendo del tipo de información que llevara el quipu, los colores podían cambiar de significado.

Aquellos objetos que normalmente no podían asociarse a un color eran clasificados por su importancia. Por ejemplo, en un quipu que hacía un inventario de armas, se colocaban primero las lanzas, puesto que las mismas eran consideradas el arma más honorable. Luego se marcaban las flechas, arcos, hachas, etc. En cuanto a las cantidades, el número más alto que se representaba era el 10.000 que se colocaba en lo más alto de la cuerda. Cada nudo representaba unidades o múltiplos de diez dependiendo de su localización en el quipu. En la parte inferior de la cuerda se colocaban las unidades. Cada cuerda tenía que ser lo suficientemente larga para dar espacio a nueve nudos entre una decena y otra. Un libro a consultar para leer ejemplos de cómo una historia podía ser contada a través del uso del quipu es *A Socialist Empire: The Incas of Peru* de Louis Baudin.

Artes, arquitectura y ciencias

El pueblo inca sobresalió, sobre todo, en la arquitectura por sus magníficos templos y palacios de los cuales Machu Picchu, que quiere decir "montaña vieja" en quechua, es un ejemplo sin igual. El complejo arqueológico de Machu Picchu está ubicado a 100 kilómetros al noreste de Cusco y fue declarado Patrimonio de la Humanidad por la UNESCO en 1983. El descubrimiento de Machu Picchu fue atribuido al arqueólogo norteamericano Hiram Bingham quien en 1911 fue guiado hacia las ruinas por un grupo de campesinos del área.

Sin embargo, de acuerdo al historiador peruano Carlos Carcelén, la citadela ya aparecía en mapas y documentos datados de antes de 1911. Según otra historiadora peruana, Mariana Mould de Pease, el historiador inglés Clements Markham (1830-1916), en su vejez, habría compartido con Bingham mapas en los que ya se incluía Machu Picchu.

Investigaciones realizadas por Mould de Pease así como por el cartógrafo norteamericano Paolo Greer demostraron que las ruinas de Machu Picchu habían sido encontradas antes por un empresario y buscador de oro alemán llamado Augusto Berns quien entre 1867 y 1870 tuvo autorización del presidente peruano de la época, Andrés Avelino Cáceres, para explotar la zona con su "Compañía Anónima Explotadora de las Huacas". Según documentos encontrados en bibliotecas y archivos peruanos, el 10% de lo encontrado le correspondería al gobierno peruano. (Ver: Mould de Paese, *Machu Picchu y el código de ética de la Sociedad de Antropología Americana* Marshall. New Scientist.com. "Incan lost city looted by German businessman").

Hoy, gracias a un proyecto del Patronato de Perú, es posible realizar un tour virtual de las calles y plazas de la ciudadela de Machu Picchu o vivir la experiencia de tomar aire desde la parte más alta del Huayna Picchu. Para realizar su tour vaya a:

www.machupicchu360.com o www.mp360.com

Los incas también se destacaron en la ingeniería por la construcción de puentes colgantes hechos de sogas, de canales para regadío y de acueductos. Practicaron la orfebrería para hacer adornos en oro, plata y otros metales así como en combinación con piedras preciosas. El bronce lo utilizaron para hacer herramientas y adornos.

El reloj solar en Machu Picchu

Practicaron igualmente la cerámica y la fabricación de cestas y tejidos. Los tejidos eran variados en lana y algodón, algunos con diseños geométricos policromados, otros con brocados.

En cuanto a la tradición literaria existían entre los incas, como en otras civilizaciones antiguas, los cantores profesionales quienes recitaban sus poemas en ceremonias o festividades públicas. Gracias a ello, a pesar de no tener un sistema de escritura como ya mencionáramos, su literatura oral fue bastante prolífica, a juzgar por los fragmentos recogidos por los cronistas e historiadores españoles. La tradición oral ha permanecido arraigada en este pueblo, y algunas de esas manifestaciones literarias han llegado hasta nuestros días en voces de sus descendientes directos.

Un elemento que diferenció a los incas de las otras civilizaciones prehispánicas fue su gran desarrollo en las ciencias de la medicina. Fueron diestros cirujanos y se distinguieron en la amputación de miembros y en las trepanaciones del cráneo.

Vista parcial de las ruinas de la ciudad perdida de Machu Picchu, ciudad sagrada de los incas, descubierta en 1911 por el norteamericano Hiram Bingham

2. Los mapuches o araucanos

A la llegada de los españoles, este grupo ocupaba la parte central y sur del actual territorio de Chile, comprendiendo también el este de Argentina. Su nombre significa gente de la tierra (mapu: de la tierra; che gente). El primero en referirse a ellos como araucanos, es decir provenientes de la región de la Araucanía, fue el español Alonso de Ercilla en su poema épico *La Araucana* en el que describe la fiera lucha del pueblo mapuche contra los españoles.

India araucana

Son de gestos robustos, desbarbados,
bien formados los cuerpos y crecidos,
espaldas grandes, pechos levantados,
recios miembros, de nervios bien fornidos;
ágiles, desenvueltos, alentados,
animosos, valientes, atrevidos,
duros en el trabajo y sufridores
de fríos mortales, hambres y calores.

Alonso de Ercilla, *La Araucana*, 1569

Hemos decidido utilizar el sustantivo mapuche para referirnos a ellos de aquí en adelante porque es el nombre que ellos se dan y reivindica su pertenencia a esta cultura rechazando al mismo tiempo el proceso y los efectos de la colonización. Antes de la llegada de los conquistadores, los mapuches vivían bajo un sistema matriarcal según el cual, en el momento del matrimonio, el esposo debía ir a vivir con la familia de la esposa. Sin embargo, cuando los españoles llegaron a tierra mapuche, ese sistema había evolucionado hacia uno patriarcal. Eran polígamos y la cantidad de mujeres que un hombre poseía dependía de su posición económica pues para poder casarse, la mujer debía ser comprada a sus padres.

Como este grupo indígena no tuvo una forma de escritura lo que conocemos de su cultura y costumbres proviene mayormente de las crónicas escritas por los españoles. Entre otros detalles particulares se sabe que se preocupaban mucho por la higiene, al igual que los taínos. Aún cuando las aguas de la región que habitaban eran tan frías, acostumbraban a bañarse

el caracter de resistencia

todos los días. Se abrigaban con ropa hecha de lana y vivían en rucas, viviendas de una sola pieza sin ventanas y con una sola entrada. Al medio de la ruca mantenían una hoguera permanentemente encendida.

Organización social y política

A diferencia de otros grupos indígenas, los mapuches no establecían poblados o aldeas, sino que vivían en clanes familiares independientes provenientes de un ancestro común, y cada clan tenía su lonko o jefe. Era posible que los clanes guerrearan entre sí, por ello los mapuches se entrenaban desde pequeñitos para la guerra. De ser necesario, se unían bajo el mando de un jefe común llamado toqui. Este espíritu belicoso los caracterizó también frente a la colonización española siendo uno de los grupos aborígenes que con más fiereza luchó (durante más de 300 años) contra los conquistadores. Empleaban con gran destreza diversos tipos de armas como el arco y las flechas, las hondas y las lanzas. Dos de sus líderes durante esa larga lucha lo fueron Caupolicán y Lautaro.

A este grupo lo caracterizaba un gran sentido lúdico; los juegos de azar o de destreza eran algunas de sus actividades favoritas. Por ejemplo, el primer toqui elegido para dirigir la lucha contra los españoles, Caupolicán, fue escogido a través de una prueba con troncos. Los oponentes tenían que cargar un pesado tronco de árbol sobre sus hombros. Cuenta la leyenda que Caupolicán caminó cargando el tronco por un día y una noche y así fue elegido jefe.

Otros juegos que practicaban eran el de la pelota o chueca que consistía en empujar una pelota de madera con un palo curvo y depositarla en un hueco en la tierra. Se jugaba entre dos equipos de 6 a 8 jugadores cada uno. Una de sus pruebas más interesantes era la del silencio, en la que ganaba la persona que pudiera guardar silencio por más tiempo.

La mujer dentro de la sociedad mapuche

El puesto ocupado por la mujer dentro de la sociedad mapuche es particular. Por un lado, el importante rol de chamán o hechicero y curandero de la tribu recaía casi exclusivamente en las mujeres, llamadas machis. Ser machi implicaba atender la salud física de las personas así como servir de guía espiritual. En el campo de la economía, cuando los mapuches pasaron de una economía exclusivamente basada en la caza y la pesca y comenzaron a dedicarse también a la agricultura, las mujeres fueron las encargadas de limpiar, preparar el terreno y sembrar. En época de guerra podían acompañar a los hombres, pero no combatir; su rol era el de cargar las armas y cocinar. No obstante, a pesar de tener a su cargo grandes responsabilidades en la vida económica y pública del grupo, en el seno de la familia no disfrutaban de iguales deferencias; era la costumbre que en la casa comieran primero el padre y los hijos varones y luego la mujer y las hijas.

Economía

Contrario a otras civilizaciones, los mapuches fueron un pueblo dedicado básicamente a la pesca, y consumían los alimentos crudos o muy poco cocidos. Cultivaban patatas, frijoles, maíz y calabaza, pero la agricultura no tuvo mayor importancia en su economía hasta que dejaron de ser nómadas y se establecieron de forma permanente en una región. La fabricación de textiles y tejidos fue una de las actividades más desarrolladas por los mapuches.

Actuales descendientes de los mapuches

En la actualidad, con una población de alrededor de 1.000.000 (10% de la población total chilena) los mapuches constituyen uno de los grupos aborígenes más numerosos que existen. El 70%, vive en las ciudades, no en las zonas rurales.

Los que viven en las zonas rurales, se dedican mayoritariamente a la agricultura y a la ganadería. También, la artesanía y los tejidos constituyen actividades típicas del grupo. Fabrican adornos de plata, sillas de montar, artículos de cerámica, mantas o cubrecamas, alfombras, ponchos, abrigos, suéteres y otros artículos de lana. Tienen ciudadanía chilena o argentina y algunos de ellos ejercen actividades en la milicia, la docencia y la política del país.

Sin embargo, la discriminación y abandono de este pueblo continúa en nuestros días y ellos siguen dando una enorme batalla para hacer valer sus derechos, lograr el reconocimiento de su cultura y la aplicación de una política económica que ponga fin a su explotación y atraso.

Entre los años noventa y la primera década del nuevo siglo, los Gobiernos de la concertación de izquierda dieron varios pasos adelante para la protección de las comunidades indígenas y por primera vez en la historia se vio a Chile como un país multiétnico. En 1993 se estableció la Ley Indígena con la cual se proveía protección, promoción y ayuda al desarrollo de los pueblos originarios de Chile. Entre otros medios de protección, se incluía el derecho a respetar su decisión de no aceptar abandonar sus tierras en caso de que el Gobierno o alguna compañía privada quisiera desalojarlos para implementar algún proyecto. También se estableció la Corporación Nacional de Desarrollo Indígena (CONADI), organismo conformado por representantes del Gobierno chileno y de las comunidades indígenas cuya tarea es vigilar por el respeto y la protección del desarrollo cultural de los pueblos indígenas así como conservar y proteger el territorio mapuche.

En los últimos años las comunidades mapuches han recibido la devolución de 650.000 hectáreas de tierra. Sin embargo, debido a que la gran mayoría de los mapuches vive en zonas urbanas, el Gobierno de Sebastián Piñera (2010-2014) ha introducido cambios en las ayudas gubernamentales destinadas al desarrollo de estos pueblos y se pasará de un esquema que priorizó el reparto de tierras a uno basado en el fomento productivo y el fortalecimiento de las comunidades indígenas urbanas. En esa misma línea de respeto y protección de las diferencias culturales, en el 2012 se construyeron en la región de La Araucanía 14 "postas" (dispensarios médicos) para ser atendidas por machis, y adaptadas a las costumbres y tradiciones del pueblo mapuche. Las mismas contienen una pequeña sala de ceremonias y una habitación donde los pacientes podrán dormir con sus familiares, y están dotadas de acceso para incapacitados.

Sin embargo, para los mapuches todo ello representa la presencia del Estado de Chile en sus territorios lo que explica actos de rechazo como la reiterada quema de la Escuela de Chequenco donde el 90% de la matrícula es mapuche. La misma se ha convertido en un emblema del conflicto mapuche con el Estado chileno y ha sido quemada en tres ocasiones con el objetivo de evitar la interacción de niños mapuches con niños chilenos de otros orígenes. El mantener los niños mapuches aislados se evidencia para ellos como la posibilidad de formar desde pequeños a la nueva generación de weichafes o guerreros mapuche.

C. Culturas de las Antillas

Los caribes así como los taínos fueron grupos aborígenes que ocupaban las Antillas a la llegada de los españoles. Descendientes lejanos de los arawaks, se cree que eran oriundos del Valle del Orinoco en lo que hoy es Venezuela y que fueron emigrando y poblando gradualmente las Antillas. Los caribes y los taínos eran pueblos de características muy diferentes. Mientras que los primeros eran muy dados a la guerra, como los aztecas y los mapuches, los segundos eran un grupo en general pacífico y hospitalario. Los caribes, sin embargo, no peleaban bajo el mando de un jefe, sino más bien de manera individual.

Tanto los caribes como los taínos eran excelentes navegantes y pasaban de una isla a otra en sus canoas. A la llegada de los españoles, los caribes y los taínos estaban en guerra.

1. Los caribes

Vivían en pequeños clanes de familias emparentadas por el lado materno. Practicaban la caza, la pesca y también la agricultura. Para cazar usaban o hachas de piedra o arcos y flechas. Solían envenenar las flechas con curare, veneno extraído de una enredadera existente en Sudamérica. Curiosamente, el curare es mortal sólo cuando penetra por la piel, no cuando es ingerido, así que en las guerras, la flecha era un arma de gran valor para los caribes. Se dice que eran un pueblo tan feroz que incluso practicaban la antropofagia o canibalismo.

Las mujeres se dedicaban a la agricultura y oficios domésticos. En el siglo XVII vivían en casas separadas. Contrario a lo que parece, los caribes mostraban un gran respeto por ellas, y la mujer ejercía parte del poder.

Actuales descendientes de los caribes

En la actualidad, los pocos descendientes de este grupo aborigen (alrededor de 40,000) se encuentran localizados en áreas de Venezuela y las Guayanas.

2. Los taínos

Pueblo indígena que, a la llegada de los conquistadores, habitaba la mayor parte de las Antillas Mayores y Menores desde las Bahamas hasta Puerto Rico pasando por Haití, República Dominicana, Cuba y Jamaica. Fueron el primer pueblo indígena con quien los españoles tuvieron contacto al llegar a América. El consenso general entre los historiadores es que los taínos fueron la población aborigen más desarrollada de las Antillas.

El nombre taíno proviene de la lengua arawak y significa noble, bueno, selecto. Al llegar, los españoles intentaron comunicarse con los indígenas y se percataron de que éstos repetían constantemente la palabra taíno. De ahí les quedó el nombre. Por su carácter pacífico, estos nativos recibieron a los conquistadores sin oponer resistencia. No fue hasta que los españoles comenzaron a esclavizarlos que los mismos empezaron a rebelarse. En su diario, Colón los describió como gente de cuerpos esbeltos, altos y hermosos, de color oscuro o aceitunado y pelo corto, carilampiños y sin vellos en el cuerpo; de lenguaje apacible y siempre con una sonrisa a flor de labios.

Los indígenas tenían la idea de que los españoles eran dioses y como tales, inmortales, y por ello no se atrevían a rebelarse contra éstos. Cuenta la leyenda que el cacique Urayoán de Añasco, Puerto Rico, para probar su inmortalidad, mandó a que mantuvieran bajo las aguas de un río a un joven de nombre Diego Salcedo. El joven se ahogó, lo que les indicó a los nativos que los españoles no eran inmortales y por lo tanto tampoco eran dioses, y así comenzó la rebelión de los taínos en esa isla.

Organización social y política

Jerárquicamente, la clase de mayor importancia eran los nitaínos que incluía a los caciques o líderes de los yucayeques o aldeas. Los caciques podían ser hombres o mujeres. Luego estaban los behíques o sacerdotes, y finalmente los naborias, el indio común o trabajador.

La sociedad taína estaba muy bien organizada. Los taínos respetaban mucho los lazos familiares y muchas familias vivían en el mismo bohío (casa). Al igual que el Sapa Inca, los caciques podían tener más de una esposa y sus varias esposas e hijos compartían la misma vivienda. A diferencia del Sapa Inca, los taínos no contraían matrimonio con sus hermanas u otras parientes, sino con personas fuera del ámbito de la familia directa.

Cada aldea tenía su cacique y los bohíos estaban organizados alrededor de un batey. Al centro se encontraba la casa del cacique rodeada de las viviendas del resto de la tribu. El batey era utilizado para las ceremonias religiosas así como para jugar a un juego muy parecido a lo que hoy día conocemos como fútbol. A diferencia de las culturas de Mesoamérica y las andinas, los taínos no construyeron enormes pirámides.

Batey en el Parque Ceremonial Indígena en Utuado, Puerto Rico

Economía

Este era un pueblo que vivía en gran armonía con la naturaleza. Se alimentaban sobre todo de la caza y de la pesca. Diestros agricultores, cultivaban batatas, maíz, frijoles, guayaba, achiote (del que extraían colorante), tabaco y yuca (de la cual hacían harina para fabricar una especie de pan llamado casabe).

Cultivaban también algodón con el cual fabricaban mantas, las hamacas en que dormían y las pocas prendas de vestir que utilizaban. Aunque en general andaban completamente desnudos, en algunas de las islas las mujeres casadas utilizaban unas faldas cortas llamadas naguas y los hombres cubrían sus genitales con taparrabos. Los niños andaban desnudos.

La división del trabajo se hacía por género. Los hombres pescaban,

51

cazaban y preparaban los terrenos para la cosecha. En general el terreno se preparaba quemando árboles y maleza. Las mujeres sembraban y cuidaban de las cosechas, hacían artesanías y textiles y cuidaban de los niños.

Religión

Los taínos eran una sociedad de gran religiosidad. Atribuían lo incomprensible a fuerzas naturales y atmosféricas y las representaban en estatuillas de piedra tallada o de arcilla llamadas cemíes. Dentro de su concepción religiosa creían en la vida después de la muerte donde los buenos serían recompensados.

Tres deidades importantes eran reconocidas: Yuquiyú o Yucahú (existen diversas grafías de su nombre), ser supremo que representaba la bondad; Juracán (de donde surge la palabra española huracán), quien representaba la ira; y Atabey, madre de Yuquiyú, diosa del agua fresca y la fertilidad, representada con la mitad superior humana y la mitad inferior de rana, símbolo de la fertilidad entre los taínos.

La ceremonia religiosa más solemne era el areyto en la que bailaban, cantaban, y al ritmo de tambores, recitaban colectivamente las leyendas y hazañas de la tribu. También les cantaban a las fuerzas cósmicas, a las plantas y animales y a sus dioses.

Areyto taíno

I-3. Situación general de las poblaciones indígenas latinoamericanas en el presente

En la actualidad, más del 80% de los indígenas de América Latina (unos 28 millones) vive por debajo del límite de pobreza. En cuanto a la salud, la mortalidad infantil es 70% mayor entre las poblaciones indígenas que entre el resto de la población. El Banco Mundial presentó en febrero del 2007 un "Informe de Oportunidades Económicas para los Indígenas de Latinoamérica" en donde se analizaron las causas del problema y se propusieron medidas para solucionarlo. La situación es presentada como un círculo vicioso en donde los bajos niveles de educación impiden a los indígenas el obtener trabajos mejor remunerados, y en consecuencia, mejorar sus condiciones de vida. En su mayoría, las poblaciones indígenas viven en áreas rurales y los que residen en áreas urbanas hacen trabajos en la economía informal, es decir, sin beneficio alguno de seguro médico o de desempleo. Tampoco tienen acceso al crédito, con el cual   podrían, por ejemplo, adquirir maquinarias para hacer más productivas sus labores agrícolas u otros trabajos.

El informe exhorta a los Gobiernos de los diferentes países a hacer mayores inversiones en infraestructura que propicien la integración de las poblaciones indígenas a la economía nacional y les proporcionen acceso a programas educativos, de salud y de nutrición así como a la tierra y al crédito. Como medida complementaria, plantea educar al resto de la ciudadanía sobre las necesidades de establecer programas para eliminar la pobreza y ayudar al desarrollo de estas poblaciones. De este modo se pretende la inserción de los países latinoamericanos a las metas de la "Segunda Década Internacional de los Pueblos Indígenas del Mundo" promulgada por las Naciones Unidas en el 2006 en que se plantea reducir a la mitad la pobreza extrema en el mundo con la consecuente mejoría en materia de salud y educación.

Preguntas de comprensión y repaso

Las primeras civilizaciones en la América precolombina

I.1 Los orígenes

1. ¿De dónde se cree llegaron los primeros pobladores de América y cómo llegaron hasta aquí?
2. ¿Qué caracterizaba a estos primeros grupos de habitantes?
3. Mencione algunos productos originarios de las Américas.
4. ¿Qué fue la cultura Clovis y cuál fue su importancia?
5. ¿Qué importancia tuvo el descubrimiento del sitio arqueológico de Monte Verde en el sur de Chile?

I.2. Civilizaciones existentes a la llegada de los españoles

1. Mencione las tres grandes civilizaciones aborígenes encontradas por los españoles a su llegada y los pueblos que las componían.
2. Resuma lo encontrado por arqueólogos en la región del Alto Amazonas en el 2009.

A. Culturas de Mesoamérica

1. ¿Qué región comprende Mesoamérica?
2. Mencione algunos ejemplos de culturas mesoamericanas que precedieron a los mayas y aztecas.
3. En el 2007 y el 2008 respectivamente se descubrió que una de esas culturas realizaba sacrificios humanos y que los miembros de otra eran activos comerciantes. Mencione cuáles fueron esas dos culturas.
4. ¿Qué son las tlatlamiani?
5. ¿Qué es el Bloque de Cascajal y cuál es su importancia?

Los mayas

1. ¿De qué grupo aborigen eran descendientes los mayas?
2. ¿Eran los mayas un grupo homogéneo?
3. ¿Qué es lo más significativo del calendario maya?
4. ¿Cómo representaban los mayas los números?
5. Mencione las cuatro clases sociales en que se dividía la sociedad maya.
6. ¿Cuál era su organización política?
7. ¿Cuál era el rol de la mujer?
8. ¿En qué circunstancias podía la mujer ocupar cargos de poder?
9. ¿Qué caracterizaba al matrimonio como institución?
10. ¿En qué se basaba su economía?
11. ¿Utilizaron los mayas alguna moneda para comerciar?
12. ¿Cómo era su religión? Mencione algunos de sus dioses.
13. ¿Qué tipos de sacrificios y ofrendas hacían a sus dioses?
14. ¿Qué son los códices?
15. ¿Qué es el *Popol Vuh*?
16. ¿En qué artes se destacaron los mayas?
17. ¿Qué es *Rabinal Achí*?

Los aztecas

1. ¿De qué civilización es descendiente este grupo?
2. Describa la ciudad de Tenochtitlán.
3. Según la leyenda, ¿dónde debían construir los aztecas su ciudad?
4. ¿Qué diferencia existía entre el carácter de los mayas y el de los aztecas?
5. ¿En qué clases sociales se dividía el pueblo azteca?
6. ¿Cómo podían los esclavos obtener su libertad?
7. ¿Qué lugar ocupó la mujer azteca dentro de la sociedad?
7. ¿Cuál fue la importancia del mercado de Tlatelolco?
8. ¿Quién fue Huitzilopochtli?
9. ¿Qué tipo de escritura desarrollaron los aztecas?
10. ¿Qué importantes datos sobre los aztecas sacó a la luz el análisis de los Códices de Vergara y de Santa María Asunción hecho por las investigadoras María del Carmen Jorge y Jorge y Bárbara Williams?
11. Describa el juego de pelota que jugaban los aztecas.
12. Los aztecas hablan diversas variantes de ¿qué lengua?

B. Culturas andinas

1. ¿Qué es el complejo arqueológico de Chankillo?

Los incas

1. ¿Qué territorio abarcó el Imperio incaico?
2. ¿Cuál era la lengua oficial del imperio?
3. ¿Cómo lograron administrar tan vasto imperio?
4. ¿Qué es la Coya?
5. ¿Cómo se transmitía el poder?
6. Explique el poder paralelo que se establecía entre el Inca y la Coya a través del matrimonio.
7. Describa el sistema de clases sociales inca.
8. Explique la división política del imperio.
9. Describa el rol de la mujer en la sociedad.
10. ¿Quiénes eran las acllas y cuál era su rol? ¿Quiénes eran las vírgenes del sol?
11. ¿Qué adelantos lograron los incas en la agricultura?
12. ¿Quiénes estaban obligados a trabajar?
13. ¿Para qué utilizaban los animales que domesticaron?
14. ¿Quién era Viracocha?
15. Mencione algunos dioses incas.
16. Explique qué cosa eran el quipus y los chasquis y cómo estaban relacionados.
17. ¿En qué elementos de ingeniería se destacaron los incas?
18. ¿Qué desarrollo demostraron los incas en las ciencias médicas?

Los mapuches o araucanos

1. ¿Qué territorio ocupaban los mapuches a la llegada de los conquistadores?

2. ¿Cómo se enfrentaron a los españoles?

3. ¿Qué es un toqui y cómo fue elegido el primero? ¿Quién fue?

4. Explique la contradicción existente entre el puesto que ocupaba la mujer dentro de la sociedad mapuche y las labores que debía realizar.

5. ¿En qué se ve el carácter lúdico de los mapuches?

6. ¿De qué manera están integrados los mapuches hoy en día en la vida de Chile?

Los caribes

1. ¿De qué grupo eran descendientes los caribes y los taínos?

2. ¿En qué se diferenciaban los dos pueblos?

3. ¿Qué instrumentos utilizaban los caribes para cazar?

4. ¿Qué es el curare y para qué lo usaban?

5. ¿Cómo se manifestaba la ferocidad de los caribes?

Los taínos

1. ¿Qué región ocuparon los taínos?

2. ¿Qué significa el vocablo "taíno" en lengua arawak?

3. Explique la actitud con que los taínos recibieron a los conquistadores y por qué se produjo el cambio.

4. ¿Cómo comenzó la rebelión de los taínos en Puerto Rico?

5. ¿En qué se diferenciaban los taínos del Sapa Inca?

6. ¿Cree Ud. que la mujer tenía un rol importante en la sociedad taína? ¿Por qué?

7. ¿Dónde realizaban los taínos sus ceremonias religiosas?

8. ¿Con qué fin cultivaban el algodón?

9. ¿Cómo se organizaba el trabajo?

10. ¿Qué eran los cemíes?

11. ¿Cuál era el símbolo de la fertilidad para los taínos?

12. Mencione sus tres deidades más importantes.

13. Explique la ceremonia del areyto.

I.3. Situación general de las poblaciones indígenas latinoamericanas en el presente

1. ¿A cuánto asciende la población de origen indígena latinoamericana en los años 2000 y qué porcentaje vive en extrema pobreza?

2. Comente las razones para esta situación.

3. ¿Qué propuso en el 2007 el "Informe de Oportunidades Económicas para los Indígenas de Latinoamérica" para ayudar a la solución de este problema?

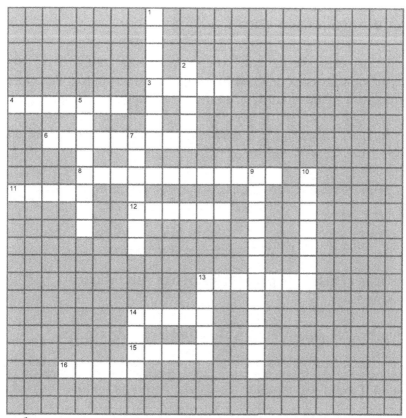

Horizontales

3. Animal que servía a los incas para el transporte
4. Dios taíno de la ira
6. Indígenas que poblaban el sur de Chile y parte de Argentina
8. Dios azteca representado como serpiente emplumada
11. Cuerdas que servían para archivar datos entre los incas
12. Veneno con que los caribes untaban las flechas
13. Libros hechos de corteza de árbol o piel de animal
14. Cultura más avanzada de la región andina
15. Significa noble, bueno, selecto
16. Curandera mapuche

Verticales

1. Dios del viento de los mayas
2. Descendientes de los olmecas
5. Mensajeros incas
7. Segunda gran cultura de Mesoamérica
9. Nombre dado por los incas a su imperio
10. Única tribu antropófaga
13. Capital del imperio inca
14. Dios del sol de los incas

Solución: p. 537

Utilice el siguiente banco de palabras para contestar las preguntas y luego vuelva a la sección **¿Cuánto sabemos?** al comienzo del capítulo para comparar sus respuestas antes de estudiar el capítulo y después.

lenguas, antropófagos, politeístas, incas, nómadas, la pelota, ciudadanía, Centroamérica, aborígenes, belicoso

1. Los primeros habitantes de las Américas no fueron grupos sedentarios sino _____.

2. Un sinónimo de Mesoamérica es _____.

3. El tabaco, el maíz, las papas y los frijoles son productos _____ de las Américas.

4. El quechua, el aimara, el arawak son ejemplos de algunas _____ indígenas.

5. Machu Picchu es también conocida como la ciudad sagrada de los _____.

6. El juego de _____ en diversas variantes fue practicado por la mayoría de las civilizaciones prehispánicas.

7. Los aztecas se distinguieron por su carácter _____ y los sacrificios humanos que hacían a sus dioses.

8. De las culturas prehispánicas, sólo los caribes eran _____.

9. Hoy en día, los descendientes de los mapuches tienen _____ chilena.

10. Las civilizaciones prehispánicas creían en diversos dioses, eran _____.

Más allá de los hechos: temas para pensar, investigar, escribir y conversar

1. Establezca similitudes y diferencias entre las civilizaciones prehispánicas estudiadas en cuanto a organización política y social, religión, economía y desarrollo de las artes.

2. Partiendo del grado de desarrollo que tenían estas civilizaciones a la llegada de los europeos, imagine cómo serían éstas hoy en día si no se hubiera producido el descubrimiento.

3. ¿Qué relación se puede establecer entre estas civilizaciones y nuestras sociedades hoy en día con respecto a la vida social, política y religiosa?

4. Compare y contraste la situación de la mujer dentro de las sociedades prehispánicas con la situación actual de la mujer en nuestras sociedades.

5. ¿Cuál es el peso de la religión en la estructura social de las culturas prehispánicas? ¿Existe algún paralelo con el peso de la religión en la sociedad en el presente?

6. Compare y contraste el rol de las diversiones y los deportes en las sociedades prehispánicas con el rol de los mismos en nuestras sociedades.

7. Partiendo de *La Araucana* y del *Diario de Cristóbal Colón*, compare a los mapuches con los taínos tanto físicamente como en su carácter y personalidad.

CAPÍTULO II
De los imperios indígenas a los virreinatos de la conquista y colonización

¿Cuánto sabemos?

I. Conteste las siguientes preguntas y luego compare sus respuestas con un compañero/a de clase. Cuando termine de estudiar el capítulo, después de completar la sección **¿Cuánto sabemos ahora?,** vea cuáles de sus respuestas iniciales estaban correctas.

1) Cristóbal Colón, el descubridor de América, era de origen español:

Cierto o Falso

2) Los reyes españoles al momento del descubrimiento eran: _____.

3) El primer territorio al que llegó Colón en su primer viaje fue:
- a) Colombia
- b) México
- c) San Agustín, la Florida
- d) San Salvador, Las Bahamas

4) Cristóbal Colón hizo un total de cuatro viajes al Nuevo Mundo:

Cierto o Falso

5) La única razón por la cual los indígenas desaparecieron fue porque murieron en las guerras de resistencia contra la colonización española:

Cierto o Falso

6) En Brasil se habla:
- a) español
- b) portugués
- c) inglés
- d) brasileño

7) En todos los países de Sudamérica se habla español:

Cierto o Falso

II. Empareje:

_____ 1. Hernán Cortés

A.   Hijo de español nacido en América

_____ 2. Francisco Pizarro

B. Leyenda sobre riquezas en el Nuevo Mundo

_____ 3. Moctezuma

C. Visión antiespañola de la conquista

_____ 4. Fernando de Magallanes

D. Descubrió el estrecho que lleva su nombre

_____ 5. El Dorado

E. Conquistador del Perú

_____ 6. Criollo

F. Emperador azteca a la llegada de los españoles

_____ 7. Leyenda negra

G. Conquistador de México

CAPÍTULO II
De los imperios indígenas a los virreinatos de la conquista y colonización

II.1. El descubrimiento

El 12 de octubre de 1492, bajo los auspicios de los reyes de España, Fernando de Aragón e Isabel de Castilla, el navegante genovés Cristóbal Colón tocó tierra americana. Desembarcó en Guanahaní, isla del archipiélago de Las Bahamas habitada por los taínos, a la cual le dio el nombre de San Salvador. Como Colón había salido rumbo a las Indias, al llegar a esta isla creyó haber llegado a su destino y por ello llamó "indios" a sus habitantes.

El descubrimiento

Ante la actitud de estupefacción y la conducta de mansedumbre de los habitantes de la isla, Colón tomó posesión de la misma en nombre de los monarcas españoles. Sobre este momento histórico nos dice Hernando Colón en su libro sobre su padre *Vida del almirante don Cristóbal Colón*: "Concurrieron muchos indios a esta fiesta y alegría, y viendo el Almirante que era gente mansa, tranquila y de gran sencillez, les dio algunos bonetes rojos y cuentas de vidrio, las que se ponían al cuello; y otras cosas de poco valor, que fueron más estimadas por ellos que si hubieran sido piedras preciosas de mucho precio" (Hernando Colón 1947: 91).

Esta actitud de docilidad se repitió en los naturales de todas las islas descubiertas por Colón en su primer viaje. Por su apariencia física tan diferente: tez clara y no cobriza, barbudos y no lampiños, completamente cubiertos de ropa y no desnudos, los indígenas pensaron que los españoles eran seres divinos, opinión que reafirmaron cuando éstos les mostraron el poder de sus armas. Las armas de fuego provocaron en los naturales una peculiar mezcla de pavor y asombro puesto que les eran desconocidas.

Cuentan las crónicas que Guacanagarí, cacique de La Española, y el primero en entrar en tratos con los españoles, al escuchar el ruido de un cañonazo que Colón hizo disparar en su honor, exclamó que no le quedaba la menor duda de que los hombres blancos eran en efecto de origen divino pues sus manos estaban armadas de trueno y el trueno les obedecía.

Colón llegó a La Española el 6 de diciembre, poco más de un mes después de haber descubierto la isla de Cuba el 28 de octubre. Acompañado de varios indígenas que le servían de guías, el Almirante había dejado la isla de San Salvador con el fin de encontrar el lugar donde se hallaban las minas de oro, codiciado metal que había visto en adornos utilizados por los indios para quienes el mismo no tenía ningún valor extraordinario. En su informe a los Reyes, decía el Almirante que los nativos eran el pueblo más afable y bondadoso de la tierra.

Cuando la Santa María, una de las tres naves con que Colón realizó su primer viaje naufragó en las costas de La Española el 24 de diciembre, día de Navidad, el cacique Guacanagarí y sus hombres lo ayudaron a traer a tierra algunas de sus pertenencias y parte de la madera de la nave. Con la madera Colón dio orden de que se construyera un fuerte al que pusieron por nombre fuerte de la Navidad. Ésta fue la primera empresa de colaboración entre conquistadores y nativos que se produjo en el Nuevo Mundo. Al regresar a España para presentar su informe a los Reyes, treinta y nueve de los ochenta hombres que habían embarcado con él en el Puerto de Palos quedaron en el fuerte. Con ello Colón pensaba dar comienzo a la colonización de las nuevas tierras a nombre de los monarcas católicos.

Para que Guacanagarí no quedara preocupado por la presencia de extranjeros sobre su tierra, el Almirante se aprovechó de la rivalidad existente entre los pacíficos taínos y los guerreros caribes. Según les habían explicado los taínos por señas, y mostrándoles las cicatrices que tenían en el cuerpo, ellos eran atacados a menudo por otros indígenas que venían de otras islas en sus canoas y les robaban sus mujeres para convertirlas en esclavas. Los caribes eran temidos también por practicar la antropofagia. Colón le aseguró entonces a Guacanagarí que los españoles permanecían en la isla para defenderlo a él y a sus hombres de sus enemigos caribes mientras él regresaba a España a buscar más cuentas de colores y otras cosas de su gusto para traerles de regalo.

Los planes del Almirante, sin embargo, no resultaron como éste lo esperaba ya que tan pronto Colón dejó la isla en enero de 1493 sobrevino el caos. A la amabilidad de los indios, los españoles respondieron con abuso y maltrato. La codicia los llevó a pelearse entre sí por el oro y las mujeres. Unos abandonaron el fuerte en busca de las minas y fueron asesinados por Canoabó, cacique de la región donde éstas estaban localizadas. Luego, Canoabó y sus hombres atacaron el fuerte e incendiaron las casas. Los diez españoles que allí quedaban estaban durmiendo, y al despertarse durante el ataque, huyeron hacia el mar pereciendo ahogados.

Mientras tanto, en España, Colón preparaba junto a Isabel y Fernando su segundo viaje al Nuevo Mundo. Para los Monarcas, este segundo viaje representaba sentar las bases de un poderoso imperio. Sin embargo, a pesar de que Colón logró fundar este imperio, no es a él, sino al navegante italiano Américo Vespucio, a quien se le acredita el haber sido el primero en afirmar que estas tierras no eran parte de Asia, sino un mundo nuevo. Es por ello que se les dio el nombre de América.

Colón regresó a América no solamente con el encargo de establecer poblados, colonizar las tierras y extraer riquezas para beneficio de la Corona, sino también de ejercer su poder sobre los habitantes y convertirlos en buenos cristianos y sumisos súbditos. Cuando el Almirante llegó de regreso a La Española meses más tarde convertido en virrey y gobernador por gracia de los Reyes Católicos, encontró todo destruido y sus hombres muertos.

Sin perder la calma, Colón decidió buscar un lugar más hospitalario donde fundar un poblado, lo que hizo muy cerca de donde estaban las grandes minas de oro. Llamó a este pueblo Isabela, en honor a la reina Isabel. Más adelante, para protección, hizo construir otro fuerte al que llamaron el fuerte de Santo Tomás. Frente a las ruinas de Isabela, destruida por las luchas entre españoles e indígenas, se fundó en 1496 Santo Domingo, hoy capital de la República Dominicana, la ciudad hispánica más antigua del nuevo continente.

Dos otros viajes hizo Colón al Nuevo Mundo, en 1498 y en 1502. En 1508 fundó el poblado de Villa Caparra en lo que hoy conocemos como Puerto Rico, primer asentamiento español en la isla que había sido descubierta en 1493. El primer gobernador de Puerto Rico lo fue Juan Ponce de León, nombrado en 1509, quien gobernó hasta el 1513 cuando abandonó la isla en busca de la famosa fuente de la juventud, y en su búsqueda, descubrió La Florida.

Juan Ponce de León

Los primeros poblados en la isla de Cuba: Baracoa, Santiago de Cuba y La Habana se establecieron entre 1511 y 1514. Con su fundación dio comienzo la colonización española en América.

II.2. Conquista y colonización

Excepto el territorio del Brasil que era colonia portuguesa, durante el siglo XVI las tierras del llamado Nuevo Mundo hicieron del Imperio español el más grande de la época. Las leyendas de riquezas y lugares legendarios como la de las siete ciudades de Cíbola con sus calles cubiertas de joyas y piedras preciosas, o la de El Dorado, o la de la maravillosa fuente de la juventud cuyas aguas rejuvenecían por la eternidad a quien las bebiera, dieron una dimensión mítica a la conquista y colonización. Fue un proceso complejo y arduo y en el mismo participó una representación bastante amplia de la sociedad española: soldados, marineros, comerciantes, religiosos (encargados tanto de la educación del alma como de la formación intelectual), campesinos, agricultores, aventureros e incluso delincuentes. Sin embargo, más que cumplir el encargo de los Reyes de colonizar las tierras y ganar almas para la fe católica, predominó en los colonizadores un desmesurado espíritu de codicia y un desenfrenado interés de enriquecimiento instantáneo y fácil.

Cuando comenzó a escasear el oro que poseían los indios y que habían entregado voluntariamente a los españoles (o que en algunos casos les fue quitado por la fuerza) los colonizadores impusieron en los aborígenes el trabajo forzado. Con la explotación de las minas en las Antillas Mayores, los beneficios para la corona se triplicaron, pero la riqueza de las minas fue diezmando. Esta situación provocó cambios en la conformación de la población de las colonias, así como en la actividad económica en las mismas. Dado que los yacimientos de oro estaban casi agotados se comenzó a desarrollar la agricultura, sobre todo la siembra de las grandes plantaciones de caña de azúcar, y también la ganadería. Los indígenas, acostumbrados a una vida de labranza y de caza y pesca de supervivencia, no pudieron soportar las duras jornadas de trabajo a las que fueron sometidos. Tampoco sobrevivieron a las enfermedades traídas por los europeos a América a las que su cuerpo no era inmune. (Entre el 1518 y el 1519 hubo una gran epidemia de viruela que cobró la vida de miles de habitantes, la mayoría indígena). Para reemplazar esta falta de mano de obra, se introdujeron entonces esclavos africanos.

Los primeros esclavos se introdujeron muy tempranamente, en el 1502, en la isla de La Española, pero en 1530 ya la práctica se había institucionalizado en todo el Caribe, y a medida que avanzaba la conquista de los territorios de América del Sur, también se fue propagando en aquellas zonas donde se necesitó mano de obra para la minería y la agricultura. Un ejemplo claro del desproporcionado aumento de la población esclava en el Caribe a lo largo del siglo XVI y la gradual desaparición de la población indígena resulta el caso de Puerto Rico, donde de acuerdo a un censo ordenado por el gobierno español de la época, en el 1530 había 327 blancos, 1.148 amerindios y 2.292 esclavos. Setenta años más tarde, en el 1600, la población amerindia había prácticamente desaparecido del Caribe hispano.

Durante los siglos que duró la conquista y colonización del continente las islas de las Antillas, por su estratégica posición geográfica, sirvieron de área de abastecimiento para los galeones que partían en expediciones hacia México, sur de Norte América, Centro y Sudamérica, así como de punto de escala para aquellos que regresaban a España cargados con las riquezas de América.

Cuatro importantes momentos marcan el periodo de conquista y cuatro el de colonización de la llamada tierra firme, es decir tierra continental:

1. La conquista de México por Hernán Cortés (1519, entrada a Tenochtitlán, 1521 conquista definitiva) y el sucesivo establecimiento del Virreinato de Nueva España en 1535.

2. La conquista del Perú por Francisco Pizarro (1535) y el establecimiento del Virreinato del Perú en 1542.

3. La conquista del norte de Sudamérica, región conformada hoy día por Colombia, Venezuela, Panamá y Ecuador, por Gonzalo Jiménez de Quesada (1538) y el establecimiento del Virreinato de Nueva Granada en 1717.

4. La conquista de la parte sur de Sudamérica, región conformada hoy por Chile, Argentina y Paraguay, por Pedro de Valdivia (1541), Pedro de Mendoza (1536) y Juan Salazar de Espinosa (1537) respectivamente y el establecimiento del Virreinato del Río de la Plata en 1776.

II.3. La conquista de México y el establecimiento del Virreinato de Nueva España

Hernán Cortés, quien ha pasado a la historia como "el conquistador de México", zarpó de Cuba en 1518 para conquistar el gran imperio indígena del cual había traído noticias Juan de Grijalva quien había explorado la costa de la península de Yucatán un año antes. El gobernador de Cuba, Diego Velázquez, le encargó esta empresa a Cortés, pero al ver el gran interés que éste ponía en la misma comenzó a sospechar que sus intenciones eran más bien de <u>enriquecimiento</u> personal, y decidió relevarlo de su puesto. Mas, antes de que pudieran cumplirse las órdenes de Velázquez, Cortés le ordenó a su tripulación partir de Cuba precipitadamente. Llegaron a la isla de Cozumel, donde rescataron a otro español, Jerónimo de Aguilar, quien había aprendido la lengua maya durante sus años de <u>cautiverio</u>. Con él llegaron hasta la península de Yucatán donde se enfrentaron por primera vez a los indígenas. Gracias al miedo que causaron en estos últimos las armas de fuego y los caballos, desconocidos para ellos, pudieron vencerlos fácilmente.

Como era la costumbre, el pueblo derrotado le hizo entrega a Cortés de veinte jóvenes y hermosas princesas entre ellas Malinali o la Malinche, quien se convirtió rápidamente en uno de los intérpretes de Cortés gracias a su dominio de la lengua maya así como del náhuatl, conocimiento lingüístico que se enriqueció rápidamente con su aprendizaje del español. Princesa azteca, Malinali había sido vendida por sus padres a un cacique de Tabasco, pueblo del que aprendió el maya. Con el tiempo fue convertida al catolicismo donde adquirió el nombre de doña Marina y pasó a ser amante de Cortés de quien tuvo un hijo ilegítimo. Por su conversión al cristianismo y los servicios prestados a los conquistadores el pueblo mexicano ve en la Malinche el símbolo de la traición.

La Malinche y Cortés

La noticia de la llegada a tierras mexicanas de estos hombres barbudos de tez clara llegó hasta Tenochtitlán, capital del imperio azteca, a oídos del emperador Moctezuma II. Éste pensó que se trataba de Quetzalcoátl y sus hombres ya que según la profecía, los mismos habían jurado regresar ese año por el Este, lado por el que nace el sol, para vengarse por haber sido enviados al exilio varios siglos antes. Desde que supo de su llegada, Moctezuma envió mensajeros donde Cortés para ofrecerle, en señal de paz, que abandonaran sus tierras a cambio de todo el oro y la plata que quisieran. Sin embargo, no se atrevió a luchar contra ellos.

Cortés, quien ya había escuchado de las enormes riquezas que se encontraban al interior del país ordenó, a sus hombres marchar hacia Tenochtitlán. Como algunos de éstos, fieles a Diego Velázquez no querían reconocerlo como líder de la expedición y se negaron a avanzar, hizo quemar los barcos para impedirles el regreso a Cuba. En su recorrido hacia Tenochtitlán, Cortés fue estableciendo alianzas con las tribus que encontraba a su paso, algunas vencidas por las armas, otras porque, agobiadas por los tributos que les habían sido impuestos, se unían a los españoles para luchar contra el Imperio azteca opresor, renunciando incluso a sus dioses y creencias religiosas por orden de Cortés.

La entrada de Cortés y sus hombres a Tenochtitlán fue triunfal, y Moctezuma los recibió con el más grande respeto, besando su propia mano con la que antes había tocado el suelo, como era la costumbre, para agasajar a huéspedes de honor. Ante los ojos admirativos del pueblo azteca, Moctezuma y Cortés y sus hombres, se dirigieron juntos al interior de la ciudad donde los españoles fueron acomodados en el palacio de Axayacatl, el padre de Moctezuma.

Mapa de Tenochtitlán

Los primeros días Cortés y sus hombres aprovecharon para conocer la ciudad quedando enormemente impresionados por la riqueza y colorido del mercado que cada cinco días florecía con los más variados productos venidos de todas partes del Imperio. De pronto, llegaron noticias de problemas en la costa: Cualpopoca, gobernador representante de Moctezuma en la zona, había entrado en guerra contra los españoles y varios de ellos habían muerto. La reacción de Cortés frente a esta situación fue ir a exigirle cuentas a Moctezuma, y a pesar de éste negar su relación con el incidente, Cortés decidió tomarlo como rehén para garantizar su propia protección y la de sus hombres. Éste fue el comienzo del fin del poderío de Moctezuma, y su pérdida de confianza a los ojos del pueblo azteca, pues aunque le era permitido moverse con libertad en el interior del palacio donde Cortés lo mantenía guardado, al salir por la ciudad iba siempre acompañado de soldados españoles lo que lo hacía aparecer como el prisionero que realmente era. Cuando Cualpopoca y sus hombres fueron traídos a Tenochtitlán por orden de Moctezuma para ser juzgados, y fueron condenados a la hoguera, Moctezuma fue encadenado por ser considerado cómplice.

Cortés sabía muy bien que para poder dominar al pueblo azteca y proclamarse gobernador general de México debía lograr dos cosas: que reconocieran al emperador Carlos V como su jefe máximo y que abrazaran la fe cristiana. Moctezuma fue entonces llevado, a pesar suyo, a reconocer a Carlos V como su rey, basado en la profecía sobre Quetzalcóatl, y a convencer a su pueblo de que también lo aceptara y le pagara tributo siguiendo su propio ejemplo. Sus hombres, acostumbrados a obedecerle en todo, se convirtieron de este modo en vasallos del rey español. El paso siguiente fue la cristianización, y a pesar de la oposición de Moctezuma las figuras de los dioses aztecas fueron destruidas y reemplazadas por altares cristianos donde sobresalían las imágenes de la Virgen y de otros santos.

Cortés tuvo noticias de que había llegado a Vera Cruz, ciudad que él había fundado en la costa, una expedición con Pánfilo de Narváez a la cabeza quien venía con órdenes de Diego de Velázquez de tomar preso a Cortés y llevarlo de regreso a Cuba. Cortés se vio entonces en la necesidad de partir hacia la costa para detener el avance de Narváez dejando a Pedro de Alvarado al mando de Tenochtitlán. En la costa, Cortés venció a Narváez y reclutó sus hombres para su causa. Mientras tanto, en Tenochtitlán, para desgracia de Cortés, Alvarado, quien no poseía su calculadora calma, temiendo un ataque de los aztecas, atacó primero dejando una verdadera masacre la que desató la guerra tan temida por Cortés como por Moctezuma.

De regreso de la costa, Cortés le pidió a Moctezuma que le hablara a su gente y les ordenara dejar de combatir para que los españoles pudieran abandonar la ciudad. Moctezuma le habló a su pueblo, y mientras lo hacía, llovieron flechas y piedras que aunque destinadas a los españoles que lo acompañaban, lo hirieron gravemente provocándole la muerte tres días más tarde. Cuitláhuac, hermano de Moctezuma, quien había sido elegido su sucesor, comenzó su reinado, el cual no duró sino ochenta días. A su muerte le sucedió Cuauhtémoc, sobrino de Moctezuma, quien fue el último emperador azteca y quien murió a manos de los españoles.

Cortés y sus hombres abandonaron sigilosamente la ciudad la noche del treinta de junio de 1520 llevando consigo los tesoros amasados en esos ocho meses y aunque el mismo Cortés y sus hombres más cercanos lograron salir con vida, las pérdidas humanas, de animales y del tesoro fueron tan cuantiosas que la noche de la retirada de Tenochtitlán pasó a la historia con el nombre de la noche triste. Les tomó alrededor de un año juntar los hombres y las armas y elaborar las estrategias necesarias para conquistar definitivamente la ciudad, lo que lograron el trece de agosto de 1521.

Batalla entre españoles e indígenas

Cortés fue finalmente nombrado gobernador de México el 15 de octubre de 1522 y le dio el nombre de Nueva España al territorio por el parecido con el paisaje español, pero no sería hasta 1535 que el Virreinato de Nueva España sería establecido. Ya en esta época los territorios centroamericanos que ocupan hoy en día Guatemala, El Salvador, Nicaragua, Honduras y Costa Rica habían sido conquistados e incorporados al virreinato, el que por el norte llegó a incluir gran parte de la zona occidental de los actuales estados de California, Texas, Nuevo México, Arizona, Utah, Nevada y parte de Colorado. Aunque las aguas del golfo de México y del mar Caribe o de las Antillas estaban bajo la jurisdicción del Virreinato de Nueva España, el territorio de las Antillas Menores y Mayores no fue parte de este virreinato. Éstas estuvieron bajo la jurisdicción de la Capitanía General de Cuba. El virreinato terminó tres siglos más tarde, en 1821, con el advenimiento de la independencia.

II.4. La conquista del Perú y el establecimiento del Virreinato de Nueva Castilla o del Perú

Luego del establecimiento del Virreinato del Río de La Plata

Tras varias expediciones, en 1532 Francisco Pizarro fundó San Miguel de Piure, primera ciudad española en el Perú, y obtuvo autorización oficial de Carlos V para conquistar y colonizar ese territorio al que se denominó Nueva Castilla.

Por estos años el Imperio incaico estaba dividido. A la muerte, en 1525, del emperador Huayna Cápac quien había llevado el imperio a lo más alto de su desarrollo, éste quedó dividido entre sus dos hijos: Huáscar y Atahualpa. En su lucha por el poder total Atahualpa y Huáscar se enfrentaron en fratricida guerra. Huáscar resultó vencido; Atahualpa lo hizo prisionero en 1530. Sin embargo, Atahualpa logró disfrutar de su triunfo por muy poco tiempo pues en 1532 se vio obligado a enfrentarse a Pizarro y sus hombres quienes a su vez lo tomaron preso a él.

Atahualpa

unfounded suspicion that they were plotting

Como los seguidores de Huáscar habían unido fuerzas con los españoles en contra de Atahualpa, éste ordenó matar a su hermano Huáscar, el que murió ahogado. Luego, intentó comprar su libertad ofreciéndole a Pizarro llenar el cuarto donde se encontraba prisionero con oro y dos otros cuartos con plata a cambio de que le dejaran libre, pero fue ejecutado en 1533 por una sospecha infundada de que estaba complotando en contra de Pizarro. Con la muerte de Atahualpa, último emperador inca, dio comienzo la colonización española en esas tierras.

Ejecución de Atahualpa

Pizarro nombró emperador en primer lugar a Túpac Huallpa, quien murió en 1533 y en 1534 a Manco Cápac II (también conocido como Manco Inca), pero en realidad eran siempre los españoles quienes mantenían el control del imperio. El mismo año en que se estableció el Virreinato de Nueva España, 1535, se fundó la ciudad de Lima, hoy capital del Perú, y con ello se asentaron las bases de la colonización. *Mistreated and used as a puppet*

Al verse maltratado y utilizado como marioneta, en 1536 Manco Cápac II organizó la rebelión para restaurar el Tahuantinsuyo, pero a pesar de su lucha no logró hacerlo: por un lado, muchos de los guerreros incas murieron a causa de la viruela y por otro, los españoles consiguieron aliados entre algunos grupos indígenas que estaban cansados del dominio inca. Manco Cápac II se retiró entonces a Vilcabamba y trasladó allí la capital del imperio, pero en 1537 Pizarro nombró emperador en el Cusco a Paullu Inca, medio hermano de Manco Cápac II. En 1544 Manco Cápac II fue asesinado.

En el año 2004, un equipo arqueológico dirigido por el peruano Guillermo Cock descubrió en un cementerio inca en Lima, (entre miles de cuerpos descubiertos en el 2002) el esqueleto de un joven indígena de entre 18 a 22 años muerto por bala de arcabuz, la más avanzada arma de fuego europea del siglo XVI. Junto a éste encontraron otros 71 cuerpos enterrados igualmente a poca profundidad, sin ofrendas y sin los ritos tradicionales de

killed by bullet arquebus

advanced arm of fire

la cultura inca que exigían el que los muertos fueran sepultados sentados, dentro de fardos y orientados hacia el Este, lado por donde nace el sol. Mostraban indicios de lesiones resultado de una lucha violenta; en algunos cuerpos las heridas parecían haber sido causadas por armas europeas y en otros por flechas o lanzas. La teoría de los investigadores es que estos cuerpos pertenecerían a guerreros incas de los que se rebelaron en 1536 e intentaron recuperar la recién establecida ciudad de Lima.

Cráneo de joven inca herido por bala de arcabuz

El deseo de poder y la ambición de riquezas que caracterizaban a estos conquistadores no tenían límites. En 1535 Diego de Almagro, compañero de Pizarro en la conquista del Perú, realizó una expedición hacia el sur, hacia Chile. Al no encontrar las minas de oro y plata que esperaba regresó al Perú y a su regreso se enfrascó en una lucha por el poder con Pizarro. Como había sucedido años antes entre Huáscar y Atahualpa, Pizarro y Almagro no lograron unir esfuerzos para triunfar y ambos murieron ejecutados a manos del enemigo: Almagro en 1538, en 1541 Pizarro. En 1542 es creado, por orden real, el Virreinato del Perú cuyo primer virrey es Blasco Núñez de Vela quien llega a Lima en 1544.

Blasco Núñez de Vela, primer virrey

El virrey, como su nombre lo indica, el representante del rey en estas tierras, trata de imponer el cumplimiento de unas leyes promulgadas en España llamadas las leyes nuevas, destinadas a poner fin al abuso cometido contra los indígenas en territorios de América, pero los conquistadores cegados por la avaricia y el hambre de riquezas no lo permitieron. En 1545 descubrieron las minas de plata de Potosí cuya explotación se llevó a cabo gracias a la utilización forzosa de mano de obra indígena. Las riquezas del Perú eran tan cuantiosas que en el idioma español ha quedado la frase: "esto vale un Perú" para describir algo que tiene mucho valor. En 1548 el virrey es asesinado y el país comienza a vivir un nuevo periodo de extremada violencia. No es sino hasta 1555, bajo el mandato de Andrés Hurtado de Mendoza, que el panorama comienza a cambiar y una era de prosperidad y paz comienza a vislumbrarse.

El Virreinato del Perú llegó a abarcar todo el continente sudamericano, excepto Brasil, las Guayanas y la costa del Caribe en Venezuela. A lo largo del siglo XVIII, se fueron produciendo cambios en las fronteras territoriales y el Virreinato del Perú perdió parte de sus territorios con el establecimiento de los virreinatos de Nueva Granada y del Río de la Plata quedando en la práctica con el territorio de lo que hoy es Perú.

II.5. El establecimiento del Virreinato de Nueva Granada

El Virreinato de Nueva Granada como tal, que abarcó la región conformada actualmente por Panamá (hoy parte de Centro América), Colombia, Venezuela, y Ecuador se funda en 1717. Sin embargo, esos territorios habían sido explorados y colonizados desde mucho antes con la fundación de importantes ciudades como Santa María la Antigua del Darién, Panamá, en 1510; Santa Marta (1525), Cali (1536) y Bogotá (1538) en Colombia; Quito (1534) y Guayaquil (1535) en Ecuador.

El Virreinato fue suprimido en 1723 para ser restablecido definitivamente en 1739. La importancia de este virreinato para la corona española durante el siglo XVIII fue doble. En primer lugar, las minas de oro en la región eran cuantiosas y la situación económica por la que atravesaba la corona española en esa época era precaria. Fue en esta región, en específico en los alrededores de Bogotá, que los conquistadores localizaron la leyenda de El Dorado. Según la mitología de los indígenas que habitaban la zona, había un cacique tan rico que solía cubrir su cuerpo con polvo de oro durante los festivales anuales. Los conquistadores trataron de encontrar el imperio de este cacique sin éxito alguno, pero al igual que la expresión "esto vale un Perú" está enraizada en hechos históricos, la leyenda de El Dorado ha pasa-

77

do a simbolizar en español cualquier lugar donde se consigan riquezas de una manera fácil.

El segundo aspecto de considerable importancia fue la privilegiada situación geográfica de esta región pues permitía el acceso a dos océanos: el Pacífico y el Atlántico. Además servía de conexión entre Centro y Sudamérica. Por representar la puerta de entrada a los territorios más ricos en oro, plata y piedras preciosas esta región costera servía como bastión amurallado para protegerse de ataques de piratas y corsarios ingleses, franceses y holandeses que luchaban por apoderarse de parte de las inmensas riquezas que transportaban los galeones españoles.

II.6. El establecimiento del Virreinato del Río de la Plata

Aunque el establecimiento oficial del Virreinato del Río de la Plata (en la actualidad territorios de Bolivia, Chile, Paraguay, Uruguay y Argentina) no se produjo sino hasta 1776, la exploración y conquista de la parte sur del continente suramericano comenzó un poco antes de la conquista de México, en 1516, año en que Juan Díaz de Solís descubrió el Río de la Plata. Esta expedición fue seguida por la de Fernando de Magallanes quien navegando hacia el sur por toda la costa atlántica del continente llegó hasta el estrecho donde las aguas del océano Atlántico y el Pacífico se confunden. La expedición, compuesta de cinco naves y 250 hombres, partió de España en 1519; el 21 de octubre de 1520 entraron en aguas del estrecho que hoy lleva el nombre de su descubridor y en 1521 Magallanes murió en una isla de Filipinas combatiendo contra los indígenas sin poder completar su hazaña de circunnavegar el globo. Ésta fue completada por su contramaestre Juan Sebastián Elcano quien, con apenas una sola nave y dieciocho hombres, regresó a España en 1522.

Como ya sabemos, en 1535 Diego de Almagro partió desde el Perú hacia el sur en busca de más riquezas, pero no logró establecer ningún asentamiento debido a la valentía con que los mapuches defendían sus tierras y también al hecho de que los hombres que le acompañaban quedaron muy decepcionados al no encontrar la cantidad de metales preciosos que esperaban. Un año después, en febrero de 1536 Pedro de Mendoza estableció un fuerte en lo que hoy conocemos como Buenos Aires y en 1537, uno de sus hombres, Juan Salazar de Espinosa fundó la ciudad de Asunción, hoy en día capital de Paraguay.

No fue sino hasta 1539 que se organizó una nueva expedición para salir a conquistar territorio chileno, comandada por Pedro de Valdivia. En febrero de 1541 llegaron al valle de un río, el Mapocho, y considerando Valdivia que el río podría servir de barrera natural para protegerse de los ataques indígenas fundó allí la ciudad de Santiago de la Nueva Extremadura, hoy Santiago de Chile, capital del país. En 1550 y 1552 fueron fundadas otras ciudades en territorio chileno: Concepción y Valdivia respectivamente. La previsión de Valdivia al fundar Santiago fue, en efecto, lo que salvó la ciudad de ser destruida cuando, durante el levantamiento mapuche de 1553, Valdivia fuera asesinado y la mayoría de las ciudades fueran arrasadas en lo que representó el comienzo de una guerra entre españoles e indígenas que se prolongó hasta 1881 cuando se firmó un tratado que selló la pacificación de la Araucanía, nombre dado por los españoles a esa región de Chile.

La primera etapa de esta lucha fue recogida por el militar y escritor español Alonso de Ercilla en su poema épico *La Araucana* en el que describe la valentía del pueblo mapuche, bautizado araucano por los españoles, al resistir la conquista gracias a las hazañas de los líderes Caupolicán y Lautaro. Lautaro, jefe mapuche, de joven trabajó como caballerizo de Valdivia, pero regresó con los suyos y organizó la insurrección usando como estrategia el ataque escalonado de grupos diferentes en oposición al ataque frontal de un solo cuerpo militar en lo que corresponde a la primera guerra de guerrillas en el continente.

Lautaro

El movimiento hacia el sur se fue consolidando. Es evidente que con la exploración y colonización de todo el cono sur la Corona española quería resistir la avanzada de los portugueses, quienes tenían bajo su dominio la gran región del Brasil, así como contrarrestar las incursiones de flotas inglesas, francesas y holandesas que pretendían romper el monopolio comercial que los españoles tenían con sus colonias gracias al contrabando. Sólo así podrían afirmar su hegemonía sobre el continente sudamericano.

Más adelante fueron fundadas otras ciudades en lo que es hoy Argentina. Córdoba y Santa Fe se fundaron en 1573, y en 1580, Juan de Garay dirigió el establecimiento definitivo de la ciudad de Buenos Aires, la que había sido fundada como un fuerte en 1537 y abandonada cinco años después debido, principalmente, a la hostilidad de los indígenas y a la imposibilidad de los españoles de conseguir víveres (alimentos).

Para el año 1620 toda la región del Río de la Plata hacía oficialmente parte del Virreinato del Perú. Sin embargo, para poder realizar sus objetivos de control sobre tan vastos y variados territorios y defenderlos del avance portugués, no bastaba simplemente con seguir avanzado, y el monarca español Carlos III se vio en la necesidad de hacer una redistribución territorial, como lo hiciera Felipe V en 1717 cuando estableció el Virreinato de Nueva Granada. Así, en 1776 quedó establecido el Virreinato del Río de la Plata, el que comprendió el territorio ocupado actualmente por Argentina, Bolivia, Paraguay, Uruguay, el sur de Brasil y la zona norte de Chile y cuyo primer virrey fue Pedro Antonio de Cevallos. El hacer de Buenos Aires, ciudad puerto, la capital del virreinato, favoreció el desarrollo de ese territorio.

A. Vida durante la época colonial

Desde su posición etnocentrista europea, al confirmar que no habían llegado a las Indias, sino a nuevas tierras desconocidas para los europeos, los españoles se vieron a sí mismos como los "descubridores" de un nuevo mundo, y se adjudicaron el rol de introducir este mundo y sus habitantes a la historia de la humanidad tal como ellos la concebían. El espíritu de conquista que los había guiado en Europa en los siglos precedentes lo trajeron consigo a Hispanoamérica; se conquistó con las armas y se colonizó reproduciendo aquellas estructuras políticas, sociales y económicas de España que les permitían mantener absoluto control: gobierno absolutista, estratificación social, monopolio económico.

Es evidente que dentro de esta visión del mundo, los peninsulares "descubridores" estaban en la cúspide de la pirámide, ocupando los más importantes cargos de mando, mientras que los indígenas "descubiertos" ocúpaban el escalón más bajo. Con el paso de los siglos la situación se complicó pues la sociedad dejó de ser bipolar y fue adquiriendo diversos matices con el surgimiento de otras capas poblacionales. Primero surgieron los criollos (descendientes de españoles nacidos en el Nuevo Mundo) quienes gozaban de los mismos privilegios que los peninsulares. Sin embargo, el haber nacido en tierra americana los hacía sentirse más cercanos a este continente y su futuro que a la Península.

Luego surgieron otros grupos producto del entrecruzamiento de razas: los mestizos, legítimos o ilegítimos (hijos de peninsulares con indígenas); los mulatos (hijos de blanco con negro) y los zambos (descendientes de negro con indio) surgidos a raíz de la introducción de los esclavos africanos. A más oscura la piel, más baja la posición en la escala social y peor la situación económica. Muchos historiadores coinciden, sin embargo, en que la situación de los indígenas en la América hispana era aún peor que la de los esclavos africanos puesto que estos últimos en algún punto de la historia, tenían la opción de comprar su libertad.

Como dato curioso podemos comparar el sentido de identidad de los mestizos con el de la segunda o tercera generación de latinos o hispanos en los Estados Unidos. En la época colonial los mestizos no eran aceptados de lleno ni por los peninsulares ni por los indígenas, lo que les hacía, hasta cierto punto, renegar de su herencia indígena pues la veían como el obstáculo al disfrute de los privilegios que poseían los peninsulares o los criollos, y se vieron en la obligación de buscar una identidad desde la cual luchar por sus derechos. Ello explica su participación en las luchas por la independencia. En el caso de los latinos o hispanos en los Estados Unidos éstos no se sienten completamente aceptados por el país donde nacen o donde viven, pero tampoco se sienten completamente parte del país o la cultura de sus ancestros. Si regresan a su país de origen les llaman "gringos", y en Estados Unidos, a pesar de tener ciudadanía americana, algunos se resisten a considerarlos norteamericanos a parte entera.

B. Organización política y judicial

Como mencionáramos, la organización político-judicial de las colonias se realizó a imagen y semejanza de España. Para facilitar la administración de los territorios conquistados se establecieron los virreinatos. El representante máximo en las colonias era entonces el virrey cuyo periodo en el poder, en los comienzos, dependió exclusivamente de que su trabajo fuera de la satisfacción de la corona. Más adelante esto se cambió por un periodo definido de tres años, renovable, dependiendo siempre de la decisión de los reyes, hasta que finalmente se fijó en cinco el máximo número de años que un virrey podía permanecer en el poder.

El más alto organismo legislador, el Consejo de Indias, estaba localizado en la Península, y sus miembros eran elegidos por los monarcas. Junto al virrey existía un cuerpo jurídico denominado Audiencia, el que tenía un carácter consultivo con respecto al rey y al virrey similar al Consejo del Reino en Castilla. Sin embargo, el rol principal de las audiencias americanas, un total de catorce (la primera establecida en Santo Domingo en 1524) fue uno de orden judicial para juzgar de igual modo casos civiles como criminales.

Tanto el virrey como los miembros de las audiencias eran nombrados en España; el virrey, a su vez, podía nombrar gobernadores que le ayudaran en su tarea. Los gobernadores estaban a la cabeza de las Capitanías

Generales o Gobernaciones. Éstas eran establecidas en regiones aisladas o en territorios de importancia estratégica, fuera para la defensa contra corsarios y piratas extranjeros, como lo fue el caso de la Capitanía General de Cuba, fuera para someter poblaciones indígenas irreductibles, como la Capitanía General de Chile.

Las Capitanías Generales ejercían autoridad sobre asuntos de orden político, económico y militar y aunque dependían administrativa y políticamente de un virreinato mantenían cierta independencia en la administración de la justicia. El equivalente al gobierno municipal actual era el cabildo.

C. Economía

Para asegurarse de recibir el mayor beneficio posible de la explotación de las riquezas en el Nuevo Mundo y de que los colonizadores no utilizaran su poder para enriquecimiento propio en detrimento de la corona, se estableció en 1503 la Casa de Contratación que controlaba el traslado de toda carga humana, animal, vegetal y material hacia y desde las Indias. El monopolio comercial que se estableció entre la Península y las colonias fue una de las razones que siglos más tarde contribuyó a que los criollos tomaran las armas contra los peninsulares durante las guerras de independencia del siglo XIX.

Como con la colonización también se trataba de propagar la fe cristiana, se establecieron las encomiendas. Un español, llamado el encomendero, recibía un cierto número de indígenas quienes trabajaban para él a cambio de que les proveyera alimentación, albergue, cuidado médico y educación religiosa. Este sistema parecía ser más justo que el sistema de mitas, nombre dado en las regiones andinas al trabajo forzoso de indígenas en las minas, pero en el fondo la explotación era la misma ya que los encomenderos, en general, estaban más preocupados por su beneficio personal que de la protección de los indígenas a su cargo.

La actividad económica más importante de la Colonia durante los primeros años estuvo relacionada con los metales preciosos; en un comienzo éstos fueron entregados <u>voluntariamente</u> por los nativos, luego a mediados del siglo XVI comenzó el desarrollo de la minería. La agricultura y la ganadería se desarrollaron de manera paralela, más como medio de supervivencia que por interés comercial. Ello no quiere decir que productos cultivados en el Nuevo Mundo no fueran exportados hacia la Península. Dos barcos reales visitaban los puertos de Porto Bello, Panamá; Veracruz, México; y Cartagena, Colombia dos veces al año trayendo cargamentos de productos manufacturados en la Península y llevando oro y plata así como productos cultivados en América tales como caña de azúcar, algodón, café, cacao y tabaco.

D. La religión, la educación y el desarrollo cultural

La Iglesia Católica y su máximo representante, el Papa, tuvieron un rol preponderante tanto durante la época de exploración y descubrimiento como en la de colonización del Nuevo Mundo. En 1494, dos años después del primer viaje de Colón, el Papa Alejandro VI intervino para mediar entre España y Portugal quienes se disputaban el derecho jurídico a explorar y descubrir nuevas tierras a este lado del océano y expandir así la fe cristiana. Gracias al Tratado de Tordesillas firmado en 1494 se estableció una línea de demarcación que establecía que los territorios descubiertos y por descubrir distantes de 370 leguas al este de las islas de Cabo Verde pertenecían al Rey de Portugal y al oeste a los Reyes de España. Seis años más tarde, en 1550, los portugueses descubrieron Brasil, el que caía dentro de sus límites territoriales lo que marcó la división luso-hispánica de Sudamérica (luso: de lusitano: portugués; Lusitania: provincia romana fundada en el año 27 a. C. por el emperador Augusto y que comprendía en parte lo que es hoy Portugal).

En las colonias, los sacerdotes se encargaron de la educación y de la propagación de la fe cristiana. Entre las órdenes religiosas que vinieron a América se encuentran los dominicos, los franciscanos y los jesuitas quienes estuvieron muy envueltos en el establecimiento de misiones como las de Nuevo México y California o reducciones como las de Paraguay y Uruguay logrando así convertir a muchos indios al catolicismo. En estas misiones o reducciones se les enseñaba a los indígenas algunos oficios artesanales, latín, elementos de aritmética, arte y música al tiempo que se les adoctrinaba en la nueva religión. Más tarde, cuando se introdujeron esclavos africanos para reemplazar la mano de obra indígena que había ido diezmando a causa de los trabajos forzosos y las enfermedades, también se dedicaron a cristianizarlos a ellos.

El desarrollo cultural en las colonias estuvo igualmente vinculado a las iglesias. Durante los siglos XVII y XVIII los monasterios y conventos de las grandes ciudades como lo eran la Ciudad de México, capital del Virreinato de Nueva España y Lima, capital del Virreinato del Perú fueron también centros de diseminación cultural donde se llevaban a cabo tertulias, recitales de poesía, conciertos y representaciones teatrales.

Las primeras universidades fundadas en las colonias españolas fueron las de Santo Domingo (1538) y las de Lima y México (1551); la primera imprenta se introdujo en México en 1535.

E. La "leyenda negra" y el "encuentro de dos mundos"

Entre los sacerdotes que vinieron al Nuevo Mundo, el nombre de Fray Bartolomé de Las Casas quedó para la posteridad, sobre todo, por atreverse a denunciar frente a las Cortes españolas los abusos cometidos por los encomenderos, en particular, y por los conquistadores, en general, contra los indígenas. Decía en su libro *Brevísima relación de la destrucción de las Indias* (1552): "La causa por que han muerto y destruido tantas y tales e tan infinito número de ánimas los cristianos ha sido solamente por tener por su fin último el oro y henchirse de riquezas en muy breves días e subir a estados muy altos e sin proporción de sus personas...".

Bartolomé de las Casas

La denuncia por parte de Las Casas de esta situación de abuso es considerada por muchos historiadores modernos como exagerada en sus estadísticas y descripción. También se le critica que en su defensa de la raza indígena favoreció la esclavitud al no oponerse abiertamente al trato que se les daba a los esclavos africanos. La denuncia de Las Casas fue retomada y difundida por los otros países europeos enemigos de España dando origen a lo que se ha llamado la "leyenda negra", una interpretación antiespañola de la Conquista que enfatiza la destrucción que se produjo con la llegada de los españoles al Nuevo Mundo.

En el año 2008 salió a la luz un estudio realizado por un grupo de científicos en Latinoamérica y Europa que añadió evidencia al efecto nefasto de la Conquista no solamente en términos de la destrucción de culturas, sino de genocidio. Basados en el análisis de ADN de 13 poblaciones mestizas en 7 países latinoamericanos desde Chile hasta México, el estudio concluyó que los conquistadores mermaron considerablemente la población local masculina y se mezclaron de manera rápida y drástica con las mujeres nativas, lo que impuso, en diversas regiones, una identidad mestiza.

La celebración en 1992 del quinto centenario de la presencia española en América abrió un debate sobre esta visión negativa del proceso de descubrimiento, conquista y colonización y dio cabida a una interpretación positivista, universalista y de mirada hacia el futuro definida como un "encuentro de dos mundos", el hemisferio occidental (América) y el hemisferio oriental (Europa, África, Asia y Oceanía).

La propuesta, presentada por México frente a la UNESCO en 1988 y aprobada unánimemente por los otros miembros, sostenía que si bien eran ciertos los efectos devastadores de la Conquista sobre los pueblos y culturas aborígenes, al estudiar la influencia española en América no se podían tener en cuenta solamente los aspectos negativos, sino que también era preciso valorar el impacto positivo resultado del intercambio cultural entre dos mundos, lo que le había dado a este continente las características particulares que hoy lo definen.

Si por un lado en este "encuentro" la cultura española con su lengua, religión e ideologías se impuso por la fuerza a las culturas prehispánicas, por otro lado la resistencia indígena logró que una nueva cultura surgiera del choque y la fusión: la cultura hispanoamericana con sus variantes lingüísticas, su sincretismo religioso y sus particulares culturas regionales.

Se debe recordar que los frailes no solamente se dedicaron a enseñarles latín y español a los nativos, sino que aprendieron de ellos las lenguas indígenas y los alfabetizaron también en sus propias lenguas gracias a las gramáticas y diccionarios que elaboraron. El intercambio cultural que se estableció permitió que llegaran hasta nosotros elementos de la riqueza cultural indígena que de otro modo, quizás, habrían desaparecido. Con la adición del elemento africano al indígena y español se amplificó el mestizaje, característica intrínseca de la sociedad hispanoamericana contemporánea.

Entonces, la perspectiva de "encuentro", aunque reconoce, y no pretende borrar de la historia la barbarie de la Conquista recogida por la leyenda negra, propone una visión que mire hacia el futuro en la unidad de lo que define a la patria grande latinoamericana y en el respeto de todas las razas que hoy habitan la región, y trabajar por el desarrollo y el bienestar de todos.

Nadie como el gran poeta chileno, premio Nobel de literatura, Pablo Neruda para plasmar la dualidad de sentimiento y las contradicciones representadas por estas dos interpretaciones de la Conquista: la leyenda negra y el encuentro de dos mundos:

"Qué buen idioma el mío, qué buena lengua heredamos de los conquistadores torvos... Todo se lo tragaban... Por donde pasaban quedaba arrasada la tierra. Pero a los bárbaros se les caían de las botas, de las barbas, de los yelmos, de las herraduras, como piedrecitas, las palabras luminosas que se quedaron aquí resplandecientes... el idioma. Salimos perdiendo... Salimos ganando. Se llevaron el oro y nos dejaron el oro. Se lo llevaron todo y nos dejaron todo... Nos dejaron las palabras". (Pablo Neruda, *Confieso que he vivido*, 74).

Preguntas de comprensión y repaso

De los imperios indígenas a los virreinatos de la conquista y colonización

II.1. El descubrimiento

1. ¿Cuándo llegó Colón a tierras del Nuevo Mundo y por qué llamó indios a los habitantes de Guanahaní?
2. ¿Cómo fueron recibidos Colón y sus hombres por los habitantes de las diferentes islas y por qué?
3. ¿Por qué creían los indios que los españoles eran seres divinos?
4. Explique la diferencia entre los indios taínos y los caribes.
5. ¿Qué relación trata de establecer Colón con Guacanagarí antes de regresar a España?
6. ¿Cuál es la ciudad hispánica más antigua del continente?
7. Mencione las tres islas donde los españoles fundaron los primeros poblados.

II.2. Conquista y colonización

1. ¿Por qué fue necesario introducir esclavos africanos?
2. ¿Cómo se muestra la desproporción con que fue aumentando la población esclava en el Caribe y la reducción de la población indígena?
2. ¿Cuáles fueron los cuatro virreinatos en que se dividió el Imperio español?

II.3. La conquista de México y el establecimiento del Virreinato de Nueva España

1. ¿Quién fue Hernán Cortés y quién Doña Marina?
2. ¿Qué representa la Malinche para los mexicanos y por qué?
3. ¿Por qué no se atreve Moctezuma a luchar contra Cortés?
4. ¿Qué posibles razones pueden explicar el que los españoles hayan logrado conquistar un imperio tan grande, poderoso y organizado como el de los aztecas?
5. ¿Qué es la noche triste?
6. ¿Cuánto tiempo después de la entrada de Cortés a Tenochtitlán se logra definitivamente la conquista del pueblo azteca? ¿Fue fácil o difícil?
7. ¿Qué nombre le da Cortés al territorio una vez nombrado gobernador por Carlos V?
8. ¿Cuánto tiempo duró el virreinato y qué territorios incluyó?

II.4. La conquista del Perú y el establecimiento del Virreinato del Perú

1. ¿Cuál era la situación del Imperio inca a la llegada de Pizarro?
2. ¿Cómo logró Pizarro la conquista definitiva del Perú?
3. ¿Qué comparación se puede hacer entre la relación de Huáscar y Atahualpa y la de Pizarro y Almagro?
4. ¿Quiénes fueron Túpac Huallpa y Manco Cápac II?

5. Explique en sus propias palabras la importancia del descubrimiento en el 2004 del cráneo de un joven inca herido por bala.

6. ¿Cuándo se fundó el Virreinato del Perú? ¿Qué territorios comprendió?

7. ¿Qué significa en español la expresión "esto vale un Perú"?

II.5. El establecimiento del Virreinato de Nueva Granada

1. ¿Qué territorios abarcó el Virreinato de Nueva Granada y qué importancia tuvo para la corona española?

2. ¿Dónde tiene origen la leyenda de El Dorado?

II.6. El establecimiento del Virreinato del Río de la Plata

1. ¿Cuándo comenzó la exploración del sur del continente sudamericano?

2. ¿Quiénes fueron Magallanes y Elcano y qué hazaña realizaron?

3. ¿Por qué se hizo difícil el establecimiento de poblados y ciudades en el sur del continente?

4. ¿Dónde se funda la ciudad de Santiago, hoy capital de Chile y por qué se escoge ese lugar?

5. ¿Quién fue Alonso de Ercilla y cuál fue su importancia?

6. ¿Quiénes fueron Caupolicán y Lautaro?

7. ¿Qué interés tenía la corona española en continuar la exploración y colonización del sur del continente?

8. ¿Cuándo se estableció oficialmente el Virreinato del Río de la Plata y por qué?

A. Vida durante la época colonial

1. ¿Qué plan de conquista establecieron los españoles para garantizarse el éxito?

2. ¿Qué correlación había entre la capa social a la que se pertenecía y la situación económica en que se vivía durante la época colonial?

B. Organización política y judicial

1. ¿Cuál fue la organización política y judicial en las colonias?

C. Economía

1. ¿Cómo se manifestó el monopolio económico español en las colonias?

2. ¿Había alguna diferencia entre las encomiendas y las mitas?

3. ¿Qué actividades comerciales se desarrollaron durante la Colonia?

D. La religión, la educación y el desarrollo cultural

1. ¿Cuál fue el papel de la Iglesia Católica durante el proceso de colonización?

E. La "leyenda negra" y el "encuentro de dos mundos"

1. ¿Quién fue Fray Bartolomé de las Casas y por qué es recordado?

2. Explique los términos "leyenda negra" y "encuentro de dos mundos".

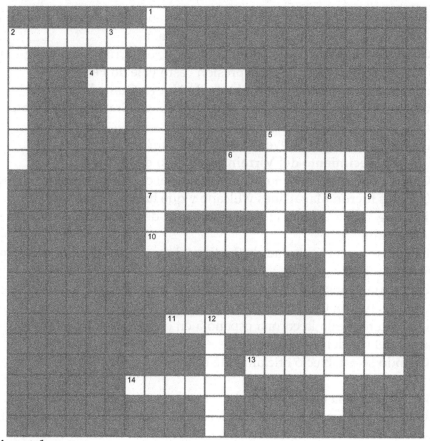

Horizontales

2. Princesa india, amante de Cortés, símbolo de la traición para los mexicanos

4. Mítica ciudad construida en oro

6. Hijo de españoles nacido en el Nuevo Mundo

7. Interpretación fuertemente antiespañola de la conquista

10. Virreinato conformado por Colombia, Venezuela, Ecuador y parte de Panamá

11. Emperador azteca

13. Sacerdote español defensor de los indígenas

14. Hijo de blanco con negro

Verticales

1. Capital del imperio azteca

2. Hijo de peninsular con indígena

3. Descubridor de América

5. Conquistador de Perú

8. Cacique de La Española

9. Ofreció un cuarto lleno de oro a cambio de su libertad

12. Conquistador de México

(Solución: p. 537)

88

¿Cuánto sabemos ahora?

Utilice el siguiente banco de palabras para contestar las preguntas y luego vuelva a la sección **¿Cuánto sabemos?** al comienzo del capítulo para comparar sus respuestas antes de estudiar el capítulo y después.

Hernán Cortés, leyenda negra, mestizos, portugués, Cíbola, epidemias, cuarto, francés, Moctezuma, Fernando de Castilla e Isabel la Católica, Fernando de Magallanes, Francisco Pizarro, trabajos forzosos, holandés, genovés, criollos, San Salvador, El Dorado

1. Los viajes de Colón fueron auspiciados por la corona española, pero Cristóbal Colón era de origen _____.

2. En 1492 España estaba gobernada por _____.

3. El primer territorio encontrado por Colón en su primer viaje fue la isla de Guanahaní en las Bahamas, la que bautizó con el nombre de _____.

4. El primer viaje de Colón fue en 1492 y el _____ y último, en 1502.

5. Entre las razones por las que en muchos lugares los indios fueron exterminados se encuentran las guerras, pero sobre todo los _____ y las _____.

6. Brasil fue colonia portuguesa, no española, por lo tanto en Brasil se habla _____.

7. En la Guyana francesa se habla _____ y en Surinam, antigua colonia holandesa se habla_____.

8. Cuando los españoles entraron a Tenochtitlán, hoy Ciudad de México, el emperador de los aztecas era _____ y el líder de los españoles era _____.

9. Huáscar y Atahualpa, líderes del imperio incaico, tuvieron que enfrentarse al conquistador _____.

10. Entre las leyendas sobre riquezas en el Nuevo Mundo podemos mencionar las de _____ hacia el norte del territorio ocupado por la Nueva España y de _____ en el territorio ocupado por la Nueva Granada.

11. Entre las nuevas capas poblacionales surgidas durante la conquista podemos mencionar a los _____, hijos de españoles peninsulares e indígenas y a los _____, hijos de españoles nacidos en América.

12. Entre las primeras exploraciones hacia el sur del continente sudamericano se encuentra la de _____ quien descubrió el estrecho que une las aguas del Océano Pacífico y el Atlántico.

13. En oposición a la _____ se habla del "encuentro de dos mundos" para dar una visión más completa y objetiva de la conquista española de América.

Más allá de los hechos: temas para pensar, investigar, escribir y conversar

1. Discuta su opinión sobre la leyenda negra y el encuentro de dos mundos como explicaciones de la conquista española del Nuevo Mundo.

2. Discuta qué conclusiones podemos sacar del hecho de que tanto España como Inglaterra llamaron muchos de sus territorios en el Nuevo Mundo anteponiendo el adjetivo nuevo/a a nombres de ciudades propias como Nueva España, Nueva Castilla, Nueva Granada, Nueva York, Nueva Jersey, Nueva Inglaterra.

3. Relea cuidadosamente las palabras de Neruda sobre lo que se llevaron los españoles y lo que nos dejaron como herencia. ¿Por qué cree Ud. que el poeta dice que al dejarnos el idioma, las palabras, nos dejaron todo, y cómo esto representa su visión de cuál debe ser el oficio del poeta?

4. Compare y contraste el proceso de conquista del continente suramericano por parte de los españoles con la conquista del oeste en los Estados Unidos.

5. Lea y comente la siguiente selección del libro *Memorias del fuego I Los nacimientos* del autor uruguayo Eduardo Galeano.

Agüeybaná

Hace tres años, el capitán Ponce de León llegó a esta isla de Puerto Rico en una carabela. El jefe Agüeybaná le abrió la casa, le ofreció de comer y de beber, le dio a elegir entre sus hijas y le mostró los ríos de donde sacaban el oro. También le regaló su nombre. Juan Ponce de León pasó a llamarse Agüeybaná y Agüeybaná recibió, a cambio, el nombre del conquistador.

Hace tres días el soldado Salcedo llegó, solo, a orillas del río Guauravo. Los indios le ofrecieron sus hombros para pasarlo. Al llegar a la mitad del río, lo dejaron caer y lo aplastaron contra el fondo hasta que dejó de patalear. Después, lo tendieron en la hierba.
Salcedo es ahora un globo de carne morada y crispada que velozmente se pudre al sol, apretado por la coraza y acosado por los bichos. Los indios lo miran, tapándose la nariz. Día y noche le han pedido perdón, por las dudas. Ya no vale la pena. Los tambores transmiten la buena nueva: Los invasores no son inmortales.

Mañana estallará la sublevación. Agüeybaná la encabezará"
(66-67).

CAPÍTULO III

De las luchas de independencia en el siglo XIX a la consolidación de las naciones en el siglo XX → _Century_

III.1. Siglo XIX: luchas por la independencia
    A. Razones para las luchas por la independencia
        1. Situación política, económica y social imperante en las colonias: detonadores internos
        2. Globalización de conflictos: influencias externas
    B. Guerras de independencia
    C. Héroes de la independencia hispanoamericana
        1. Francisco de Miranda
        2. Simón Bolívar
        3. José de San Martín
        4. Miguel Hidalgo
        5. Juan Pablo Duarte y Ramón Emeterio Betances
        6. José Martí y Antonio Maceo
    D. Neocolonialismo: los Estados Unidos, ¿la política del buen vecino o intervencionismo?
III.2. Siglo XX: Formación de las naciones y luchas por justicia social
    A. Delimitación de fronteras
        1. Países y capitales: aspectos geográficos, topográficos y demográficos
    B. Movimientos revolucionarios y luchas por justicia social
        1. Revolución mexicana
        2. Intentos revolucionarios que precedieron la Revolución cubana: Perú y Bolivia
        3. Revolución cubana
        4. Movimientos de guerrilla
        5. El caso de la Unidad Popular (UP) en Chile
        6. Revolución sandinista
    C. Populismo, dictaduras y retorno a la democracia
        1. Algunos líderes populistas
        2. Dictaduras de derecha en las décadas de los 60 a los 80
            a. Paraguay: Alfredo Stroessner (1954-89)
            b. Bolivia: René Barrientos (1966-69) y Hugo Banzer (1971-78; 1997-2001)
            c. Uruguay: Juan María Bordaberry, (1972-1976)
            d. Chile: Augusto Pinochet (1973-89)
            e. Argentina: Jorge Rafael Videla (1976-81)
            f. Guatemala: Efraim Ríos Montt (1982-83)
        3. El retorno a la democracia
        4.Una mirada rápida a la Latinoamérica de fines de siglo XX y en las primeras décadas del siglo XXI

CAPÍTULO III
De la independencia al presente

¿Cuánto sabemos?

I. Conteste las siguientes preguntas y luego compare sus respuestas con un compañero/a de clase. Cuando termine de estudiar el capítulo, después de completar la sección **¿Cuánto sabemos ahora?**, vea cuáles de sus respuestas iniciales estaban correctas.

1) La independencia de las colonias norteamericanas influyó en las luchas por la independencia en América Latina.

Cierto o Falso

2) El despotismo ilustrado fue un movimiento literario del siglo XIX.

Cierto o Falso

3) _____ es considerado "el Libertador" de América.

4) La Inquisición fue:
    a) una institución judicial establecida por la Iglesia Católica
    b) una institución política establecida por el Rey de España
    c) un tipo de gobierno
    d) un sistema de interrogación

5) El destino manifiesto fue una doctrina promulgada por los Estados Unidos en 1945 para justificar la conquista y expansión sobre los territorios americanos que aún quedaban sin explorar.

Cierto o Falso

II. Empareje:

_____ 1. Túpac Amaru II   A. Presidente de Chile de 1970-73

_____ 2. Puente entre Centro y   B. Costa Rica
             Sudamérica

_____ 3. No tiene ejército   C. Argentina

_____ 4. Rafael L. Trujillo   D. Líder inca que se rebeló contra
                                               los españoles a fines del
                                               siglo XVIII

_____ 5. República Socialista   E. Opositoras a la dictadura
                                               en Argentina

_____ 6. Estado Libre Asociado   F. Doctrina Monroe

_____ 7. Capital es un puerto   G. Cuba
             en el Atlántico

_____ 8. Madres de Plaza de mayo   H. Puerto Rico

_____ 9. Salvador Allende   I. Dictador República Dominicana

_____ 10. "América para los   J. Guerrillero latinoamericano
              americanos"
_____ 11. Che Guevara   K. Panamá

CAPÍTULO III
De las luchas de independencia en el siglo XIX a la consolidación de las naciones en el siglo XX

III.1. Siglo XIX: luchas por la independencia

A. Razones para las luchas por la independencia

Durante los siglos XVI al XVIII, los viajes de exploración y el descubrimiento de nuevos continentes pusieron en contacto diferentes países, culturas y sociedades. La influencia de unos pueblos sobre otros y las alianzas políticas se acentuaron en la medida en que los viajes se hicieron más frecuentes, en que el comercio, legal o de contrabando se expandió y en que las ideas pudieron viajar con mayor facilidad gracias a la invención de la imprenta por Johann Gutenberg en 1450 y a la propagación de su uso a diferentes partes del orbe. Como podemos ver, la idea de globalización es algo que ha venido evolucionando desde el momento en que el hombre se interesó en conocer lo que existía más allá de sus fronteras inmediatas.

En ese sentido podríamos afirmar que si bien es cierto que las luchas por la independencia en Hispanoamérica tuvieron una base interna: la situación imperante en las colonias, también es cierto que recibieron un impulso externo: la influencia en la población criolla de ideologías de liberación imperantes a fines del siglo XVIII a través del globo y los movimientos revolucionarios inspirados por éstas.

1. Situación política, económica y social imperante en las colonias: detonadores internos

El siglo XVIII en Hispanoamérica estuvo marcado por las reformas que Carlos III de la Casa de Borbón, monarca de 1759 a 1788 y representante en España de lo que se llamó el despotismo ilustrado, introdujo en el gobierno y en las relaciones de la madre patria con las colonias. El despotismo ilustrado se caracterizó por ser un gobierno paternalista en que los monarcas gobernaban, en principio, con el bienestar del pueblo en mente, pero sin incluir al pueblo en la toma de decisiones. Aunque el objetivo de las reformas era lograr una mejor administración del territorio colonial y frenar, entre otros males la corrupción y el abuso, las mismas resultaron en el fortalecimiento del poder monárquico y el debilitamiento de los gobiernos locales. Ello, unido a las influencias externas, fue gradualmente asentando las bases para las luchas de independencia.

Como medida política, Carlos III abolió las encomiendas que tanto desprestigio habían traído a la corona por el maltrato hacia los indígenas, y estableció las intendencias. Los intendentes eran oficiales administrativos nombrados por el rey, en su mayoría peninsulares, encargados de vigilar la administración colonial local, impulsar la economía y recaudar impuestos. En adición, ejercían poder en asuntos de justicia y le reportaban directamente al rey. Su rol principal fue el de limitar el poder de los virreyes y de los gobiernos locales y frenar la corrupción administrativa, lo que trajo como corolario el ya mencionado fortalecimiento del poder absolutista real.

Algunas de las reformas administrativas visaban a fortalecer el control de la corona sobre el territorio colonizado como lo fue el ordenar el establecimiento del virreinato del Río de la Plata. Otras apuntaban a una reestructuración de las relaciones comerciales con las colonias como lo fueron la eliminación del monopolio comercial del puerto de Sevilla (que por razones técnicas se había mudado al puerto de Cádiz en 1717); la apertura de otros trece puertos en España y su autorización, así como la autorización a otras compañías como la de Barcelona o la de Las Filipinas a comerciar con las colonias en América; y finalmente, la habilitación de 22 puertos americanos y la autorización a compañías como la Guipuzcoana de Venezuela a entablar relaciones comerciales con España.

Sin embargo, estas reformas excluían de plano el comercio de las colonias entre sí, lo que fue causa de gran malestar entre los criollos quienes veían el comercio entre unos puertos y otros como la posibilidad más viable de desarrollo económico para los territorios americanos. Debemos recordar que uno de los serios inconvenientes causados por el monopolio comercial fue el tiempo que demoraban los productos en llegar a su destino final desde el momento en que salían de Cádiz, y el contrabando surgido como consecuencia de esta tardanza.

El control ejercido sobre la vida política y comercial estuvo acompañado de la restricción al libre flujo de ideas. La Inquisición dictaba qué libros podían leerse y cuáles estaban prohibidos obligando a los criollos educados a procurárselos de manera clandestina. Entre los libros prohibidos en los siglos XVIII y XIX se encontraban *El Contrato social* del pensador francés Juan Jacobo Rousseau así como *La declaración de los derechos del hombre* producto de la Revolución francesa. Este último fue traducido al español por el político colombiano Antonio Nariño e impreso y distribuido de contrabando.

Lo mismo sucedió con los libros que presentaban las ideas de los economistas liberales ingleses Adam Smith, John Stuart Mill y David Ricardo en defensa de la libre competencia, la libre iniciativa privada, el libre mercado. (Vale la pena recordar aquí que la Inquisición fue una institución judicial establecida por la Iglesia Católica en la Edad Media para perseguir y enjuiciar a los acusados de herejía. En 1559 publicaron la primera edición del *Índice de libros prohibidos* y casi cuatro siglos más tarde, en 1948 publicaron la última edición del mismo, mas no fue hasta 1966 que fue eliminada la pena de excomunión a quienes leían estos libros).

Para limitar el gran poder político y de influencia que la Iglesia Católica había adquirido gracias a las riquezas acumuladas así como a través de la educación, Carlos III ordenó igualmente la expulsión de los sacerdotes jesuitas de todos sus territorios en 1767; para mediados del siglo XVIII la orden tenía bajo su dirección alrededor de 650 centros de estudios superiores y unas 24 universidades en todo el continente y la mayoría de los jesuitas eran criollos, por lo tanto afines a las ideas de liberación.

Ésta era la situación política, social y económica en las colonias en el siglo XVIII, la que alimentó el descontento de criollos y mestizos ilustrados, líderes de las guerras de independencia, quienes como hijos de esta tierra, se sentían más cercanos a la realidad americana que a lo que sucedía en la madre patria. Esta insatisfacción, sumada a su ambición de poder político, los llevó a tomar las armas para derrocar un imperio que se les evidenciaba caduco.

2. Globalización de conflictos: influencias externas

algunos

Tanto los criollos como los mestizos disfrutaban de una situación social y económica que les dio la posibilidad de estudiar en el extranjero, en Estados Unidos así como en Europa. Ello les permitió entrar en contacto con las ideas revolucionarias que permearon el siglo XVIII llamado Siglo de las Luces o Ilustración en el que la razón, la ciencia y el respeto a los derechos del hombre surgieron como faro por sobre la oscuridad y la ignorancia de la Edad Media.

Los aires de libertad, igualdad y fraternidad que recorrían el mundo exacerbaron el descontento de criollos y mestizos ilustrados fortaleciendo su convicción de que la solución para América era autogobernarse y promover el desarrollo económico de sus territorios a través del libre comercio con otros países. La independencia de las colonias americanas del poder inglés en 1776, el triunfo de la Revolución francesa en 1789, y la independencia de Haití del Imperio francés en 1804, así como las doctrinas de algunos de los pensadores que provocaron estos acontecimientos: Thomas Jefferson, Thomas Paine, Rousseau, Montesquieu influyeron en forma decisiva en el pensamiento liberador criollo y marcaron la pauta a seguir para las colonias de América.

Los jesuitas, desde el exilio, continuaron colaborando con la causa de independencia de las colonias a través de sus críticas abiertas al gobierno absolutista. Cuando Napoleón Bonaparte invadió España y Portugal en 1808 y nombró a su hermano José como monarca, España comenzó a perder el poder absoluto que tenía sobre su imperio americano.

B. Guerras de independencia

La emancipación de las colonias españolas fue un proceso largo que comenzó a mediados del siglo XVIII con todo tipo de alzamientos a lo largo del continente. En su mayoría estas revueltas respondían más a intereses económicos de los criollos que a intereses políticos nacionales y fueron más bien reacciones de protesta contra el monopolio comercial o contra los altos impuestos.

En 1780, en Perú, hubo sin embargo un líder indígena, Túpac Amaru II (José Gabriel Condorcanqui, nacido en Cusco el 19 de marzo de 1742) quien indignado por el abuso de los españoles, a la cabeza de 6.000 indios organizó una enorme rebelión. Fue derrotado y condenado a morir descuartizado, sus miembros atados a cuatro caballos. Al no poder cumplirse la sentencia, fue arrastrado y descuartizado en la plaza pública de Cusco, la misma plaza en que su bisabuelo había sido decapitado. En 1760 se había casado con Micaela Bastidas quien fue asesinada frente a él para obligarlo a hablar. Más tarde, lo que quedaba de su familia fue exterminada, menos Fernando, su hijo de 12 años, quien fue enviado a España y condenado a prisión a vida.

Ejecución de Túpac Amaru II

También en 1780, en Bolivia, otro líder indígena Túpac Katari (Julián Apaza 1750-1781) encabezó otra rebelión frente a un ejército de 40.000 indígenas con los que sitió la ciudad de La Paz. Traicionado, fue derrotado, hecho prisionero, condenado a muerte y luego desmembrado. Se dice que antes de morir dijo, "un día volveré hecho en millones". Dato curiosos, a comienzos de los años noventa, nació en Bolivia el llamado Ejército Guerrillero Túpac Katari cuyo objetivo era luchar contra la desigualdad social, el que se dio ese nombre en homenaje al líder indígena. Uno de sus máximos dirigentes fue el actual vicepresidente del país Álvaro García Linera.

Las luchas cuyo objetivo fue claramente la independencia de España y el establecimiento de naciones independientes comenzaron en los albores el siglo XIX y se prolongaron a lo largo de todo el siglo. Fue un largo proceso de batallas militares y políticas que podríamos dividir en tres etapas, aunque éstas a veces se superponen:

--la primera etapa corresponde a la independencia de Sudamérica culminando en 1828 con la ratificación de la independencia del Uruguay obtenida en el 1825. Entre 1810 (año en que la Nueva Granada, hoy día Colombia declaró su independencia de España), y 1828, los virreinatos de Nueva Granada, del Perú y del Río de la Plata fueron desintegrándose dando paso al nacimiento de las nuevas naciones.

--la segunda etapa la conforman las luchas por la liberación de México y Centro América donde para 1848 ya todos los países habían consolidado su independencia

--la tercera y última etapa, las luchas de independencia de las colonias del Caribe que se produjeron en la segunda mitad del siglo, luchas que también incluían entre sus objetivos lograr la emancipación de la población esclava; en 1898 Cuba y Puerto Rico seguían aún bajo dominio español.

C. Héroes de la independencia hispanoamericana

1. Francisco de Miranda (1750-1816)

La primera tentativa de independencia fue dirigida por el militar Francisco de Miranda quien intentó, infructuosamente, de liberar a su país de origen: Venezuela. Miranda fue capitán del ejército español, mas la semilla de independencia y libertad que habitaba su espíritu lo llevó a luchar también del lado de las fuerzas de Jorge Washington y Lafayette por la independencia de las colonias norteamericanas de Inglaterra, así como del lado de las fuerzas revolucionarias durante la Revolución francesa.

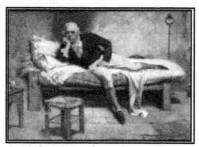

Francisco de Miranda en su celda en Cádiz

Trató de conseguir apoyo en Inglaterra, Francia y los Estados Unidos para la independencia de Hispanoamérica, y finalmente partió desde Nueva York con una expedición que organizara en esa ciudad. Llegó a costas venezolanas el 28 de abril de 1806 donde sus fuerzas fueron derrotadas. Hizo un segundo intento en los primeros días de agosto que también fracasó. Regresó a Londres, donde en 1810 se encontró con Simón Bolívar quien también había llegado allí buscando apoyo para la causa de la independencia de Venezuela. Regresaron al país con los mismos objetivos de lucha, y finalmente, en julio de 1811 Venezuela fue declarada independiente. Sin embargo, esta independencia no duró mucho debido a conflictos internos entre los diferentes grupos. En 1812 Miranda fue capturado por el ejército español y enviado a la cárcel. Murió en Cádiz en 1816.

2. Simón Bolívar (1783-1830)

Conocido como el Libertador, Simón Bolívar es una de las figuras señeras de los movimientos de independencia del continente sudamericano, reconocido como padre de la independencia de Colombia (1810), Venezuela

(1811), Perú (1821), Ecuador (1822) y Bolivia (1825). Criollo nacido en Caracas en 1783, hijo de descendientes españoles con gran poderío económico, como todo criollo rico, el joven Bolívar se crió y tuvo una educación similar a la de un príncipe europeo. Su familia tenía grandes relaciones con la Corona, a tal punto que el joven Bolívar, en sus visitas a la madre patria, solía jugar a la pelota vasca con el príncipe Fernando de Asturias. En uno de esos partidos Bolívar, por accidente, le hizo caer el sombrero al príncipe de un pelotazo. Considerándolo una afrenta, el príncipe exigió una apología. La negativa de Bolívar de doblegarse ante el príncipe por lo que él consideraba un accidente fue un presagio de lo que sucedería unos veinte años más tarde: Bolívar contribuiría al desmembramiento del Imperio español en América. (Wepman, 113-14).

Simón Bolívar, el Libertador

Su labor dentro de la lucha de independencia de su país comenzó en 1807 cuando organizó una conspiración contra el régimen en el poder. Más adelante, en 1810 fue en misión diplomática a Londres con el propósito de lograr adeptos a la causa de liberación. Allí se encontró con Francisco de Miranda con quien unió fuerzas para regresar y continuar la lucha. Después de años caracterizados por un ir y venir de campañas militares -algunas ganadas, otras perdidas- y por periodos de exilio, en febrero de 1819 Bolívar fue elegido presidente de Venezuela y en diciembre de ese mismo año fundó la República de Colombia. En el verano de 1819 Bolívar y San Martín, quien venía combatiendo desde el sur, se encontraron en la ciudad de Guayaquil y con un abrazo sellaron el triunfo de la independencia de las colonias sudamericanas en lo que la historia recuerda como el abrazo de Guayaquil. San Martín y sus tropas se sometieron a las fuerzas comandadas por el Libertador quien soñaba con establecer los Estados Unidos de Sudamérica y quien sería elegido presidente de la temporera Confederación de Venezuela, Colombia, Ecuador, Perú, y el Alto Perú al que Bolívar cambió de nombre por Bolivia. Las victorias militares que consolidaron la definitiva independencia de Sudamérica del dominio español fueron las de Carabobo (1821), dirigida por Bolívar, donde finalmente se consolidó la independencia de Venezuela, y la batalla de Ayacucho (1824), bajo el mando del general Antonio José de

Sucre, quien también liberó Guayaquil y Quito.

Dos mujeres influyeron de forma directa o indirecta en etapas cruciales en la vida de Bolívar: su esposa, la española María Teresa de Toro quien al morir inesperadamente de una enfermedad tropical le soltó las ataduras a una vida de conformidad familiar preparándolo a abrir camino al amor y a la lucha por la patria, y Manuela Sáenz, quiteña a quien conoció en el año de 1822 y quien abandonó a su marido para seguir a Bolívar con quien permaneció hasta los últimos momentos de su vida. El amor que surgió entre ambos, tan ardiente como el que anteriormente había sentido Bolívar por María Teresa, le dio al Libertador la fortaleza necesaria para continuar la lucha hasta lograr su objetivo de una Hispanoamérica independiente, antes de morir en 1830. Bolívar la llamó "la Libertadora del Libertador" después de que le salvara la vida cuando un grupo de oficiales se amotinó para darle muerte el 25 de septiembre de 1828. El Libertador murió de tuberculosis en Santa Marta, Colombia camino al exilio. Manuela murió en la miseria en Paita, Perú, durante una epidemia de difteria en 1856. Fue enterrada en una fosa común y todos sus bienes, incluyendo la mayoría de las cartas de amor de Bolívar, quemados.

3. José de San Martín (1778-1850)

Hacia el sur fue, entre otros, San Martín, argentino quien lideró las luchas de independencia declarando en julio de 1816 la liberación de Argentina. Hubo por supuesto, otros líderes, como José Gaspar Rodríguez de Francia (1766-1840) quien declaró la independencia de Paraguay en mayo de 1811 y Bernardo O'Higgins, chileno, (1817-1823) quien gracias al apoyo de San Martín logró la independencia de Chile en 1818. Sin embargo fue sobre todo San Martín quien junto al Libertador, abrazó la causa de la liberación del continente. Atravesó fronteras hacia el norte y junto a Bolívar y a Sucre participó en la liberación del Ecuador así como en la campaña liberadora del Perú.

José de San Martín

El caso de la liberación del Uruguay no fue resuelto tan rápidamente. En 1814 los portugueses en Brasil invadieron este territorio conocido en ese entonces como la Banda Oriental y lograron conquistarlo. En 1821 el territorio fue oficialmente anexionado al Brasil. No fue hasta 1828 que el Uruguay pudo declarar su independencia del Brasil gracias al apoyo militar argentino.

4. Miguel Hidalgo (1753-1811)

Sacerdote mexicano conocido como el cura Hidalgo, padre de la independencia de su país. A diferencia de los otros héroes de la independencia, el cura Hidalgo no era militar; su lucha tuvo raíces más bien de justicia social. Fue su honda preocupación por las paupérrimas condiciones económicas de los indígenas la que le llevó, en septiembre de 1810, a proclamar el Grito de Dolores y tomar las armas contra las tropas realistas del Gobierno español, pero fue derrotado en enero de 1811 sin alcanzar a llegar a la Ciudad de México, centro del poder. Sin embargo, es en este día que el país celebra el día de la independencia, por ser la primera insurrección de importancia contra la Corona española.

Su estandarte fue tomado por otro sacerdote, el padre José María Morelos quien declaró la independencia en 1813 y quien también fuera vencido por las tropas realistas y ejecutado al igual que Hidalgo. La insurrección fue mantenida viva por Vicente Guerrero el que en 1821 firmó un acuerdo por la liberación nacional con Agustín Iturbide, militar de las fuerzas realistas contra quien había estado luchando. El Plan de Iguala o de las Tres Garantías, como se llamó el acuerdo, establecía tres puntos sobre los cuales fundar la unión de ambos bandos: la independencia de México, el mantenimiento del catolicismo como religión oficial y la igualdad de derechos para españoles y mexicanos.

La independencia de España fue final y permanentemente declarada en agosto de 1821 por medio de la firma del Tratado de Córdoba entre el virrey Juan O'Donojú e Iturbide quien había quedado al mando de las fuerzas liberadoras una vez firmado el Plan de Iguala. Los territorios centroamericanos también declararon la independencia ese mismo año, pero en 1822 Iturbide se proclamó emperador de México e incorporó Centroamérica a su imperio, con excepción de Panamá que fue parte de la Gran Colombia hasta 1903. En 1823 Guatemala, Honduras, El Salvador, Nicaragua y Costa

Rica aprovecharon la coyuntura histórica de que Iturbide fue obligado a abdicar, para separarse de México y formar la confederación de Provincias Unidas de Centro América. Con el curso de los años esta confederación fue debilitándose dando paso al nacimiento de repúblicas completamente independientes como las conocemos hoy día; Nicaragua y Honduras (1838), Costa Rica (1838 hasta 1842 y luego definitivamente en 1848), El Salvador (1841), y Guatemala (1847).

5. Juan Pablo Duarte (1813-1876) y Ramón Emeterio Betances (1827-1898)

Las luchas de independencia se extendieron a mediados de siglo a las colonias del Caribe. La República Dominicana logró su independencia en el 1844 bajo el liderazgo de Juan Pablo Duarte, considerado el padre de la patria, y Francisco del Rosario Sánchez, quien proclamara oficialmente la república en la ciudad de Santo Domingo el martes 27 de febrero.

El hecho de que Puerto Rico no lograra dejar de ser colonia española hasta 1898 en que fue cedida a los Estados Unidos como resultado de la Guerra Hispanoamericana no significa que no se luchara por la independencia en la isla. El 23 de septiembre de 1868 se produjo el Grito de Lares, insurrección dirigida por Ramón Emeterio Betances y Segundo Ruiz Belvis (1829-1867). La misma, planeada para el 29, tuvo que ser adelantada por temor a una traición, y fue aplastada por las fuerzas españolas en 24 horas.

Betances, quien había estudiado medicina en París, fue el autor de los "Diez Mandamientos del Hombre Libre" basados en la "Declaración de los Derechos del Hombre" adoptada por la Revolución francesa en 1879. Estos mandamientos iluminaron la lucha que llevó al Grito de Lares y son los siguientes: 1. Abolición de la esclavitud; 2. Derecho a fijar contribuciones; 3. Libertad de culto; 4. Libertad de imprenta; 5. Libertad de palabra; 6. Libertad de comercio; 7. Libertad de reunión; 8. Derecho a portar armas; 9. Inviolabilidad del ciudadano; 10. Derecho a elegir a los oficiales públicos.

Juan Pablo Duarte

Ramón Emeterio Betances

6. José Martí (1853-1895) y Antonio Maceo (1845-1896)

Dos son los héroes de la lucha por la independencia de Cuba -la más grande de las Antillas Mayores- José Martí y Antonio Maceo. Desde muy joven, Martí se opuso al absolutista gobierno español lo que le costó el exilio a la corta edad de 17 años. A lo largo de su vida forjó ideales de libertad para su país, oponiéndose a que cualquier otra potencia extranjera, incluyendo los Estados Unidos que ya en esa época buscaban expandir su dominio sobre los países del sur, ejerciera su poder sobre el mismo.

Así como el cura Hidalgo fue antes religioso que hombre de armas, Martí fue primero hombre de letras, y aunque como Hidalgo en determinado momento optó por la lucha armada, su pluma fue su arma más poderosa. Luego de haber vivido en exilio en España, México y Guatemala, en 1878 le fue posible regresar a su país, aunque no por mucho tiempo. Desde un segundo exilio en Nueva York, donde vivió de 1881 a 1895, organizó la lucha armada por la independencia de su patria muriendo en una de las primeras batallas en 1896.

José Martí

Maceo, recordado como "el titán de bronce", participó activamente en la Guerra de los diez años (1868-1878) entre las tropas reales y las cubanas. El padre de Maceo había luchado al lado de las fuerzas españolas vencidas por Bolívar en Venezuela así que después de declarada la independencia, emigró a Cuba, país aún bajo el régimen español, con el fin de comenzar una nueva vida. En Cuba, sin embargo, años después se unió a las fuerzas revolucionarias de 1868, al igual que varios de sus hijos, entre ellos Antonio.

Antonio Maceo

La lucha en Cuba tuvo dos etapas. La primera fue la Guerra de los diez años entre 1868 y 1878; la segunda, la Guerra de independencia de 1895 a 1898. Durante la primera etapa todos los que luchaban querían la independencia de España, pero algunos deseaban la anexión a los Estados Unidos en lugar de la independencia total. En 1878 se firmó un acuerdo de paz, acuerdo que luego no fue respetado por España, lo que trajo como consecuencia la continuación de la lucha desembocando en la Guerra de independencia en la que fueran asesinados Martí y Maceo.

En 1898 los Estados Unidos intervinieron en el conflicto provocando la Guerra hispanoamericana. Como resultado de la misma, España perdió los últimos bastiones de su imperio colonial: Cuba, Puerto Rico y Filipinas. Cuba logró su independencia en 1902; Puerto Rico y Filipinas pasaron a ser territorios norteamericanos.

> D: Neocolonialismo: los Estados Unidos,
> ¿la política del buen vecino o intervencionismo?

Sabemos que los Estados Unidos, en expansión hacia el oeste y hacia el sur, amparados sucesivamente bajo la doctrina Monroe y la doctrina del destino manifiesto, apoyaron en el siglo XIX las luchas de los países latinoamericanos por su independencia de España y dejaron sentir fuertemente su presencia en territorio latinoamericano.

James Monroe, 1816 NP Gallery

La doctrina Monroe, proclamada por James Monroe frente al Congreso de los Estados Unidos en 1823, y cuya consigna fue "América para los americanos", establecía la política exterior de los Estados Unidos frente a las naciones latinoamericanas con respecto a las potencias europeas de las que habían sido o eran todavía colonias: los Estados Unidos no intervendrían en esos países, pero tampoco permitirían a España, Francia, Gran Bretaña o Portugal el intentar recuperar sus antiguas colonias.

En un principio fue una doctrina de "defensa" contra Europa y no de "dominación" sobre Latinoamérica; el cambio de objetivo se produjo más adelante con la implementación del destino manifiesto, doctrina proclamada por John L. Sullivan veintidós años más tarde (1845) la que declaraba que por mandato divino los Estados Unidos estaban destinados y tenían el deber de conquistar todas las tierras vírgenes en territorio americano.

Ya en los años veinte, colonos norteamericanos se habían ido estableciendo en tierras mexicanas vendidas por el gobierno, al punto que en 1836 ya había más colonos norteamericanos que mexicanos en esa región. Por desacuerdos con el gobierno de Santa Anna los colonos libraron una batalla logrando establecerse como territorio independiente con el nombre de Tejas, territorio que en el 1845 decidió por la anexión a los Estados Unidos. Poco más tarde, como resultado de la guerra de 1846-1848, México perdió a favor de Estados Unidos el territorio de lo que hoy es Arizona, California, Colorado, Nevada, Nuevo México y Utah.

En cuanto a Centro América, en 1856 William Walker se declaró presidente de Nicaragua y luego en 1860 trató de apoderarse del territorio hondureño. Como podemos ver, la presencia estadounidense no se limitó al territorio mexicano ni terminó en el siglo XIX, sino que se prolongó al siglo XX. En el 1905 el poeta nicaragüense Rubén Darío en el poema "A Roosevelt" incluido en su colección *Cantos de vida y esperanza* denunciaba la política agresiva que los Estados Unidos estaban ejerciendo sobre el continente americano:

...
Eres los Estados Unidos, eres el futuro invasor
de la América ingenua que tiene sangre indígena,
que aún reza a Jesucristo y aún habla en español.

...
Los Estados Unidos son potentes y grandes.
Cuando ellos se estremecen hay un hondo
temblor

De hecho, en una "lista parcial" preparada por la organización International A.N.S.W.E.R. llamada "Un siglo de intervenciones militares estadounidenses", entre 1890 y 1999 los Estados Unidos intervinieron 130 veces en asuntos internos de países extranjeros, 48 de ellas en países hispanoamericanos, en la mayoría de los casos para poner o mantener en el poder gobiernos dictatoriales que defendían los intereses políticos y económicos norteamericanos como el de la dinastía Somoza en Nicaragua (1937-1979), el de Fulgencio Batista en Cuba (1952-1959), el de Rafael Leónidas Trujillo (directa o indirectamente 1930-1961) en la República Dominicana, el de Augusto Pinochet en Chile (1973-1989), por mencionar sólo algunos.

En 1923, el Gobierno de los Estados Unidos reconoció como oficial al Gobierno del presidente mexicano Álvaro Obregón a cambio de que el artículo 27 de la Constitución concerniente a la aplicación retroactiva de la soberanía mexicana sobre sus recursos minerales, entre ellos el petróleo en manos norteamericanas, fuera revocado. Cuando en 1925 el nuevo presidente, Plutarco Elías Calles, revertió los cambios introducidos por Obregón, las relaciones diplomáticas con los Estados Unidos estuvieron a punto de romperse, y nuevamente el deseo de partir en lucha armada contra México se propagó en el país para proteger lo que las compañías petroleras consideraban "sus derechos".

En 1927, el secretario de relaciones exteriores, Frank B. Kellogg, culpó a la presencia del "espectro bolchevique" por la oposición violenta que se estaba produciendo en los países hispanoamericanos contra la intervención norteamericana, y declaró que "agentes soviéticos viviendo en México alentaban a los nicaragüenses a resistir la agresión yanqui" (Thomas A. Bailey: 679).

En 1929 el recién electo presidente Herbert Clark Hoover quiso cambiar la imagen de "invasor" de los Estados Unidos en Latinoamérica por una de "buen vecino" y realizó un viaje por muchos de los países latinoamericanos donde los Estados Unidos tenían intereses comerciales. Un periódico cubano de la época citado por Thomas A. Bailey en su libro *A Diplomatic History of the American People* saludaba así su visita:

> "Si el Sr. Hoover desea conquistar la inmediata simpatía de América Latina, deberá en este instante anunciar un cambio en la política de su país declarando que la doctrina Monroe no significa que el continente americano es sólo para los Estados Unidos, que Haití será evacuado, que Nicaragua será liberado del yugo extranjero, que Cuba verá la abrogación de la enmienda Platt, que nuestros tratados comerciales dejarán de ser unilaterales, que nuestros países serán libres de manejar sus propios asuntos como lo estimen más conveniente, y que los Estados Unidos son verdaderos amigos y no conquistadores" (681) [nuestra traducción].

La idea de una política de relaciones diplomáticas de amistad y cooperación fue retomada y desarrollada por el presidente Teodoro Roosevelt quien en 1933 la hizo oficial bautizándola con el nombre de política de buena vecindad. Sin embargo, la lista citada anteriormente prueba que las intervenciones políticas en Latinoamérica continuaron; el poema de Darío seguía vigente.

El 30 de abril de 1948 veintiún países: Argentina, Bolivia, Ecuador, Estados Unidos, Nicaragua, Paraguay, Perú, Brasil, Colombia, Costa Rica, Cuba, Chile, El Salvador, Guatemala, Haití, Honduras, México, Panamá, República Dominicana, Uruguay y Venezuela firmaron el Pacto de Bogotá por el cual se comprometían a abstenerse de todo tipo de amenaza, coacción o violencia de unos contra otros y a resolver sus diferencias en forma pacífica. Este pacto dio nacimiento a la Organización de Estados Americanos (OEA). A los primeros veintiún miembros se fueron sumando con el correr de los años Antigua y Barbuda, Barbados, Belice, Canadá, Dominica, Granada, Guyana, Jamaica, Las Bahamas, Saint Kitts y Nevis, San Vicente y las Granadinas, Santa Lucía, Surinam y Trinidad y Tobago. _develop_

En 1961 el presidente Kennedy les propuso a los miembros de la OEA la idea de un plan conjunto de desarrollo socioeconómico para toda Latinoamérica bajo el optimista nombre de Alianza para el Progreso, quizás como una manera de contrarrestar la influencia que los cambios que se estaban produciendo en Cuba pudieran tener en el resto de Latinoamérica. Cuba no firmó el acuerdo, y por fuerte presión de los Estados Unidos, en 1962, fue expulsada de la OEA. También ese mismo año el presidente Kennedy decretó un embargo económico contra la isla dado el carácter socialista que estaba tomando la Revolución.

Alianza para el Progreso establecía un plan que debía completarse en el lapso de diez años y requería de un presupuesto total de $US 100 millones de los cuales el 80% provendría de los mismos países latinoamericanos, y el restante 20% de los Estados Unidos. En teoría quedaba establecido que los fondos serían administrados de manera multilateral con representantes de diversos países, pero en la práctica los Estados Unidos se fueron adjudicando cada vez más la prerrogativa de decidir cuáles proyectos recibirían financiamiento. Dice Hubert Herring en su libro *A History of Latin America*: "Teodoro Moscoso, coordinador norteamericano de Alianza para el Progreso hizo un gran esfuerzo por mantenerse fiel al ideal multilateral, pero la presión por parte del Congreso y del Departamento de Estado para lograr un firme control americano era constante" (930).

La presión norteamericana por controlar la asignación de fondos se fue haciendo cada vez más tenaz al punto que en 1964 el Congreso impuso las siguientes condiciones: "ningún proyecto que provoque un efecto adverso en la economía norteamericana, que desaliente la empresa privada, o que prohíba la participación a pequeños negocios norteamericanos será aprobado. Aún más, no se le asignarán fondos a ningún país que no firme un acuerdo de garantía que los comprometa a respetar las inversiones norteamericanas ya existentes en esos países" (931). Se les exigía además el comprar solamente maquinaria norteamericana aunque fuera más barato adquirirla en otros países, lo que obviamente no era aceptable para los países pobres.

El problema de algunos gobiernos latinoamericanos corruptos fue otro factor negativo en contra del balance positivo que se esperaba lograr con el desarrollo de Alianza para el Progreso. En muchas ocasiones se produjo malversación de fondos por administradores corruptos; las clases adineradas no querían invertir en sus propios países; se enriquecían de manera personal y sacaban el dinero a cuentas extranjeras en los Estados Unidos o Suiza. A pesar de todo, un balance objetivo de Alianza para el Progreso muestra que en general, en unos países más que en otros, algunos proyectos, sobre todo en el plano de la salud, la vivienda y la alfabetización lograron elevar las condiciones de vida de la gente. El hecho de proveer almuerzos a los niños de las escuelas rurales, por ejemplo, logró que más padres enviaran sus hijos a las escuelas mejorando simultáneamente su salud y su escolaridad, pero como podemos observar hoy en día, esos cambios no se prolongaron en el tiempo.

Como vimos en las declaraciones de Kellogg en 1927, la justificación que los Estados Unidos dieron a su intervención militar en los países latinoamericanos a lo largo del siglo XX fue la influencia del "espectro bolchevique", la amenaza de la Unión de Repúblicas Socialistas Soviéticas de expandir las ideas socialistas por el continente. Esta amenaza llegó a su clímax en los años sesenta y setenta con el triunfo, primero de la Revolución cubana, y luego de la Revolución sandinista en Nicaragua y de la Unidad Popular en Chile.

Cada bloque ideológico pensaba que quien no estuviera con ellos estaba contra ellos lo que creó un clima de enorme tensión; cada superpotencia sospechaba de la otra, y para mantener su hegemonía, consideraba necesario ejercer dominio sobre las naciones en desarrollo de Asia, África, el Cercano Oriente y América Latina lo que marcó la vida política de estas regiones. Cualquier incidente que la otra potencia pudiera considerar una amenaza, podía hacer pasar al mundo de la guerra fría, caracterizada por violentos choques económicos y diplomáticos, a una lucha armada.

Por ello cuando en 1960 el Primer Ministro de la Unión Soviética al momento, Nikita Jruschov, anunció su apoyo al gobierno de Castro y le proveyó misiles que, por su alcance, ponían en peligro de ataque la zona del este de los Estados Unidos, se creyó que el mundo estaba al borde de una guerra nuclear. La situación se resolvió a través de la vía diplomática en 1962: Jruschov acordó poner alto a las preparaciones que se estaban llevando a cabo en Cuba para la instalación de los misiles y llevarse las armas de vuelta a la Unión Soviética y el Presidente Kennedy prometió hacer un tanto con los misiles estadounidenses que habían sido instalados en Turquía.

Al igual que la Revolución cubana, la Revolución sandinista aglutinó muchas fuerzas de oposición a la dictadura que le precedió incluyendo las capas medias de la población. Sin embargo, se hacía evidente que los ideales de justicia social que ambas se proponían conseguir no podían concretizarse dentro de sociedades donde la tierra y las riquezas nacionales estuvieran en manos de unos pocos y donde el capital extranjero controlara la economía. Había que tomar medidas radicales y esas medidas respondían más a la organización de una sociedad socialista/comunista que a la de una sociedad capitalista.

En un comienzo Fidel Castro intentó mantener relaciones diplomáticas y comerciales con los Estados Unidos, pero la diferencia en la orientación ideológica de ambos gobiernos era insalvable. En 1961, un grupo de cubanos en el exilio en Miami, con el apoyo del Gobierno estadounidense, planificó un desembarque en la región de Cuba conocida como Playa Girón o Bahía de Cochinos para intentar derrocar el Gobierno de Castro, invasión fácilmente frustrada por las fuerzas cubanas. En 1962 el Gobierno revolucionario liberó 1.113 prisioneros que habían sido apresados durante la invasión a cambio de $53.000.000 en comida y medicina recaudados por entidades privadas en los Estados Unidos.

El bloqueo económico total decretado por el Gobierno del Presidente Kennedy en 1962 tras el fracaso de Bahía de Cochinos se encuentra aún vigente y afectó enormemente el desarrollo de la economía cubana. Ante esta situación, Castro aceptó el apoyo del bloque socialista quien estableció relaciones con Cuba en condiciones ventajosas para el país acordándole un crédito de $US 100.000.000 y firmando un acuerdo para comprar cinco millones de toneladas de azúcar durante un periodo de cinco años al precio del mercado mundial. Otros países del mundo socialista como Polonia y China también firmaron tratados comerciales con Cuba en esos momentos. Un cálculo hecho por las autoridades cubanas en el 2007 cuando se cumplieron 45 años del bloqueo, indicó que éste les habría causado pérdidas por $US 86.000.

Una política de bloqueo comercial similar se decretó contra Nicaragua a comienzos de los ochenta. Los Estados Unidos atacaron la economía poniendo explosivos bajo el agua en el puerto de Corinto para interrumpir el paso de los barcos mercantes. El presidente Ronald Reagan acusó al Gobierno sandinista de brindar apoyo a movimientos revolucionarios marxistas en El Salvador y otros países de Centro América y le eliminó todo tipo de ayuda. En su lugar, a través de la CIA, para evitar que el "fantasma bolchevique" continuara expandiéndose, financiaron, proveyeron armas y dieron entrenamiento militar a los contras o movimientos contrarrevolucionarios que intentaban por todos los medios, incluyendo la lucha armada, de evitar que la Revolución sandinista lograra sus propósitos de igualdad y justicia social.

Cuba y Nicaragua representaron para los Estados Unidos huesos duros de roer, como dice la expresión popular, y casos que querían evitar se repitieran en Centro y en Sudamérica. Ya en las elecciones presidenciales en Chile en 1964 los Estados Unidos habían tratado de intervenir para impedir que Salvador Allende fuera elegido presidente, lo que volvió a producirse en 1970. Documentos salidos a la luz pública en 1998 comprueban la intervención directa de los Estados Unidos en el golpe militar que derrocara al gobierno socialista de Allende.

El 27 de junio de 1970 –poco antes de las elecciones presidenciales en Chile- en una reunión del Concejo de Seguridad Nacional, el principal asesor en asuntos de seguridad nacional del presidente Nixon, en aquel entonces Henry Kissinger, declaró: "No veo por qué debemos hacernos a un lado a observar cómo un país se convierte en comunista por la irresponsabilidad de su propia gente". Después de las elecciones el Gobierno de Nixon trató infructuosamente de impedir que el congreso chileno ratificara a Allende como presidente. Luego, dio la orden de impedir que Allende asumiera el poder. Finalmente, ante estos dos fracasos y la rapidez con que Allende comenzaba a socializar el país, ordenó que se comenzara un plan de desestabilización de la economía que creara las condiciones favorables a un golpe de Estado militar.

Al igual que con Nicaragua, se decretó un boicot económico contra Chile cuyos medios de producción dependían casi exclusivamente de los Estados Unidos para piezas de repuesto y maquinarias. También ejercieron presión para impedir que tanto el Banco Interamericano de Desarrollo como el Banco Mundial le prestaran dinero al Gobierno de Allende, todo lo que efectivamente contribuyó a desestabilizar la economía. La escasez se hizo evidente: alimentos, piezas de recambio, productos de primera necesidad, y lo que no escaseaba, era escondido y vendido en mercado negro.

El poder adquisitivo que la clase media y la clase trabajadora habían conseguido gracias al aumento en los salarios y al control de precios quedó anulado. La gente tenía dinero, pero no había qué comprar. Esta situación causó gran malestar sobre todo en las capas medias de la población que en un principio habían apoyado a Allende. Las mujeres de la burguesía salían a las calles junto a sus empleadas de servicio golpeando las ollas vacías para protestar por la falta de comida aunque sus cocinas estuvieran abastecidas por productos comprados en el mercado negro.

Los Estados Unidos aprovecharon la coyuntura para subvencionar grupos de oposición y propaganda; incrementaron además la ayuda al sector militar e intensificaron el entrenamiento de su personal en escuelas en los Estados Unidos y Panamá. Comenzaron a proliferar las huelgas, entre éstas la de los transportistas que paralizaron el país e impidieron la distribución de alimentos, y la de los mineros del cobre que privó al Gobierno de su principal fuente de ingreso, ambas financiadas con fondos de la CIA como fue comprobado en una investigación realizada por el congreso norteamericano y se puede leer en los documentos desclasificados de la de esta organización.

El descontento se generalizó: los extremistas de izquierda, porque la socialización emprendida por Allende no se producía tan radical y rápidamente como ellos lo deseaban; la derecha, porque se oponía a las reformas en marcha; todo el mundo, por la escasez, las huelgas, las manifestaciones y el caos político y social.

El terreno estaba listo y el 11 de septiembre de 1973, con el apoyo de la CIA, una Junta militar con el General Augusto Pinochet a la cabeza derrocó al Gobierno de Allende. Durante muchos años se difundió la idea de que Allende había sido asesinado durante el ataque al Palacio de la Moneda, palacio presidencial. En el 2011 se exhumó su cadáver y se realizaron nuevos

113

estudios que confirmaron una teoría que había ido ganando adeptos con el correr de los años: el suicidio. Las siguientes fueron las últimas palabras de su discurso de despedida al pueblo chileno:

"Trabajadores de mi Patria: tengo fe en Chile y en su destino. Superarán otros hombres este momento gris y amargo donde la traición pretende imponerse. Sigan ustedes sabiendo que, mucho más temprano que tarde, de nuevo se abrirán las grandes Alamedas por donde pase el hombre libre para construir una sociedad mejor. ¡Viva Chile! ¡Viva el pueblo! ¡Vivan los trabajadores! Tengo la certeza de que mi sacrificio no será en vano. Tengo la certeza de que por lo menos será una lección moral que castigará la felonía, la cobardía y la traición".

Como puede apreciarse, la presencia e intervención política y económica de los Estados Unidos en Latinoamérica durante los siglos XIX y XX fue agresiva y constante, más con visos de invasor que de buenos vecinos.

III.2. Siglo XX: Formación de las naciones y luchas por justicia social

Como ya vimos, el siglo XIX fue de grandes logros políticos para Hispanoamérica; todos los países lograron la independencia excepto Puerto Rico y Cuba, a quien finalmente le fue concedida en 1902, con algunas restricciones impuestas por la aprobación de la enmienda Platt. Esta enmienda establecía el derecho de los Estados Unidos a intervenir militarmente en la isla cuando lo creyera necesario, poder que no vaciló en utilizar.

Se delimitaron también las fronteras nacionales y las repúblicas comenzaron a dar forma a su desarrollo político, social y económico. Como los españoles habían reproducido en América un sistema administrativo similar al que tenían en la Península, y trasladado aquí el mismo espíritu regionalista que la dividía −y en cierto modo aún hoy la divide− este proceso no fue fácil.

1. Países y capitales: aspectos geográficos y topográficos

Con el fin de la Guerra Hispanoamericana y la separación de Panamá de Colombia en 1903, las fronteras nacionales de Latinoamérica tal como las conocemos hoy en día terminaron de establecerse.

a. México

Presidente: Enrique Peña Nieto (2012-2018)

Los Estados Unidos Mexicanos es el nombre oficial de lo que conocemos comúnmente como México. De los países de habla hispana, México es el único que se encuentra localizado en la América del Norte. Al norte tiene fronteras con los estados de Texas, Nuevo México, Arizona y California en los Estados Unidos, sirviendo el Río Bravo o Río Grande de frontera natural entre los dos países. Al sur tiene fronteras con Belice y Guatemala. Sus costas son bañadas por el océano Pacífico por el oeste y por el golfo de México y el mar Caribe o mar de las Antillas por el este. Los Estados Unidos Mexicanos son treinta y uno, más un distrito federal, Ciudad de México, capital del país. Con respecto a los Estados Unidos de Norte América, la superficie de México (764.000 millas cuadradas / 1.972.550 kilómetros cuadrados) es un poco más de tres veces la de Texas, lo que lo hace el segundo país de Hispanoamérica más grande en tamaño. Argentina es el primero con 1.100.000 millas cuadradas /2.771.300 kilómetros cuadrados.

Siendo un país tan extenso cuyo territorio incluye además varias islas de gran atractivo turístico como las de Cozumel, Puerto Real, Carmen y Mujeres su clima varía dependiendo de la topografía. En el norte, donde existen los desiertos, el clima es seco. Hacia el centro, el sur y las islas en el golfo de México el clima es más bien húmedo y tropical. Dos cadenas de montañas atraviesan el territorio mexicano: la Sierra Madre Occidental al noroeste del país y la Sierra Madre Oriental a lo largo del este. La población de México en el 2012 es de alrededor de 114.975.406 habitantes; su unidad monetaria es el peso mexicano y los recursos naturales más importantes con que cuenta el país son el petróleo, la plata, el cobre, el oro, el plomo, el zinc, el gas natural y la madera.

116

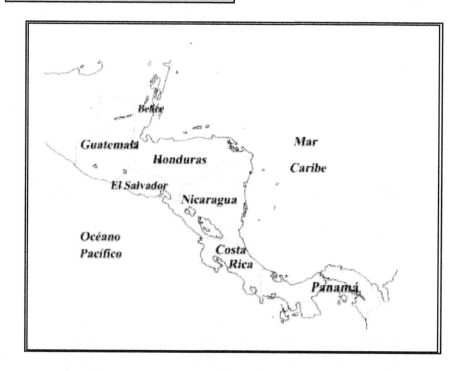

La América Central, cuyas costas son bañadas por el mar Caribe al este y el océano Pacífico al oeste, está compuesta de siete repúblicas. Yendo de norte a sur, están: Belice, al noreste, único país donde no se habla español sino inglés, y luego, los siguientes países de habla hispana: Guatemala, al este de Belice, El Salvador, Honduras Nicaragua, Costa Rica y Panamá.

Guatemala, cuya capital es Ciudad de Guatemala limita al norte con México, al suroeste con El Salvador cuya capital es San Salvador y al sureste con Honduras cuya capital es Tegucigalpa. Honduras, a su vez tiene frontera al sur con Nicaragua, cuya capital es Managua, y Nicaragua colinda al sur con el norte de Costa Rica cuya capital es San José. Finalmente, Costa Rica que limita al sur con el norte de Panamá, cuya capital es Ciudad de Panamá. Panamá está conectado a Colombia sirviendo de puente entre Centro y Sudamérica.

Guatemala

Presidente: Otto Pérez Molina (2012-2016)

Tiene una superficie de 42.000 millas cuadradas /108.890 kilómetros cuadrados, más o menos el tamaño del estado de Tennessee dividida en veintidós departamentos. En general, el mismo clima tropical se extiende por todo el país: húmedo y cálido; un poco más frío en las regiones montañosas elevadas. Hacia el sur las montañas incluyen regiones volcánicas donde se encuentra el extinto volcán Agua de 3.776 metros de altura. Esta zona volcánica hace de Guatemala un lugar susceptible a terremotos, y las costas hacia el Caribe la hacen propicia a huracanes y tormentas tropicales. La población de Guatemala en el 2012 es de alrededor de 14.099.032. La moneda del país es el quetzal y los más importantes recursos naturales son el petróleo, el níquel, el pescado, el caucho y las maderas finas. El café, el azúcar, el banano y otras frutas y vegetales tropicales representan los productos de exportación más fuertes.

El Salvador

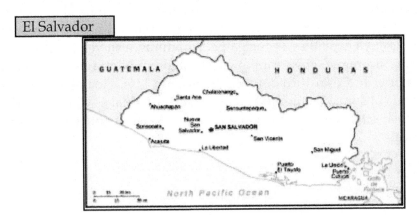

Presidente: Muricio Funes (2009-2014)

118

El país de América Central más pequeño en extensión, El Salvador, tiene una superficie de unas 8.292 millas cuadradas /21.476 kilómetros cuadrados, más o menos el tamaño de Massachusetts, dividida en catorce departamentos. El clima es tropical con una estación de lluvia de mayo a octubre y una estación de sequía de noviembre a abril. La presencia de varios volcanes no extintos: el Santa Ana, el San Vicente, el San Miguel y el Izalco en su zona montañosa hacen al país muy propenso a violentos y frecuentes movimientos sísmicos. La población en el 2012 es de alrededor de 6.090.646 habitantes. Entre los productos agrícolas que se cultivan en el país se encuentran el café, el algodón, la caña de azúcar y árboles de madera valiosa como el cedro, el roble negro y la caoba. Como recursos naturales el país cuenta con petróleo y reducidos depósitos de oro, plata, piedra caliza y yeso. El 2001 El Salvador adoptó como unidad monetaria el dólar norteamericano. En el 2006 los Estados Unidos firmaron un Tratado de Libre Comercio con América Central y la República Dominicana siendo El Salvador el primer país en ratificar este acuerdo.

Honduras

Presidente: Porfirio Lobo (2010-2014)

Está administrativamente dividida en dieciocho departamentos. La superficie del país es de 43.267 millas cuadradas /112.090 kilómetros cuadrados, un poco más grande que el estado de Tennessee. Como en El Salvador y Guatemala, el clima en general es tropical, más templado en las montañas del interior y más cálido y húmedo en las zonas costeras. El terreno montañoso, que ocupa unas tres cuartas partes del país, se mezcla con valles donde se produce suficiente pasto para alimentar la producción ganadera.

Los productos de exportación más importantes son el café, el banano, la carne congelada, los mariscos y la madera. Otros recursos naturales con que cuenta el país, a pesar de que no están suficientemente explotados, son pequeños yacimientos de oro, plata cobre, hierro, cal, mármol, plomo y zinc. La población de Honduras en el 2012 es de 8.296.693 y la moneda es el lempira.

Nicaragua

Presidente: Daniel Ortega (2007-2011, 2011-2016)

Nicaragua es el país de mayor extensión de América Central y abriga el cuerpo de agua dulce más extenso, el lago Nicaragua. Sus 49.985 millas cuadradas/129.494 kilómetros cuadrados de superficie están conformados por planicies rodeadas de cadenas de montañas una de las cuales, la Cordillera Volcánica (que se extiende también hacia Costa Rica) es abundante en volcanes que hacen al país muy propenso a violentos terremotos. Esta configuración topográfica hace que el clima tropical que existe en general en el país sea templado en las zonas montañosas. Su territorio, algo más pequeño que el estado de Nueva York, está dividido en quince departamentos. Como las tierras son muy fértiles, la economía del país está fundada en la agricultura y hay grandes plantaciones de maíz, algodón, café, tabaco, banano, arroz, soya y caña de azúcar. También hay yacimientos de oro, plata, cobre, zinc, tungsteno y plomo. La población de Nicaragua en el 2012 es de 5.727.707 y la unidad monetaria del país es el córdoba oro.

Presidenta: Laura Chinchilla (2010-2014)

Las 19.700 millas cuadradas/51.022 kilómetros cuadrados de Costa Rica (un poco más pequeña que Virginia del Oeste) están divididas en siete provincias las que en el 2012 contaban con 4,636,348 habitantes. Costa Rica es el país más estable de América Central y el único que no tiene un ejército, proscrito por el capítulo 12 de la constitución de 1949: "Se proscribe el Ejército como institución permanente". A diferencia del resto de los países centroamericanos en que el nivel de pobreza que afecta la población fluctúa entre el 75 y el 37%, en Costa Rica existe una amplia clase media y solamente el 20% de los habitantes vive bajo el nivel de pobreza.

El clima de Costa Rica es muy similar al de los otros países de Centro América, cálido en las costas, y de templado a frío en las zonas más elevadas dependiendo de la altitud del terreno. La estación de lluvias es de mayo a noviembre y la de sequía de diciembre a abril. El fuerte de su economía es el turismo y la agricultura, pues a pesar de que hay yacimientos de minerales, sobre todo de bauxita, no se han explotado masivamente. El país produce además enormes cantidades de energía hidráulica. Gracias a la riqueza de su suelo Costa Rica es capaz de producir una gran variedad de productos agrícolas para la exportación primordialmente café, banano, cacao, frutas tropicales y caña de azúcar; gracias a la riqueza de sus costas también puede exportar pescado y mariscos: atún, tiburón, tortuga, etc. La moneda del país es el colón.

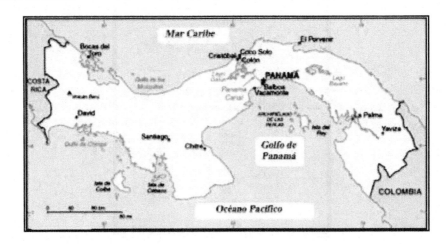

Presidente: Ricardo Martinelli (2009-2014)

Nueve provincias divididas en dos partes por el canal, la superficie total de Panamá cubre 30.185 millas cuadradas/78.200 kilómetros cuadrados (más o menos el tamaño de Carolina del Sur) incluyendo las numerosas islas que le pertenecen oficialmente. Su clima es básicamente tropical. Su posición estratégica de eslabón entre Norte y Sudamérica y a la vez entre el océano Atlántico y el Pacífico hacen de Panamá un país de una riqueza única. La administración del canal desde 1999 (hasta ese momento estuvo administrado por los Estados Unidos desde que se finalizó su construcción en 1914) ha significado para Panamá una fuente de ingreso muy importante, junto al turismo que la zona del canal genera. Como todos los países centroamericanos, el país exporta banano, café y caña de azúcar. También se exportan camarones y otros mariscos. Los extensos bosques tropicales son un notable recurso natural del país; además posee cobre y se produce importante cantidad de energía hidráulica. La moneda de Panamá es el balboa, y su población en el 2012 es de 3.510.045 habitantes.

c. El Caribe hispano

Solamente tres de las Antillas mayores son de habla hispana: Cuba, la República Dominicana, la cual comparte el territorio total de la isla La Española con Haití, y Puerto Rico. Cada una de las tres Antillas tiene un tipo de gobierno diferente: Cuba, cuya capital es La Habana, es una república socialista, la República Dominicana, cuya capital es Santo Domingo, es una república democrática y Puerto Rico, cuya capital es San Juan, es un Estado Libre Asociado de los Estados Unidos, estatus adquirido en 1952. En su calidad de Estado Libre Asociado, es decir no una república independiente ni un estado de la unión norteamericana, el primer mandatario en Puerto Rico es un gobernador elegido por el pueblo puertorriqueño, no un presidente.

Cuba

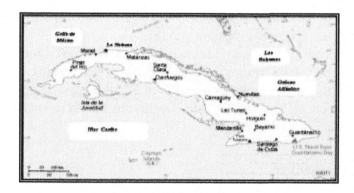

Presidente: Raúl Castro (2008 al presente)

Cuba, la mayor en extensión (44.00200 millas cuadradas/114.471, el tamaño de Pensilvania) se encuentra situada directamente al sur de La Florida y al noroeste de La Española. Su posición geográfica le da a la isla un clima semi-tropical, y las tres Antillas comparten la misma época de lluvias, de agosto a octubre, en que toda la región es afectada por tormentas tropicales o huracanes. La población de Cuba en el 2012 es de alrededor de 11.075.244 habitantes.

Como la isla está regida por un gobierno de corte socialista, los medios de producción, los recursos naturales, el comercio internacional están controlados por el Gobierno. Cuba, catorce provincias en tierra firme y un municipio especial conformado por la pequeña Isla de la juventud, posee yacimientos de níquel, cobalto, cobre, manganeso, cromo y sal. Hasta los años noventa la agricultura fue la actividad principal del país, sobre todo el cultivo de la caña de azúcar, el café y el tabaco. Los puros cubanos son internacionalmente reconocidos entre los mejores del mundo.

Con el desmembramiento del bloque de países socialistas en los años noventa –con quienes Cuba mantenía relaciones comerciales privilegiadas– la agricultura cubana perdió su lugar como primera actividad económica del país y Cuba sufrió una fuerte crisis. El Gobierno llamó este periodo de crisis el periodo especial y para aliviar la situación introdujo algunas reformas para crear una economía mixta -socialista y capitalista- que incluían el abrir sus puertas a un mercado que se había mostrado exitoso en otros países de Latinoamérica: el turismo. Igualmente permitió las inversiones extranjeras, legalizó el uso del dólar norteamericano en paridad con el peso cubano, se les permitió a algunos sectores profesionales el trabajar por cuenta propia -entre ellos la industria de la restauración y la del transporte- y estableció tiendas en las que se podía comprar solamente con dólares.

Como consecuencia del flujo de moneda americana, la brecha en el nivel de vida entre los sectores de la población que tienen acceso a dólares, bien sea porque tienen familiares en el extranjero que les envían divisas o porque trabajan en sectores económicos pagados en dólares, se ha agrandado. La prostitución ha regresado y el mercado negro se ha acrecentado por la necesidad de la gente de satisfacer la carencia de alimentos, ropa y productos de higiene personal existente en la isla.

En el capítulo I de la segunda parte, "El nuevo mapa político de América Latina", hablaremos más en detalle sobre la situación actual en Cuba producto de las reformas introducidas por el nuevo presidente, Raúl Castro, quien en el 2008 fue elegido presidente tras la decisión de Fidel de no presentarse a la reelección.

República Dominicana

Presidente: Danilo Medina (2012-2016)

La República Dominicana tiene una superficie total de 18.712 millas cuadradas/48.464 kilómetros cuadrados –un poco más que el doble de Nueva Hampshire. El territorio dominicano cuya población en el 2012 es de alrededor de 10.088.598 habitantes está dividido en veintinueve provincias y un distrito nacional, Santo Domingo.

Luego de la independencia de 1844 el país pasó por luchas internas, un transitorio retorno a la dominación española entre 1861y 1865 y ocupación estadounidense entre 1916 y 1924. Después de un periodo de estabilidad de seis años, en 1930 Rafael Leónidas Trujillo asumió el poder tras un golpe de Estado y por treinta y un años gobernó el país directa o indirectamente como dictador absoluto (con el apoyo de los Estados Unidos), y como si éste fuera una empresa privada suya y de su familia. Como bajo todo gobierno dictatorial durante el "trujillato" la violación de las libertades del individuo y de los derechos humanos fue flagrante. Trujillo fue asesinado en 1961 y no fue hasta 1966 que se llevaron a cabo en el país elecciones generales donde asumió el poder por varios periodos entre 1966 y 1978 Joaquín

Balaguer. De ahí en adelante, la República Dominicana se ha movido hacia una democracia representativa.

En el 2012, fue elegido presidente el economista Danilo Medina del Partido de la Liberación Dominicana (PLD) por un periodo de cuatro años. El lema que distinguió su campaña fue: "llegaré al Palacio Nacional con mi corazón para los pobres, pero con un látigo para los deshonestos", lo que augura una gestión de Gobierno de transparencia y mano dura contra la corrupción, mal propagado en todos los sectores de la administración pública y privada del país.

Recibió Medina un país donde la deuda pública total asciende a US$17.331.1 millones lo que representa el 30.9% del Producto Interno Bruto (PIB). Por ello, el primer reto el que deberá enfrentar será el de desarrollar una economía más competitiva donde exista un equilibrio entre la exportación y la importación (actualmente el país importa más del doble de lo que exporta), y en la que se dependa cada vez menos de los capitales internacionales. Otros retos prioritarios están relacionados con la educación y la seguridad social.

El crecimiento de la industria turística, y el aumento de zonas de libre comercio de las últimas décadas desplazaron la agricultura como actividad predominante en la economía del país. Los productos agrícolas de mayor exportación siguen siendo el azúcar, el café y el tabaco. La crianza de ganado vacuno y porcino y de aves de corral es básicamente para el consumo interior. La isla cuenta además con limitados yacimientos de ferroníquel, oro, hierro y acero. La unidad monetaria del país es el peso dominicano.

Sin embargo, a pesar de que el país ha logrado reducir la tasa de habitantes viviendo bajo el límite de pobreza a 25%, la distribución de riquezas continúa siendo muy dispareja, por lo que aún en nuestros días muchos dominicanos pobres arriesgan sus vidas cruzando en inseguras lanchas el canal de la Mona hacia Puerto Rico donde esperan encontrar mejores condiciones de vida o pasar de ahí a los Estados Unidos.

Puerto Rico

Gobernador: Alejandro García Padilla (2012-2016)

Puerto Rico es la más pequeña de las Antillas mayores ocupando una superficie de 3.551 millas cuadradas/9.104 kilómetros cuadrados, tres veces el tamaño de Rhode Island. Parte de esta superficie está comprendida por las islas de Vieques, Culebra, Mona y Monito, clasificadas reserva natural por la variedad única de su fauna y de su flora, así como el bosque lluvioso de El yunque, localizado al noreste de Puerto Rico que hace parte del sistema de bosques nacionales de los Estados Unidos.

Contrario a muchos países de Hispanoamérica, la agricultura no es una de las actividades principales del país, y a pesar de ser una isla, tampoco lo es la pesca comercial. Sus recursos minerales son limitados: pequeños yacimientos de cobre y níquel, pero se cree que en sus costas hay posibles yacimientos de petróleo, algo que aún no ha sido confirmado. La industria del turismo, la manufacturación de productos farmacéuticos y químicos y de instrumentos científicos así como el refinamiento de petróleo, y los servicios de finanzas, seguros, bienes raíces, etc. ocupan un lugar preponderante en la economía de la isla.

La población de la isla en el 2012 es de 3.998.905 habitantes. En tanto ciudadanos americanos desde 1917, existe una enorme cantidad de puertorriqueños viviendo en los Estados Unidos, alrededor de 4.623.716 (censo 2010), emigración que comenzó en los años cuarenta y continúa hoy en día. Como todo emigrante, los puertorriqueños llegan en busca de mejores oportunidades económicas pues a pesar de su relación política con los Estados Unidos, el ingreso per cápita del puertorriqueño de la isla es de $16.300 (2010), menor que el del estado de Mississippi, el más bajo de la unión. La moneda de Puerto Rico es el dólar estadounidense y el correo es el correo federal norteamericano. La isla no tiene un ejército propio; los puertorriqueños sirven en el ejército de los Estados Unidos.

En las elecciones del 2012 Puerto Rico eligió como gobernador (por un estrechísimo margen de menos de 1%) a Alejandro García Padilla del Partido Popular Democrático, partido que propugna el estatus de Estado Libre Asociado (ELA), contra el incumbente Luis Fortuño del Partido Nuevo Progresista que propugna la estadidad.

En la consulta sobre si mantener o cambiar el estatus territorial, el 54% votó por un cambio y el 46% por mantenerlo. Entre quienes votaron por el cambio, el 61,2% escogió la estadidad, el 33,3% el ELA soberano (estado de soberanía provisional para poder negociar el estatus en condiciones de igualdad con los Estados Unidos) y un 5,5% la independencia. Sin embargo, de un total de aproximadamente 1.800.000, hay 468.000 votos en blanco que denotarían preferencia por mantener el estatus actual (ELA). Visto así, el mapa político de Puerto Rico no ha cambiado dividido entre partidarios de la estadidad y partidarios del el ELA, y de los resultados del referéndum no surge la "señal clara" que había pedido el Congreso de Estados Unidos para decidir sobre el estatus de la Isla.

El continente sudamericano está compuesto por doce repúblicas independientes más la Guayana francesa, departamento de ultramar francés.
De las doce repúblicas, sólo tres no son hispanohablantes: Brasil, Guyana y
Surinam. En Brasil, cuya capital es Brasilia, se habla portugués; en Guyana,
cuya capital es Georgetown, se habla inglés y en Surinam, cuya capital es
Parabaribo, se habla holandés. Los países de habla hispana bajando por el
lado del noroeste del continente y subiendo hacia el norte a encontrarse con
Brasil son: Venezuela, Colombia, Ecuador, Perú, Bolivia, Chile, Paraguay,
Argentina y Uruguay.

País *Capital*	Superficie	Unidad Monetaria	Población al 2012
Argentina *Buenos Aires*	1.100.000 millas cuadradas/ 2.771.300 kilómetros cuadrados	peso argentino	42.192.494
Bolivia *La paz*	424.162 millas cuadradas/ 1.098.160 kilómetros cuadrados	Boliviano	10.290.003
Brasil *Brasilia*	5.289.089,84 millas cuadradas/ 8.511.965 kilómetros cuadrados	Real	205.716.890
Chile *Santiago*	292.280 millas cuadradas/ 756.945 kilómetros cuadrados	peso chileno	17.067.369
Colombia *Bogotá*	440.000 millas cuadradas/ 1.139.600 kilómetros cuadrados	peso colombiano	45.239.079
Ecuador *Quito*	109.454 millas cuadradas/ 283.560 kilómetros cuadrados	sucre = dólar norteamericano	15.223.680
Paraguay *Asunción*	157.048 millas cuadradas/ 406.752 kilómetros cuadrados	Guaraní	6.546.591
Perú *Lima*	496.087 millas cuadradas/ 1.285.200 kilómetros cuadrados	nuevo sol	29.549.517
Uruguay *Montevideo*	68.037 millas cuadradas/ 176.215 kilómetros cuadrados	peso uruguayo	3.316.328
Venezuela *Caracas*	352.143 millas cuadradas/ 912.050 kilómetros cuadrados	Bolívar	28.047.938

De esas doce repúblicas, sólo Bolivia y Paraguay no tienen costa. Al perder la Guerra del Pacífico o Guerra del salitre (1879-1883) entre Chile y la

Confederación Perú-Boliviana, Bolivia perdió el acceso al mar. El origen de la guerra podemos encontrarlo en una ley boliviana que imponía un nuevo impuesto de 10 centavos sobre cada quintal de salitre exportado, impuesto que Chile consideró violaba el Tratado de Límites de 1874 en el que se estipulaba que los derechos de exportación de minerales, explotados entre los paralelos 23 y 25, no podían exceder a los vigentes en aquella época. Lo que en realidad estaba en juego eran las inmensas riquezas en salitre y guano de la región al norte del desierto de Atacama. La guerra, originalmente con Bolivia, se extendió al Perú al conocer Chile la existencia desde 1873 de un tratado secreto de alianza defensiva entre Bolivia y Perú.

Al finalizar la guerra, en virtud del Pacto de Tregua firmado en 1884, Atacama y el puerto de Antofagasta pasaron a dominio chileno, con lo cual Bolivia perdió su salida al mar. En 1953, sin embargo, el gobierno chileno proporcionó a Bolivia un puerto franco en Arica para facilitarle el comercio de sus productos. La reivindicación de una salida al mar ha sido constantemente reclamada por los sucesivos gobiernos bolivianos. La llegada al gobierno de Michelle Bachelet en Chile y de Evo Morales en Bolivia propició que por primera vez se incluyera el tema de la salida al mar entre los 13 puntos a discutir entre ambos países. El sucesor de Bachelet, Sebastián Piñera, elegido en enero del 2010, estuvo de acuerdo en continuar la discusión de los 13 puntos con el Gobierno boliviano, pero dejó claro que la salida soberana al mar soberana está fuera de discusión.

Aunque huérfanos de costa y mar, Bolivia y Paraguay cuentan con otros sistemas fluviales de importancia. Bolivia, por su parte, comparte con Perú el lago navegable más alto del mundo, el Titicaca, y cuenta con una enorme cantidad de ríos de variada importancia que se extienden por todo el país. En total Bolivia cuenta con más de 10.000 kilómetros comercialmente navegables. Actualmente está desarrollando la región de Puerto Busch donde se construirá el puerto más grande y modernos de Bolivia, sobre el río Paraguay, enclavado en la frontera trinacional con Paraguay y Brasil, una vía que le abre la posibilidad de transportar pasajeros y carga desde y hacia el océano Atlántico. La hidrovía tiene una extensión de 3.442 kilómetros longitudinales, desde sus cabeceras al interior del estado de Mato Grosso en el norte de Brasil, hasta el río Paraná a la altura del puerto uruguayo de Nueva Palmira. Puerto Busch está emplazado cerca de los ricos yacimientos de hierro del Mutún, reserva de 4.000 millones de toneladas de hierro.

Paraguay también cuenta con lagos y ríos navegables entre ellos los ríos Paraná –uno de los más grandes del mundo- y Paraguay, dos de los más importantes sistemas fluviales del continente. El río Paraguay nace en Brasil y va bajando hacia el sur convirtiéndose en afluente del Paraná a la altura de la frontera entre Paraguay y Argentina para alimentar luego el cauce del río de la Plata y finalmente desembocar en el océano Atlántico. Los otros sistemas fluviales del continente que representan vías de comunicación y de transportación de importancia y en algunos casos sirven para generar electricidad lo conforman el río Amazonas, el río Magdalena y el río Orinoco.

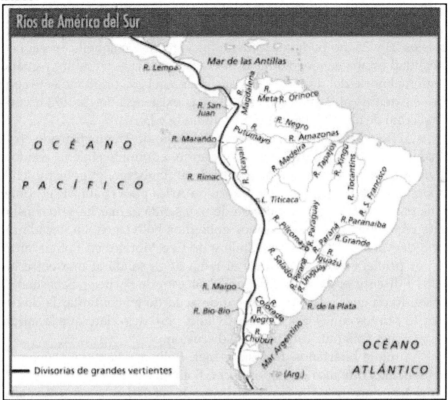

El Amazonas es el río más largo del mundo; sus aguas o las de sus afluentes recorren territorio brasileño, colombiano, boliviano, peruano, ecuatoriano y venezolano. Como dato curioso queremos señalar que el Amazonas cambió de curso: hoy en día el Amazonas fluye del océano Pacífico al Atlántico, pero según un estudio realizado por el geólogo Russell Mapes, entre 65 y 145 millones de años atrás, éste corría en dirección opuesta, del Atlántico al Pacífico, es decir en dirección este-oeste. El estudio se basa en que si el Amazonas siempre hubiera fluido hacia el Este, como lo hace ahora, los sedimentos encontrados contendrían rastros de minerales mucho más jóvenes, que se habrían "deslizado" desde los Andes y los sedimentos encontrados son rastros de minerales antiguos.

El río Magdalena nace en la cordillera de los Andes y recorre el territorio colombiano hacia el norte para desembocar en el mar Caribe. El Orinoco recorre el territorio venezolano y desemboca en el océano Atlántico.

Sudamérica está localizada en el hemisferio sur lo que implica que las estaciones del año son opuestas a las del hemisferio norte. La diversidad climática y geográfica va de la selva tropical en Brasil, Ecuador, Colombia y Venezuela a las inmensas llanuras de la Argentina, Uruguay, Venezuela, Colombia y Brasil, a los desiertos del sur del Perú y el norte de Chile y a las nieves eternas de la cordillera de los Andes, la que atraviesa el continente de norte a sur desde el norte de Venezuela hasta la Tierra del Fuego. Los picos más altos de esta cadena de montañas se encuentran en la frontera entre Chile y Argentina; el Aconcagua es el más elevado.

La topografía montañosa de la mayoría de los países ha afectado su desarrollo económico y ha creado problemas de densidad poblacional en las grandes ciudades pues los habitantes del interior emigran a las ciudades desarrolladas en busca de mejores condiciones de vida. La constante emigración resulta en el desarrollo de arrabales (favelas en Brasil, villas miseria en Argentina y Uruguay, poblaciones callampas en Chile), alrededor de los centros urbanos. Los resultados de un estudio del Banco Interamericano de Desarrollo publicado en el 2012 son ilustrativos de esta realidad.

Los mismos indicaron que el 80% de la población latinoamericana (el doble que en los años cincuenta) vive en zonas urbanas. De los 130 millones de familias que habitan en las ciudades, 34 millones viven en edificios sin agua potable, saneamiento, pisos adecuados o espacio suficiente, 5 millones comparten vivienda con otra familia y 3 millones viven en casas en tan mal estado que son irreparables. En su gran mayoría estas viviendas están ubicadas en barrios sin facilidades urbanas básicas como transporte público, parques y hospitales. Los países con mayor déficit de viviendas o con un gran porcentaje de viviendas sin los mínimos requisitos habitacionales son Nicaragua (78%), Bolivia (75%) y Perú (72%); los países con menor cantidad de familias viviendo en malas condiciones son Costa Rica (18%), Chile (23%) y Uruguay (26%).

B. Movimientos revolucionarios y luchas por justicia social

Después de la independencia de España, las nuevas naciones, en su mayoría, quedaron huérfanas de clases dirigentes capacitadas para tomar las riendas del gobierno y desarrollar las economías locales. Se produjo una división política de carácter bipartidista: conservadores y liberales. Los conservadores favorecían un gobierno fuerte centralista dirigido desde la capital hacia las provincias y con estrecho vínculo del Estado y la Iglesia Católica; los liberales favorecían el fortalecimiento de gobiernos locales que no dependieran de un gobierno central, la completa separación de la Iglesia y el Estado y la defensa de las clases desfavorecidas.

Las principales consecuencias de esta situación fueron de orden político y económico. En primer lugar, el surgimiento de gobiernos caudillistas o dictatoriales de los que los siguientes no son sino algunos ejemplos: Juan Manuel de Rosas en Argentina (1835-52); José Gaspar Rodríguez de Francia en Paraguay (1814-40); Rafael Carrera en Guatemala (1844-48; 1851-65); Mariano Melgarejo en Bolivia (1864-83); Gabriel García Moreno en Ecuador (1861-75). En segundo lugar, una economía fuertemente dependiente de potencias extranjeras, baste citar dos ejemplos concretos: el caso de México y el de Cuba.

Durante el gobierno de Porfirio Díaz (1876-1910) el capital extranjero dominaba la vida económica del país: "Los americanos y los británicos eran dueños de los pozos de petróleo y de las minas. Los franceses controlaban la mayor parte de la industria textil y muchas de las grandes tiendas. Los alemanes controlaban el negocio de ferretería y medicinas. Los españoles (especialmente los gallegos eran tenderos y pequeños comerciantes. Los servicios públicos –tranvías, electricidad, agua corriente- pertenecían a los ingleses, canadienses, americanos y otros extranjeros. Los mexicanos, sin formación en la técnica moderna, eran por así decirlo, extranjeros en su propia tierra" (Herring 331) [nuestra traducción].

Porfirio Díaz

Del mismo modo, al triunfo de la Revolución cubana en 1959, la United Fruit Company poseía en Cuba 277.000 acres de terreno; la explotación de las minas de hierro, sulfuro, níquel, cobalto, y otros minerales así como las tres más importantes refinerías de petróleo y las centrales azucareras estaban en manos americanas. (Herring 408-409). De lo que se desprende que el caudillismo y la intervención extranjera, en particular la norteamericana, van a jugar un rol determinante en el devenir histórico de Latinoamérica en el siglo XX.

Entonces, así como las luchas por la independencia marcaron el siglo XIX, el siglo XX latinoamericano estuvo marcado por luchas de justicia social ya que la situación de los indígenas, antiguos esclavos, mestizos, mulatos y zambos no mejoró. Y, de la misma manera que para lograr la independencia fue necesaria la lucha armada, para mejorar las condiciones de vida no bastó con el establecimiento de constituciones o la organización de elecciones, sino que en ocasiones se manifestaron necesarios movimientos de acción revolucionaria dirigidos muchos de ellos por líderes mestizos y mulatos, y que comenzaron con la Revolución mexicana de 1910.

1. La Revolución mexicana

Después de lograr su independencia en 1810 se sucedieron en el gobierno de México una serie de caudillos: el general Antonio López de Santa Anna, quien entre 1821 y 1855 ocupó en seis ocasiones la presidencia del país; el coronel Anastasio Bustamante (1830-32; 1837-41); Benito Juárez (1861-1863; 1867-1872), de sangre indígena; el general Porfirio Díaz (1876-1911) cuyos respectivos gobiernos fueron preparando el terreno para que germinaran ideales revolucionarios.

Entre 1821 y 1910 el país se vio envuelto en guerras civiles así como guerras contra los Estados Unidos y contra Francia. Las mismas dejaron una deuda externa de grandes proporciones la que el gobierno de Benito Juárez, al ser reelegido presidente en 1861, ordenó no pagar. Entre 1836 y el fin de la guerra de 1946-1948, México perdió a favor de Estados Unidos el territorio de lo que hoy es Texas, Arizona, California, Colorado, Nevada, Nuevo México y Utah. El fin de la guerra contra los Estados Unidos significó para el país la pérdida de más de la mitad de su antiguo territorio mientras que para los Estados Unidos significó no sólo el anexar tierras de enormes riquezas sino, sobre todo, y gracias a ello, el afirmar su creciente poderío económico y político y garantizarse puertos de excelente posición estratégica en el océano Pacífico y el golfo de México.

En 1856, el gobierno liberal de Ignacio Comonfort libró una gran batalla, no contra país alguno, sino contra una poderosa institución, la Iglesia Católica: se firmó la Ley Lerdo de Tejada la que obligaba a la Iglesia a vender todos sus bienes y tierras no cultivadas. Esta ley tenía un doble fin: debilitar el poderío económico y la influencia política de la Iglesia al mismo tiempo que lograr que más personas sin tierras pudieran adquirir y ser dueños de tierra productiva. Sin embargo, la tierra no fue adquirida por los sin tierra, sino que fue a parar a manos de los grandes hacendados, locales y extranjeros.

El cinco de mayo de 1862, las fuerzas invasoras francesas enviadas por Napoleón III en respuesta al no pago de la deuda externa, fueron momentáneamente derrotadas por un pequeño número de soldados muy mal equipados. El sentimiento de cohesión y orgullo nacional que ese triunfo le otorgó al pueblo mexicano dio origen a la celebración del cinco de mayo como día de fiesta nacional. Más adelante, y gracias a los refuerzos enviados, Francia logró imponer a Maximiliano de Austria como emperador del país por igualmente un corto periodo de tiempo (1864-67). En 1867 los franceses fueron finalmente derrotados, y Benito Juárez fue reelegido presidente.

Porfirio Díaz perdió dos veces las elecciones frente a Benito Juárez, y en 1876, por medio de un golpe de Estado, asumió el poder. Durante su gobierno dictatorial, que se prolongó de 1876 a 1911, enmendó la constitución varias veces para poder ser reelegido, y durante esa época, conocida como el porfiriato, despojó al país de sus mayores riquezas al poner tanto recursos naturales como tierras productivas en manos de inversionistas extranjeros.

La modernización tecnológica que conoció el país en esa época no alcanzó a las grandes masas campesinas que se hacían cada vez más pobres. A pesar de llevar sangre indígena, Díaz mostró su menosprecio por indios y mestizos por igual al irlos dejando fuera de su gobierno, mientras que, cada vez, más criollos eran nombrados en puestos administrativos.

Se dice que su desagrado por los pobres y por los indios llegó a tal punto que para la celebración del centenario del Grito de Dolores con el que el Padre Hidalgo había dado comienzo a la lucha por la independencia de España, mandó a sacar de la ciudad de México a todos los indígenas para que sus invitados extranjeros vieran una ciudad impecable sin vestigios de pobreza. (Herring 336). Fueron las clases marginadas y empobrecidas, junto a algunos intelectuales indignados por las atrocidades cometidas por Díaz, las que pusieron en jaque su gobierno dictatorial desencadenando los diez años de lucha revolucionaria que se sucedieron.

Pancho Villa

Emiliano Zapata (sentado al centro)

Francisco Madero fue el líder que logró aglutinar las diferentes fuerzas que lucharon contra Díaz obligándolo a partir al exilio en 1911. Sin embargo, el gobierno de corte liberal de Madero no duró mucho. Traicionado por algunos de sus oficiales, entre ellos el general Victoriano Huerta, y abandonado por las masas que le habían apoyado ante lo que ellos consideraban insuficientes y lentas reformas para el mejoramiento de las condiciones de vida, Madero fue depuesto y asesinado. Es en este momento en que entran en acción dos famosos héroes de la Revolución: Emiliano Zapata, quien estaba al frente del movimiento campesino del sur y Francisco (Pancho) Villa, quien junto a Venustiano Carranza y Álvaro Obregón dirigían el movimiento revolucionario en el norte.

1917 representó el año del triunfo de los ideales revolucionarios pues bajo la presidencia de Venustiano Carranza, elegido ese mismo año, se promulgó la Constitución de 1917, la que hoy en día permanece vigente, uno de los documentos de más avanzada en favor de la justicia social de la época; documento promulgado, vale la pena mencionarlo, meses antes de que se produjera la Revolución rusa ocurrida en octubre del mismo año.

Son dignos de resaltar cuatro artículos de esta constitución pues resumen el llamado al reconocimiento y respeto de algunos de los más importantes ideales de la Revolución: derecho a la igualdad de los individuos, justicia social, soberanía nacional sobre los territorios y recursos naturales y preservación y restauración del "equilibrio ecológico". Estamos hablando de los artículos 3, 4, 27 y 123. Los siguientes son fragmentos de las estipulaciones de estos artículos:

> Artículo 3. Todo individuo tiene derecho a recibir educación... dicha educación será laica y, por tanto, se mantendrá por completo ajena a cualquier doctrina religiosa... y [será] gratuita.
>
> Artículo 4. La nación mexicana tiene una composición pluricultural sustentada originalmente en sus pueblos indígenas. La ley protegerá y promoverá el desarrollo de sus lenguas, culturas, usos, costumbres, recursos y formas específicas de organización social...
>
> Artículo 27. La propiedad de las tierras y aguas comprendidas dentro de los límites del territorio nacional, corresponde originariamente a la nación... La nación tendrá en todo tiempo el derecho de imponer a la propiedad privada las modalidades que dicte el interés público, así como el de regular, en beneficio social, el aprovechamiento de los elementos naturales susceptibles de apropiación, con objeto de hacer una distribución equitativa de la riqueza pública, cuidar de su conservación, lograr el desarrollo equilibrado del país y el mejoramiento de las condiciones de vida de la población rural y urbana.
>
> Artículo 123. La duración de la jornada máxima será de ocho horas. La jornada máxima de trabajo nocturno será de siete horas. Quedan prohibidas: las labores insalubres o peligrosas, el trabajo nocturno industrial y todo otro trabajo después de las diez de la noche, de los menores de dieciséis años. Queda prohibida la utilización del trabajo de los menores de catorce años. Los mayores de esta edad y menores de dieciséis tendrán como jornada máxima la de seis horas. Por cada seis días de trabajo deberá disfrutar el operario de un día de descanso, cuando menos. Las mujeres durante el embarazo no realizarán trabajos que exijan un esfuerzo considerable y signifiquen un peligro para su salud en relación con la gestación; gozarán forzosamente de un descanso de seis semanas anteriores a la fecha fijada aproximadamente para el parto y seis semanas posteriores al mismo, debiendo percibir su salario íntegro y conservar su empleo y los derechos que hubieren adquirido por la relación de trabajo. En el periodo de lactancia tendrán dos descansos extraordinarios por día, de media hora cada uno para alimentar a sus hijos... Para trabajo igual debe corresponder salario igual, sin tener en cuenta sexo ni nacionalidad... Los trabajadores tendrán derecho a una participación en las utilidades de las empresas... (Constitución política de los Estados Unidos Mexicanos).

Así como la Revolución de octubre fue el comienzo de una nueva era política en los países europeos, el triunfo de la Revolución mexicana encendió la llama de la esperanza en los países de Hispanoamérica donde existía una gran concentración indígena, mestiza y mulata, población que desde tiempos coloniales había sido marginada del progreso social. En ese sentido se fundan partidos políticos con ideales de justicia social los que desean llevarlas a la práctica a través de la vía electoral, y surgen también movimientos armados como los que llevaron a la Revolución cubana y a la Revolución sandinista en Nicaragua.

2. Intentos revolucionarios en Perú y Bolivia

En 1924, en el Perú, surgió el partido Alianza Popular Revolucionaria Americana (APRA) dirigido por Víctor Raúl Haya de la Torre. Como la Constitución mexicana de 1917, el APRA perseguía la justicia social y la soberanía sobre el territorio y los recursos naturales nacionales, por lo que el partido fue prohibido, en varias ocasiones, de participar en las elecciones. En 1968, sucedió algo inesperado y extraordinario dentro del panorama político latinoamericano: un militar, Juan Velasco Alvarado, a la cabeza de la Junta Militar Revolucionaria, dio un golpe de Estado derrocando al presidente de turno Fernando Belaúnde Terry luego de los intentos infructuosos de éste de expropiar el petróleo en manos de compañías norteamericanas.

La junta militar gobernó con mano de hierro, censurando la prensa entre otras medidas, pero adoptando al mismo tiempo posiciones reformistas y un carácter populista hasta el momento desconocidos en Latinoamérica en un gobierno militar. Velasco concretizó la expropiación de los pozos de petróleo a seis días de haber asumido el poder, puso en marcha un plan de reforma agraria y de nacionalización de industrias con capital extranjero, entre ellas las asociadas a la minería, la pesquería, el cemento, los servicios (telecomunicaciones y energía eléctrica) y la banca, y promulgó una radical reforma educativa.

Parte fundamental de la reforma educativa la constituyó el objetivo de erradicar el analfabetismo a través de un plan de alfabetización integral llamado Operación ALFIN. Se le consideraba integral pues no se limitaba a enseñar a leer y a escribir al adulto analfabeta, sino que también incluía capacitación profesional y promovía la toma de conciencia del individuo sobre su situación histórico-social. Estaba basado en las teorías de alfabetización-concienciación del pedagogo brasileño Paulo Freire (1921-1997), de quien hablaremos en el capítulo dedicado a la educación.

A comienzos de los setenta llegó al Perú el brasileño Augusto Boal (1931-2009) quien había salido al exilio luego de haber sido víctima de la represión desatada en su país en los años sesenta y setenta por los gobiernos militares de Artur Da Costa e Silva y Emilio Garrastazu Médici. Boal había sido acusado de "activista cultural" que incitaba a la rebelión a través de sus obras y actividad teatral. Inmediatamente comenzó a colaborar con la Operación ALFIN y fue así como desarrolló las técnicas del Teatro del Oprimido que le dieron a conocer a nivel internacional.

Según estas técnicas, también influenciadas por las teorías de Paulo Freire, es necesario que el individuo participe activamente en el proceso de aprendizaje y que no sea un simple receptor pasivo; en ese sentido, el teatro puede ser utilizado como medio para la enseñanza y medio de expresión del individuo. La idea de Boal era básicamente que el teatro debía ser un instrumento al servicio de los intereses de las clases desfavorecidas de la sociedad. Partiendo de esa premisa, pensaba que si los individuos/público sentían que eran dueños de los medios de producción del teatro y que podían hacer parte de la ficción e influir sobre la misma en el proceso teatral, ello les daría la confianza necesaria para ser individuos activos dentro de la sociedad y luchar por influir sobre ésta para cambiarla.

Los ideales revolucionarios también se manifestaron en Bolivia. En 1941, Víctor Paz Estenssoro participó en la fundación del Movimiento Nacionalista Revolucionario (MNR). En 1951 ganó las elecciones y al tomar posesión de su cargo como presidente, emprendió una serie de reformas económicas para recuperar la soberanía del país sobre sus recursos naturales, y sociales para mejorar las condiciones de vida de los desposeídos. A estos efectos nacionalizó las empresas de estaño que estaban en manos extranjeras, dio inicio a una reforma agraria en 1954 y aprobó el voto universal para incluir a la población analfabeta que hasta ese momento no podía votar.

3. La Revolución cubana

No hay lugar a dudas que dentro de la historia de la segunda mitad del siglo XX la Revolución cubana ocupa un lugar prominente como el movimiento revolucionario más radical de Hispanoamérica y el que ha conocido por igual fervientes defensores y exaltados detractores. Su prominencia proviene igualmente del hecho de haber representado por mucho tiempo el arquetipo de una sociedad que había alcanzado la justicia social donde se desarrollaba "el hombre nuevo", la que resumía las aspiraciones y el espíritu de justicia social de la época.

Como todo movimiento político revolucionario, la Revolución cubana fue una respuesta a condiciones de vida insufribles para la mayoría de la población, a la oposición a un gobierno dictatorial, el de Fulgencio Batista en el poder desde 1952, y a la falta de libertad y violación de derechos humanos y civiles que este tipo de gobierno usualmente conlleva. Ello logró que una pequeña vanguardia de jóvenes, poniendo su vida en peligro, se lanzara a la lucha y lograra aglutinar en un movimiento los diferentes sectores de la población afectados por esa situación.

Del mismo modo que a fines del siglo XIX José Martí tomó la antorcha de la independencia encendida por Bolívar casi un siglo antes y la hizo suya para luchar por la independencia de Cuba, Fidel Castro y un puñado de hombres se hicieron eco de los ideales de libertad, de soberanía y de justicia social expresados en la Constitución mexicana de 1917 así como en la Constitución cubana de 1940 para convertirse en artífices de la revolución de 1959, aquella que puso fin a la dictadura de siete años de Batista.

Fidel en el Escambray

Otro latinoamericano que se transformó en símbolo no sólo de la Revolución cubana, sino de otros movimientos revolucionarios en Latinoamérica lo fue el médico argentino Ernesto (Che) Guevara. Como San Martín un siglo y medio antes subiera del sur hacia el norte del continente en su lucha por la independencia durante el periodo colonial, el Che abandonó su país en 1954 en su ideal de unirse a otros que como él veían en la revolución armada el medio para poner fin a las injusticias sociales que se vivían en los países latinoamericanos. En México se unió a Fidel Castro quien se encontraba exiliado y al Movimiento 26 de julio y junto a ellos embarcó en el Granma hacia Cuba. Luchó en la sierra y participó de la toma de poder que los llevó a derrocar a Batista. Luego del triunfo de la Revolución se desempeñó como ministro de la industria. En 1965 dejó Cuba y se unió a las luchas revolucionarias campesinas en Bolivia donde fue asesinado en 1967.

El Che

Durante las décadas de los sesenta y setenta la Revolución cubana representó un faro de esperanza para los países latinoamericanos. Reconocidos intelectuales como el escritor colombiano Gabriel García Márquez, Premio Nobel de literatura en 1982 tomaron su defensa, e incluso hicieron donaciones para desarrollar programas educativos o culturales. Por ejemplo, García Márquez hizo grandes aportes financieros para la fundación, en 1986, de la Escuela Internacional de Cine y Televisión de San Antonio de los

Baños en la que se han formado cineastas de diversos países de América Latina y del mundo.

El desarrollo social experimentado por la Cuba revolucionaria fue por muchos años ampliamente reconocido. Los mayores logros sociales de la revolución pueden resumirse en los siguientes:

1. Educación gratuita para todos los cubanos desde preescolar hasta universidad, y alfabetización de la población adulta analfabeta. En 1961 se llevó a cabo una gran campaña de alfabetización que elevó el porcentaje de alfabetizados en la isla a un 99%, uno de los más altos del mundo.

2. Junto a la educación gratuita se promovió el desarrollo de la cultura y se trató de elevar el nivel cultural de la gente. Se fundó la Casa de las Américas, institución que "[c]oncebida como un espacio de encuentro y diálogo desde distintas perspectivas en un clima de ideas renovadoras, divulga, investiga, auspicia, premia y publica la labor de escritores, artistas plásticos, músicos, teatristas y estudiosos de la literatura y las artes; cuya comunicación alienta, al tiempo que fomenta el intercambio con instituciones y personas de todo el mundo". (Sitio web de Casa de las Américas); se fundó además el Instituto Cubano del Arte e Industrias Cinematográficas (ICAIC), y en música se impulsó el desarrollo de lo que se llamó "la nueva trova cubana".

3. Plan de salud nacional gratuito. Se logró reducir la mortalidad infantil y aumentar la esperanza de vida de la población hasta hacerlas comparables a las de los países desarrollados incluyendo los Estados Unidos, y a pesar de que entre 1959-1962 la mayoría de los médicos y otros profesionales abandonaron la isla, el país fue capaz de suplir esa falta con la formación de nuevos médicos. Hoy en día hay más médicos cubanos que de la Organización Mundial de la Salud ofreciendo sus servicios en diferentes países del mundo incluyendo Venezuela, Uruguay y Bolivia. La Escuela Panamericana de Ciencias Médicas recibe estudiantes de todas partes del mundo.

Las críticas o acusaciones más acérrimas a la Revolución cubana enfatizan los siguientes aspectos:

1. La supresión de las libertades individuales así como la falta de libertad de expresión, libertad de disensión y libertad de prensa. Desde su llegada al poder Castro dejó claramente establecida su consigna de "dentro de la revolución, todo; fuera de la revolución, nada".

2. Los juicios sumarios revolucionarios y fusilamientos de los primeros años de la Revolución.

3. El encarcelamiento arbitrario de periodistas y dirigentes de la oposición como medida de amedrentamiento.

3. La expropiación de la propiedad privada.

4. Su injerencia en la política interior de otros países.

5. La aplicación y manejo de un modelo económico que ha producido escasez de comida y productos de primera necesidad y el hecho de que

aunque se hayan logrado cubrir las necesidades básicas de todos los individuos (salud, educación y recreación gratuitas, subsidios para arriendos de viviendas y comida) no se haya logrado aumentar el nivel de vida de la sociedad cubana en su conjunto y que después de más de cincuenta años de revolución el país sigue enfrentando graves problemas económicos.

Esta situación se vio aún más agravada con la caída de la Unión Soviética, lo que hizo que Cuba perdiera la ayuda económica que le permitía mantener a flote su economía. Tras la llegada de Hugo Chávez a la presidencia de Venezuela en 1999, Cuba cuenta hoy con el apoyo de ese país para abastecerse de petróleo a precios solidarios, y junto a Bolivia ingresó al ALBA, tratado de comercio impulsado por Venezuela.

Esta situación política y económica junto a la falta de libertades civiles ha llevado a cientos de miles de cubanos a través de los años a tomar el camino del exilio, sea escapando a la persecución política, sea escapando a la situación económica. Más detalles sobre la Cuba actual, incluyendo la elección de Raúl Castro como Presidente en enero de 2008, serán presentados en la segunda parte de este libro.

4. Movimientos de guerrilla

Siguiendo el ejemplo del movimiento de guerrilla que comandado por Fidel Castro había derrocado a Batista en Cuba, surgieron en otros países movimientos guerrilleros caracterizados por tener en sus filas tanto obreros como intelectuales y en los que el ruido de la metralleta y el sonido de las guitarras llamaban al unísono a la protesta. Nos ocuparemos en esta sección de algunos de ellos.

La guerrilla boliviana es sin duda una de las que dejó para la historia nombres que aún hoy día se recuerdan envueltos entre una nube de heroísmo y de leyenda. Desde comienzos de los sesenta el germen guerrillero andaba rondando en Bolivia. En 1962 Inti y Coco Peredo, dos jóvenes hermanos de izquierda bolivianos se presentaron ante el Che Guevara en La Habana con un plan para organizar la guerrilla en su país. El objetivo era de, al igual que en Cuba, derrocar al Gobierno y tomar el poder por la fuerza con la idea de que la experiencia de Bolivia sirviera de detonador y se expandiera por otros países latinoamericanos: Brasil, Paraguay, Perú y Argentina en donde ellos pensaban que las condiciones eran también favorables a este tipo de acción.

En 1966 el Che dejó Cuba y entró clandestinamente a Bolivia para organizar la guerrilla. Eran años en que el sueño de cambiar el mundo y construir una nueva sociedad más justa recorría el orbe; la simpatía hacia estos movimientos guerrilleros se fue extendiendo por otros lugares del planeta y, entre otros, se unieron al grupo dirigido por el Che el teórico de izquierda francés Regis Debray y la intérprete argentina que pasaría a la historia como Tania la guerrillera. En marzo de 1967 todo el plan quedó truncado; el Che fue asesinado en las montañas por el ejército boliviano. Sus manos le fueron cortadas y enviadas a los EU para confirmar su identidad. Los campesinos guerrilleros que le acompañaban cuando lo ejecutaron, y para quienes el Che representaba la esperanza de un mundo más justo, comenzaron a llamarlo San Ernesto de La Higuera pues fue en la escuela de este pueblo donde a la 1:10 p.m. el 9 de octubre de 1967 Guevara fue ajusticiado.

Escuela de La Higuera

Tania, única mujer en formar parte de la guerrilla también cayó bajo las armas del ejército y Regis Debray fue sentenciado a treinta años de cárcel (de los cuales llegó a cumplir tres). En los años setenta, el hermano menor de Inti y Coco Peredo, Chato, tomó las armas y organizó la guerrilla de Teoponte. (Teoponte es un pequeño pueblo minero boliviano cuya mina era explotada por capitales norteamericanos). A la consigna de "volvimos a las montañas" acuñada por Inti antes de ser asesinado respondieron sobre todo los movimientos estudiantiles y culturales de las ciudades.

Un cantante de protesta, Benjo Cruz, escribió los siguientes versos que se convirtieron casi en himno de las guerrillas latinoamericanas: "En esta América nuestra,/ sólo hay un muro que existe./ Al norte un hay pueblo alegre y al sur veinte pueblos tristes./ ¿Qué miraste en esta vida hermano que no lo viste?/ Aprende a ganar como hombre lo que nunca defendiste". Antes de dar su último concierto en La Paz para unirse a la guerrilla, dejó una nota explicando su decisión donde decía: "tomo el fusil para justificar mi canto".

También los intelectuales peruanos se sumaron a la guerrilla en el Perú. Javier Heraud Pérez, a quien llamaban el poeta guerrillero, luego de vivir en Cuba como estudiante becado de cine y literatura adoptó el seudónimo de Rodrigo Machado bajo el cual escribió una serie de poemas y se sumó a la guerrilla boliviana dirigida por el Che. En 1963, a los veintiún años de edad, regresó a su patria como miembro del Ejército de Liberación Nacional del Perú (ELN) y fue asesinado en un encuentro de la guerrilla con el ejército en medio del río Madre de Dios.

FARC (Fuerzas Armadas Revolucionarias de Colombia):

La guerrilla en Colombia tuvo diferentes ramificaciones desde comienzos de los sesenta. El grupo más grande pasó a llamarse en 1966 FARC, del que se dice es el brazo armado del Partido Comunista Colombiano. A través de los años su dirigente fundador, Pedro Antonio Marín se fue convirtiendo en leyenda viviente. Tomó el nombre de un líder comunista muerto como consecuencia de prisión y tortura en 1951, Manuel Marulanda Vélez, para honrarlo a través de su participación en la guerrilla. Pronto comenzaron a apodarle "Tirofijo" pues se decía que no fallaba un disparo. Su fama se fue acrecentando y los campesinos decían que cuando estaba en peligro se transformaba en nube, rompía el cerco de sus enemigos y luego aparecía en otra montaña para seguir luchando. En 1964 comenzó a organizar campesinos en grupos de autodefensa contra el ejército lo que dio origen a las guerrillas móviles, cuya estrategia de emboscadas, las hacía más difíciles de derrotar para el ejército; lo mismo podían atacar destacamentos de soldados estacionados que patrullas en movimiento. De ahí nacieron las FARC. Tirofijo, considerado el guerrillero más viejo del mundo al momento de su muerte, murió en el 2008 a los 78 años.

Otro de los guerrilleros que marcó Colombia fue el sacerdote Camilo Torres Restrepo de quien se dice que nunca disparó su fusil, sin embargo murió asesinado en 1966. Camilo fue fundador del Frente Unido Movimientos Populares y miembro de otro movimiento guerrillero, el **Ejército de Liberación Nacional (ELN)**. Su compromiso con los pobres y desfavorecidos de Colombia nació de la influencia que la Teología de la Liberación (de la que hablaremos en el capítulo sobre la religión) había tenido en jóvenes sacerdotes latinoamericanos. Según este pensamiento teológico el deber de todo cristiano debía ser el de luchar por una sociedad más justa lo que dejaba sin efecto la contradicción que la Iglesia Católica tradicional establecía entre el cristianismo y el socialismo.

En 1985, las FARC comenzaron a cobrar un impuesto a los narcotraficantes para aumentar sus ingresos; a partir de la década de los noventa, sin embargo, comenzaron a intervenir como intermediarios para más tarde participar directamente en la elaboración y comercialización de la droga estableciendo vínculos directos con distribuidores de Europa y los Estados Unidos. En el año 2006 los Estados Unidos presentaron un dossier acusatorio de 64 páginas en contra de las FARC estableciendo cargos concretos en contra de 50 guerrilleros, entre ellos varios miembros del alto mando de la guerrilla.

En la primera década del 2000, el grupo guerrillero volvió al primer plano de la escena internacional debido a la presión del gobierno colombiano para la liberación de los secuestrados, sobre todo los denominados "canjeables", tanto nacionales como extranjeros que mantenían cautivos y a los golpes que fueron sufriendo progresivamente por parte del ejército, hechos que golpearon duramente al movimiento guerrillero. A partir del 2008, frente a un 95% de rechazo por parte del pueblo colombiano a sus acciones, se produjeron varios eventos importantes que en agosto del 2012 llevaron a las FARC a suscribir un acuerdo con el gobierno del presidente Juan Manuel Santos para iniciar diálogos formales de paz.

Entre los acontecimientos que propiciaron este cuarto intento de diálogo entre el grupo guerrillero y el Estado en sus más de 50 años de lucha se encuentran la fuerte presión del ejército que consiguió la liberación de muchos de los secuestrados, la pérdida de cuatro de sus más importantes jefes: Tirofijo de un infarto, los otros en ofensivas militares; la masiva desmovilización: de unos 30.000 hombres en armas y milicianos en 1998 pasaron a unos 8.000 guerrilleros y unos 5.000 milicianos; el hecho de que el gobierno de Estados Unidos y la Unión Europea incluyeran al grupo en las listas de organizaciones terroristas.

Sin embargo, el éxito de este proceso de diálogo no depende solamente de la deposición de las armas, sino que hay otros factores en juego como enfrentar el problema de tráfico de drogas con el que las FARC están asociadas, la devolución de las tierras confiscadas a los campesinos, una reforma agraria y ayuda para el desarrollo para que en el futuro, por razones económicas, los campesinos no caigan bajo la influencia de ningún otro grupo, la posibilidad de reinserción a la vida política del país, y al mismo tiempo, el castigo por los crímenes de lesa humanidad. Recordemos que al interior de las FARC puede haber miembros que acostumbrados a vivir del narcotráfico no estarían tan dispuestos a abandonar ese sistema de vida y cabría preguntarse qué pasará con ellos. De resultar exitoso este diálogo, ello pondría fin a más de cincuenta años de conflicto armado en Colombia.

Sendero Luminoso:

A fines de los sesenta se fundó en Perú el movimiento guerrillero Sendero Luminoso, el que ejerció una influencia nefasta en la vida del país hasta 1992 cuando su fundador, el profesor de filosofía Abimael Guzmán fue tomado preso en Lima. Como los otros movimientos guerrilleros de la época, Sendero surgió con la esperanza del establecimiento de una sociedad más justa por lo que, como secuela normal, se sumaron a sus filas muchos estudiantes; en los años setenta, este movimiento radical de corte maoísta llegó a controlar las organizaciones estudiantiles universitarias tanto en la capital como en el interior del país.

En los años ochenta, cuando el presidente Morales Bermúdez llamó a elecciones generales después de doce años de gobierno militar, la directiva del movimiento declaró que ellos no participarían en las mismas; sólo la lucha armada, pensaban, podría llevarlos al poder. Entonces, ordenaron a sus militantes repartirse por todo el Perú para comenzar a organizarla. Los senderistas rápidamente ejercieron control sobre muchas áreas del país, sobre todo en las regiones andinas de Ayacucho, Apurímac y Huancavelica, donde, en un comienzo, los campesinos se unieron a sus filas dada la situación de extrema pobreza en que vivían debido al abandono en que el Gobierno tenía esas regiones.

Sin embargo, el dogmatismo sobre el establecimiento de un "comunismo primario" que este movimiento perseguía lo llevó a cometer crímenes contra los mismos campesinos lo que los llevó a quitarles su apoyo. Cerraron pequeños mercados rurales con el pretexto de que había que terminar con las ideas capitalistas; establecieron los juicios populares donde los encontrados culpables eran degollados, apedreados o quemados vivos. Del mismo modo, se lanzaron contra la cultura y las tradiciones de las poblaciones originarias prohibiéndoles, entre otras cosas, el ingerir bebidas alcohólicas en sus ceremonias religiosas.

A fines de 1981 el Gobierno le dio al ejército carta libre para combatir a los senderistas y lo que siguió fue una guerra sangrienta en la que se violaron los derechos de los ciudadanos, se llegó a sospechar de todo el mundo y muchos inocentes fueron torturados y asesinados por parte de los militares, al punto que la gente se preguntaba cuál de los dos cuerpos, el militar o el guerrillero, era el peor enemigo. En algunas regiones, los mismos campesinos crearon patrullas llamadas rondas para combatir a los senderistas. Estas rondas fueron oficializadas por el Gobierno del presidente Fujimori en los años noventa, se les entregaron armas y se les dio entrenamiento militar.

En la década de los ochenta y comienzos de los noventa, Sendero comenzó a expandir su radio de acción a las zonas urbanas de la capital organizando huelgas, cometiendo actos de sabotaje contra torres de transmisión eléctrica, quemando los locales de industrias extranjeras o colocando bombas a causa de los cuales muchos civiles inocentes perdieron la vida. Otras víctimas de la violencia lo fueron líderes sindicales o de otros partidos de izquierda que se oponían a Sendero, así como ciudadanos extranjeros que residían en el país bien fuera como sacerdotes o trabajando con organismos internacionales para el desarrollo.

Los años noventa, con el país en bancarrota como resultado del adverso gobierno del presidente Alan García y a causa de las medidas extremas tomadas por el gobierno del presidente Fujimori –quien asumió el poder en julio de 1990- sumergieron al Perú en un estado de guerra civil durante el cual murieron unas 70.000 personas. Las medidas adoptadas por Fujimori en 1992 de suspender la Constitución y tomar poderes absolutos para, según él, terminar con el terrorismo, facilitaron la captura de Abimael Guzmán en 1992 y del dirigente que lo reemplazó, Óscar Ramírez, en 1999 y como consecuencia, el desmembramiento de Sendero Luminoso. A comienzos de la década del 2000, Sendero pasó a ser un movimiento de poca influencia política, pero es considerado como grupo terrorista por Canadá, la Comunidad Europea y los Estados Unidos. (Para un relato factual, pero muy humano sobre lo sucedido en Perú con Sendero Luminoso recomendamos leer el capítulo "Anastasio, Fleeing Shinning Path" del libro *Voices from the Global Margin: Confronting Poverty and Inventing New Lives in the Andes* del antropólogo norteamericano William P. Mitchell).

En el 2008, Sendero resurgió en la zona de Ayacucho como movimiento subversivo muy asociado al narcotráfico del cual obtienen la mayor parte de su financiamiento. Con nuevas estrategias: comprar lo que necesitan en vez de robarlo, pagarles a los jóvenes campesinos $20.00 al día para reclutarlos, concienciar en vez de forzar a la gente, están tratando de ganar adeptos y recuperar la influencia perdida.

Los Montoneros:

En 1966, con la llegada al poder de los militares, se organizaron en Argentina los Montoneros, guerrilla del ala de extrema izquierda del peronismo. Financiaban sus campañas secuestrando ejecutivos u hombres de negocio extranjeros en Argentina y pidiendo sumas enormes por su rescate. Como modernos Robin Hoods, a veces pedían parte del rescate en comida y ropa a ser repartida entre los pobres. Su objetivo era que Juan Domingo Perón, quien se encontraba en el exilio en España, regresara al país y los librara de un gobierno que estaba llevando a la Argentina a depender cada vez más de los Estados Unidos. La violencia llegó a su clímax cuando los Montoneros secuestraron y dieron muerte a Pedro Eugenio Aramburu quien había participado del golpe de Estado que había derrocado a Perón en 1955 y al asumir la presidencia había hecho detener a muchos dirigentes políticos y sindicales peronistas.

Otros dos grupos guerrilleros, el Ejército Revolucionario del Pueblo (ERP) y las Fuerzas Armadas Revolucionarias (FAR) también contribuyeron al clima de violencia que se fue intensificando en el país en los años setenta. La represión desatada por los gobiernos dictatoriales en el poder había llevado a las cárceles a numerosos dirigentes sindicales y políticos de izquierda los que en 1972 llegaban a doscientos. El 22 de agosto de 1972 se produjo la que pasó a la historia como la masacre de Trelew en la que fueron fusilados dieciséis militantes guerrilleros miembros del ERP, las FAR y los Montoneros, los que estaban presos en la base naval de Trelew. Cuarenta años más tarde, en octubre del 2012, tres ex oficiales del ejército argentino fueron sentenciados a prisión a vida por crímenes de lesa humanidad cometidos por su participación en la masacre.

Los Tupamaros:

En los setenta, cuando diversas dictaduras de derecha comenzaban a asentarse en el cono sur, surgieron en Uruguay los Tupamaros. Este movimiento cuyo nombre proviene de Túpac Amaru, quien como sabemos, fue el líder inca descuartizado por los españoles en la plaza de Cusco, fue el primer movimiento de guerrilla urbana en surgir en América Latina. Su objetivo era combatir el gobierno dictatorial uruguayo y convertir al país en un estado marxista. Fueron fuertemente combatidos por los gobiernos militares de Juan María Bordaberry (1972-1976) y Aparicio Méndez (1976-1981) durante los cuales muchos de sus miembros fueron encarcelados, asesinados o tuvieron que partir al exilio.

Fuerzas Populares de Liberación Farabundo Martí:

También en 1970, se fundaron en El Salvador las Fuerzas Populares de Liberación Farabundo Martí (FPL), grupo de guerrilla que ejerció gran influencia en la vida política del país. Farabundo Martí fue un líder obrero y campesino salvadoreño de los años treinta y uno de los principales dirigentes del Partido Comunista de El Salvador. Luego del triunfo de la Revolución cubana algunos de los dirigentes del Partido, el que hasta ese momento había estado opuesto a la lucha armada, decidieron optar por la misma.

Vale la pena recordar que a fines de los setenta la desigualdad económica en El Salvador era insalvable. El 60% de las tierras cultivables y el 70% de las riquezas estaban en manos del 5% de la población. En 1979 se desató una sangrienta guerra civil que duró doce años durante la cual murieron 85,000 salvadoreños, civiles en su mayoría. En 1980 el FPL y otras tres organizaciones guerrilleras de izquierda se unieron para fundar el Frente Farabundo Martí para la Liberación Nacional (FFMLN) con el fin de formar un frente más amplio que les permitiera llegar al poder como había sucedido en Cuba en 1959 y más recientemente, en 1979, en Nicaragua.

Movimiento zapatista:

El EZLN (Ejército Zapatista de Liberación Nacional) es relativamente reciente, comparado a los movimientos de guerrilla de América del Sur, pues surgió en enero de 1994 con lo que se llamó "el levantamiento de Chiapas" donde un grupo de rebeldes indígenas de origen maya ocuparon seis ciudades en la empobrecida región de Chiapas en México. Bajo la dirección del sub-comandante Marcos reivindicaban sus derechos de: trabajo, tierra, educación, salud y vivienda. Pedían además independencia, participación en el gobierno, justicia y paz. El levantamiento fue aplastado por el ejército mexicano en menos de dos semanas, y a través de los años y con todos los gobiernos llegados al poder se produjeron conversaciones de paz. De ser un grupo armado en sus comienzos, los zapatistas pasaron a ser un movimiento que busca promover los cambios políticos y sociales contenidos en su agenda por vías pacíficas, sin descartar la violencia.

Comandante Marcos

En un principio, el eje central de la lucha zapatista estaba asociado a la lucha agraria por una más justa distribución de la tierra, único medio que tenían los campesinos indígenas para sobrevivir. Se produjeron ocupaciones de las tierras que estaban en manos de propietarios privados no indígenas y a medida que se hacían más tomas de terreno los campesinos comenzaron a referirse a las mismas como "recuperación" de tierras que habían pertenecido a sus antepasados. Más adelante se añadió a la lucha la defensa y el reconocimiento legal de los derechos de las culturas indígenas y luego la lucha por la autonomía y el establecimiento de estructuras gubernamentales paralelas a nivel local y regional para garantizar la participación de los indígenas en la administración del poder. Estas reivindicaciones de los derechos de los pueblos indígenas mexicanos les valieron al movimiento la simpatía y el apoyo de la comunidad internacional.

Hay una anécdota ampliamente difundida que cuenta que en 1994 unos reporteros le preguntaron al subcomandante Marcos quién era, a lo que éste respondió: "Marcos es gay en San Francisco, negro en Sudáfrica, palestino en Israel, judío en Alemania, una mujer sola en el metro a las diez de la noche, un campesino sin tierra. Todas las minorías en busca de una palabra, su palabra, la que nos convertirá en la mayoría, los eternamente fragmentados".

Dentro del movimiento zapatista hay una estructura militar y una estructura civil de apoyo. Hoy en día en la zona de influencia zapatista de Chiapas las comunidades están organizadas en Municipios Autónomos Rebeldes Zapatistas. Las Juntas de Buen Gobierno compuestas por representantes de las mismas comunidades coordinan la vida social, económica y judicial de la comunidad incluyendo la búsqueda de soluciones a problemas de salud, vivienda, alimentación, trabajo y educación. También han creado asociaciones de trabajo voluntario así como empresas cooperativas cuyos productos son vendidos en el exterior gracias a los canales de distribución del comercio justo.

5. El caso de la Unidad Popular (UP) en Chile

En 1970, año de elecciones en Chile, fue elegido presidente Salvador Allende, candidato por la Unidad Popular, coalición de izquierda que incluía al Partido Socialista, al Partido Comunista y al Partido Radical, y quien pasaría a la historia como el primer presidente con programa socialista elegido democráticamente en el hemisferio occidental. Aunque Allende solamente obtuvo el 37% de los votos fue ratificado por el Congreso como presidente del país. Para la izquierda latinoamericana el caso de Chile representaba un camino de esperanza; para los Estados Unidos, una nueva manifestación del "espectro soviético" en Latinoamérica, un cáncer que había que exterminar antes de que comenzara a ramificarse. Recordemos que se vivían los años de la llamada guerra fría, momento de enfrentamiento entre dos bloques ideológicos opuestos, uno encabezado por los Estados Unidos, el otro por la entonces Unión Soviética.

Salvador Allende

Allende puso su programa de campaña en marcha tan pronto asumió el poder, y como después de la Revolución mexicana o los comienzos de la Revolución cubana las paredes de pueblos y ciudades se cubrieron de murales cantando a la vida; la educación, la salud, la cultura alcanzaron a las capas más desfavorecidas de la población. Como médico, Allende sentía una gran preocupación por la salud de su pueblo, sobre todo de los niños; uno de sus más humanitarios decretos presidenciales fue otorgar gratuitamente medio litro de leche diaria a cada niño chileno. Su programa de gobierno no pretendía imitar ninguno de los gobiernos socialistas en vigor siendo su lema "una vía chilena al socialismo". Pretendía, al mismo tiempo que sacar al país del plano de subdesarrollo y de dependencia en que se encontraba, redistribuir el ingreso nacional ya que, en esos años, apenas el 2% de la población recibía el 46% del mismo. Entre las reformas introducidas por el gobierno de Allende están comprendidas las siguientes:

1. Nacionalización de las minas de cobre, mayoritariamente en manos de dos compañías norteamericanas, Anaconda y Kennecott; de los bancos extranjeros y de las empresas monopolísticas

2. Socialización de los medios de producción

3. Reforma agraria y redistribución de bienes

4. Aumento de salarios y control de precios lo que otorgó mayor poder adquisitivo a las clases media y trabajadora

5. Reducción del desempleo

6. Gran impulso a la cultura; florecieron las "Casas de la Cultura" donde se ofrecía no sólo entretenimiento cultural, sino formación en diferentes áreas artísticas

6. La Revolución sandinista

El movimiento revolucionario encabezado por el Frente Sandinista de Liberación Nacional (FSLN) fue el que en julio de 1979 puso fin a más de cuarenta años de dictadura somocista en Nicaragua. Desde 1937 el país había sido gobernado en forma dictatorial por Anastasio Somoza y luego, consecutivamente por sus dos hijos, Luis y Anastasio hijo, Tachito.

Augusto Sandino

Los sandinistas tomaron su nombre del líder guerrillero Augusto César Sandino quien en la década del treinta luchara contra la ocupación estadounidense de Nicaragua y quien fuera asesinado por la guardia nacional somocista en 1934. Entre los líderes de las diversas facciones del FSLN, que puso fin a la dictadura de Somoza se encuentran Edén Pastora, conocido como el Comandante Cero, quien dirigió la toma del Palacio Nacional de Managua en 1978, paso decisivo en el triunfo del sandinismo un año más tarde. En las elecciones de 1984 Daniel Ortega resultó elegido presidente en representación del FSLN.

Entre las medidas tomadas por el gobierno revolucionario inmediatamente después de asumir el poder se encuentran las siguientes:

1. Nacionalización de todas las propiedades de la familia Somoza (10% del total de la tierra cultivable) y de la tierra y recursos naturales en manos de latifundistas locales y extranjeros

2. Reforma agraria

3. Reforma educativa: educación gratuita hasta la escuela secundaria y alfabetización de adultos analfabetas

4. Protección de las libertades individuales: libertad de expresión, de organización y asociación, religiosa, etc...

5. Mejoramiento de las condiciones de trabajo de los trabajadores rurales y urbanos

6. Mejoramiento de los servicios públicos y de las condiciones de vivienda

7. Abolición de la tortura y de la pena de muerte

C. Siglo XX: Populismo, dictaduras y retorno a la democracia

1. Algunos líderes populistas

Los años cuarenta y cincuenta vieron el surgimiento de carismáticos líderes populistas que encarnaban hasta cierto punto el gobierno de sus países. En Chile surgió Arturo Alessandri Palma, presidente en diferentes periodos: 1920-1924; 1925; 1932-1938 y elegido senador en 1949. Se dice que era tan popular que se dirigía a las masas diciendo: "Chusma inconsciente que me escucháis" sin que nadie se sintiera ofendido. En Perú surgió Víctor Raúl Haya de la Torre, fundador del APRA y en Ecuador José María Velasco Ibarra, presidente del país durante cinco términos: 1934-1935; 1944-1947; 1952-1956; 1960-1961; 1968-1972 a quien le llamaban cariñosamente "el loco Ibarra" quien fuera derrocado cuatro veces por los militares. "Denme un balcón y seré presidente" fue una de sus frases favoritas.

En Argentina, Juan Domingo Perón, elegido presidente en 1946.

Juan Domingo Perón

Perón era adorado por la clase trabajadora a los que su mujer, Evita, llamaba los "descamisados" al punto que el peronismo se convirtió en un movimiento político propio de corte nacionalista y populista, pero también de mano dura contra sus opositores. Por su admiración y cercanía de principios con el dictador italiano Benito Mussolini algunos lo vean más como un dictador que como un líder populista.

En Colombia, surgió Jorge Eliécer Gaitán, quien organizó un enorme movimiento popular completamente al margen de los dos partidos políticos que tradicionalmente habían controlado la vida del país: el Partido Liberal y el Conservador. Aunque cuando se presentó a las elecciones en 1946 salió derrotado, fue un indiscutible líder de masas. La situación en el país era la tensa y violenta típica situación en un país en que la industrialización, apoyada por el Partido Liberal, hacía frente al latifundismo, apoyado por el Partido Conservador. La muerte de Gaitán, asesinado en las calles de Bogotá en 1948, desató un periodo de violencia exacerbada conocido en la historia de Colombia como la época de la violencia que duró por unos treinta años, en los que murieron más de 300.000 campesinos. También se sucedieron durante esta época gobiernos dictatoriales como el de Gustavo Rojas Pinilla. Secuelas de esa violencia aún se dejan sentir hoy día.

Jorge Eliécer Gaitán

En 1948, en Puerto Rico, Luis Muñoz Marín, resultó ser el primer gobernador de la isla elegido democráticamente por el pueblo puertorriqueño y no nombrado por los Estados Unidos. Fue el artífice del Estado Libre Asociado, status político actual de la isla.

Todos estos líderes partían en, muchas veces, demagógicas campañas políticas a las áreas urbanas pobres y las zonas rurales donde atraían a las masas de obreros pobres y campesinos con su política populista en favor de reformas que mejorarían sus condiciones de vida. Fomentaban igualmente un fuerte sentimiento nacionalista; por ejemplo, el lema del Partido Popular Democrático fundado por Luis Muñoz Marín era Pan, Tierra y Libertad y sus símbolos eran la pava, sombrero de paja típico del campesino puertorriqueño, y el machete.

2. Dictaduras de derecha en las décadas de los sesenta a los Ochenta

Antes de entrar en detalles sobre los diferentes gobiernos dictatoriales de derecha entre los años sesenta y ochenta en América Latina es importante hacer mención de la llamada "Operación Cóndor" establecida en los años setenta, la que permitió y facilitó la persecución, asesinato y desaparición de cientos de miles de opositores a estos regímenes.

La Operación Cóndor fue un plan de inteligencia continental coordinado por los servicios de inteligencia de Argentina, Chile, Brasil, Paraguay, Uruguay y Bolivia, países que en esos años vivían bajo regímenes de dictadura militar y que contó con el respaldo y la cooperación de los Estados Unidos. Los gobiernos de Perú, Colombia y Venezuela, aunque no fueron miembros firmantes de la Operación, colaboraron con los gobiernos que hacían parte del plan.

Las acciones de represión emprendidas como parte de la Operación Cóndor no se limitaban a los países que habían firmado el acuerdo. Se les facilitaba a los servicios de inteligencia de las fuerzas armadas de los distintos países el desplazamiento a cualquier lugar del mundo para realizar operaciones represivas que podían ir desde el arresto a la represión, desaparición o asesinato de cualquier individuo sospechoso de ser "activista de izquierda, comunista, o terrorista marxista".

El alcance de este horrendo plan quedó comprobado cuando en 1992 un profesor de derechos humanos de la Universidad de Kansas, Martín Almada, descubrió en Paraguay los "Archivos del terror": 8.369 fichas, 740 libros y más de 10.000 fotografías, documentos que probaban que como resultado de la Operación Cóndor hubo un saldo final de 50.000 muertos, 30.000 desaparecidos y 400.000 presos.

a. Paraguay: Alfredo Stroessner (1954-1989)

Por treinta y cinco años ininterrumpidos, Alfredo Stroessner gobernó con mano de hierro el Paraguay. Tras un golpe de Estado fue elegido presidente en un simulacro de elecciones donde él era el candidato único. Bajo su gobierno encontraron acogida en Paraguay antiguos dictadores de otros países como Anastasio Somoza de Nicaragua, así como antiguos nazis entre ellos Joseph Mengele conocido como el "ángel de la muerte" por sus experimentos genéticos en niños en los campos de concentración nazi. En los años sesenta Paraguay era el país menos desarrollado del cono sur.

Muere el 16 de agosto del 2006, a la edad de 93 años, en exilio, en Brasil sin alcanzar a ser testigo de la llegada al poder del primer presidente de izquierda: el ex obispo Fernando Lugo en el 2008.

b. Bolivia: René Barrientos (1966-1969) y Hugo Banzer (1971-78; 1997-2001)

Barrientos encabezó la junta militar que derrocara a Víctor Paz Estenssoro en 1964. En 1966 fue elegido presidente. Su gobierno fue altamente represivo sobre todo en contra de los movimientos estudiantiles y las luchas guerrilleras. Bajo su mandato fue asesinado en 1967, el líder guerrillero Ernesto Che Guevara.

En 1971, tras otro golpe militar -el número 187 en 146 años que tenía en ese entonces la República de Bolivia- Banzer fue nombrado presidente. Estudió entre otras escuelas militares en la de Panamá donde se graduó con honores con una especialización en lucha antiguerrillera lo que utilizó para reprimir eficazmente los movimientos de izquierda en su país. Como Juan María Bordaberry en Uruguay, ilegalizó los partidos políticos de izquierda así como la Central Obrera Boliviana, y cerró las universidades. En 1997 se presentó como candidato a las elecciones por el Partido Acción Democrática Nacionalista y salió vencedor, ocupando el puesto hasta el 2001 cuando su enfermedad lo obligó a renunciar. Banzer fue el primer dictador en regresar a la vida política del país por medios democráticos y ser elegido presidente. Contribuyeron a su elección sus promesas de terminar con la pobreza y poner fin a la deficiencia en los servicios sociales. Bajo su mandato como presidente democrático, Bolivia emprendió también la erradicación del cultivo de coca.

c. Uruguay: Juan María Bordaberry (1972-1976)

Fue elegido presidente del Uruguay en 1972 durante una época en que la violencia guerrillera de izquierda protagonizada por los Tupamaros era muy fuerte en el país, y hasta cierto punto, gobernó en forma dictatorial pues se alió con los militares para mantener la situación bajo control. Disolvió el Parlamento y declaró ilegal todo tipo de organización social incluyendo el sindicato más grande del país, la Convención Nacional de los Trabajadores. Prohibió los partidos marxistas, estableció la censura y abolió las libertades civiles. Su represivo gobierno se caracterizó por las mismas atrocidades que cometía cualquier gobierno militar en Latinoamérica en esos años: violación flagrante de los derechos humanos; en 1976 el número de presos políticos en Uruguay alcanzaba los 6.000. Fue depuesto por los propios militares y en su lugar fue elegido Aparicio Méndez.

d. Chile: Augusto Pinochet (1973-1989)

El 11 de septiembre, con el asalto al Palacio de la Moneda, la Junta Militar tomó control sobre todo el país desatando años de sangrienta dictadura. Las universidades perdieron su autonomía y fueron intervenidas por los militares; los partidos de oposición fueron prohibidos, la prensa censurada, y miles de miles de chilenos fueron arrestados, encarcelados, torturados, asesinados, desaparecidos o enviados al exilio. El gobierno dictatorial de Pinochet duró alrededor de dieciséis años, de septiembre del 1973 hasta 1989.

A los pocos meses del golpe su régimen había dejado un saldo de por lo menos 3.197 muertos y desaparecidos incluyendo extranjeros que se encontraban en Chile en el momento del golpe y que la CIA había clasificado de "peligrosos", y alrededor de 250.000 personas detenidas, al punto que tuvieron que utilizar estadios, bases militares y hasta barcos navales como prisiones y centros de tortura.

Entre tantos otros detenidos el 11 de septiembre se encontraba el cantante Víctor Jara quien fue llevado al Estadio Chile en Santiago donde fue brutalmente asesinado 5 días más tarde. Según cuenta su mujer, la bailarina inglesa Joan Jara, después de días de tortura, los militares le rompieron las manos, luego le entregaron una guitarra, y mofándose de él, le pidieron que cantara. Víctor Jara comenzó a cantar, entonces, lo acribillaron a balazos y más tarde lo tiraron en las faldas del cerro San Cristóbal.

En adición a todos los muertos, desaparecidos y torturados, el gobierno de Pinochet fue responsable de que cerca de 1.000.000 de chilenos tuvieran que salir al exilio fuera por razones políticas, fuera por razones económicas.

Además de desatar un gobierno de terror, una de las primeras empresas de su gobierno fue transformar la economía del país. Para ello se asesoró de un grupo de economistas neoliberales, los llamados Chicago boys, influenciados por la política monetarista de Milton Friedman. Decía que él quería hacer de Chile no una nación de proletarios sino una nación de empresarios. Los primeros años, la economía chilena se recuperó, sin embargo, la bonanza económica no alcanzó a todas las capas sociales; las capas medias virtualmente desaparecieron y en 1987 el 40% de la población chilena vivía bajo el límite de pobreza, índice que bajó a 15.7 recién en el 2000 después de la vuelta a la democracia.

En octubre de 1989, el General llamó a un plebiscito que ofrecía como opciones la renovación de su mandato por otros ocho años o su inmediata expiración; para su gran sorpresa, lo perdió.

Como dato curioso, Pinochet quiso cambiar la imagen del dictador latinoamericano que se enriquecía gracias a la apropiación personal de fondos públicos por la del dictador decente y austero. Sin embargo, en el primer semestre del 2004 las investigaciones del Senado norteamericano al Banco Riggs por lavado de dinero sacaron a la luz pública unas cuentas millonarias con ahorros hechos por un "funcionario público chileno" a lo largo de su carrera quien resultó ser el general Augusto Pinochet. Las cuentas estaban a su nombre y a nombre de su esposa y otros familiares y colaboradores cercanos.

Pinochet murió el 12 de diciembre del 2006, irónicamente el día en que en todo el mundo se celebraba el aniversario de la Declaración Universal de los Derechos Humanos. Murió desaforado de la inmunidad que pretendió darse como senador vitalicio en la constitución que él mismo elaborara, en libertad provisional y objeto de innumerables procesos legales.

e. Argentina: Jorge Rafael Videla (1976-1981)

En marzo de 1976, luego de una cada vez más creciente crisis económica, tomó el poder en Argentina Jorge Rafael Videla, a la cabeza de una Junta Militar que disolvió el congreso para poder gobernar. Las reglas de un gobierno dictatorial entraron en vigencia y como en Uruguay, en Bolivia, en Chile, en Guatemala: todo grupo disidente fue suprimido, los sindicatos declarados ilegales, la represión desatada. A cinco años de su mandato había sido documentado el arresto, secuestro, detención o desaparición de más de

6.000 personas.

En 1981 Videla fue sustituido por otro militar, Roberto Viola quien debía ejercer un mandato de cuatro años, pero fue destituido al final de ese mismo año y reemplazado por Leopoldo Galtieri quien a su vez, luego de perder la guerra contra Gran Bretaña por la recuperación de las Islas Malvinas, fue sustituido por Reynaldo Bignone, el último dictador argentino. Las atrocidades cometidas por esta sucesión de dictadores militares eran denunciadas y condenadas en todos los foros de derechos humanos en todo el mundo. Según el informe de la Comisión Nacional sobre la Desaparición de Personas (CONADEP) creada en 1983 por el Presidente Patricio Alwyn a la caída de la dictadura para investigar los crímenes y encontrar los culpables de tanta atrocidad, había en el país un total de 340 centros de detención donde se practicaba metódicamente la tortura; el número de desaparecidos entre 1976-1983 se elevó a 12.000 y el número de víctimas incluyendo a los torturados y a los asesinados fue entre 20.000 y 30.000. Este horrible periodo de la historia de Argentina ha sido llamado la guerra sucia. Durante el gobierno democrático de Raúl Alfonsín todos fueron condenados a prisión por los delitos cometidos; fueron indultados durante el gobierno de Carlos Menem, y excepto Viola, quien murió en 1994, fueron condenados a prisión nuevamente bajo los gobiernos de Fernando de la Rúa y/o de Néstor y Cristina Kirchner.

Al igual que en Chile, en que las mujeres hacían presencia frente a las cárceles con la esperanza de con ello salvar las vidas de sus esposos, hijos, hermanos presos, las primeras en hacer frente a la represión en Argentina fueron las mujeres. En abril de 1977 un grupo de catorce mujeres, todas madres de desaparecidos, a iniciativa de Azucena Villaflor de De Vicenti decidieron pararse en silencio en la Plaza de mayo, frente a la Casa rosada, el palacio presidencial, exigiendo al gobierno respuesta a su pregunta "¿dónde están?" Por este acto de valentía los militares las llamaron "Las locas de la plaza de mayo" y con ello dieron origen a lo que más adelante se convertiría en la asociación de las Madres de Plaza de mayo que se reunían en la plaza una vez por semana con las fotos de sus hijos desaparecidos.

Las madres de Plaza de mayo

Se dice que al comienzo no marchaban, sino que se mantenían en un

155

grupo compacto y que fueron los guardias que cuidaban la plaza quienes les dijeron que caminaran de dos en dos pues estaba prohibido formar grupos de más de tres personas en la calle. Con el aumento de la represión, el acto de estas madres se convirtió en movimiento; el grupo de Buenos Aires llegó a ser de cientos de mujeres y se fueron creando otros grupos en otras ciudades del país.

A ellas también se unieron padres, hijos, hermanas, abuelas de desaparecidos. Su enorme desafío llamó la atención de la prensa internacional y gracias a Amnistía Internacional dieron a conocer en todo el mundo la realidad que vivía el pueblo argentino, realidad negada por la dictadura. Ni siquiera con el secuestro y desaparición de su fundadora en diciembre de 1977 pudieron silenciarlas.

Vidas truncadas, futuros destruidos, familias desintegradas. Cuán abstracto puede parecer todo esto: miles de desaparecidos, cientos de miles de exiliados, etc… Basten un par de ejemplos concretos para ilustrar lo sucedido bajo las dictaduras.

-Un bebé desaparece. En 1975 Hugo Alberto Suárez fue secuestrado por los organismos de seguridad argentinos cuando paseaba llevando en brazos a su bebé de menos de un año de edad. Su esposa María Rosa Vedoya fue detenida más tarde. Ambos "desaparecieron", del bebé nunca más se supo, hasta que 32 años más tarde un hombre se reconoció en una foto de bebé mostrada por una abuela de nietos desaparecidos en la televisión. Se hizo los exámenes genéticos y se convirtió en el nieto número 85 recuperado por las Abuelas de Plaza de Mayo. Nunca se aclaró cómo en el año 1976 este bebé llegó a las manos de una enfermera que lo declaró como propio y lo crió.

-Un diploma universitario entregado 36 años más tarde. Ricardo Chidichimo pasó su último examen en la universidad en 1976. La vida le sonreía, había terminado sus estudios y su esposa esperaba un bebé. Sin embargo el 20 de noviembre de 1976 fue secuestrado. Ricardo no recibió su diploma y no conoció a su hija. 36 años más tarde, Florencia Chidichimo, la hija que nunca conoció, recibió el diploma a nombre de su padre, un diploma igual que los otros otorgados por la universidad con la única diferencia que en la parte de atrás se lee: "Este diploma se otorga conforme a lo establecido por Res. CD Nº 768/06 de la Facultad de Ciencias Exactas y Naturales, encontrándose el Sr. Ricardo Darío Chidichimo en situación de desaparecido".

En la facultad ya había un antecedente: en septiembre de 1998, 20 años después de la desaparición del físico Daniel Bendersky, sus padres habían recibido el diploma en su nombre.

Luego de que cayera la dictadura en 1983, las madres comenzaron a marchar pidiendo que se juzgara a los culpables de tantos crímenes bajo el lema de "¡Nunca más!", para que nunca más se produjeran hechos como los relatados más arriba. En diciembre del 2003 el gobierno de Néstor Kirchner decretó el establecimiento de un premio para promover la defensa de los derechos humanos que lleva el nombre de Azucena Villaflor de Devincenti. El mismo es entregado cada 12 de diciembre, fecha en que, como dijéramos, se celebra en todo el mundo el aniversario de la Declaración de los Derechos Humanos.

f. Guatemala: Efraim Ríos Montt (1982-1983)

En el 1982 (treinta y ocho años después de la huida del dictador Jorge Ubico hacia los Estados Unidos donde murió en 1946) tras un golpe militar, Efraim Ríos Montt se convirtió en dictador de Guatemala. Tan pronto llegó al poder comenzó una lucha encarnizada contra los militantes y las guerrillas de izquierda masacrando indígenas y campesinos. Una comisión de las Naciones Unidas concluyó que durante el periodo de gobierno de menos de dos años de Ríos Montt el ejército cometió 626 masacres de civiles. En el 2012, y en un precedente histórico, se le puso en arresto domiciliario y se comenzó un juicio en su contra por crímenes de genocidio y lesa humanidad el que hasta mediados del 2013 aún no había terminado.

3. El retorno a la democracia

A partir de los años ochenta el panorama político fue cambiando de gobiernos dictatoriales a gobiernos democráticos en casi toda la América Latina. En Uruguay se legalizaron los dos partidos políticos históricamente rivales, el Partido Blanco (ideales conservadores, protección de la fe y el orden) y el Colorado (ideales liberales y de soberanía uruguaya) y a lo largo de los noventa se fueron poco a poco sucediendo en el país gobiernos elegidos democráticamente.

En Guatemala, Ríos Montt fue depuesto por Óscar Humberto Mejías, quien restauró las libertades civiles, y luego se fueron sucediendo gobiernos democráticos.

En Argentina, en 1983, subió al poder Raúl Alfonsín bajo cuyo gobierno Videla fue enjuiciado y condenado a cadena perpetua. Éste fue amnistiado en 1990 por Carlos Menem sucesor de Alfonsín y vuelto a condenar a cadena perpetua en el 2010 bajo el gobierno de Cristina Kirchner.

En Paraguay, Andrés Rodríguez, candidato por el Partido Colorado, ganó las elecciones presidenciales de 1989; su mandato fue caracterizado por la democratización del país. Como en otros países la democratización pasaba por la legalización de los partidos políticos prohibidos y enmiendas a la Constitución.

En Chile, el general Pinochet perdió el referéndum con el que pretendía mantenerse en el poder. En 1989, el candidato por la Concertación de

Partidos por la Democracia (CPPD), el demócrata-cristiano Patricio Alwyn fue elegido presidente y se aprobaron enmiendas a la Constitución que devolvían la democracia al país: se levantó la proscripción a los partidos de izquierda y se redujo el mandato presidencial de ocho a cuatro años. Las reformas económicas emprendidas bajo su mandato permitieron que más de 1.000.000 de chilenos dejara de vivir bajo el límite de pobreza. En los años subsiguientes Chile comenzó a abrirse a acuerdos comerciales con otros países del mundo lo que favoreció el desarrollo y la estabilización de su economía.

También en Nicaragua comenzaron a sentirse los vientos de democracia. La oposición pudo manifestarse en las calles; los medios de comunicación de masa, una vez censurados, obtuvieron libertad, entre ellos el periódico de oposición al sandinismo, *La Prensa*, así como la cadena de radio Radio Católica. Con el objetivo de lograr la paz en una región espantosamente afectada por la guerra el presidente de Costa Rica, Óscar Arias Sánchez invitó a los gobiernos de Nicaragua, El Salvador, Guatemala y Honduras a participar de un Plan de Paz para Centroamérica. El acuerdo fue firmado en 1987 por los cinco países y ello ayudó a poner fin a las cruentas guerras civiles que afectaban la región. Por ese gran esfuerzo, ese mismo año, Óscar Arias fue merecedor del Premio Nobel de la Paz.

En 1990 se realizaron elecciones en Nicaragua en las que los sandinistas perdieron el poder, en gran parte por la paupérrima situación de la economía y por las guerras civiles que habían desangrado al país. Asumió el poder Violeta Barrios de Chamorro por la Unión Nacional Opositora (UNO) coalición de grupos antisandinistas, primera mujer en asumir ese cargo en Nicaragua. Barrios de Chamorro era la viuda de Pedro Joaquín Chamorro, editor del diario *La Prensa* asesinado en 1978 por su oposición a la dictadura somocista.

En 1991 todos los países, excepto Cuba, tenían gobiernos que habían sido elegidos en procesos democráticos.

4. Una mirada rápida a la Latinoamérica de fines de siglo XX y en las primeras décadas del siglo XXI

En 1999, con la llegada al poder de Hugo Chávez en Venezuela, se inició un nuevo capítulo en la historia de Latinoamérica. Ya no se trató de reconquistar la democracia, sino de consolidar su desarrollo, y de avanzar en el crecimiento macroeconómico y en el desarrollo de la justicia social; ya no se trató solamente de recuperar el derecho al voto, sino de tener control sobre las riquezas naturales, acceso a la educación, a la salud, a la técnica, en fin, derecho a una vida mejor.

Desigualdad, pobreza y hambre

La desigualdad, causa principal de la violencia en América Latina, genera un círculo vicioso de subdesarrollo, pobreza e inseguridad. A pesar de los esfuerzos gubernamentales en diversos países, la pobreza no ha cesado de crecer y ya afecta a 127 millones del total de 577.278.598 de habitantes de la región en el 2010. La pobreza se acentúa más en el campo y en las ciudades pequeñas. Algunos ejemplos: en el Perú, la miseria afecta al 56% de la población rural, en Brasil al 50,1%, en Colombia al 50,5% y en México al 40,1%.

A pesar de que en algunos países la macroeconomía ha experimentado un crecimiento considerable en el nuevo milenio –el caso más patente es el de Brasil, cuya población es la más numerosa en la región– la brecha entre ricos y pobres no se ha acortado con la misma rapidez. El 20% de los más opulentos acapara el 56,9% de los ingresos, mientras que el 20% de los más pobres recibe apenas un 3,5% de la riqueza (V Foro Urbano Mundial de la ONU, 2010).

En cuanto al hambre, un informe de la FAO (Food and Alimentation Organization) de las Naciones Unidas indicó que de 53 millones que padecían hambre en el 2009, se bajó a 52,5 en el 2011, es decir, el 9% de la población. El informe de la Comisión Económica para América Latina y el Caribe (CEPAL) 2012 indicó que la pobreza extrema en esas regiones alcanzó en el primer semestre de ese año su nivel más bajo desde 1984, disminuyendo del 14 al 6,5% (es decir, a menos de la mitad) la población que vivía con menos de US$1,25 al día.

En lo que concierne a la población joven, según un informe publicado por la CEPAL en el 2009, la incidencia de pobreza entre los jóvenes latinoamericanos de entre 15 y 29 años de edad era de 30,3% y la de indigencia o pobreza extrema de 10,1%. Igualmente, unos 740.000 adolescentes y jóvenes viven con VIH/SIDA en América Latina y el Caribe.

En adición, todavía un 32% de la población entre 12 y 24 años padece de problemas de deserción escolar, maternidad no planificada, desempleo, drogadicción, abuso y abandono. Una de las razones que se arguye para explicar esta situación es el hecho de que, comparado a las inversiones que se hacen para programas o beneficios para la tercera edad, la infancia o la población activa, se invierte muy poco en los jóvenes y adolescentes.

La droga, mal continental

La droga representa un problema que va más allá de las fronteras y que afecta igualmente la economía y la seguridad ciudadana en todo el continente latinoamericano. Colombia comparte con Bolivia y Perú el serio problema de ser productores de la materia prima para la elaboración de la droga, lo que les ha creado problemas de gran violencia e inseguridad. De acuerdo a un informe presentado en junio del 2010 por la Oficina de Naciones Unidas contra la Droga y el Delito (UNODC, en sus siglas en inglés), Colombia sigue siendo el principal productor mundial, con 149.391 toneladas métricas contra 128.000 producidas por Perú, donde, además, se destinan unas 9.000 toneladas para fines lícitos (tradicionales y elaboración de algunos productos). En tercer lugar estaría Bolivia. De acuerdo a la ONU, Colombia tiene 68.000 hectáreas dedicadas al cultivo de la coca, Perú 59.900 y Bolivia unas 28.900, de las que sólo 12.000 son consideradas legales para usos tradicionales andinos, como acullico e infusión contra el mal de altura.

La droga proveniente de estos tres países es distribuida en 174 países del mundo. De acuerdo al informe de la ONUDD, en el 2009, el comercio de la coca generó un aproximado de $US 265 y que los dos más grandes mercados de cocaína lo son Europa y América del Norte.

Aunque los gobiernos han tomado medidas drásticas para erradicar el problema, éste está muy lejos de ser eliminado. Hasta el momento, ninguno de los planes para combatir la droga: el Plan Colombia o la erradicación en Perú y Bolivia, la guerra librada por el ex presidente Felipe Calderón en México durante su mandato (2006-2012) ha dado el resultado esperado. En este último país solamente, en esos seis años se calculan 60.000 personas muertas por causa de la narcoviolencia, azotando incluso, los centros de rehabilitación de los toxicómanos.

La gran violencia que se vive en Colombia y que se ha desatado igualmente en las ciudades de Río y Sao Paulo en Brasil así como en México, y el descubrimiento cada vez más frecuente en el norte de Chile y en Buenos Aires de hombres y mujeres que han ingerido cápsulas de cocaína, o de jefes y jefas carteles de droga (porque hoy en día las mujeres ya no se limitan a ser las "muñecas de la mafia", sino que también están tomando liderazgo en el narcotráfico) no son sino reflejo de cuán arraigado está este mal en el continente y cuán difícil se ha hecho erradicarlo.

Es innegable el vínculo existente entre el negocio ilícito de drogas y el aumento de la criminalidad y la violencia. De acuerdo a la ONU, el 50% de los robos son perpetrados por toxicómanos para financiar su vicio, y con el negocio del dinero de las drogas se financian algunos grupos armados.

La mayor dificultad en la erradicación de la narcoviolencia es su incidencia en la economía de los países a través de un flujo de capital para los países comercializadores y productores de drogas que no tiene paralelo. Como ejemplos: en Bolivia, las comunidades donde se cultiva la coca han conocido una gran bonanza económica en los últimos años debido a la llegada de los narcotraficantes que atrajo a los desempleados de la región dándoles la posibilidad de recibir altas rentas por un producto relativamente fácil de cultivar y cuyo mercado está asegurado; en México, según un informe de la consultora Stratfor, cada año, el negocio de drogas, le inyecta alrededor de $US 40.000 a la economía. Como elemento comparativo, los ingresos de México por concepto de remesas en 2009 fueron de $US 21.181, por turismo fueron de $US 11.275, y por petróleo de $US 30.882. Es decir, el dinero que recibe el país por concepto de drogas es, en promedio, más del doble de lo que recibe por concepto de remesas, turismo y petróleo ($US

21.112) o de la inversión extranjera directa que en 2009 fue de $US 11.417.

Esos ingresos provenientes de una productividad ilícita, buscan legalidad a través del "lavado de dinero" que se transforma en inversión y empleos que movilizan la economía en los países productores o exportadores. Entonces, una solución real al problema del narcotráfico debe atacar simultáneamente la producción, la exportación y la comercialización de la droga. Para lo primero, los países productores y exportadores deben crear infraestructuras económicas y de producción lícitas que sustituyan las creadas por el lavado de dinero y generen empleos que agilicen las economías y que sobre todo les provea a los campesinos que cultivan la coca se incentivos económicos que les permitan mejorar sus condiciones de vida que los motive a cultivar otros productos que fortalezcan la economía. En cuanto a la exportación y comercialización, es preciso un mayor control de las fronteras y sobre todo atacar el mercado consumidor en los países desarrollados.

Violencia e inseguridad

La violencia es otro de los males que aqueja a América Latina y el Caribe, secuela directa de la desproporcionada distribución de la riqueza, violencia que, que como hemos visto, en la última década se ha incrementado por el narcotráfico. Según datos de la Organización de Estados Americanos (OEA), el año 2011 dejó un saldo de 149.675 homicidios lo que la convierte en la región más violenta del mundo con un promedio de un individuo muerto cada cuatro minutos.

Cifras actualizadas a enero del 2012 por un estudio de la ONG mexicana Consejo Ciudadano para la Seguridad Pública y la Justicia Penal sitúan a Honduras, México, Venezuela, Brasil y Colombia a la cabeza de los países con las diez ciudades más violentas del mundo como resultado del narcotráfico, y en el caso de Venezuela, también del secuestro. Honduras, que alberga dos de las pandillas más violentas de Centro América: los Mara Salvatrucha (MS-13) y Barrio 18 (M-18), lidera el ranking como el país con la mayor tasa de homicidios del mundo: 82 por cada 100.000 habitantes, por lo que se le ha llamado "capital mundial del crimen". La segunda ciudad en importancia del país, San Pedro Sula se ubica como la primera ciudad más violenta con 20 asesinatos por día y 86 muertos por cada 100.000 habitantes.

Las otras ciudades en la lista son Ciudad Juárez, México; Maceió, Brasil, donde tanto quienes matan como quienes mueren son en su mayoría jóvenes pobres; Caracas, Venezuela, la ciudad más violenta de América Latina: 108 homicidios por cada 100.000 habitantes (lo que supera la tasa nacional de 48/100.000), y finalmente, Cali, Colombia. A éstas se suman los países de Guatemala y El Salvador.

Otros tipos de violencia en auge en las últimas décadas en los países latinoamericanos son la violencia doméstica y la violencia de género o femicidio y los robos. Las víctimas de violencia doméstica entre niños y adolescentes alcanzan los 6 millones reclamando la vida de 80.000 niños por año.

Detalles específicos sobre el cuadro político y económico actual por países se encuentran en la segunda parte de este libro, incluyendo el femicidio, tema que será tratado en detalle el capítulo sobre la mujer.

Un dato significativo a notar es que en marzo del 2012 los líderes de estas dos pandillas en El Salvador firmaron una tregua. De acuerdo a la Organización de Estados Americanos (OEA), seis meses después de iniciada la misma se redujo de 14 a 5,5 los asesinatos diarios en el país. Ambas pandillas fueron iniciadas por los miles de jóvenes deportados de Estados Unidos adonde habían emigrado durante la guerra civil en El Salvador (1980-1992). Allí se habían relacionado con pandillas organizadas y tomaron sus nombres de la Calle 13 y la Calle 18 de Los Ángeles donde mayoritariamente se habían establecido. Las maras cuentan con más de 70.000 miembros en la región llamada el triángulo de la muerte: El Salvador, Honduras y Guatemala, 64.000 de ellos en El Salvador. Son bandas armadas organizadas jerárquicamente y con códigos propios, y se identifican con proliferación de tatuajes en el rostro y por todo el cuerpo.

En cuanto a los robos, un informe del Observatorio de Seguridad Hemisférica de la Organización de Estados Americanos (OEA), indicó que en el 2010, sobre los 28 países de todo el continente considerados para el informe, el promedio de robos por cada cien mil habitantes fue de 456. Por países, las cifras más altas por cada cien mil habitantes fueron: Argentina, 973; México 670; Uruguay, 542; Brasil, 415; Chile, 410 y Estados Unidos, 123. Lo alarmante de las cifras de Argentina es que los datos considerados sobre ese país provienen del año 2008, mientras que el promedio de la región y el de los otros países mencionados proviene del 2010, lo que indica que ya dos años antes, el número de robos en Argentina era más alto del continente.

Al entrar en el nuevo milenio podemos reflexionar sobre esta realidad y sobre los grandes sueños de justicia social que marcaron el siglo XX en Latinoamérica cabría preguntarnos ¿qué sucedió? De ello hablaremos en la sección siguiente de *Hoja de ruta*.

De las luchas de independencia en el siglo XIX a la consolidación de las naciones en el siglo XX

III. 1. Siglo XIX: luchas de independencia
A. Razones para las luchas por la independencia

1. Explique por qué podemos decir que las luchas por la independencia en Hispanoamérica tuvieron tanto una base interna como externa.

2. ¿Qué caracterizó al "despotismo ilustrado?"¿Quién fue Carlos III y qué reformas políticas, administrativas y económicas estableció durante su reinado?

3. Explique por qué los criollos estuvieron descontentos con las reformas económicas introducidas por Carlos III.

4. ¿Cuál fue la reforma política más importante de Carlos III?

5. Describa el rol de los intendentes.

6. Describa el rol de los jesuitas en Latinoamérica.

7. ¿Qué fue la Inquisición?

8. Haga un corto resumen de las causas externas e internas a la base de los movimientos de independencia en la Latinoamérica del siglo XIX.

B. Guerras de independencia

1. ¿Quiénes fueron Túpac Amaru II y Túpac Katari?

2. Mencione las tres etapas en que se pueden dividir las luchas por la independencia de Latinoamérica en el siglo XIX.

C. Guerras de independencia

1. Haga una lista de los héroes de la independencia hispanoamericana y qué países liberaron.

D. Neocolonialismo: los Estados Unidos, ¿la política del buen vecino o intervencionismo?

1. Explique la doctrina Monroe y el Destino manifiesto y cómo se reflejó en Latinoamérica.

2. ¿Cómo veía el poeta Rubén Darío la presencia estadounidense en Latinoamérica?

3. ¿Cuántas intervenciones hubo entre 1890 y 1999 de los Estados Unidos en asuntos de política interior en países latinoamericanos? Dé ejemplos.

4. Explique lo que fue la política de buena vecindad y quién la propuso.

5. ¿Cuándo y con qué objetivos se fundó la OEA?

6. Explique lo que fue la Alianza para el Progreso. Según el historiador Hubert Herring, ¿por qué no estaban satisfechos los países latinoamericanos con la forma en que los Estados Unidos participaban en este programa de desarrollo?

7. Haga un balance de los logros alcanzados gracias a la Alianza para el Progreso y establezca las causas para aquello en que se quedaron cortos.

8. Explique qué dos bloques ideológicos se enfrentaron entre los años sesenta y setenta qué países lo representaron y cómo ello determinó la presencia de los Estados Unidos en Latinoamérica.

9. Discuta brevemente la política de los Estados Unidos con respecto a Cuba, Nicaragua y Chile y sus razones para el bloqueo económico.

10. Describa la situación en Chile que propició la caída del gobierno de Salvador Allende.

11. ¿En qué sentido las últimas palabras de Allende al pueblo chileno representan optimismo?

III.2. Siglo XX: Formación de las naciones y luchas por justicia social
A. Delimitación de fronteras

1. Tome notas sobre los más relevantes aspectos geográficos de México.

2. Mencione las siete repúblicas que forman América Central y sus capitales. ¿En cuál de ellas no se habla español?

3. ¿Cuál de las repúblicas representa el puente entre Centro y Sudamérica?

4. ¿Qué particularidades tiene Costa Rica con respecto a las otras repúblicas de Centro América?

5. Nombre las tres Antillas mayores donde se habla español, sus capitales y el tipo de gobierno que las rige.

6. ¿Cómo se resintió en Cuba el desmoronamiento del bloque de países socialistas en los años noventa y qué medidas tomó el Gobierno cubano para aliviar la situación?

7. ¿Quién fue Rafael Leónidas Trujillo y qué representó para la República Dominicana?

8. ¿Por qué hay tantos puertorriqueños viviendo en los Estados Unidos?

9. Estudie rigurosamente la lista de países de Sudamérica, sus capitales y su localización así como otros aspectos de su geografía. ¿En qué sentido la topografía general del continente sudamericano ha afectado el desarrollo de los pueblos?

10. Explique cómo perdió Bolivia su acceso al mar.

B. Movimientos revolucionarios

1. ¿Qué representó el siglo XIX para los países latinoamericanos?

2. ¿Qué problema tuvieron que enfrentar los hispanoamericanos una vez ganada la independencia?

3. Explique la diferencia entre liberales y conservadores.

4. ¿Qué caracterizó el siglo XX en los países latinoamericanos?

5. ¿Qué fue la Ley Lerdo de Tejada? ¿Cumplió su objetivo? ¿Por qué?

6. ¿Cuál es el origen de la celebración del cinco de mayo en México?

7. ¿Cuál fue el peor daño infligido por Porfirio Díaz a su país?

8. ¿Qué es el APRA?

9. ¿Qué reformas radicales introdujo el general Juan Velasco Alvarado en el Perú?

10. Describa la Operación ALFIN.

11. ¿Quién fue Augusto Boal y cuál fue su rol dentro de la Operación AL-FIN?

12. ¿Quién fue Víctor Paz Estenssoro?

13. ¿Por qué se produce la Revolución cubana? ¿Cuáles son considerados sus grandes logros? ¿Cuáles son las mayores críticas que se le hacen?

14. ¿Quién fue Ernesto Che Guevara y cuál es su relación con la Revolución cubana?

15. Describa lo que caracterizó los diversos movimientos de guerrilla en Sudamérica en los años sesenta y setenta y mencione algunos de los guerrilleros cuyos nombres pasaron a la historia.

16. ¿Qué fueron las FARC, Sendero Luminoso y el Movimiento zapatista?

17. Comente la realidad económica en El Salvador a fines de los 70 y su incidencia en la formación de movimientos de guerrilla.

18. ¿Quién fue Salvador Allende, qué caracterizó el gobierno de la Unidad Popular y cuáles fueron los grandes logros obtenidos?

19. ¿Quién fue Augusto César Sandino y por qué el Frente Sandinista de Liberación Nacional tomó su nombre de él?

C. Populismo, dictaduras y retorno a la democracia

1. ¿Qué caracterizaba a los gobiernos populistas?

2. ¿Quién fue Luis Muñoz Marín y qué importancia tuvo en la vida política de Puerto Rico?

3. ¿Por qué Perón es visto como líder populista y como dictador?

4. ¿Qué fue la Operación Cóndor? ¿Qué datos salieron a la luz pública cuando se descubrieron los "archivos del terror"?

5. ¿Qué caracterizó a los gobiernos dictatoriales de los años sesenta a ochenta? ¿Cuál de los dictadores estuvo más tiempo en el poder? Compare los gobiernos dictatoriales de Pinochet en Chile y de Videla en Argentina.

6. Explique lo que representaron las Madres de Plaza de mayo.

7. ¿Qué dictador luchó contra los Tupamaros?

8. ¿Cuál es la dualidad de Hugo Banzer? ¿Quién fue Efraim Ríos Montt?

9. Describa cómo se fue produciendo la vuelta a la democracia en los años ochenta y noventa.

10. ¿Qué fue el Plan de Paz para Centroamérica?

11. ¿Qué caracterizó el panorama político en la década de los noventa?

4. Una mirada rápida a la Latinoamérica de fines de siglo XX y en las primeras décadas del siglo XXI

1. Describa el panorama de desigualdad, pobreza y hambre que aún existe en América Latina y cómo estos tres factores se conjugan en un círculo vicioso de violencia.

2. Explique por qué es difícil erradicar el problema de la droga y qué medidas deberían tomar los gobiernos que fueran eficaces para lograrlo.

3. Mencione los tipos de violencia que más afectan a la región y en qué países se dan los índices más altos.

Horizontales

2. Capital de Colombia

4. Único país de habla hispana localizado en América del Norte

7. Descuartizado en plaza de Cusco

9. Héroe de la independencia de Cuba

11. Lago navegable más alto del mundo

13. País más pequeño de Centro América

15. Capital del Ecuador

17. Conocido como el Libertador

18. País largo y estrecho en Sudamérica

19. Padre de la independencia de México

Verticales

1. Libertador de Argentina

2. País que perdió su mar en la Guerra del Pacífico

3. Único país que no tiene ejército

5. País de Centro América con un canal que une al Pacífico con el Atlántico

6. Segundo río más largo del mundo

8. Estado Libre Asociado

10. "El titán de bronce"

12. País socialista en América Latina

14. Su capital es Caracas

16. Su capital es Lima

Solución: p. 537

¿Cuánto sabemos ahora?

Utilice el siguiente banco de palabras para contestar las preguntas y luego vuelva a la sección **¿Cuánto sabemos?** al comienzo del capítulo para comparar sus respuestas antes de estudiar el capítulo y después.

Simón Bolívar, Nicaragua, Sendero Luminoso, Tupamaros, El Salvador, Cuba, ilustración, Ernesto Che Guevara, Costa Rica, Grito de Dolores, descamisados, Madres de Plaza de mayo, Operación Cóndor, Panamá, Alianza para el Progreso, Salvador Allende, intendentes, Inquisición, Rafael Trujillo, Maceo y Martí, Puerto Rico, Víctor Jara, Tirofijo, Tania la guerrillera, Benjo Cruz, Javier Heraud, Camilo Torres

1. _____Oficiales administrativos nombrados por el rey encargados de vigilar la administración colonial local, impulsar la economía y recaudar impuestos.

2. _____Institución de tipo judicial establecida por la Iglesia Católica en la Edad Media para perseguir y enjuiciar a los acusados de herejía.

3. _____Movimiento filosófico en el que la razón, la ciencia y el respeto a los derechos del hombre surgieron como faro por sobre la oscuridad y la ignorancia del periodo oscurantista de la Edad Media.

4. _____Conocido como el Libertador de América del Sur.

5. _____Así se le llama al momento en que el cura Hidalgo incitó a tomar las armas contra las tropas realistas del gobierno español.

6. _____Dos líderes de la independencia de Cuba.

7. _____está conectado a Colombia sirviendo de puente entre Centro y Sudamérica.

8. _____País más pequeño en extensión de América Central.

9. _____País de mayor extensión de América Central.

10. _____ El capítulo 12 de la constitución de 1949 de este país dice: "Se proscribe el Ejército como institución permanente".

11. _____Tiene un estatus político especial; no es un país independiente ni tampoco un estado de los Estados Unidos.

12. _____República socialista en el Caribe.

13. _____Dictador de la República Dominicana.

14. _____Grupo guerrillero del Uruguay. Tomaron su nombre de un líder inca que se sublevó contra los españoles y fue descuartizado en la plaza pública de Cusco.

15. _____ Primer presidente con programa socialista elegido democráticamente en el hemisferio occidental. Su gobierno fue derrocado por un sangriento golpe militar en 1973.

16. _____ Plan conjunto de desarrollo socio-económico para toda Latinoamérica propuesto por el presidente Kennedy.

17. _____Nombre con que Evita Perón se refería al pueblo.

18. _____Guerrillero argentino que combatió junto a Fidel Castro en la Sierra Maestra.

19. _____Única mujer en la guerrilla boliviana.

20. _____ Grupo de mujeres que se reunían en una Plaza de Buenos Aires una vez por semana con las fotos de sus hijos desaparecidos por los militares.

21. _____Poeta peruano recordado como el poeta guerrillero.

22. _____Fundador de las FARC, de quien se decía no fallaba un disparo.

23. _____Sacerdote guerrillero colombiano.

24. _____Cantante de música de protesta que murió en la guerrilla boliviana.

25. _____ Cantante asesinado en el Estadio Chile por la dictadura de Pinochet.

26. _____ Plan de inteligencia continental destinado a eliminar la oposición a los gobiernos dictatoriales.

27. _____ Grupo guerrillero peruano.

Más allá de los hechos: temas para pensar, investigar, escribir y conversar

1. Escoja uno de los artículos de la Constitución mexicana de 1917 citados en el capítulo y compárelo y contrástelo con la Constitución de los Estados Unidos.

2. José Martí representa un héroe tanto para los cubanos exiliados en Miami quienes han llamado sus medios de propaganda anti-castrista Radio Martí y TV Martí como para los cubanos revolucionarios. Busque información adicional sobre Martí y escriba un corto ensayo discutiendo esta aparente contradicción.

3. La siguiente es una cita tomada de la "Segunda Declaración de La Habana" discurso de Fidel Castro al pueblo de Cuba el 4 de febrero de 1962 en el que hace extensiva alusión a la posición expresada por los Estados Unidos en la conferencia de la OEA del 17 de agosto de 1961 en Punta del Este, Uruguay, en la que el Presidente Kennedy presentó su plan de Alianza para el Progreso.

> "Frente a la acusación de que Cuba quiere exportar su revolución, respondemos: Las revoluciones no se exportan, las hacen los pueblos. Lo que Cuba puede dar a los pueblos y ha dado ya es su ejemplo. Y ¿qué enseña la Revolución cubana? Que la revolución es posible, que los pueblos pueden hacerla, que en el mundo contemporáneo no hay fuerzas capaces de impedir el movimiento de liberación de los pueblos.
>
> Nuestro triunfo no habría sido jamás factible si la revolución misma no hubiese estado inexorablemente destinada a surgir de las condiciones existentes en nuestra realidad económico-social, realidad que existe en grado mayor aún en un buen número de países de América Latina".

Busque información adicional en la red sobre la Cuba pre-revolucionaria y sobre la Cuba socialista. En grupos de tres decidan ser "defensores" o "detractores" de la Revolución. Prepárense para un debate entre grupos que defienden una posición o la otra.

4. Busque información adicional sobre las técnicas del Teatro del Oprimido. Puede consultar el libro de Boal *Categorías del Teatro del Oprimido*. Escoja una noticia o acontecimiento actual y preséntelo a la clase haciendo uso de una de esas técnicas, "teatro imagen" o "teatro periodístico", por ejemplo. Pueden trabajar en grupos.

5. Busque información sobre el rol de las mujeres y su oposición a las dictaduras en Chile y Argentina y escriba un breve ensayo sobre el tema.

6. Escoja uno de los íconos latinoamericanos del siglo XX (el Che, Víctor Jara, Tania la guerrillera, etc.) y busque información adicional. Escriba una semblanza de esa persona y preséntela a la clase.

7. Busque información adicional y discuta en un ensayo el rol de los intelectuales al interior de los movimientos revolucionarios latinoamericanos.

8. Busque información adicional sobre lo que constituyó el periodo de la historia llamado la "guerra fría" y escriba un ensayo expositivo sobre el tema.

9. Busque información adicional sobre la muerte de Salvador Allende y escriba un ensayo argumentativo sobre por qué por mucho tiempo se mantuvo como cierta la tesis de que había sido asesinado por los militares por sobre la tesis de que se había suicidado. ¿Qué opina usted ahora que se confirmó su suicidio? ¿Lo ve como un símbolo de cobardía por parte de Allende o le parece consecuente con su posición de presidente depuesto por un golpe militar?

PARTE II

NUESTRO PRESENTE

CAPÍTULO I

Nuevo mapa político: dos décadas que transformaron Latinoamérica

CAPÍTULO I
Nuevo mapa político: dos décadas que transformaron Latinoamérica

¿Cuánto sabemos?

I. Conteste las siguientes preguntas y luego compare sus respuestas con un compañero/a de clase. Cuando termine de estudiar el capítulo, después de completar la sección **¿Cuánto sabemos ahora?**, vea cuáles de sus respuestas iniciales estaban correctas.

1) El primer país de Sudamérica en elegir un presidente de origen indígena fue:
    a) Paraguay
    b) Ecuador
    c) Bolivia

2) Luiz Inácio Lula da Silva fue presidente de:
    a) Brasil
    b) Perú
    c) Venezuela

3) El país de Sudamérica con mayores problemas de narcoviolencia es:
    a) México
    b) Colombia
    c) Guatemala

4) El país latinoamericano con mayores reservas de petróleo es:
    a) México
    b) Venezuela
    c) Nicaragua

5) Bolivia es uno de los países más ricos en recursos naturales de Sudamérica.

Cierto o Falso

6) Cuba ha ayudado a Venezuela y Bolivia en sus campañas de alfabetización.

Cierto o Falso

7) La corrupción es algo que nunca ha caracterizado a los gobiernos latinoamericanos.

Cierto o Falso

8) Entre el 2000 y el 2006 Chile conoció dos presidentes socialistas. Ellos son:
    a) Hugo Chávez y Néstor Kirchner
    b) Lula y Tabaré Vázquez
    c) Ricardo Lagos y Michelle Bachelet

CAPÍTULO I
Nuevo mapa político: dos décadas que transformaron Latinoamérica

I.1. Década del 2000-2010: consolidación de la democracia

A fines del siglo XX, en la lucha por restaurar la democracia, las delimitaciones políticas de derecha e izquierda se fueron modificando a medida que las posiciones más moderadas de ambos campos, conscientes de la necesidad de aunar fuerzas para lograr la derrota de las dictaduras, se fueron acercando. Los gobiernos que de ellas surgieron representaron un espectro político más amplio en el que el centro jugó un papel aglutinador: centro-derecha y centro-izquierda.

En los albores del siglo XXI, por primera vez en la historia de Latinoamérica luego del cierre de la época de las dictaduras, hubo una mayoría de gobiernos progresistas. En primer lugar, con la llegada al poder en febrero de 1999 de Hugo Chávez en Venezuela hasta el triunfo del socialdemócrata Álvaro Colom en Guatemala a fines del 2007 (sucedido en el 2012 por el general derechista Otto Pérez Molina), y del ex obispo Fernando Lugo en Paraguay en junio del 2008 (derrocado por un golpe constitucional por el Congreso en el 2012 quien nombró como sucesor interino a su vicepresidente Federico Franco), el mapa político de Latinoamérica dio un giro hacia gobiernos de izquierda o centro izquierda en un impresionante movimiento que la prensa denominó como la "nueva izquierda latinoamericana". La totalidad de los nuevos mandatarios llegó al poder por votación popular y no por la lucha armada lo que muestra un avance en el ejercicio de los derechos democráticos, sobre todo si lo contrastamos con el hecho de que en las últimas dos décadas del siglo XX, en Latinoamérica, 14 presidentes fueron derrocados y no pudieron terminar su mandato.

A ellos se sumó una derecha diferente de la tradicional: más moderada y progresista. Compartían estos gobiernos, tanto de la nueva izquierda como de la derecha moderada agendas similares de desarrollo social.

I.2. Evolución del mapa político

El rediseño del mapa en el siglo XXI nos muestra un nuevo cuadro: **en la nueva izquierda**, se deslindan dos tendencias:
una centroizquierda moderada, modernista, cercana a la socialdemocracia cuyo centro de gravitación en una política de alianzas va del centro a la izquierda del espectro político, pero cuyo eje fluctúa dependiendo de si en su interior toma un mayor peso la izquierda modernista o moderada, o los sectores más cercanos a una izquierda tradicional.
una izquierda dura, tradicional, que claramente busca el reemplazo de un sistema por otro: el neoliberal por el socialista.

177

La primera englobaría la izquierda moderada o modernista de Brasil, Costa Rica, con una presidenta socialdemócrata, Uruguay con un ex guerrillero Tupamaro que plantea un gobierno cercano al de la Concertación de izquierda que gobernó Chile entre 1990 y 2010 o al de Brasil, Paraguay (hasta el 2012), El Salvador, y Guatemala (hasta el 2012) que buscan aplicar políticas económico-sociales de nuevo corte.

Caso emblemático en la izquierda moderada es el de Perú, donde Ollanta Humala, candidato de izquierda quien fuera derrotado por Alan García de centroderecha en el 2006 en parte debido a un programa político muy cercano al Socialismo del Siglo XXI que llevó a identificarlo con Hugo Chávez, en el 2011 ganó las elecciones presidenciales tras cambiar su propuesta y comprometerse a continuar la política económica de su antecesor.

Perú, país de 27 millones de habitantes en el 2012 muestra un envidiable crecimiento sostenido del 7%, un Producto Interno Bruto (PIB) de US$ 200.000 millones, reservas que llegan a US$ 60.000 millones (más que Argentina), un fondo anticrisis de US$ 7.500 millones y una inversión extranjera del 7,5% del PIB. Para el 2016 tiene como meta invertir US $16.000 millones en infraestructura para garantizar su desarrollo.

Un caso que puede ayudar a entender la inclinación en la balanza de poderes dentro de esta izquierda moderada es el de la Concertación en Chile, que sin estar en el poder desde el 2010, se plantea regresar al gobierno en el 2014 con una perspectiva programática que va a deferir según el mayor peso lo tenga el sector de centro y centroizquierda, representados por la Democracia Cristiana y el Partido Socialista o los sectores más a la izquierda que van del Partido por la Democracia al Partido Comunista. En ambos casos, la Concertación que gobernara durante veinte años entre 1990 y 2010 se ha reestructurado ampliando su espectro político del centro al Partido Comunista, y su desafío hoy en día es la capacidad que tenga de elaborar un programa incluyente sin crear falsas expectativas.

En todo caso, en una nueva realidad, cualquiera que gobierne, no podrá ignorar la expresión de la calle (estudiantes, pobladores, mapuches).

La segunda tendencia dentro de la izquierda es la **izquierda dura**, la del cambio de sistema, y es representada por el **Socialismo Bolivariano del Siglo XXI**, movimiento liderado por Venezuela y por el presidente Hugo Chávez desde que llegara al poder en 1999, y que comprende los países de la Alianza Bolivariana para los Pueblos de Nuestra América (ALBA): Bolivia, Nicaragua y Ecuador los que plantean la situación actual como una guerra entre capitalismo versus socialismo. A ellos hay que sumar a Cuba que aplica el modelo socialista tradicional desde el triunfo de la Revolución hace más de 50 años, modelo que por primera vez se aplicó en la antigua Unión Soviética con el nombre de socialismo real frente a lo que hasta ese momento era el socialismo teórico. Cuba fue el primer país de Latinoamérica en aplicar este modelo adaptándolo a la realidad de la isla.

Argentina representa un caso aparte: una izquierda nacionalista, cuyo origen se encuentra en el peronismo (justicialismo) que busca construir su propio modelo, el llamado kirchnerismo, desarrollado por el presidente Néstor Kirchner y luego por su viuda la presidenta Cristina Fernández durante dos periodos. Tras haber sido reelegida para un segundo mandato en el 2011, sus partidarios hablan de modificar la Constitución para que Fernández pueda optar a la re-reelección y consolidar su modelo. A fines del 2012 la Cámara de Diputados aprobó el voto optativo para jóvenes a partir de los 16 años (la edad para el sufragio es de 18) lo que por parte del Gobierno puede ser explicado como una ampliación del derecho de los jóvenes para permitirles que expresen su opinión a través del voto y por una parte de la oposición como una maniobra por parte del Gobierno para conseguir una mayoría suficiente en las elecciones legislativas del 2013 que permita reformar la Constitución en favor de la posibilidad de re-reelección de la Presidenta. Como dato anecdótico, los jóvenes presentes cuando se aprobó la ley vestían poleras con la foto de Evita.

Un voto hacia el futuro anclado en el pasado
(la imagen en las poleras es de Evita)

En la derecha tradicional: la aparición de una centroderecha moderada, modernista que entendió que el desarrollo de la economía y su inserción en la economía global pasa por la estabilidad social y la disminución de la inequidad. Esta derecha mantiene su apoyo al modelo económico existente, pero con políticas sociales que buscan paliar la enorme diferencia entre ricos y pobres atacando los problemas más relevantes como son la pobreza, la educación, la salud, la vivienda, problemas que afectan la estabilidad del país.

Los gobiernos de Sebastián Piñera en Chile y de Juan Manuel Santos en Colombia, donde ambos candidatos triunfantes llaman a un gobierno de unidad nacional y modernizan su propuesta programática enriqueciéndola de un componente social, son paradigmas de esta nueva expresión de la derecha. Basados en las declaraciones de Enrique Peña Nieto (quien asumió el poder en diciembre del 2012 en México) sobre sus intenciones de gobierno, podría afirmarse que se sumaría a este grupo.

Han coincidido estos gobiernos, tanto las tendencias de la izquierda como las de la derecha, en un compromiso social que apunta a disminuir y eventualmente erradicar, la pobreza, a reducir la diferencia abismal existente entre ricos y pobres y elevar los niveles de educación de la gente, y proveer acceso a la medicina y a la vivienda a los sectores más desfavorecidos de la población en una región considerada la más desigual del mundo de acuerdo a cifras del Banco Mundial en el 2012: 10 de los 15 países con mayor disparidad del planeta se ubican en esta zona, y el 10% más rico se queda con el 41% del ingreso total de la región mientras que el 10% más pobre se queda con sólo 1%.

Ello ha posibilitado el diálogo entre los que ayer estaban en campos opuestos e irreconciliables.

Esta nueva realidad explica que todos los gobiernos, como una forma de garantizar su desarrollo económico han buscado proteger los intereses nacionales, pero al mismo tiempo apuntan a la integración latinoamericana como una necesidad. Integración que pasa por la integración de los recursos energéticos, la apertura de sus mercados y la interconexión de sus caminos para permitir la circulación de sus productos; que busca una proyección a la colaboración intracontinental y así al mismo tiempo lograr un mayor peso de Latinoamérica en los organismos internacionales.

Todos los países buscan aumentar el flujo de capitales para dinamizar su economía, pero las condiciones puestas a este tipo de capitalización varían entre ellos. Todos buscan igualmente cambiar el tipo de relaciones con los organismos financieros internacionales para no estar más sometidos a sus dictados, pero sí conservar el acceso al crédito y poder aplicar una línea de desarrollo y financiamiento que vele por sus intereses. En esa óptica Brasil, Argentina y Uruguay reembolsaron sus deudas al FMI (Fondo Monetario Internacional). Argentina echó mano de sus reservas para renegociar la deuda pendiente, reintegrarse al mercado de capitales, tras declararse en cesación de pagos durante el gobierno de Néstor Kirchner, y lograr obtener los fondos necesarios para continuar su desarrollo.

En el caso de aquellos países a los que les ha sido más difícil acceder a créditos externos, China se ha convertido en el proveedor privilegiado de fondos, por ejemplo: Venezuela (US$ 38.500 millones, Ecuador (US$ 6.304 millones) o Argentina (US$ 9.500 millones); en una región en que el aporte de préstamos de este país ha alcanzado los US$ 75.000 millones desde el 2005, y ello sin contar el aporte de capital en inversiones en proyectos mineros, petroleros, caminos, puentes, ferrocarriles de alta velocidad, etc., es decir en proyectos de infraestructura, ingeniería, agricultura, ciencia y tecnología como de explotación de los recursos que tanto China como los países latinoamericanos necesitan para su desarrollo.

Préstamos, intercambio comercial, desarrollo actuaron como un escudo que ayudó a proteger la región de los efectos de la crisis económica norteamericana y europea. Los préstamos toman una nueva modalidad y están asociados a la compra de maquinaria, productos industriales y utilización de tecnología chinas, o como préstamos en petróleo los que se reembolsan no en dinero sino en barriles (al precio de mercado) lo que asegura su abastecimiento a largo plazo.

Todos los países latinoamericanos coinciden en que la crisis en Europa puede llegar a afectarlos en caso de agravarse y en que la receta allí aplicada: austeridad, recorte del gasto social y consumo agravaría la recesión en los países desarrollados, y ello impactaría negativamente a las economías emergentes.

B. Puntos de divergencia

Entre ellos se han visto claras diferencias en la visión política y económica que van desde un nuevo-progresismo, es decir, gobiernos herederos de los valores tradicionales de la izquierda: igualdad, solidaridad, derechos humanos, paz, pero que hoy buscan acentuar sus resultados en lo que se refiere a la equidad y justicia social en el seno de una globalización inclusiva, y aquellos gobiernos con una visión nacionalista, pero a la vez continental, que plantean crear nuevos organismos de comercio y alianzas estratégicas que reemplacen a los existentes; gobiernos que, en lo que Chávez ha denominado el Socialismo Bolivariano del Siglo XXI, se fijan como objetivo la transformación profunda de la sociedad para avanzar hacia la instauración de una sociedad socialista y la destrucción del modelo neoliberal. Para estos gobiernos la tarea es cómo implantar un nuevo modelo social, lograr el desarrollo económico y la inclusión social, y que el sistema sea sostenible en el tiempo.

C. Posibles causas del rediseño del mapa político

Varios factores jugaron en el rediseño del mapa político y en el cambio de actitud de los partidos y movimientos tradicionales:

1. La aparición de movimientos sociales multitudinarios que se expresan en las calles y que tienen su origen en la desconexión de los partidos o coaliciones con un electorado que ha evolucionado y que, en respuesta a una nueva realidad socio-económica, exigen medidas que respondan con mayor fuerza a sus aspiraciones salariales, educacionales, habitacionales y de salud, por citar algunas, así como a lograr una mayor representatividad en la toma de decisiones políticas frente a partidos en los que ellos no se ven representados.

2. La pérdida de confianza en las instituciones, como lo son las cámaras de diputados o senadores, instituciones para ellos inútiles y que limitan la democracia representativa.

En el campo económico se constata que tanto los gobernantes de la centroizquierda como los de la centroderecha aplican una política pragmática en la que no existe gran diferencia, sin grandes transformaciones o nacionalizaciones que ahuyenten a los inversores extranjeros, y que ambas tendencias políticas buscan consolidar mercados y presencia internacional a través de la estabilidad. Todos esos países ofrecen seguridad jurídica, estabilidad institucional y financiera para atraer inversiones.

El ejemplo más representativo es Brasil que aplica desde el primer periodo de Lula (y continúa con Dilma) la política económica de su antecesor, el socialdemócrata Fernando Cardoso, alejándose de las posiciones más izquierdistas de su partido, el Partido de los Trabajadores, lo que le permitió hacer una coalición de gobierno centroizquierdista con innegables logros socioeconómicos.

Los cambios profundos en política económica, nacionalizaciones, socialización de la distribución de la riqueza, rechazo a los Tratados de Libre Comercio (TLC) favoreciendo alianzas intra o intercontinentales con países con una afinidad política, se producen en los países que se declaran parte o cercanos seguidores del Socialismo Bolivariano del siglo XXI impulsado por el presidente Chávez y buscan su estructuración a través de sus propios organismos regionales como el ALBA.

Posibles cuestionamientos: una nueva realidad que no satisface a todos

Al interior de la centroizquierda moderada o modernista, próxima a la socialdemocracia, se teme que se preserve el modelo neoliberal sin que se realicen transformaciones de fondo y se perpetúe y acreciente la brecha existente entre pobres y ricos.

En cuanto a la izquierda del Socialismo del Siglo XXI, se teme que se perpetúe en el poder poniendo en peligro la alternancia democrática, que se controlen los medios de información para imponer sus ideas y se imponga una censura para silenciar la crítica. En resumen, que el nuevo modelo conduzca al populismo, a estructuras absolutistas y antidemocráticas ya vistas en el pasado.

D. Consolidación del proyecto bolivariano y su repercusión en el mapa político latinoamericano

---

La re-reelección del presidente de Venezuela, comandante Hugo Chávez, (con un 55.4% de los votos) por un cuarto mandato hasta el año 2018 le permitirá consolidar y profundizar la revolución bolivariana en Venezuela así como su influencia en Latinoamérica.

Su programa de gobierno de cinco puntos comprende el desarrollo y profundización del socialismo del siglo XXI en tres niveles territoriales: a nivel nacional para volverlo irreversible, luego su expansión a nivel latinoamericano y en una tercera etapa a nivel mundial.

"¡Venezuela nunca más volverá al neoliberalismo! ¡Venezuela seguirá transitando hacia el socialismo democrático y bolivariano del siglo XXI!", declaró la noche del triunfo desde los balcones de la casa de gobierno, el Palacio de Miraflores. Para luego añadir: "¡Dios mío, dame salud para gobernar!", frase que volvió a traer a la mente su estado de salud y las dudas sobre la curación de su cáncer.

Recordemos que Venezuela es el único país de América Latina que no contempla límites al ejercicio del poder por la misma persona permitiendo su re-elección en forma indefinida. El otro país en esta situación era Cuba, pero recientemente, y tras 50 años de gobierno, primero de Fidel, y debido a su enfermedad, de su hermano Raúl, limitó las reelecciones a 2 y por periodos de 5 años, mas ello no significa necesariamente una apertura del sistema a una posible alternancia.

La ayuda prestada a los diferentes países ideológicamente cercanos a la revolución bolivariana sea a través de créditos blandos como a Argentina, en donaciones para desarrollar proyectos sociales como es el caso de Bolivia y Nicaragua, o de petróleo e inversiones a Cuba hizo que en esos países la victoria se viera como propia:

Evo Morales de Bolivia declaró: "la victoria de Chávez es del pueblo latinoamericano antiimperialista, anticapitalista, antineoliberal porque estos son tiempos de los pueblos y no de los imperios".

Raúl Castro de Cuba dijo: "En nombre del Gobierno y el pueblo de Cuba, te felicito por este histórico triunfo, que demuestra la fortaleza de la Revolución bolivariana y su incuestionable respaldo popular".

Cristina Fernández de Argentina dijo: "Tu victoria también es la nuestra. La de América del Sur y el Caribe. ¡Fuerza Hugo! ¡Fuerza Venezuela! ¡Fuerza Mercosur y Unasur!"

José Mujica de Uruguay destacó que Venezuela "es un país complementario con el Uruguay".

Rafael Correa del Ecuador festejó el triunfo socialista y además convocó "una victoria aún mejor en febrero" del 2013, cuando se realicen las elecciones presidenciales en Ecuador en las que él será candidato a reelección por la coalición Alianza País. "¡Viva Venezuela, viva la Patria Grande, viva la Revolución bolivariana!".

En Chile los representantes del Partido Comunista celebraron la cuarta elección del dirigente bolivariano. Camila Vallejos, la conocida dirigente estudiantil miembro del PC dijo: "¡No sólo ganó Chávez, ganó el proyecto bolivariano por una América Latina Libre y Soberana! El dirigente estudiantil de izquierda, pero no militante de un partido, Boric, afirmó que "entre Capriles y Chávez, hubiese votado por Chávez. Pero un militar con tanto aire de grandeza no puede ser el referente de la izquierda del Siglo XXI". "A los líderes se les mide por muchas cosas, por sus avances junto al pueblo por cierto, y también por no convertirse en imprescindibles"...

Dentro de los otros partidos de la izquierda chilena, el Partido Socialista dijo: "Venezuela ha elegido un gobierno de izquierda y celebramos ese triunfo"; el Partido por la Democracia dijo a través del senador Girardi: "el proyecto de Hugo Chávez no es un proyecto que represente a la izquierda progresista del siglo XXI"; y la centrista Democracia Cristiana afirmó que su colectividad tiene diferencias ideológicas claras con el movimiento bolivariano al igual que con partidos como el MAS en Bolivia.

I.3. Los protagonistas

A. Argentina: el kirchnerismo, un caso aparte

Algunos antecedentes

En 1973 Juan Domingo Perón regresó al poder en Argentina y tras su rápida muerte en 1974 le sucedió su vicepresidenta y tercera esposa, Isabel Martínez de Perón, lo que la convirtió en la primera mujer jefe de estado del hemisferio occidental. La inestabilidad política y económica del país alcanzó límites insostenibles y ello llevó en 1976 a un golpe de Estado militar encabezado por el General Jorge Rafael Videla quien dio inicio a la llamada guerra sucia. En 1981 Videla fue depuesto por otro militar, Roberto Viola y éste a su turno por el General Leopoldo Galtieri. Otro militar, Reynaldo Bignone asumió el poder ante la dimisión de Galtieri luego de perder la Guerra de las Malvinas, conflicto bélico que librara contra Inglaterra en un intento de de recuperar estas islas ubicadas en el Atlántico en el sur de Argentina fomentando el espíritu nacional para desviar la atención del pueblo de los efectos de la dictadura.

Ante el descrédito internacional del gobierno militar y la presión ejercida por el pueblo argentino en demanda de un gobierno civil y democrático, en 1983, Bignone llamó a elecciones presidenciales que fueron ganadas por Raúl Alfonsín, candidato de la Unión Cívica Radical. Volvió al poder un gobierno civil y democrático, pero a pesar de las reformas políticas introducidas, al gobierno de Alfonsín le fue imposible resolver los problemas económicos que aquejaban al país, y los peronistas con Carlos Menem a la cabeza ganaron las elecciones de 1989 y luego nuevamente de 1995. En 1998 la recesión llegó a niveles extraordinarios y afloraron los defectos de las políticas aplicadas por Menem incluyendo la corrupción y la amnistía de los militares encarcelados durante el gobierno de Alfonsín por violación de los derechos humanos durante los siete años de gobierno militar. Así, Menem perdió el apoyo de la clase obrera que lo había llevado al poder.

En 1999 Fernando de la Rúa se convirtió en presidente, pero tampoco pudo reducir la inflación, y la economía del país colapsó. En el 2001 las fuertes presiones sociales llevaron a de la Rúa a dimitir. En el 2002 el Congreso nombró presidente a Eduardo Duhalde cuya devaluación de la moneda nacional llevó a una crisis bancaria y a la consecuente pauperización de millones de argentinos.

Una Argentina en bancarrota fue la herencia que recibió Néstor Kirchner, miembro del peronista Partido Justicialista, cuando llegó al poder en mayo de 2003.

El legado del presidente Néstor Kirchner

En el 2006, Argentina decidió pagar toda su deuda con el FMI, cancelando débitos por más de 9.000 millones de dólares logrando así plena independencia de los organismos crediticios para aplicar su política económica.

Durante su gobierno, Argentina no sólo recuperó las reservas, sino que dejó un superávit de $US 31.230 en el Banco Central. En el 2007 el informe de la Organización Mundial del Comercio sobre Argentina destacó que el país había superado una de las peores recesiones de su historia y que ahora era necesario tomar medidas para que el crecimiento fuera estable y sostenido, entre ellas: reducir la inflación, aumentar la competencia y atraer inversión extranjera.

Dejó el ex presidente Kirchner un país cuyo desarrollo económico confirmó un crecimiento consecutivo de cinco años al alcanzar el 8,7% en el 2007 y proyectarse a un 9% marcando una nueva aceleración de la economía.

Predominó durante el gobierno de Kirchner una posición pragmática: alianza e integración a América Latina con todo aquello que favoreciera el desarrollo económico de Argentina, y distanciamiento con todas aquellas posiciones que pudieran afectar o hipotecar su desarrollo. Su plan de gobierno lo llevó a tomar posiciones marcando distancia con uno u otro bloque por razones estratégicas. Por ejemplo, a veces tomaba distancia con el gobierno de Chávez, pero siempre manifestaba su gratitud con él por la compra de bonos que le permitió a Argentina sobrepasar la crisis financiera.

Al finalizar su mandato el presidente Kirchner no optó por la reelección, postulando en su lugar a su esposa, la senadora Cristina Fernández quien ganó las elecciones de octubre del 2007 con un 45,29%, suficiente para pasar en la primera vuelta, convirtiéndose así en la primera mujer elegida presidenta de la Argentina.

Se esperaba que el ex mandatario, Néstor Kirchner se presentara a la reelección en el 2011, y luego Cristina en el 2015, completando entre ambos cuatro periodos de lo que ha sido llamado el "kirchnerismo". Sin embargo, sucedió lo inesperado, Néstor Kirchner murió de un paro cardíaco-respiratorio en octubre del 2010, justo a un año de las presidenciales.

Cristina fue elegida candidata y con una votación de 54% asumió su segundo mandato como presidenta de la nación. Sus partidarios hablan de la necesidad de reformar la constitución para que pueda postular a su re-reelección por un tercer mandato.

Presidenta: Cristina Fernández de Kirchner

Cristina Fernández de Kirchner
Primera mujer presidenta electa de Argentina (2007-2011; 2011-2015)

El peronismo marcó significativamente el rol de las mujeres en la política argentina desde la llegada al poder de Juan Domingo Perón en 1946. De las mujeres peronistas que precedieron a Cristina Fernández de Kirchner en la sede del gobierno, dos fueron esposas de Perón. La primera, Eva Duarte, mejor conocida como Evita, hoy es parte de un mito. Cantante, hija ilegítima, cursó apenas quinto año de primaria. Mujer apasionada apoyó incondicionalmente a su marido, recorrió Argentina incansablemente regalando máquinas de coser, dinero, etc., convirtiéndose así en una especie de ángel de bondad para los pobres. Fue y sigue siendo idolatrada por el pueblo.

La segunda, María Estela Martínez (Isabel), también esposa de Perón, en 1974, en tanto vicepresidenta sucedió a su marido a la Presidencia del país a la muerte de éste. Duró sólo un año y medio en el cargo, momento en que asumió el poder la dictadura militar de Videla. En la actualidad tiene 81 años, vive en España y no puede regresar a la Argentina donde sería sometida a juicio por su responsabilidad en la desaparición de opositores a su gobierno.

Cristina Kirchner, durante su primer mandato, con su marido en la dirección del Partido Justicialista, no tuvo que preocuparse de las complejas batallas políticas del oficialismo y pudo centrarse en la gestión de los asuntos de Estado cuyas dos premisas fueron: la lucha contra la pobreza y la formación de un "pacto social" entre empresarios, sindicato y Estado. Continuó la política económica de Néstor situándose en lo que se puede llamar un peronismo de izquierda.

Durante sus dos periodos, Cristina afirmó la presencia de Argentina, así como su presencia como primera mandataria en el terreno internacional. Argentina es miembro del Mercosur, del Grupo de los 20 y del Grupo de los 77 del cual fue presidenta en el 2011. Bajo su gobierno, tras el impacto de la crisis global, se aceleró la recuperación de la economía comenzada bajo Néstor. A mediados del 2012 se había reducido el desempleo al 7,3%, nivel más bajo desde la vuelta a la democracia en 1983, el índice de pobreza había bajado del 23,4% al 20,7% y la indigencia se había reducido del 8,2% al 6%.

En cuanto al desarrollo económico, la Presidenta ha llamado a los diferentes gobiernos latinoamericanos a reemplazar los casi $US 460 mil millones que la región importó en bienes por productos manufacturados en el continente, lo que contribuiría a desarrollar la industrialización. Para consolidar ese desarrollo, pide fortalecer las cadenas productivas dándole una escala regional para ganar competitividad y lograr, a través del intercambio de experiencias, una mayor innovación y desarrollo tecnológico.

A nivel nacional el gobierno desarrolla una política de sustitución de las importaciones mediante incentivos a la instalación de empresas extranjeras para producir en el país acompañado de una política de protección de sectores industriales nacionales, medidas consideradas por algunos como proteccionistas lo que le ha causado controversias con Brasil, Estados Unidos, China y la Unión Europea.

Algunos de los alcances de los dos periodos de gobierno de la presidenta Fernández hasta el 2012 son los siguientes:

En lo social

-aprobación de la ley de matrimonio entre personas del mismo sexo

-establecimiento de la Asignación Universal por Hijo, ayuda estatal a los padres de niños de entre 12 semanas de gestación y 18 años de edad. Los padres deben ser desempleados o ganar el sueldo mínimo, y tienen que mantener a los niños escolarizados y con las vacunas al día

-implementación de diversos programas sociales de distribución de productos alimenticios de primera necesidad como alternativa para combatir la inflación: "carne para todos", "lácteos para todos", "milanesas para todos"

-entrega de 630.000 viviendas sociales de las que se beneficiaron alrededor de 2.800.000 personas

-restatización de los fondos de las pensiones; posibilidad para las amas de casa de cotizar para pensión jubilatoria, jubilación para escritores reconocidos

-en el 2012, incrementación del salario mínimo a 2300 pesos argentinos (US$493.35), el más alto de Latinoamérica. Le siguen Chile con US $388, Venezuela y Uruguay con US $ 360, Brasil con US $ 307, Colombia con US $ 302, Ecuador con US $ 292, Perú con US $ 250 y Bolivia con US $ 116.

-derogación de la ley que imponía un tope máximo a indemnizaciones por accidentes de trabajo

-entrega de documentos legalizando la situación de inmigrantes indocumentados bajo el Plan Patria Grande

En educación y desarrollo científico-tecnológico

-incremento del porcentaje del PIB destinado a la educación del 3,64 en 2003 al 6,47 en 2010

-construcción de más de 2000 nuevas escuelas

-inserción del país al mundo de la tecnología a través de la creación del Ministerio de Ciencia, Tecnología e Innovación Productiva

-implementación del Plan Conectar Igualdad: entrega en forma escalonada de 3.000.000 de computadoras portátiles con acceso a Internet a los alumnos de escuelas públicas del país

Economía

Las medidas más importantes se dieron en el campo de la recuperación de la riqueza petrolera para el país y en las medidas de control cambiario para estabilizar los capitales.

-nacionalización de Yacimientos Petrolíferos Fiscales (YPF) tomando el control del 51% de las acciones que pertenecían a la compañía española Repsol

-el control cambiario: en el 2011 cerca de $US 20.000 millones salieron del país y desde que el kirchnerismo está en el poder la fuga se calcula en $US 80.000 millones lo que obligó al gobierno a limitar su venta y establecer un estricto control sobre la compra y transacciones en dólares hasta que se complete el proceso de pesificación en que el peso argentino sea la moneda de reserva y no el dólar como lo es actualmente.

El control cambiario hizo bajar la salida de capitales y en el primer semestre del 2012 solamente $US 3.600 millones salieron del país. Sin embargo la medida provocó el rechazo de parte de la población por la desconfianza de los ahorristas ante eventuales devaluaciones de la moneda nacional en un país, que al igual que otros en Latinoamérica, ven al dólar como una moneda segura y que además perciben estas medidas como un atentado contra sus derechos y no como una medida en defensa de la economía nacional.

Las medidas proteccionistas adoptadas por el gobierno lograron un crecimiento del superávit comercial pese a la disminución de las exportaciones ($US 55.000 millones) gracias a una disminución de las importaciones ($US 45.000 millones) alcanzando en los primeros 8 meses del 1012 la suma de $US 10.000 millones , saldo que representa un aumento del 38% con respecto al año anterior. Política que, en contraparte llevó a una contracción del comercio y de la industria nacional que depende de materiales y maquinarias importadas para funcionar.

Argentina tiene 26 casos pendientes (más que cualquier otro país) en el Centro Internacional para Arreglo de Diferencias de Inversión del Banco Mundial, el principal tribunal de arbitraje de reclamos contra países soberanos. Hasta ahora, según un informe en el 2012 de economistas de Bank of America Merrill Lynch, se ha negado a pagar todo dictamen del tribunal; cabe decir que se niega para no abrir la puerta a una avalancha de demandas de los llamados fondos buitres, aquellos que no participaron en la renegociación obligatoria de la deuda impuesta por el presidente Néstor Kirchner que salvó al país de la bancarrota.

Energía

-construcción de nuevas centrales eléctricas y de represas para generar electricidad, la Néstor Kirchner y Jorge Cepernic, a las que definen como uno de los proyectos más importantes de este tipo en Latinoamérica y para cuya construcción se busca la participación en su licitación de empresas rusas, chinas, brasileñas y coreanas. La empresa coreana Hyundai ofreció cubrir los US $4.900 millones del costo total del proyecto, China el 50% estipulado en las bases del concurso o más para ser competitivos.

-construcción del Gasoducto del Noreste para llevar gas natural a la región norte del país

Derechos humanos: fin de la impunidad

-juicio a, y condena de once altos funcionarios de los gobiernos dictatoriales que gobernaron el país en las décadas de los setenta y ochenta por crímenes contra la humanidad, entre ellos, los dictadores Jorge Rafael Videla (condenado a 50 años de cárcel) y Reynaldo Bignone (25 años), así como los altos mandos militares Jorge El Tigre Acosta (30 años) y Antonio Vañek (40 años).

Condena a perpetua, en octubre del 2012, de tres militares (Sosa, Del Real y Marandino) encontrados responsables del asesinato de 16 presos políticos militantes montoneros en la localidad de Trelew, extremo sur de Argentina, el 22 de agosto de 1972. Los jueces calificaron los asesinatos como delitos de lesa humanidad y por lo tanto imprescriptibles, y los definieron como el primer acto de terrorismo de Estado en la larga cadena que seguiría durante las dictaduras militares.

Perspectivas futuras y desafíos

La tarea principal del gobierno de Cristina Kirchner: recuperar la confianza de la población en su gobierno, en la economía argentina y en sus organismos: el 54,7% de los hogares argentinos no opera con ningún banco, sea por desconfianza, sea por lo que hacen parte de la llamada economía informal y no tienen acceso a créditos.

Necesita controlar la inflación cercana al 10% según los organismos oficiales, mucho mayor para la mayoría de los organismos internacionales o economistas privados del país que sostienen que el promedio de la inflación se sitúa entre el 20 y el 25%. Solamente nueve de los 186 países que conforman el FMI tuvieron índices de inflación más elevada que Argentina en los últimos cuatro años, y en la región, el país es superado solamente por Venezuela con un 27.3%.

Su política de control de precios (los precios de algunos bienes esenciales, como la bencina, el gas residencial, los pasajes del transporte colectivo y algunos alimentos están congelados) es criticada por los inversionistas quienes la consideran una política inmediatista y de corto plazo. Para el Gobierno es una política que toma en cuenta una realidad social que reclama justicia y garantiza la tranquilidad necesaria para desarrollar los planes a largo plazo y no pone en peligro el desarrollo económico.

La otra tarea, de igual o mayor importancia, es el garantizar el desarrollo. El precio de los combustibles comprados en el mercado internacional es abismalmente más caro que el de los que se producen en el país, y el traspasar el mayor costo a los consumidores implica un alto precio político a pagar.

Finalmente, necesita recuperar el nivel de confianza en su gobierno; el uso excesivo de las cadenas nacionales obligatorias que totalizaron más de 15 horas en el primer semestre del 2012, cadenas que en principio deben ser utilizadas para situaciones graves se percibe como una invasión a la privacidad y como un exceso de propaganda. Pero estas cadenas-monólogos reflejan, a diferencia de las conferencias de prensa donde existe un mecanismo de preguntas y respuestas, un modelo discursivo construido en base a una hoja de ruta que puede sostenerse solamente si nadie la interrumpe o cuestiona.

Necesita reforzar la lucha contra la inseguridad, sobre todo que según un informe del Observatorio de Seguridad Hemisférica de la OEA Argentina lidera el ránking de robos en América con una tasa de 973 por cada 100.000 habitantes, más del doble del promedio del continente que fue de 465. A modo de comparación en México fue de 670, en Uruguay 542, en Brasil 415, en Chile 410 y en los Estados Unidos fue de 123, una de las causas de la caída de popularidad de la Presidenta.

A ello se suman las actitudes descalificadoras de la Presidenta frente a quienes se oponen al proyecto kirchnerista, el mal manejo del discurso por parte de la Presidenta y de algunos miembros del gobierno y el rechazo de la oposición a una posible re-reelección lo que se ha reflejado en que la popularidad de la Presidenta baje y que a mediados del 2012 fuera mayor el número de aquellos que la desaprobaban que aquellos que la aprobaban.

A ello la presidenta respondió: "Somos un país diverso, plural, donde hay debate, hay política, pero por sobre todo hay la democracia más plena de la que se ha gozado desde décadas y décadas en toda nuestra historia",... "Me siento responsable de seguir garantizando esa democracia para los 40 millones de argentinos."

Sin embargo su gobierno, al igual que el de Néstor Kirchner, se percibe como un gobierno donde hay una verticalidad en las decisiones, donde prácticamente no hay reuniones ministeriales, donde hay un ejercicio autoritario del poder en el cual está claro quién manda, y como ocurre en estos casos, el que manda se molesta si sus órdenes se discuten.

Esta forma de gobernar logró lo que no lograron los partidos políticos de oposición: sacar a la gente a la calle en protestas masivas inéditas contra la Presidenta en las principales ciudades del país (un millón de personas en noviembre del 2012), protestas que reunieron diferentes capas de la población en reclamos políticos e institucionales: contra la re-reelección, la inseguridad, la inflación y la corrupción. Las protestas no solamente representaron un fuerte llamado de atención a la gobernante sino también a los dirigentes de una oposición que no ofrece una alternativa programática frente a la crisis política.

Quinta protesta contra el gobierno en noviembre del 2012

Un nuevo rol para las Fuerzas Armadas: en la cena anual de camaradería de las Fuerzas Armadas (julio del 2012) la Presidenta convocó "a todos los argentinos a una gesta común, a construir una historia diferente", y remarcó que "la Argentina, junto a otras hermanas repúblicas, está en una posición inmejorable para ser protagonista en el siglo XXI". "La independencia de nuestro país y de otros países, a casi dos siglos de aquella gesta, se libra en otros escenarios, con otros actores y actividades, en las que tienen un lugar nuestras Fuerzas Armadas", sostuvo. Destacó el "hermanamiento" con las fuerzas de otros países, y recordó que esto hubiera sido "impensable años atrás". Agregó que el actual "es un mundo difícil", y vaticinó que "vamos a ver escenarios impensables, y vamos a poner lo mejor de nosotros para que nuestro país pueda sortear las severísimas dificultades que nos impone el mundo exterior". Y refiriéndose al camino de independencia seguido por Argentina añadió: "Ese mundo que nos fue exhibido como modelo a seguir"… "no era tan modelo y lo bien que hicimos en no seguirlo".

B. La izquierda moderada y la centroizquierda

1. Brasil

Algunos antecedentes

Luego del golpe militar de 1964 Brasil conoció una serie de gobiernos militares dictatoriales que se prolongaron hasta 1985 con la elección de Tancredo Neves, un presidente civil. En 1989 fue elegido presidente Collor de Mello quien en diciembre de 1992 fue depuesto por corrupción. A pesar de los esfuerzos de los presidentes que se sucedieron, la economía brasileña no lograba salir de la crisis que venía arrastrando. A la inflación se sumó una crisis energética sin precedentes y ésta es la situación que abona la llegada al poder, en octubre de 2002, de un antiguo líder sindical miembro del partido socialista Partido de los Trabajadores, Luiz Inácio Lula da Silva (Lula), primer presidente obrero del Brasil.

Tras dos periodos de gobierno, el ex mandatario se marchó con un balance sumamente positivo: creó 17,6 millones de puestos de trabajo, y redujo el desempleo del 12 al 6%; incorporó 30 millones de pobres a la clase media y con poder de consumo y duplicó el número de plazas en universidades públicas; redujo la pobreza del 46% en 1990 al 26% en el 2010; disminuyó la tasa de desigualdad en la distribución del ingreso; redujo la deuda externa un 4% del PIB y puso a Brasil en el camino a convertirse en la quinta potencia mundial.

El salario mínimo aumentó en el país de un 45% (por encima de la inflación) y en el primer trimestre del 2010 el país tuvo un crecimiento productivo similar al de China, alrededor del 9,8% continuando su camino a transformarse en la quinta potencia mundial y a adquirir una mayor relevancia en la recuperación económica a nivel mundial.

Su política económica fue la continuación de la política de Fernando Henrique Cardoso (1995-2003) quien puso las bases de un modelo basado en el rigor fiscal, una fluctuación estable del real frente al dólar y un sistema de metas anuales para controlar la inflación. Se diferenció de éste en que aplicó su política económica con absoluta independencia tomando distancia de las recomendaciones de organismos internacionales como el Fondo Monetario Internacional y colocando primero los intereses nacionales.

La principal crítica a sus gobiernos fue la corrupción: 22 miembros de su gobierno entre ministros, altos funcionarios, consejeros del presidente y dirigentes del Partido de los Trabajadores fueron llevados frente a un tribunal, y condenados, por corrupción, tráfico de influencias y aceptar dinero para las campañas electorales.

El gobierno de Dilma Russeff, desde sus comienzos, aplicó mano dura y destituyó en forma inmediata a todo ministro acusado de corrupción. En su primer año, destituyó a 10 ministros, algunos de ellos ministros heredados de la época de Lula.

Con la condena en el 2012 del llamado núcleo político responsable del tráfico de influencias y corrupción y cuya autoría recayó en Dirceu, se confirmó la tesis de que existió el *mensalão* como trama organizada para que el Partido de los Trabajadores se perpetuase en el poder. Lo que más ha impactado en la condena de Dirceu —considerado el segundo político más poderoso del país después de Lula, y hombre de confianza de éste— es que haya sido consumada por un Supremo en el que, de los 11 magistrados, ocho fueron designados por Lula y por la presidenta Rousseff. Junto a Dirceu fueron condenados, entre otros, el ex tesorero del Partido de los Trabajadores, Delubio Soares y el ex presidente del PT y asesor especial del presidente en el ministerio de Defensa, José Genoino. Cabe destacar que no se trata de una condena impulsada por la oposición, más bien se ve como una fuerte advertencia de que los corruptos serán sancionados no importa su nivel o afiliación, y que no hay lugar para la impunidad.

Lula terminó sus ocho años de mandato con un récord de aprobación personal del 83% y de su gobierno del 75%. El popular dirigente no se dejó tentar por la ola de cambios constitucionales para permitir reelecciones que recorría el continente (Venezuela, Bolivia, Ecuador, Nicaragua).

Cuando años más tarde, en el 2012, en una conferencia sobre desarrollo sustentable en Argentina, Lula reflexionó sobre cómo había logrado Brasil su desarrollo, comentó: "Tuvimos rigor macroeconómico con agenda social, respetamos las reglas, las instituciones, hay estabilidad jurídica y de precios". "Que el Estado regule pero de una manera adecuada", añadió, para explicar los 17,6 millones de empleos creados durante su gestión entre 2003 y 2011. De esas palabras se desprende la tarea que se fijó, y llevó a cabo exitosamente, su gobierno: crecer y distribuir al mismo tiempo.

La izquierda moderada o modernista: Dilma Rousseff

Dilma Rousseff (2011-2014)

El 3 de octubre del 2011 Dilma Rosseff, candidata por el oficialista Partido de los Trabajadores se convirtió en la primera mujer que gobierna su país. Al asumir el poder se mostró decidida a defender y profundizar las conquistas sociales alcanzadas y destacó que gracias a los logros de Lula podrá hacer mucho más de lo que ya fue hecho. Se comprometió a alcanzar tres grandes objetivos: aupar a Brasil al grupo de los países más ricos del mundo, mantener el crecimiento sostenido de la economía brasileña, aumentando de esta manera la renta per cápita, y erradicar la pobreza definitivamente mediante la redistribución de la renta.

Sin embargo, su tarea no se vio exenta de un obstáculo imprevisto: el golpe a la economía del país producto de la crisis mundial (el PIB brasileño en el 2011 cayó cerca del 5% llegando a 2,7% contra 7,5% en 2010 y en el 2012 no alcanzó al 2%). Para corregir esta tendencia Dilma Rousseff tomó fuertes medidas para industrializar el país y ponerlo en vías de ser la quinta potencia mundial. Se espera que en el 2013 las medidas comiencen a dar sus frutos y se proyecta una recuperación a cifras cercanas al 5%.

Logros de gobierno de Dilma Rousseff: una presidenta que en su segundo año de gobierno cuenta con un 80% de apoyo popular.
Consolidación económica

Brasil se ha consolidado en los últimos años como una potencia petrolera emergente, donde empresas nacionales e internacionales invierten cuantiosas sumas en nuevas campañas de exploración y producción, bajo la conducción de la compañía nacional Petrobras.

El desarrollo petrolífero se inserta como motor del desarrollo de la economía, y gracias a esta bonanza, el gobierno planifica desarrollar también la industria naval, vital para un país en el que el 95% de los bienes se exportan por vía marítima.

Paralelamente, el gobierno está desarrollando la fabricación de plataformas marinas para garantizar, en primer lugar, la explotación de sus nuevos campos, y en una segunda etapa, para emplearlas en la exploración y exportación a otros países de Latinoamérica.

Brasil aprovecha su petróleo para industrializar el país, desarrollar su infraestructura y crear un modelo de desarrollo basado en inversiones y tecnología.

En los últimos diez años, el comercio con Venezuela se multiplicó por cuatro alcanzando a fines del 2011 US$ 6.700 millones de los cuales 4.500 fueron de exportaciones de Brasil contra importaciones por US$ 1.200 millones de productos venezolanos. Balanza que tendría que equilibrarse, pero que por el momento, al no tener Venezuela un desarrollo industrial ni agrícola o ganadero se ve difícil. Más aún, la situación podría agravarse dado que la exportación de Venezuela consiste fundamentalmente de petróleo y derivados, productos de los que Brasil, en corto tiempo, será un exportador gracias a sus gigantescos descubrimientos de gas y petróleo.

Venezuela apunta para equilibrar la balanza al desarrollo de proyectos conjuntos y al apoyo que puede prestar Brasil, por su alto desarrollo tecnológico en el agro, para lograr un mejor rendimiento, así como la diversificación de su producción agrícola.

Diversificación de la matriz energética

Pese a poseer un enorme potencial petrolífero, Brasil continúa una política de diversificación de su matriz energética en una política de largo plazo.

Biodiesel

Brasil sigue siendo el principal productor de etanol a partir de caña de azúcar y hasta el año 2012 realizó inversiones por US$ 17.000 millones para aumentar su producción. Ya en el 2007 el etanol suministró 16% de la energía consumida en Brasil frente a un 14,7% generado por fuentes hidráulicas con lo cual se convirtió en la segunda fuente de energía del país, superado solamente por el petróleo, que abasteció 36,7 % de la demanda interna.

Programa de inversiones en logística: autopistas y ferrovías

El proyecto presentado a fines del 2012 incluye la construcción o mejoramiento de puertos, aeropuertos e hidrovías y contará con una inversión inicial de unos US $66.500 millones que serán aplicados a obras de infraestructura en cuyo desarrollo participarán empresas públicas y privadas.

Comprende la construcción de 10.000 kilómetros de vías férreas y 7.500 kilómetros de carreteras para reducir el costo del transporte de mercaderías y garantizar su llegada a los terminales de carga y distribución de la forma más eficiente.

Con ello se ataca a uno de los puntos que dificulta el desarrollo económico del país: una infraestructura atrasada, y que añade un costo excesivo a los bienes. La federación de industrias de Sao Paulo calcula en US $8.000 millones el costo extra de los productos por los problemas de puertos, carreteras, aeropuertos.

Industria automotriz

En el 2012 fijó como meta que en el 2017 el 60% de las partes de los automóviles construidos en el país fueran producidas localmente y no importadas, contra solamente el 40% en el 2012. Para lograrlo, y como estímulo, dictó un decreto concediendo beneficios impositivos para las empresas que inviertan en investigación y desarrollo, beneficio que se extenderá a aquellas industrias automotrices extranjeras que quieran instalarse en Brasil.

Brasil es el cuarto productor mundial en la industria automotriz con 2.38 millones de vehículos comercializados, aumento en la venta gracias a la reducción del impuesto sobre productos industrializados (IPI) decretada en el mes agosto del 2012, mes en que la venta subió el 31.8% alcanzando los 405.000 vehículos. China es el primero con 10 millones, seguido de USA con 9.71 y Japón con 3.79 millones.

En lo económico y social: crecimiento con creación de empleos y redistribución de la riqueza

En la Conferencia de la ONU sobre Desarrollo Sostenible Río+20 realizada en junio del 2012 la presidenta Rousseff afirmó que Brasil "no tiene la pretensión y la soberbia de tener todas las respuestas", pero se preció de poseer "uno de los mejores modelos" de desarrollo económico, inclusión social y cuidado al medio ambiente. Señaló que la economía de su país creció un 40% en la última década, crecimiento acompañado de la creación de 18 millones de empleos, y que sacó 40 millones de personas de la pobreza para llevarlos a la clase media. Modelo que, contrario a las medidas propuestas para la crisis en España, Italia y Grecia, muestra que la inversión, búsqueda de nuevos mercados, industrialización, pero también medidas sociales junto a creación de empleos impulsan la economía.

Desarrolló un enérgico programa de pacificación de las favelas recuperándolas una a una con fuertes intervenciones militares para expulsar a los narcotraficantes y pandillas que dominaban los cerros e instalando una presencia policial para luego desarrollar programas de mejoramiento de la vida de sus habitantes. Sus críticos denuncian el uso, para ellos excesivo, de la fuerza en los operativos y reclaman que las medidas se tomaron en la perspectiva del mundial de fútbol en el 2014 y de los Juegos Olímpicos en el 2016 para dar seguridad a los turistas. Hecho curioso, ya existen tours turísticos por las favelas pacificadas.

Con la campaña "Brasil sin miseria" se fija como meta para el 2014 sacar de la miseria a los 16,2 millones de personas que aún viven en esas condiciones (más del 50% es menor de 20 años y el 40% menor de 15). Recordemos que la población de Brasil es de 206 millones de habitantes.

En el campo implementó capacitación para los campesinos y apoyo a las pequeñas explotaciones agrícolas: asesoramiento agropecuario, subvención para compra de semillas, microcréditos, y apoyo a la comercialización de productos. En la Amazonía: desarrollo pero con énfasis en la explotación sostenible de los recursos naturales; estímulo de una ayuda de US$ 193 trimestrales a agricultores pobres que se comprometan a la preservación medioambiental en sus explotaciones.

Ha expandido su producción de soya y para el 2012-2013 se proyecta como el primer productor mundial alcanzando el 31% del mercado global (con una superficie cultivable de 27.5 millones de hectáreas), desplazando a Estados Unidos con el 28% (hasta hace poco el primer productor mundial), Argentina con el 21%, China con el 5% y otros países que cubren el 15% restante.

En la educación: formación y capacitación

Otro de los puntos que juega contra el desarrollo de Brasil: la carencia de profesionales capaces de llevar a cabo tareas esenciales para el crecimiento del país. Según un reciente estudio llevado a cabo por la empresa *Manpower* en 41 países de todo el mundo, Brasil ocupa el segundo lugar entre las naciones con mayores dificultades para encontrar profesionales cualificados, detrás solo de Japón.

-Lanzamiento del programa "Ciencia sin fronteras" consistente en 100.000 becas (75.000 gubernamentales y 25.000 del sector privado) para formar científicos en las principales universidades del mundo y cuyo objetivo es impulsar el desarrollo tecnológico del país y ponerlo a la par con el desarrollo económico (Brasil es una de las 6 mayores economías del mundo, pero en innovación ocupa el lugar 47).

Pensemos en el impulso que ello dará al país considerando que ya en el 2012 las universidades brasileñas ocupaban 65 de las 250 posiciones del ranking de centros de educación superior latinoamericanos de acuerdo a un informe de la consultora Quacquarelli Symonds para Latinoamérica. El mismo que sitúa a la Universidad de Sao Paulo como la primera de la lista en la segunda posición sitúa a la Pontificia Universidad Católica de Chile, seguida por la también brasileña Universidad Estatal de Campinas. A modo de comparación México, aparece en la lista con 46 centros, Colombia con 34, Chile con 30 y Argentina con 26.

Rol de la mujer en su gobierno

Nombra a otras ocho mujeres al frente de ministerios o secretarías generales de importancia: Medio Ambiente, Planificación, Cultura, Derechos Humanos, Igualdad Racial, Desarrollo Social y Mujeres.

Brasil y el comercio internacional frente a la crisis global

Continúa fiel a su política de apertura al comercio mundial y a la llegada de inversiones extranjeras, pero cuidando al mismo tiempo sus intereses y la salvaguardia de la economía nacional como lo prueban las declaraciones de su ministro de Finanzas Guido Mantega en la conferencia mundial del Fondo Monetario Internacional en el 2012:

"Brasil se reserva el derecho a protegerse ante las medidas de expansión monetaria de los bancos centrales como la Reserva Federal estadounidense"… "Los países avanzados no pueden esperar exportar su salida de la crisis a expensas de las economías de los mercados emergentes"… "… no podemos aceptar los intentos de calificar injustamente como proteccionistas medidas legítimas de defensa en el área del comercio exterior, las tasas de cambio y control de la entrada de capitales", añadió en su discurso.

Cabe señalar que Brasil actuó como portavoz del Brics (bloque conformado por Brasil, Rusia, India, China y Sudáfrica) y que representó también a Colombia, República Dominicana, Ecuador, Guyana, Haití, Panamá, Surinam y Trinidad.

Además, como presidente protempore del Mercosur en el 2012, busca acelerar la aprobación de un tratado de libre comercio entre éste y la Unión Europea, tratado que se negocia desde hace 10 años sin concretizarse. El interés de Brasil de llegar rápidamente a un acuerdo se explica dado que a partir del 2013 ya no contará con el paraguas del sistema general de preferencias de la UE que le permitía exportar un número significativo de productos con impuestos aduaneros reducidos y la caída del trato preferencial afectará la competitividad de las exportaciones brasileñas.

A ello hay que agregar que para el 2013 los Estados Unidos y la Unión Europea, que en conjunto representan la mitad de la economía mundial y un tercio del comercio internacional, estarían negociando un acuerdo global de libre comercio. Si consideramos que el comercio de bienes y servicios entre ellos hoy alcanza los US$ 700.000 millones al año vemos el enorme impacto que ello tendría en las economías del mundo entero. En Europa los expertos calculan que tal acuerdo se reflejaría en un aumento de US$ 158.000 millones al año, impacto que se reflejaría como rebote en Latinoamérica dado que representa tanto para los Estados Unidos como para Europa un mercado en desarrollo. En un panorama muy complejo e íntimamente ligado, este tratado repercutiría en China quien hoy por hoy es el primer socio comercial para Latinoamérica.

Brasil dio a conocer que impulsa además un TCL entre el Mercosur y Canadá. Para el ministro de economía, Brasil "está obligado a avanzar en acuerdos comerciales", porque de no hacerlo corre el riesgo de perder espacio y peso en los mercados internacionales. Para el 2013, el país proyecta un crecimiento de alrededor del 4% con una inflación que podría alcanzar el 5.1% según las proyecciones del Fondo Monetario Internacional.

Tareas pendientes

La simplificación de un complejo sistema tributario que tiene reglas diferentes para cada uno de los 27 estados además de tasas diferentes para cada producto.

Simplificar una burocracia excesiva. Según el Banco Mundial, de 183 países, Brasil ocupa el puesto número 126 en cuanto a facilidades para hacer negocios, el doble del promedio de los países latinoamericanos (95) y muy por detrás de Argentina (115), México (53) y Chile (39). Como dato comparativo Japón ocupa el puesto 22.

Continuar la pacificación de las favelas aumentando el número de Unidades de Policía Pacificadora; hasta el 2012, participaban 6670 policías en las UPP, para garantizar la seguridad e impedir el regreso de los narcotraficantes y pandillas.

2. Costa Rica

Algunos antecedentes

En las elecciones de 1986 asumió el poder por el Partido Liberación Nacional (tendencias liberacionistas o con base socialdemócrata) Oscar Arias Sánchez, quien en 1987 fue merecedor del Premio Nobel de la Paz por sus gestiones en pos de la paz en Centroamérica, y permaneció en el poder hasta 1990.

En los años subsiguientes fueron presidentes de la república: Rafael Calderón Fournier, José María Figueres Olsen, Miguel Ángel Rodríguez Echeverría y Abel Pacheco de la Espriella hasta que en las elecciones del 2006, Oscar Arias regresó al poder. En este segundo mandato, tras un referéndum, Arias firma un TLC con los Estados Unidos y establecerá relaciones diplomáticas con la República Popular de China con quien en el 2011, su sucesora, Laura Chinchilla firmó un TLC. Chinchilla, candidata por el oficialista Partido Liberación Nacional asumió la Presidencia luego de salir triunfadora en las elecciones del 2010 con un 46,77% de la votación.

La izquierda moderada o modernista: Laura Chinchilla

Presidenta Laura Chinchilla (2010-2014)

Costa Rica bajo el gobierno de Laura Chinchilla: algunos indicadores

La lucha contra la inseguridad ciudadana fue uno de los puntos en que Chinchilla basó su campaña. Como parte de sus logros anunció que entre 2008 y 2010 se había producido una reducción de 8% en el número de hogares donde alguno de sus miembros había sido víctima de un delito pasando de 28% a 20%, y que por ello, ésta seguirá siendo una de las prioridades de su gobierno. Ello explica que frente a la expansión del narcotráfico y de que Costa Rica se ha convertido en un almacén de cocaína por su falta de ejército, Chinchilla les abrió las puertas a equipos y tropas estadounidenses para combatir esta plaga en tierras costarricenses: 46 buques artilleros, 200 helicópteros, 10 aviones, un portaviones y 7.000 soldados. Esta acción ha sido duramente criticada por la oposición así como por el bloque de países del Socialismo del Siglo XXI; estos últimos afirman que el combatir el narcotráfico es un pretexto y que el verdadero objetivo de Estados Unidos es llevar a cabo acciones desestabilizadoras en la región de Centroamérica y el Caribe, e incluso en América del Sur.

En cuanto a la economía, la Presidenta anunció su interés en formar parte del Pacto del Pacífico junto a Chile, Colombia, México y Perú para abrirse al mercado asiático, la que concentra más del 50% del comercio de América Latina, y un TLC con Corea del Sur que permita multiplicar el comercio bilateral al abrir un mercado de más de $US 50 millones. El intercambio comercial entre ambas naciones en el 2011 fue de $US 504 millones, casi 50% más que en el 2010.

Costa Rica es un país conocido por su turismo ecológico; ocupa el quinto lugar a nivel mundial en el índice de desempeño ambiental y el primer lugar entre los países de la región. En el 2009 el país fue clasificado por la Fundación Nueva Economía como el "más verde" de los países del mundo. Cuenta incluso con cooperativas cafetaleras que producen café neutro en emisiones de carbono, lo que representa un modelo del rol que el cooperativismo ha tenido en el país. En palabras de la Presidenta: "En esta carrera al desarrollo donde hemos procurado preservar la paz, la estabilidad política, la democracia y la sostenibilidad ambiental, el sector cooperativo ha jugado un papel esencial y determinante", donde el cooperativismo ha ayudado a aumentar la productividad: una de cada tres personas de la población económicamente activa participa en cooperativas y los activos generados alcanzaron el 4% del PIB en el 2011.

Imagen de la Presidenta a los dos años de gobierno

Nos parece importante señalar que en un mundo que marcha cada vez más hacia la tolerancia y el reconocimiento de los derechos de igualdad para todos, Chinchilla se declara en contra de la separación de Iglesia y Estado, en un país predominantemente católico, del matrimonio entre personas del mismo sexo, del aborto y de la legalización de la píldora de un día después. En una encuesta realizada por Inteligencia Financiera en el 2012, el 65,5% de los entrevistados consideró a la Presidenta "honesta" o "algo honesta", a pesar de los escándalos de corrupción que han empañado su gobierno; 61,7% la consideró una mandataria "algo" o "muy capaz" y 60% "mucho" o "algo preocupada" por el bienestar de las personas. Sin embargo, 52,9% la consideró "poco" o "nada firme" y 53,7% cuestionó el liderazgo que ha demostrado durante sus dos años de gestión.

Ello nos lleva a los resultados de una encuesta realizada por Unimer para el diario *La Nación* en octubre del 2012 en preparación a la campaña electoral del 2014. Los mismos mostraron que los ticos ya no están tan orgullosos de lo que fue una de sus banderas nacionales: la confianza en la democracia y en su sistema político.

Entre 2006 y 2012, quienes decían estar "muy satisfechos" con el sistema político nacional pasaron del 55% al 35%, y quienes decían estar "muy de acuerdo" con apoyarlo pasaron de un 60% a un 38%; el apoyo a las instituciones bajó de 54% a 36%. La disposición a apoyar un gobierno autoritario que no tome en consideración a los partidos políticos, que gobierne dejando de lado a la Asamblea Legislativa o que tome decisiones por encima de ciertas leyes, aumentó del 20% en el 2006 a alrededor del 40% en el 2012.

En resumen, en seis años se ha producido una peligrosa caída de confianza en las instituciones. Ante el temor de que el PLN permanezca en el poder, profundizando aún más la desconfianza, las diversas alianzas de oposición, entre ellas: Alianza Patriótica, liderada por Mariano Figueres con un planteamiento "antineoliberal", la alianza de un sector del Partido Acción Ciudadana (PAC) con un sector del Partido Unidad Social Cristiana (PUSC), el llamado a alianza hecho por el ex candidato libertario Otto Guevara junto con el ex presidente Rafael Ángel Calderón Fournier, y un cuarto, lanzado por Jorge Guardia, ex presidente del Banco Central y ex militante del Partido Unidad Social Cristiana (PUSC) y colaborador del Movimiento Libertario están haciendo llamados a la unidad en preparación para las elecciones del 2014.

3. El Salvador

La izquierda moderada o modernista: Mauricio Funes

Mauricio Funes (2009-2014)

Mauricio Funes, representante del Frente de Liberación Nacional Farabundo Martí ganó las elecciones salvadoreñas convirtiéndose en el primer presidente de izquierda en su país derrotando al derechista partido Arena, quien había gobernado sin interrupción durante 18 años desde el fin de la guerra civil de 1980-1992. Mauricio Funes, ex periodista de la televisión, es el primer candidato del FLNFM que no fue combatiente durante los años de la guerra civil durante la cual murieron más de 70.000 personas. Se declara izquierdista moderado y propone un cambio siguiendo los modelos "de Lula y Obama". Se distanció del Frente de Liberación Nacional Farabundo Martí tras quitarles el Ministerio de Seguridad. Ha realizado más de 20 cambios de gabinete en 3 años de gobierno y cuenta con un 65% de aprobación al 2012.

La pobreza y la violencia

Es evidente que gran parte de la violencia que vive el país tiene sus raíces en la situación de pobreza extrema en la que vive más del 30% de los habitantes, lo que explica también que 189.000 niños y niñas estén incorporados en el mundo del trabajo infantil.

El Gobierno, consciente de esa realidad, se ha propuesto disminuir al 15% la población en condición de pobreza, con lo cual espera también cumplir con los Objetivos del Milenio establecidos por la Organización de las Naciones Unidas (ONU) de erradicar el trabajo infantil para el año 2020.

Del mismo modo, se ha propuesto reducir la violencia en un país que junto a Guatemala y Honduras constituye el denominado "Triángulo del Norte", la zona más violenta del hemisferio y una de las más peligrosas del mundo.

Un hito en la lucha contra la violencia que destruye al país: por primera vez en años, el 14 de abril del 2012 constituyó "un día sin homicidios" en el país. Se aduce que ello es resultado de la tregua firmada en marzo del 2012 por los líderes de dos pandillas Calle 13 y Calle 18. De acuerdo a la Organización de Estados Americanos (OEA), seis meses después de iniciada la misma se redujo de 14 a 5,5 el número de asesinatos cometidos diariamente en el país. Sin embargo, como muestra de la dificultad de eliminar la violencia sin que se tomen medidas de orden social para solucionar los problemas que la provocan, en noviembre del 2012, las pandillas juveniles exigieron de la Asociación de Usuarios del Transporte Urbano y Extraurbano guatemalteco un bono navideño de $US 12,700. Hasta noviembre del 2012, las pandillas habían asesinado a 49 chóferes del transporte de pasajeros que se habían negado a pagar las extorsiones semanales, a 19 ayudantes, 38 taxistas y 58 pasajeros.

Estas pandillas fueron iniciadas por miles de jóvenes deportados de Estados Unidos adonde habían emigrado durante la guerra civil en El Salvador (1980-1992). Las maras cuentan con más de 70.000 miembros en la región llamada el triángulo de la muerte: El Salvador (64.7 crímenes violentos por cada 100.000 habitantes), Honduras (81.9) y Guatemala (41.5), 64.000 Maras viven en El Salvador.

El Gobierno desplegó 1.500 soldados para controlar las cárceles más peligrosas. Al mismo tiempo, ha puesto en marcha, en las comunidades más afectadas, diversas iniciativas de reinserción a la vida comunitaria para proveerles a los jóvenes opciones para una vida fuera de la violencia.

Uno de estos programas es el establecido por Cáritas, en coordinación con el Estado donde los jóvenes participan de talleres vocacionales y de capacitación y reciben, junto a sus familias, atención psicológica y apoyo para garantizar su salida de la delincuencia y su reinserción al mundo productivo. Otras iniciativas han contado con la colaboración de la empresa privada como el programa "Mochila Digital" impulsado por la Secretaría de Inclusión Social y la empresa Claro gracias al cual se entregaron 1.000 computadores para uso de estudiantes insertos en el ISNA y de 7 centros escolares del departamento de Chalatenango.

Logros del gobierno

El índice de pobreza bajó de 37.8 a 36.5 y la pobreza extrema bajó de 12% a 11.2

El desempleo bajó de 7.3 a 7.1. Hasta diciembre del 2011 creó 62.796 empleos.

En obras públicas, infraestructura y energía

Reinició 22 obras públicas (paralizadas por la anterior administración) entre ellas, el incremento en 600 litros por segundo del caudal de agua potable que abastece la zona metropolitana; puso en funcionamiento el Puerto de Cutuco; rehabilitó 24 puentes e invirtió $US 40 millones en reparación de caminos; invirtió más de $US 77 en varios proyectos energéticos incluyendo la represa El Chaparral, la que producirá 65.7 megavatios, suficientes para abastecer de electricidad a 200.000 familias.

Pese a las necesidades energéticas del país, detuvo la construcción del proyecto El Cimarrón por lo que atentaría contra el medio ambiente y las comunidades vecinas.

En educación

Entrega gratuita de uniformes, zapatos y útiles escolares a 1.350.000 alumnos de la escuela pública y ampliación de la alimentación escolar gratuita a 4.950 centros educativos, y a 196 centros de atención inicial del Instituto Salvadoreño para el Desarrollo Integral de la Niñez y la Adolescencia (ISNA), con una inversión de $US 15 millones. Lanzó el programa un vaso de leche diario por niño.

En lo social

Desde mayo del 2011 implantó el subsidio directo al gas propano favoreciendo a 800 mil hogares pobres, ampliado luego a las escuelas y comedores de beneficencia.

Como parte del programa "Casa Para Todos", entregó más de 1.000 viviendas con 3.586 pendientes de entrega en los 15 meses subsiguientes y se fijó como objetivo la construcción de 25 mil viviendas para sectores de bajos ingresos lo cual generaría unos 41.886 empleos directos y al menos 60.855 empleos indirectos.

Entrega de una pensión básica universal de $US 50 para adultos mayores de 70 años en los 32 municipios más pobres y establece un Programa de Ayuda Temporal al Ingreso (PATI) que consiste en un bono de $US 100 mensuales para jóvenes y mujeres jefas de hogar sin empleo. Los familiares de ex combatientes fallecidos durante la guerra civil recibirán una pensión de US $50 mensuales.

Finalmente en sus primeros 3 años de gobierno ha entregado 35.000 títulos de propiedad de la tierra, los que se espera alcanzarán los 90.000 al terminar su mandato.

Plan de austeridad

Dando el ejemplo de los sacrificios pedidos a las diferentes ramas del Gobierno, en el mes de abril de 2012 inició un plan de austeridad para el Ejecutivo que permitirá el ahorro de unos $US 31 millones. La iniciativa surgió como respuesta a la situación económica del país y a las exigencias de organismos financieros internacionales para balancear un déficit superior al 3% y un nivel de deuda pública superior al 50% del PIB.

Relaciones internacionales

En su primer año de mandato restablece las relaciones con Cuba, pero se niega a entrar al ALBA para no hipotecar la independencia de su gobierno.

4. Perú

Algunos antecedentes

Después de varios gobiernos militares en los setenta, el país retomó el camino de la democracia en 1980 con Fernando Belaúnde Terry como presidente electo por segunda vez. Esta nueva línea de gobierno no fue suficiente para sacar al Perú de la debacle económica, lo que, como de costumbre, aumentó la deuda externa y acrecentó los enfrentamientos entre la guerrilla de izquierda Sendero Luminoso y el gobierno. En 1985 subió al poder el candidato de la Alianza Popular Revolucionaria Americana (APRA), Alan García el que tampoco fue capaz de poner fin a la crisis económica. Por el contrario, la guerrilla siguió tomando fuerza y el deterioro en la economía del país, así como la corrupción, siguió acrecentándose.

En 1990 Alberto Fujimori, de descendencia japonesa, ganó las elecciones presidenciales; en 1992 disolvió el Congreso, suspendió la constitución e impuso la censura poniendo así fin a la democracia parlamentaria en el Perú, para según él, poder luchar contra el terrorismo, el tráfico de drogas y la corrupción. Gracias a ello, y a un gobierno autoritario, pudo vencer a la guerrilla y en el 1993 hizo aprobar una nueva constitución que le otorgaba más poderes al presidente y personalmente le permitía volver a presentarse como candidato en las elecciones de 1995 las que volvió a ganar. Como en los vecinos países, la economía del país no vio mejoría con las medidas de austeridad y de privatización de los servicios públicos; la deuda externa siguió creciendo a la par con la pobreza y el descontento popular.

A pesar de todo, en las elecciones del 2000 Fujimori fue reelegido presidente por un tercer periodo consecutivo. Ese mismo año, luego de que su jefe de inteligencia, Vladimiro Montesinos fuera acusado de soborno, Fujimori, quien fuera acusado de corrupción, dimitió de su puesto de presidente del Perú durante una visita al país de sus progenitores, ante la sorpresa y la cólera de los peruanos ya que por poseer ciudadanía japonesa no podía ser extraditado para ser juzgado por sus acciones. En diciembre de 2005, en un sorpresivo viaje de regreso a Perú, Fujimori hizo escala en Chile donde fue detenido de acuerdo a la orden internacional de captura interpuesta por el gobierno peruano por violación a los derechos humanos y mal manejo de fondos públicos. En septiembre del 2007 fue extraditado al Perú donde fue sometido a juicio en diciembre y sentenciado a seis años de prisión por abuso de poder. En el 2008 enfrenta otros juicios por violación a los derechos humanos y soborno, entre otros delitos.

En el 2001 el candidato centrista de origen mestizo Alejandro Toledo, fue elegido presidente. La corrupción del gobierno de Toledo no fue diferente de la de los gobiernos que le precedieron. Sus medidas de privatización de los servicios públicos fueron muy mal acogidas por la gente y le quitaron credibilidad a su gobierno pues Toledo, durante su campaña, había prometido no vender las compañías nacionales.

A pesar de que desde su llegada al poder en el 2001 la economía conoció un tímido crecimiento de 4% anual basado en los ingresos que dejan la minería y la industria del gas, este crecimiento no se tradujo en la creación de nuevos empleos ni en un beneficio social evidente para los sectores desfavorecidos.

En el 2006 se celebraron nuevas elecciones y asumió el poder un ex presidente: Alan García, quien había sido presidente entre 1985-1990 y quien había dejado el país en profunda crisis económica. En su primer discurso, García prometió un gobierno de "concertación, coincidencia, diálogo y apertura que no olvidará a los desposeídos".

Un segundo mandato que representó un cambio en lo macroeconómico, pero que no se reflejó en lo social
Durante el segundo mandato de Alan García, el país continuó el crecimiento sostenido cercano al 8,3% (comparable al de China) de los años anteriores y una exitosa apertura del Perú a los mercados internacionales, entre ellos a los Estados Unidos gracias a un Tratado de Libre Comercio y a los países de Asia y el Pacífico a través de la APEC (*Asia-Pacific Economic Cooperation*) por sus siglas en inglés.

Estos logros macroeconómicos representan una gran diferencia con los resultados del primer gobierno de García en 1990 donde la inflación alcanzó el 7,650% hundiendo al país en un caos económico. En su segundo mandato la inflación alcanzó apenas el 3,9%. Su milagro económico es resultado de una política de disciplina fiscal, de lucha por controlar la inflación y de un Estado más eficiente en el manejo de la economía ofreciendo garantías para la inversión extranjera, estabilidad política, y buscando diversificar sus exportaciones.

A nivel nacional, la pobreza se redujo de 34.8% en el 2009 a 29,5% al final de su mandato en el 2011, sin embargo la brecha entre ricos y pobres no disminuye. En adición, el desarrollo económico sigue concentrado en la costa y la falta de oportunidades, en la sierra y en la selva. La pobreza alcanza niveles inhumanos en los departamentos de Huancavelica, 77.2%; Apurímac, 70.3%; Huánuco, e64.5%; Ayacucho, 62.6% y Puno, 60.8%.

Consecuencias de la situación económica imperante

En mayo del 2010 el gobierno de García contaba con un apoyo del 27,3% contra una desaprobación 60,2%.

La falta de un reparto más equitativo de la riqueza en un país que se sabe está creciendo aceleradamente hace que se agudice la desconfianza con la clase política gobernante.

Elecciones presidenciales del 2011

Es en este cuadro que se realizan las elecciones presidenciales del 2011 en la que se enfrentan en la segunda vuelta la hija del ex presidente Alberto Fujimori (preso, procesado por corrupción), Keiko Fujimori, y un candidato de izquierda que fuera derrotado en las elecciones anteriores por mostrar una imagen y un discurso muy cercano al Socialismo del Siglo XXI del presidente Chávez, Ollanta Humala, candidato de "Gana Perú".

En una reñida segunda vuelta, gana Ollanta Humala con el 50,7% de los votos contando, entre otros, con el apoyo del escritor Mario Vargas Llosa, del ex presidente, y candidato derrotado en la primera vuelta, Alejandro Toledo, del economista y candidato derrotado, Pedro Pablo Kuczynski, es decir los representantes de las principales fuerzas centristas.

Un apoyo no sin condiciones y otras posibles razones del triunfo de Ollanta Humala

Asesorado por el mismo equipo que aconsejó al ex presidente Lula y a la presidenta Dilma Rousseff en Brasil, cambió su discurso político rompiendo con el izquierdismo radical que mostró en la campaña presidencial anterior y que le hiciera perder los comicios, y se alejó de Hugo Chávez y del Socialismo del Siglo XXI; eliminó de sus discursos la expresión "plan nacionalista"; insistió en la preservación de la democracia; se comprometió a un programa de gobierno cercano al programa moderado, socialdemócrata de Lula en Brasil: desarrollo acelerado de una macroeconomía, pero con fuertes componentes sociales; llegó a cambiar su tradicional polera roja por una camisa azul claro, menos asimilable a una bandera de izquierda. Al ser interrogado por las razones para esos cambios respondió: "El Perú ha cambiado, yo también".

Otro factor, no desdeñable, fue el rechazo popular a la dictadura de Fujimori, pese a los esfuerzos de su hija para desligarse del gobierno de su padre.

La izquierda moderada o modernista: Ollanta Humala

Presidente Ollanta Humala (2011-2016)

En lo político

Se comprometió a atacar la desigualdad y atacar la exclusión en todo el país sobre todo en los lugares más alejados y abandonados: la sierra y la selva: "la democracia será plena cuando la igualdad sea patrimonio de todos y la exclusión desaparezca aún de los lugares más remotos de nuestro país". Ello implica garantizar la presencia del Estado y sus instituciones en todo el territorio, pero un Estado que garantice los derechos de todos sus ciudadanos, que sea incluyente garantizando la diversidad, que unifique garantizando el multiculturalismo, que se desarrolle garantizando el bienestar de todos. Se comprometió a respetar y defender la democracia, los derechos humanos y la libertad de prensa y de expresión.

Economía

Continuará y ampliará la apertura económica. Habrá una mayor presencia del Estado en la economía, pero como socio o promotor de la inversión privada.

Se comprometió a mantener el equilibrio fiscal alcanzado por el país entre el 2000 y 2011 y que le ha permitido un crecimiento de hasta el 9% anual; desarrollará más planes sociales, pero cuidando el equilibrio de la economía.

Para garantizar el desarrollo impulsará las inversiones en infraestructura, especialmente en carreteras y proyectos ferroviarios y promoverá la creación de una marina mercante y una línea aérea nacionales.

Respetará los compromisos firmados por el Estado, pero renegociará con las empresas mineras para financiar la agenda social del gobierno sin que ello detenga la inversión extranjera en los proyectos existentes.

Perú protege y da seguridad jurídica, repite el gobierno para atraer la inversión extranjera directa, la que en el 2012 llegó al 7,6% del PIB (US $200.000 millones). Perú cuenta con reservas por US $ 60.000 millones y un fondo anticrisis de US $7.500 millones para protegerse frente a la crisis mundial en caso de que ésta se agrave.

La inequidad, el principal enemigo de la estabilidad y desarrollo del país

Si es cierto que el Instituto Nacional de Estadística aficha una disminución del 3% según la cual cerca de 800.000 personas dejaron de ser pobres, todavía la pobreza continúa en un rango de alrededor del 27,8%, afectando a más de 8 millones, casi 2 millones en extrema pobreza.

La mayoría de los individuos en extrema pobreza trabajan en la agricultura, pesca o en las minas. Geográficamente el porcentaje más alto (41.5%) se encuentra en la sierra; en la selva es de un 35% y en la costa de un 18%.

Nuevos tratados económicos

En el 2012, Perú firmó junto a Chile, Colombia y México la Alianza del Pacífico, un nuevo bloque cuyo objetivo es incrementar el comercio con los mercados de la región Asia-Pacífico. La alianza representa más del 50% del comercio de toda América Latina y un tercio de su PIB total. Los 4 países exportaron en el 2011 US $ 71.000 millones. La Alianza representa un mercado potencial de 207 millones de consumidores y apunta a ir más allá del simple intercambio de bienes para agregar la libre circulación de servicios, tecnología, capitales y personas. La nueva Alianza se ve como un instrumento de desarrollo al que se fija condiciones para asegurar el desarrollo social y la educación y permitir que la gente salga de la pobreza.

La lucha contra la droga

Perú, en el 2012, fue señalado por los Estados Unidos, como el primer productor de coca (325 toneladas), desplazando a Colombia. En segundo lugar se situó a Bolivia con 265 toneladas.

Frente al problema de las drogas, el presidente Humala fijó su posición: "Yo estoy en contra de la legalización de las drogas. A las drogas hay que combatirlas mediante la interdicción y la investigación en el lavado de activos y dinero. El agricultor que cultiva coca no es el primer eslabón en la cadena de la droga, sino su primera víctima. Las causas se encuentran en la pobreza del campesinado para el que es más provechoso cultivar coca que alimentos."

Balance de sus primeros años de gobierno

En lo económico ha mantenido e incrementado el crecimiento del país. Con respecto a la desigualdad, ha logrado sacar una parte de la población de la pobreza y la pobreza extrema, quizás no de una manera espectacular, pero ha avanzado en sus metas y promesas de campaña.

Quizás lo más difícil le ha sido construir un nuevo modelo frente a "divisiones de izquierda y derecha" para él obsoletas. Se ha distanciado del Socialismo del Siglo XXI y se define como un nacionalista comprometido con la lucha social, por ello, una parte de la gente que lo apoyó se siente traicionada en sus ideales y otra, aquella que le exigió comprometerse con un modelo existente a cambio de su apoyo, continúa desconfiando.

Algunos antecedentes

En 1984, los derechos civiles y políticos de los ciudadanos fueron restaurados en el país y la junta militar permitió elecciones que trajeron al poder un gobierno civil en la persona de Julio María Sanguinetti, candidato moderado del Partido Colorado quien fuera sucedido en 1989 por Luis Alberto Lacalle del Partido Blanco. Anteriormente, en 1986 se les había concedido amnistía a los militares que habían violado los derechos humanos durante los años de dictadura militar. La situación económica del Uruguay no manifestaba ninguna diferencia con la de los otros países latinoamericanos en esa época. La inflación era la norma, la manera de contrarrestarla por parte del gobierno era el poner en marcha medidas económicas de austeridad y propuestas de privatización de las empresas públicas; la respuesta por parte de la clase trabajadora: la protesta y la huelga.

Los uruguayos siempre votaron en contra en cada referéndum sobre la privatización de los servicios públicos al que fueron llamados. En 1994, bajo el descontento general, se celebraron nuevamente elecciones en las que volvió a asumir el poder Sanguinetti, y en 1999 fue elegido Jorge Batlle del Partido Colorado, continuando la alternancia. A comienzos del 2000 la recesión económica se dejó sentir con más fuerza y apenas en el 2003 comenzó a vislumbrarse un crecimiento en la economía.

Éste es el Uruguay que hereda Tabaré Vázquez, candidato izquierdista del Frente Amplio, cuando gana las elecciones de octubre de 2004 y se convierte en el primer líder de izquierda en la historia de ese país.

La asunción al poder en marzo de 2005 de Tabaré Vázquez puso fin a la alternancia de poder que desde 1830 mantenían los partidos Blanco y Colorado en Uruguay. Terminó su mandato en el 2009 con casi el 70% de aprobación. Decía que gobernaba con el corazón en la utopía y los pies en la tierra, y enfrentó su gobierno desde una perspectiva donde lo pragmático primó por sobre cualquier otra consideración política.

En lo económico, a fines del 2006 pagó el total de su deuda externa con el FMI (alrededor de $US 1.000) siguiendo el camino de Brasil y Argentina; firmó con los Estados Unidos un acuerdo sobre marcos de comercio e inversión, llamado TIFA por sus siglas en inglés (*Trade and Investment Framework Agreement*), que buscaba aumentar y facilitar el comercio e inversiones entre ambos países sin salirse de las normas fijadas por el Mercosur; logró establecer un clima de confiabilidad, credibilidad y seguridad jurídica en el país que favoreció las inversiones nacionales y extranjeras (las inversiones extranjeras aumentaron de un promedio de $US 135 anuales entre el 1990 y el 2000 a $US 1.200 anuales en su periodo de gobierno); creó más de 170.000 puestos de trabajo y redujo el desempleo de 14% a 6,9%;

En lo social, su gobierno implementó un plan integral de emergencia anti-pobreza llamado PANES (Plan de Asistencia Nacional a la Emergencia Social) que consistió del establecimiento de programas sociales, médicos y educativos para ayudar a los indigentes a salir de la pobreza; en educación, aumentó a 4,5% la cantidad del PIB dedicada a la educación e implementó el Plan Ceibal con el cual los 362.000 alumnos de las escuelas primarias públicas y sus maestros recibieron una computadora y conexión a Internet, convirtiendo al país en el primero en el mundo en poner la tecnología al alcance del 100% de los alumnos; la pobreza se redujo del 31,9% en 2005 a un poco más de 20% en el 2009, y la indigencia de 3,9" a 1,5% y en el 2008; promulgó la ley de 8 horas para los trabajadores rurales.

La izquierda moderada o modernista: José Mujica

Presidente José Mujica (2010-2014)

El sucesor de Tabaré Vázquez, representante de la izquierda moderada o modernista en Uruguay, es el ex guerrillero José Mujica (1935) candidato oficialista por el Frente Amplio, quien ganó las elecciones del 2009 con el 51,9% en una segunda vuelta. En su discurso luego de su elección hizo un fuerte llamado a la unidad nacional diciendo: "A partir de este momento existe un solo bando: el de Uruguay. Y una sola consigna, hacer de la nuestra una patria libre de pobreza en la que todos tengan acceso a la educación, a la salud y a un trabajo digno".

A pesar de su pasado guerrillero (Mujica fue miembro del grupo

211

Tupamaro y estuvo más de 13 años preso durante la dictadura militar), en su carrera política como diputado, senador y ministro de Ganadería, Agricultura y Pesca de Vázquez, mostró una seria trayectoria de negociación y de gestión moderada, combinación que lo ha hecho un presidente muy popular en Uruguay. Mujica terminó su primer discurso de gobierno modificando el lema de su movimiento guerrillero de "Patria para todos o para nadie", por "Patria para todos" y con todos".

Una nueva forma de gobernar

La consolidación de su gobierno de unidad nacional se vio desde los primeros días de su gestión pues miembros de los partidos de oposición fueron nombrados a la dirección de organismos públicos y propuso la formación de grupos con representantes de cada partido para diseñar políticas de Estado conjuntas relativas a temas medioambientales, de energía, seguridad y educación, considerados por todos como esenciales para el futuro del país. El presidente Mujica ha marcado el comienzo de un nuevo ciclo político que se enraíza con las mejores tradiciones de la democracia uruguaya: la coparticipación.

Logros sociales

Proyecto de integración socio-habitacional "Juntos" en el cual las viviendas son construidas con profesionales junto a los propios interesados, y con la ayuda de vecinos y voluntarios. El plan es financiado por colaboraciones solidarias de empresas privadas a los que se suma el 87% del salario mensual del presidente Mujica y la venta de algunos edificios abandonados del Estado.

Según un estudio del Banco Interamericano de Desarrollo (BID) Uruguay es el tercer país de América Latina y el Caribe con menor déficit de vivienda, 26%. Sin embargo si se toma en cuenta el ingreso, en el quintil más bajo de la población, el déficit alcanza el 50%, entre otras razones debido a que los préstamos hipotecarios son por 18 años con un interés sobre el 10% y con un pago inicial del 30% del valor de la propiedad lo que dificulta a los sectores más desfavorecidos el tener acceso a crédito.

Se fija como objetivo el bajar el índice de pobreza de 13.7% a un dígito y erradicar la pobreza extrema que en el 2012 se sitúa en el 0,3%.

Implementa el Programa Nacional de Salud Rural para afianzar las redes sanitarias en todo el territorio nacional, sobre todo en el área rural.

Da un nuevo empuje a la Ley 18.065 de formalización del trabajo de las empleadas domésticas instituida por Vázquez que además de derechos de seguridad social, establece y regula nuevos derechos laborales tales como la jornada de 8 horas, el descanso intermedio y el semanal, y especificidades para las trabajadoras "con cama" o "con retiro". De las poco más de 35.000 trabajadoras registradas hasta el 2005, se logró llegar a 55.000, 5.000 más de la mitad del 100% de domésticas que las encuestas sugieren hay en el país.

Independencia energética e infraestructura

En el 2012 llamó a licitación para la construcción de una planta regasificadora en el Río de la Plata la que podría ser abastecida por alrededor de 20 proveedores internacionales de gas natural, entre ellos Angola, Nigeria, Trinidad Tobago con lo cual elimina la dependencia regional y garantiza su soberanía energética. A nivel regional y como complemento se abre a comprar gas a Bolivia a través de un gasoducto virtual a través de barcazas e incluso ofrece vender gas a Argentina.

En lo que se refiere a energías limpias inauguró el Complejo de Parques Eólicos Ingeniero Emanuele Cambilargiu, el que generará al menos 300 megavatios de eólica y 200 megavatios de biomasa que suplirán las necesidades de alrededor de 10.000 familias.

En adición, lanzó con éxito una licitación para la búsqueda de hidrocarburos en las tres cuencas marinas uruguayas: Oriental del Plata, Punta del Este y Pelotas. De la exploración arrojar resultados positivos, el contrato establece que la producción resultante se dividirá en tres partes iguales: una para el Estado, otra para la empresa y otra para pagar los costos. Ganaron la licitación las británicas BG y BP, la francesa Total y la irlandesa Tullow Oil.

Igualmente llamó a licitación internacional para la construcción de un puerto comercial y multipropósito en el que funcionen terminales especializadas para atender todo tipo de cargas, puerto marítimo de aguas profundas que será diseñado, construido, operado y financiado por el sector privado a través de un contrato de participación que cede el derecho de operación por un plazo no inferior a 30 años.

Educación y empleo

El Plan Ceibal, implementado por el presidente saliente, Tabaré Vázquez, y continuado por Mujica, es considerado un ejemplo por sus alcances: entregó un computador portátil a cada alumno de las escuelas públicas, gracias a lo cual 4 de cada 10 hogares tiene un computador. Sin embargo, el acceso a la red, muestra una diferencia del 98% en los sectores más acomodados contra un 49% en los estratos más pobres lo que se refleja en la calidad del aprendizaje.

Otro de los problemas a solucionar, además de la conectividad, es la deserción estudiantil: según datos oficiales del 2012, Uruguay tiene uno de los peores índices de egreso de secundaria: un 35,4% de los jóvenes entre 12 y 29 años abandona sus estudios de educación media.

En un momento en que a consecuencia de la crisis mundial el desempleo se convierte en un flagelo, Uruguay tiene una tasa de desempleo del 5,4%.

Imagen internacional

En lo económico, pero también político, Uruguay ha logrado y mantenido en este periodo una excelente imagen en el plano internacional. Se le considera un país seguro, profundamente democrático, con reglas de juego claras tanto políticas como económicas. El país ha garantizado el pago de los servicios de la deuda externa, lo que le facilita la colocación de títulos uruguayos en el mercado financiero internacional. Pero aún más importante, en los últimos años Uruguay ha tenido un dinamismo excepcional de la inversión extranjera directa, que prácticamente se ha multiplicado por 10 con respecto a los valores históricos de las últimas décadas.

Para el 2013 el presupuesto nacional aborda como prioridades la educación (4,3% del presupuesto total) y la salud sin descuidar por ello la lucha contra la violencia y los planes de protección social para los sectores más desfavorecidos. El crecimiento del PIB se calcula en 4% debido en gran medida al aumento de la productividad y al uso y desarrollo de la tecnología; la inflación se calcula en un 7%.

Política en materia de droga
En una política sin precedentes en el continente, en junio del 2012, el gobierno de Mujica propuso legalizar, controlar la producción y regular la venta de marihuana bajo monopolio estatal. Se calcula que el mercado ilegal de la droga mueve $US 75 millones y que alrededor del 5% de la población la consume con frecuencia. El proyecto indica que se venderá a adultos inscritos en un registro y se espera que esta medida ayude a combatir las mafias locales y extranjeras (colombianas y brasileñas) que controlan el mercado y usan a Uruguay como plataforma para el tráfico de marihuana y coca para Europa y Asia.

Desde hace cuatro años, tres ex presidentes latinoamericanos, Fernando Henrique Cardoso de Brasil, Ernesto Zedillo de México y César Gaviria de Colombia, abogan por la despenalización del consumo de drogas en general y por la legalización de la marihuana.

Uruguay un país con tradición vanguardista
Es un país laico, con separación de Iglesia y Estado desde 1917.

Es el primer país en Latinoamérica donde la mujer pudo pedir el divorcio "por su sola voluntad", en 1913.

Es el primer país en Latinoamérica en el que la mujer tuvo derecho a voto; la primera vez que una mujer hizo uso de su derecho de sufragio fue el 3 de julio de 1927 un plebiscito regional en la localidad de Cerro Chato.
Desde 1934 se plantea el problema de los estupefacientes y en el código penal existe un artículo llamado "Comercio de la coca, opio y sus derivados".

Turismo gay
Para romper con la dependencia de la llegada de visitantes únicamente en verano, el gobierno tomó medidas para desarrollar y fomentar el

turismo gay. Uruguay, uno de los países más abiertos de mente de América Latina, y que contaba con una ley que permitía las uniones entre personas del mismo sexo y la adopción de menores por parte de parejas gay, envió en el 2012, un proyecto de ley para la aprobación del matrimonio homosexual, el que fue aprobado por el Senado en abril del 2013.

Aborto

La Cámara de Diputados de Uruguay aprobó en el 2012 un proyecto de ley que despenaliza el aborto antes de las 12 semanas de gestación, y sin límite, en caso de riesgo para la madre, siempre que se realice bajo la supervisión de las autoridades. El Senado ratificó la aprobación con lo que Uruguay se convirtió en el segundo país de América Latina en despenalizar el aborto, Cuba fue el primero. En México el aborto es legal, pero solamente en el Distrito Federal, no así en el resto del país.

C. El Socialismo Bolivariano del Siglo XXI

1. Venezuela

Algunos antecedentes

Desde 1959 en que fue elegido presidente Rómulo Betancourt hasta 1989 en que comienza su segundo mandato no consecutivo Carlos Andrés Pérez, Venezuela conoce un periodo de estabilidad democrática y desarrollo económico propiciado por el *boom* del petróleo en los comienzos de los setenta en que el precio del barril pasó de 2 a 12 dólares.

En esos años el petróleo se nacionaliza y pasa a manos de la empresa estatal Pdvsa dando comienzo a la era de la bonanza petrolífera en un boom que se prolonga en el tiempo y que en el 2008, en un gobierno del comandante Hugo Chávez alcanza los US $118 por barril, para en el 2012 llegar a los US $109.

Sin embargo, como veremos, esa bonanza llevó a que se abandonara la agricultura como actividad comercial y se descuidara la industrialización del país, entusiasmados por los ingresos rápidos que producía el petróleo.

Como consecuencia, en pocos años el país se vio obligado a importar productos alimenticios básicos como leche, huevos y carne para abastecer sus necesidades y aumentó vertiginosamente la deuda externa.

La corrupción gubernamental, como en la mayoría de los países del continente, tuvo también su efecto negativo en el desarrollo sin paralelos que conoció el país en esos años. La caída del precio del petróleo a fines de los setenta, comienzos de los ochenta trajo consigo inestabilidad financiera y mayor aumento de la deuda externa del país, lo que por consecuencia creó malestar entre la gente y se produjeron dos intentos de golpe de Estado en febrero y noviembre de 1992 liderados, entre otros, por un oficial militar de carrera con apoyo civil, Hugo Chávez y su Movimiento Bolivariano MBR-200 fundado en 1983. A su vez, el Presidente Carlos Andrés Pérez fue acusado de corrupción, juzgado y destituido.

En 1994 Rafael Caldera, quien había sido presidente entre 1969 y 1974 ganó las elecciones, y durante su mandato, indultó a Chávez quien había pasado unos dos años en prisión. Se dice que después del fallido segundo intento de golpe de Estado, Chávez les dijo a quienes le apoyaban que habían perdido solamente, "por ahora", y tuvo razón pues años más tarde, en 1997 fundó el partido de izquierda Movimiento V República (MVR) a la cabeza del cual ganó las elecciones de 1998.

El Socialismo Bolivariano del Siglo XXI: Hugo Chávez

Presidente Hugo Chávez
(1999-2000; 2000-2006; 2006-2012; 2012-**fallece a comienzos del 2013 sin alcanzar a asumir su nuevo mandato**)

La propuesta política de Hugo Chávez, quien se define como socialista heredero de los principios bolivarianos de unidad continental, y preconiza reformas políticas y económicas que les darían a los pobres mayor participación de la riqueza petrolera fue muy bien acogida por las masas frente a la debacle económica que se había acentuado en el país en los años noventa. Una vez en el poder, Chávez llamó a cambiar la constitución en julio de 1999; en el 2000 y en el 2006 fue reelegido presidente por términos de seis años cada vez. En el 2012 se presentó y ganó una nueva reelección para gobernar hasta el 2019 completando así 20 años en el poder.

Dentro del espíritu bolivariano desarrolló un plan de cooperación política, social y económica entre los pueblos latinoamericanos llamado Alternativa Bolivariana para América Latina y El Caribe (ALBA). Según el portal del ALBA en Internet, este plan de cooperación e integración se diferencia del Área de Libre Comercio de las Américas (ALCA) en que mientras "ALCA responde a los intereses del capital transnacional y persigue la liberalización absoluta del comercio de bienes y servicios e inversiones, ALBA pone el énfasis en la lucha contra la pobreza y la exclusión social y, por lo tanto, expresa los intereses de los pueblos latinoamericanos".

Intento de golpe

Sectores de la clase media y la clase alta, disconformes de la orientación del gobierno de Chávez, respondieron con huelgas y reducción en la producción de petróleo en diciembre de 2001, y luego, en abril de 2002, una alianza entre dirigentes de negocios y militares logró deponer a Chávez, pero sólo por dos días.

Sus seguidores, en su mayoría la masa popular, lograron restituirle el poder y de ahí en adelante su popularidad entre las clases pobres se ha afianzado gracias al desarrollo de sus conocidas "misiones", programas de desarrollo social bien sea dirigidas a la salud, socio-educativas o socio-productivas las que están organizadas como grupos de base abiertos a la participación de la comunidad envuelta.

La enorme de reservas de petróleo y gas que el país posee le han permitido a Chávez disponer de medios económicos para asistir tanto a las clases desfavorecidas de Venezuela como las de los países latinoamericanos, en quienes ha buscado apoyo.

Tras el fracasado intento de golpe, Chávez aceleró los cambios para transformar el sistema económico del país.

La revolución bolivariana en su primera etapa

En el marco del proyecto nacional de la Revolución bolivariana, el Congreso aprobó, a fines de marzo de 2006, los llamados "acuerdos de migración" según los cuales las empresas petroleras dejan de ser autónomas y pasan a formar empresas mixtas bajo el control de la compañía estatal Petróleos de Venezuela. La participación de las compañías extranjeras no puede superar el 40%.

El Presidente Chávez invitó a las compañías que acataron la nueva ley a participar en el financiamiento de parte de los $US 70.000 que se necesitarán para desarrollar la Faja Petrolífera del Orinoco, que de acuerdo a las proyecciones (235.000 millones de barriles) es la mayor reserva de petróleo del mundo.

Tras la aprobación de la nueva ley, el presidente Chávez señaló que por primera vez los beneficios del petróleo llegaban a los sectores más desfavorecidos de la población venezolana a través de programas de educación, salud, alimentación y desarrollo sustentable. Lideran estos programas la

"Misión Vuelvan Caras", cuyo objetivo es "transformar el modelo económico a un modelo real de economía social, incorporando a los ciudadanos" y la "Misión Vuelvan Caras" internacional, que llevará la esencia de este programa social a Bolivia, Brasil, Argentina, Colombia, Nicaragua, Cuba e Irán. De ese modo "Vuelvan Caras" busca impulsar el desarrollo de otros pueblos a través de la organización y la complementación.

Consciente del importante rol que los medios masivos de comunicación juegan en el desarrollo de los pueblos y en el control del gobierno, creó la cadena de televisión Telesur con la participación inicial de Uruguay, Argentina, Brasil, Venezuela y Cuba y a la cual más adelante se sumaron Bolivia, Ecuador y Nicaragua. Telesur tiene entre sus objetivos el de reflejar una nueva imagen continental, ayudar a la integración de América Latina y el Caribe y proporcionarles una voz que rompa con la hegemonía de las cadenas de noticias que promueven, como ellos lo definen, "el imperialismo cultural de los medios noticiosos norteamericanos". A nivel regional, financió el establecimiento en Bolivia de 29 radioemisoras comunitarias que quedaron en manos de obreros y campesinos. Según el proyecto denominado "Radios de los Pueblos Originarios de Bolivia", las primeras estaciones funcionarán en ocho de los nueve departamentos del país.

En lo económico y social, está a la base de la creación del Banco del Sur, financió gran parte de la campaña de alfabetización y entregó dinero para proyectos directamente a municipios, al ejército y a la policía en Bolivia, compró bonos a la Argentina para ayudarle a pagar su deuda externa y creó una escuela de medicina gratuita con capacidad para enseñar a 1920 jóvenes desfavorecidos de América Latina, escuela inspirada en la Escuela Latinoamericana de Ciencias Médicas de Cuba, todos, claros ejemplos del programa bolivariano de su gobierno.

Una segunda etapa: el Socialismo del Siglo XXI

Al comenzar su tercer mandato, tras triunfar con un 63% de la votación (7 millones de votos) sobre Manuel Rosales, el candidato opositor quien sumó el 37% de los votos (4 millones), el reelecto presidente Hugo Chávez reafirmó su idea de crear un "Socialismo de Siglo XXI", y fijó los lineamientos de su nueva gestión gubernamental: "Construir la vía venezolana al socialismo, ese es el único camino a la redención, a la salvación de la patria". En ese momento dejó clara la dirección de su proyecto estratégico: ganar las elecciones legislativas de septiembre del 2010, postularse para un nuevo periodo presidencial en el 2012 y permanecer en el poder hasta el 2030, cuando -asegura- "comienza el ciclo definitivo para coronar la gran revolución socialista" que se inició en el 2009.

En su mensaje al Congreso sobre la gestión de gobierno a comienzos del 2010, asumió la calidad marxista de la Revolución bolivariana: "Por primera vez lo admito: asumo el marxismo, como asumo el cristianismo y bolivarianismo". Acto seguido, añadió que asumía "el bolivarianismo, el martianismo, el sandinismo, el sucrismo y mirandismo"; pero que se declaraba por encima de todo marxista, porque el marxismo era sin duda la teoría más avanzada en la interpretación de la historia, de la realidad concreta de los pueblos.

Entre los cambios propuestos dijo: "La nueva policía tiene que ser como un gran motor para acelerar el desmontaje del Estado burgués y acelerar el Estado de derecho y justicia" que será fruto del Socialismo del Siglo XXI.

En general, los altos precios del petróleo hicieron crecer las reservas del Estado, pero debido a la visión política del proyecto de Chávez, la inversión directa extranjera bajó a $US 2.000, de $US 4.700 en los años anteriores, situación que no se espera cambie tras el anuncio de nuevas nacionalizaciones.

Considerando que Venezuela es el octavo mayor exportador de petróleo en el mundo, sin contar las enormes reservas que tiene aún por desarrollar, a corto y mediano plazo se podría pensar que el país no confronta mayores problemas para mantener la inversión, niveles de producción, un elevado gasto social y asegurar su crecimiento. Sin embargo, la realidad es que el país se encuentra en una situación económica vulnerable; la inflación no ha sido controlada, y la fuerte caída de los precios del petróleo y menor consumo a nivel mundial debido a la crisis internacional, mermaron significativamente las arcas fiscales, reduciendo así lo destinado al gasto social.

Al depender de una sola fuente de ingresos y no haber desarrollado una industria nacional, el peligro a mediano y largo plazo es que el país se encuentre en una situación de gran vulnerabilidad financiera, a diferencia de Brasil que, en el seno de los gobiernos de la nueva izquierda, busca asegurar el desarrollo económico a largo plazo para garantizar su desarrollo social.

Reformas estructurales

Para llevar adelante su proyecto político, Chávez necesitaba de plenos poderes. En el primer mes del nuevo gobierno pidió a un congreso 100% chavista que le otorgara poderes especiales para legislar por decreto (sin pasar por la aprobación del congreso) durante 18 meses. La ley habilitante, llamada por él "la madre de todas las leyes revolucionarias", fue aprobada por unanimidad en una sesión del Congreso que simbólicamente se realizó al aire libre en la Plaza Central de Caracas.

Finalmente, a nivel político reestructuró los diferentes partidos y movimientos que lo apoyan en un partido único, el Partido Socialista Unido de Venezuela del cual fue nombrado su primer presidente y en calidad del cual participará en la selección de los candidatos a las elecciones de autoridades.

Los nuevos poderes le permiten emitir decretos leyes sobre la transformación de las instituciones del Estado, la participación popular, la función pública, el sector económico y social, finanzas y tributos, y seguridad ciudadana y jurídica. También sobre ciencia y tecnología, ordenamiento territorial, seguridad y defensa, infraestructura, transporte y servicios y el vital sector energético.

Fue la tercera vez que el Congreso le acordaba poderes extraordinarios, pero nunca antes habían sido tan amplios y por un tiempo tan prolongado desde que asumió en 1999. La primera fue ese mismo año, por un plazo de seis meses y sólo para legislar sobre asuntos económicos. La segunda, al año siguiente, por un plazo de un año, para legislar en seis ámbitos específicos. Las 49 leyes dictadas en ese periodo desataron movilizaciones, paros empresariales, un fracasado paro petrolero y el fallido intento de golpe de Estado en abril del 2002.

Empleando estos nuevos poderes, el Estado tomó el control de los campos petrolíferos que explotaban compañías transnacionales en la Faja del Orinoco en las que el Estado tiene ahora una participación mínima del 60%.

En el plano del consumo interno, y para poner fin a la especulación, escasez de alimentos e incumplimiento de los precios fijados por el Estado dictó una ley para nacionalizar los frigoríficos, mataderos, unidades productivas de ganadería y supermercados.

PDVSA tomó el control en todas las actividades de exploración, extracción y distribución del crudo y sus derivados. Para financiar esta nueva etapa cuenta con $US 17.000 transferidos de las reservas internacionales que están en manos del Banco Central, y para poder fijar la política monetaria del país terminó con la independencia de éste.

Las elecciones del 2012 y sus puntos distintivos

Las elecciones, pese a que no se mencionó durante la campaña, estuvieron marcadas por el cáncer que aquejaba al presidente Chávez y del cual solamente se conocían las versiones oficiales: fue intervenido a mediados del 2011 en La Habana, Cuba, y se declaró completamente curado tras un tratamiento de quimioterapia y radioterapia, pero menos de un año más tarde, en febrero del 2012, fue intervenido nuevamente. Tras esta segunda operación, y durante la campaña, el Presidente declaró nuevamente que se encontraba completamente curado. Sin embargo, su discurso fue evolucionando, y anticipándose al futuro, basó su campaña en "yo no soy Chávez, Chávez es el pueblo", estribillo musical retomado por la masa como "Chávez, corazón del pueblo", lo que fue creando paulatinamente la imagen mítica del caudillo que se volvía parte indispensable de un proceso y esencial de un pueblo hasta hacerse pueblo.

Chávez ganó los comicios con un cómodo 55%, 11 puntos sobre la oposición que se presentó unida tras un candidato único: Henrique Capriles Radonski, quien obtuvo un 44.3%. Es importante señalar que tanto el candidato opositor como observadores internacionales reconocieron la ausencia de fraude en los comicios, si bien es cierto que para tratar de contrarrestar la omnipresencia del candidato en el poder y su aplastante maquinaria propagandística incluyendo 45 horas de cadena nacional en 90 días de campaña, el candidato opositor tuvo que realizar una campaña ciudad a ciudad, pueblo a pueblo y casa a casa para explicar su propuesta programática. Ello explica el 44.3% de votos que obtuvo.

Sin embargo, el presidente Hugo Chávez perdió su batalla contra el cáncer en marzo del 2013 antes de asumir el poder. Anteriormente, en la que fue su última intervención televisada, nombró a Nicolás Maduro como su sucesor y pidió que en las elecciones votaran por él.

Nicolás Maduro, Presidente de Venezuela (2013-2019)

Tras la muerte de Chávez, Maduro asumió como presidente interino lo que le permitió desarrollar la breve campaña oficial de 30 días en calidad de Presidente-candidato. Comenzó con una ventaja de 15 a 18 puntos sobre Capriles, proponiendo como programa de gobierno el program anteriormente presentado por Chávez y se autodenominó, ya no solamente como sucesor, sino como hijo y discípulo del "comandante-presidente" quizás por lo que se hizo evidente que no poseía el carisma de su predecesor ni despertaba la misma empatía.

Cada discurso lo comenzaba y terminaba con la reproducción del video de Chávez llamando a votar por él; para aumentar el vínculo y legitimizar el continuismo relató que una mañana cuando, se encontraba solo, se le había aparecido un pajarito que había comenzado a comunicarse con él, que el pajarito era el comandante Chávez y que él le había contestado trinando. Ello lo repitió en cada discurso reproduciendo el diálogo de trinos, hasta que sus asesores, como él mismo expresara, le pidieron que dejara de hacerlo porque "molestaba y desconcertaba a sus seguidores".

De igual modo, durante los discursos de campaña fue sacralizando la figura del presidente Chávez llegando a llamarlo el "Cristo de los pobres en América", y planteó que su victoria sería el regreso del Redentor a la tierra. Esta sacralización de Chávez y el presentarse a sí mismo como su discípulo implican, hasta cierto punto, la no disención y la obediencia que conlleva la afiliación religiosa.

En la noche de las elecciones, el Consejo Nacional Electoral, demoró en dar los resultados por lo estrecho de la votación, para finalmente entregar datos prácticamente finales acordándole la victoria a Nicolás Maduro. La votación, cual entregada por el CNE, fue la siguiente: Nicolás Maduro: 7.505.338 votos (50.66%); Henrique Capriles: 7.270.403 (49.07%), es decir un triunfo de Maduro sobre Capriles por cerca de 235.000 votos (1.5%). Vale la pena señalar que a pesar de ese triunfo, con respecto a las elecciones de fines del 2012, ello representó una pérdida de alrededor de 600,000 votos para el movimiento chavista.

Capriles, quien se pensaba ganador de los comicios, impugnó el resultado y pidió revisión de las actas y recuento de algunos votos basándose, según él, en cerca de 3.500 casos de violaciones y recuento de votos alterado.

Ante esta situación y para asegurar el reconocimiento de Nicolás Maduro, el Consejo Nacional Electoral, indicó que realizaría una auditoría, sin embargo a los pocos días clarificó que una auditoría no cambiaría el resultado de las elecciones, lo permitió que Maduro asumiera oficialmente como presidente sin que la misma se realizara. Al asumir el poder, Maduro ratificó su fidelidad al Socialismo del Siglo XXI puesto que el socialismo era el único sistema que permitía "vivir el reino de Cristo aquí en la tierra".

Las principales tareas que enfrenta el presidente Maduro son: recuperar el fervor de la adhesión que tenía Chávez y que le permitía mantener la unidad de las tendencias e intereses de poder al interior del Socialismo del Siglo XXI y gobernar prácticamente sin oposición, así como mantener el liderazgo político de Venezuela al interior de los países bolivarianos más allá de la dependencia de una ayuda económica; enfrentar los problemas económicos del país reflejados en la inflación (una de las más altas de Latinoamérica), la escasez de alimentos, los cortes permanentes de suministro eléctrico, la violencia y la corrupción, y ello sin tener el carisma y la presencia de su antecesor, lo que puede llevarlo a buscar, por todos los medios, profundizar y radicalizar el proceso para garantizar su irreversabilidad. En resumidas cuentas necesita establecerse como líder tanto en su país como en el resto del continente si desea desarrollar los 5 puntos del programa de gobierno presentado por Chávez y luego asumido por él.

Tercera etapa: la consolidación y expansión del Socialismo Bolivariano del Siglo XXI bajo Maduro y sin Chávez

La hoja de ruta de la nueva etapa: 1. Defender, consolidar y expandir la independencia nacional; 2. Construcción del socialismo bolivariano del siglo XXI como alternativa al sistema "destructivo y salvaje del capitalismo"; 3. Convertir a Venezuela en una potencia económica, política, social y energética en América Latina y el Caribe; 4. Contribuir a una geopolítica internacional multicéntrica y pluripolar que permita lograr el equilibrio del universo y garantizar la paz planetaria, y 5. Seguir contribuyendo con la salvación de la vida en el planeta y salvar la especie humana.

Las metas y sus implicaciones

1. Establecer una nueva concepción geopolítica: para implementar la meta de defender, consolidar y expandir la independencia nacional necesita instrumentalizar el poder popular creando nuevas instancias de poder donde la comuna será la base.

Actualmente existen 41.000 consejos comunales; entre el 2013 y el 2016 se crearán 21.000 más, y a partir del 2016 de 2.700 cada año para a fines del 2019 tener el 68% de la población, alrededor de 21 millones de habitantes de un total calculado en los 30 millones, viviendo en un sistema comunal.

Cada comuna tendrá un parlamento, consejo ejecutivo, consejo de planificación, consejo de economía, los que asumirían las atribuciones que actualmente tienen las gobernaciones y alcaldías.

Para establecer un control sobre el funcionamiento comunal se capacitarán alrededor de 4.500 inspectores formados en programas sociopolíticos y técnico-productivo en la Escuela para el Fortalecimiento del Poder Popular.

En educación, las antiguas sociedades de padres y representantes serán derogadas y en su lugar se crearán consejos educativos los que de acuerdo al programa de Chávez, generarán un modelo de participación más democrático con la integración de autoridades académicas, padres, representantes, alumnos, docentes, así como personal obrero y administrativo. Según la dinámica de cada plantel, el representante del comité de Educación de los consejos comunales hará parte de los consejos educativos.

2. Avanzar en la construcción e irreversibilidad del Socialismo del Siglo XXI: para ello necesita profundizar los cambios económicos para pasar de un modelo rentista que vive del petróleo a un modelo socialista.

El dinero para financiar las comunas se distribuirá a través de la creación de 3.000 bancos comunales base de la nueva estructura financiera del poder popular. Los otros bancos están obligados a distribuir entre las comunas el 5% de sus ganancias semestrales en acuerdo con una reforma introducida a la ley de bancos.

3. Convertir a Venezuela en una potencia económica, política, social y energética en América Latina y el Caribe: para ello necesita nacionalizar las industrias consideradas estratégicas, desarrollar y modernizar la industria petrolera (Venezuela es la primera reserva mundial) para recuperar su capacidad de producción la que por mal manejo, burocracia (por razones políticas el personal pasó de 32.000 trabajadores a 105.000) y falta de inversión ha caído de 3,5 millones de barriles diarios en 1998 a 2,4 millones de barriles diarios en el 2011 según estadísticas de la OPEP.

Necesita revivir una industria que fue dejada en un segundo plano (1.163 industrias han sido intervenidas por el Estado) y las empresas pasaron de 11.000 en 1998 a 7.000 en el 2012 según un informe de la CEPAL. Necesita además desarrollar la agricultura para evitar la dependencia alimentaria y ayudar a paliar una inflación cercana al 27,9% anual.

Necesita implementar medidas de índole política y económica si desea convertirse en una potencia económica para llevar adelante su proyecto al interior y fuera de sus fronteras. Notemos que por concepto de exportaciones petroleras entre 1999 y 2011 entraron al país alrededor de US $ 981.000 millones. Como muestra de la importancia del petróleo y a la vez de la dependencia de éste notemos lo siguiente: en el año 2012 PDVA aportó $US 58.600 millones al presupuesto gubernamental, cifra enorme, pero apenas suficiente para equiparar los US $ 56.000 gastados en importaciones para combatir la escasez de productos en un año electoral (en el 2011 el monto de las importaciones fue de US $ 46.400 millones) lo que ha desbalanceando su balanza de comercio en un país en que de cada 100 dólares que ingresan 95 son gracias al petróleo.

Necesita reducir una deuda externa, la que casi se cuadruplicó pasando de US$ 24.000 millones en 1999 a US$ 88.700 millones en el 2012.

Necesita disminuir la violencia en un país en que la tasa de homicidios es la segunda mayor de Latinoamérica: 48 por cada 100.000 habitantes, inseguridad que se reflejó en el descontento de sectores de la población que por la ayuda recibida a través de las misiones se suponía incondicional del presidente/comandante y del proyecto socialista bolivariano.

4. Contribuir a una geopolítica internacional multicéntrica y pluripolar que permita lograr el equilibrio del universo y garantizar la paz planetaria. Para ello necesita, **a nivel regional:** continuar desempeñando un papel protagónico en la construcción de la unión latinoamericana y caribeña fortaleciendo los organismos creados en las etapas anteriores, principalmente el ALBA considerada como el espacio vital del relacionamiento político de la Revolución bolivariana, alianza que tiene que transformarse en el eje del nuevo aparato económico latinoamericano y centro dinamizador de otros dos organismos: UNASUR (Unión de Naciones Suramericanas) y CELAC (Comunidad de Estados Latinoamericanos y Caribeños) que a su vez servirán como mecanismo de integración política, económica y social en, y entre, América Latina y el Caribe.

Con respecto a la prolongación del socialismo del siglo XXI al Caribe requiere profundizar la alianza Petrocaribe cimentada por el suministro de petróleo a precios solidarios.

Se plantea Venezuela en esta tercera etapa desarrollar los cuadros necesarios para impulsar estos espacios estratégicos y para lograr la identidad política de Latinoamérica.

Este cambio de mentalidad requiere de un nuevo orden dotado de medios de comunicación que difundan los avances políticos, económicos y sociales de la Revolución bolivariana tales como Telesur y Radio del Sur y que garanticen una presencia regional y mundial.

A nivel mundial, necesita buscar una relación política con los polos emergentes como el BRICS (Brasil, Rusia, India, China y Sudáfrica) a través de los organismos ya mencionados (ALBA, CELAC, UNASUR) con el fin de unificar y dar mayor peso a estos bloques frente a los organismos que para el presidente Chávez representan los intereses de las "potencias imperialistas y neocoloniales".

Ello conllevaría, en lo económico, el anular los tratados con estas potencias y el eliminar la participación financiera de instituciones financieras internacionales en todo proyecto estratégico para el desarrollo de la región.

5. Seguir contribuyendo con la salvación de la vida en el planeta y salvar la especie humana. Para ello se requiere, dice el Presidente en su programa de gobierno, construir e impulsar a nivel mundial el nuevo modelo económico productivo "eco-socialista" el que impulsa una relación armónica entre el individuo y la naturaleza, es decir se necesita impulsar el socialismo como única opción frente al modelo depredador e insostenible del capitalismo.

Defensa y crítica a los gobiernos de Chávez y al Socialismo del Siglo XXI

Los defensores del proyecto de Chávez basan su defensa en el carácter social de las reformas propuestas y su beneficio para los sectores desfavorecidos; los opositores basan su crítica en la concentración del poder en un solo hombre y el peligro que ello implica para la democracia.

Los países moderados de la llamada nueva izquierda señalan que Chávez y Maduro fueron elegidos democráticamente, que las políticas aplicadas a nivel nacional no tienen por qué trabar las relaciones comerciales con el resto del mundo, y que diferentes proyectos pueden coexistir a nivel continental siempre que no intenten imponerse a otros países y se respeten las reglas democráticas.

Los críticos resaltan el papel protagónico que Chávez quiso jugar tanto en Latinoamérica como en el resto del mundo y el uso que hizo del petróleo y sus ingresos para desarrollar su objetivo de implantar el Socialismo del Siglo XXI, lo que pondría en peligro el equilibrio latinoamericano.

Análisis de un proyecto y de una potencia en expansión

El proyecto del Socialismo Bolivariano del Siglo XXI se asemeja al fallido proyecto socialista del siglo pasado en lo que se refiere al esquema económico, control social, formación de cuadros para encausar el proceso hacia una estructura política que minimiza la oposición, a la posesión y función social de los medios de producción, a la política de alianzas con otros países, a su visión primero nacional, luego regional y finalmente con una proyección mundial.

La diferencia fundamental se encuentra en los medios casi ilimitados que poseía Chávez, y posee ahora Maduro, para desarrollar este proyecto, medios provenientes de sus reservas de petróleo, las más grandes del mundo. Cierto que se necesita extraerlo, refinarlo y comercializarlo lo que requiere de capital, pero en principio no habría gran problema para acceder a préstamos considerando la necesidad del llamado oro negro para las naciones industrializadas o las potencias emergentes como China (que se vislumbra como la primera potencia mundial para el 2018 desplazando a los Estados Unidos).

La tercera etapa del Socialismo Bolivariano del Siglo XXI marcará el nuevo mapa político de Latinoamérica. Dentro de la llamada nueva izquierda se irán clarificando las diferencias entre los gobiernos de izquierda moderada, cercanos a la social democracia europea, y aquellos más radicales que suscriben al plan establecido por Chávez y retomado por Maduro.

Las reelecciones y la alternancia en el poder serán puntos claves en esta diferenciación. De hecho, el ex presidente Lula, en una reunión en Argentina tras la reelección de Chávez planteó: "es tiempo de que Chávez vaya pensando en su sucesión... me parece que la democracia es un ejercicio de alternancia de poder, no solamente de personas, sino de sectores de la sociedad".

El presidente de Uruguay, José Mujica, también en Buenos Aires, declaró refiriéndose al mismo tema: "Los mejores luchadores no son los que hacen más, sino aquellos que saben dejar a alguien que los suceda".

El respeto a la libertad de prensa, los convenios comerciales, la inversión extranjera directa, los procesos electorales (no basta con que no exista el fraude, hay que estar atentos al uso indebido de los recursos del Estado en favor de un determinado candidato, sean económicos, sea el uso indiscriminado de las cadenas nacionales obligatorias para hacer propaganda) serán temas que estarán sobre el tapete al discutirse la verdadera vocación democrática de un gobierno o proyecto político, o cuál es la acepción que se dé al concepto de democracia.

2. Bolivia

Algunos antecedentes

En 187 años, desde de la creación de la República, hasta nuestros días, Bolivia fue gobernada por 65 mandatarios, incluyendo al gobierno del actual presidente constitucional de la República Evo Morales. En la mayoría de los casos la inestabilidad política fue la característica predominante que los identificó con una duración promedio de 2,8 años por periodo presidencial.

En 1825, el Congreso de Chuquisaca declaró la independencia de Bolivia que en honor del Libertador se llamó República Bolívar. Posteriormente, el nombre fue cambiado a República de Bolivia, siendo su primer presidente Simón Bolívar.

A fines de 1825, Bolívar dejó la presidencia en manos del mariscal Antonio José de Sucre, posesionado el 3 de enero de 1826. Agustín Gamarra, futuro mandatario de Perú, obligó a Sucre a renunciar. Le sucedió Andrés de Santa Cruz (1829) que ejerció un mandato ejemplar, siendo artífice de la creación de la Confederación Perú-Boliviana que se enfrentó con Chile durante la llamada Guerra del Pacífico.

A partir de 1841 sobrevino una época de dictaduras y pronunciamientos que los propios bolivianos denominan la época de los "caudillos bárbaros". Entre ellos pueden citarse a Manuel Isidoro Belzu (1848-55), Mariano Melgarejo (1864-71), y al dictador Hilarión Daza (1876-80) quien se alió con Perú contra Chile en la Guerra del Pacífico.

A principios del siglo XX accedió al poder el Partido Liberal con José Manuel Pando (1899-1904) que cambió la Sede de Gobierno de Sucre a La Paz, mientras que durante la Guerra del Chaco, gobernaba el país Daniel Salamanca.

En 1952, llega al poder Víctor Paz Estenssoro, líder del Movimiento Nacionalista Revolucionario que adoptó medidas revolucionarias como la nacionalización de minas de estaño y la reforma agraria. Sin embargo, ni él en sus dos periodos presidenciales ni Hernán Siles Suazo lograron concretar cambios profundos.

Tras su reelección, Paz Estenssoro fue derrocado por el general René Barrientos, quien erradicó la guerrilla dirigida por Ernesto "Che" Guevara (1967). Después de la muerte de Barrientos, se desencadenó una serie de golpes de Estado a cargo de Alfredo Ovando, R. Miranda, Juan José Torres 1970-71) y Hugo Banzer (1971-78.

La presión popular a favor de la democracia llevó a la elección de Lidia Gueiler como Jefa de Estado (1979-80) y de Hernán Siles (1980), que no pudo asumir el poder debido al cruento golpe de Luis García Meza. Este fue derrocado en 1981 y al año siguiente fue investido Siles Suazo.

En la elección de 1985 venció Víctor Paz Estenssoro, que adoptó medidas drásticas para estabilizar la economía del país. En 1989 fue elegido Jaime Paz Zamora del Movimiento de la Izquierda Revolucionaria (MIR). Le sucedió en 1993 el dirigente del MNR, Gonzalo Sánchez de Lozada, quien puso en marcha medidas que profundizaron el modelo neoliberal.

En 1997, Hugo Banzer fue elegido Presidente constitucional, pero que no pudo terminar su gestión debido a su quebrantada salud, dejando la presidencia en manos de su vicepresidente, Jorge Quiroga.

En su segundo Gobierno (2002), Gonzalo Sánchez de Lozada enfrentó varias protestas ciudadanas, viéndose obligado a dimitir a la presidencia, de esa manera, asumió la primera magistratura Carlos Mesa Gisbert que enfrentó presiones durante su corta gestión, para lo cual presentó su renuncia, que fue aceptada por el Congreso en junio de 2005. El Congreso nacional reunido en Sucre tomó el juramento al entonces presidente de la Corte Suprema, Eduardo Rodríguez Veltzé el 19 de junio de 2005.

Durante la década de los setenta Bolivia conoció un cierto crecimiento económico gracias a los altos precios del estaño en el mercado mundial. La década de los ochenta estuvo marcada por la caída de los precios del estaño la exportación ilegal de cocaína tomó el lugar de la exportación de estaño. En esta década una serie de gobiernos civiles se sucedieron: el de Hernán Siles Zuazo en 1982, un nuevo término de Paz Estenssoro, y el de Jaime Paz Zamora. En 1993 el empresario minero Gonzalo Sánchez de Lozada asumió la presidencia quien tomó medidas austeras con el fin de enderezar la economía, lo que si bien ayudó a reducir la inflación tuvo enormes consecuencias negativas en el aspecto social. En las elecciones de 1997 Hugo Banzer volvió a ocupar la silla presidencial.

Banzer promovió la erradicación de la producción y del tráfico ilegal de coca, lo que llevó a un mayor empobrecimiento del campesinado boliviano. En el 2002 volvió al poder Sánchez de Lozada quien fue llevado a renunciar en octubre de 2003 por la fuerte presión popular que se oponía a sus medidas de gobierno por considerar que iban en beneficio de las compañías extranjeras y en desmedro del pueblo boliviano. Carlos Mesa, el entonces vicepresidente asumió el poder, pero en el 2004 dimitió y fue reemplazado de forma interina por Eduardo Rodríguez hasta que se produjeron las elecciones de 2005 cuando accedió al poder, con un 54% de la votación en la primera vuelta, el activista indígena y dirigente cocalero miembro del Movimiento al Socialismo (MAS), Evo Morales y hasta la fecha se ha detenido la seguidilla de gobiernos derrocados.

Para terminar estos antecedentes hablaremos sobre los territorios perdidos por Bolivia desde su fundación de acuerdo al historiador boliviano Miguel Delgadillo, pérdida de territorios que marcan su historia y permiten entender mejor el sentimiento del pueblo boliviano hoy.

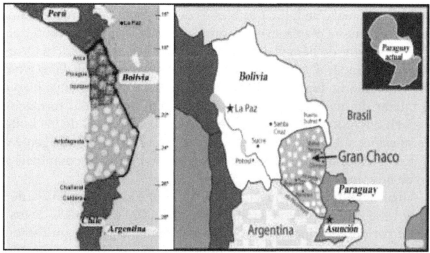
Marcados con círculos: territorios perdidos a favor de Chile; Paraguay y Argentina

El país, en su fundación, tenía cerca de tres millones de kilómetros cuadrados y fue perdiendo gradualmente más de la mitad de su territorio.

Tras su derrota en la Guerra del Pacífico perdió el litoral y un total de 120.000 km2 a favor de Chile. (Ver mapa)

Con Brasil, durante los gobiernos de Mariano Melgarejo y del general Pando, perdió un total de 301.733 km2.

Con Perú, en 1909 perdió 250.000 km2.

Con Argentina, con la firma del tratado de 1925 perdió el Chaco Central (130.000 km2) y la Puna de Atacama Central (36.000 km2).

Con Paraguay, el 21 de julio de 1938 cedió todo el Chaco Boreal perdiendo 243.500 km2.

En total Bolivia perdió más de la mitad de su territorio: 665.000 Km2 por guerras y 610.000 Km2 por tratados, quedando con su actual superficie de 1.100.000km2.

El Socialismo Bolivariano del Siglo XXI: Evo Morales, primer presidente indígena del país

Presidente Evo Morales (2006-2009, 2009-214)
Evo Morales entra a la historia como el primer presidente indígena

229

de Bolivia. Al igual que Lula, Morales es de origen muy humilde. Aimara es su etnia y su lengua materna; español su segunda lengua. De niño trabajó la tierra y fue pastor de llamas. En 1972, a los 13 años, se trasladó a Oruro, para hacer la secundaria. Mientras estudiaba trabajó como ladrillero y panadero. Sin embargo, no logró terminar sus estudios, y a los 17 años hizo el servicio militar, lo que representó una base importante de su formación. De muy joven lideró movimientos en defensa de los derechos de los indígenas, los campesinos y los obreros. También fue conocido como dirigente de los cocaleros (cultivadores de coca) e incluso siendo Presidente mantiene su posición de líder máximo cocalero.

Fue elegido presidente el 22 de enero del 2006 con un 53,7% de la votación y reelegido presidente en diciembre del 2009 con el 64% de los votos y por un periodo de cinco años. Desde su llegada al poder, un Estado integral y socialista ha reemplazado en Bolivia a una república, según Morales, colonialista, racista y liberal.

El cambio o "descolonización" del país, tras 184 años de vida republicana, se refleja no solamente en la preponderante presencia de indígenas en posiciones de mando, sino en el uso de otros símbolos, ahora oficiales, como la whipala (bandera indígena) y las efigies de los héroes aimaras Tupaj Katari y Bartolina Sisa, que, junto a los retratos de los libertadores Simón Bolívar y Antonio José de Sucre, ocupan lugar destacado en los edificios de la administración pública.

En el 2010, Morales fue reelegido líder de las Seis Federaciones de cocaleros del Chapare quienes, con el respaldo de su líder, aprobaron la decisión de ampliar la producción de coca.

Evo Morales en su casa natal

La refundación de Bolivia: segundo mandato de Evo Morales

En el 2009 entró en vigencia la nueva constitución que define el Estado como plurinacional, reconociéndose así las múltiples nacionalidades que existen dentro del territorio boliviano.

Bolivia dejó de ser república y pasó a ser Estado Plurinacional. Se reconocen 36 idiomas indígenas y se suma la whipala como segunda bandera al lado de la boliviana. La nación deja de ser unitaria y se transforma en autonómica (semifederal) y se reconocen las autonomías indígenas en reemplazo de los municipios cuando referendos populares avalen el cambio. Allí se elegirán las autoridades por usos y costumbres.

El nuevo Estado con horizonte socialista aspira a tener una correspondencia entre la sociedad civil y su representación política estatal, un aparato gubernamental que una a las colectividades y un Estado con pleno liderazgo moral, intelectual y político.

Al recibir por segunda vez la banda presidencial Evo Morales dijo: "el Estado colonial murió. Está naciendo el nuevo Estado plurinacional, autonómico y solidario".

En el marco de la autodeterminación de los pueblos, las naciones indígenas pueden ser conformadas por territorios ancestrales o Tierras Comunitarias de Origen (TCO) que crucen límites municipales, o incluso límites departamentales, lo que crea una situación conflictiva en el momento de determinar deberes, derechos y distribución de riquezas entre departamentos ricos en gas y departamentos que carecen de riquezas naturales.

El artículo 30 de la Carta Magna promulgada en febrero de 2009 indica que: "es nación y pueblo indígena originario campesino toda la colectividad humana que comparta identidad cultural, idioma, tradición histórica, instituciones, territorialidad y cosmovisión, cuya existencia es anterior a la invasión colonial española".

Asimismo, establece que, en el marco de la unidad del Estado y de acuerdo con esta Constitución, las naciones y pueblos indígenas originarios campesinos tienen derecho a existir libremente, a la identidad cultural, a la creencia religiosa, a espiritualidades, prácticas y costumbres, y a su propia cosmovisión, así como a la libre determinación y territorialidad, a que sus instituciones sean parte de la estructura general del Estado, a la titulación colectiva de tierras y territorios, al ejercicio de sus sistemas políticos, jurídicos y económicos acordes con su cosmovisión, a ser consultados mediante procedimientos apropiados por medio de sus instituciones cada vez que se prevea tomar medidas legislativas o administrativas susceptibles de afectarlos.

En el área de la reforma del Estado

En junio del 2010 se promulgó la Ley Electoral, primera de las cinco leyes estructurales del Estado que da paso al nacimiento del Órgano Electoral Plurinacional que actuará como un nuevo poder y cuyo objetivo es garantizar la democracia y la participación del pueblo en la elección o revocación de sus autoridades.

El presidente podrá designar a un delegado del tribunal electoral nacional y otro por cada uno de los tribunales de los nueve departamentos, en todos habrá dos indígenas según estipula la nueva Constitución. Los otros miembros serán designados por la Asamblea Legislativa Plurinacional, cuyos dos tercios están en poder del oficialismo.

Con esto, el partido del Presidente, el Movimiento al Socialismo

(MAS), podrá nombrar a todos los jueces del órgano electoral dado que tiene el control total de las dos cámaras, y los pueblos indígenas son sus aliados.

Otras cuatro leyes: del Órgano Judicial, del Tribunal Constitucional, una ley de autonomía para las regiones y otra legislación electoral conforman las cinco leyes que darán una nueva estructura al país bajo la Constitución vigente desde febrero de 2009.

Una nueva forma de gobernar: los encuentros plurinacionales

Encuentros en los que participan autoridades, representantes de organizaciones sociales, juntas vecinales, ayllus en el campo, sindicatos agrarios, etc., encuentros donde discuten sus necesidades más importantes de las cuales el gobierno les pide escojan 3 para proponerlas como posibles leyes. El primer encuentro se realizó en el 2011 y su segunda parte un mes más tarde, en el 2012, donde se propusieron 70 leyes. Para el siguiente encuentro el presidente Morales pidió se debatan las propuestas por sectores, luego por regiones, departamentos y finalmente lleguen a un nivel nacional. Para el segundo encuentro (fines del 2012 comienzo del 2013) se espera se generen 100 nuevas leyes.

Los indígenas recibirán porcentaje de la inversión petrolera

La compensación para los pueblos originarios oscilaría entre 0,5 y 1,5% del total de la inversión en los proyectos de la industria petrolera, lo que se verá cuando se clarifique la Ley Marco de Autonomías y se discuta la Ley de Hidrocarburos. Con ello se busca agilizar los procesos de inversión petrolera, por su incidencia mayor en el desarrollo económico del país, pero respetando los derechos de los pueblos. Para evitar posibles conflictos, se clarificó la ley a través de un reglamento que establece que es el Estado boliviano el que en última instancia tiene la palabra para autorizar o negar la exploración y explotación minera.

La justicia comunitaria

El reconocimiento de la justicia indígena y comunitaria contenido y que forma parte de una más amplia reforma del sistema judicial establece que la justicia originaria tiene el mismo rango que la justicia ordinaria, pero sus fallos son inapelables en instancias superiores.

Si un jilakata (autoridad indígena) emite un fallo, que es verbal y no escrito, las partes o víctimas no pueden recurrir a otra instancia mayor como las cortes de distrito regionales, la Corte Superior de Justicia o el Tribunal Constitucional. Tampoco se han delimitado los tipos de delitos que son de competencia indígena y cuáles de la justicia ordinaria lo que puede representar una fuente de conflictos: una autoridad originaria puede creer que tiene potestad para juzgar delitos de narcotráfico, contra la seguridad del Estado o de contrabando, cuando estos delitos son de competencia exclusiva de la justicia ordinaria.

La serie de linchamientos ocurridos enciende el debate sobre los riesgos de la reforma. Según la oficina en La Paz del Alto Comisionado de la ONU para los derechos humanos, en el 2009 hubo en todo el país al menos 30 linchamientos y otros 77 intentos frustrados. Según los legisladores oficialistas en la justicia indígena no estarían reconocidos los linchamientos, sin embargo son los propios comunitarios quienes aseguran que es así cómo aplican su justicia.

El último episodio conocido (y no se trata de un caso aislado) en el momento de aprobarse la nueva ley fue el de un hombre torturado y linchado en el departamento de Potosí, al sur del país. Según las autoridades locales, Santiago Flores, de 51 años, fue golpeado hasta la muerte por sus vecinos que le habían descubierto el lunes violando a una mujer de 35 años. El hombre, que según la policía tenía antecedentes por robos, hurtos y otras violaciones, fue enterrado por los mismos vecinos en una fosa común de la localidad de Juruma a unos 620 kilómetros de La Paz. Flores fue enterrado boca abajo, según las costumbres indígenas, para impedir que su ajayu (alma o espíritu) moleste a los pobladores de la comunidad, ahora bajo pacto de silencio.

En El Alto, ciudad vecina a La Paz, donde se registraron 15 linchamientos en el 2009; colgados a los postes de alumbrado público aparecieron muñecos con carteles con las leyendas: ladrón que sea sorprendido, será quemado, o ratero será linchado.

Estos hechos, sumados a las palizas o el destierro, penas habituales en la justicia comunitaria, muestran la necesidad de legislar con mayor precisión fijando los límites de una y otra forma de justicia y de establecer cuál prevalece a nivel de Estado.

La oposición

La oposición al gobierno de Morales se concentra en la llamada "Media Luna", conformada por los departamentos de Tarija, el Beni, Santa Cruz y Pando, departamentos que concentran las mayores riquezas del país, y los que tienen menor presencia de población indígena. Los dirigentes de la Media Luna continúan divididos entre ellos y no representan una alternativa de gobierno por el momento.

La elección del 4 de abril del 2010 dejó al Movimiento de los Sin Miedo como la segunda fuerza política de Bolivia, y su máximo dirigente,

Juan Del Granado, prepara su candidatura a la presidencia del país en el 2015. Reclama este movimiento que si bien la elección de Morales significó un avance al romper con el modelo neo-liberal, aún no se logra una verdadera participación ciudadana para implementar las políticas a desarrollar por el nuevo Estado plurinacional.

En las perspectivas de las elecciones del 2015 propone dos reformas: una la puesta en marcha de nuevas instituciones democráticas como los referéndums, cabildos y asambleas populares para asegurar la participación del pueblo. La segunda es tomar en consideración el voto en blanco como cuestionamiento al gobierno.

En lo que se refiere a los cambios en el sistema judicial existe una confusión, sobre todo en los pueblos originarios, al superponerse la justicia comunitaria a la justicia ordinaria con predominancia de la primera.

Las autonomías

Las autonomías constituyen un intento de descentralización y distribución del poder político, económico y administrativo en el país y no un intento separatista. Entre los factores que entran en juego en los procesos autonómicos están la distribución de los recursos petroleros y saneamiento de tierras, claves del desarrollo económico de Bolivia y la implementación de planes sociales.

Lo que constituye una fuente de conflicto es la articulación de estos gobiernos con el Gobierno central, sus presupuestos con el presupuesto de la Nación y los estatutos departamentales con la nueva constitución política del Estado, sobre todo por lo que uno u otro bloque tienen una concepción distinta del papel que deben jugar las autonomías departamentales. Para unos significa desarrollo y modernización, para otros un elemento de resistencia y liberación frente a un estado tradicionalmente colonialista y opresor de la población indígena. Por ello plantean la necesidad de reconocer además autonomías indígenas con sus leyes, tradiciones y autoridades.

Como en toda refundación radical de un país existen momentos de confrontación que no necesariamente pueden asimilarse al tradicional choque entre Gobierno y oposición.

Fuentes de conflicto

La Federación de Campesinos de Tarija planteó irregularidades en el proceso de saneamiento de tierras al no estar clara la delimitación limítrofe entre comunidades y provincias y por lo tanto no se respetaba el uso de los recursos naturales como acordado desde la época de sus abuelos. Para ellos habría que determinar: los recursos existentes, el derecho de propiedad del campesino y la delimitación de los territorios. Entre otras cosas el conflicto se presenta por lo que está en juego la distribución de las regalías provenientes de la explotación del gas.

La Confederación de Pueblos Indígenas de Bolivia (CIDOB), ratificó que los indígenas de tierras bajas no quieren "autonomía de papel" y exigen recursos económicos para la autonomía indígena, reconocimiento de territorios ancestrales para implementación de autonomías y aprobación de sus estatutos autonómicos mediante usos y costumbres. Además reclaman más escaños en la Asamblea Legislativa y el derecho a la consulta para la explotación de recursos no renovables en sus territorios. Finalmente la CIDOB exige que en la votación de los estatutos autonómicos sólo participen los indígenas y no toda la población del respectivo territorio, como dice el Gobierno.

Los pueblos del Territorio Indígena del Parque Nacional Isiboro-Sécure (Tipnis, centro del país) rechazan la construcción de una carretera financiada por Brasil que unirá los departamentos de Cochabamba y Beni, atravesando esa reserva natural.

El pueblo guaraní ha pedido a Morales que detenga la explotación de hidrocarburos en su territorio del sureste boliviano, fronterizo con Paraguay y Argentina, donde está el 70% de las reservas de gas del país.

Al menos diez tierras comunitarias de origen (TCO) tituladas por el Instituto Nacional de Reforma Agraria (INRA), que son base para la constitución de autonomías indígenas, traspasan los límites actuales de los departamentos de Beni, La Paz, Pando, Cochabamba y Santa Cruz.

La respuesta del gobierno

El gobierno explicó que no se puede dar curso a las demandas indígenas como la aprobación de los estatutos autonómicos por usos y costumbres, o la delimitación de territorio de manera unilateral, entre otros, porque sería transgredir la Constitución Política del Estado (CPE). En palabras del ministro de autonomías, el momento en que el gobierno transgreda la Constitución para viabilizar una demanda indígena, se tendría también que reconocer los estatutos autonómicos de Santa Cruz, Beni, Pando y Tarija pues se habría perdido autoridad moral para cuestionarlos.

Las relaciones internacionales

La llegada al poder del primer presidente indígena en Latinoamérica provocó mundialmente un sentimiento de simpatía. En total, en su primer año de gobierno, el Presidente Morales fue invitado a visitar 28 países en cuatro continentes.

En Ecuador durante la toma presidencial de Rafael Correa, Morales manifestó que él y Chávez se han unido a "la lucha antiimperialista y anti neoliberal del pueblo cubano y de su comandante, Fidel Castro".

Los lazos principales de amistad y afinidad política quedan así claramente establecidos: Cuba y Venezuela. Cuba como ejemplo y Venezuela, el conductor de la Revolución bolivariana y fuerza integradora del continente. A ellos se sumaron Nicaragua y Ecuador.

Con Argentina y Brasil tiene lazos de amistad; recordemos que ambos países representan el mercado actual para su gas.

El presidente de Irán ha visitado el país en tres ocasiones y mantiene una muy cercana relación de amistad y coincidencia en el plano político con el presidente Morales, "su hermano revolucionario que lo acompaña en la lucha antiimperialista" como lo llama. Igualmente Morales manifestó su apoyo al derrocado dictador libio, Muammar Gadaffi, y apoya al presidente de Siria, Bashar Al Assad.

Las tensiones

Con Chile, con quien no hay intercambio de embajadores, pese a haber avanzado gracias a que se aceptó por ambos lados una agenda de 13 puntos sin exclusión lo que permitió hablar sobre el problema del mar, la percepción distinta para cada país: acceso a un puerto útil, con soberanía y continuidad territorial, para Bolivia; mejoramiento del acceso al mar, para Chile es una fuente permanente de conflicto. Bolivia anunció que llevaría a Chile al tribunal internacional de La Haya afirmando que el conflicto no es más bilateral frente a un tratado que denuncia como injusto e impuesto a la fuerza y que por lo tanto debe ser revisado. En abril del 2013 presentó su reclamo frente a La Haya.

El gobierno actual de Chile sigue la misma línea que sus predecesores y habla de facilitar el acceso a los puertos chilenos, pero sin ceder soberanía.

Con los Estados Unidos mantiene una relación tensa entre otras cosas por la medida tomada por el gobierno boliviano de ampliar de 12.000 a 20.000 hectáreas el área de cultivo de la coca. A ello hay que añadir la desconfianza del gobierno norteamericano por su acercamiento a Chávez y por su posición contra los Tratados de Libre Comercio.

En las relaciones que se fueron deteriorando hasta que se llegó a la ruptura diplomática. A partir de ahí ha existido una política permanente de denuncias en contra del imperialismo norteamericano en todos los foros en que Bolivia participa, sin embargo cada tanto se hable de recomponer las relaciones pero "en condiciones de igualdad y respetando las posiciones de cada pueblo".

El comercio exterior

Bolivia tiene un Tratado de Comercio entre los Pueblos (TCP) con Cuba y Venezuela y es parte del ALBA creada por el presidente Chávez.

Se encuentra en la misma línea que Chávez: oposición a los TLC con los Estados Unidos y crítica a los organismos existentes en Latinoamérica: CAN y Mercosur planteando que ambos son instrumentos económicos para los empresarios, para la gente pudiente y no para la gente pobre; que entra a hacer parte de ellos para reformarlos y que si los países no escuchan, junto a otros presidentes, junto a las fuerzas sociales de Sudamérica, propone gestar otros modelos no en la perspectiva de las empresas, sino en la perspectiva de amistad y desarrollo entre los pueblos para lograr el bienestar de los sectores más desfavorecidos

Recuperación de las riquezas nacionales: minería, gas y petróleo

Bolivia tiene la segunda reserva mayor de gas natural del continente. El primero de mayo del 2006, Morales firmó el decreto supremo que otorga al Estado el control absoluto de los importantes yacimientos de gas y petróleo del país. Las empresas extranjeras que operan en Bolivia debieron entregar toda su producción a la estatal Yacimientos Petrolíferos Bolivianos (YPFB) para su comercialización e industrialización. Se les acordó el plazo de 180 días para que regularizar sus antiguos contratos bajo la amenaza que de no hacerlo, tendrían que abandonar el país.

Nacionalizaciones en varias etapas

Entre el 2007 y el 2012 se fueron produciendo nacionalizaciones en forma escalonada: entre 2007 y 2008, las fundiciones de estaño y antimonio del complejo metalúrgico Vinto que estaba en manos de la compañía suiza Glencore; las empresas petroleras Andina, controlada por la española Repsol-YPF, y Chaco, del grupo British Petroleum y recuperó el control de las dos refinerías existentes en el país las que estaban en manos de Petrobras.

A mediados del 2010: tres empresas generadoras de energía con socios internacionales y de una cooperativa local: una subsidiaria de la francesa GDF Suez; una socia de la británica Rurelec PLC, y Valle Hermoso, cuya mitad de las acciones pertenece a The Bolivian Generating Group de la empresa Panamerican de Bolivia; estatización de las generadoras de electricidad Corani, Valle Hermoso y Guarachi a la Empresa Nacional de Electricidad (ENDE) y la cooperativa distribuidora Empresa de Luz y Fuerza Eléctrica de Cochabamba; estatización de la tercera parte de acciones de Fancesa, principal cementera del país.

En 2012 se nacionalizó la participación de la petrolera PAE a favor de la empresa estatal YPFB-Chaco; la Transportadora de Electricidad SA, en manos hasta ese momento del grupo español Red Eléctrica y la mina de Colquiri, en Oruro.

Esta política de nacionalizaciones ha hecho que Bolivia reciba, de acuerdo a datos de la CEPAL, menos del 1% de la inversión extranjera, la que en Latinoamérica creció un 31% en el 2011. Brasil acaparó el 43% del total de capitales privados, México el 13%, Chile el 11% y Colombia el 9%. Argentina captó el 5% y Venezuela el 3%.

Logros de los gobiernos de Evo Morales

Los avances obtenidos por Bolivia para alcanzar las metas del milenio arrojan datos optimistas porque en 12 años, desde 1996, la extrema pobreza en el país bajó de 41,2% a 32,7%. No obstante, todavía sigue por debajo de la media latinoamericana que es de 12,6%.

En el área de la salud

El indicador de mortalidad infantil, también refleja un avance, mientras en 1989 morían 82 niños de cada 1.000 nacidos vivos, en el 2008 la cifra de mortalidad bajó a 50. Sin embargo, la media a nivel de los países de la región es también menor: 26.

En el caso de la desnutrición crónica, el tercer indicador, el porcentaje de niños menores de tres años afectados bajó de 38,9% en 1989 a 20,3% en el 2008; la media latinoamericana llega a 16%. Es importante notar que a nivel urbano llegó a 11,9%, mientras que en el área rural la cifra llega a 30,3%. En el 2012 el informe anual de la FAO incluye a Bolivia entre los países que han tenido un progreso insuficiente para cumplir las metas del Milenio

Se elaboró una nueva política de educación sobre la sexualidad cuyo eje central es la familia y la comunidad.

Se abrieron consultorios en los que se dispone del historial de la familia para facilitar el servicio médico. En el campo serán las familias, las comunidades y las organizaciones sociales las que decidirán de la salud reproductiva de una mujer.

Formación de nuevos profesionales, gracias a un convenio con Cuba: en el 2012 se graduaron 2.400 médicos los que prestarán sus servicios profesionales en Bolivia.

Se avanzó en el acceso al agua potable el que alcanzó el 75%, lo que muestra un avance pese a seguir atrás con respecto al promedio del continente.

En el área de la educación

La cobertura de la escolarización alcanzó el 92% en la 8° de primaria.

Se promulgó una Nueva Ley de la Educación Boliviana que se fija como objetivo "descolonizar la educación" y reivindicar los derechos de las personas excluidas.

Se creó el bono Juancito Pinto gracias al cual los niños de primaria se benefician con 200 bolivianos anuales (alrededor de $25 dólares) por asistir a la escuela. El bono abarca a 1,2 millones de escolares, entre ellos 5.000 niños con necesidades especiales. A partir del año 2007 se expandió a los estudiantes de nivel intermedio.

Se avanzó en la erradicación del analfabetismo aplicando el método de alfabetización cubano "Yo sí puedo".

Sin embargo pese a todas las medidas tomadas, en el campo, uno de cada tres niños entre 7 y 17 años no reciben educación (datos Unicef), de ellos el 18,63% son mujeres y el 13.79% varones.

3. Cuba

Cuba representa un caso aparte dentro del conjunto de gobiernos de izquierda -el viejo modelo socialista que se conociera en la época de la guerra fría- y que tras el abandono del poder por Fidel Castro después de 49 años al mando se abre tímidamente a una nueva etapa política. Raúl Castro, a quien Fidel había traspasado el poder transitoriamente en julio del 2006, asume como nuevo Presidente y comienza a introducir cambios económicos y sociales que apuntan a suprimir una serie de prohibiciones que existían y que provocaban malestar en la población.

Presidente Raúl Castro

Ahora se permite el acceso de los cubanos a los hoteles antes reservados a los turistas, se ponen a la venta teléfonos portátiles y computadoras personales (sin que ello implique por el momento libre acceso a Internet, el que actualmente está limitado a universidades, instituciones oficiales y profesionales seleccionados) y se facilita el acceso a la propiedad de la vivienda.

En el campo se vive una pequeña revolución tras el anuncio de la entrega en usufructo de tierras ociosas a campesinos y cooperativistas por un periodo de 10 años con posibilidad de los contratos ser o no renovados. El plan busca la descentralización de la agricultura y permite que los productos puedan ser comercializados en los mercados libres, pero los beneficiarios de la medida tienen la obligación de venderle al Estado parte de la cosecha a precios oficiales inferiores al precio de mercado.

A mediados de 2008, en una importante reforma, el Gobierno puso fin al igualitarismo salarial mediante un decreto que determina que en todas las empresas estatales y algunas mixtas, el nuevo salario diferenciado tomará en cuenta el tipo de trabajo realizado y el rendimiento de cada trabajador y que los salarios no estarán sujetos a un límite.

En el último trimestre de 2011 se adoptó la legalización de la compra-venta de autos y de viviendas lo que ha provocado un flujo de capital extranjero a Cuba para invertir en propiedades.

Tras 55 años de prohibición, los cubanos pueden desde noviembre de 2011 comprar y vender casas y automóviles. Esa medida se tradujo en que 13.000 casas y 15.000 autos fueran vendidos en el primer trimestre de 2012. Al no tener el cubano medio la posibilidad de ahorrar si se toma en cuenta que el salario promedio es de US $20 mensuales, la mayoría de las ventas están financiadas por dineros de cubano-americanos, pero también por españoles, canadienses, ingleses, alemanes y venezolanos.

La tímida apertura democrática con la que Raúl Castro dio inicio a su gobierno en el 2006, llevó a la Unión Europea (UE) a levantar las sanciones impuestas a Cuba en el 2003 (tras la condena de 75 disidentes) con el fin de avanzar en un diálogo por los derechos humanos, por relaciones políticas recíprocas e incondicionales y por el proceso de reformas que estaba viviendo Cuba.

En efecto, la violación de los derechos humanos sigue siendo uno de los mayores problemas que enfrenta el gobierno cubano, pero la oposición ha logrado hacer escuchar su voz a nivel internacional. En abril del 2003, después de la llamada "primavera negra", surgieron las Damas de Blanco con objetivos similares a los de las Madres de Plaza de Mayo en Argentina, para pedir la excarcelación de sus esposos, hijos, hermanos, padres encarcelados por ser disidentes del gobierno cubano. Su protesta se expresa pacíficamente cuando, vestidas de blanco, después de asistir a la misa los domingos, caminan por las calles. En un comienzo, fue solo por las calles de La Habana, hoy su movimiento se ha expandido a otras provincias. En el 2005, el Parlamento Europeo les concedió el Premio Sajarov a los Derechos Humanos. Las Damas de Blanco mantienen su activismo político realizando una marcha semanal en cada ciudad.

La actualización migratoria

En octubre del 2012 Raúl Castro anunció una esperada reforma y eliminó el permiso para viajar al exterior. Las restricciones de viaje, la situación económica y la restricción de libertades habían desatado varias crisis migratorias, las más famosas, la migración masiva de los marielitos en el 80 y la ola de balseros en el 94.

A partir de enero del 2013 los cubanos podrán viajar sólo con su pasaporte al día y con la visa que exija el país de destino eliminando la tarjeta blanca, la carta donde las autoridades autorizaban o negaban la salida del país. Sin embargo, el gobierno se reserva el derecho a denegar la concesión de un pasaporte por razones de "interés público", o de "defensa y seguridad nacional".

La reforma amplía el plazo para permanecer en el extranjero de 11 meses a dos años. A los cubanos del exterior les permite permanecer en la isla por 3 meses.

4. Ecuador

240

Algunos antecedentes

A mediados del siglo pasado Ecuador pasó por una época de inestabilidad política y de gobiernos populistas como los de la época en el resto de América Latina, encabezados por el de Velasco Ibarra quien fue presidente del país durante varios términos: 1934-1935; 1944-1947; 1952-1956; 1960-1961 y 1968-1972.

En 1961 fue obligado a renunciar por fuerzas opositoras a su gobierno poco después de haber firmado con los Estados Unidos el acuerdo de Alianza para el Progreso. Le sucedió en el poder Carlos Julio Arosemena Monroy, depuesto a su vez en 1963 por una junta militar la que curiosamente, al igual que lo hiciera el gobierno militar de Juan Velasco Alvarado en el Perú en 1968, iniciara la reforma agraria del país. Esta junta fue derrocada en 1966 por un gran movimiento popular antigubernamental debido, primordialmente, a su falta de constitucionalidad. La inestabilidad política continuó.

En 1967 se aprobó una nueva constitución; el primer presidente elegido bajo la misma fue nuevamente Velasco Ibarra quien después de cuatro años de gobierno fue derrocado por otro golpe de Estado militar el que instaló en el poder al general Guillermo Rodríguez Lara. En esta década de los setenta el país conoció un momento de relativa prosperidad económica gracias al descubrimiento de petróleo, el cual era explotado por compañías extranjeras. El gobierno de Rodríguez Lara dio inicio a años de gobierno militar que llegarían hasta fines de 1979 cuando el país retornó a la democracia al asumir el poder Jaime Roldós Aguilera por el Partido Concentración de Fuerzas Populares, quien más adelante, creara el Partido Pueblo, Cambio y Democracia. Roldós inició una sucesión de gobiernos civiles en el Ecuador en las últimas décadas del siglo XX.

En las elecciones de 1996 llegó a la presidencia Jaime Abdalá Bucaram, de origen libanés, con el apoyo de las clases populares quienes, como en otros países del continente, cansadas de vivir desfavorecidas por los gobiernos anteriores creyeron en sus promesas de aumentar el presupuesto dedicado al desarrollo social del país. No obstante, en pocos meses, la corrupción de su gobierno llegó a límites inaceptables así como sus proyectos de privatización de empresas estatales y sus excentricidades. Fue calificado de "incapacidad mental" por el Congreso y destituido.

En 1998 subió al poder el social-cristiano Jamil Mahuad, del Partido Democracia Popular, en elecciones caracterizadas por una abstención del 30%. Mahuad, quien poseía una Maestría en administración de empresas de la Universidad de Harvard, declaró que su gobierno estaría caracterizado por "criterios de derecha en lo económico, criterios de izquierda en lo social". Sin embargo, la economía ecuatoriana no hizo sino empeorar; la inflación aumentó (a un 60%), así como el déficit presupuestario, y su gobierno tuvo que enfrentar enormes crisis económicas y políticas en las que hubo tres amplias huelgas generales en contra de las reformas emprendidas, entre ellas la dolarización de la moneda local, el sucre, las que pusieron término el gobierno de Mahuad.

Un gran movimiento social encabezado por las poblaciones indígenas del país marcharon hacia el edificio de la Asamblea Nacional e impusieron una junta militar a cargo del gobierno. El Presidente Mahud abandonó el Palacio presidencial y el Congreso nombró a la presidencia al vicepresidente Gustavo Noboa. En el 2002 otro gobierno militar asumió el poder, el coronel jubilado, Lucho Gutiérrez quien en el 2004, inconstitucionalmente, destituyó a los miembros de la corte suprema y nombró jueces nuevos. Estos nuevos jueces levantaron los cargos de corrupción contra el ex presidente Abdalá Bucaram. Nuevamente inconstitucionalidad y corrupción hicieron caer un gobierno; Gutiérrez perdió el apoyo del ejército y de la clase media del país y por fuertes presiones sociales fue depuesto, siendo reemplazado por su vicepresidente Alfredo Palacio quien asumiera el poder hasta el 2006. Es bajo este clima de caos que en las elecciones de ese año llega al poder un representante de la "nueva izquierda", Rafael Correa.

Ecuador, un país de ex presidentes

Ecuador tiene actualmente 11 ex presidentes vivos lo que lo convierte en el país con mayor cantidad de ex gobernantes vivos en el mundo, y no por lo que vivan muchos años sino debido a la inestabilidad política. En los últimos diez años tres presidentes han sido destituidos y reemplazados por sus vicepresidentes. El récord en baja duración lo lleva la vicepresidenta Rosalía Arteaga [quien reemplazó al destituido Abdalá Bucaram (1996-1997)] y que gobernó por dos días siendo reemplazada por el presidente del Congreso Fabián Alarcón, presidente interino hasta 1998. Le siguieron Jamil Mahuad quién duró 2 de sus cuatro años, Gustavo Noboa quién duró 3, Lucio Gutiérrez quién alcanzó a gobernar dos años dos meses y quien fuera reemplazado por Palacios quien en enero del 2007 entregó el poder al recién electo Rafael Correa.

La realidad del país que recibió Correa

Los índices de pobreza: según el Instituto Nacional de Estadísticas y Censo, el 38% de sus 12 millones de habitantes vivía en la pobreza, y entre ellos el 12% en situación de extrema pobreza. 8 de cada 10 indígenas, 7 de cada 10 niños y 6 de cada 10 campesinos se encontraban en el sector de extrema pobreza. En lo que respecta a la desigualdad existente, mientras el 10% más pobre de la población se repartía el 1% del ingreso nacional, el 10% más rico tenía en sus manos el 44% de la riqueza nacional.

Más de un millón y medio de ecuatorianos abandonaron el país desde los sesenta, la mayor parte, el 30%, abandonó el país durante la crisis económica del 99 cuando se inició la dolarización de la economía. En una tercera ola migratoria, del 2003 al 2008, el 24% emigró debido a la inestabilidad política. Eran en su mayoría, gente de la clase media, entre los cuales el 66% tenía un empleo, pero mal remunerado. Los países a los que emigraron se diversificaron y a los Estados Unidos se sumó Europa, principalmente España e Italia. En el 2012, debido a la crisis en España, el 70% de los ecuatorianos en ese país declaró que les gustaría regresar a Ecuador.

En resumen: la deuda externa de unos $US 10.000 triplicaba el gasto social en el presupuesto de la nación agravando la pobreza, afectando el empleo, la educación, la prestación de servicios de salud, las inversiones en infraestructura y acentuando la exclusión de los sectores menos favorecidos.

El Socialismo Bolivariano del Siglo XXI: Rafael Correa

Presidente Rafael Correa (2007-2009; 2009-2013; 2013-2017)

Correa, prácticamente un desconocido en la política salvo por los 106 días en que fue ministro de Economía del gobierno de Palacios, ganó sorpresivamente las elecciones a fines del 2006 dejando en el camino a doce candidatos y a su rival de la segunda vuelta, el magnate bananero Álvaro Noboa. Nació en Guayaquil el 6 de abril de 1963, y pese a provenir de una familia de modestos recursos estudió en la Universidad Católica y tiene dos maestrías en economía, una obtenida en los Estados Unidos y otra en Bélgica, más un doctorado en Estados Unidos. Tras una constituyente, en abril del 2009 ganó nuevas elecciones presidenciales que prolongaron su mandato hasta el 2013 y le permitieron optar a la reelección ese mismo año, comicios que volvió a ganar, esta vez con el 57.17% de la votación.

Las líneas programáticas de su gobierno

La propuesta de Rafael Correa ha sido de llevar a cabo la transformación total del sistema político, económico y social del país definiéndose como un gobierno bolivariano que entra al Socialismo del Siglo XXI. Al asumir la presidencia declaró: "¡Cómo ha cambiado América Latina! Y seguirá cambiando, porque lo que vivimos no es una época de cambios sino un cambio de época".

La reforma del Estado

Al llegar al poder, Correa convocó a una Asamblea Nacional Constituyente con plenos poderes para cambiar la constitución por una que le permitiera adelantar su proyecto político de reestructurar el Estado modernizándolo y adaptándolo a su nueva visión política para el país. La nueva constitución fue ratificada en un referéndum a fines del 2008. La misma define al Estado como unitario, laico, intercultural, plurinacional, descentralizado y participativo. En lo que respecta a su estructura, modifica los actuales poderes del Estado: Ejecutivo, Legislativo y Judicial incorporando dos nuevos poderes: el Electoral y el de Control Social, a los que suma un Consejo de Estado integrado por las máximas autoridades de los cinco poderes más el presidente que servirá de organismo consultor sin capacidad de decisión.

Otro cambio fundamental es que el presidente puede solicitar al poder electoral que llame a una consulta popular para revocar el mandato de la asamblea legislativa por "la violación de las normas constitucionales o por su oposición reiterada y sistemática a los planes del gobierno". De ser positivo el resultado de la consulta electoral el presidente podrá disolver el parlamento y llamar a elecciones de diputados o asambleístas. Esta prerrogativa del presidente podrá ser utilizada una sola vez durante su mandato.

En el plano de la economía

Renegoció la deuda externa y se reintegró a la Asociación de Países Productores de Petróleo (OPEP), organización que el país había abandonado hacía diez años.

Los principales ingresos del país provienen del petróleo (el 35% del presupuesto de la Nación) por lo que Correa cambió los contratos de participación en los que las compañías se llevaban más del 50% de las ganancias a contratos de prestación de servicios con lo que el Estado se quedará con el 65 o 70% de los ingresos por barril de petróleo. Los nuevos contratos serán válidos por un año y luego se renegociarán; tienen como condición el que al momento de firmar los contratos, ellos desistan de su acción (arbitraje) en el Centro Internacional de Arreglo de Diferencias Relativas a Inversiones (CIADI) donde hay procesos pendientes entre algunas petroleras y Ecuador por incumplimiento de los contratos.

En abril de 2008, el gobierno retiró la mayor parte de las concesiones a las compañías mineras extranjeras recuperando 3.100 concesiones, dejó en suspenso 1.220 que estaban en trámite y asumió el control de la minería. En una perspectiva regional propuso una verdadera rebelión contra los organismos de crédito existentes como el FMI o el Banco Mundial.

En el 2009, para amortiguar los efectos de la crisis y la baja del precio del petróleo, firmó un primer crédito con China por $US 1.000 millones. En el 2012 la deuda con ese país alcanza a US$ 6 6.700 millones, casi el 12% del PIB. Para pagar la deuda, Ecuador exporta el 54% de su producción petrolera a China.

En el plano energético

Diversificó las fuentes con las que cuenta el país; en asociación con

Argentina, a mediados del 2008, comenzó la construcción de lo que sería el proyecto hidroeléctrico más grande en la historia del país: el CocaCodoSinclaire. El mega proyecto ubicado en la Amazonía ecuatoriana generará 1.500 megavatios. Junto a éste se desarrollarán otros tres proyectos hidroeléctricos de menor capacidad: Sopladora, Ocaña y Toachipilatón que en conjunto aportarán otros 650 megavatios. Con ello se plantea asegurar el suministro energético del país y bajar el precio de la electricidad a los consumidores.

Para el 2016 entrarán en funcionamiento 11 centrales hidroeléctricas, seis de las cuales son construidas por China, lo que le permitirá a Ecuador exportar electricidad.

En el plano de los tratados internacionales de comercio y las relaciones internacionales

No firmó el TLC con los Estados Unidos, tratado que denunció como nocivo para los intereses del país, y adhirió al ALBA. Se incorporó además al proyecto de integración petrolera para América Latina auspiciado por Chávez (Petroandina, Petroamérica y Petrosur) y participó en la ampliación de las redes de televisión y radio continentales Telesur y Radiosur.

En diciembre del 2009, no renovó el contrato de la base militar estadounidense en Manta, base situada cerca de la frontera con Colombia y que servía de apoyo en la lucha contra el narcotráfico.

Logros del gobierno de Correa

Inversión pública

En el 2012 alcanzó al 11.1% del PIB pasando de $US 856 millones en el 2006 a US $5.200 millones, seis veces más, en el 2012; recursos destinados a salud, educación e infraestructura productiva a lo largo de todo el país buscando un equilibrio territorial en el desarrollo.

En salud

El presupuesto pasó de $US 371 millones en el 2004 a $US 1.671 millones en el 2012 creciendo 4 veces y media; presupuesto destinado a la construcción y remodelación de hospitales y centros de salud y al mejoramiento de la calidad de los servicios de salud pública, medicina preventiva incluyendo vacunación y a establecer hospitales móviles.

En educación

El presupuesto de educación aumentó cinco veces en relación al 2004 pasando de $US 858 millones a $US 4,366 millones, aumento escalonado que debe alcanzar el 6% del PIB para el 2013 (fue de 5,5% en el 2012).

El analfabetismo se redujo a 3,24% en el 2009 gracias al "Programa de Educación Básica para Jóvenes y Adultos", que consistía en que cada estudiante de colegio debía alfabetizar a 10 personas para obtener una calificación satisfactoria como requisito de graduación y de capacitación de maestros.

Se realizó una evaluación externa de la calidad de enseñanza en las universidades y se cerraron 14 de éstas consideradas deficientes.

Desarrolló un programa denominado "Internet para tod@s" consistente en aulas móviles (vehículos equipados con alta tecnología) que se desplazan por el país entregando capacitación digital a la población.

Economía y gasto social
Reducción del pago de la deuda externa que en el 2004 alcanzaba 8,1% del presupuesto del Estado a un 4,8% en el 2012.

En el mismo periodo el gasto social pasó del 4,3% del PIB al 11%, pasando de $US 260 millones a US $1.243.

Pobreza y desempleo
Reducción de la pobreza del 36,7% en el 2007, a 23,5% a finales del 2012 y del desempleo de 6,1 a 5,1%. En cinco años han salido de la pobreza un millón de personas y en el mismo periodo la pobreza extrema se redujo del 16,5% al 9,4%.

Con respecto a la desigualdad, el Coeficiente de Gini (que mide la desigualdad de los ingresos en un país) bajó de 0.55 a 0.47, siendo 1 el grado más alto de desigualdad.

Elecciones del 2013 y nuevo mandato de Correa
En su campaña para las elecciones, el presidente Correa planteó: "estamos haciendo historia y llevaremos a la victoria nuevamente a la revolución ciudadana" para "desterrar al neoliberalismo" de Ecuador. Añadió que la esencia de la "revolución ciudadana" era cambiar el Estado burgués a un "Estado Integral o un Estado Popular" en que el foco fuera el individuo sobre el interés del capital y los mercados, un Estado en que los ricos paguen más impuestos para financiar los planes sociales y que Ecuador pueda alcanzar "el buen vivir".

El nuevo programa de gobierno para el periodo 2013-2017 añade tres nuevos retos a la revolución ciudadana: "revolución del conocimiento, revolución urbana y revolución cultural."

Desde el comienzo, Correa se perfiló como ganador de las elecciones; al terminar el 2012 su Gobierno contaba con una aprobación del 80%. En su último informe a la Nación antes de las elecciones de febrero del 2013, Correa planteó que dedicaría todas sus fuerzas a combatir la desigualdad social para lo cual, afirmó, se precisaba de "revoluciones pacíficas y en democracia para realizar cambios radicales en las estructuras vigentes en el país" y así poder "extirpar de raíz las causas de la inequidad e injusticia". Añadió que radicalazaría igualmente su lucha contra la "prensa corrupta".

El candidato que quedó en segundo lugar fue Guillermo Lasso, empresario, y candidato por el movimiento político CREO, movimiento que proclamaba en su programa: "Creemos en una sociedad tolerante y respetuosa, donde sus líderes reflejen este principio. Creemos en la democracia como el mejor sistema de gobierno."

En una nueva configuración del mapa político de Latinoamérica, el presidente Correa forma parte de aquellos gobernantes dentro de la llamada "nueva izquierda" que junto a Evo Morales en Bolivia, posiblemente Cristina Fernández en Argentina (cuyos partidarios plantean la necesidad de re-reelegirla por un tercer periodo), Daniel Ortega en Nicaragua y Hugo Chávez en Venezuela, quien hizo aprobar la reelección indefinida, realizaron reformas para asegurar sus re-reelecciones.

Se distancian de ellos Brasil y Uruguay quienes plantean que la alternancia en el poder es garantía de democracia, y fijaron el límite a dos mandatos consecutivos.

5. Nicaragua

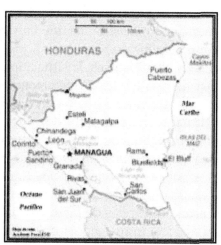

Algunos antecedentes

En 1990, después de once años de gobierno sandinista, y para sorpresa de éstos, una coalición amplia de partidos políticos cuyo único vínculo era ser opositores al FSLN, la Unión Nacional Opositora, llevó al poder a la primera mujer en llegar a la presidencia de Nicaragua, Violeta Chamorro. Chamorro era la viuda de Pedro Chamorro, director del diario *La Prensa*, diario que había sido opositor al dictador Somoza.

Al Chamorro asumir el poder, la economía nicaragüense se hallaba en ruinas debido mayormente a los enormes gastos públicos causados por la guerra contra las fuerzas contrarrevolucionarias o "la contra". Como indicadores, baste mencionar que la deuda externa en ese momento ascendía a $12 billones de dólares, la inflación había llegado a 12.400% y el ingreso per cápita había sido reducido de más de un 80%.

En términos políticos, el gobierno de Chamorro intentó la reconciliación nacional; en términos económicos intentó enderezar la economía revertiendo algunas medidas tomadas por el FSLN como la reforma agraria, la estatización de empresas y la subvención de servicios públicos, y poniendo en marcha medidas de austeridad. Sin embargo, al concluir su mandato sus objetivos no se habían concretizado; Nicaragua seguía políticamente dividida y las condiciones de vida de la vasta mayoría de la población habían empeorado.

Si bien es cierto se había logrado controlar la inflación y disminuir en algo la deuda externa, en la tabla del Índice de Desarrollo Humano elaborada por el Programa de Naciones Unidas para el Desarrollo, el país se situaba en segundo lugar, junto a Haití como uno en que el desarrollo social había retrocedido enormemente. En sus siete años de gobierno, el gasto social del país en su totalidad decreció de 32%: en salud bajó del 45 al 40% y en educación del 46 al 41%.

En las elecciones de 1996 asumió el poder Arnoldo Alemán Lacayo a la cabeza de la Alianza Liberal, coalición de corte conservador. Su gobierno estuvo caracterizado por la corrupción, la malversación de fondos públicos y el enriquecimiento personal, males de los que han sufrido muchos países de Latinoamérica, y por el nepotismo.

De acuerdo a las siguientes cifras, la situación económica del país no cambió mucho. A pesar de una tendencia de crecimiento económico de un 5% registrada en 1998 y otra vez en 1999, y de poco más de 5% en el 2000 gracias a un acuerdo firmado con el Fondo Monetario Internacional en virtud del cual se le perdonaba el 80% de la deuda externa a cambio de la aplicación de un plan económico estructural sugerido por este organismo, en 1998 más del 75% de la población vivía bajo los límites de la pobreza y el desempleo alcanzaba el 60%. Igualmente, el porcentaje de alfabetización había bajado del 95% alcanzado después de la gran campaña de alfabetización realizada por el FSLN al 68%, lo que no cambió significativamente en los años subsiguientes.

Le sucedió en el poder en las elecciones del 2001 Enrique Bolaños por el Partido Liberal Constitucionalista. El gobierno de Bolaños acusó de corrupción, lavado de dinero y soborno al ex mandatario Arnoldo Alemán quien fue sentenciado a 20 años de prisión lo que provocó la ira tanto de liberales como de sandinistas quienes llamaron a la destitución de Bolaños de su cargo. La administración de Bolaños estuvo caracterizada por la inestabilidad política, la que a su vez creó violencia social y no favoreció el despegue de la economía que se esperaba ya que los inversionistas evitan invertir en países con inestabilidad política. Aún en el 2006, según cifras de Naciones Unidas el 78% de la población vivía bajo el límite de pobreza, el 43% de ellos en la miseria.

En adición, de acuerdo a estudios realizados por el organismo

Transparencia Internacional, Nicaragua posee el índice de percepción de la corrupción más alto de la región, 2,7 en una escala de 1-10 en la que 10 corresponde al menos corrupto.

El Socialismo Bolivariano del Siglo XXI: el regreso de Daniel Ortega

Presidente Daniel Ortega (2007-2011, 2011-2015)

En las elecciones del 5 de noviembre del 2006 el ex presidente sandinista, Daniel Ortega, resultó ganador y regresó al poder tras 17 años. Ortega había perdido las elecciones en 1990, 1996 y 2001 en las que se presentó a la cabeza del FSLN (Frente Sandinista de Liberación Nacional).

Su triunfo fue atribuido a varios factores. Primero a la reforma constitucional producto del pacto que firmara en 1999 con Arnoldo Alemán, según la cual se requiere solamente el 35% de los votos para ganar las elecciones si se logra una diferencia de 5% sobre el candidato en segundo lugar (Ortega obtuvo el 38%, contra el 29% de su rival el banquero Eduardo Montealegre); segundo, a su amplia alianza con somocistas, ex contras y gremios, y la división de los partidos opositores; en tercer lugar a su cambio de discurso a uno menos sectario, más abierto, alusivo a la reconciliación nacional, a la solidaridad, en el que también regresa a su antigua fe católica y en el que declara que como presidente respetará la propiedad privada y los derechos civiles ciudadanos; y finalmente, a que en su deseo de mantener buenas relaciones con toda la comunidad internacional afirmó que respetaría el Tratado de Libre Comercio que Nicaragua firmara, junto a otros países de Centro América, con los Estados Unidos.

En sus discursos Ortega se comprometió a luchar para erradicar la pobreza que afectaba al 70% de la población, pero comprometiéndose al mismo tiempo a preservar los avances y alianzas económicas del país, mejorándolas y buscando nuevos mercados. Tras su elección lanzó un mensaje en dirección de empresarios e inversionistas: "vamos a ser fieles al libre mercado, el gobierno será un gobierno de puertas abiertas a la inversión extranjera", añadiendo que "no se puede erradicar la pobreza erradicando al inversionista".

Adhesión al Socialismo Bolivariano del Siglo XXI

A un día de haber asumido el mando, el presidente Ortega adhirió oficialmente al ALBA en un acto celebrado en el Teatro Rubén Darío en Managua el que contó con la presencia de los presidentes Hugo Chávez de Venezuela y Evo Morales de Bolivia y el vicepresidente de Cuba. En ese acto Ortega declaró que el ALBA representaba un "nuevo camino" para la libertad y el desarrollo de la región y para lograr la integración de los pueblos latinoamericanos. El presidente Chávez, por su parte anunció: "Olvídese Nicaragua de problemas de combustible."

Gracias a esa adhesión, Nicaragua paga el 100% del petróleo que importa de Venezuela a precio de mercado y en un plazo de 90 días, pero luego el gobierno venezolano le reembolsa el 50% de lo que ha pagado en calidad de préstamo a un plazo de 25 años con un interés preferencial de 1% para ayudar a financiar los programas sociales.

De igual modo, por su relación privilegiada con Venezuela, Nicaragua logró cuadriplicar las exportaciones a ese país llegando a $US 119.2 millones, lo que convirtió al pueblo venezolano en su tercer mercado de exportación. De ahí la preocupación de la gente del pueblo en Nicaragua al momento de las elecciones presidenciales del 2012 en Venezuela ante el temor de que los programas de ayuda social cubiertos con fondos venezolanos se vieran afectados si Hugo Chávez perdía la presidencia.

Una nueva forma de gobernar: temores de la oposición

La adhesión al ALBA y al Socialismo del Siglo XXI marcó una forma de gobernar que alarmó a la oposición nicaragüense. La primera medida que en su momento la oposición denunció como peligrosa para el desarrollo democrático del país fue la concentración de poder en manos de la pareja presidencial cuando al asumir el poder Ortega nombró a la Primera Dama, la poeta Rosa Murillo, coordinadora del Consejo de Comunicación y Ciudadanía.

Entre sus atribuciones, Murillo coordinaba (y aún coordina) todas las comunicaciones emitidas por la presidencia, la agenda del Presidente y sus giras, las conferencias de prensa y la gestión de todos los medios de comunicación del Gobierno. Igualmente, preside, junto al Presidente, las reuniones del Gabinete y es la encargada de comunicar a los ministros de Estado si el Presidente autorizó o no sus solicitudes de viajes oficiales al extranjero.

Bajo la dirección de su esposa, Ortega instaló los Consejos de Poder Ciudadano (CPC) considerados por la oposición como una nueva versión de los Comités de Defensa Sandinista que durante los años 80 fueron los "ojos y oídos de la revolución" aumentando el poder conferido a su esposa quien es además la secretaria ejecutiva del Consejo de Planificación Económica y Social (CONPES) y coordinadora del Consejo de Comunicación y Ciudadanía. Ortega dejó claro que los ministros y alcaldes deben acatar las resoluciones de los CPC por lo que el poder debe residir en las masas; la oposición ve estos Consejos de Poder Ciudadano como organismos de control y espionaje político.

En adición, un cambio constitucional le permitió al presidente presentarse a la reelección como candidato por el FSLN en los comicios de noviembre del 2011. Y como si la concentración de poderes en manos del Presidente y su esposa y la crisis de constitucionalidad del país hubieran sido poco, el gobierno de Ortega se vio (y aún se ve) empañado por la corrupción en el manejo de los fondos públicos. Según datos oficiales, en el 2008, Nicaragua recibió $US 457 de Venezuela (30% del presupuesto nacional proviene de ayudas, préstamos o comercio con Venezuela). Sin embargo, de acuerdo a la oposición, Ortega se ha negado a incorporar al presupuesto nacional la ayuda de Venezuela (administrada por Albanisa, empresa privada de capital nicaragüense-venezolano) y puesto que la cooperación bilateral era de Estado a Estado, no se consideraba parte del presupuesto del Estado y por lo tanto no estaba sometida a control.

Balance del primer gobierno del presidente Ortega después de la Revolución sandinista

Salud

Restableció la gratuidad de los servicios médicos. El índice de mortalidad por enfermedades diarreicas agudas disminuyó de 6.1 por cada 10.000 enfermos en 2007 a 4.1 en 2009; la mortalidad materna se redujo en un 25.6% en relación a los 121 casos del 2006 y la mortalidad infantil en un 16.9%.

Alfabetización y educación

Durante el periodo 2007 y 2009, a través de la Campaña Nacional de Alfabetización con el apoyo de Cuba y Venezuela, 445.748 personas aprendieron a leer y escribir, de las cuales 235.148 eran mujeres, reduciéndose el analfabetismo del 22 al 3.33%, lo que lo dejó libre de analfabetismo de acuerdo a los estatutos de la UNESCO.

Desarrollo urbano

Con un financiamiento del 50% de fondos del Instituto Nicaragüense de Seguridad Social (INSS), 50% de la Banca privada y del gobierno subsidiando la tasa de interés, se comenzó la construcción en el 2010 de 4.800 viviendas, a las cuales se sumaron 8.800 construidas por los gobiernos municipales para garantizar el acceso a viviendas dignas y de interés social.

Elecciones del 2011 y re-reelección de Ortega

Las elecciones se desarrollaron bajo un ambiente de crisis constitucional. La oposición se presentó dividida, y a diferencia de lo que sucedió en otros países latinoamericanos, no ha surgido en Nicaragua ninguna voz nueva que se separe de las vías conocidas y aporte alternativas viables para el desarrollo democrático del país. Recordemos que los candidatos por la oposición están empañados por la corrupción: Arnoldo Alemán, por ejemplo, estuvo condenado por corrupción y pactó con Ortega el reparto de las instituciones a cambio de su libertad.

Ortega triunfó con un cómodo 64%, en unas elecciones en que participó el 70% de los votantes. Su contendor más cercano, Fabio Gadea, de la alianza opositora Partido Liberal Independiente, sacó un 29%, y el ex mandatario Arnoldo Alemán (1997-2002) obtuvo un escaso 6.27%.

Segundo periodo de gobierno y las elecciones del 2016

Con el nuevo triunfo de Ortega, tanto la oposición política como otros movimientos civiles nicaragüenses sienten que la democracia está en peligro. Prácticamente desde el comienzo de su nuevo mandato, Daniel Ortega ha planteado la posibilidad de hacerse reelegir presidente en el 2016. Su esposa, Rosario Murillo, durante la campaña municipal del 2012 no dejó lugar a dudas: "Y compañeros, nosotros estamos en campaña ya para el 2016. Nosotros estamos en campaña ¡y el comandante Daniel tiene que ganar las elecciones en el 2016!" Y en el mismo espíritu mesiánico que se vio en Venezuela durante la campaña del comandante Chávez, agregó: "Es el pueblo, es el Frente, es Daniel, el que va a ganar en cada gobierno municipal".

El resultado de las municipales dio el triunfo al FSLN con un 75,69%. Su más cercano seguidor, el partido Liberal Independiente sacó 16% y el Paertido Liberal Constitucional el 6,3% con una preocupante abstención que se calcula entre el 60 y 70%.

Economía en el momento actual

La deuda pública de Nicaragua en el 2012 alcanza el 44.5% del PIB.

Con respecto a la confianza en las instituciones, Nicaragua tiene apenas un 29,9% de bancarización comparado a México que tiene depósitos que representan el 20.6% del PIB, o 26% en Perú, 30% en Colombia, 40% en Brasil y 60% en Chile.

El déficit fiscal es del 18% con respecto al PIB.

La inflación está controlada y se calcula entre el 6 y 7%.

El crecimiento para el 2012 se calculó en un 3.7%.

La inversión extranjera directa ha crecido y se calcula en los $US 1.000 millones desde el 2012, con un crecimiento de 16 a 18%.

Lo negativo

En los últimos 5 años ha recibido de Venezuela ayuda por $US 2.231 millones, la que no se ha reflejado en el desarrollo del país y la disminución de la pobreza (42.5%) por ser no sustentable sin la ayuda exterior.

Alrededor del 75% de los empleados no tienen cobertura social.

El desempleo que alcanza 7,4% pero que no toma en cuenta que hay un 50% de subempleados.

El 75% de las empresas no llevan registros contables.

La precariedad de los resultados se agrava dado que gran parte de los fondos siguen siendo manejados directamente por la familia gobernante. Según organismos independientes, la pobreza se habría eliminado con la inversión de un tercio de los fondos recibidos en estos cinco años. Más allá del petróleo para garantizar la electricidad que Nicaragua necesita, de las obras sociales fuertemente ligadas al aparato y partido gobernante, es secreto a voces que parte de esta ayuda ha contribuido al enriquecimiento de miembros influyentes del gobierno.

D. La centroderecha 2010-2014

1. Chile

Algunos antecedentes

Chile recuperó su calidad de país democrático en 1989, después de diecinueve años de cruenta dictadura, cuando a la cabeza de la Concertación de Partidos por la Democracia, el candidato demócrata-cristiano Patricio Alwyn ganó las primeras elecciones democráticas después del golpe de Estado que instaló al general Pinochet en el poder. Con el proceso de transición a la democracia iniciado por el presidente Alwyn, quien nombró una comisión para investigar la violación de los derechos humanos durante el gobierno de Pinochet, tuvieron lugar también ciertas reformas económicas que favorecieron la salida de más de un millón de chilenos de la pobreza extrema.

Esta concertación de partidos permaneció en el poder durante veinte años. En diciembre de 1993 sucedió en el poder Eduardo Frei, candidato de centroizquierda, a quien se le debe la integración de Chile al Mercosur, como socio observador junto a Bolivia, seguido por los dos periodos del Presidente Ricardo Lagos, quien ganó un gran prestigio internacional y consolidó la política de inserción de Chile en los mercados internacionales, y luego, en el 2006 la primera mujer elegida presidenta en la historia de Chile, y de Sur América, Michelle Bachelet. La Concertación pierde el poder en las elecciones del 2010, cuando asume, a la cabeza de la Coalición por el Cambio, Sebastián Piñera, primer presidente de derecha elegido en el país desde 1958 y primero en ocupar el cargo desde que Pinochet dejara el poder.

Los 20 años de la Concertación de Partidos por la Democracia en cifras
-5,1% promedio de crecimiento de Chile durante esos 20 años
-3.164 las veces que se multiplicó el número de teléfonos celulares
-224% de aumento en la cantidad de vehículos
-9 veces creció la superficie de centros comerciales llegando a 3,8 millón de metros cuadrados
-34 universidades privadas, de 14 en el 1989
-488% creció el tráfico aéreo de pasajeros
-US$ 14.299 PIB por habitante en el 2009, de US$ 4.542 en 1989
-13,7% de los chilenos viviendo bajo la línea de pobreza contra el 38,8% hace dos décadas
-casi 90% de popularidad alcanzó la presidenta Michelle Bachelet al terminar su gobierno

A finales de 1996 Chile firmó con Canadá, el primero de una serie de Tratados de Libre Comercio, consolidándose así como el país con el mayor número de ese tipo de acuerdos del mundo, lo que le dio acceso al 86% del PIB del planeta y entrada preferencial de sus productos a los mercados más importantes. Como referencia mencionemos que México tiene acceso al 60% del PIB mundial.

Esta diversificación de mercados le permite ponerse al abrigo en caso de variaciones bruscas de un determinado mercado, pero le significó estar más expuesto a la crisis global, sin embargo gracias a su política económica en la que favoreció un balance estructural mostró responsabilidad fiscal y mantuvo prudencia en el gasto social, logró sobrepasar la crisis sin gran problema.

El resultado de una economía basada en el comercio exterior y la diversificación en los productos de exportación le ha dado a Chile un fuerte desarrollo económico que ha repercutido positivamente en el nivel de vida de la gente. Sin embargo mantuvo una tasa de crecimiento baja, cercana al 4%, la que en el 2010 se proyecta con un crecimiento del 4,4% y del 5,6% para 2011. La inflación se ha acelerado desde abril y se espera que cierre el año en 3,5%.

A pesar de los devastadores efectos del terremoto de febrero, la economía chilena mantuvo su expansión en el primer trimestre, aunque a un ritmo débil. No obstante, es probable que vuelva a tasas de crecimiento más saludables a medida que los esfuerzos de reconstrucción se conviertan en un factor de impulso adicional.

Ello muestra claramente la orientación seguida por Chile durante los 20 años de gobierno de la concertación: insertarse en el proceso de globalización tratando de sacar ventaja de éste, y a nivel interno, reglas claras, independencia del banco central y respeto de los contratos y tratados. Como algo interesante hay que señalar que los últimos tratados firmados incorporan un capítulo de inversiones y otro de intercambio de tecnología y formación.

El triunfo de Michelle Bachelet en el 2006 marcó un hito en la historia del país más allá de haber sido la primera mujer electa a ese cargo. Como dato anecdótico, al comenzar su gobierno, el tradicional desfile militar del 18 de septiembre en conmemoración de la Independencia de Chile, por primera vez fue presidido por dos mujeres: la presidenta Bachelet y su ministra de defensa, Vivianne Blanlot.

Michelle Bachelet terminó su mandato en el 2010 con cerca del 90% de aprobación popular y todas las encuestas la dan como triunfadora en las elecciones presidenciales del 2014 representando esta vez una amplia base que va de la democracia cristiana al partido comunista e integrando los movimientos sociales: estudiantes, sindicatos, organizaciones de mujeres, etc...

La ex presidenta explicó la fórmula para concluir su mandato de cuatro años con tan alto índice de popularidad de la siguiente manera: la razón está en "un estilo de liderazgo que infundió confianza, entender que la presidenta es de todos los chilenos, buscar grandes acuerdos nacionales frente a grandes temas", así como fomentar las políticas de Estado frente a las políticas de Gobierno y sobre todo asumir que "Chile tenía que ser exitoso económicamente, pero al tiempo, generar prosperidad para todos"; la clave es "desarrollar una sociedad donde las personas sientan que son importantes y que pueden ser parte de ella".

Quizás, el triunfo del candidato de la oposición frente al candidato de la sucesión de una presidenta que terminó con casi el 90% de apoyo se explique por lo que la derecha apareció innovándose, modernizándose, centrando sus posiciones, desligada del pasado, y la izquierda apareció anquilosada, sin propuestas nuevas.

El eventual triunfo de la presidenta Bachelet se explica por el fuerte apoyo a su persona, lo que la desliga de los partidos de la concertación, y por lo que plantea un programa de gobierno que refleja las peticiones que los movimientos sociales expresan en la calle las que van de la educación gratuita a una nueva constitución, y por lo que se fija como tarea el combatir la enorme desigualdad imperante en la sociedad chilena.

La alternancia: de una concertación de centroizquierda a una alianza de centroderecha

Sebastián Piñera (2010 - 2014)

Al asumir el poder, Sebastián Piñera presentó un plan de gobierno ambicioso que buscaba la modernización y paso del país del subdesarrollo al desarrollo, plan con metas y plazos precisos que busca proyectar en el tiempo la alianza política centroderechista, plan sorpresivamente cargado a la expansión del gasto social. Su subida al poder estuvo marcada por el terremoto de febrero del 2010 por lo que su plan de gobierno tuvo que adaptarse para tomar en cuenta esa realidad.

Su plan de reconstrucción sorprendió al mundo político chileno; el mismo se financió en el 40% con un alza de impuestos a los sectores más pudientes de la población, a las grandes empresas, al tabaco y a las casas consideradas de lujo planteando que es necesario que todos los sectores contribuyan a la reconstrucción del país.

El país que recibió

El nuevo gobierno recibió un país con una economía sólida y con una amplia gama de tratados comerciales internacionales; un país recibido entre los países más ricos y prestigiosos del planeta en la Organización para la Cooperación y el Desarrollo Económico (OCDE); un país que tuvo veinte años para alejarse de la pesadilla de la dictadura sin que ello implicara olvidar el pasado, veinte años para efectuar cambios y sacar las lecciones para que nunca más se repita; un país que tuvo veinte años para volver a caminar en democracia. Los temores de la Concertación por la vuelta de la derecha al gobierno fueron disipados por Piñera recordando que fue opositor al régimen militar y declarándose firmemente respetuoso de la democracia y los derechos humanos.

Programa de gobierno

Está enmarcado por el principio de eficiencia para la formulación y evaluación de políticas y programas. Engloba los problemas que vive Chile, pero sorprende el acento social y de urgencia en intentar resolver los problemas sociales y de llevar a Chile al grupo de los países desarrollados.

A nivel de las relaciones internacionales, no se espera una gran diferencia. El triunfo de Piñera hace que la centroderecha adquiera un mayor peso y logre una mayor presencia en los organismos de integración latinoamericanos con una presencia mayoritaria de gobiernos de izquierda.

Balance a mitad de periodo
Educación

La realidad del país: Hay en Chile un millón 100 mil estudiantes inscritos en las universidades, y de ellos, sobre el 70% son el primero en la familia en seguir estudios superiores. Los resultados de diferentes estudios realizados han mostrado que el país tiene una educación de baja calidad, poco equitativa y que está tremendamente estancada pese a que el presupuesto se quintuplicó desde 1990. Consciente de ello, al asumir el poder el presidente Piñera, planteó la educación como una prioridad de su gobierno y afirmó que la batalla contra el subdesarrollo y la pobreza se ganaría o perdería en la sala de clases, y que para lograrlo había que romper con el ciclo que acentuaba la diferencia entre sectores acomodados y sectores sumidos en la pobreza y mejorar la calidad de la enseñanza.

El acceso a la educación superior se revela entonces como un factor clave para la disminución de la desigualdad en el país. Sin embargo, la realidad de Chile muestra que en el momento de contratar a alguien, los empresarios siguen prefiriendo a los egresados de las universidades de mayor ranking, aquellas a la que solamente los alumnos mejor preparados pueden entrar, aquellos que han tenido acceso a una mejor educación secundaria y que provienen de hogares con un ingreso que les permite costear una educación de calidad, generalmente en los colegios privados, mientras que los estudiantes de sectores más pobres van a colegios donde reciben una peor preparación. Esto último explica que los estudiantes de secundaria se hayan sumado a las manifestaciones estudiantiles y estén presentando sus propias exigencias en materia de educación.

Entre un programa y la realidad

La educación ha representado entonces el talón de Aquiles del gobierno de Piñera. Recordemos que el movimiento estudiantil no es nuevo, y ya en la época del anterior gobierno se manifestó en las calles y fue conocido como "la revolución pingüina". En ese momento, el gobierno de Michelle Bachelet nombró una comisión para estudiar el problema de la educación y las demandas de los alumnos. Años más tarde, sintiendo que habían sido traicionados porque nada concreto se había producido, resurgió la movilización permanente de los estudiantes tanto de los liceos como universitarios, y el rechazo a toda solución intermedia.

Apoyados por una mayoría de la población, los estudiantes volvieron a ocupar las calles de las principales ciudades de Chile en el 2012 en marchas en las cuales llegaron a movilizar sobre las 150.000 personas reclamando por el costo excesivo de los estudios en las universidades, por un sistema de créditos de los bancos con aval del Estado a tasas de interés cercanas al 6% creando deudas insostenibles para el estudiante y su familia, reclamando la educación gratuita para todos, el volver a una educación pública a cargo del Estado, a un financiamiento a las universidades estatales y no a las privadas para poner fin al lucro en la educación.

Reclaman además, un sistema de control sobre los colegios y universidades con la participación del estudiantado, un control para garantizar una enseñanza de calidad y la transparencia en las finanzas de las instituciones educacionales, y una reforma tributaria para garantizar los cambios exigidos.

Declararon igualmente que la educación gratuita y de calidad es un primer paso y que en el fondo lo que ellos reclaman es un cambio de sistema. Por ello, todas las propuestas del Gobierno son vistas como una reforma que perpetúa el sistema neoliberal existente y por lo tanto se mantienen movilizados y conservan el apoyo mayoritario de la población.

El Gobierno ha aceptado, con limitaciones, algunas de las exigencias del estudiantado. Con respecto a los préstamos, se los quitó a los bancos y los asumió como Estado otorgando préstamos a una tasa de interés del 2%. Con respecto a las becas aumentó el número de las mismas pasando de 100.000 en el último año de gobierno de Michelle Bachelet a 314.000 en el 2013 las que cubren el 60% de la población estudiantil de menores ingresos.

Ambas medidas, si bien fueron consideradas por los estudiantes como algo que no se podía rechazar por el alivio que representaba para las familias, fueron a la vez calificadas como reformas de maquillaje por no representar el cambio profundo por ellos pedido ya que no lograrían sino aumentar la competencia entre estudiantes y alimentar el sistema de lucro al otorgarse también a estudiantes de universidades privadas.

El presupuesto de Educación para el 2013 reflejó un aumento del 9.4% (1.200 Millones de dólares) alcanzando US $12.800 millones, el 20% del presupuesto global de la nación. Sin embargo, fue considerado insuficiente para financiar la educación gratuita por parte de los estudiantes quienes plantearon la necesidad de aumentarlo al menos en otros US $4.000 a $US 5.000 millones. Los rectores universitarios, en palabras del vicepresidente del Consejo de Rectores, también criticaron el presupuesto propuesto por lo que, según ellos, "refuerza el carácter privatizador del sistema de Educación Superior y concentra el gasto a la demanda, especialmente a través del sistema de becas".

Con respecto a la demanda de control, el gobierno envió al Congreso un proyecto de ley para crear una Superintendencia de Educación Superior. El Consejo de Rectores se opuso al proyecto planteando que en lugar de impedir el lucro, regularía las instituciones permitiendo convenios con entidades de lucro. Recordemos que actualmente en Chile el lucro en la educación está prohibido, pero que la falta de fiscalización lo ha hecho factible en algunas instituciones.

En un periodo electoral, los representantes de los partidos políticos acorralados por las circunstancias, responden paso a paso para ganarse la simpatía del movimiento estudiantil, pero sin propuestas claras, y a veces con propuestas de tipo populistas que saben difíciles de financiar sin comprometer el futuro presupuesto. Para la oposición, que se piensa ganadora en las próximas presidenciales, ello implicaría el comprometer la concretización de su programa de gobierno.

Independientemente de si se está de acuerdo o no con todas o parte de las exigencias de los estudiantes o con el cambio de sistema social que proponen, todos en Chile, desde el Presidente hasta la oposición, reconocen que los estudiantes pusieron en primer plano el tema de la educación y obligaron al Gobierno y a la clase política a preocuparse del problema y a responder con medidas concretas y no con evasivas.

Son estas protestas las que hicieron que el apoyo al presidente Piñera, que había alcanzado un 63% tras el rescate de los mineros sepultados en una mina del norte, bajara a un 35%, con un fuerte porcentaje de rechazo a su gobierno y a su persona.

Es interesante notar que el bajo apoyo al Presidente no indica un mayor apoyo a la Concertación de oposición que le precedió en el poder quien alcanza un 20% de aprobación, ni a la alianza de gobierno que recoge un 24%.

El manejo económico

Se enfocó el plan de gobierno en la necesidad de volver al crecimiento económico del país, tras el descenso de crecimiento que se produjo a partir de 1998 con la crisis asiática en momentos en que gobernaba el presidente Eduardo Frei. Durante los 12 años que siguieron a esa primera crisis, la tasa de crecimiento de Chile se redujo a menos de la mitad, la capacidad de crear trabajos disminuyó a poco más de 100 mil, el crecimiento en la inversión se redujo un tercio, y el país, de haber sido considerado ejemplo por su dinamismo económico, pasó a tener resultados tristemente mediocres donde la productividad en lugar de crecer fue disminuyendo y, en lugar de ser un motor del crecimiento, se transformó en un lastre.

Economía, en dos años, un camino de logros sin grandes sorpresas

Al 2012 Chile había resistido la crisis europea con un crecimiento acumulado del 5,5 % situándose dentro de los cinco países que más crecen en el mundo y con una proyección del 5% para el 2013, y un promedio hasta finales del mandato de un crecimiento sostenido del 5.5%.

El PIB creció un 6%.

Sin embargo, el país continúa dependiendo fuertemente del cobre que representa el 60% de sus exportaciones y cuyo precio se refleja fuertemente en el equilibrio de su economía: un centavo de variación en el precio promedio anual del mineral se traduce en US $ 44 millones en impuestos y alrededor de US $ 90 millones en la balanza de pago.

Una disminución del desarrollo de la economía en China, Estados Unidos o Asia repercutiría en su economía, quizás no drásticamente, pero significaría menos recursos para el Estado y para las reformas en curso.

En tiempos de crisis las inversiones extranjeras en Chile alcanzaron una cifra record de $US 12.275 millones durante la primera mitad del 2012 lo que significa que el país se sigue viendo como un país estable y un refugio para capitales que buscan sortear la crisis en Europa.

Junto a México y Colombia, continúa siendo uno de los países con las economías más abiertas; a ellos se suma Perú en la firma del "Pacto del Pacífico" alianza comercial que amplía y asegura el mercado asiático.

En septiembre del 2012, en el mismo camino, Chile firmó otro TLC, esta vez con Hong Kong, otra economía abierta, con 7 millones de consumidores potenciales y un PIB de US$ 50.000 por persona el que además puede servirle de puerta de entrada a la costa sudeste de China y países emergentes de Asia del pacífico. Con este tratado totaliza 22 acuerdos comerciales con 59 países que representan el 62% de la población mundial. A fines del 2012 Chile e India comenzaron conversaciones para transformar el tratado de alcance parcial existente a un tratado de libre comercio. India representa un mercado potencial de 1.200 millones de habitantes, sin tomar en cuenta que se magnifica por miembro del BRIC.

En el plano del transporte aéreo, en el 2012 se fusionaron la chilena LAN con la brasileña TAM colocando la nueva compañía "LATAM" entre las diez primeras del mundo con 150 destinos a 22 países.

El empleo

Pese a estar el desempleo en una tasa de 6,5%, los nuevos empleos creados (620.000) no han reducido la desigualdad existente en la distribución de ingresos. En lo que respecta a la distribución de ingresos por género, un estudio del Foro Económico Mundial en el 2012 mostró una fuerte baja de Chile en la brecha por género global pasando de la posición 46 a 87; en la rúbrica salarial, los hombres tienen un ingreso per cápita promedio de US $ 23.127 anual contra US $ 11.256 las mujeres. Otras rúbricas que contribuyeron a este descenso es la baja participación de mujeres en puestos directivos tanto en la política como en el mundo empresarial.

Según los resultados de la encuesta Casen (encuesta de Caracterización Socioeconómica Nacional) en el 2012 la pobreza habría bajado de 15,1% en el 2009 al 14,4% y la pobreza extrema de 3.7% en el 2009 a 2,8%, baja que se encuentra dentro del margen de error en este tipo de encuestas por lo que la oposición clama que no se puede hablar de reducción sino de mantención de los niveles de pobreza.

Perspectivas en innovación y emprendimiento (I+E)

Como medidas para fomentar el desarrollo empresarial, la innovación, y la creación de nuevos y mejores empleos el Gobierno desarrolló a través de la CORFO (Corporación de Fomento de la Producción) el programa "Start-Up Chile" cuyo objetivo es atraer emprendedores de alto potencial con proyectos que estén en sus primeras etapas para que vayan a Chile a desarrollarlos.

La meta es convertir al país en un polo de innovación y emprendimiento en América Latina; las proyecciones del proyecto se vieron desde su primer año (2010) cuando atrajo 22 startups de 14 países.

Cada proyecto, en cuya selección participan, entre otros, expertos de Silicon Valley y expertos chilenos, recibe US $40.000, una visa de trabajo por un año para desarrollar el proyecto (durante un mínimo de seis meses) en el país. Además, se les facilita el acceso a redes de capital y redes sociales. Una de las condiciones que se busca es que los proyectos tengan una visión global del emprendimiento y sean escalables.

En el 2011 "Start-Up Chile" atrajo 300 proyectos, y para el 2013 se fija como meta llegar a 1.000. Por su potencial para el desarrollo del emprendimiento y la innovación, el programa ha sido objeto de artículos en *Forbes, The Economist, BusinessWeek, TechCrunch,* y *The Financial Times* y ha inspirado proyectos similares en Inglaterra, Grecia e Italia. En el 2013 el grupo de concursantes representa a varias industrias y a algunas universidades como Harvard, Duke, Berkeley, la Universidad de Stanford, el MIT y la London School of Economics, entre otras. Los países más representados en proyectos son EE.UU, Chile, Argentina, Reino Unido, India, España, Canadá y Uruguay a los que se añadieron emprendedores de Sri Lanka, Venezuela, China y Malasia. La distribución de los proyectos según su campo son: 20% comercio en la red, 16% IT y Softwares, 13% Medios Sociales y Social Networks y 9% de Salud & Biotecnología. El 42% restante son de educación, energía, finanzas, turismo y otras.

Innovación y desarrollo (I+D)

Para elevar el nivel de investigación, el gobierno patrocina la instalación de Centros de Excelencia Internacional conectados a los centros nacionales para convertirse en el polo de I+E en Latinoamérica. Los centros tienen como objetivo la formación de científicos que después de cuatro años salgan a las industrias, y también que los centros entreguen servicios y productos que tengan impacto directo en la actividad económica del país. La idea es que estos centros de excelencia independientes sirvan de intermediarios entre las empresas y las universidades cuya colaboración no estaba dando el resultado esperado ya que por parte de las últimas había más énfasis en las publicaciones que en lo pragmático.

De 15 centros internacionales, Corfo seleccionó 4:

Fraunhofer, centro alemán con 18.000 profesionales entre investigadores y técnicos administrativos. Desarrollará proyectos en el área de la biotecnología.

Csiro, centro australiano, uno de los centros de I+D más reconocidos en el ámbito minero a nivel mundial, con más de 6.000 profesionales repartidos en diferentes partes del mundo.

INRIA, francés, dedicado a la investigación en ciencias de la computación, automatización y matemáticas aplicadas.

Wageningen, alemán, Universidad y centro de investigación, con 6.500 funcionarios, líder en la innovación en la industria alimentaria, desarrollará 5 proyectos conjuntos para posicionar a Chile a nivel mundial.

Junto a ello busca dar una mayor relevancia y recursos a la Comisión Nacional de Investigación Científica y Tecnológica (CONICYT) organismo encargado de la investigación en las universidades.

En el plano de la salud

Dos fueron las medidas de mayor relevancia tomadas por el gobierno de Piñera, la primera, el eliminar las listas de espera para ser atendidos en consultorios públicos de los beneficiarios del plan médico de gobierno AUGE.

De los 380.000 pacientes que había en lista de espera, en marzo del 2010, 340.000 fueron atendidos y 40.000 salieron de las listas por razones administrativas con lo cual el gobierno cumplió su promesa de eliminar las listas de espera.

Para lograr la meta coordinó los hospitales de la red pública, aumentó el número de horas de atención clínica para facilitar a los pacientes el acceso a los centros de salud, y finalmente lo más controvertido, la resolución de casos en el sector privado mediante el bono Auge. Si un paciente no era atendido, podía presentar un reclamo a su asegurador público y en 48 horas, por ley, se le debía entregar una solución fuera en el sistema de salud público o en el privado. Para el 2013 el número de patologías cubiertas por el plan AUGE pasará de 69 a 80.

Pero el fin de las listas de espera no es lo único significativo. En el 2011 se resolvieron 2 millones 250 mil atenciones médicas, un aumento del 33%, 751.000 personas, a través del AUGE en el sector público de salud.

La oposición cuestionó que se declarara el fin de las listas de espera puesto que no estaba claro qué había pasado con los 40.000 pacientes que fueron dados de baja de la lista por razones administrativas y por lo tanto no pueden ser considerados como pacientes tratados, y lo más grave, para ellos, que la posibilidad dada al paciente de atenderse en privado con el bono AUGE va en desmedro del sector público.

La segunda medida significativa, el aumento del permiso prenatal a 45 días y el aumento del permiso postnatal de tres a seis meses, de los cuales los primeros 3 meses son irrenunciables.

La mujer puede decidir si en los últimos tres meses regresa a trabajar a medio tiempo recibiendo la mitad del subsidio y como mínimo la mitad del salario que ganaba o toma el permiso a tiempo completo para dedicarlo al bebé. El tope del subsidio estatal dependiendo de las cotizaciones puede alcanzar los US $2.950 mensuales. Cabe hacer notar que el subsidio del postnatal lo paga el Estado.

Los derechos en relación a la maternidad son los mismos para las trabajadoras del sector público como privado, y a partir del 2013 serán extendidos a las trabajadoras temporeras las que necesitan 8 cotizaciones, continuas o discontinuas en los dos años anteriores al embarazo.

Como dato interesante, el permiso postnatal puede traspasarse al padre por 6 seis semanas si la madre tomó 12 semanas a tiempo completo, o por 12 semanas si tomó 18 semanas a medio tiempo.

La energía: talón de Aquiles para Chile independiente de quién gobierne

Chile no posee gas ni petróleo, y por razones geopolíticas, (por los problemas de acceso al mar, Bolivia no le vende gas, Argentina por escasez suspendió el envío de gas, Perú prefiere exportar a México y Estados Unidos y no al vecino país) el país necesita asegurar su provisión en mercados internacionales y a precios en que el transporte encarece el costo, lo que se refleja en precios muy altos en electricidad.

Esto, sumado a la necesidad de abastecer de agua a las grandes compañías mineras en el árido norte, las trabas al desarrollo de proyectos energéticos basados en carbón, petróleo o recursos hídricos (los únicos de los mencionados de que dispone en cantidad es en el sur, La Patagonia) hace que la capacidad de abastecer la población y la industria alcance un límite peligroso para el desarrollo del país en un futuro no muy lejano.

Para buscar soluciones se han estudiado todas las posibilidades; hoy hay 140 proyectos renovables no convencionales con una capacidad productiva de 8.749 MW, es decir, poco más de tres veces lo que contempla el proyecto HidroAysén, pero con un costo de US $ 22.451 millones.

Los denominados proyectos verdes se dividen en 54% generación eólica a un costo de US$10.000 millones y 34% solar a un costo de US$ 11.000 millones; el resto proviene de centrales hidroeléctricas pequeñas o de tránsito, geotermia. De ellos hay solamente un 6% en construcción, por el costo de funcionamiento, sea por lo que necesitan de plantas de apoyo para asegurar su funcionamiento cuando no hay vientos, o sol, sea porque la tecnología no está lo suficientemente desarrollada.

Para asegurar el abastecimiento de gas está adaptando puertos y construyendo plantas de regasificación en el norte; para el agua está en estudio, además de la instalación de plantas desalinizadoras, la construcción de una hidrovía subterránea, bajo el mar, la que recolectaría agua en la desembocadura de los grande ríos del sur y la llevaría al norte. El proyecto, con tecnología francesa, podría describirse como una manguera gigantesca que resiste la presión bajo el mar y cuyo tendido sería similar al de los grandes cables submarinos que se usan en comunicaciones.

Defensa y críticas del plan de gobierno

Al ver el balance, hay que reconocer que se han realizado avances. Incluso en su primer año de gobierno Piñera contó con un cierto reconocimiento por parte de los líderes de la oposición que vieron en su programa "un plan ambicioso, con metas claras y medidas que iban en la dirección correcta" (Marco Enríquez Ominami), o "un muy buen plan, ambicioso y concreto, que establece metas nacionales, y que felizmente no resucitó la agenda clásica de la derecha y más bien responde al deseo de la gente de un gobierno que continúe lo que ha hecho en estos veinte años la Concertación y extienda la red de protección social y profundizando la democracia" (Pepe Auth, del Partido Por la Democracia).

La Democracia Cristiana hizo notar que gran parte de los anuncios del presidente Piñera formaban parte de las propuestas ya formuladas por la Concertación sobre todo las reformas que perfeccionan la democracia.

El senador ex PS, Alejandro Navarro resumió el plan con la siguiente frase: "El discurso de Piñera debió pronunciarlo Bachelet el 21 de mayo de 2009".

A la luz de las cifras, pareciera contradictorio la baja aprobación de Piñera que incluso llegó en sus peores momentos a bordear un 20% de apoyo. Veamos los factores que jugaron en su contra:

1. su triunfo no fue porque votaran por él, sino como resultado de un voto castigo contra una Concertación que después de 20 en el poder se había anquilosado y alejado de los intereses de los chilenos, y no importó lo que declarara o lo positivo de las medidas sociales que tomara, no logró desligar su persona de la imagen de una derecha asociada con Pinochet que permanece en la memoria colectiva chilena.

2. un pésimo manejo del discurso por parte del Presidente, quien es percibido como una persona lejana y hasta antipática en comparación a la presidenta que es percibida como cercana al pueblo, que los escucha y entiende sus problemas, un poco la figura de la madre en Neruda.

3. errores cometidos en el nombramiento de su equipo, supuestamente de excelencia como había prometido, pero el que tuvo que cambiar por un equipo menos tecnocrático y más político (un país no es una empresa) para poder navegar con una cámara mayoritariamente en contra.

4. el cambio de actitud de la oposición que pasó de una actitud pasiva a una fuerte campaña de minimización de los proyectos del gobierno: todos ellos a estudiar puesto que "traen letra chica y por lo tanto no son tan positivos como se presentan"(percibiendo quizás que un triunfo del gobierno alejaba sus posibilidades de volver al poder), o exigiendo aumentar

los beneficios planteados, apareciendo al final como campeones en la defensa de los intereses del pueblo por sobre los intereses escondidos de una clase representante del sistema neoliberal.

5. el corto periodo presidencial (4 años sin derecho a reelección) hace que en la práctica a los dos años se vuelva a entrar en campaña electoral y el gobernar se diluya en función del objetivo electoral; recordemos que este cambio afectó también a la presidenta Bachelet.

6. la irrupción en el escenario político del movimiento estudiantil que golpeó el tablero cambiando las prioridades y forma de entender el ejercicio político tanto al Gobierno y sus partidarios como a la oposición, la que (al menos en parte) fue asumiendo las banderas de los jóvenes no solamente en la educación, sino también en lo que se refiere a cambiar las propuestas por otras cercanas a las de una nueva izquierda radical intentando romper con la imagen de los pasados 20 años de gobierno de la Concertación que para los estudiantes no representan sino otra cara del neoliberalismo.

El final del gobierno de Piñera estará marcado por el deseo de adelantar el máximo en las metas que se fijó para garantizar el desarrollo futuro y que Chile alcance la categoría de país desarrollado (un ingreso per cápita de US $22.000) antes de terminar esta década, y para la alianza que lo apoya, por una campaña electoral para las presidenciales del 2014 que tras las elecciones municipales del 2012 (en que de 13 millones y medio de electores votaron solamente 5,4%, es decir, la abstención alcanzó el 60%) se presentan difíciles de ganar.

Estarán también marcados por lo que suceda con la oposición donde un sector de la misma, conformado por el Partido Por la Democracia, Partido Radical Social Demócrata, Izquierda Ciudadana y Partido Comunista busca la "izquierdización" del programa del próximo gobierno y otro, conformado por la Democracia Cristiana y el Partido Socialista quieren un programa de centroizquierda.

En las municipales, a mitad del gobierno de Piñera, el primer grupo obtuvo una votación del 22% (con un 6.42% del PC) y el segundo un 27.36%, lo que cambió el mapa político en la oposición chilena.

El PC plantea que no se trata más de la Concertación más ellos, sino de 5 partidos de oposición, y que un pacto se da alrededor de un programa común que tiene que reflejar las demandas de los actores sociales: estudiantes, CUT, mapuches y ecologistas.

Camilo Ballesteros, joven líder de la nueva generación del PC, uno de los dirigentes de la CONFECH y de las marchas estudiantiles planteó: "Bachelet puede salir sin el PC, por cantidad de votos, pero la gobernabilidad se la entrega el PC", clara advertencia a la Concertación de que es el poder de la calle, de las manifestaciones, y no la representatividad electoral, lo que determinará el rumbo a tomar; línea partidaria muy similar a la expresada por el Socialismo del Siglo XXI en el llamado "poder popular".

La ex presidenta y candidata a la presidencia en los comicios de fines del 2013, Michelle Bachelet, quiere que su próximo gobierno sea participativo, con una base más amplia, con una propuesta progresista en la cual la tarea primordial será la de restablecer la confianza en las instituciones y combatir la desigualdad. Para ello pide se le dé una amplía mayoría para efectuar las reformas necesarias que respondan a las peticiones manifestadas en las calles que van desde una nueva constitución a la gratuidad de la educación, el fin al lucro y el aumento de la protección social.

Es evidente que la alternancia en el poder en Chile jugó un rol muy positivo: obligó al país y a los dirigentes políticos tradicionales a repensarse.

2. Colombia

Algunos antecedentes

El ex presidente, Álvaro Uribe, fue elegido para un primer mandato del 2002 al 2006. Fue el primer candidato a presidente de su país en ser elegido en la primera vuelta de las elecciones al obtener 53% de la votación contra 31,8% obtenida por el candidato opositor. Su reelección en mayo del 2006 estableció dos récords: uno, por primera vez en su historia, el pueblo colombiano reeligió a un presidente (y con 62%), una votación incluso mayor que la obtenida en el primer mandato, y dos, la aparición de una nueva formación de izquierda como primera fuerza de oposición: el candidato del Polo Alternativo Democrático, quien llegó en segunda posición con el 22%, lo que puso fin al bipartidismo liberal-conservador hasta ese momento imperante.

El rechazo por parte de la Corte Constitucional de una reforma para permitirle optar a un tercer mandato (segunda reelección) cambió sorpresivamente el mapa electoral colombiano.

Hasta ese momento, la vida política colombiana había estado dominada por la corrupción y la violencia producida por el narco y la guerrilla. Por un lado, la lucha contra las FARC y el problema de los secuestrados (la narco política) y por el otro, los lazos existentes entre el Gobierno y los grupos paramilitares (la para política) y los llamados falsos positivos, civiles asesinados por el ejército que hacían aparecer como guerrilleros muertos en combate.

Tras la recuperación de las computadoras de algunos de los jefes de las FARC en un ataque a uno de sus campamentos en la frontera con Ecuador, se sumó a esta realidad lo que los colombianos llaman las FARC-política es decir, los lazos existentes entre este grupo guerrillero y algunos políticos y gobiernos extranjeros, el problema del narcotráfico y el de los desplazados de la violencia que afecta 3,8 millones de los 42 millones de habitantes del país.

La política colombiana para las elecciones presidenciales del 2010 se definió, entonces, en torno a estos ejes, y el discurso de los candidatos se centró en la política de seguridad. Los resultados de la primera vuelta electoral mostraron que la gente en Colombia, en especial la de las ciudades, la más informada, la más joven, se había liberado del miedo que le producía la guerra que se libra en el campo.

Juan Manuel Santos: una nueva forma de gobernar

Juan Manuel Santos resultó triunfador de las presidenciales en una segunda vuelta con el 69,05% de los votos frente a Antanas Mockus del partido Verde quien obtuvo el 28,52%.

Presidente Juan Manuel Santos (2010-2014)

El país que recibió Santos de manos del presidente Uribe era el país con más desempleados de la región: cerca de dos millones y medio de desocupados, una informalidad de empleos del 60% y un 46% de su población, viviendo en la pobreza.

Las primeras decisiones del presidente electo sorprendieron a aliados y rivales; considerado el seguidor del uribismo, Santos tomó una prudente distancia de Uribe planteándose como un gobierno de tercera vía y ubicándose en una centroderecha con una nueva política de alianzas que le diera mayor gobernabilidad al país.

Llamó a construir un gobierno de unidad nacional con tareas concretas para luchar por el crecimiento de la economía y contra el desempleo, la pobreza y la corrupción, el terrorismo y la delincuencia poniendo énfasis en la seguridad ciudadana para dar el gran salto a lo que él llama la prosperidad democrática.

A semejanza de Sebastián Piñera en Chile, planteó un gobierno eficaz, descentralizado, participativo, responsable y transparente en todos los niveles; un gobierno no centralizado que trabaje con líderes locales, los más cercanos a la realidad, para el desarrollo de las regiones.

Un presidente que sorprende

Para lograr mantener la tasa de crecimiento y avanzar en el desarrollo de planes sociales que atacaran la desigualdad, y para sortear la violencia trabajó simultáneamente en dos frentes. En el frente externo se acercó a Venezuela y Ecuador para distender la situación de enfrentamiento y ruptura a la que había llegado el anterior presidente, acercó posiciones y restableció una política de diálogo entre buenos vecinos. Con ello evitó el desgaste del gobierno, restableció lazos económicos y al mismo tiempo, poco a poco, le restó respaldo internacional a los grupos beligerantes de Colombia, principalmente a las FARC, buscando desde el comienzo terminar, o al menos intentarlo, con una violencia que desangró al país durante más de 40 años a un costo enorme en vidas humanas.

Paralelamente, en el frente interno continuó y aceleró el desarrollo económico de Colombia: en plena crisis internacional el PIB alcanzó un 5,9%. En un país que comenzó a percibirse más seguro atrajo más de $US 13.000 millones como inversión extranjera directa, de acuerdo a los informes de la CEPAL (Comisión Económica para América Latina).

Ya en el 2011, sus exportaciones superaron los $US 50.000 millones y logró aumentar su producción petrolera a más de 1 millón de barriles.

En el plano internacional firmó el TLC con los Estados Unidos que había estado trancado en el congreso norteamericano, se abrió a formar parte del llamado Pacto del Pacífico junto a Chile, Perú y México para abrirse al Asia, y comienza a desplazar a Perú como destino de los llamados capitales intranacionales.

Hace 20 años las exportaciones colombianas tenían llegada a un mercado de alrededor de 60 millones de personas, en el 2012 el mercado potencial para sus bienes llegó a 850 millones (sin contar con la apertura a través del Pacto del Pacífico) gracias a tratados con 40 países en distintas regiones del mundo.

En esta nueva forma de gobernar, Santos no buscó la victoria militar sobre la guerrilla. El mismo que siendo ministro de Defensa en el gobierno de Uribe hizo bombardear en Ecuador el campamento del segundo jefe de las FARC, Raúl Reyes, lo que marcó el comienzo de una estrategia que diezmó la cúpula y al mismo tiempo mandos intermedios, en el 2012, tras meses de conversaciones secretas en Cuba, anunció nuevas conversaciones de paz mostrando que si bien es cierto el gobierno no pondría fin al conflicto con un triunfo militar, los insurgentes (que ya no cuentan con el mismo apoyo de opinión pública nacional ni internacional) tampoco lograrían el poder a través de la lucha armada. Los mismos gobernantes que habían apoyado a las FARC durante las anteriores conversaciones de paz, cuando se decía que existían dos Colombias, una gobernada por el gobierno y otra por las FARC y se hablaba de una Colombia cortada en dos y con equilibrio de fuerzas, en el 2012 declararon que las FARC, por el bien del país, debían abandonar las armas (presidente Correa) o que la lucha armada no tenía razón de ser en el continente y que hoy existía otra realidad y formas de participar en la política (presidente Chávez).

Estas conversaciones se dan en condiciones diferentes, teniendo como acompañantes a un representante de Chile (gobierno de derecha) y otro de Venezuela (Socialismo del Siglo XXI), conversaciones a realizarse en Oslo y luego en Cuba, conversaciones que buscan el fin del conflicto, el desarme de los grupos irregulares y su integración a la vida política del país. Santos fijó los límites para no incurrir en los errores del pasado: no habrá zonas en que el ejército se retire, y no se suspenderán las actividades militares que podrían conducir a una reestructuración de las FARC y a una dilación del proceso de paz para ganar tiempo.

La mesa se reunirá sobre cinco puntos precisos que incluyen desde la distribución de las tierras, compensación a las víctimas y el problema del narcotráfico hasta la amnistía por crímenes que no sean de lesa humanidad y las garantías para el reintegro a la vida política incluyendo la posibilidad que, de ser elegidos, ex comandantes se sumen al Congreso y cargos públicos de elección popular, y en forma evidente, el desarme de las FARC. El avance de estas conversaciones será evaluado a fines del 2013 para determinar si vale la pena continuar o si se suspenden.

Prácticamente todos los gobiernos del mundo han dado su apoyo al presidente Santos para alcanzar la paz en Colombia, una paz que traería no sólo la tranquilidad, sino que también, al decir de los expertos, aumentaría el crecimiento del PIB en un 2%, lo que sumado al poder disponer para el bienestar social de los enormes recursos utilizados para combatir la guerrilla y el narcotráfico (US $ 14.450 millones por año, 3.5% del PIB de la nación) impulsaría el camino de Colombia hacia una mayor equidad, paz y justicia social.

Si el camino de la paz no se presenta fácil (en ambos lados existen los halcones que desean continuar combatiendo), el firmar la desmovilización de las FARC, a nuestro entender no significaría necesariamente el fin de los problemas y la violencia. El ministro de Defensa de Colombia cifró el imperio económico de las FARC en US $ 3.500 millones como producto del tráfico de 200 toneladas de cocaína al año y un millón 500 mil hectáreas de tierras de las cuales los desplazados reclaman 800.000. Esa riqueza planeará sobre la paz resultante.

Partiendo de la experiencia de otros países con otros jerarcas podría preverse un cuadro de corrupción en los estratos dirigentes, o un partido o movimiento con fondos casi ilimitados para difundir sus ideas y respaldar sus candidaturas. Cabría preguntarse ¿qué sucederá si parte de sus miembros no aceptan abandonar las armas tras haberse acostumbrado a subsistir gracias a ellas?; ¿qué pasará con los descolgados que, atomizados, prefieran quedarse definitivamente en el lucrativo negocio del narcotráfico transformándose en delincuentes comunes, aunque pretendan seguir dando un pretendido discurso social?; y finalmente, ¿cómo poder lograr, si no el reencuentro, al menos una convivencia civilizada entre los victimarios y las víctimas?

La misma experiencia colombiana muestra una realidad escalofriante: en noviembre del 2012 una de las bandas criminales ligadas al narcotráfico y la extorsión surgidas de las Autodefensas Unidas de Colombia, grupo paramilitar desmovilizado en el 2006 tras un acuerdo firmado con el gobierno del presidente Uribe, masacró a 10 campesinos indefensos en la zona norte del país con una brutalidad que recordó los peores años de la violencia. Tras fusilarlos, les arrojaron una granada para destruir los cuerpos.

Un crecimiento insuficiente: desafíos para sus próximos años de gobierno

Siendo importantes las perspectivas de desarrollo de Colombia, ello no basta para cicatrizar las heridas de un país que ha conocido la violencia más larga en la historia de Latinoamérica y para erradicar niveles de pobreza de los cuáles el mismo presidente Santos declaró avergonzarse. No basta con controlar la inflación para combatir el hambre y el desempleo. Se requiere dar asistencia a los millones de desplazados por la violencia, devolver la tierra a los campesinos que fueron despojados de sus propiedades y atacar los problemas que están a la base de esa realidad para retomar control sobre los corredores que hoy sirven a la narcoguerrilla para el comercio de las drogas y de las armas.

3. Guatemala

Presidente Otto Pérez Molina (2012 – 2016)

Algunos antecedentes

Desde 1954, cuando fuera derrocado el coronel progresista Jacobo Arbenz Guzmán, hasta 1986, el país fue gobernado por dictaduras militares. Desde que se restableció la democracia en 1986 los guatemaltecos eligen a sus gobernantes por medio del voto popular.

Entre 1960 y 1996 el país fue víctima de una guerra civil que duró 36 años, dejó miles de muertos, miles de miles de desplazados y causó enormes daños materiales. Hoy tiene uno de los índices de homicidios más altos del mundo de los que son responsables en gran medida las pandillas conocidas como "las maras".

En el 2008, Guatemala eligió por primera vez en su historia a un presidente socialdemócrata, **Álvaro Colom**, lo que marcó un giro en un país de 13 millones de habitantes de los cuales el 56% estaba bajo la línea de pobreza a su llegada al poder. En Guatemala existen 22 etnias mayas que suman un 42% de la población.

En la campaña electoral del 2008 participó por primera vez una mujer indígena, Rigoberta Menchú, autora de *Me llamo Rigoberta Menchú y así me nació la conciencia*, Premio Nobel de la Paz 1992. Pese a haber obtenido solamente un 3% de la votación y haber llegado en séptimo puesto entre los candidatos, su participación marcó un avance para los pueblos indígenas y para la democracia guatemalteca en general. En las elecciones municipales que se realizaron al mismo tiempo que las presidenciales los representantes indígenas triunfaron en 123 de las 331 municipalidades y del total de autoridades elegidas, 8 fueron mujeres.

Asumió la presidencia Álvaro Colom, del partido Unión Nacional de la Esperanza (UNE) en un país con el 54% de desnutrición infantil en los menores de 5 años, un país sediento de justicia, harto de la violencia y esperanzado en un gobierno que combata la pobreza.

La imposibilidad de controlar la violencia fue el talón de Aquiles del gobierno de Colom. En el 2010, una Organización No Gubernamental (ONG), International Crisis Group (ICG), señaló que Guatemala era uno de los países más peligrosos del mundo, con cerca de 6.500 asesinatos en el 2009 de los cuales 847 fueron asesinatos de mujeres, cifra que superó las cifras registradas durante el conflicto armado y dobló la tasa de homicidios de

México. Dado el alto índice de crímenes contra las mujeres desde 2008, la legislación del país centroamericano reconoce el crimen del femicidio: el asesinato de mujeres por el simple hecho de serlo, motivado por el odio y la misoginia. Esto es lo nuevo del fenómeno en el denominado triángulo de la violencia conformado por Guatemala, El Salvador y Honduras que tienen las tasas de femicidios más altas de la región.

Balance de gobierno de Álvaro Colom
Educación
La educación se hizo gratuita; en 2010 se sumaron 1.5 millones de niños a las escuelas y se contrataron 65.000 nuevos maestros; la cobertura educativa del nivel básico aumentó el 131% y la del nivel diversificado 138%; 138 municipios quedaron libres de analfabetismo; se construyeron 333 centros de educación primaria, una por cada uno de los municipios que conforman el territorio nacional, los que dieron acceso a la educación a alrededor de 1.4 millones de niños adicionales de los cuales 1.1 millón eran indígenas.

Salud
El sistema de salud se hizo gratuito; la mortalidad materna se redujo del 22,2% y la mortalidad infantil del 20%; 84 departamentos en el país fueron dotados de un centro de atención permanente las 24 horas del día; construcción de nueve centros de asistencia médica y del hospital pediátrico de especialidades donado por el gobierno de Venezuela.

Bienestar social
814.890 madres pobres se beneficiaron con "Mi familia progresa" (subsidio de 38 dólares mensuales por enviar a sus hijos a la escuela y llevarlos a controles mensuales de salud); 217.000 jóvenes se beneficiaron de escuelas abiertas los fines de semana con opción a participar en actividades deportivas o culturales (teatro, ajedrez, etc.); 12.000 familias recibieron en el 2009 títulos de propiedad por un lote de terreno; lanzamiento del programa "Bolsa Solidaria" para los residentes pobres de los asentamientos urbanos consistía en la entrega mensual de una bolsa con víveres: 10 libras de fríjol, 10 libras de arroz, 5 libras de harina de maíz, 5 libras de Incaparina y medio galón de aceite; en su último mes de gobierno, diciembre del 2011, aumentó el salario mínimo de Q59.45 a Q62.50 (~de $8 al día) a los trabajadores de las maquilas y de Q63.70 a Q68 (~de $9 al día) a los trabajadores agrícolas y no agrícolas, lo que fue calificado de positivo por los empresarios textiles y una burla por los sindicatos.

Obras públicas y energía
Se inició la construcción de la Franja transversal del Norte, una carretera de 356 kilómetros y de otra carretera para unir Baja Verapaz y Alta Verapaz con Izabal y toda la cuenca del río Polochic y así impulsar el desarrollo de esas regiones; se habilitó el Puerto de Champerico; se aumentó la generación de energía hidroeléctrica de 3.012 megavatios, lo que favorecerá

la baja de las tarifas eléctricas.

Elecciones del 2011: cambio de gobierno por una agenda personal

La esposa de Álvaro Colom, Sandra Torres Casanova deseaba ser la candidata presidencial por el partido de gobierno. Como la constitución del país lo prohibía, intentó una artimaña: se divorció planteando que al no ser la esposa del Presidente no había ningún impedimento legal para presentarse como candidata, lo que fue rechazado por el Tribunal Constitucional de Guatemala. Ello se tradujo en la victoria de un ex general derechista Otto Pérez Molina (2012-2016) con más del 54% de la votación en la segunda vuelta.

Al asumir el poder, el general retirado declaró: "Sueño con que la mía sea la última generación de la guerra y la primera generación de la paz en Guatemala" y se comprometió a invertir para subsanar las carencias y desigualdades sufridas por la población guatemalteca debido a un conflicto armado que duró 36 años.

Primeras medidas del nuevo gobierno:

En el 2013 piensa iniciar el proyecto de vivienda para los empleados públicos, en un país que tiene un déficit de más de 2 millones de viviendas. Este proyecto, informó la vicemandataria, Roxana Baldetti, empezará con la construcción de colonias para los maestros, policías y trabajadores de salud.

Para paliar los efectos de la sequía distribuyó 45.000 raciones de alimentos entre las familias damnificadas, parte del plan "Hambre Cero" y se plantea aumentar el plan de ayuda "Mi Bono Seguro" de 700.000 a un millón de madres siempre que cumplan con el requisito básico: inscribir sus hijos en la escuela.

Relaciones internacionales

Desea reforzar las relaciones de cooperación con el gobierno bolivariano de Venezuela a quien manifestó su interés en ingresar el Petrocaribe, iniciativa del presidente Chávez, mediante la cual suministra petróleo a precios preferenciales.

Planteó la necesidad de establecer un nuevo diálogo regional para combatir el narcotráfico y buscar una salida al problema de las drogas que vaya más allá de la represión, incluyendo el estudio de formas para su legalización, en una Guatemala donde el 40% de los crímenes violentos están relacionados con la droga.

Estas dos tomas de posición mostrarían una apertura que aleja al nuevo presidente de las posiciones recalcitrantes de la derecha guatemalteca y plantean una visión más amplia, moderna y menos agresiva.

4. México

Algunos antecedentes de la historia reciente

Las elecciones generales de México el 2 julio del 2006 fueron unas muy reñidas al punto que el resultado oficial final no fue dado a conocer sino hasta septiembre después de recontarse los votos. La noche de los comicios electorales el Instituto Federal de Elecciones (IFE) pidió a ambos candidatos, Felipe Calderón y Andrés Manuel López Obrador que se abstuvieran de pronunciarse vencedores puesto que la diferencia de votos era muy pequeña; Calderón aparecía con una ventaja de apenas el 1,4%. Ni Obrador, ni Calderón hicieron caso de este llamado y ambos se declararon vencedores lo que inició un periodo de conflictos entre los partidarios de cada candidato. El 6 de julio del 2006 oficialmente se declaró vencedor a Felipe Calderón por el estrecho margen de 0,58%.

La violencia marca a un país

México se ve enfrentado a una terrible violencia originada por los carteles de la droga y podría decirse que a combatir ese serio problema se abocó Felipe Calderón. Para combatir la inseguridad, el Presidente aumentó el presupuesto de 12,4% para fortalecer los cuerpos policiales con el fin de realizar redadas masivas contra los carteles de droga. En adición, decidió la extradición a los Estados Unidos de varios líderes de pandillas asociadas con el narcotráfico.

El gobierno escogió a Ciudad Juárez (símbolo mundial de la violencia mexicana de asesinato de mujeres) para presentar un plan de cuatro ejes para recuperar la ciudad: salud (extender la cobertura, crear diez nuevas clínicas o reforzar la atención de adicciones); educación (ampliación de la jornada escolar en 89 centros, y becas y estímulos para evitar la deserción); ayuda social (apoyos a pequeñas y medianas empresas, desempleados, guarderías, etc.); y finalmente, el reforzamiento de la estrategia policial en una ciudad que contaba ya con la intervención de 7.000 miembros del ejército a quienes se les acusaba de brutalidad y de atropellos a la población.

Lo que quedó claro seis años después fue que la violencia producida por el narcotráfico, está lejos de ser eliminada pues la misma tiene otras ramificaciones como el tráfico de armas, el lavado de dinero y la corrupción. La cruzada nacional en contra de los carteles de la droga emprendida por el presidente Calderón al iniciar su gobierno en el 2006, se le salió de las manos. "No teníamos idea del poder de los narcotraficantes", admitió. Esa falta de diagnóstico real provocó una guerra civil de más de 23.000 muertos, la mayoría delincuentes, pero también policías, militares y ciudadanos que no tenían nada que ver en esa lucha. El problema creció, la violencia se ha extendido a casi el 30% del país y amenaza la vida democrática de México.

El tema de las drogas es un tema global el cual debe enfrentarse bajo diversos ángulos como un tema económico y de mercado. Éste es uno de los ángulos que ayuda a explicar el fenómeno, y quizás a encontrar los mecanismos para combatirlo o al menos, para contenerlo. Recordemos que cada año ingresan a la economía mexicana alrededor de $US 40.000 por concepto de drogas.

Otro aspecto de la ecuación de la violencia hay que verlo en la dirección opuesta, Estados Unidos a México. Desde que en 2004 se derogó en EEUU la prohibición de venta de armas de asalto, creció el poderío bélico de los carteles debido al suministro de armamento ilegal que pueden adquirir fácilmente al norte de la frontera. Entre el 2006 y septiembre del 2011 se habían contabilizado en México 47.515 asesinatos atribuidos a la violencia de las organizaciones criminales. En base a la tendencia de 1.100 muertos al mes en el 2011, se extrapolaba que al dejar Calderón su gobierno en diciembre del 2012, la cifra aumentaría a más de 60.000 muertos.

Elecciones del 2012

Presidente Enrique Peña Nieto
(2012-2018)

En julio del 2012, Enrique Peña Nieto, candidato del Partido Revolucionario Institucional, partido que gobernó México desde 1929 hasta el 2000 cuando fue reemplazado en el poder por Felipe Calderón del Partido de Acción Nacional, ganó las elecciones presidenciales por un margen del 7% y fue declarado presidente electo para el periodo que va del 1 de diciembre del 2012 al 30 de noviembre del 2018.

Al igual que en las elecciones anteriores, Andrés López Obrador, candidato derrotado, pidió la anulación de las elecciones por fraude y el no reconocimiento al nuevo gobierno. Sin embargo, su reclamo no tuvo el eco de la vez anterior debido al gran margen de diferencia, y pese a su llamado a nivel internacional, todos los gobiernos: de Cuba a Estados Unidos, de Venezuela a Chile, de Ecuador a Francia reconocieron y dieron la bienvenida al nuevo presidente.

La fuerza de la juventud y la modernidad en la visión del Estado

Con apenas 46 años, Peña Nieto, propone una nueva plataforma de gobierno que rompe con el oscuro pasado de su partido, pasado que se caracterizó por la concentración y abuso del poder y la corrupción generalizada.

En lo económico

Recibe un país que tras ser golpeado por la crisis muestra cifras alarmantes para su gobernabilidad de acuerdo a un informe del Foro Económico Mundial para el 2009-2010: en lo que se refiere a la falta de eficacia de sus instituciones, entre 130 países ocupa el lugar 101, en lo que se refiere a la corrupción pasa del puesto 72 al 89; la economía informal alcanza al 50% del país, y en el 2010, la inflación subió del 4% al 4,8%. Este panorama se refleja en las inversiones extranjeras directas que cayeron de un 51%

Sin embargo en el primer trimestre del 2010, México comenzó a recuperarse. Su PIB creció a 4.4% tras haber sufrido una contracción histórica de 2,4% en el 2009, y en el mes de abril alcanzó un crecimiento del 7,2% señalando la superación de la crisis y logrando que sus reservas nacionales fueran mayores a su deuda externa ($US 100.000 millones contra $US 94.000 millones).

Tras ser elegido, y con un panorama de desarrollo económico favorable, Peña Nieto se presentó como un reformista: "Estoy por el Libre Mercado con Sentido Social. Ese, este es mi compromiso. Que nuestro potencial se torne beneficio para los que menos tienen. ¡Esta es mi mayor prioridad! Vuelvo a comprometerme: he de trabajar por los que menos tienen. Batallaré contra la desigualdad y la pobreza". Presenta una visión modernista de gobernar con énfasis tanto en el desarrollo económico como en el social a través de medidas rápidas y eficaces para reducir la tasa de pobreza, el desempleo, y dar reales posibilidades a los olvidados de siempre.

En su primera gira por Latinoamérica y Europa (lo que ya marca una diferencia con los gobiernos anteriores para los cuales la primera salida era hacia los Estados Unidos) reafirmó la orientación nacional y latinoamericanista que dará a su gobierno:

-en Guatemala planteó que más allá de los tradicionales convenios para combatir la violencia, el tráfico de drogas y la violencia ejercida en México contra los inmigrantes indocumentados en su tránsito hacia los Estados

Unidos, quiere desarrollar programas que conduzcan a la integración y colaboración entre ambos países y la región para competir en mejores términos en un mundo globalizado.

-con Brasil planteó una mayor apertura comercial entre las dos potencias más grandes de Latinoamérica que tienen un intercambio mínimo entre ellas (US $ 9.000 millones, menos del 2% del comercio exterior en cada país), para buscar una complementariedad y no una competencia. Como dato interesante cabe notar que desde hace más de 15 años ambos países, sin éxito, están llevando a cabo conversaciones para establecer un TCL.

-en su gira por Latinoamérica dejó claro que quiere que los mercados habituales de México se amplíen y para ello apunta a fortalecer la colaboración con Centroamérica, Sudamérica y el Caribe destacando el llamado Pacto del Pacífico junto a Chile, Colombia y Perú, pacto que le abre las puertas del mercado asiático y fortalece su posición privilegiada como bisagra entre los Estados Unidos y demás países del sur del continente. En noviembre del 2012 firmó contrato con una empresa holandesa para la ampliación del terminal de contenedores del puerto Lázaro Cárdenas en el Pacífico con el fin de transformarlo en la opción más importante para la importación y exportación de bienes entre Asia, México y la costa oeste de los Estados Unidos.

-en España ofreció ser parte de la solución a la crisis europea a través de inversiones seguras y rentables en México, pero precisando que en su país hay 52 millones de pobres, que cuenta con una juventud deseosa de progresar, que estando convencido de las bondades del libre comercio lo ve como una herramienta que ayuda a impulsar el desarrollo de México y al mismo tiempo el bienestar de su pueblo.

En esta nueva visión que propone insiste en la necesidad de garantizar la propiedad del petróleo para el Estado, pero al mismo tiempo llama a capitales internacionales minoritarios a ingresar en alianza para invertir en exploración y explotación incluyendo en las aguas profundas, a invertir en nuevas refinerías. Desea ganar en competitividad frente al aumento de la oferta por el descubrimiento de grandes yacimientos en otros países como Brasil y Venezuela, y explotar nuevas fuentes como el llamado Shell Gas e incluso para desarrollar industrias que sean competitivas en el mercado de energías limpias.

La oposición ya hizo escuchar su voz en contra de la entrada de capitales privados a PEMEX lo que ve como abrir la puerta a la privatización de un recurso estratégico y el de mayor fuente de ingresos del país. Está claro, por la amplitud de las manifestaciones en contra de esta medida, que de aprobarse el proyecto, será disminuido en sus proyecciones en el Congreso Nacional.

Más allá de la economía, pero no independiente de ella

Existe una fuerte población indígena en el país sumida en la pobreza. Para impulsar su desarrollo social se comprometió a mejorar la infraestructura de los territorios donde esta población se concentra para permitir su integración a la vida nacional, crear empleos y permitirles sacar sus productos; pero junto a ello ve la necesidad de salvaguardar la cultura, lengua y hacer que se respeten las tradiciones de más de 6 millones de mexicanos.

Creará escuelas para ellos, abrirá los salones al mundo dotándolos de acceso a la Red; pero al mismo tiempo formará maestros bilingües para que no se pierdan sus dialectos y tradiciones aplastados por una cultura dominante que los menosprecia.

Un nuevo gobierno que representa un desafío

Hay un lenguaje que se aleja del mensaje populista o de grandes promesas, una perspectiva cercana a los gobiernos de centroizquierda y centroderecha que sin perder la perspectiva del desarrollo económico tiene paralelamente un fuerte compromiso social.

Se compromete el nuevo presidente a respetar los derechos humanos en un país sumergido en la violencia, promete combatirla y al mismo tiempo respetar los derechos y libertades de todos los mexicanos lo que implica una gran lucha contra la corrupción y la costumbre establecida. Asesinatos nunca investigados a fondo como los de las mujeres de ciudad Juárez y la impunidad de sus asesinos se lo recuerdan amargamente. La masacre de estudiantes en Tlatelolco en 1968, bajo un gobierno del PRI, recuerda la responsabilidad de las autoridades en la violencia.

El terminar con la violencia implica reconstituir el tejido social como el mismo presidente lo indicara, y para ello se requiere restablecer el dominio de la ley en condiciones de igualdad para todos los ciudadanos. Para dotarse de nuevas armas el gobierno se plantea crear una Gendarmería Nacional, cuerpo que tendrá formación militar, pero que estará bajo una autoridad civil para evitar abusos.

Deberá enfrentar el nuevo gobernante aquellos que dentro de su propio partido piensan que retoman el poder para continuar enriqueciéndose como en el pasado poniendo sus intereses por sobre los del país; enfrentará también una oposición que puede caer en la tentación de oponerse a todo para impedir todo avance y regresar ellos al poder. Pero el principal desafío del nuevo presidente es convencer a un pueblo de que quizás esta vez sí puedan comenzar a reconstruir un país más amable, más integrado a su historia y su continente; un país en que los vientos de la justicia y esperanza vuelvan a cabalgar por los campos de México, como en otra época.

Horacio Cartes, Presidente de Paraguay (2013 2018)

Algunos antecedentes

Después de 35 años en el poder (lo que la convirtió en la dictadura de derecha de mayor duración en América Latina), en 1989, el general Stroessner fue derrocado a su vez por un golpe de Estado encabezado por el general Andrés Rodríguez quien inmediatamente después fue elegido presidente como candidato del Partido Colorado en los primeros comicios electorales multipartitos realizados en el país en décadas. Una nueva constitución fue adoptada en 1992 y en 1993, Juan Carlos Wasmosy, un civil, ganó las elecciones por un periodo de cinco años. En el 1998 fue elegido Raúl Cubas Grau quien poco después fue obligado a dimitir por su supuesta participación en el asesinato del vicepresidente Luis María Argaña, y en su lugar fue nombrado Luis Ángel González Macchi. En las elecciones del 2003 subió al poder Nicanor Duarte Frutos.

En los comicios de abril de 2008, Fernando Lugo, un ex obispo católico de la región más pobre y postergada de Paraguay, en un hecho histórico, rompió la hegemonía política del Partido Colorado que gobernara Paraguay durante 61 años y se transformó en el Presidente de Paraguay, el segundo presidente de izquierda del país (el primero había sido Rafael Franco entre 1936-1937), el primero en ser elegido libremente. Lugo, quien se re-

279

clama de la Teología de la Liberación, ganó la presidencia con más del 40% de la votación pero fue derrocado por un golpe de estado constitucional en el 2012.

Recibió un país de 6 millones de habitantes, que junto a Bolivia, se sitúa entre los países más pobres del continente. Durante cuatro años, el Presidente empezó a tomar medidas para cambiar esa situación. Se planteó reducir la brecha entre ricos y pobres; combatir la corrupción generalizada en el aparato estatal heredado de 35 años de la dictadura de Alfredo Stroessner; resolver el problema de la tenencia de la tierra donde 500 familias poseían el 90% de las tierras cultivables y 350.000 campesinos no tenían tierra alguna; luchar contra un desempleo que alcanzaba el 13%, a los que había que añadir un 37% que tenían empleos precarios.

Se propuso combatir la violencia originada por esta situación económica, el tráfico de drogas y armas, y poner fin a la emigración de jóvenes que abandonaban el país debido a la falta de oportunidades. Se planteó, igualmente como tarea de gobierno, una reforma constitucional para modernizar al país y garantizar la independencia del poder judicial.

Logros más representativos
Sociales

Los más significativos fueron la gratuidad de todos los servicios de la salud pública y la puesta en marcha de una red de atención primaria; el seguro médico para tres mil empleadas domésticas; la expansión de un programa de asistencia financiera a familias en la franja de extrema pobreza, consistente en un aporte de unos 60 dólares mensuales; tarifas sociales de electricidad de las cuales se beneficiaron 290 mil familias y servicio de electricidad para algunos asentamientos rurales quienes recibieron luz eléctrica por primera vez; el establecimiento de albergues para los niños sin casa de lo cual se beneficiaron 1.800 niños; programas para capacitación profesional de los cuales se beneficiaron 77 mil jóvenes.

Económicos

Firma del "Acuerdo de Itaipú", acuerdo bilateral con Brasil que le da a Paraguay soberanía para negociar directamente con el sistema eléctrico brasileño el excedente del 50% de energía producida por la represa de Itaipú, al que tiene derecho. Itaipú, de administración compartida por ambos países, es la mayor represa del mundo en funcionamiento. Hasta el momento, Brasil utiliza el 95% de la energía producida por la central y Paraguay se abastece con menos del 5%.

Como presidente de izquierda, llevó al Paraguay a caminar junto al movimiento de nuevos gobiernos de izquierda que se estaban dando en la región latinoamericana. Debía haber terminado su mandato de gobierno en el 2013. Sin embargo, fue destituido por el Congreso Nacional en un juicio político relámpago tomándose como excusa un enfrentamiento entre policías y campesinos con 8 policías y 9 campesinos muertos durante el desalojo de una propiedad. Se dijo que los campesinos estaban con ropa militar y pertenecerían a un grupo de extrema izquierda: el Ejército del Pueblo Paraguayo, lo que fue negado por el gobierno.

El verdadero trasfondo: el ex presidente Lugo estaba impulsando una reforma agraria en un país en que el 2% de la población posee el 80% de las tierras, en un país que es el cuarto productor de soya a nivel mundial, pero en el cual la pobreza extrema entre el campesinado alcanza el 32.4%. En forma evidente, por un lado enfrentaba una fuerte resistencia por parte de los terratenientes y por el otro la impaciencia de aquellos postergados que por primera vez creían en la posibilidad de un cambio.

El Congreso, entre gallos y medianoche, nombró al vicepresidente Federico Franco en reemplazo de Fernando Lugo a la cabeza del gobierno con el compromiso de que no se postergarán las elecciones previstas para mediados del 2013. En represalia, tras el golpe, Paraguay fue suspendido temporalmente del Mercosur y los delegados del nuevo gobierno no son reconocidos y no pueden participar en ningún organismo regional.

En noviembre del 2012, el Frente Guasú, coalición de partidos y movimientos de izquierda de Paraguay dirigida por el ex presidente (derrocado) Fernando Lugo, presentó a Aníbal Carrillo como su candidato a la presidencia de la República para los comicios de abril del 2013.

En las elecciones presidenciales del 2013 triunfó el representante del derechista Partido Colorado, el empresario Horacio Cartes, con el 45.91% de los votos, en segundo lugar se ubicó el representante del Partido Liberal, Efraín Alegre,con el 36.85%. En un lejando tercer lugar se ubicó el representante socialista Mario Ferreiro con el 5.69% de los votos y el representante del movimiento del depuesto presidente Fernando lugo obtuvo el 3,46% de los votos.

La principal tarea del nuevo presidente será reintegrar a su país a los organismos de los cuales fuera expulsado tras el golpe constitucional del 2013: la Unasur y el Mercosur, lo que se espera ocurra sin mayor contratiempo dadas las felicitaciones que recibiera de todos los presidentes latinoamericanos, la invitación de Cristina Fernández a reintegrarse al Mercosur, del presidente Mujica a participar en la próxima cumbre de este organismo y el deseo manifestado por el presidente venezolano, Nicolás Maduro, de recomponer a la brevedad posible las relaciones con Paraguay y su nuevo gobierno.

I.4. La economía al interior del nuevo mapa político

En el 2008, el panorama económico mundial se vio golpeado por una crisis que, en un mundo de negocios cada vez más globalizado, afectó la economía tanto de los países desarrollados como de los emergentes, y entre ellos, en mayor o menor grado, los de América Latina.

A diferencia de otros momentos históricos, tanto los mercados del

Asia como los de Latinoamérica se mantuvieron relativamente bien sin que la crisis mundial los afectara seriamente gracias a que se adoptaron acertadas políticas macroeconómicas, se racionalizó la deuda pública y hubo un mayor acento social. América Latina, una región que había sufrido gravemente en anteriores crisis, creció por encima del promedio mundial.

La crisis se sintió con mayor fuerza en México y en naciones del Caribe por su alta dependencia de los Estados Unidos el que fue centro de las turbulencias del 2008, pero a partir del tercer trimestre del 2009, cuando comenzó la recuperación, la mayoría de los países comenzaron a salir de la crisis y a recuperar su ritmo de crecimiento. De hecho, los países llamados emergentes han sido los primeros en salir de la recesión y han ayudado a la recuperación global.

En los países latinoamericanos, el desempleo aumentó de 7,3 a 8,1% en el transcurso del 2009, pero ya en el 2010, en algunos de los países, el empleo había regresado a los niveles anteriores a la crisis.

En general, las mejores perspectivas para Latinoamérica se deben a las políticas contracíclicas aplicadas en los diferentes países; línea política prudente y anticíclica que plantea ahorrar en los momentos de crecimiento para enfrentar los momentos de las vacas flacas.

A nivel de capitales, la crisis global ha hecho aumentar la Inversión Extranjera Directa, sin embargo algunos de estos capitales, los llamados capitales golondrinas (por lo que llegan y se van) no crean verdadera riqueza y pueden representar un riesgo para el desarrollo de los países. Por ello, gobiernos como el de Brasil, Chile y Perú están desarrollando estrategias para que estos capitales se transformen en inversiones de largo plazo.

No obstante, el aumento del flujo de capitales hacia los países no es homogéneo y depende de varios factores: las posibilidades de consumo del mercado interno, no solamente en su extensión poblacional, sino también del nivel del ingreso medio en cada país, de la formación de la fuerza laboral, de la infraestructura y de la capacidad de suministrar los recursos energéticos necesarios a la industria.

Juegan además los tratados de libre comercio que cada país tenga, lo que acrecienta las posibilidades de comercialización: un mercado se mide no solamente por el número de habitantes de un país, sino también por sus ramificaciones. Pero sobre todo, juega el riesgo país medido en su estabilidad y seguridad a nivel político y económico, el respeto a los tratados comerciales y seguridad al capital extranjero, la política económica local en relación a la economía global, la gobernabilidad del país y la fiabilidad de sus instituciones.

Visto desde una perspectiva continental se perfilan dos tendencias económicas que divergen:

1. una tendencia que podríamos que denominar post neoliberal, o economía 2.0, en la cual el elemento social que fue ignorado en la etapa neo-

liberal entra a formar parte de las políticas económicas –en diferentes grados, es cierto– dependiente de si se trata de gobiernos de centroderecha o de una centroizquierda modernista y moderada.

El Pacto del Pacífico recientemente firmado por los cuatro países cuyas economías muestran el mayor crecimiento (cercano a un 7%), que representan un tercio del PIB del continente y el 50% de sus exportaciones: México, Colombia, Perú y Chile, es una clara muestra de la tendencia que se dibuja.

Con gobiernos políticamente tan distantes en lo que sería una clasificación que está siendo superada entre derecha e izquierda, como lo sería el de Piñera en Chile y el de Humala en Perú, se produce el encuentro en una visión moderna y futurista que contempla el mercado ya no como un dios que rige el mundo, ya no como un demonio causa de todos los males que aquejan a sus pueblos, y buscan el balance entre una economía y el bienestar social, con miras a un bienestar sustentable que tiene por meta derrotar la pobreza, eliminar una desigualdad inaceptable bajo todo punto de vista y devolver a sus ciudadanos la posibilidad y el interés de ser partícipe en la vida económica y política de su país.

Brasil, el gigante de la economía latinoamericana, y desde ya una potencia mundial, es también parte de esta nueva visión que se acerca a la social democracia.

2. una propuesta dada por el Socialismo Bolivariano del Siglo XXI, en la cual el interés primordial son los pueblos y la economía debe ser social. En ella prima lo político sobre las consideraciones de desarrollo económico y los organismos de comercio son regionales. La misma busca distanciarse de los tratados de libre comercio que no sean intracontinentales.

A este grupo, ligado al ALBA, se ha ido acercando el modelo kirchnerista de Argentina que desde el punto de vista económico comparte la misma visión, pero que marcado por un fuerte nacionalismo preserva su independencia.

Un socialismo renovado, que busca, al igual que en el pasado, la reestructuración de la sociedad, proyecto que lidera Venezuela y al que han adherido Bolivia, Ecuador, Nicaragua y Cuba por citar los más representativos.

Es preocupante por su incidencia en el desarrollo económico, el atraso existente en materia de innovación y desarrollo en la región, el cual impide que las economías regionales superen su tradicional papel de exportadoras de materias primas haciéndolas aún más dependientes y limitando sus ingresos y sus mercados. De todos los países solamente uno, Chile, aparece en las listas internacionales en que se mide el I+D (innovación y desarrollo), y en el puesto número 30.

Todos los países están buscando superar este vacío, conscientes de que de ello dependerá en gran medida el que puedan desarrollar una economía moderna y competitiva para poder insertarse en el mercado internacional con sus productos y servicios en condiciones de competitividad.

Los centros de excelencia que se creen, la investigación pura en las universidades, aplicada en proyectos conjuntos con las empresas, determinará el peso de cada país en un mercado global. Se dice que Brasil será la China de Latinoamérica, los países que se plantean una visión moderada y modernistas (y que son más pequeños) quieren ser Singapur y transformarse en potencias no por el volumen de su producción o de su población, sino por su tecnología, servicios y la capacidad de ser polos que se proyecten más allá de sus fronteras.

También, en una perspectiva continental vemos que el desarrollo de la economía en cada país es fundamental para garantizar los medios y la sustentabilidad para solucionar los problemas que aquejan al continente: sacar 225 millones de la pobreza, entregar una educación de calidad y accesible a todos los sectores de la población, formar profesionales para enfrentar las tareas de una industria moderna, dar accesibilidad a las redes sociales de comunicación para romper las barreras del aislamiento, crear empleos garantizando la igualdad de derechos independiente de la diferencia de género.

Ello conlleva desarrollar una infraestructura que permita la libre circulación de bienes y seres, la transparencia para luchar contra la corrupción, el atacar el problema de la violencia, el fomentar el respeto a los derechos humanos y el poder convivir en el respeto de la diferencia pese a tener proyectos socio-políticos opuestos.

La energía: elemento clave del desarrollo

El desarrollo requiere de energía, de un precio que permita a la industria ser rentable, de seguridad de acceso a ella en cantidad y tiempo sin que esté sujeta a otra consideración que no sea comercial. Esta necesidad hace que la búsqueda de energía renovable, la exploración y explotación de las fuentes naturales, petróleo, gas, recursos hídricos sean determinantes en el posible desarrollo de cada país, y cada gobierno busca asegurar su desarrollo futuro.

En Colombia, país con una importante industria petrolera, hasta el 2015, se prevén inversiones en petróleo por $US 54.000, más $US 8.000 millones adicionales destinados a la exploración y explotación del carbón.

En Chile, país prácticamente sin petróleo y gas natural, las inversiones proyectadas hasta el 2013 superan los $US 65 mil, de los cuales $US 28 mil millones corresponden a inversiones en energía. La minería, la riqueza más importante de Chile, ocupa el segundo lugar, con $US 14 mil hasta el 2013 y $US 48 mil millones al 2017. A corto plazo, para el 2010 se proyecta una inversión de $US 15 mil millones, de los cuales $US 4 mil millones son para la minería y $US 6 mil millones para energía. Estas cifras ilustran la importancia de uno de los elementos claves del desarrollo con sus implicaciones económicas y potenciales presiones políticas.

Brasil, el gigante de Latinoamérica, con una economía en plena expansión necesita más energía. Independientemente de su capacidad de autoabastecerse en gas y petróleo busca diversificar sus fuentes de preferencia las renovables. Para ello, pese a la oposición al proyecto, aprobó la construcción de la que será la tercera represa hidroeléctrica más grande del mundo, después de las Tres Gargantas de China y la propia Itaipú de Brasil y Paraguay con un costo de $US 11 mil.

En los próximos 5 años, hasta el 2015, Brasil invertirá $US 224 mil para doblar su capacidad de explotación y exploración petrolera.

Bolivia, cuya matriz energética está conformada por casi un 80% de gas (43,3%) y petróleo (36,3%) lo que gracias a sus reservas le garantiza la energía para su consumo interno y desarrollo, más la destinada a la exportación principalmente a Brasil y Argentina, busca que las compañías extranjeras inviertan $US 760 en el 2011. La estatal Yacimientos Petrolíferos Fiscales Bolivianos invertirá $US 650 en el mismo periodo para asegurar la producción de hidrocarburos.

En Ecuador, el presidente Rafael Correa obligó a las empresas extranjeras a cambiar sus contratos transformándose en proveedores de servicios, pagadas a comisión por barril.

Perú busca atraer inversiones al país, el que posee un gran potencial de reservas de crudo y gas natural tanto en región altiplánica como en la selva amazónica. Espera triplicar su producción petrolera en cuatro años pasando de producir 140 mil barriles por día a $US 500 mil.

La significativa inversión en la minería sitúa al Perú como primer productor mundial de plata, segundo en cobre y zinc, tercero en estaño, cuarto en plomo y sexto en oro lo que representa el 60% del total de exportaciones, además de ser fuente de empleo directo de 128.000 personas, a las que se suman 400.000 que trabajan en actividades relacionadas.

Venezuela, pese a que la actividad petrolera registró una contracción en el nuevo plan de gobierno del presidente Chávez, se plantea recuperar y superar sus niveles de producción para llevarlos a sobre los 3.5 millones de barriles diarios. Gracias al descubrimiento de enormes yacimientos, se transformó en la primera reserva mundial por sobre los países árabes, una riqueza que eventualmente respalda su deseo en transformarse en potencia primero latinoamericana y luego mundial para expandir su proyecto revolucionario del Socialismo Bolivariano del Siglo XXI.

Preguntas de comprensión y repaso

I.1 Década del 2000-2010: consolidación de la democracia

1. Resuma en sus propias palabras lo que sucedió en la política a fines del siglo XX en Latinoamérica con el fin de restaurar la democracia.
2. ¿Qué es la "nueva izquierda latinoamericana"?
3. ¿Qué tenían en común los gobiernos de la derecha moderada y de la nueva izquierda?

I.2. Evolución del mapa político

1. ¿Qué tendencias se delimitan dentro de la nueva izquierda y qué países las representan?
2. Explique la llegada al poder de Ollanta Humala en el Perú.
3. Explique en qué sentido el caso de la Concertación en Chile puede ayudar a entender la inclinación en la balanza de poderes dentro de la izquierda moderada.
4. Defina lo que es la izquierda dura y qué países la representan.
5. Explique por qué Argentina representa un caso diferente.
6. ¿Qué caracteriza los gobiernos de la derecha moderada y qué países lo ejemplifican?
7. Resuma las semejanzas y las diferencias existentes entre los gobiernos de derecha e izquierda.
8. Resuma las posibles causas del rediseño del mapa político.
9. Describa los cuestionamientos que se plantean sobre los modelos de gobierno tanto al interior de la izquierda moderada como del Socialismo del Siglo XXI.
10. Explique cómo Hugo Chávez pretende consolidar el poder del socialismo bolivariano.
11. ¿Por qué otros países sintieron como suyo el triunfo por cuarta vez del presidente Chávez? ¿Qué países fueron esos?

I.3. Los protagonistas

1. ¿Por qué se considera Argentina un caso aparte?
2. ¿Cómo se produce el paso de la época de las dictaduras a un gobierno civil y democrático en Argentina?
3. Resuma muy brevemente el legado del presidente Néstor Kirchner.
4. ¿Cómo llegó al poder Cristina Fernández?
5. Resuma qué caracterizó los dos primeros periodos de gobierno de Cristina Fernández y mencione algunos de los logros más importantes.
6. ¿Qué desafíos enfrenta Cristina Kirchner en su segundo mandato?

A. La izquierda moderada o la centroizquierda
Brasil

1. Resuma el legado del ex presidente Lula en Brasil y la mayor crítica a su gobierno.

2. Mencione la tríade de acciones sobre las que basó Dilma Rousseff su gobierno, qué obstáculo enfrentó en sus comienzos y qué medidas tomó para sortear este obstáculo.

3. Mencione los logros de sus dos primeros años de gobierno.

Costa Rica

1. ¿Quién es Oscar Arias?

2. Describa a Laura Chinchilla y mencione datos importantes de su gobierno.

El Salvador

1. ¿Cómo llega Funes al poder y cómo define su política de gobierno?

2. Dé ejemplos de cómo se refleja la violencia y la pobreza en El Salvador.

3. ¿Qué se cree ha ayudado a la disminución de los asesinatos en el 2012?

4. ¿Cuál es el origen de las pandillas en El Salvador?

5. Mencione algunas iniciativas del gobierno de Funes para reducir la violencia.

6. Resuma sus logros de gobierno.

Perú

1. Resuma la realidad que le permite a Ollanta Humala llegar al poder.

2. Describa en pocas palabras las políticas de gobierno económicas y sociales del presidente Humala.

3. ¿Es alto o bajo el porcentaje de pobreza en el Perú?

4. ¿Qué balance se puede hacer de los dos primeros años de gobierno de Ollanta Humala?

Uruguay

1. Describa cómo llegó al poder Tabaré Vázquez y cuáles fueron sus mayores logros de gobierno.

2. Explique cómo el cambio de Mujica al lema del movimiento guerrillero tupamaro de "Patria para todos o para nadie", por "Patria para todos y con todos" explica su política de gobierno.

3. Resuma el tipo de medidas económicas, energéticas y de infraestructura que ha tomado para desarrollar el país.

B. El Socialismo bolivariano del Siglo XXI

Venezuela

1. ¿Qué condiciones favorecen la llegada al poder de Hugo Chávez en Venezuela?

2. ¿Por qué se produjo un intento de golpe de Estado en el 2001 y cómo la restitución de Chávez en el poder cambió al país?

3. Describa la primera etapa de la Revolución bolivariana.

4. ¿Cómo se profundiza la Revolución bolivariana? ¿Por qué dice Chávez al reasumir el poder por otro término que su revolución es marxista?

5. ¿Qué implicaciones tendría para Venezuela el que se dependa solamente del petróleo y no se desarrolle el país?

6. ¿Cuáles fueron los resultados de las elecciones del 2012?

7. Resuma los puntos clave de la hoja de ruta para la consolidación y expansión del Socialismo Bolivariano del Siglo XXI.

8. Resuma los puntos en los que se basan las críticas y la defensa al proyecto de socialismo bolivariano de Chávez.

9. ¿En qué se parece y en qué se diferencia el proyecto de Socialismo Bolivariano del Siglo XXI al proyecto socialista del siglo pasado impulsado por la Unión Soviética?

10. ¿Qué marcará la decantación de las tendencias al interior de la nueva izquierda en Latinoamérica en los próximos años? ¿Por qué?

Bolivia

1. ¿Había estabilidad política en Bolivia antes de que Evo Morales asumiera el poder? Explique su respuesta.

2. Resuma los orígenes de Evo Morales.

3. Resuma lo que ha hace de Bolivia un Estado plurinacional.

4. Cómo se explica la baja inversión extranjera en Bolivia con respecto al resto de los países de la región.

5. Resuma los logros de los gobiernos de Morales.

Cuba

1. ¿Qué reformas introdujo Raúl Castro al asumir el poder en Cuba?

2. ¿Quiénes son las Damas de Blanco?

Ecuador

1. ¿Cómo era la situación en Ecuador cuando correa asumió el poder?

2. ¿Qué cambios políticos y económicos introdujo en el país y cuáles han sido sus mayores logros?

Nicaragua

1. Explique cómo pierden el gobierno el FSLN con Daniel Ortega y cómo éstos vuelven al poder.

2. Describa en qué consiste la nueva forma de gobernar de Ortega.

3. Mencione los logros del primer periodo de gobierno de Ortega.

4. ¿Gracias a qué logra Ortega volver a ser candidato en las elecciones del 2011?

5. Comente la situación económica de Nicaragua en el primer año del segundo término de Ortega y los temores que sigue teniendo la oposición.

C. La centroderecha

Chile

1. ¿Cuándo y cómo recuperó Chile su calidad de país democrático?

2. ¿Cuántos años permaneció en el poder la Concertación de Partidos por la Democracia y cuáles fueron sus logros?

3. ¿Quién es Michelle Bachelet?

4. ¿Qué condiciones propician la pérdida del gobierno por parte de la Concertación de Partidos por la Democracia y la llegada al poder de Sebastián Piñera a la cabeza de una alianza de partidos de derecha?

5. Resuma los objetivos de gobierno de Piñera, los logros a mitad de su mandato y los obstáculos que tuvo que enfrentar.

6. ¿A qué puede atribuirse el bajo nivel de aprobación del presidente Piñera?

7. ¿Cuál podría considerarse el mayor logro de la alternancia de poder en Chile?

Colombia

1. ¿Quién fue Álvaro Uribe y cuántos periodos de gobierno tuvo?

2. ¿Cómo cambió el panorama político de Colombia en las elecciones del 2010? ¿Quién fue electo presidente?

3. ¿Cómo puede describirse la forma de gobernar de Santos y los logros de sus primeros años de gobierno?

4. ¿Qué problemas pueden interponerse en el buen desarrollo y positivo desenlace de las negociaciones de paz?

Guatemala

1. ¿Quién fue Álvaro Colom? ¿Cuál fue el obstáculo más grande al que se enfrentó?

2. Resuma los logros de su gobierno.

3. ¿Quién es Otto Pérez Molina y cuáles son sus primeras medidas de gobierno?

México

1. ¿Qué sucedió en México en las elecciones del 2006?

2. ¿En qué centró Felipe Calderón su gobierno y con qué resultados?

3. Partiendo de su programa de gobierno resuma cuáles son los grandes objetivos del presidente Peña Nieto. ¿Qué planes tiene para la integración de la población indígena mexicana a la vida nacional?

4. ¿Qué desafíos deberá enfrentar?

Paraguay

1. ¿Quién es Fernando Lugo y cuáles fueron sus grandes logros de gobierno?

2. ¿Qué sucedió con Lugo en el 2012? ¿Por qué?

3. ¿Cuál es la realidad económica de Paraguay?

I.4. La economía al interior del nuevo mapa político

1. ¿Qué políticas le permitieron a Latinoamérica el recuperarse de la crisis económica mundial?

2. Resuma los factores de los cuales depende el aumento del flujo de capitales hacia los países.

3. ¿Cuáles son las dos vías económicas que se perfilan en América Latina, qué la definen y qué países la representan?

4. ¿De qué dependerá el desarrollo de economías competitivas?

5. ¿Por qué deben invertir los países en desarrollar sus fuentes de energía?

Más allá de los hechos: temas para pensar, investigar, escribir y conversar

1. ¿Cree Ud. que la nueva configuración política de Latinoamérica, a pesar de las diferencias de gobierno entre los países podría permitir la integración de los países latinoamericanos?

2. Usted es un economista que ha sido contratado por un gobierno latinoamericano para que ayude al país a salir de la condición de subdesarrollo en la que se encuentra y hacerlo más competitivo en el mercado internacional. Escoja un país; busque información adicional sobre la economía y la política de ese país y luego escriba sus recomendaciones en un corto ensayo. Pueden trabajar en grupos.

3. Con la posibilidad de re-reelecciones en el seno de los gobiernos del Socialismo Bolivariano del Siglo XXI se ha aseverado que en Latinoamérica se está construyendo un nuevo tipo de democracia. ¿Qué cree usted?

4. Escriba un ensayo donde presente su opinión sobre el rediseño de las tendencias políticas en América Latina en el siglo XXI.

5. Busque información adicional sobre lo que son los Tratados de Libre Comercio y escriba un ensayo exponiendo su opinión sobre si éstos son beneficiosos o no al desarrollo de los países latinoamericanos.

6. Discuta en un ensayo las repercusiones políticas que puede tener para un país el poseer o no fuentes de energía para su desarrollo.

7. Busque información adicional sobre el problema de oferta y demanda, producción, tráfico y consumo de drogas y desarrolle un plan para la eliminación de este flagelo de la sociedad. Describa cómo cambiaría la situación en los países envueltos, tanto en los productores como en los consumidores.

8. Cómo afecta la economía de un país el proyecto político o de sociedad en el que se inserte. Ilustre su opinión con ejemplos de países latinoamericanos.

9. Durante el siglo XX los Estados Unidos tuvieron una política intervencionista en Latinoamérica. Con la llegada al poder del presidente Barack Obama los países pensaron que comenzarían relaciones diferentes, pero no se ha visto ningún acercamiento por parte del Presidente. ¿Qué cree usted debería hacer Obama para establecer relaciones con Latinoamérica acordes con el siglo?

PARTE III

ASPECTOS DE NUESTRA CULTURA Y CIVILIZACIÓN

CAPÍTULO I

La mujer en la escena latinoamericana: de las trincheras por la independencia al palacio presidencial

I.1. La mujer en la historia

    A. Conquista y colonización
    B. Independencia
    C. Periodo de transición
    D. Siglos XX y XXI
        1. La mujer y la Revolución mexicana
        2. El desarrollo del feminismo latinoamericano
        a. Feminismo intelectual
        b. Feminismo obrero
        3. La mujer latinoamericana en la política en los siglos XX y XXI
        a. Primeras mandatarias
        4. Situación actual de la mujer en Latinoamérica
        a. Continente de contradicciones
        b. La violencia contra la mujer
        c. La brecha de género

CAPÍTULO I
La mujer en la escena latinoamericana: de las trincheras por la independencia al palacio presidencial

¿Cuánto sabemos?

I. Conteste las siguientes preguntas y luego compare sus respuestas con un compañero/a de clase. Cuando termine de estudiar el capítulo, después de completar la sección **¿Cuánto sabemos ahora?,** vea cuáles de sus respuestas iniciales estaban correctas.

1) Las mujeres son escasamente mencionadas en los libros de historia latinoamericana porque no jugaron ningún papel importante en la misma.

Cierto o Falso

2) En América Latina sólo pueden votar las mujeres alfabetizadas.

Cierto o Falso

3) Se les llamó soldaderas a las mujeres que acompañaron a los hombres en la Revolución mexicana.

Cierto o Falso

4) Una vez lograda la independencia de España y establecidas las nuevas naciones, las mujeres obtuvieron completa igualdad de derechos dentro de la sociedad latinoamericana.

Cierto o Falso

5) Rigoberta Menchú obtuvo el Premio Nobel de la Paz.

Cierto o Falso

6) Las mujeres tuvieron parte activa en la Revolución cubana.

Cierto o Falso

7) Ha habido varias mujeres latinoamericanas que han sido primeras mandatarias de sus países.

Cierto o Falso

8) Puerto Rico nunca ha tenido una mujer como gobernadora.

Cierto o Falso

9) El libro y la película *En el tiempo de las mariposas* están basados en la vida de las hermanas Mirabal de la República Dominicana.

Cierto o Falso

10) La primera mujer en llegar a ser presidenta de Chile fue Michelle Bachelet.

Cierto o Falso

CAPÍTULO I
La mujer en la escena latinoamericana: de las trincheras por la independencia al palacio presidencial

I.1. La mujer en la historia

A. Conquista y colonización

En todas las sociedades, escribir la historia ha sido tarea tradicionalmente de hombres. No resulta entonces sorprendente que cuando leemos libros de historia sobre América Latina, donde priman sociedades patriarcales, las líneas dedicadas a la mujer sean tan pocas y se les mencione, por lo general, habiendo jugado roles secundarios en el desarrollo de la misma. Se hace natural alusión a "el padre de la patria", pero nunca se menciona a las muchas madres de la patria. Más aún, en el idioma español, caracterizado por la división de sustantivos por género, la palabra prócer no tiene femenino, y el femenino de héroe: heroína, como el femenino de poeta: poetisa, encierran en el sufijo "ína" o "isa" un matiz peyorativo. Es por esa razón que con el desarrollo del feminismo en la literatura latinoamericana las mujeres poetas comenzaron a rechazar el sustantivo "poetisa" que consideraban miraba despectivamente su labor creativa, y a reivindicar el de "poeta" para referirse a sí mismas.

Es interesante señalar que incluso en lo concerniente a datos sobre el rol de la mujer, en este caso española, en el proceso de conquista y colonización de América éstos han sido históricamente manipulados para no reconocer su presencia y su influencia. Documentos de la época muestran que en su tercer viaje Colón ya vino acompañado de treinta mujeres, y que en el siglo XVI, de los 45.327 viajeros que partieron a América, 10.118 eran féminas, cantidad no despreciable considerando los peligros que una tal empresa representaba para mujeres que seguían viviendo una vida supeditada a los hombres y que en muchas ocasiones nunca habían, siquiera, salido de sus pueblos de origen. Solamente a Santo Domingo, llegaron más de 300 en el primer cuarto de ese mismo siglo, y en toda ocasión, dispuestas a realizar las tareas necesarias de acuerdo a las circunstancias.

En esta sección presentaremos mujeres que, aunque ignoradas por casi todos los textos y libros de historia, influyeron en el desarrollo de la sociedad latinoamericana. A manera de homenaje queremos que sus nombres queden blanco sobre negro para que las futuras generaciones les otorguen el reconocimiento que ellas merecen. Si hurgamos en la historia no contada descubriremos que la mujer tuvo una participación significativa no solamente en la rebelión contra los españoles durante la Conquista, sino en las guerras de independencia.

Una de las primeras mujeres ejecutadas por sospecha de sublevación fue la cacica **Anacaona**, esposa del cacique Canoabó y hermana del cacique Behechio de la isla La Española quien además de valiente guerrera fue una gran poeta. Se la describe como una mujer muy hermosa, de gran talento y con gran iniciativa y actitud de mando, el que mostró extraoficialmente al lado de su hermano y el que tomó oficialmente a la muerte de su marido quien había dirigido la sublevación que destruyó el Fuerte de la Natividad. Fue apresada y murió ahorcada en 1504.

En Chile existió **Janequeo** o **Anuqueupu** (apodada la Juana de Arco de La Araucanía) quien, a fines del siglo XVI, al mando de varios miles de mapuches, combatió contra el ejército español para vengar la muerte de su marido, el cacique Potaén, causada por las torturas infligidas por mandato del gobernador Alonso de Sotomayor. Se le describe como valiente, dueña de una gran retórica y con preparación militar lo que le ganó la confianza de su pueblo. Según los cronistas, en el año 1587, después de la destrucción de la Fortaleza de Puchunqui donde habían tenido preso a su marido, y de varias batallas ganadas, cansada de la guerra se retiró hacia sus tierras y desapareció sin dejar huella.

A Janequeo se suman dos otras mujeres mapuches: **Fresia** y **Guacolda**. A pesar de que sus nombres no fueron registrados por los cronistas, lo que atestaría de su existencia más allá de la ficción, han llegado a ocupar un lugar en la historiografía nacional chilena a través de la única referencia que se tiene de ellas, la que hace Alonso de Ercilla en su poema épico *La Araucana* en el siglo XVI donde describe la guerra de los mapuches (con Caupolicán y Lautaro como líderes) contra las tropas españolas. Refiriéndose a Guacolda, pareja de Lautaro, dice Ercilla en su poema: "Aquella noche el bárbaro dormía/con la bella Guacolda,/ y ella por él no menos se abrasaba". A Fresia, pareja de Caupolicán, la menciona cuando habla sobre la captura de éste. Según cuenta Ercilla en su poema épico Fresia, indignada por la rendición de Caupolicán, al verlo preso de los españoles tomó a su hijo recién nacido y se lo tiró a los pies diciendo: "Que yo no quiero título de madre/ del hijo infame del infame padre".

A mediados de 1700 existió en el Virreinato del Perú un grupo de mujeres guerrilleras bajo el liderazgo de **Ana de Tarma** quienes durante trece años se mantuvieron en guerra contra los españoles. Alrededor de 1777, otra mujer, **Juana Moreno**, ayudó a los insurrectos a abastecerse de armas para luchar contra las injustas prácticas de los encomenderos a las cuales se había añadido el venderles productos superfluos e innecesarios a los indígenas.

Como mencionáramos en el Capítulo III de la primera parte de este texto, en 1780 en el Virreinato del Perú explotó una de las más importantes rebeliones indígenas contra el dominio español dirigida por Túpac Amaru la que comenzó con la captura y ejecución del corregidor Antonio Arriaga. Lo que no se menciona a menudo es la significativa participación de las mujeres en esta lucha; nos detendremos en los párrafos siguientes a presentar el rol que jugaron algunas de ellas.

Tenemos en primer lugar a **Micaela Bastidas**, esposa de Túpac Amaru, quien mostró sus potencialidades de líder no sólo reclutando campesinos para la causa revolucionaria, sino también dirigiendo las tropas cuando Túpac Amaru debía desplazarse a otros lugares. Se dice que ella le sugirió a su marido el tomarse la ciudad de Cusco cuando ésta estaba poco guarnecida, pero que Túpac Amaru no le hizo caso. Ambos fueron capturados y ejecutados al mismo tiempo que sus dos hijos, el 18 de mayo de 1781.

Un par de meses antes, en marzo, **Bartolina Sisa** dirigió la lucha para sitiar La Paz, plan que fracasó debido a los refuerzos de 5,000 hombres que recibieron los españoles para proteger la ciudad. En julio fue hecha prisionera y un año más tarde, en 1782, fue ejecutada.

Otras mujeres combatientes y que también fueron torturadas, vejadas y ejecutadas lo fueron **Gregoria Apaza**, apresada junto a Bartolina, y **Marcela Castro**. Esta última fue acusada no sólo de participar en el alzamiento de Marcapata, sino también de no denunciar a ninguno de los que intervinieron en él. Su cuerpo fue amarrado a la cola de un caballo, arrastrado por las calles y luego descuartizado, sus miembros expuestos en diferentes lugares; el resto del cuerpo fue quemado y las cenizas lanzadas al aire.

Un gran número de mujeres fue acusado de apoyar los movimientos de insurrección bien fuera reclutando hombres y mujeres para la causa o proveyéndoles víveres u otro tipo de apoyo a los rebeldes, y por ello condenadas al destierro. En octubre de 1783 alrededor de cien personas fueron sentenciadas a dejar la ciudad de Cusco. Debían hacer un trayecto a pie hasta el puerto del Callao para de ahí embarcar hacia México, su destino final. Entre las mujeres que iban en esa caravana se encontraban **Ventura Monjarrás**, **Margarita Condori**, **Manuela Tito Condori** y **Antonia Castro** quienes no alcanzaron a llegar al destierro pues murieron por el camino. Otra mujer que no alcanzó a llegar al destierro fue **Cecilia Túpac Amaru** quien a pesar de ser la esposa de un español, Pedro Mendigure, no pudo soportar el trato que éstos les daban a los suyos y se unió a los insurrectos. Fue sentenciada a recibir doscientos azotes y ser arrastrada por las calles de la ciudad antes de partir al destierro. No alcanzó a dejar la ciudad; murió cuando le aplicaban este castigo.

Como en toda guerra siempre hay dos bandos, queremos mencionar igualmente a las mujeres que combatieron del lado de los españoles. Durante la conquista de México, **Beatriz Bermúdez de Velasco** obligó, espada en mano, a volver a la batalla a aquellos españoles que se rendían en la lucha. En 1596, **Isabel Barreto**, la primera y única mujer almirante de la Armada española, acompañó a su esposo Álvaro de Mendaña (Adelantado, Gobernador y Capitán General) en la colonización de las Islas Salomón, archipiélago del Pacífico Sur. La ausencia de riquezas en las islas desencadenó una revuelta entre los soldados, la que fue apaciguada por Isabel amenazando con un machete al líder de los amotinados.

En la conquista de Chile se distinguió **Catalina de Erauso**, mejor recordada como la Monja Alférez quien disfrazada de soldado español combatió a los mapuches. También **Inés de Suárez**, amante de Pedro de Valdivia.

Defensa de Santiago dirigida por doña Inés de Suárez,
José Mercedes Ortega Pereira (1856-1933)

A la edad de 30 años, al no tener noticias de su marido, quien había viajado al Nuevo Mundo como parte de la expedición de Pizarro, doña Inés abandonó España para ir en su busca. En su peregrinar recorrió diversos países hasta llegar a Lima, Perú, donde se enteró de su muerte. Poco tiempo después se convirtió en la amante de Pedro de Valdivia y lo siguió hasta Santiago de Chile. En 1541, en ausencia de Pedro de Valdivia, en un momento en que la moral de los españoles bajaba, tomó el liderazgo en la defensa de Santiago. Años más tarde, el tribunal de Lima, para evitar el escándalo de que vivieran "al igual que marido y mujer" sin estar casados, la obligó a separarse de Pedro de Valdivia y a casarse con uno de sus capitanes, Rodrigo de Quiroga. A Pedro de Valdivia le ordenaron terminar esa relación y traer de España a Doña Marina, su legítima esposa. Su historia fue recogida por la escritora Isabel Allende en la novela *Inés del alma mía* publicada en el 2006.

B. Independencia

A comienzos del siglo XIX un grupo de mujeres peruanas, con **Rosa Campuzano** a la cabeza, ayudaron al triunfo de los planes del general San Martín sirviendo de enlace con los criollos que luchaban por la independencia del Perú. Por su privilegiada posición social, económica e intelectual dentro de la sociedad peruana de la época estas mujeres podían reunir en sus salones, sin despertar sospecha, a los grupos que conspiraban contra el Gobierno español. Fue así como pudieron ayudar a difundir los mensajes que San Martín enviaba para llamar a la sublevación. Compañeras de Campuzano lo fueron **Gertrudis Coello, Carmen Noriega, Francisca Quiroga, Carmen Guzmán, Brígida Silva de Ochoa** y **Petronila Fernández de Paredes** quien mantenía una red de espías gracias a la cual logró salvar la vida de muchos insurgentes y también transportar armas de un lugar a otro.

Otras peruanas guerrearon con su pluma: **Josefa Sánchez de Boquete**, madre, **Josefa Riva Agüero de Gálvez**, hija y **Catalina Sánchez Boquete**, prima de la primera, lucharon por la independencia desde las trincheras de la revista por ellas editada: *Boletines Pro Libertad*. Igualmente utilizó su pluma como arma de combate **Josefa Messia de la Fuente y Carrillo de Albornoz** quien imprimía panfletos de propaganda revolucionaria en su casa y además recaudaba dinero para la causa entre su círculo de amistades.

Otra aliada de San Martín lo fue la chilena **Paula Jaraquemada Alquizar** quien armó a los hombres que trabajaban para ella en su hacienda en la región de Paine y marchó junto a ellos a encontrarse con el ejército del general. No sólo le proveyó hombres, sino también caballos y alimentos, y convirtió su hacienda en hospital para los heridos.

Heroínas ecuatorianas lo fueron **Baltazara Chuiza** y **Lorenza Abimañay** quienes en 1778 y 1803 respectivamente dirigieron levantamientos contra los españoles. Lorenza, junto a otras dos mujeres: **Jacinta Juárez** y **Lorenza Peña**, bajo el grito de "sublevémonos, recuperemos nuestra tierra y nuestra dignidad" llevaron a 10,000 indígenas a la sublevación. Como tantas otras antes de que se lograra la independencia, esta rebelión fue controlada por las tropas realistas y Lorenza Abimañay fue decapitada.

Evidentemente, no podemos dejar de mencionar a la quiteña **Manuela Sáenz de Thorne** (1797-1856), recordada en los pocos libros de historia en que la mencionan como la amante de Simón Bolívar. Sin embargo los hechos muestran que Manuela fue mucho más a las luchas de independencia que simplemente la amante del Libertador. Antes de conocer a Bolívar y de enamorarse de él, Manuela ya hacía parte de las fuerzas revolucionarias que luchaban contra el Gobierno español en el Ecuador trabajando como espía y distribuidora de panfletos que llamaban a la insurgencia. De hecho, cuando Ecuador se convirtió en república fue una de las primeras mujeres en recibir la Orden del sol, condecoración establecida en 1821 por José de San Martín en reconocimiento a servicios civiles o militares prestados a la patria.

Una vez convertida en la compañera de lucha y sentimental de Bolívar combatió a su lado en numerosas batallas y estuvo junto a él en diferentes momentos decisivos de su vida política: el encuentro del General con San Martín en Guayaquil, las batallas de Pichinca y Ayacucho, el conflicto entre Bolívar y Santander, la rebelión de Córdova y la disolución de la Gran

Colombia. Lo acompañó fielmente hasta su muerte después de la cual fue desterrada al Perú, donde murió. La independencia de Latinoamérica fue tan importante para Manuela como lo fue para Bolívar y fue su convicción de principios lo que los mantuvo unidos y lo que la hace digna de ocupar un merecido lugar en la historia del continente latinoamericano.

Manuela Sáenz

En Bolivia se distinguió **Vicenta Juaristi Eguino** quien recogió dinero entre los de su clase para la causa revolucionaria al tiempo que estableció una fábrica donde empleaba mujeres para la fabricación de municiones. También, **Juana Azurduy de Padilla** estuvo a la cabeza de un batallón de mujeres llamado "las leales" el que se dice participó en unas dieciséis batallas.

En Colombia mujeres como **Antonia Santos Plata**, **Josefa Palacios** y **Policarpa Salavarrieta**, La Pola, son recordadas como heroínas de la independencia, sobre todo Salavarrieta, a quien no sólo se le considera heroína, sino mártir. Conquistada para la causa por el insurgente Alejo Sabaraín se estableció en la capital del país y se hizo emplear como sirvienta y costurera en la casa de Andrea Ricaurte Lozano, el corazón del movimiento republicano, con el objetivo de servir de contacto y obtener información que fuera útil a la causa de la independencia. Además organizó batallones de soldados para engrosar las huestes de Simón Bolívar y de Francisco de Padua Santander, líderes de la independencia. Fue denunciada por un hombre de nombre Francisco Tovar, y ejecutada.

Entre las venezolanas adherentes a la causa republicana o de independencia mencionaremos a **Juana Ramírez** quien dirigió un batallón de mujeres, a **Josefa Joaquina Sánchez de España** quien diseñó la primera bandera de la república de Venezuela y a **Leonor Guerra** quien se negó a denunciar a los patriotas con los que estaba en contacto, respondiendo, cada vez que era interrogada: "Viva la patria, mueran los tiranos".

En Uruguay, último país sudamericano en conseguir su independencia (1828), se recuerda la valentía de **Ana Monterrosso de Lavalleja** quien luchó junto a su esposo Juan Antonio Lavalleja por la independencia del país, en esa época bajo dominio brasileño.

México reconoce entre sus heroínas de independencia a **Gertrudis Bocanegra** quien se distinguió en 1810 como dirigente de un batallón femenino por lo que fue arrestada y torturada. También a **Josefa Ortiz de Domínguez**, a quien apodaban "la corregidora" por estar casada con el corregidor de Querétaro. Se admira su valentía de oponerse a su marido y abrazar la causa de la independencia sirviendo de enlace entre diferentes grupos de rebeldes, los que asistían a las tertulias que ésta organizaba en su casa.

Otra mexicana que se atrevió a desafiar la autoridad familiar para dedicarse a la causa insurgente fue **Leona Vicario** quien entregó gran parte de su fortuna para el financiamiento de las luchas por la independencia. En adición sirvió en varios otros frentes: reclutamiento de soldados, contrabando de armas, espionaje, cuidado de los heridos.

En dos de los últimos bastiones del Imperio español en el Caribe: Cuba y Puerto Rico las mujeres también derramaron su sangre y dieron sus vidas. En Cuba se recuerda a la jovencita **Candelaria Figueredo** quien en 1868, a la edad de dieciséis años, se unió a las fuerzas independentistas cubanas. En Puerto Rico se evoca la memoria de **Mariana Braceti** a quien apodaban "brazo de oro" por su destreza en la utilización de la espada. Se le recuerda también por haber bordado la primera bandera puertorriqueña. Se rememora igualmente a **Lola Rodríguez de Tió** quien escribió una versión revolucionaria para el himno nacional de Puerto Rico en la que instaba a los puertorriqueños a seguir el ejemplo de Cuba, que continuaba en guerra, y a luchar contra la tiranía española:

La Borinqueña
(versión de Lola Rodríguez de Tió)

¡Despierta, borinqueño
que han dado la señal!
¡Despierta de ese sueño
que es hora de luchar!

A ese llamar patriótico
¿no arde tu corazón?
¡Ven! Nos será simpático
el ruido del cañón.

Mira, ya el cubano
libre será;
le dará el machete
su libertad...

El Grito de Lares
se ha de repetir,
y entonces sabremos
vencer o morir.

En su mayoría, fueron mujeres indígenas, criollas o mestizas las que participaron en las luchas por la independencia. Las mujeres de población esclava que se rebelaron junto a los hombres en diferentes momentos desde el siglo XVI hasta el siglo XIX lucharon más bien por algo más concreto que las tocaba más de cerca: la emancipación de la esclavitud. Entre éstas se encuentran **Guiomar**, quien luchó junto al negro Miguel en la rebelión por éste organizada en Venezuela en 1552; **Juana Francisca, María Valentina** y **Juana Llanos** quienes lucharon por la abolición de la esclavitud junto al negro Guillermo entre 1771-74 en la ciudad de Caracas; y **Trinidad, Polonia** y **Juana Antonia** quienes lucharon junto al negro José Chirino en 1796, también en territorio venezolano. La lucha por la abolición de la esclavitud en los países sudamericanos y del Caribe estuvo en cierta medida vinculada al logro de la independencia política. En México se abolió la esclavitud en el año 1813, en Colombia y Venezuela en 1821, en Cuba y en Uruguay en 1869, y en Puerto Rico en 1873.

C. Periodo de transición

Del periodo de transición post independencia se recuerda en el Perú a una mujer de gran carácter que ejerció el poder a través de su esposo, el General Agustín Gamarra, presidente del país entre 1829 y 1833. Su nombre es **Francisca Zubiaga y Bernales** (1803-1835). Se dice que su ambición personal de poder la llevó a luchar para que su esposo llegara a la presidencia, y que éste estaba consciente y aceptaba las grandes dotes de líder político que su mujer exhibía. Francisca participaba con igual destreza en la vida militar que en el mundo de la política logrando llevar al Perú de la época a un estado de paz que no había conocido en muchos años.

De este periodo se recuerda también la constante iniciativa por parte de las mujeres de fundar revistas y periódicos desde los cuales alzar la voz y hacer avanzar sus ideas. El año 1830 vio nacer *La Argentina*, primera publicación de mujeres en América Latina; en 1836 surgió *El Semanario de las Señoritas Mexicanas*; en 1852 y 1862 respectivamente se fundaron en Brasil *O Jornal das Señoras* y *O Bello Sexo* (Alexandra Ayala Marín); en 1893 Ana Roqué de Duprey dio nacimiento a *La Mujer*, primera publicación puertorriqueña "escrita e impresa, administrada y distribuida por mujeres", (*Participación de la mujer en la historia de Puerto Rico*) iniciativas que se redoblarán con más fuerza y precisión de objetivos a lo largo del siglo XX.

D. Siglo XX y XXI

A pesar de haber combatido junto a los hombres durante las guerras de independencia, los cambios políticos que comenzaron a producirse una vez ésta lograda no mejoraron la situación social ni política de la mujer. Esta permaneció por muchos años sin acceso al derecho al voto o sin poder detentar puestos de poder dentro de la sociedad. Después de la independencia, la mujer latinoamericana, la que se había rebelado contra los conquistadores españoles y se había batido en las guerras libertarias se vio llevada a emprender una nueva lucha, la lucha por sus derechos civiles y por ocupar el puesto que se había ganado dentro de la sociedad.

Reactivar foros propicios a través de los cuales difundir sus ideas se hizo imperativo, y las revistas y periódicos femeninos comenzaron a renacer en manos de sufragistas: *Nosotras*, fundada por María Abella en 1901 en la Argentina, *La Evolución*, fundada por Ana Roqué de Duprey en 1902 en Puerto Rico y *La Mujer*, fundada por Zoila Ugarte de Landívar en 1905 en el Ecuador, por mencionar solamente algunas. A la fundación de revistas y periódicos se sumó la creación de asociaciones feministas que luchaban por los mismos derechos de sufragio y educación para la mujer, entre ellas la Asociación Puertorriqueña de Mujeres Votantes, fundada por Roqué de Duprey y el Centro Feminista Anticlerical fundado por Ugarte de Landívar.

Entre los primeros países latinoamericanos en garantizar el sufragio femenino estuvieron Uruguay (1917), Ecuador y Puerto Rico (1929). En Uruguay, la Constitución de 1917 les otorgó a las mujeres la totalidad de los derechos civiles incluyendo el derecho al voto. Sin embargo, la primera vez que la mujer hizo uso de ese derecho no fue en elecciones nacionales, sino en un plebiscito regional en la localidad de Cerro Chato en el 1927. La primera sufragista en el país lo fue **Rita Ribera** de 90 años de edad. Pocos años después, la Ley de 1932 reglamentó los derechos garantizados por la Constitución, y en 1938, la mujer votó por primera vez en la elección nacional del 27 de marzo de ese año.

El último país en que las mujeres lograron ese derecho lo fue Paraguay, tan tarde como 1961, con la mayoría de los países habiéndolo otorgado entre 1945 y 1955. Sin embargo en una primera etapa, en general, el sufragio femenino fue limitado a las mujeres alfabetizadas. Las mujeres de clase privilegiada seguían teniendo acceso exclusivo a la educación, única puerta de salida para la promoción social, y aquellas mujeres que fueron incorporándose al mundo obrero eran víctimas de salarios y condiciones de trabajo inferiores a los hombres.

Fecha de obtención del sufragio femenino para elecciones presidenciales en los países latinoamericanos

Uruguay	1917
Ecuador / Puerto Rico	1929
El Salvador	1932
Brasil / Cuba	1934
Panamá	1941
República Dominica	1942
Guatemala	1945
Argentina / Venezuela	1947
Chile / Costa Rica	1949

Nicaragua	1950
Bolivia	1952
México	1953
Colombia / Honduras	1954
Perú	1955
Paraguay	1961

1. La mujer y la Revolución mexicana

La amplia participación de la mujer en la Revolución mexicana dejó profunda huella en la historia de Latinoamérica pues gracias a ella muchos de sus derechos civiles y ciudadanos fueron incorporados en la constitución de 1917. Entre las mujeres revolucionarias se encontraban las llamadas soldaderas quienes participaban al mismo nivel que los hombres en el campo de batalla. En adición debían encargarse de las tareas consideradas naturalmente femeninas como la cocina, el lavado y mantenimiento de la ropa y el cuidado de los heridos, así como compartir la vida sentimental de los hombres.

No ha quedado registrada mucha información sobre las soldaderas, aparte de mencionarse las labores que realizaban, lo que a nuestro entender sugiere que se les recuerda más por su "utilidad" que por su valor o aporte al movimiento revolucionario. Sin embargo, hasta nosotros ha llegado una leyenda, la leyenda de "La Adelita" quien se dice combatió junto a las fuerzas de Emiliano Zapata. No se sabe si Adelita realmente existió o si, en tanto leyenda, representa la suma de todas las soldaderas que pelearon durante la Revolución. En todo caso, ha pasado a simbolizar a la mujer revolucionaria a través de las épocas. Su activa participación en la lucha y su valentía en el campo de batalla le granjearon el mayor respeto por parte de los soldados incluyendo a los de más alto rango.

Soldaderas

Su historia ha sido perpetuada en un corrido, especie de balada típica mexicana, que aún hoy en día se canta en toda América Latina. El siguiente extracto del corrido nos permite ver la fuerte personalidad que exhibía Adelita:

Popular entre la tropa era Adelita,
la mujer que el sargento idolatraba;
porque a más de ser valiente era bonita,
y hasta el mismo coronel la respetaba.

Además de las soldaderas, se distinguieron durante la Revolución otras mujeres cuyo aporte fue más bien político, el de hacer avanzar las ideas revolucionarias de justicia social, y por propia iniciativa, los derechos de la mujer. Entre éstas podemos mencionar a **Dolores Jiménez y Muro** (1848-1925), **Juana Belén Gutiérrez de Mendoza** (1875-1942) y **Hermilda Galindo** (1896-1954) quienes tuvieron en común el utilizar como armas su voz y su pluma.

Jiménez y Muró fue maestra y escritora, miembro del comité editorial de la revista feminista *La Mujer Mexicana* y directora del periódico *La voz de Juárez*. Desde sus artículos en periódicos como *La Patria, El Diario del Hogar* y *Juan Panadero* levantó la voz en defensa de los desfavorecidos y acusó las injusticias que éstos padecían dentro de la sociedad mexicana, lo que le valió el encarcelamiento. Promovió también el reconocimiento de derechos para la mujer. Fue miembro de las fuerzas zapatistas donde alcanzó el grado de General Brigadier y además perteneció a la asociación Socialistas Mexicanos.

Juana Belén Gutiérrez de Mendoza fue periodista. En 1901 fundó el periódico *Vesper: Justicia y Libertad* desde cuya tribuna combatió la injusticia social bajo el gobierno del Presidente Porfirio Díaz por lo que fuera encarcelada en repetidas ocasiones y su periódico confiscado. En 1919, luego del asesinato de Emiliano Zapata, fundó otro periódico, *El Desmonte*.

Hermilda Galindo fue secretaria particular de Venustiano Carranza y como diplomática, encargada de promover las ideas de Carranza en el exterior. Su lucha fue, como en el caso de Dolores y Juana Belén, contra la injusticia y a favor de los derechos de la mujer mexicana. Fue fundadora del diario feminista *La Mujer Moderna* en el que defendía el derecho a la educación sexual en las escuelas públicas del país, atacaba a la Iglesia Católica por promover la subordinación de la mujer a un rol secundario dentro de la sociedad y abogaba por la igualdad de derechos, entre ellos el derecho al voto, el que en 1916 solicitó, aunque sin éxito alguno, al Presidente Carranza. Aunque sabía que no tenía ninguna posibilidad de ser elegida, fue la primera mujer mexicana en correr para un puesto en la Cámara de Diputados. En 1953, bajo el gobierno de Adolfo Ruiz Cortines, vio concretizadas sus aspiraciones: fue nombrada primera mujer mexicana congresista, y el sufragio les fue acordado a las mujeres.

2. El desarrollo del feminismo latinoamericano

No se puede hablar del pensamiento feminista latinoamericano sin mencionar a **Flora Tristán** (1803-1844) parisina, hija ilegítima de un aristócrata peruano quien obligada por la precaria situación económica en que quedó la familia tras la muerte de su padre, entró como obrera a un taller de litografía. Se casó con el dueño del taller de quien se divorció por abuso. En pocos años la joven Flora conoció lo horrible de la explotación del mundo del trabajo para las mujeres así como una degradante situación familiar, lo que la convirtió en una incansable luchadora por los derechos civiles y políticos de la mujer. Decidió ir al Perú, para reclamar la herencia de su padre, pero los familiares paternos no le dieron ni un centavo. Viajando por el Perú y por otros países latinoamericanos se dio cuenta de que había una constante en la situación de inferioridad y en la falta de derechos que sufría la mujer en todas partes del mundo, y comenzó una campaña para la liberación de la mujer, la que continuó a su regreso a Europa.

Flora Tristán

Su denuncia de la situación de opresión que sufrían las mujeres de su época está contenida en sus libros *La situación de las mujeres extranjeras pobres en Francia* y *La emancipación de la mujer*. También escribió *Paseos por Londres*, *La unión obrera* y *Peregrinaciones de una paria*. Lo que hace del pensamiento de Flora Tristán uno de vanguardia es la simbiosis de feminismo y socialismo que encontramos en sus obras. Para Tristán la situación de subordinación que sufría la mujer estaba estrechamente relacionada con las desigualdades sociales que sufría la clase obrera y por ello sostenía que la emancipación de las mujeres debía ir de la mano de la emancipación de la clase obrera.

La lucha por los derechos civiles y el sufragio universal de la mujer se dio por igual en todo el continente y fue el primer paso a la incorporación de ésta al mundo de la política. En un estudio realizado por el Centro de Investigaciones Sociales de la Universidad de Puerto Rico sobre la participación de la mujer en la historia de ese país se categoriza en dos el feminismo en Puerto Rico: el feminismo dirigido por las mujeres profesionales provenientes de los sectores privilegiados de la sociedad --el que nosotros llamaremos feminismo intelectual-- y el feminismo obrero. Esta dicotomía se aplica de igual manera a los otros países de América Latina. La mujer combatió desde diversas trincheras para lograr, progresivamente, ampliar el panorama de sus derechos civiles; unas combatieron, como mencionáramos anteriormente, realizando una importante labor intelectual bien fuera fundando revistas feministas, escribiendo artículos comprometidos para periódicos o revistas existentes, escribiendo o traduciendo libros en defensa de los derechos de la mujer provenidos de otras latitudes. Otras combatieron desde su trabajo en las fábricas, la calle, las minas.

a. Feminismo intelectual

Cuando en las primeras décadas del siglo XX la mujer comenzó a tener acceso gradual a la educación, al pasar al mercado de trabajo, se desempeñó en oficios en los que ofrecían servicios directamente relacionados con las tareas que estaban acostumbradas a realizar en el ámbito privado de la casa: educación, enfermería, secretariado. No eran posiciones de mando, sino de subordinación. A manera de ejemplo, en Puerto Rico en 1930, el 75% de los maestros eran mujeres. (*Participación de la mujer en la historia de Puerto Rico*: 19). Aún hoy en día éstas son las profesiones en las que el porcentaje de mujeres dedicadas a las mismas sigue siendo más alto en todas partes.

Mayor educación dio acceso a más mujeres a otras áreas del mundo profesional y de la política, y las puso en contacto con los movimientos feministas del resto del mundo. En Chile, en 1873, **Martina Barros Borgoña** (1850-1941) publicó la traducción del libro *The Subjection of Women* (*Sobre la esclavitud de las mujeres*) del autor John Stuart Mill, filósofo y economista británico, gran defensor del sufragio femenino. A partir de ese momento la defensa de la libertad y los derechos de la mujer se convirtieron en Norte de su vida. En 1887, **Eloísa Díaz** y **Ernestina Pérez** se convirtieron en las primeras mujeres médicos de Chile y de Latinoamérica, abriendo camino para la mujer en el mundo profesional.

La primera mujer en inscribirse en los registros electorales en toda Latinoamérica, lo fue la ecuatoriana **Matilde Hidalgo de Prócel** (1889-1974), en 1924, amparada en que la Constitución en vigor establecía derechos para los ciudadanos sin especificar sexo: "Para ser ciudadano ecuatoriano se requiere tener 21 años de edad y saber leer y escribir". Es importante señalar que Hidalgo fue también la primera mujer en graduarse de escuela secundaria (1913) y la primera médica del país (1921). En 1933, y gracias al apoyo de la Alianza Femenina Ecuatoriana dirigida por Nela Martínez y Luz Bueno, Matilde Hidalgo y una colega: Bertha Valverde, médica obstetra, fueron elegidas concejales; en 1941, Hidalgo fue elegida diputada, más fue relegada a la calidad de suplente lo que provocó la indignación de miles de mujeres en su país.

Matilde Hidalgo junto a otros médicos

Matilde Hidalgo (1889-1974)

En 1916 se realizó en México el Primer Congreso Feminista de Yucatán en el que participaron unas 700 mujeres de esa zona del país, entre otras, Hermilda Galindo, como sabemos, secretaria de Venustiano Carranza. Entre los logros obtenidos por las mujeres a raíz de ese congreso se encuentran el derecho a la administración de bienes, la tutela de hijas e hijos e igualdad en el plano salarial.

En Colombia, de regreso de los Estados Unidos donde había ejercido como profesora en la Universidad de Georgetown, **María Rojas Tejada** fundó en Antioquia en 1914, un Centro Cultural Femenino con el interés de educar a las mujeres. Como el centro le fuera cerrado por oposición de la Iglesia, se fue a la ciudad de Pereira donde estableció entonces una escuela mixta y laica. En 1916 fundó la revista *Femeninas* dedicada a la defensa de los derechos de la mujer en donde publicaba traducciones de artículos de feministas norteamericanas y europeas.

Cuando se habla de los comienzos del feminismo en el Perú se recuerda a **María Jesús Alvarado** (1878-1971) quien en 1914 fundó un organismo al que llamó Evolución Femenina para promover la educación, la cultura y los derechos de la mujer así como una escuela llamada Moral y Trabajo, para dar formación a las mujeres de clase obrera.

La necesidad de agruparse en organizaciones que defendieran los derechos ganados y lucharan por aquellos aún por conquistar dio origen a centenares de asociaciones femeninas a través de todo el continente así como en los países del Caribe.

En 1905 se fundó en Argentina el Centro Feminista del que era miembro, entre otras, **Elvira Rawson de Dellepiane**, una de las primeras médicas del país, y en 1919, bajo su liderazgo y el de la poeta **Alfonsina Storni** se fundó la Asociación Pro Derechos de la Mujer; en 1911 en Uruguay, **María Abella de Ramírez** fundó la Sección Uruguaya de la Federación Femenina Panamericana; en 1916, bajo la batuta de **Paulina Luisi**, primera uruguaya en recibirse de médico, se fundó el Consejo Nacional de Mujeres y en 1919 se creó la Alianza Uruguaya por el Sufragio Femenino; en

Perú, en 1915 vio la luz Evolución Femenina, agrupación fundada por María Jesús Alvarado y en 1918 la Unión Feminista Nacional; en 1919, en Chile, **Amanda Labarca**, pedagoga, fundó el Consejo Nacional de Mujeres, y en 1933, el Comité Nacional Pro Derechos de la Mujer, y en 1920, fue fundado el Club de Señoras, dirigido por **Delia Matte Izquierdo**, el que reagrupaba mujeres de dos diferentes capas sociales, la alta y mediana burguesía; en 1936, bajo la dirección de **Elena Caffarena** fue fundado el Movimiento de Emancipación de la Mujer Chilena (MEMCH); en 1934, en Venezuela, se fundó la Agrupación Cultural Femenina.

Entre 1944 y 1948 vieron nacimiento en Colombia diversas organizaciones: la Unión Femenina de Colombia, el Comité Socialista Femenino de Moniquira (Boyacá), la Alianza Femenina del Valle y la Acción Feminista Nacional dirigidas por **Rosa María Moreno** e **Hilda Carriazo**, **Mercedes Abadía**, **Anita Mazuera** y **Lucila Rubio** respectivamente.

Otras organizaciones existentes fueron la Alianza Internacional Sufragista, la Liga Pro Paz y Libertad y la Comisión de Mujeres. También el país dio acogida a dos Congresos Nacionales Femeninos, el primero de los cuales se celebró en 1945.

b. Feminismo obrero

Como lo había planteado Flora Tristán a comienzos del siglo XIX, los grupos feministas latinoamericanos se percataron de que no podía existir una separación entre la lucha particular por los derechos civiles de la mujer y una lucha más amplia por la reivindicación de una sociedad más justa. Para ello era inminente que la mujer educada y de clase social alta expandiera su radio de lucha y estableciera necesarias alianzas con las batallas que libraba la clase obrera.

El feminismo obrero está marcado entonces por el nacimiento de asociaciones femeninas afines con el sindicalismo. En 1913 en Chile, Luis Emilio Recabarren, fundador del Partido Obrero Socialista Chileno y gran defensor de la emancipación femenina, fomentó el desarrollo de los Centros Femeninos en la zona salitrera de Iquique. En 1921 se fundaron la Federación Unión Obrera Femenina y el Consejo Federal Femenino y en 1922 y 1924 respectivamente se fundaron los primeros partidos políticos femeninos del país: Partido Cívico Femenino y Partido Demócrata Femenino. (Pardo, "Historia de la Mujer en Chile").

En Ecuador surgieron en 1920 el grupo Rosa Luxemburgo, integrado por trabajadores agrícolas, y la Alianza Femenina, este último dirigido por la periodista **Nela Martínez Espinosa** (1912-2004), quien falleció en Cuba en el 2004 después de una larga vida al servicio de la clase obrera y de la mujer ecuatoriana. Martínez Espinosa fue la primera mujer diputada del Ecuador y a su vez una gran feminista y una de las más prominentes dirigentes de izquierda del país. Comenzó su vida política siendo casi una adolescente y a los treinta y dos años, en 1944, durante un levantamiento que derrocara al presidente Carlos Arroyo del Río se tomó la presidencia, gobernando el país por varios días hasta que el movimiento revolucionario del que hacía parte fuera depuesto y se instaurara a José María Velasco Ibarra en el poder.

Igualmente en 1920, en Puerto Rico, surgió la Asociación Feminista Popular cuya presidenta fue **Franca de Armiño**, obrera de la industria tabacalera a su vez dirigente de la Federación Libre de Trabajadores. En Bolivia tuvo origen la Federación Obrera Femenina de la Paz en 1927, y en Cuba, la Unión Laborista de Mujeres en 1928.

En Argentina surgieron organizaciones cercanas a los grupos socialistas y anarquistas del país: la Unión Gremial Femenina, el Centro Socialista Femenino y el Consejo Nacional de Mujeres. Lo mismo en Uruguay, donde surgió la Alianza Uruguaya de Mujeres.

En Chile, el Movimiento de Emancipación de la Mujer Chilena (MEMCH) abrió sus puertas a las empleadas domésticas para ayudarlas a organizarse y comenzó la promoción de actividades en favor de la mejoría de las condiciones de vida de este grupo social. Una de sus iniciativas lo fue el de tomar la defensa de los menores de edad, para lo que promovieron un proyecto de ley que otorgara desayuno gratis a los niños en las escuelas.

Entre las más dignas representantes del feminismo obrero latinoamericano se encuentra la boliviana **Domitila Barrios de Chungara** (1937-2012) quien en su libro *Si me permiten hablar, testimonio de Domitila, una mujer de las minas de Bolivia* relató las condiciones de explotación que sufrían las obreras de la mina de carbón Siglo XX. Domitila fue capaz de lograr que la fuerza obrera femenina adhiriera a la lucha general de los mineros bolivianos por la reivindicación de mejores salarios y más humanas condiciones de trabajo.

En Colombia, el nombre de **María Cano** (1887-1967) o Mariacano, como la llamaban cariñosamente, se recuerda como el de la pionera del movimiento obrero del país, el que recorrió íntegro promoviendo la toma de consciencia de los obreros sobre su situación y haciendo un llamado para el reclamo de sus derechos.

El rol de Mariacano y de Domitila lo jugó en Puerto Rico **Luisa Capetillo** (1879-1922). Al igual que Mariacano lo hiciera en las bibliotecas públicas, Capetillo, como miembro de la Federación Libre de Trabajadores, entre muchas otras cosas, fue lectora en fábricas de tabaco y recorrió la isla organizando a los trabajadores de la industria del tabaco y de la caña de azúcar. Escribía artículos para el periódico de la Federación, *Unión Obrera*, así como para el periódico que ella fundara: *La Mujer*. Como dato curioso se menciona haber sido la primera mujer en llevar pantalones en Puerto Rico, así como la primera sufragista del país.

Capetillo defendía la idea de que todas las mujeres: ricas o pobres, educadas o analfabetas debían tener derecho al voto. Como muchas representantes del feminismo obrero, nunca se afilió a una asociación feminista pues consideraba que el único medio que tenían las obreras de lograr justicia social era a través de la organización en sindicatos. No se contentó con organizar a los obreros de Puerto Rico; viajó tanto a Cuba como a la República Dominicana con el mismo fin. Entre sus escritos se encuentra el que ha sido considerado el primer manifiesto feminista escrito y publicado en la Isla: *Mi opinión sobre las libertades, derechos y deberes de la mujer.*

No podemos dejar de mencionar a **Rigoberta Menchú** (1959 -), guatemalteca, candidata presidencial en el 2007, quien recibiera el Premio Nobel de la Paz en 1992 por su activismo en defensa de los derechos de los indígenas de su patria, por los derechos de la mujer y por su lucha por la paz. Hasta la edad de veinte años Rigoberta hablaba solamente quiché, lengua heredada de sus antepasados mayas. Aprendió el español de adulta para que su mensaje fuera escuchado en foros más amplios. En su libro *Me llamo Rigoberta Menchú y así me nació la conciencia* editado por Elizabeth Burgos Debray, venezolana, Menchú nos cuenta su historia y la historia de los indígenas en la Guatemala de los noventa, su terrible situación de miseria y la violencia de la que eran víctimas a manos del gobierno de Efraim Ríos Montt. Gracias a la difusión de su libro y a su obtención del Premio Nobel, la voz de Menchú fue escuchada internacionalmente y el mundo tuvo conocimiento y consciencia de la terrible realidad cotidiana que enfrenta la población indígena a lo largo y lo ancho del continente americano.

La candidatura presidencial de Rigoberta Menchú estuvo apoyada por un nuevo partido indígena, el "Winaq", que en idioma quiché significa "equilibrio e integridad", y por los partidos Unidad Revolucionaria Guatemalteca y Encuentro por Guatemala, más numerosos intelectuales. Solamente recibió el 3% de la votación.

El presidente electo, Álvaro Colom, nombró ministra del interior a una mujer: Adela de Torreabierta, primera mujer en ocupar ese cargo en el país.

3. La mujer latinoamericana en la política en los siglos XX y XXI

Los partidos políticos femeninos que se fundaron no sólo en Chile, sino también en otros países como Brasil, Argentina y Uruguay probaron, con su pronta desaparición, la tesis del feminismo obrero sobre la necesaria unidad de la lucha por la reivindicación de los derechos de las mujeres y de la clase obrera en general. A pesar de que en un comienzo mujeres miembros de esos partidos comenzaron a ocupar escaños políticos de importancia tanto a nivel municipal como nacional se hizo urgente dar el salto por sobre la segregación y presentar un frente común de lucha. Después de todo, la mujer, como ente social, debía estar unida y no separada de la sociedad de la que era parte y al interior de la cual ya había conquistado los primeros derechos civiles y ciudadanos.

En 1935 (año en que se aprobó el voto femenino sólo para las elecciones municipales, el sufragio femenino para las presidenciales y parlamentarias se concedió recién en 1949) la chilena **Alicia Cañas** (1901-2002) fue elegida alcaldesa de la comuna de Providencia en la capital del país convirtiéndose en la primera mujer en ser elegida a un cargo público por votación popular en Chile y la primera en ocupar el escaño de alcaldesa en Sur América, al igual que 71 años más tarde, en el 2006, Michelle Bachelet se convirtiera en la primera mujer elegida presidenta en Chile y en Sur América.

Sin embargo, es importante recordar que antes que Cañas, en 1934, otra mujer, **Lilly Wallace de Duus**, había sido designada alcaldesa de la municipalidad de La Calera. Mientras que la política de Cañas se centró en convertir Providencia en una ciudad jardín con parques y avenidas arboladas, la de Wallace de Duus fue más centrada en lo social: derechos para las mujeres, subsidio a asilos de ancianos, lucha contra el alcoholismo y otras enfermedades, amén de dejar un presupuesto balanceado pagando deudas de hasta cinco años de atraso. Como dato adicional, las primeras elecciones presidenciales en las que votaron las mujeres chilenas fueron las de 1952.

En los años cincuenta, en Puerto Rico, el movimiento nacionalista dirigido por Pedro Albizu Campos y cuyo objetivo principal era el de lograr la independencia de la isla conoció un nuevo aliento entre los habitantes de las zonas rurales del país. Hubo brotes de violencia en la isla y también en los Estados Unidos durante los cuales fueron atacados edificios gubernamentales. El primero de marzo de 1954 una mujer, **Lolita Lebrón** (1919-2010) —convencida de que la independencia era un derecho del pueblo puertorriqueño que había sido truncado por el Gobierno de los Estados Unidos— en compañía de otros cuatro miembros del movimiento entraron al Congreso en Washington y abrieron fuego hiriendo de bala a cinco congresistas exigiendo libertad para Puerto Rico. Lebrón y sus compañeros fueron detenidos y sentenciados a cincuenta años de prisión. En repetidas ocasiones les ofrecieron perdón a cambio de retractarse de lo que habían hecho, pero prefirieron la cárcel a renunciar a sus principios, por lo que se fueron convirtiendo en mártires del movimiento independentista puertorriqueño. Veinticinco años después, en 1979, fueron indultados por el Presidente Jimmy Carter.

En la República Dominicana, a fines de los años cincuenta, cuatro hermanas se opusieron valientemente al régimen dictatorial de Rafael Trujillo. Son conocidas como **las hermanas Mirabal** y tres de ellas, Patria, Minerva, y María Teresa fueron asesinadas en 1960, y el auto en que viajaban, echado por un barranco para simular un accidente. Desde ese momento se convirtieron en heroínas de su país y en símbolo de la mujer que lucha por los derechos del individuo. El día del aniversario de su muerte, el 25 de noviembre, fue decretado, por la UNESCO, Día Internacional Contra la Violencia en Contra de la Mujer. La escritora dominicana residente en los Estados Unidos, Julia Álvarez, las inmortalizó en su novela *En el tiempo de las mariposas*, la que fue llevada al cine.

En Puerto Rico se distinguió por su labor política y social **Felisa Rincón de Gautier** (1897-1994). Fue alcaldesa de la ciudad capital por veintidós años, de 1946 a 1968, la primera mujer en ocupar ese escaño en el país. Doña Fela, como se le recuerda cariñosamente, vestía de una manera muy peculiar: llevaba siempre un turbante, y un abanico español en las manos. Hay una anécdota curiosa sobre doña Fela y es que una Navidad hizo llevar nieve en un avión desde los Estados Unidos hasta Puerto Rico para que los niños puertorriqueños pudieran disfrutar del inusitado espectáculo.

Desde luego, no es sólo por esas extravagancias que se le recuerda, sino por la enorme labor social que realizó en pro de la clase pobre de su ciudad. Siempre estuvo cercana a su pueblo por quien no solamente desarrolló numerosos proyectos de reforma social, sino de quien se ocupaba por cosas más concretas como visitar a los enfermos o recibir a la gente en su casa para conocer sus problemas y ayudarles a solucionarlos. Luchadora incansable por los derechos de la mujer y los desfavorecidos, en tanto representante del Partido Popular Democrático de Puerto Rico en las Convenciones del Partido Demócrata de los Estados Unidos impulsó, entre otros proyectos, el programa de ayuda a los niños de escasos recursos *Head Start*.

Aunque muchas veces, ante la magnitud de personalidades como Fidel Castro y el Che Guevara se tiende a pasar por alto el rol de las mujeres en la Revolución cubana, es importante recordar en honor a todas ellas al menos a dos: a **Haydée Santamaría** (1922-) y a **Melba Hernández** (1921-) quienes prácticamente tomaron en sus manos la difusión de documentos escritos por Castro mientras se encontraba preso por el fallido ataque al cuartel Moncada, entre ellos su famosa defensa "La historia me absolverá". Estas y otras mujeres como la misma hermana de Castro, Lydia, fueron responsables de orquestar la presión social y política que llevó a Batista a liberarlo a él y a los otros rebeldes presos. Ambas mujeres tomaron también las armas y acompañaron a Castro en la lucha que lo llevó al poder.

Igualmente, la brigada Mariana Grajales, compuesta exclusivamente por mujeres quienes fueron entrenadas, entre otros, por el mismo Castro fue una de las que más valientemente luchó durante la Revolución. Después del triunfo, Haydée Santamaría fundó Casa de las Américas, que como mencionáramos en el Capítulo III de la primera parte, es un espacio de encuentro, de desarrollo y de difusión de la cultura latinoamericana en todas sus manifestaciones.

En la Cuba revolucionaria las mujeres fundaron en 1960 la Federación de Mujeres Cubanas (FMC), organización de masas a la que pertenece la inmensa mayoría de las mujeres. La FMC se preocupó, desde su fundación, de promover la participación de la mujer en todas las áreas de la vida política, social y cultural del país y para ello luchó por la implantación de una infraestructura que posibilitara esta participación. Gracias a esta organización se crearon en la isla comedores escolares, guarderías infantiles, así como semi internados en las escuelas primarias para que los niños reciban educación, alimentación y cuidado durante las horas en que las madres están en sus trabajos.

El resultado más significativo de las oportunidades abiertas por la Revolución a la mujer cubana es que en tres décadas de revolución la participación de la mujer en la economía del país se elevó del 15 al 42.3% (Isabel Rauber). Asimismo el nivel de alfabetización aumentó a tal punto que hoy en día un 50% de los médicos salidos de las universidades cubanas son mujeres.

En Nicaragua muchas mujeres también tomaron las armas para ayudar a derrocar la dictadura de Anastasio Somoza. Mencionaremos entre ellas a la escritora **Gioconda Belli**, quien fue miembro del Frente Sandinista de Liberación Nacional. Por sus actividades políticas fue perseguida por el régimen de Somoza y se vio obligada a salir al exilio en el cual se convirtió en miembro de la Comisión Político-Diplomática del Frente y visitó numerosos países de Latinoamérica y de Europa buscando apoyo moral y financiero para la causa nicaragüense. Además de ello fue correo clandestino transportando, como muy detalladamente lo cuenta en sus memorias *El país bajo mi piel*, no sólo mensajes, sino también armas.

Una vez en el poder el FSLN, se creó la Asociación de Mujeres Nicaragüenses Luisa Amanda Espinoza (AMNLAE) para la defensa de los derechos de la mujer. Al interior del nuevo gobierno Gioconda Belli ocupó diversos cargos políticos entre ellos representante sandinista ante el Consejo Nacional de Partidos Políticos, portavoz del FSLN durante la campaña electoral de 1984 y Directora de la Unión de Escritores Nicaragüenses. El siguiente poema nos muestra el enorme sacrificio de la autora por los principios en los que creía.

Ya van meses, hijita
que no te veo.

Meses en que mi calor
no ha arrullado tu sueño.
Meses en que sólo
hemos hablado por teléfono
-larga distancia, hay que hablar de prisa-
¿Cómo explicarte, mi amor,
la revolución a los dos años y medio?
¿Cómo decirte: las cárceles están llenas de gente,
en las montañas el dolor arrasa poblados enteros
y hay otros niños que no escucharán ya la voz de sus
madres?
¿Cómo explicarte que, a veces,
es necesario partir
porque el cerco se cierra
y tenés que dejar tu patria, tu casa, tus hijos
hasta quién sabe cuándo
(pero siempre con fe en la victoria)
¿Cómo explicarte que te estamos haciendo un país
nuevo?
¿Cómo explicarte esta guerra contra el dolor,
la muerte, la injusticia?

¿Cómo explicarte tantas,
pero tantas cosas,
mi muchachita...?

(del poemario: Línea de fuego)

Una mujer muy querida por la clase trabajadora chilena fue **Gladys Marín** (1941-2005), activista y figura política, luchadora incansable contra la dictadura del general Pinochet y defensora de los derechos de los trabajadores. Adhirió al Partido Comunista Chileno durante sus años de estudiante universitaria y fue Secretaria General de las Juventudes Comunistas de Chile por muchos años. En 1965 y 1970 fue elegida diputada por la región de Santiago.

Gladys Marín

Después del golpe de Estado de 1973 tuvo que partir al exilio, regresando clandestinamente al país en 1978. Desde la clandestinidad luchó por el derrocamiento del gobierno de Pinochet; en 1998 se convirtió en el primer chileno en presentar una acusación formal contra el General bajo los cargos de genocidio y violación de derechos humanos. Representando al Partido Comunista fue candidata a presidenta en las elecciones de 1999 en las cuales resultó ganador Ricardo Lagos. Murió en marzo del 2005 de cáncer al cerebro.

En las últimas décadas, Latinoamérica ha tenido mujeres en el **Ministerio de Defensa**, puesto usualmente ocupado por hombres, entre ellas, **Nilda Garré**, ministra de Defensa de Argentina quien se desempeñaba como embajadora en Venezuela. Abogada peronista, a principios de los ochenta luchó por la recuperación de la democracia. Favorece el enjuiciamiento y castigo de los que violaron los derechos humanos durante la época de la dictadura lo que podría causarle dificultades en el puesto que va a ocupar. Fue nombrada en el 2006.

En Chile, **Vivianne Blanlot** fue ministra de Defensa de Michelle Bachelet de marzo del 2006 a marzo del 2007.

Azucena Berrutti, de Uruguay, ministra de Defensa desde el 2005. Fue abogada de derechos humanos. Anteriormente trabajó como Secretaria General de la Administración de la Ciudad de Montevideo.

Martha Lucía Ramírez de Rincón, de Colombia, ministra de Defensa del 2002-2003. La criminalidad en el país bajó significativamente durante su incumbencia. Anteriormente había sido viceministra de 1991-98 y ministra de comercio exterior de 1998-2001. Del 2001-2002 había sido embajadora en Francia. En el 2003 renunció a su puesto de ministra.

Cristian Matus Rodríguez, de Nicaragua, ministra de Defensa del 2000 al 2002.

Elizabeth Chuiz Sierra, de Honduras, ministra de seguridad y policía de 1998-2000.

Laura Chinchilla Miranda de Costa Rica, ministra de Seguridad Pública, Interior y Policía de 1996-1998. En el 2010 se convirtió en la primera mujer presidenta de Costa Rica.

Guadalupe Larriva de Ecuador, primera civil ministro de Defensa del país, nombrada por el presidente Rafael Correa en el 2007. Al morir en un accidente a los nueve días de su nombramiento, fue reemplazada por **Lorena Escudero**.

Mujeres en otros cargos políticos de importancia

De acuerdo al informe Mujeres en la Política 2012 realizado por la Unión Interparlamentaria (UI), dos países latinoamericanos se encuentran entre los diez primeros del mundo con mayor presencia de mujeres en las instituciones legislativas a nivel nacional: Cuba, en tercer lugar, con un

45,2% de mujeres en su Asamblea Nacional, y Nicaragua, en el noveno lugar, con un 40,2%. Otros países latinoamericanos con un porcentaje mayor al 20% de representación femenina en el Poder Legislativo lo son: Costa Rica, en el puesto 14 (38,6%); Argentina en el 17 (37,4%); Ecuador en el 22 (32,3%); México en el 36 (26,2%) y Bolivia en el 37 (25,4%).

Con la llegada al poder del presidente Evo Morales, las mujeres indígenas han pasado a ocupar cargos políticos de envergadura en Bolivia, entre ellas: **Sylvia Lazarte**, dirigente cocalera y miembro del MAS nombrada por Morales como presidenta de la Asamblea Constituyente; **Savina Cuéllar Leaños**, indígena quechua, opositora al presidente Morales, fue elegida prefecta de Chuquisaca en julio del 2008, convirtiéndose en la primera mujer en el país elegida por voto popular para este cargo; y **Amalia Morales**, abogada y juez de instrucción de provincia, nombrada en febrero del 2010 a la Corte Suprema de Justicia.

Ingrid Betancourt, de Colombia. Betancourt fue elegida diputada en 1994; denunció y condenó la corrupción de la clase política y tomó la bandera de lucha en favor de los pobres. La violencia en Colombia era pan de cada día y Betancourt fue amenazada de muerte y víctima de un atentado del cual logró escapar. En 1998 fundó su propio partido político, el Partido Verde Oxígeno y se presentó como candidata a senadora, ganando el mayor número de votos a nivel nacional. Cansada de no ver avanzar sus proyectos de paz y justicia social decidió ser candidata a la presidencia en las elecciones del 2002; dimitió de su posición de senadora a fines de 2001 y lanzó su campaña. Pocos meses después, en febrero de 2002, Betancourt y su jefa de campaña Clara Rojas, fueron secuestradas por las FARC, la guerrilla colombiana. Clara fue finalmente liberada en enero de 2008 y reunida con su hijo Emmanuel, cuyo padre era un miembro de la guerrilla. Tras seis años en cautiverio, Ingrid Betancourt fue rescatada el 2 de julio del 2008 en una acción comando del ejército de Colombia. Sin embargo, perdió todo el potencial político y la simpatía general cuando desde París intentó demandar al Gobierno colombiano por sus sufrimientos durante los años de cautiverio en manos de las FARC. Pese a que retiró la demanda, no logró recuperar su popularidad y desapareció del mapa político.

Nadine Heredia Alarcón de Humala, cofundadora del Partido Nacionalista Peruano fundado en el 2005 y primera dama del Perú (2011-2016). Se le acusa de estar jugando un rol protagónico en el gobierno de su marido (cogobierno) al punto de que se le prevé como candidata presidencial en las elecciones del 2016, pese a que la ley peruana le impide presentar su candidatura.

a. Mujeres primeras mandatarias

La primera mujer en convertirse en primer mandatario de su país y primera mujer con el título de presidente en el mundo occidental fue **Isabel Perón** (1931-), segunda esposa del presidente argentino Juan Domingo Perón la que ocupó el puesto entre 1974 y 1976. Isabel fue vicepresidenta y Presidenta del Senado durante el segundo Gobierno de Perón entre 1973-74 y al morir éste, le sucedió en el poder. En oposición a la casi veneración del pueblo argentino por Evita, primera mujer de Perón, el pueblo argentino no guarda buenos recuerdos del gobierno de Isabel durante el cual la organización Alianza Anticomunista Argentina desató una fuerte represión contra dirigentes y militantes de izquierda que provocó el asesinato o desaparición de miles de ellos. Isabel fue derrocada por el golpe de Estado militar de Jorge Rafael Videla y fue acusada de malversación de fondos públicos y encarcelada. En 1981, al salir de la prisión, se exilió en España. A comienzos del 2007 se dictó una orden de detención internacional por su posible responsabilidad en el secuestro de dirigentes políticos durante su gobierno.

En 1979 la boliviana **Lidia Gueiler Tejada** (1921-2011) fue nombrada presidenta interina del país, puesto que ocupó por un año al cabo del cual fuera derrocada por Luis García Meza quien diera el golpe de Estado número 129 en la historia de Bolivia. Anteriormente había ejercido varios puestos políticos y diplomáticos entre ellos: diputada (1956-1964); presidenta de la cámara de diputados (1979); embajadora en Alemania Oriental (1982-83) y en Venezuela (1983-86). Igualmente fue una activa feminista y gracias a su liderazgo se instituyó en Bolivia el 11 de octubre como día de la mujer boliviana. Fue a su vez la representante de Bolivia ante la Comisión Interamericana de Mujeres. Publicó dos libros, *La mujer y la revolución* (1960) y *Mi pasión de lideresa* (2000), una autobiografía.

Violeta Barrios de Chamorro (1929-) asumió el poder como presidenta de Nicaragua en 1990 lo que la convirtió en la primera mujer en llegar a la presidencia en un país centroamericano. Su mandato se extendió hasta 1997. Barrios de Chamorro fue miembro de la Junta de Reconstrucción Nacional que asumió el poder cuando el Frente Sandinista de Liberación Nacional derrocó la dictadura de Anastasio Somoza en 1979, pero poco después se separó de los sandinistas por discrepancias políticas. Al ganar las elecciones en 1990 como representante de la Unión Nacional Opositora contra Daniel Ortega, representante sandinista, ocupó el puesto de presidenta y también de ministro de defensa. En las elecciones de 1997 no se presentó a reelección. Ese mismo año publicó una autobiografía bajo el título de *Sueños del corazón*.

Ecuador conoció en 1997 una presidenta interina, **Rosalía Arteaga Serrano de Fernández de Córdova** (1956-) quien había sido elegida vicepresidenta en 1996. En 1997, luego de una huelga general nacional el Congreso destituyó al presidente Abdalá Bucaram Ortiz por ineptitud para gobernar y Rosalía Arteaga fue nombrada presidenta interina. Fue candidata a presidenta en las elecciones de 1998, pero no fue elegida. Arteaga Serrano se ha destacado también como escritora. Entre sus libros cabe mencionar: *Jerónimo y Gente* (cuento) *Cinco poemas y Horas* (poesía) y *Árboles de Cuenca Alto Cenepa: las fronteras de una guerra* y "La presidenta: el secuestro de una protesta" (ensayo).

En 1999 Panamá vio el advenimiento al poder de **Mireya Moscoso Rodríguez** (1946-). Moscoso Rodríguez no sólo se contentó con acceder ella al poder, sino que fue la primera presidenta de la historia en nombrar a otra mujer como vicepresidenta, su hermana Ruby Moscoso de Young. Moscoso Rodríguez gobernó hasta septiembre de 2004 en que fue sucedida por Martín Torrijos. Una de las críticas negativas que se le hizo a su gobierno fue la práctica del nepotismo.

En el año 2001 asumió la gobernación del Estado Libre Asociado de Puerto Rico **Sila María Calderón Serra** (1942-), miembro del Partido Popular Democrático. Antes de aspirar a la gobernación de la isla se desempeñó, entre otros puestos de servicio público, como secretaria de estado y alcaldesa de San Juan, ciudad capital. Su mandato culminó en noviembre del 2004.

Sin lugar a dudas, la mandataria que mayores expectativas causó antes y después de llegar al poder fue **Michelle Bachelet**, presidenta de Chile, de 2006-2010, y quien antes de ser candidata a la presidencia ocupó los cargos de ministra de Salud, y ministra de Defensa.

El caso de Michelle Bachelet es extremadamente singular pues no solamente fue la primera mujer presidenta de Chile, sino la primera presidenta en la historia de América del Sur en ser elegida en elecciones populares. Para muchos chilenos, esta médica socialista, por cuya profesión y afiliación política recuerda a quien la alentara a militar en la Juventud Socialista en los años setenta, Salvador Allende, representó la cara de un nuevo Chile que miraba hacia el futuro envuelto en el manto de la reconciliación nacional.

Michelle Bachelet

Bachelet es la hija del General de Brigada Aérea, Alberto Bachelet quien fuera nombrado por Salvador Allende jefe de las Juntas de Abastecimiento y Precios. Al producirse el golpe de Estado fue encarcelado, y murió en prisión de un infarto como resultado de la tortura. Bachelet y su madre también fueron apresadas, torturadas y enviadas al exilio por alrededor de seis años.

Michelle Bachelet fue también la primera mujer latinoamericana en ocupar el puesto de ministra de Defensa de su país, convirtiéndose así en jefa civil del cuerpo uniformado. La popularidad de Bachelet como presidenta se basó mayoritariamente en los proyectos sociales que su gobierno impulsó para mejorar las condiciones de vida de los más desfavorecidos. Al final de su gobierno contaba con un impresionante 82% de aprobación popular, sin embargo, no pudo optar a la reelección por lo que la Constitución de Chile no permite la reelección consecutiva de un presidente.

Al terminar su mandato, Bachelet fue nombrada subsecretaria y directora ejecutiva de la *United Nations Entity for Gender Equality and the Empowerment of Women*, entidad dependiente de las Naciones Unidas. A título personal creó la fundación sin fines de lucro "Dialoga", cuyo fin es reflexionar, dialogar y proponer ideas concretas para el mejoramiento de Chile desde la perspectiva de la centro izquierda. Es casi seguro que Bachelet será nuevamente candidata a la presidencia en las elecciones del 2014.

En el año 2007 Argentina marcó un hito al ser el único país del mundo, hasta el momento, en que los candidatos a la presidencia en ocupar el primer y segundo lugar fueron mujeres: **Cristina Fernández Kirchner** (1953-) y Elisa Carrió (1956-). Fernández Kirchner sucedió a su esposo, el ex presidente Néstor Kirchner. Antes de ser presidenta, Fernández fue senadora por la provincia de Buenos Aires y por la provincia de Santa Cruz del 2001-2005. En el 2012, en la primera vuelta de las elecciones, Fernández Kirchner fue reelegida para un segundo término con el 54,1% de los votos.

Costa Rica siguió los pasos de Chile y Argentina eligiendo, en febrero de 2010, a **Laura Chinchilla Miranda** como su primera mujer presidente. Chinchilla Miranda fue elegida vicepresidenta en el 2006 junto a Óscar Arias en su segundo periodo presidencial. Renunció al cargo en el 2008 y lanzó su candidatura a presidenta por el Partido Liberación Nacional como sucesora de Arias. Fue elegida con el 46,76% de los votos para un mandato de 4 años, lo que la convirtió en la tercera mujer en llegar a ese cargo en Centroamérica, tras la nicaragüense Violeta Chamorro y la panameña Mireya Moscoso. Es la octava mujer en llegar a la presidencia en la América hispana.

En el momento de asumir el poder, llamó a continuar la ruta del presidente saliente, Óscar Arias, manteniendo el país en terreno moderado y evitando los populismos de izquierda o derecha. Siguiendo la paridad ministerial de los comienzos del gobierno de Michelle Bachelet en Chile, Chinchilla nombró un 50% de mujeres en su gabinete en áreas claves como Agricultura, Economía, Comercio Exterior, Trabajo, Vivienda, Planificación, Ciencia y Tecnología, y Salud y Deportes.

En las elecciones del 2010 en Brasil, salió elegida con el 56,05% **Dilma Rousseff** (1947), candidata por el oficialista Partido de los Trabajadores

(PT), y ministra de Minas y Energía del gobierno de Lula. Desde adolescente, Rousseff estuvo involucrada con grupos armados que luchaban contra la dictadura en Brasil, por lo que pasó tres años en prisión y fue torturada. Una de las primordiales características de la presidencia de Dilma ha sido su lucha contra la corrupción: durante su primera etapa de mandato destituyó siete ministros acusados de corrupción.

Dilma Rousseff (Brasil) y Cristina Fernández (Argentina)

Algunas candidatas que no alcanzaron la Presidencia

En el 2006 dos otras mujeres sudamericanas fueron candidatas a la presidencia: **Lourdes Flores Nano** (1959-) en el Perú, y **Heloísa Helena Lima de Moraes** (1963) en Brasil, siendo ambas las primeras mujeres en aspirar al palacio presidencial en sus respectivos países.

En Argentina, en el 2007, **Elisa Carrió** (1956-), abogada de profesión, fue la contendiente de Cristina Fernández de Kirchner. Fue fundadora del partido de centro izquierda Alternativa para una República de Iguales (ARI) compuesto en su gran mayoría por mujeres por el que fue candidata a la Presidencia en 2003, 2007 y 2011. En el 2003 quedó en cuarto lugar, en el 2007, en segundo. En el 2004 había sido elegida diputada nacional por Buenos Aires; anteriormente, había sido diputada nacional por la provincia del Chaco durante dos periodos, de 1995-1999 y 1999-2003.

En las presidenciales del 2011 en Perú se presentó como candidata por el partido Fuerza 2011, heredero del fujimorismo, **Keiko Fujimori** (1975), hija del ex Presidente Alberto Fujimori (hoy en prisión). A pesar de que durante toda la campaña se le vio como una candidata con posibilidades de ganar, el peso del recuerdo del gobierno dictatorial de su padre fue un factor determinante al momento de votar y Fujimori perdió en la segunda vuelta frente a un Ollanta Humala cuya imagen y discurso se transformaron a través de la campaña en más moderados, llevándose el electorado que no era necesariamente ni humalista ni fujimorista.

Para las elecciones presidenciales de México en julio del 2012, se presentó como candidata del Partido Acción Nacional, **Josefina Vázquez Mota** (1961), primera mujer candidata a la Presidencia por su partido quien obtuvo alrededor del 25% de los votos perdiendo frente a Enrique Peña Nieto del Partido Revolucionario Institucional (PRI) quien obtuvo el 38% de la votación.

4. Situación actual de la mujer en Latinoamérica

Una mirada a la situación de la mujer en Latinoamérica en la segunda década del siglo XXI nos aporta una imagen compleja donde los estereotipos de género que se han logrado romper, aunque significativos, todavía no han logrado garantizar una equidad de derechos y respeto generalizada para la mujer.

a. Continente de contradicciones

Resulta paradójico que la región del mundo que en el 2012 cuenta con tres de las ocho Jefas de Estado actualmente en el poder en el mundo: Cristina Fernández (Argentina), Dilma Rousseff (Brasil) y Laura Chinchilla (Costa Rica); donde desde 1974, con Isabel Perón, hasta el 2012, ha habido 10 mujeres primeras mandatarias; donde a nivel de educación superior las mujeres han superado a los hombres (el 53% de los estudiantes universitarios son mujeres y en general tienen 0,5 más años de escolaridad que los hombres), sea igualmente una región que exhibe aún una brecha salarial promedio entre géneros del 17%, (del 58% si se tienen sólo en cuenta las profesiones mejor pagadas como el derecho, la ingeniería o la arquitectura); una región donde se registran, además, las tasas más altas de violencia de género y "femicidios" y las mayores proporciones de embarazos adolescentes (jóvenes entre 15 y 19 años) y donde florece un creciente mercado de explotación sexual, trata de mujeres y niños, y prostitución en general.

La trata de personas es un flagelo del que Latinoamérica no ha estado exenta; la misma se ha convertido en una industria que genera más de 30 millones de dólares al año, 17 millones en la región latinoamericana donde afecta a 1,2 millones de niños, niñas y adolescentes. Ejemplos ilustrativos de prostitución, explotación sexual y trata de mujeres y niños son las "niñas Paraguay", las niñas, adolescentes y mujeres en Pereira, Colombia y las niñas, adolescentes y mujeres en Cuba.

Las "niñas Paraguay" son menores de edad que se prostituyen en ciudades al noreste de Brasil por 1,99 reales (alrededor de un dólar). En Colombia, una importante red de prostitución se ha registrado en Pereira, ciudad de 420.000 habitantes en crisis económica desde hace unos veinte años, sumergida en el narcotráfico y la violencia que éste genera, y donde la prostitución femenina ha sido el eje que ha mantenido la economía, convirtiendo a Colombia en el tercer país del mundo afectado por el mal del tráfico humano. Estudios realizados por la Corporación Casa de la Mujer y la Familia indican, por ejemplo, que de las 12.800 nuevas mujeres extranjeras que la policía contabilizó en España dedicadas a la prostitución en 2003, 4.761 eran colombianas, y que de las 30.000 que ejercían en Holanda, un 60% eran latinoamericanas. Estas mujeres mantienen a sus maridos, padres, hermanos, hijos. El dinero de la prostitución hace, al mismo tiempo, sobrevivir a las familias y mantener el engranaje económico de la región.

De acuerdo a un estudio realizado en el 2009 por el Centro Contra la Explotación de la Mujer, los países en la región latinoamericana y del Caribe con más alta tasa de prostitución son: Cuba, Brasil, Argentina, México, Honduras y República Dominicana.

Sorprende negativamente el caso de Cuba ya que la prostitución en la isla había sido erradicada por el gobierno revolucionario. Sin embargo, la difícil situación económica que se desató en la isla en los años noventa a raíz del desmembramiento de la Unión Soviética y la apertura hacia el turismo como una de las medidas de solución a la crisis ha llevado hasta a niñas entrando a la adolescencia a dedicarse a la prostitución por ropa, comida, dinero o en busca de un matrimonio que las saque del país; sorprende negativamente porque de acuerdo al informe Mujeres en la Política 2012 realizado por la Unión Interparlamentaria (UI), Cuba ocupa el tercer lugar en el mundo, con mayor presencia de mujeres en las instituciones legislativas a nivel nacional (45,2% de mujeres en su Asamblea Nacional), y el 50% de los estudiantes que se gradúan de Medicina son mujeres.

Es evidente que existen no una, sino varias posibles razones para explicar esa paradoja, y que éstas inciden unas sobre otras. Desde el punto de vista sociológico y psicológico, encontramos la educación que aún reciben las mujeres a la base de todo. Si bien es cierto la mujer ha superado al hombre en presencia en la educación universitaria, de acuerdo al Informe del Banco Mundial del 2011 (estudio de la realidad en 97 países), en la mayoría de éstos las mujeres eligen carreras predominantemente en las áreas de salud y bienestar y educación (sobre el 80%); artes y humanidades (el 55%), y no están o están escasamente representadas en áreas como la ingeniería (100% dominada por hombres), y las ciencias (68% dominada por hombres). En la educación, tanto en la casa como en la escuela, se orienta a los niños hacia carreras que requieren de la toma de decisiones e innovación y a las niñas hacia carreras de servicio y cuidado. Por ello se especula que aunque haya habido casos extraordinarios de mujeres en el poder, la estructura machista como tal de la sociedad patriarcal no ha cambiado, y a mayor independencia de las mujeres y mayor el espacio público conquistado, mayor es la resistencia del hombre a aceptar esa realidad. Ello explicaría, en parte, la brecha salarial, entre otros aspectos de la situación.

Desde el punto de vista socio-político, se hace evidente el poder que ejerce aún la Iglesia Católica sobre la estructura social en la mayoría de los países, herencia de la época colonial. Si a ello le sumamos el peso que tanto esta misma religión, como las religiones evangélicas (que comenzaron a asentarse en los diferentes países en las últimas décadas del siglo XX) tienen sobre las decisiones morales de la gente, comprenderemos la base de los obstáculos encontrados para hacer avanzar leyes que protejan a las mujeres, sobre todo en aspectos concernientes a la salud, al acceso a educación sexual y métodos anticonceptivos , a la despenalización del aborto y a la penalización de la violencia contra la mujer en un continente, que como hemos dicho, tiene los más altos índices de "femicidio" y de tráfico sexual y donde 4.000 mujeres mueren cada año en los cuatro millones de abortos ilegales que se registran.

b. La violencia contra la mujer

Para hablar de la violencia contra la mujer en Latinoamérica debemos hacer la diferencia entre **la violencia doméstica** y **la violencia de género**. La primera es la que sufre la mujer al interior del hogar de parte de padres, esposos, miembros de la familia; la segunda ocurre fuera del hogar, crímenes perpetrados contra ellas por el solo hecho de ser mujeres. Y aunque no se ha llegado a los extremos del feticidio femenino, como es el caso de la India, donde de acuerdo a un estudio del 2006 realizado por *The Lancet*, revista de investigación médica británica, durante las dos décadas anteriores se registraron en el país 10 millones de abortos selectivos por género, es decir, 10 millones de feticidios femeninos, la violencia de género y los "femicidio" han aumentado enormemente en los últimos años.

Un estudio sobre la población joven y la violencia durante el noviazgo realizado por la Organización Iberoamericana de Juventud (OIJ) publicado en noviembre del 2009 concluyó que entre ochenta millones de jóvenes latinoamericanas menores de 35 años, una de cada tres, ha sufrido algún tipo de violencia, evidencia de que los comportamientos que perpetúan la violencia de género se repiten en las nuevas generaciones. La percepción entre los jóvenes es de que este tipo de violencia no es un delito grave; en adición, como la mayoría de las veces queda impune, éstos se sienten autorizados a continuar maltratando. Para las jóvenes el maltrato resulta una conducta normal: si sus madres sufren y aceptan esta violencia, las hijas no ven una opción diferente.

Por su parte, la violencia de género es un fenómeno relativamente nuevo que comenzó a propagarse, sobre todo por Centroamérica, a partir de los asesinatos de mujeres en Ciudad Juárez, México en el 1993. Las características de estos actos delictivos son similares en todos los países: el asesinato, precedido por tortura, mutilación y violación sexual de las víctimas, jóvenes entre las edades de 10 y 35 años, y los victimarios no son ni familiares ni conocidos de las víctimas. De acuerdo a estudios realizados por las Naciones Unidas, los tres países con mayor número de "femicidio" en Centroamérica son Honduras, El Salvador y Guatemala, y en países como Brasil, Colombia, El Salvador, Guatemala y Honduras, en el 60% de los casos de asesinatos de mujeres hubo uso de armas de fuego, tasa que en Ciudad Juárez alcanzó un 80%.

Cuantificar la violencia contra la mujer se ha evidenciado difícil ya que la mayoría de los países no guarda record de ese tipo de datos y en muchos casos no se hace diferencia entre las muertes por violencia doméstica y las muertes por violencia de género. Sin embargo, en los últimos años, dadas las campañas de concienciación emprendidas por diversas organizaciones feministas nacionales, por la Organización de las Naciones Unidas y por diferentes ONG estas estadísticas se están estableciendo. Como paso significativo para lograr esta concienciación, la ONU designó el 25 de noviembre (día en que se conmemora el asesinato de las hermanas Mirabal por orden de la dictadura de Trujillo en la República Dominicana) Día Internacional de la Eliminación de la Violencia contra la Mujer.

Algunas cifras de países en que se ha cuantificado la violencia contra la mujer (sea doméstica o de género) y los **"femicidios"** o **feminicidios** entre el 2007 y el 2012 son las siguientes:

1. **Argentina**: Según la Oficina de Violencia Doméstica (OVD) de la Corte Suprema de Justicia de la Nación, entre abril del 2011 y abril del 2012 se registraron 773 casos de violencia doméstica, es decir, 78 más que entre el 2010 y el 2011. De éstos, el 77% tiene como víctimas a mujeres y niñas. El 80% de los denunciados fueron hombres y en el 92% de los casos, el acto de violencia fue causado por la pareja o la ex pareja de la víctima (cónyuge, novio, concubino). De los casos registrados, el 96% responde a maltrato psicológico, por lo general amenazas, insultos, desvalorización y control cronométrico de los horarios; 70% violencia física; 51% económica; y 16% sexual. En el 2009, el Congreso argentino aprobó la "Ley de Protección Integral a las Mujeres" que apunta a prevenir, sancionar y erradicar las conductas que ataquen la vida y la seguridad femeninas.

2. **Bolivia**: De 343 casos de muertes de mujeres que fueron recogidas en la prensa nacional en el 2009, 98 fueron producto de diferentes tipos de violencia: 51 de violencia conyugal; 19 de violencia sexual; 17 de violencia infantil; 7 de violencia familiar; 2 de violencia lesbofóbica y 2 por aborto mal practicado. En los primeros ocho meses del 2011 fueron registrados 226 asesinatos de mujeres, 12 de cada 100.000 mujeres; un aumento de 60% con respecto al 2010.

3. **Brasil**: Ocupa el duodécimo lugar entre los países con mayor tasa de "femicidio" en el mundo y el primer lugar en América Latina. La falta de registros oficiales hace que sea muy difícil cuantificar los casos de violencia doméstica, pero según la Secretaría de Políticas para las Mujeres el número de denuncias por abusos au-

mentó un 100% entre 1997 y 2007. En el 2010, se contabilizó la muerte de doce mujeres por día como consecuencia de la violencia doméstica, el 40% entre 18 y 30 años, la mayoría asesinada por su pareja, su ex pareja o por un pariente ("Mapa de la Violencia 2010" estudio ONG Instituto Sangari).

4. **Chile**: De acuerdo a estadísticas del Servicio Nacional de la Mujer (Sernam) la tendencia de "femicidio" entre 2010 y 2012 ha sido a bajar. Del 2010 al 2011 se bajó de 49 a 40 "femicidio" íntimos: cometidos por los cónyuges, 25%; por los convivientes, 32,5%; por los ex convivientes, 32,5%; por los "pololos"/novios, ex novios u otra relación, 10%. En el mismo periodo de tiempo la tasa de denuncias de abuso aumentó de 13%, dato significativo por lo que ello activa la red de protección que el Sernam pueda proveer a las víctimas. Dato curioso registrado por este organismo ese mismo año, el 40% de los victimarios se suicidó.

Según cifras del 2010, el 20% de las jóvenes en Chile sufre violencia psicológica en la pareja. Casi una de cada 10 sufre maltrato físico y un 1% abusos sexuales. La educación es un factor determinante para erradicar la violencia: el maltrato físico en personas con estudios secundarios o inferiores se da en un 10,1% de los casos; en técnicos superiores y universitarios, en un 3,5%. El maltrato psicológico se produce más entre personas de bajo nivel educativo, casi en una de cada cinco, que en universitarios, un 11,8%. Manifestaciones del abuso: el 30,7% controla las salidas, los horarios y las apariencias; el 18,5%, las amistades, y el 13,5% usa las descalificaciones. El 17,5% admite restringir las amistades a su pareja; el 14,3% admite maltrato físico, y el 11,3% controla las actividades de la pareja.

En diciembre del 2010, el presidente Sebastián Piñera promulgó la "Ley de Femicidio" para sancionar el mismo y aumentar las penas aplicables a este delito. La ley extiende las penas del parricidio, que son más fuertes que las de un homicidio común y van desde los 15 años y un día a la prisión perpetua calificada, al asesinato de una mujer a manos de su ex marido o de su ex conviviente.

5. **Colombia**: Cifras oficiales, indican que entre 2002 y 2011, 17.289 mujeres fueron asesinadas, 1.215 de ellas en el 2011. El estudio "Por ser niña: situación de las niñas en Colombia 2012" produjo data que indica que las mujeres, por su condición de género, son más vulnerables que el hombre a ser víctimas de abuso sexual, reclutamiento forzado y prostitución forzada. También están expuestas a embarazos tempranos, obviamente no planificados (en Colombia 19 de cada cien adolescentes ha estado emba-

razada y la mitad de quienes dejan la escuela mencionan el embarazo como el principal motivo). Otras cifras salidas del estudio indican que: el 63% de las denuncias recibidas por algún tipo de violencia contra la niñez vincula a una niña; el 80% de las denuncias sobre violencia sexual es contra una niña (la mayoría de ellas entre los 10 y los 14 años); el 28% de los menores desvinculados de grupos armados ilegales son niñas (un cuarto de ellas manifestó que la violencia sexual o la violencia intrafamiliar de que eran víctimas, había motivado el reclutamiento).

En junio del 2012 el Congreso aprobó una ley que convierte la violencia intrafamiliar y el no pago de pensión alimenticia en "delitos mayores" los que pueden ser penados hasta con cuatro años de prisión. Denuncias de estos crímenes pueden ser hechas por cualquier persona de la comunidad: un familiar, un vecino, un colega o compañero de trabajo, no solamente por la víctima, y una vez hecha, la investigación debe llevarse a cabo hasta el final. De ser la víctima quien presenta la demanda, la ley elimina la posibilidad de conciliación, lo que hasta el momento, en la mayoría de las ocasiones, le permitía al victimario ser perdonado por la víctima y quedar libre de castigo para muchas reincidir.

6. **El Salvador**: 579 víctimas de violencia de género, según datos de 2009 del Instituto de Medicina Legal.

7. **Guatemala**: Víctimas de violencia de género: 689 en el 2010, registrados por la Procuraduría de Derechos Humanos; más de 5.027 víctimas desde el 2000. Una ley contra el "femicidio" fue aprobada en julio del 2008. También se estableció la fundación gubernamental "Sobrevivientes" que provee apoyo y todo tipo de ayuda a las mujeres víctimas de violencia de género.

8. **Honduras**: De acuerdo al Consejo Centroamericano de Procuradores de Derechos Humanos, entre enero y noviembre del 2008 se contabilizaron 151 muertes, es decir casi una víctima cada 24 horas. El 75% de las mujeres ha sido objeto de algún tipo de violencia física en algún momento de su vida; 4 de cada 10 mujeres declararon haber sufrido agresiones violentas por parte de sus parejas. En 1997 se aprobó una ley contra la violencia doméstica; en agosto del 2008 es estableció un juzgado especializado en la violencia doméstica. Organismos como "Manos Unidas", Naciones Unidas y "Cáritas" han establecido programas de ayuda a la mujer hondureña como el "Programa Integral de la Mujer", cuyo objetivo es proveerles todo tipo de apoyo a las mujeres de comunidades rurales y suburbanas con el fin de que puedan mejorar su situación educativa, económica, de salud. También les proveen asistencia jurídica para animarlas a denunciar estos actos de

violencia. En adición se les ofrece asistencia psicológica, tanto a las víctimas de violencia doméstica como a los agresores, para propiciar cambios en el comportamiento de éstos últimos.

9. **México**: Entre 2007 y 2009 se cometieron 4.379 "femicidios". Solamente en Ciudad Juárez, en el 2010, se cuantificó el número de "femicidios" en 306. Las mujeres de dicha región avanzan la hipótesis de que los "femicidio" en esa ciudad representan un rito de iniciación de las redes del narcotráfico: asesinar a una mujer es condición sine qua non para ser aceptado como miembro de un cartel; el cuerpo de la mujer es el trofeo de caza y controlar a la mujer es símbolo del control sobre la sociedad en una ciudad definida por la lucha por el poder.

   A nivel nacional, el l 75,8% de las mexicanas entre 15 y 24 años ha sufrido agresiones psicológicas y el 16,5% ha vivido al menos un ataque sexual. En México DF, nueve de cada 10 jóvenes ha sufrido algún tipo de violencia en el noviazgo y el 30% admite callar, por temor, cuando tiene conflictos de pareja. Según cifras de la ONU, en México son asesinadas entre 4 y 5 mujeres al día.

10. **Nicaragua:** En el 2011 se registraron 76 "femicidio" y en los dos primeros meses del 2012 ya se habían contabilizado 18. Para hacer frente a la situación, en enero del 2012 se aprobó la Ley Integral de Violencia Contra La Mujer la que entró en vigencia en el mes de mayo.

11. **Puerto Rico:** Según la ACLU (American Civil Liberties Union), entre 2007 y 2011, 107 mujeres fueron asesinadas por sus parejas íntimas, 30 de ellas en el 2011. De acuerdo al mismo informe solamente el 1% de los casos de violación son investigados adecuadamente.

12. **República Dominicana:** en el 2011, 230 mujeres perdieron la vida en el país, de acuerdo a datos oficiales de la Policía Nacional y el Instituto Nacional de Ciencias Forenses.

La violencia contra la mujer exhibe también otras caras. En Bolivia, según estudios recientes, de los dos millones de bolivianos que han emigrado al extranjero en busca de mejores condiciones de vida para sus familias, el 39% son mujeres. Aunque no se ha asociado este hecho concreto con el problema de la prostitución no sería descabellado hacer la asociación dado que ésta es una situación recurrente en otros países.

Igualmente en Colombia, en el 2007, otro tipo de violencia contra los derechos de la mujer salió a la luz pública: el grupo indígena embera chamí de los departamentos de Risaralda y el norte de El Valle, practica la ablación del clítoris en las niñas recién nacidas. De acuerdo a sus creencias religiosas, así se evita el fin del mundo y se garantiza la fidelidad de la mujer, pues para ellos, el movimiento de la mujer durante el coito puede provocar que el mundo se le caiga de las manos al dios Karabi.

Es evidente que a la base de todos estos actos de violencia se encuentran la pobreza, la falta de educación y la concienciación sobre la gravedad de la violencia de género. A través del continente se han puesto en marcha algunas iniciativas para contrarrestar las diferentes caras de este problema y se han establecido organizaciones de apoyo a las víctimas que se atreven a denunciar el maltrato.

A nivel internacional comenzó a fines del 2009 la campaña "Maltrato Zero", la que va dirigida especialmente a los jóvenes. La misma tiene un portal en la red (www.maltratozero.com) donde las víctimas tienen la posibilidad de subir sus propias fotos y vídeos para reportar el abuso.

Para mencionar algunas de las iniciativas con fuerte presencia: a nivel regional, en febrero de 2010, organizaciones civiles feministas de cinco países latinoamericanos iniciaron la "Campaña Regional por el Acceso a la Justicia para las Mujeres" para exigir acción por parte de los gobiernos ante la impunidad contra el delito de "femicidio". Las firmantes de dicha iniciativa fueron María Delia Cornejo, de El Salvador; Gladys Lanza, de Honduras; Carmen Yolanda López, de Guatemala; Virginia Meneses, de Nicaragua y María de la Luz Estrada, de México.

Asimismo, en Bolivia se realizó una marcha de protesta organizada por activistas de derechos humanos en celebración del Día Internacional de la Mujer el 8 de marzo del 2010, para ratificar la exigencia de mayor severidad en los castigos como manera de luchar contra la perpetuación del mal. La idea surgió como seguimiento a un estudio realizado en el 2009 sobre las muertes por violencia de género cuyos resultados servirán para plantear a la Asamblea Legislativa Plurinacional que se declare abiertamente el "femicidio" como delito penal de modo a que se endurezcan las sanciones para los victimarios.

En México, la "Red de Organizaciones Feministas contra la Violencia" de la que forman parte más de trescientas organizaciones mexicanas lanzó una campaña "Alto a la Impunidad ¡Ni una Muerta Más!", para llamar la atención sobre el problema en todo el país, pero especialmente por los "femicidio" sin esclarecer en Ciudad Juárez.

En Colombia, organizaciones como "Contigo Mujer"y la "Corporación Casa de la Mujer y la Familia" que se dedican a tratar de rescatar a las mujeres de la prostitución indican que el promedio de mujeres de la zona que salió al extranjero desde el 2003, se redujo de 10 al día a 10 por semana.

C. La brecha de género

La equidad y la paridad en cuanto a oportunidades y derechos de la mujer todavía sigue siendo un camino de lucha en Latinoamérica, si bien es cierto la situación cambia de país en país y en algunos más que en otros la mujer ha logrado una representación paritaria a los hombres en la vida pública institucional, aunque como hemos visto esa paridad no se refleje desde el punto de vista salarial.

Un aspecto muchas veces relegado por los estudios de brecha de género es cómo ésta se refleja en la vida familiar, por ejemplo en la distribución de las tareas domésticas. Aunque existe la idea de que se ha producido una gran evolución en este ámbito (incluso los medios de comunicación se encargan de difundir la imagen de un nuevo tipo de relación en la que el hombre contribuye al trabajo del hogar) la realidad muestra una situación completamente opuesta. Un estudio realizado en el 2010 por el Centro de Microdatos de la Universidad de Chile y Comunidad Mujer encontró que, de 3.000 mujeres entre los 18 y 65 años de edad entrevistadas, dos de cada tres, sin importar el estrato social, afirmó llegar a las casas después de trabajar 8 horas a realizar el trabajo doméstico.

Un dato revelador entregado por el estudio es la mentalidad machista que aún no ha logrado vencerse en las mismas mujeres, lo que explica, hasta cierto punto, el que la situación de doble jornada para la mujer que trabaja fuera continúe. Ante la pregunta de si les pediría a sus hijas que prepararan la comida, el 88% de las mujeres respondió que sí; ante la pregunta de si se lo pediría a sus hijos varones, sólo el 72,8% respondió que se lo encargaría a sus hijos hombres. Un resultado similar se obtuvo con la pregunta de a quién le encargaría lavar ropa, planchar y hacer aseo: el 89,3% de las madres se lo pide a sus hijas, el 74,1% se lo encargaría a los varones. Aunque la diferencia en ambos casos es de sólo 15 puntos, ésta es bastante si se considera que la misma fortalece el estereotipo de encargar las tareas domésticas a la mujer, y al hombre las reparaciones en la casa.

La realidad es que la disparidad sigue existiendo y aunque las mujeres han llegado a ocupar importantes cargos políticos en varios países, incluyendo el de Jefa de Estado, todavía permanecen poco representadas en el mundo de la economía, los negocios, las ciencias, la ingeniería, la tecnología, los altos puestos administrativos en la educación superior, así como en el mismo mundo político.

Para poder cambiar esta situación de inequidad se necesita trabajar en tres frentes: el hogar, la escuela y la sociedad. Hay que fomentar un cambio en las expectativas que los padres, consciente o inconscientemente, les fijan a sus hijos e hijas en términos de la carrera a seguir; hay que fomentar un cambio en la orientación vocacional de los niños en las escuelas para que se estimule a las niños a estudiar de acuerdo a sus aptitudes y capacidades y no a reforzar los estereotipos. Esos cambios son fundamentales pues inciden directamente en la capacidad de empleo y mejor remuneración en el mundo del trabajo. Sin embargo, estos cambios en sí mismos no son suficientes; también hay que fomentar un cambio en las políticas de contratación de las empresas y los gobiernos ya que para puestos de mando, la tendencia generalizada es a favorecer a los hombres tanto en posibilidad de empleo como en remuneración.

Es evidente que existe aún un largo camino que recorrer para lograr la completa igualdad y reconocimiento de la mujer como individuo a parte entera dentro de la sociedad. Sin embargo, es importante recordar que a pesar de todos los inconvenientes la mujer, como lo ha hecho a través de la historia, sigue luchando por sus derechos y los de sus familias no importa el ámbito en que se mueva, y el esfuerzo realizado por las indígenas de alguna población latinoamericana por asegurar el pan que ponen en la mesa toma tanta dimensión como los proyectos de ley que proponen las legisladoras en las zonas urbanas.

Queremos cerrar este capítulo con una nota optimista, no lamentando el rol negado a la mujer en la historia, sino recalcando que sólo un trabajo en conjunto del hombre y la mujer de la calle y de los hombres y mujeres que ostentan posiciones políticas, puede traer los anhelados cambios de justicia social por los cuales todas las mujeres aquí mencionadas y aquellas cuyos nombres u obras quedaron en el tintero, dieron su aliento; justicia no sólo para la mujer, sino para la sociedad en general.

Preguntas de comprensión y repaso

I.1 La mujer en la historia

A. Conquista y colonización
1. ¿Existe o no representatividad de la mujer en los libros de historia de América Latina? Según Ud. ¿qué posibles razones hay para ello?
2. ¿Por qué las poetas modernas no quieren que se les llame poetisas?
3. ¿Quiénes fueron Anacaona y Janequeo o Anuqueupu y cuál fue su importancia?
4. Comente la acción de Fresia con respecto a su hijo.
5. ¿Qué rol jugaron las mujeres en las insurrecciones en el Virreinato del Perú?
6. ¿Qué mujeres mapuches inscribieron su nombre en la historia de las luchas contra los españoles?
7. ¿Combatieron todas las mujeres del lado de los indígenas durante las primeras insurrecciones?

B. Independencia
1. Explique en sus propias palabras la participación de las mujeres en las guerras de independencia en los diversos países de Latinoamérica. ¿Quién fue Manuela Sáenz?
2. ¿Por qué cree Ud. que resulta interesante el hecho de que el himno revolucionario de Puerto Rico haya sido escrito por una mujer?
3. ¿A qué estuvo vinculada particularmente la participación de la mujer negra en las luchas de independencia?

C. Periodo de transición
1. ¿Qué rol importante tuvieron las mujeres durante el periodo de transición post independencia?

D. Siglo XX
1. ¿Cambió la situación civil y política de la mujer una vez las colonias ganaron su independencia?
2. ¿Qué medidas tomaron las mujeres para cambiar esa situación?
3. ¿Cuáles fueron los primeros países de Latinoamérica en otorgarles el derecho al voto a las mujeres? ¿En qué año?
4. ¿Fue general o limitado el sufragio concedido a las mujeres?

1. La mujer y la Revolución mexicana
1. ¿Quiénes fueron las soldaderas y por qué se les recuerda?
2. Describa cómo era Adelita a partir de lo que resalta de ella el autor del corrido y use los versos para explicar su respuesta. Compare la leyenda de Adelita con la de Fresia y Guacolda.

3. ¿Qué tuvieron en común las siguientes mujeres mexicanas: Dolores Jiménez y Muro, Juana Belén Gutiérrez de Mendoza y Hermilda Galindo?

2. El desarrollo del feminismo latinoamericano

1. Describa el rol de Flora Tristán en el desarrollo del feminismo latinoamericano. ¿Qué tenían de particular sus ideas feministas?

2. ¿En qué dos tipos podemos categorizar el feminismo latinoamericano? Descríbalos.

3. Explique cómo se fueron organizando las mujeres para hacer avanzar sus ideas y conquistar sus derechos.

4. ¿Quiénes fueron Eloísa Díaz, Ernestina Pérez y Matilde Hidalgo de Prócel?

5. ¿Quiénes fueron Domitila Barrios de Chungara, Mariacano y Luisa Capetillo?

3. La mujer latinoamericana en la política en los siglos XX y XXI

1. ¿Quién fue Lolita Lebrón y por qué se convirtió en heroína del movimiento independentista puertorriqueño?

2. ¿Qué rol jugaron las hermanas Mirabal en la historia de la República Dominicana?

3. Partiendo de los ejemplos de mujeres presentados así como del poema de Gioconda Belli "Ya van meses hijita" comente la importancia del rol jugado por las mujeres en las revoluciones cubana y nicaragüense, los objetivos y esperanzas que tenían ellas en el cambio y los logros de éstas una vez los gobiernos revolucionarios en el poder.

4. ¿Quién fue Isabel Perón y por qué se distinguió? ¿Tiene el pueblo argentino un buen o mal recuerdo de ella? ¿Por qué?

5. ¿En qué países latinoamericanos ha habido primeras mandatarias y quiénes han sido?

4. Situación actual de la mujer en Latinoamérica

1. ¿Qué contradicciones se evidencian en Latinoamérica con respecto a la mujer y su rol y situación dentro de la sociedad? Mencione algunas razones para que esto ocurra.

2. ¿Cómo se manifiesta la violencia contra la mujer en los países latinoamericanos?

3. ¿Existe completa igualdad para la mujer en los países latinoamericanos hoy en día? Explique.

4. Explique en qué sentido deben de trabajar en conjunto el hogar, la escuela y la sociedad para solucionar la brecha de géneros.

5. ¿De acuerdo al texto, cómo se perfila el futuro de la mujer en Latinoamérica? ¿De qué dependerán los cambios que se produzcan?

¿Cuánto sabemos ahora?

Utilice el siguiente banco de palabras para contestar las preguntas y luego vuelva a la sección **¿Cuánto sabemos?** al comienzo del capítulo para comparar sus respuestas antes de estudiar el capítulo y después.

Policarpa Salavarrieta, Luisa Capetillo, Adelita, Guiomar, Isabel Perón, Violeta Barrios de Chamorro, Anacaona, Domitila Barrios de Chungara, Manuela Sáenz, Michelle Bachelet, soldaderas, Dilma Rousseff, Lola Rodríguez de Tió, Rigoberta Menchú, Micaela Bastidas, Fresia y Guacolda, Laura Chinchilla, Flora Tristán, Haydée Santamaría y Melba Hernández, Sila María Calderón, las hermanas Mirabal, Gladys Marín, Lolita Lebrón, Ingrid Betancourt, Matilde Hidalgo de Prócel

1. _____ Esposa de Túpac Amaru quien le acompañó en la rebelión contra los españoles.

2. _____ Cacica de la isla de La Española quien fuera ejecutada por sus acciones contra los conquistadores.

3. _____ Compañeras sentimentales de Caupolicán y Lautaro, defensoras del honor mapuche frente al poder español.

4. _____ Quiteña luchadora por la independencia del Ecuador, amante de Simón Bolívar.

5. _____ Heroína y mártir de la independencia colombiana.

6. _____ Autora del himno revolucionario puertorriqueño.

7. _____ Esclava negra que luchó por la emancipación de los esclavos en Venezuela.

8. _____ Nombre dado a las mujeres que lucharon en la Revolución mexicana.

9. _____ Premio Nobel de la Paz.

10. _____ Encarna legendariamente a todas las soldaderas.

11. _____ Aunque vivió a comienzos del siglo XIX, sus ideas influyeron grandemente en el desarrollo del feminismo obrero en Latinoamérica en el siglo XX.

12. _____ Luchó por los derechos de las mujeres en Puerto Rico, Cuba y República Dominicana.

13. _____ Obrera de la minas de carbón de Bolivia, autora de *Si me permiten hablar*.

14. _____ Lucharon junto a Fidel Castro para derrocar el régimen dictatorial de Fulgencio Batista.

15. _____ Gobernadora de Puerto Rico entre el 2000-2004.

16. _____ Primera mujer en ser presidenta de Nicaragua.

17. _____ Argentina, primera mujer en llegar a la presidencia de un país en el mundo occidental.

18. _____ Ministra de Defensa bajo el Gobierno de Ricardo Lagos; primera chilena en ser presidenta de su país.

19. _____ Permaneció presa por veinticinco años por defender sus ideales de independencia para Puerto Rico.

20. _____ Asesinadas por la dictadura de Rafael Trujillo.

21. _____ Candidata a la presidencia de Colombia que fuera secuestrada por las FARC.

22. _____ Primera mujer en ser presidenta de Brasil.

23. _____ Candidata a la presidencia de Chile por el Partido Comunista en las elecciones de 1999.

24. _____ Ecuatoriana, primera mujer latinoamericana en inscribirse en los registros electorales para votar.

25. _____ Primera mujer en llegar a la presidencia de Costa Rica.

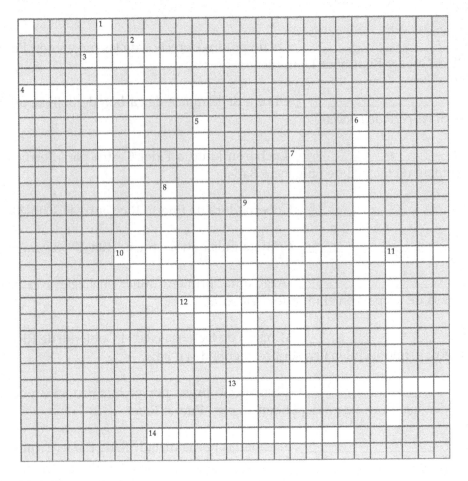

Horizontales

3. Poeta argentina fundadora de la Asociación Pro Derechos de la mujer

4. Feminista peruana del siglo XIX

10. Héroe y mártir de la independencia de Colombia

12. Cacica de La Española ejecutada por los conquistadores

13. Presidenta de Nicaragua

14. Candidata a la presidencia del Perú en el 2006

Verticales

1. Puertorriqueña que asaltó el Congreso de los Estados Unidos

2. Autora de *Si me permiten hablar*.

5. Guatemalteca, Premio Nobel de la paz

6. Dirigió el batallón de mujeres "Las Leales" en Bolivia

7. Primera mujer presidente de Chile

8. Pareja de Caupolicán

9. Mujer del Inca Túpac Amaru

11. Argentina, primera mujer presidente en el mundo occidental

Solución: p. 537

Más allá de los hechos: temas para pensar, investigar, escribir y conversar

1. Escoja una de las personalidades femeninas mencionadas y haga investigación sobre su vida y obra. Escriba un ensayo donde exponga sus hallazgos.

2. Busque información adicional sobre el periodo gubernamental de alguna de las primeras mandatarias de un país latinoamericano. Establezca qué caracterizó su gobierno, los logros en beneficio de la mujer, si los hubo, cómo las recuerda el pueblo, etc.

3. Lea la novela y/o vea la película *En el tiempo de las mariposas* y escriba un ensayo sobre el rol de las hermanas Mirabal en la lucha contra la dictadura del General Trujillo.

4. Realice una encuesta entre sus compañeros de clase y profesores de la universidad para ver si ellos votarían por una mujer para presidenta de los Estados Unidos. Escriba un ensayo y/o presente un informe a la clase exponiendo y analizando los resultados de la encuesta. O mejor, organice un debate en que un grupo exponga sus ideas a favor de una mujer presidente y otro en contra.

5. Uno de los estereotipos más difundidos sobre los latinoamericanos es el ser machistas. Sin embargo, a diferencia de países desarrollados como Francia y los Estados Unidos que no responden a ese estereotipo, varios países de Latinoamérica han tenido presidentas mujeres, así como las han tenido, entre otros, India y Liberia. En Francia, Ségolène Royal fue candidata a la presidencia en las elecciones del 2007 por el Partido Socialista, pero perdió; en los Estados Unidos, Hilary Clinton disputó la candidatura por el Partido Demócrata para las elecciones de 2008 y la perdió. Busque información adicional y escriba un ensayo exponiendo su opinión sobre este fenómeno.

6. Busque información adicional sobre las contradicciones que se evidencian en Latinoamérica con respecto a la situación de la mujer dentro de la sociedad (mujeres en los máximos puestos de poder versus violencia de género y desigualdad) y escriba un ensayo.

CAPÍTULO II

La realidad de la población LGBT

CAPÍTULO II
La realidad de la población LGBT

¿Cuánto sabemos?

I. Conteste las siguientes preguntas y luego compare sus respuestas con un compañero/a de clase. Cuando termine de estudiar el capítulo, después de completar la sección **¿Cuánto sabemos ahora?,** vea cuáles de sus respuestas iniciales estaban correctas.

1) En Latinoamérica se decretó un "Día Contra la Homofobia".

Cierto o Falso

2) México fue el primer país latinoamericano donde se creó una organización en defensa de la población LGBT.

Cierto o Falso

3) Los movimientos LGBT norteamericanos no tuvieron ninguna influencia en la creación de organizaciones similares en América Latina.

Cierto o Falso

4) En la actualidad, Cuba es el país con las leyes de discriminación más estrictas contra la población LGBT.

Cierto o Falso

5) El matrimonio entre parejas homosexuales es ilegal en toda Latinoamérica.

Cierto o Falso

6) Uruguay fue el primer país en aprobar una ley de unión civil a nivel nacional.

Cierto o Falso

7) Los festivales de cine gay son comunes en Latinoamérica.

Cierto o Falso

8). En Latinoamérica, los miembros de la población LGBT no pueden ocupar cargos políticos.

Cierto o Falso

9). Un cantante famoso de origen latino que declaró públicamente ser gay es Ricky Martin.

Cierto o Falso

CAPÍTULO II
La realidad de la población LGBT

II.1. Antecedentes históricos de los movimientos LGBT

El surgimiento en América Latina de organismos que luchan contra la discriminación en base a orientación sexual y en defensa de los derechos de la población LGBT (Lesbia, Gay, Bisexual, Transgénero) que más adelante expandió para incluir también a los Travesti, Transexual e Intersexual (LGBTTTI) estuvo influenciado por las luchas sociales, civiles y estudiantiles de los años sesenta en todo el mundo, y muy específicamente, por las luchas de movimientos feministas y movimientos en defensa de los homosexuales en los Estados Unidos. Recordemos que en 1969 grupos de homosexuales y lesbianas manifestaron por semanas en la ciudad de San Francisco en protesta por el despido de trabajadores de un puerto por ser gays, y que en la ciudad de Nueva York, miles de personas marcharon en conmemoración a los violentos disturbios ocurridos el año anterior entre la policía y grupos de homosexuales cuando los primeros hicieron una redada en el bar gay Stonewall Inn localizado en Greenwich Village; disturbios que dieron origen al Frente de Liberación Gay.

En sus comienzos, estas agrupaciones en América Latina estuvieron cercanas a los partidos y agrupaciones de izquierda porque sus miembros adherían a las agendas de reivindicaciones sociales que éstos proponían. El pionero en la lucha por los derechos de la población LGBT en Latinoamérica fue la Argentina donde en 1967 se fundó Nuestro Mundo, primera agrupación para defender los derechos de los homosexuales en el país, y primera en el continente. En el 1971, junto a otros diez grupos con similares objetivos, fundaron el Frente de Liberación Homosexual (FLH) y editaron la revista *Somos*. Agrupación y revista desaparecieron en el 1976, tras el golpe de Estado militar. La época de la dictadura (1976-1983) fue una de persecución a la izquierda política, al igual que a la población LGBT dentro del marco de lo que se ha denominado la Guerra Sucia en Argentina. No es sino hasta 1983, con la vuelta a la democracia, que pueden resurgir a la luz y ahí nace la Comunidad Homosexual Argentina (CHA).

En el mismo año de 1971 se fundó en México el Frente de Liberación Homosexual; con el correr de los años, surgieron grupos en otros países como y el Movimiento de Integración y Liberación Homosexual, Chile, 1992 (MOVILH), y se crearon también capítulos locales de organizaciones internacionales como ILGA (*International Lesbian and Gay Association*) y de otros movimientos sociales de defensa de los LGBT.

A fines de los setenta, fue notoria la participación de estos grupos en manifestaciones de apoyo a sucesos políticos asociados a cambios sociales como la Revolución cubana o el triunfo del sandinismo en Nicaragua. Las primeras manifestaciones o marchas públicas para exigir la liberación homosexual se produjeron a fines de los setenta, las que apuntaban también a una toma de conciencia social de la población gay de la necesidad de reivindicar, además, sus derechos como parte de la sociedad. Las consignas eran del tipo: "No hay libertad política si no hay libertad sexual"; "Por un socialismo sin sexismo"; "Nadie es libre hasta que todos seamos libres".

Casi al final de esa misma década y comienzos de los ochenta, comenzó a producirse una fisión dentro de estos movimientos al decantarse una diferencia de intereses entre los diversos grupos dependiendo de la orientación sexual. Es decir, se crearon nuevos grupos con intereses específicos como Lesbos, agrupación que se autodefinía como movimiento lésbico-feminista y Oikabeth, que se definía como movimiento lésbico socialista, ambas surgidas en México en 1977.

Lo que volvió a aglutinar la lucha de la población LGBT en los ochenta fue la aparición del virus VHI/SIDA. En ese momento, y de ahí en adelante, a la lucha por derechos humanos, políticos, civiles y ciudadanos se sumó la lucha por nuevas políticas de salud, campañas preventivas e información. Algunos grupos se aliaron con partidos políticos de izquierda o con religiones liberales para hacer avanzar su agenda de respeto y aceptación a todas las formas de vivir la sexualidad.

La división de los ochenta reapareció en los noventa y se agudizó con la llegada del nuevo milenio. Las agrupaciones específicamente dirigidas a luchar por los derechos de las lesbianas desembocaron en un movimiento propio que en cierta medida se separó de los grupos de orgullo gay por considerar que éstos tenían posturas patriarcales y neo-liberales y sobre todo, no representaban los intereses de la lucha lésbico-feminista.

Algunos de estos derechos, de acuerdo a grupos lésbicos mexicanos son: un salario para las amas de casa por su trabajo en el hogar, lo que según ellas, representaría el fin de la esclavitud del trabajo doméstico, opresión histórica de la mujer que redundaba en la opresión lésbica; el fin de la familia como la base fundamental de la sociedad; la eliminación del coito obligatorio dentro de la sexualidad; la eliminación de la feminidad impuesta a las mujeres; no a la división del trabajo en intra-doméstico y extra-doméstico; etcétera.

Segunda marcha lésbica, México 2004

En la lucha por estos derechos, otra vez fue México el abanderado. El 13 de octubre de 1987 tuvo lugar en ese país el I Encuentro Lésbico-Feminista de Latinoamérica y el Caribe, evento que se sigue celebrando cada dos años. El VIII Encuentro se celebró en Guatemala en el 2010. En ese encuentro se acordó establecer el 13 de octubre como Día Internacional de la Rebeldía y Visibilidad Lésbica a ser celebrado en toda Latinoamérica y el Caribe. Por razones de intereses que se exacerbaron y luego se fueron decantando durante el encuentro, los participantes se dividieron en dos frentes de lucha que representaran más eficientemente los objetivos de sus miembros: el "Lesbofeminismo Latinoamericano y del Caribe" y el "LBT queer", que aglutina las luchas de Travestis, Trans, Gays e Intersex. Cada grupo vio la necesidad de realizar de ahí en adelante su propio "Encuentro"como una manera de consolidarse y hacer avanzar sus proyectos; en el 2012, el "LBT queer" se reunió en Paraguay, y el "Lesbofeminismo Latinoamericano y del Caribe" (IX Encuentro) en Bolivia.

México tomó igualmente la vanguardia en cuanto a permitirles a miembros de la población LGBT postularse como candidatos para puestos de gobierno. En 1997, Patria Jiménez fue elegida diputada por el Partido Democrático Revolucionario, lo que la convirtió en la primera lesbiana en ocupar un tal cargo tanto en su país como en toda Latinoamérica. (Jiménez pertenecía a la organización El Closet de Sor Juana, uno de los organismos lésbicos más importantes del país fundado en 1992); en 1992, Rosario Ibarra, fue candidata presidencial por el Partido de los Trabajadores; en el 2003, el mismo año en que se celebró en México la primera Marcha Lésbica de todo el continente, Amaranta Gómez se convirtió en el primer candidato abiertamente transexual al Congreso.

Los años noventa también trajeron cambios para la población LGTB en Cuba. Vale la pena recordar que en los primeros años de la Revolución, sobre todo durante las décadas de los sesenta y los setenta, los homosexuales fueron encarcelados y enviados a campos de trabajo forzoso, lo que fue reconocido como error suyo y de la Revolución por Fidel Castro en el 2010.

Muchos de estos homosexuales abandonaron el país en 1980 entre los más de 125.000 que salieron por el Puerto Mariel con la aprobación del presidente Castro.

El 1994 marcó un hito en la isla del Caribe cuando bajo los auspicios del Gobierno revolucionario, se realizó la película *Fresa y chocolate*, dirigida por el fenecido Tomás Gutiérrez Alea, cuyo personaje principal, Diego, es homosexual. Por primera vez el tema de la homosexualidad era presentado en una película cubana en una época en que todavía asumirse como homosexual significaba, para el gobierno socialista, ir en contra del sistema. Ahora, para describir la situación de la población gay en la isla se habla de "antes" y "después" de *Fresa y chocolate*. La película ganó diversos premios internacionales y abrió la discusión sobre un tema hasta ese momento tabú en el país. Pero no fue hasta la década del 2000 en que la discusión se trasladó del cine a la pantalla chica: en el 2006, se hizo una telenovela, *El lado oscuro de la luna*, la que también trató el tema en un intento de educar y ayudar a cambiar la percepción que se tiene de la población LGBT, y en el 2007 se estrenó *Fresa y chocolate* en la televisión en horario estelar, junto a otras dos películas que también presentan con ojo crítico distintos aspectos de la realidad cubana actual: *Suite Habana* (2003) y *Páginas del diario de Mauricio* (2006).

II.2. Marchas del Orgullo Gay en los países latinoamericanos

La primera Marcha Latinoamericana del Orgullo Lesbia, Gay, Bisexual, Transgénero, Travesti, Transexual e Intersexual se celebró en México en 1979 y desde ese momento se ha seguido celebrando anualmente.

En el 2004, más de 100.000 personas asistieron a la XXVI Marcha, encabezada esta vez por grupos de padres: Madres Asertivas, Padres Amorosos, Grupo de Padres y Grupo Coyoacán de Padres y Madres de Gays y Lesbianas. El que fueran los padres y familiares quienes estuvieran esta vez a la cabeza de la marcha y más aún, organizados en grupos estructurados muestra el enorme avance de respeto y aceptación de las generaciones adultas a hijos e hijas gays o lesbianas en este país lo que representa un gran progreso con respecto a otros países de Latinoamérica. En el 2012, el lema de la XXXIV Marcha en México lo fue: "en un Estado laico, cabemos todas y todos".

En 1991, bajo el gobierno sandinista, se celebró en Nicaragua la primera Marcha de Orgullo Gay, y en el 2005 Panamá se sumó a la celebración.

A partir del 2007, otros países latinoamericanos se unieron al encuentro anual de Orgullo Gay. La Marcha de Orgullo Gay del 2007 en Sao Paulo rompió record mundial de asistencia con 3.5 millones de asistentes.

Multitudinaria marcha del orgullo gay, Río de Janeiro, 2007

En el 2012 ya se celebraba el evento en prácticamente todos los países, incluyendo las islas del Caribe hispano.

II.3. Legislación en favor de la población LGBT en América Latina

La legislación en favor de la población LGBT en América Latina se ha producido paulatinamente y en forma dispar a través del continente.

Despenalización de la homosexualidad: a diferencia de otras regiones del mundo, al 2012 todos los países habían despenalizado la homosexualidad, y en todos, excepto Cuba, El Salvador, Guatemala, Honduras, Panamá y República Dominicana, se habían pasado leyes contra la discriminación por razón de orientación sexual.

El caso más reciente de aprobación de una ley antidiscriminatoria por razones de orientación sexual es el de Chile en mayo del 2012, tras 7 años de estudio de la misma, forzada en parte por la conmoción provocada por el asesinato de Daniel Zamudio, joven gay. En la marcha por la igualdad y la diversidad sexual de ese año, bajo el lema "Cuando la familia apoya, la sociedad no discrimina", participaron en Chile 80.000 personas incluyendo el ministro de Educación Harald Beyer.

Matrimonio: los países que han pasado legislación en favor del matrimonio de personas del mismo sexo son Uruguay, en abril del 2013 (la unión civil existía desde fines del 2007, primer país del continente en hacer estas uniones efectivas tras 5 años de convivencia en común); Argentina (desde 1996 en las ciudades de Buenos Aires y Rosario, desde julio del 2010 en toda la nación) lo que la convirtió en el primer país latinoamericano y el décimo en el mundo en aprobar dicha ley; y México (en diciembre del 2009, sólo en México DF, pero de acuerdo a la Suprema Corte de Justicia de la Nación, los matrimonios que se celebren en esta ciudad, deberán ser reconocidos en todo el país). En los dos primeros años tras promulgada cada ley, en México se registraron 1.371 matrimonios contra 6.000 en Argentina.

Unión civil: la unión civil es legal en Río de Janeiro y Río Grande del Sur (Brasil), Colombia, Ecuador, las ciudades de México DF y Coahuila en México, y en Uruguay.

A fines del 2012, proyectos de ley en favor de la unión civil siguen bajo estudio en Chile y Cuba. En Cuba, el Centro Nacional de Educación Sexual de la isla (CENESEX), dirigido por Mariela Castro, hija del actual presidente, lleva años impulsando la reforma del Código de Familia para reconocer la unión legal de parejas homosexuales con igualdad de derechos civiles y patrimoniales que las parejas heterosexuales incluyendo el derecho a la adopción. Lo mismo en Chile: a mediados del 2011 el Gobierno envió al Congreso el proyecto de ley "acuerdo de vida en parejas", el que al 2012 todavía no había sido aprobado. El mismo daría igualdad de derechos a las parejas convivientes de homosexuales.

Adopción: la adopción de niños por parejas homosexuales está permitida solamente en Argentina, Brasil, México y Uruguay. El único país donde existe la unión civil entre personas del mismo sexo, pero la adopción no está legalizada es el Ecuador.

Reasignación de género y cambio de nombre: la legalización de la reasignación de género y cambio de nombre en documentos oficiales ha sido aprobada en Argentina, Brasil, Chile, Cuba, México, Panamá y Uruguay, y tanto éstas como tratamientos médicos alternativos son gratuitos para todos aquellos que lo soliciten. Es relevante señalar que en Cuba el tratamiento a los pacientes con HIV/SIDA es completamente gratis y está acompañado de una gran campaña de educación y de prevención, lo que coloca la isla entre los países con más baja proporción de población con HIV y con la menor cantidad de muertes causadas directamente por esta enfermedad. En el 2012 el CENESEX continúa proponiendo al Gobierno que se creen pabellones especiales en las cárceles del país para acoger parejas de presos homosexuales y que se apruebe la libertad para los transexuales de elegir el pabellón a alojarse en los hospitales o centros de salud.

II.4. Panorama actual

Cada vez más América Latina en general va ganando conciencia de la necesidad de otorgar a la población LGBT los derechos que le corresponden. Al convertirse Argentina en el primer país de Latinoamérica (décimo en el mundo) en legalizar el matrimonio homosexual en el 2010, Buenos Aires se transformó en la meca turística de los homosexuales; el 20% del total de turistas que visita la ciudad. Allí encuentran un clima de aceptación y tolerancia: tienen playa propia, a 300 km, en la ciudad de Rosario, establecida en el 2005; un hotel de cinco estrellas, Axel Buenos Aires, (el único en el continente latinoamericano) que acoge exclusivamente a la población gay, abierto en el 2007, el mismo año en que la ciudad fue sede del Mundial de Fútbol Gay, el primero en celebrarse en un país de Latinoamérica; hay un festival de cine desde 2004; y se produjo en el 2006 una de las primeras telenovelas latinoamericanas que trata temas relativos a la población LGBT, *El tiempo no para*.

La declaración pública del cantante puertorriqueño Ricky Martin en abril del 2010 proclamando su homosexualidad fue recibida por la población LGBT como un acontecimiento que hará avanzar su causa puesto que la estrella representa, dentro de la comunidad internacional, no solamente un ídolo pop, sino mucho más, un filántropo, quien a través de su fundación aboga por la justicia social y por el bienestar de los niños en áreas tan indispensables como la educación y la salud. De hecho, una encuesta realizada por el *Pew Research Center* en octubre del 2012 en los Estados Unidos indicó que el 52% de la población hispana (54% entre los católicos) favorece el matrimonio homosexual.

Sin embargo, si bien es cierto en algunos países se han dado pasos legislativos gigantescos en beneficio de las parejas del mismo sexo, todavía queda mucho que hacer para cambiar la mentalidad de la población en general ya que se siguen cometiendo crímenes y atropellos contra este sector de la población los que en muchas ocasiones quedan sin esclarecer y los culpables sin condenar.

En las últimas décadas se ha visto un significativo incremento en el número de organizaciones LGBT, las cuales no solamente luchan por lograr la aprobación de leyes que protejan los derechos de esta población, sino también por una campaña educativa contra la discriminación y la estigmatización de la misma.

Es sabido que el 17 de mayo de 1990 la Organización Mundial de la Salud (OMS) dejó de considerar la homosexualidad como una enfermedad y en la actualidad, la mayoría de los países celebra oficialmente el 17 mayo, como Día Contra la Homofobia, día internacional de lucha contra la discriminación por orientación sexual o identidad de género. Sin embargo, aún no se ve en algunos países un compromiso real por parte de los gobiernos en proveer protección o extender los derechos cívicos y sociales a la población LGBT.

Sin lugar a dudas, la masificación del uso de Internet ha provisto a la población LGBT de diferentes foros de comunicación para establecer redes informativas y de apoyo. Hoy en día existen revistas, periódicos y portales en la red dirigidos a esta población en casi todos los países.

Del mismo modo, en todo el continente se han organizado festivales de cine gay que se celebran anualmente. Algunos ejemplos son: el Festival de Cine Gay, Santiago de Chile (1999); el OutfstPerú, Festival de Cine Gay, Lésbico, Trans (Perú, 2003); el Festival Diversa (Argentina, 2004); el Festival de Diversidad Sexual (Cuba, 2005); el Festival Internacional de Cine Gay de Ciudad de México (2006); el Ciclo Rosa de Colombia; el MIx Brasil; el Llamale H de Montevideo; el Festival de Cine de las Diversidades Sexuales (Bolivia); el Festival de cine Gay y Lesbiano de Puerto Rico y el LesgaiCineVox (Rosario, Argentina). Es evidente que la presencia del cine gay y lésbico en Latinoamérica es cada vez más extensa y que la participación de los diversos países en festivales de cine gay y lésbico internacionales es cada vez más significativa.

A nivel específicamente de Sur América al interior de MERCOSUR se creó una Comisión de Diversidad Sexual para discutir y hacer avanzar legislatura en favor de los derechos sexuales y de género en sus países miembros y asociados. En el 2007 se presentó una resolución que pide: revocar leyes que discriminan a las personas LGBT; promover políticas de sensibilización y educación públicas; incrementar la participación de las personas LGBT en todos los niveles de la enseñanza pública; poner fin al acoso y la persecución policial; adoptar leyes de protección para parejas del mismo sexo y sus familias; facilitar el cambio de nombre y registro de género a las personas trans; crear dependencias gubernamentales para apoyar y proveer servicios a las personas LGBT; promover la inclusión de la orientación sexual y la identidad de género en el anteproyecto de Convención Interamericana contra el Racismo y toda forma de Discriminación e Intolerancia; crear una entidad regional para monitorear las políticas estatales.

Desde los años setenta, cuando las primeras organizaciones de LGBT comenzaron a surgir en Latinoamérica, hasta la primera década del nuevo milenio mucho se ha avanzado en la aprobación de leyes en beneficio de esta población. Los grandes desafíos del milenio siguen siendo el lograr un cambio de actitud en la población general, y sobre todo, que la toma de posición antidiscriminatoria por parte de los gobiernos latinoamericanos se traduzca en acción efectiva que le garantice igualdad de derechos y de protección.

La realidad de la población LGBT

II.1. Antecedentes históricos de los movimientos LGBT

1. Resuma los antecedentes históricos de los movimientos LGBT en América Latina.

2. Explique cuándo y cómo surgen los movimientos en defensa de la población LGBT en Latinoamérica.

3. ¿Cuál fue la primera organización LGBT en Latinoamérica y cuándo y dónde surgió?

4. ¿Qué pasó en Argentina durante la dictadura de 1976-1983?

5. ¿Qué caracterizó a los grupos LGBT a fines de los setenta? ¿Qué cambio se produjo a comienzos de los ochenta?

6. ¿Qué sucede con la aparición del HIV/SIDA?

7. ¿Qué sucedió en los noventa?

8. Mencione en qué sentido México tomó la vanguardia en cuanto a la defensa de los derechos de la población LGBT entre los años ochenta y noventa.

9. Describa los cambios que se produjeron para esta población en Cuba a partir de los noventa.

II.2. Marchas del Orgullo Gay en los países latinoamericanos

1. ¿Cuándo y dónde se celebró la primera Marcha del Orgullo Gay?

2. ¿A partir de cuándo se generaliza la celebración de la marcha en el continente?

II.3. Legislación en favor de la población LGBT en América Latina

1. Resuma los logros legales de la población LGBT en Latinoamérica en términos de: despenalización de la homosexualidad, matrimonio, unión civil, adopción y reasignación de género.

2. ¿En qué dos países siguen bajo estudio, en el 2012, proyectos de ley para la legalización de igualdad de derechos a las parejas convivientes homosexuales?

II.4. Panorama actual

1. Explique por qué Buenos Aires se ha convertido en la meca turística de los homosexuales.

2. ¿Cómo influye en la situación de la población LGBT el que personajes famosos se declaren abiertamente gays?

3. ¿Cuál es el panorama actual para la población LGBT en Latinoamérica?

4. ¿Se siguen cometiendo crímenes contra los homosexuales en Latinoaméri-

ca?

5. ¿En qué medida la popularización del uso de las nuevas tecnologías de comunicación ha beneficiado a esta población?

6. ¿Cuál es la situación del cine lesbogay en Latinoamérica?

7. Comente la resolución presentada por MERCOSUR a favor de la población LGBT de sus países miembros.

8. ¿Cuáles son los desafíos a enfrentar por la población LGBT en el nuevo milenio?

¿Cuánto sabemos ahora?

Empareje:

Luego vuelva a la sección **¿Cuánto sabemos?** al comienzo del capítulo para comparar sus respuestas antes de estudiar el capítulo y después.

_____ 1. Uruguay

A. Agrupaciones de LGBT

_____ 2. Cuba

B. Diputada mexicana abiertamente lesbiana

_____ 3. México

C. Unión civil de gays es legal, no la adopción

_____ 4. 17 mayo

D. Proyecto de ley "Acuerdo de vida en parejas"

_____ 5. CHA y MOVILH

E. Primero en aprobar unión civil a nivel nacional para población LGBT

_____ 6. Chile

F. Primer agrupación de defensa de los homosexuales en América Latina

_____ 7. Patria Jiménez

G. Pionero, junto a Argentina, en el establecimiento de organizaciones de defensa de la población LGBT

_____ 8. Amaranta Gómez

H. Primer país en legalizar matrimonio gay

_____9. Argentina

I. Transexual mexicano candidato al Congreso

_____ 10. Ecuador

J. Día de Lucha Contra la Homofobia

_____ 11. Nuestro Mundo

K. País con más bajo porcentaje de HIV

Más allá de los hechos: temas para pensar, investigar, escribir y conversar

1. Realice una encuesta entre los profesores y estudiantes de su universidad sobre el clima de tolerancia a la población LGBT en su campus. Puede tomar en cuenta las siguientes variantes: edad, factor social, factor educacional, factor económico, factor religioso, etc. Presente sus conclusiones a la clase.

2. Basado en su conocimiento actual y en investigación adicional sobre el tema, ¿cree usted que hay más tolerancia hacia la población LGBT en los Estados Unidos o en Latinoamérica? ¿Dónde existe mayor igualdad de derechos? Desarrolle sus ideas en un corto ensayo o haga una presentación para la clase.

3. Compare y contraste la lucha de las sufragistas por el derecho al voto de la mujer con la lucha de la población LGBT por el matrimonio entre personas del mismo sexo y otros derechos civiles.

4. En grupos de tres, o individualmente si lo desea, vean un par de películas que traten temas relacionados con personajes homosexuales de las mencionadas en el capítulo del cine y analicen la imagen de esta población y la tolerancia hacia la misma por parte de las personas heterosexuales que las películas presentan.

5. Compare y contraste una película latinoamericana que desarrolle un tema relacionado con la población LGBT con una película norteamericana que trate el mismo tema.

CAPÍTULO III

La educación

CAPÍTULO III
La educación

¿Cuánto sabemos?

I. Conteste las siguientes preguntas y luego compare sus respuestas con un compañero/a de clase. Cuando termine de estudiar el capítulo, después de completar la sección **¿Cuánto sabemos ahora?,** vea cuáles de sus respuestas iniciales estaban correctas.

1) Durante la época colonial, los indígenas nunca aprendieron el castellano.

Cierto o Falso

2) En la época colonial, la instrucción era impartida por los sacerdotes.

Cierto o Falso

3) Los niños y las niñas recibían el mismo tipo de educación en la época colonial.

Cierto o Falso

4) Las primeras escuelas laicas se establecieron después de la independencia.

Cierto o Falso

5) En la actualidad, el sistema universitario en Latinoamérica está estructurado sobre el modelo del sistema universitario norteamericano.

Cierto o Falso

6) El porcentaje de mujeres que asiste a las universidades en los países latinoamericanos es muy bajo.

Cierto o Falso

7) El grado de analfabetismo en todos los países es muy alto.

Cierto o Falso

8) Paulo Freire fue un pedagogo brasileño cuyas teorías influenciaron el mundo de la educación a nivel internacional.

Cierto o Falso

CAPÍTULO III
La educación

III.1. La educación en la época colonial

Como dijéramos en la primera parte de *Hoja de ruta*, los españoles reprodujeron en las colonias el sistema político, social y económico de la madre patria, incluido el pedagógico. De la misma manera que se impuso la religión católica por sobre las creencias de los nativos, en un comienzo se intentó imponer la alfabetización de los indígenas en castellano con la intención de una doble colonización: religiosa y lingüística. Era la manera que tenía el Imperio de garantizar la obediencia y el sometimiento de sus súbditos. Poco a poco, los sacerdotes, encargados de la educación, se dieron cuenta de que si querían tener éxito en su empresa colonizadora tendrían que aprender las lenguas indígenas y alfabetizar a los nativos tanto en castellano y latín como en sus lenguas maternas.

Según las crónicas, los indígenas eran muy diestros en el aprendizaje de idiomas, y fueron capaces, incluso, de hacer traducciones de textos en latín y castellano a sus propias lenguas.

Las primeras órdenes sacerdotales en ejercer la enseñanza en América fueron los franciscanos y los dominicos a los que se sumaron en el siglo XVII los jesuitas. Las escuelas estaban asociadas a los conventos; la primera fue fundada en 1505 en el Convento de San Francisco en la isla de La Española para educar a los niños mestizos, es decir, nacidos de unión de peninsular con indígena. Básicamente el currículo de las escuelas primarias estaba integrado por cursos de lectura, escritura, aritmética y por supuesto religión. El de la enseñanza secundaria incluía gramática, retórica, latín, ciencias naturales y filosofía.

En los conventos, también se educaba a las niñas, tanto las de clase alta como las huérfanas recogidas por caridad. Su educación consistía en aprender la doctrina cristiana, lectura, escritura y labores relacionadas con el rol que se esperaba que jugaran dentro de la sociedad: bordado, costura, cocina.

A medida que se extendía la Conquista, aumentaba el número de escuelas, así como el interés de los sacerdotes por la sistematización de las lenguas indígenas. Gracias a ello han llegado hasta nosotros textos mayas como el *Popol Vuh* o la obra de teatro *Rabinal Achí* que, tal vez, de otra forma habrían desaparecido. De igual modo, gracias a este interés, hemos podido tener acceso a importante información sobre los pueblos prehispánicos y sus culturas; de hecho, uno de los estudios más impresionantes sobre la cultura azteca, *Historia general de las cosas de Nueva España*, fue escrito por un jesuita, Fray Bernardino de Sahagún.

Las dos primeras universidades de la colonia fueron fundadas en la isla de La Española: la Universidad de Santo Tomás de Aquino en 1538 y la de Santiago de la Paz en 1540. Once años más tarde, en 1551, se decidió de la fundación de otras dos universidades en puntos estratégicos del Imperio, en el virreinato de Nueva España y en el virreinato del Perú. Así fueron fundadas la Universidad de México y la Universidad San Marcos en Lima. El currículo que se seguía era el mismo de las universidades europeas al que se le añadió como requisito de graduación el estudio de un año de lenguas indígenas.

Una de las iniciativas pedagógicas más interesantes del siglo XVI en dirección de los pobres y desvalidos fue la emprendida por Vasco de Quiroga, obispo del estado de Michoacán en México pues la misma apuntaba a darles las herramientas para su autodesarrollo y superación. Fundó, a través de todo el estado, lo que él llamó "hospitales" por el significado que la raíz de la palabra tiene en latín (hospitalidad).

Estos hospitales eran en sí poblados comunitarios de beneficencia abiertos a los pobres y desvalidos —viudas, huérfanos, etc. — donde se les acogía y se les enseñaba un arte o labor. Como las comunidades indígenas de la época precolonial, estas colectividades practicaban el trueque de productos y de servicios ya que cada una se especializaba en un tipo de arte o labor como la confección de artefactos de metal, de plumas, etc.; la fabricación de tejidos de algodón; la pintura; la escultura y otros oficios de utilidad a la comunidad.

III.2. La educación de fines del siglo XIX al presente

Una vez surgieron las naciones independientes, una de las principales reformas fue establecer sistemas educativos públicos laicos (no religiosos) lo que en cierta medida intentaba contribuir también a la integración nacional y a la homogenización social. Hubo diversas iniciativas sobresalientes para aumentar la educación de las masas. Simón Bolívar, por ejemplo, cuando fue presidente de Bolivia hizo adoptar un decreto que establecía que la educación y la salud eran asuntos de prioridad para los gobiernos y por lo tanto debían estar al alcance de todos. Lo mismo sucedió en Ecuador cuando el país logró su independencia de España. Sin embargo, a pesar de éstos y otros intentos, a lo largo del siglo XIX las masas en Latinoamérica seguían al margen del proceso educativo, más que en los países europeos o en los Estados Unidos. No fue sino hasta bien adentrado el siglo XX que los gobiernos adquirieron conciencia de que si querían entrar al mundo de la modernización, aumentar la productividad o promover la movilidad social para evitar peligrosas luchas sociales tenían que promover, y sobre todo proveer, educación a las masas populares.

En México, con el triunfo de la Revolución se establecieron las primeras escuelas rurales para la instrucción de los indígenas y los campesinos. En los años veinte se desarrolló un extenso plan de alfabetización y de reestructuración del currículo escolar para cuya planificación e implantación se invitó a México a grandes educadores de otros países latinoamericanos como Gabriela Mistral, chilena, maestra, poeta y primer escritor latinoamericano (y hasta hoy, la única escritora latinoamericana) en recibir el Premio Nobel de literatura.

A. Alfabetización

En términos de la alfabetización, el promedio a nivel continental en el 2009, fue de 92,2%, 13,5 puntos superior al de 1980. (De acuerdo a la UNESCO, un pueblo está libre de analfabetismo cuando más del 96% de la población mayor de 15 años sabe leer y escribir). Ello se atribuye a una mayor inversión de recursos por parte de los gobiernos y a las diversas reformas educativas que se han puesto en marcha.

Entre los países con mayor tasa de alfabetización se encuentran Cuba con 99,8%, Uruguay con 98%, Argentina con 97,8% y Chile con 95,7. Honduras, a pesar de mostrar un aumento significativo de 63,2% en 1980 a 84,1% en el 2009, todavía mantiene una tasa inferior al promedio del continente.

En Colombia, aunque el porcentaje de alfabetización a nivel nacional se sitúa en el 94,1%, el porcentaje de afrocolombianos e indígenas alfabetizados es mucho más bajo: 67 y 69% respectivamente, y un 72% de los indígenas y 87% de los afrocolombianos de más de 18 años no han completado la educación primaria, mientras que en los cursos de posgrado, menos de un 1 % de los estudiantes matriculados son indígenas, y solamente un 7,07% son de origen africano.

Venezuela, a pesar de que no tenía un porcentaje de analfabetismo tan elevado en comparación con otros países, sólo 7% en el 2003, tras la gran campaña de alfabetización iniciada por el gobierno de Hugo Chávez, el analfabetismo fue erradicado.

Bolivia, que en el 2003 tenía 87% de nivel de alfabetización, con la llegada al poder de Evo Morales en marzo de 2006, lanzó una masiva campaña de alfabetización con el apoyo de Cuba y Venezuela para erradicar el analfabetismo en el término de dos años y en el 2008 la UNESCO declaró al país libre de analfabetismo. En el 2012 el gobierno mantiene aún activos programas de alfabetización para proveerles enseñanza básica a los adultos que hayan aprendido a leer y escribir y programas especiales para los adultos mayores para mantener y afinar las destrezas adquiridas.

El caso de Nicaragua es particular. Antes de la Revolución sandinista de 1979, alrededor del 56% de la población era analfabeta. Un año después de la gran campaña de alfabetización organizada por el gobierno revolucionario, el nivel de alfabetización subió a 93%, pero volvió a decaer a partir de los años ochenta cuando los sandinistas perdieron el poder. Fue éste uno de los problemas que, siguiendo el ejemplo del presidente Chávez en Venezuela y Morales en Bolivia, el presidente Ortega atacó inmediatamente tan pronto asumió el poder por segunda vez en el 2007. Una nueva campaña de alfabetización se lanzó con el apoyo de Venezuela, Cuba y España en marzo de ese mismo año gracias a la cual se esperaba erradicar el analfabetismo en el país para el 2009. En efecto, en agosto del 2009, el presidente Ortega dio a conocer los resultados de esta nueva campaña de alfabetización: el analfabetismo cayó a 3,56, es decir 96,3 de la población adulta está alfabetizada.

B. La educación básica y secundaria

En el presente, la educación pública y laica está garantizada por la Constitución de los diversos países coexistiendo con la educación privada. La estructura del sistema educativo, público o privado es básicamente la misma en los diferentes países; quizás hay algunas variantes en la nomenclatura, pero en general éste se divide en: educación preescolar; educación general básica, elemental o primaria; educación media o secundaria; y educación superior o universitaria.

La educación preescolar está dirigida a los niños de hasta cinco años de edad; en la mayoría de los países es gratuita pero no es obligatoria. En Colombia y Venezuela, un año de preescolar es obligatorio, a diferencia de otros países. La educación primaria es obligatoria; la secundaria lo es sólo en algunos países, entre ellos Argentina, Chile, México, Paraguay y Uruguay. En Uruguay y Argentina toda la educación: del jardín de infantes a la universidad es completamente gratuita. El acceso, gratuidad y obligatoriedad de la educación primaria ha permitido que, en la región de América Latina y el Caribe (según datos de la UNESCO), en el 2012, casi el 100% de los niños entre 5/6 y 12 años estén escolarizados, y la paridad de género en esas edades ya casi se ha logrado (95% niños, 94% niñas).

Sin embargo, aún algunos países no alcanzan la meta del 100%, y existe todavía un total de 1,4 millones de niños sin acceso a educación, sobre todo en las poblaciones rurales.

En cuanto a los jóvenes de entre 15-24 años, existen 8 millones que no han terminado la escuela secundaria y 2.7 millones sin acceso a la educación. Sólo hay un 18% con educación universitaria y 20 millones ni estudian ni trabajan.

Caso paradigmático es el de Bolivia donde un informe del Fondo de las Naciones Unidas para la Infancia (Unicef) sobre la pobreza y las disparidades en la infancia reveló que el 32,4% de niños y adolescentes entre 7 y 17 años en el área rural no asiste a establecimiento de educación básica o centro de formación técnica alguno. Ello afecta en mayor proporción a las niñas: 18,63% contra 13,79 los varones.

Factores determinantes para esta situación, tanto en Bolivia como en otros países, pueden ser la falta de un establecimiento escolar cercano al lugar de residencia o las necesidades económicas de la familia. Ambos factores han estado siendo considerados por los diferentes gobiernos y a través de los años se han ido tomando medidas para corregir esta situación. En la mayoría de los países se ha utilizado preferentemente el acordar ayuda monetaria a las familias como incentivo para que mantengan a sus hijos en la escuela; en algunos se ha atacado de forma hasta cierto punto original el problema de la distancia. Ejemplos arquetípicos son los siguientes:

1. en cuanto a la distancia: el establecimiento en Bolivia de un sistema de hospedajes el cual les provee a los niños un hogar alternativo cerca de los centros de estudio durante los días de clase y les permite regresar a sus casas con sus familias los fines de semana; la entrega de bicicletas a niños en el Perú, o de burros (el más eficaz medio de transporte en zonas desprovistas de carreteras y caminos pavimentados) por parte del gobierno local, a los niños de la región de Sucre, Colombia lo que ha reducido de alrededor de dos horas el tiempo de ida y vuelta a los centros escolares.

A esas iniciativas debemos añadir la de los "biblioburros" en Colombia (llamados "bibliomulas"en Venezuela) pues la misma acorta las distancias llevando libros y educación a los niños de las regiones más apartadas. La historia del profesor Luis Soriano, quien en compañía de sus burros "Alfa" y "Beto" comenzó a recorrer las zonas apartadas de la región del Magdalena en Colombia a mediados del 2000, iniciando así la tradición de los biblioburros, fue plasmada en un documental y un largometraje por el director y guionista colombiano Carlos Rendón Zipagauta.

Biblioburro recorriendo las regiones más apartadas

2. en cuanto a las necesidades económicas de las familias: la implementación en Colombia del programa "Familias en acción" que provee un aporte financiero por cada hijo que permanece en la escuela, tanto en primaria como en secundaria; en Bolivia, el bono Juancito Pinto, suma de dinero que se entrega anualmente a las familias por cada niño que permanece en la escuela hasta el octavo grado, especialmente en el área rural y la periferia de las ciudades. Ayuda financiera familiar similar a la de Bolivia y Colombia existe en otros países bajo diferente nombre.

En países con alta concentración de población indígena, los gobiernos están tratando de resolver un problema adicional relacionado con la alfabetización que mantiene marginalizada a esa población: el problema de la lengua, y están concentrando esfuerzos para ofrecer una educación bilingüe a esos estudiantes con el objetivo de ofrecerles mejores oportunidades de integración a la sociedad al tiempo que contribuyen a mantener viva la cultura originaria.

Sin embargo, ello ha resultado en una empresa difícil no sólo por la escasez de maestros preparados para alfabetizar en dos idiomas (español y la lengua originaria), sino con deseo de servir en las áreas rurales donde en general se concentra la mayoría de la población indígena. Para paliar esta situación, Perú, por ejemplo, con la llegada de Ollanta Humala al poder, ha lanzado un agresivo Plan de Formación de Docentes en Educación Intercultural Bilingüe (EIB) cuyo fin es preparar a los maestros para que aprendan no sólo el quechua y el aimara sino también la cultura de estos pueblos, y puedan así servir más eficazmente a estas poblaciones.

1. Deserción escolar y calidad de la educación

Si bien se ha avanzado en lograr y mantener una educación primaria universal, no se puede decir lo mismo de la escuela secundaria y la universidad. En lo que concierne la deserción en la escuela secundaria, según datos de la Comisión Económica Para América Latina y el Caribe (Cepal), en el 2012 el promedio de matrícula en la región latinoamericana fue de alrededor de 75% y 78%. Sin embargo, dentro de ese promedio, había países como Guatemala y Nicaragua con un 40% y un 48% de matrícula respectivamente y otros como Chile, Brasil y Argentina con un 80,5%, un 80% y un 79% respectivamente. En adición, no todos los que entran a ese nivel de estudios los terminan.

La deserción se produce más a partir de los 15, y hasta los 19 años, y se acentúa en forma mayor entre los adolescentes de zonas rurales y entre los de clase baja y media. En el 2012, mientras en el quintil más alto cerca de 80% termina la secundaria, en el quintil más bajo es sólo el 25%, una diferencia profunda. El caso de Uruguay llama la atención ya que a pesar de ser un país considerado de ingreso medio, posee uno de los peores índices de egreso de secundaria: un 35,4% de los jóvenes entre 12 y 29 años abandonó sus estudios de educación media. Lo terrible de la situación es que, según datos oficiales, la mayoría alude como razón para el abandono de los estudios el "desinterés". Ello nos lleva a poner sobre el tapete otro tema de igual importancia que el acceso a la educación y es la calidad de la misma, donde igualmente, comparada con los países desarrollados, la región muestra bastantes desventajas.

En el Informe del Programa Internacional para la Evaluación de Estudiantes o Informe PISA (por sus siglas en inglés) de la OCDE que resume los resultados de la medición realizada en el 2009 en 65 países, todos los de

América Latina se ubicaron en la parte inferior. Los mejores puntajes los obtuvo Chile quedando en el puesto 44, superando a Uruguay (47), México (48), Colombia (52), Brasil (53), Argentina (58) y Perú (63).

El abandono escolar de adolescentes obedece a varios factores relacionados entre sí: bajo nivel de ingresos y de educación de la familia, paternidad adolescente no planificada, dificultad de acceso a las aulas o falta de centros de enseñanza media o secundaria en su área geográfica, repitencia, promoción escolar forzada, falta de interés, percepción por parte de los jóvenes de que la escuela no es el camino a "una vida mejor".

2. Capacitación de los maestros

Es axiomático que la preparación con la que los alumnos salen al mundo del trabajo o ingresan a las universidades depende de la capacitación de los docentes que los han preparado. En ese sentido, la capacitación de los educadores es un problema doblemente serio que están enfrentando los diferentes países latinoamericanos puesto que no los afecta solamente a ellos, sino que redundará en la formación que recibirán las futuras generaciones de ciudadanos. Dos ejemplos emblemáticos: Perú y Chile.

Los resultados obtenidos en estudios realizados en Perú en el 2007 y en Chile en el 2009 y 2011 para medir la capacitación de sus maestros nos permiten establecer una posible conexión con los presentados en el informe de la UNESCO sobre el rendimiento escolar de los alumnos. En ambos casos el resultado es sintomático de un mal que precisa atención urgente y eficaz por parte de los gobiernos: la deficiente formación de los maestros.

En Perú, de 183.118 maestros evaluados a nivel nacional, solamente el 5% aprobó los exámenes. Frente a esta catástrofe, la ministra de Educación declaró que era imprescindible cambiar el sistema de capacitación de los docentes para garantizar la calidad de la enseñanza, y puso en marcha el Programa Nacional de Formación y Capacitación Permanente (PRONAFCAP) cuyo objetivo es mejorar las capacidades, conocimientos, actitudes y valores de los educadores, enfatizando el desarrollo de sus aptitudes comunicativas, lógico-matemáticas, dominio del currículo escolar y especialidad académica de acuerdo al nivel educativo para mejorar así la enseñanza en las aulas.

Como otra medida para fomentar la capacitación de los docentes, en el 2012 el presidente Humala envió al Congreso el proyecto de "Ley de Desarrollo Docente" que delinea un sistema de "formación y estímulo a la innovación" e incluye mejoras remunerativas para los maestros basadas en la meritocracia.

En Chile, los resultados de la prueba Inicia 2011 hecha a los recién egresados de la carrera de pedagogía básica fueron catastróficos: el 69% obtuvo resultados insuficientes en el examen de conocimientos, el 29% logró un nivel aceptable y sólo el 2% alcanzó un nivel sobresaliente. Es decir que casi el 70% de los maestros recién graduados no manejaba los contenidos básicos para impartir clases, y casi el 30% lo manejaba solamente en forma "aceptable". En relación con los resultados de Inicia 2009, los números del 2011 mostraron que la calidad en la preparación de los futuros pedagogos había decaído enormemente, de unos que eran ya en aquel momento alarmantemente bajos: 42% insuficiente, 50% aceptable, 8% sobresaliente.

Entre las razones que contribuyen a esta realidad, se mencionan las siguientes:

1. La falta de barreras de ingreso a los programas de pedagogía para los estudiantes como un puntaje mínimo en la Prueba de Selección Universitaria PSU (equivalente al SAT); el puntaje promedio PSU de quienes tomaron la prueba Inicia fue de 485 (el puntaje promedio máximo es de 850 y el mínimo 450).

2. La falta de monitoreo de la calidad de la formación que reciben los estudiantes en las facultades de pedagogía del país ya que el sistema de acreditación actual mide la consistencia de la institución y de sus programas, según los planes que ella misma se plantea, y la compara con la oferta universitaria nacional, pero no mide la calidad de la formación que entregan. Ello puede explicar el continuismo en las deficiencias de competencias con las que entran y egresan los alumnos a la carrera docente.

Entre las medidas para cambiar esta realidad, se está trabajando con el Middle States Commission on Higher Education de Estados Unidos con el objetivo de integrar estándares internacionales al sistema de acreditación chileno, en espera de que ello ayude a corregir esta situación, altamente preocupante.

Igualmente, el gobierno de Sebastián Piñera instituyó la beca Vocación de profesor, con el objetivo de atraer los mejores estudiantes para seguir la carrera de pedagogía. Los beneficios de la beca son los siguientes: si el puntaje PSU es mayor o igual a 720/850, la beca financia los costos totales de matrícula + un estipendio mensual de $80.000 pesos chilenos (~$US160) + 1 semestre de estudio en el extranjero; si el puntaje PSU es mayor o igual a 700 puntos, financia la matrícula + un estipendio mensual de $80.000 pesos chilenos; si el puntaje PSU es mayor o igual a 600 puntos, financia la matrícula.

3. Ausentismo docente

A parte de la preparación en muchos casos deficiente de los docentes, los países latinoamericanos enfrentan un grave problema de ausentismo cuyo ejemplo axiomático lo representa la Argentina. Según datos del ministerio de Educación, en el 2012, el ausentismo en los planteles de educación pública asciende al 40% siendo La Pampa la provincia más afectada, seguida por Mendoza con el 33%, Chaco con 29%, Neuquén con 25% y la Ciudad de Buenos Aires con 22%.

Tanto el ministro de Educación de la Nación, Alberto Sileoni, como la presidenta Cristina Fernández de Kirchner manifestaron preocupación por el terrible impacto que esta situación ejerce sobre la educación que reciben los niños y adolescentes argentinos reflejado en los desventajosos resultados obtenidos en pruebas nacionales o internacionales como la prueba PISA, y por los gastos que ello implica para el erario público. "Un cuarto de la masa salarial que se paga en la República Argentina en materia de docentes, se paga 2 veces. ¿Se entiende? Porque le estoy pagando al que está en el cargo y al suplente", se quejaba la Primera Mandataria cuando los maestros se fueron a la huelga pidiendo aumento de salario.

III.3. La educación universitaria

En cuanto a la educación superior, coexisten las universidades públicas gratuitas o a aranceles relativamente bajos junto a universidades privadas más costosas. El sistema universitario comprende tres tipos de instituciones de enseñanza: las universidades, los institutos profesionales y los centros de formación técnica, dependiendo de la carrera que se quiera seguir.

A pesar de depender económicamente de los gobiernos, las instituciones universitarias latinoamericanas públicas gozan de autonomía. Una diferencia entre las universidades norteamericanas y las universidades en Latinoamérica es que en estas últimas los estudiantes no reciben una formación general sino profesional. Los cursos de educación general se realizan en la escuela secundaria. Por ello, al entrar a la universidad, los estudiantes ya tienen que estar seguros de la carrera que van a seguir.

Las universidades están divididas en facultades: humanidades, ciencias sociales, ciencias médicas, ciencias políticas, ingeniería, arquitectura, derecho, y hasta hace algunos años, en esas facultades se estudiaban las carreras más solicitadas. Con la globalización y el desarrollo de la tecnología, en la actualidad las universidades han añadido facultades de computación o comunicaciones para preparar a los futuros programadores, técnicos e ingenieros de computación así como a los futuros periodistas de radio y televisión, ingenieros de sonido, etc.

Otra diferencia es que las residencias universitarias casi no existen pues en general, los estudiantes estudian en la universidad que queda más cerca de su casa. Si por alguna razón van a estudiar a otra ciudad se hospedan en pensiones. Como regla general, la asistencia a clase no es obligatoria. Si un estudiante hace todo el trabajo y pasa los exámenes finales, obtiene créditos por la clase.

Las reformas educativas de los años sesenta y setenta abrieron las puertas de las universidades latinoamericanas a las clases populares, bien fuera a través de becas, o en algunos países como Argentina y Uruguay, de gratuidad. Sin embargo, aunque la cantidad de alumnos universitarios ha aumentado, ello no implica que las clases populares estén representadas dentro del estudiantado en la misma proporción que las clases pudientes, y esa es una de las razones para la explosión de los movimientos estudiantes del siglo XXI que discutiremos más adelante.

La cantidad de mujeres que prosiguen una carrera profesional también ha aumentado y superado de 3% la población masculina (53% de los estudiantes universitarios son mujeres). Ello es significativo si consideramos que la latinoamericana sigue siendo una sociedad donde el hombre continúa siendo el proveedor familiar principal. De tener que elegir, se favorece que sea éste quien reciba educación universitaria, y en el caso de que ambos estudien, que sea el hombre quien realice un posgrado. Por ejemplo, datos del Consejo Nacional de Educación (CNE) chileno muestran que en ese país se han hecho avances en cuanto a la educación de la mujer; en el 2008 las mujeres graduadas de universidades, centros de formación técnica e institutos superaban el 57%. Para los títulos de magister y doctorado fue sólo el 41%, pero ello ya representa un avance considerable.

A. Los movimientos estudiantiles: nueva ficha en el tablero político

Los estudiantes tomándose las calles para exigir reformas universitarias que garanticen sus derechos al acceso a una educación de calidad no es algo nuevo en Latinoamérica. Sin embargo, sí hay un elemento nuevo en lo que respecta a los movimientos estudiantiles del presente siglo que los gobiernos de los países de la región deben tener en cuenta: su presencia en las calles representa un cambio con respecto a la generación anterior caracterizada por el "no estoy ni ahí", expresión chilena para representar la actitud de apatía e indolencia total que afectó a la juventud chilena en el periodo pos dictatorial, y se han mostrado como una fuerza que no está dispuesta a ser absorbida por los partidos políticos tradicionales y a desaparecer. Para ellos, lo que determina el rumbo es el poder de las manifestaciones, de los movimientos en la calle y no la representatividad electoral.

Estos jóvenes, desencantados con las propuestas políticas tanto de derecha como de izquierda, cansados de ver que un desarrollo macroeconómico significativo en sus países no ha reflejado un cambio para la mayoría, se atreven a desafiar a los políticos exigiendo el derecho a una educación pública gratis y de calidad que representa la garantía de movimiento social.

En países como Chile, Colombia y Puerto Rico donde la privatización paulatina de la educación ha hecho mella en la educación que se recibe y el consabido dicho ya no iría "dime con quién andas y te diré quién eres", sino "dime en qué escuela estudiaste y te diré cuál será tu futuro", los jóvenes han dicho ¡basta ya!, y se mantienen en pie de lucha. Igual en otros países: Argentina, Brasil, México.

Sin embargo, no podemos hablar aquí de un movimiento continental como el que se produjo a lo largo del siglo XX desde el Primer Congreso

Universitario Americano en el año 1908, en Montevideo, Uruguay seguido por el de Buenos Aires, Argentina en 1910 y el de Lima, Perú en 1912 culminando en el 1918 en la Universidad de Córdoba, Argentina con el Manifiesto Liminar que llevó a la Reforma Universitaria gracias a la cual fueron conquistados logros tan significativos como la autonomía universitaria, el cogobierno, la libertad de cátedra, la vinculación de la docencia a la investigación, la gratuidad y acceso masivo a la educación terciaria, así como la unidad obrero-estudiantil y el acercamiento y la inserción de la universidad a la sociedad de la que era parte.

La Reforma Universitaria de Córdoba sirvió de modelo para los movimientos estudiantiles de toda Latinoamérica y de ahí surgieron o se fortalecieron federaciones de estudiantes que han llegado hasta nuestros días en países como Perú, Chile, México, Uruguay, Colombia, Bolivia, Panamá, Puerto Rico y Cuba. Por los intereses que las han guiado a través de las épocas, estas organizaciones estudiantiles han mantenido un estrecho vínculo con los sindicatos obreros y movimientos sociales, en general de izquierda, que luchan por reivindicaciones sociales. Incluso su modus operandi ha sido, a grandes rasgos, similar al de los sindicatos con las manifestaciones en las calles y las huelgas como instrumentos privilegiados de lucha.

Estudiantes toman la Universidad
Nacional de Córdoba, 1918

Sin embargo, el despertar de la juventud en el siglo XXI en cada país no va a estar determinado por ideologías o políticas ultranacionales sino más bien por la realidad y el momento político nacional. No por ello queremos dejar de constatar la coincidencia de que uno de los movimientos estudiantiles más activos y con mayor presencia y cobertura de prensa en el siglo XXI ha sido el liderado por estudiantes chilenos puesto que la primera organización estudiantil a nivel nacional que se conoce en la región latinoamericana se estableció en Chile tan temprano como el 1906: la Federación de Estudiantes de Chile, hoy Federación de Estudiantes de la Universidad de Chile (FECH).

1. Movimiento estudiantil chileno

Al llegar el siglo XXI, el espíritu reformista que se mantuvo activo durante todo el siglo anterior, se extendió a los estudiantes de escuelas secundarias o liceos, y es Chile nuevamente quien llevó la vanguardia. Entre abril y junio, luego septiembre y octubre del 2006, bajo el gobierno de la presidenta Michelle Bachelet se produjo la llamada "revolución de los pingüinos", así denominada por el uniforme de los estudiantes de liceo chilenos. En esos meses los alumnos, en una gran muestra de organización y de representatividad (la Asamblea Coordinadora de Estudiantes Secundarios – ACES estaba compuesta por miembros de diferentes tendencias políticas tanto de izquierda como de centro y derecha) se tomaron cientos de escuelas y colegios de enseñanza media (escuela secundaria) y llamaron a un paro nacional al que se sumaron más de 600.000 estudiantes, la más grande convocación en la historia de las manifestaciones políticas y sociales del país, ni siquiera superada por las impresionantes manifestaciones estudiantiles de 2011.

Los "pingüinos" demandaban una educación de calidad, igualitaria y gratuita a través, entre otras medidas, de la derogación de la Ley Orgánica Constitucional de Enseñanza y del fin de la municipalización instituidas durante la dictadura militar; la gratuidad de la Prueba de Selección Universitaria (PSU) (equivalente al SAT); y un pase para transporte escolar gratuito sin restricciones de área geográfica.

Los escolares rechazaron las propuestas del Gobierno, se mantuvieron en paro (al que se sumó la toma de centros universitarios como la Casa Central de la Universidad de Chile por la FECh) y llamaron a un nuevo paro nacional que esta vez tuvo el apoyo de la Confederación de Estudiantes Universitarios, el Colegio de Profesores y la Confederación Nacional de Trabajadores de la Salud. Como respuesta, la presidenta Bachelet anunció la aprobación por parte del Gobierno de medidas que tomaban en cuenta las demandas de los escolares bajo lo que llamó la "Reforma de Calidad de la Educación".

Esta reforma incluía: el Estado como garante de la calidad de la educación; el establecimiento de un consejo de asesoría presidencial para el mejoramiento de la educación; educación de calidad sin discriminación; mayores subsidios para almuerzos escolares y para mejorar la infraestructura de los establecimientos que así lo requirieran; becas para estudiantes de Educación Técnica Profesional durante los tres meses de práctica; pase de transporte nacional gratuito y sin límite geográfico o de horario para los más necesitados; PSU gratuita para el 80% de los estudiantes más pobres del país.

Aunque estas reformas representaron avances, podemos afirmar que la llamada "Revolución de los Pingüinos" alcanzó dos logros que son aún más significativos: primero, romper con el síndrome del "no estoy ni ahí" ya mencionado, y segundo, traer a la palestra el problema del acceso a, y la crisis de la calidad de la educación en Chile resultado, entre otras cosas, según los alumnos de la privatización y del descuido de la educación pública.

Cinco años después, los estudiantes, sintiéndose defraudados por una "Reforma de Calidad de la Educación" que no condujo a ningún cambio cualitativo en la educación del país, volvieron a tomarse las calles. Fue así como a partir de mayo del 2011, bajo un nuevo gobierno, el del presidente Sebastián Piñera, estudiantes de secundaria y universitarios salieron en manifestaciones que por su nivel de convocatoria y por el tesón de sus líderes, adquirieron reconocimiento internacional en la figura de Camila Vallejo, líder estudiantil, presidenta de la Federación de Estudiantes de la Universidad de Chile (FECh). Una nueva arma de lucha: tres estudiantes de secundaria mantuvieron una huelga de hambre por 37 días como elemento de presión para mantener sus demandas, que en resumen, seguían siendo por una educación gratuita y acceso equitativo a la misma, y se ampliaban demandando la democratización y el fin al lucro de las universidades y al endeudamiento de los estudiantes.

Camila Vallejo, líder estudiantil chilena

Es importante recordar que el sistema educativo chileno, escolar y universitario sufrió serias transformaciones durante la dictadura militar. La educación nacional se municipalizó y la educación universitaria se liberalizó para dar paso al desarrollo de universidades privadas, y aunque la ley   exigía que éstas debían ser sin fines de lucro, ha quedado al descubierto que muchas habían encontrado resquicios para esquivar la ley.

La demanda de gratuidad logró aglutinar un apoyo masivo al movimiento estudiantil entre todos los estratos de la sociedad chilena. En una encuesta realizada en el mes de septiembre del 2011 por el Centro de Estudios de la Realidad Contemporánea (CERC), el 89% de la población respaldaba las demandas estudiantiles. Y una lucha que comenzó con demandas relacionadas con la educación se proyectó hacia reformas de las estructuras sociopolíticas heredadas de la dictadura que los gobiernos de la Concertación no habían sido capaces de cambiar: mayor distribución de la riqueza, mejor distribución del poder y reforma de los medios de comunicación.

Manifestación de estudiantes-2011

Luego de numerosas multitudinarias marchas nacionales por parte de estudiantes, docentes y sindicatos y la dimisión de tres ministros de Educación, las tomas de colegios y de universidades fueron depuestas a finales del 2011 aún cuando las demandas de los estudiantes no fueron del todo satisfechas, sobre todo en materia de gratuidad. El Gobierno ofreció más becas para los jóvenes provenientes de los sectores más desfavorecidos, créditos administrados por el Estado, no por la banca privada y disminución de la tasa de interés anual al 2%; los préstamos serían pagados en cuotas en concordancia con el salario del individuo, porcentaje nunca mayor del 10%.

A fin de que los estudiantes de secundaria no perdieran el año escolar (que en Chile termina en diciembre), el ministerio de Educación tomó diversas medidas para facilitarles cubrir el material correspondiente al tiempo de las tomas, pero a pesar de ello, muchos estudiantes quedaron repitiendo.

En el 2012 el movimiento reactivó su lucha y se mantuvieron en las calles, pero sin aglutinar el mismo nivel de convocatoria del 2011 ni la misma aceptación por parte de la ciudadanía. Una encuesta a mediados del mes de agosto reveló que el 69% de los entrevistados (401 personas con teléfonos fijos) consideraba que las tomas deberían terminar y los estudiantes volver a clases, y un 60% pensaba que el movimiento, de haber comenzado con la educación como punta de lanza, se había transformado en un movimiento político.

A fines del 2012 el gobierno anunció el presupuesto de educación para el 2013 el cual se fijó en US$ 12.829 millones de los cuales US$2.278 millones serán para la educación superior, ciencia y tecnología. El número de becas para asistir a universidades, centros de formación técnica e institutos profesionales se aumentó para jóvenes del 60% más vulnerable y de clase media de 118 mil a 314 mil. Se aumentaron de un 47,1% los fondos basales por desempeño para las universidades públicas del Consejo de Rectores lo que, junto al Fondo de Fortalecimiento, suman un total de US$47 millones.

Igualmente, el presidente Sebastián Piñera promulgó una ley que reduce del 6% al 2% los intereses de los créditos privados de los bancos (que ahora serán préstamos del Estado) para los estudiantes universitarios, lo que supone una rebaja del 40% de la cuota mensual pagada. Esta cuota será definida por el ingreso del individuo, pero en ningún caso puede superar el 10% de su salario. Se pagará un máximo de 180 cuotas mensuales y si quedara un saldo pendiente, éste será condonado por el Estado. En caso de desempleo el pago será congelado mientras la persona no reciba ingresos. Del mismo modo, el interés de los préstamos que habían entrado en vigor anteriormente a esta normativa fue reducido de 8,5 a 4,9.

No hay lugar a dudas de que todos esos logros han sido el fruto del tesón del movimiento estudiantil al no ceder hasta lograr la conquista de sus demandas, y aunque ellos están complacidos de que se hayan producido por el alivio que representa para los estudiantes y sus familias, llaman a permanecer movilizados hasta tanto sus exigencias sean satisfechas en su totalidad. En palabras de la más conocida de las líderes de este movimiento, Camila Vallejo, "…el movimiento que desde el año pasado remece al país no se ha puesto como objetivo el perfeccionamiento del actual modelo, sino su transformación."… "Esto significa no solo aumentar los recursos invertidos en educación, sino que se cambie la lógica de distribución de éstos ya que durante más de 30 años sólo ha conducido a la privatización del sistema, a la progresiva destrucción de la educación pública, al subsidio al lucro y la altísima segmentación socio-educativa." No más becas, insisten los estudiantes; el movimiento permanecerá en las calles hasta que se produzca una transformación del modelo político neoliberal existente, declaran.

2. Movimientos estudiantiles en otros países

Entre el 2010 y el 2012 Puerto Rico, Colombia, México también vieron sus estudiantes en las calles, Puerto Rico y Colombia por reivindicaciones con respecto a la educación, México por reivindicaciones políticas a raíz de las elecciones presidenciales del 2012.

Los estudiantes puertorriqueños siempre también han demostrado mucha combatividad cuando de defender sus derechos se trata. En el 2010, en un lapso de menos de un mes, entre abril y mayo, diez de los once recintos pertenecientes a la Universidad de Puerto Rico, la universidad pública del país, estuvieron en huelga. Protestaban los universitarios contra un alza en la matrícula provocada por la reducción del presupuesto asignado a la Institución por parte del Gobierno, y contra lo que los estudiantes veían como una posible privatización. La huelga contó con el apoyo de profesores y empleados no docentes así como de padres de alumnos. Al cabo de dos meses de negociaciones se logró eliminar el aumento propuesto a la matrícula y los estudiantes volvieron a clases.

Estudiantes de la UPR en huelga-2010
Ricardo Arduengo-AP

En Colombia, las protestas de abril a noviembre del 2011 fueron en respuesta al Proyecto de Reforma a la Educación Superior sometido por Juan Manuel Santos al Congreso de la República. De acuerdo a estudiantes y docentes, el proyecto de ley, al proponer, entre otros artículos que entidades privadas invirtieran capital en las universidades estatales para de esta forma aumentar el cupo tanto en universidades privadas como públicas, y al exigir mayor control de calidad a través de indicadores imprecisos y genéricos está haciendo un llamado a la privatización y a la pérdida de autonomía universitaria. El paro indefinido decretado por la Mesa Amplia Nacional Estudiantil (MANE) y las treinta y dos universidades públicas del país a partir del 12 de octubre provocó que el presidente Santos finalmente retirara el proyecto del Congreso, con la condición de que se resumieran las actividades académicas. Los estudiantes retomaron las clases; el Gobierno se comprometió a abrir canales de diálogo que incluyeran a los diferentes estamentos universitarios en la elaboración de la nueva reforma.

En octubre del 2012 los estudiantes salieron nuevamente a las calles y en noviembre la MANE piensa entregar al Gobierno la copia de una contrapropuesta a la reforma educativa redactada por los propios estudiantes.

Estudiantes colombianos contra la Reforma de Educación Superior 2011

El movimiento estudiantil mexicano del 2012, "Yo soy 132", tuvo características diferentes. Se originó en reacción a comentarios hechos por Enrique Peña Nieto, candidato presidencial por el Partido Revolucionario Institucional (PRI) durante un foro en la Universidad Iberoamericana en DF. A los estudiantes que abuchearon a Peña Nieto se les acusó de no ser estudiantes de la universidad, sino infiltrados políticos de otros partidos, en respuesta a lo cual, los universitarios en cuestión crearon un video: "131 alumnos de la Ibero" mostrando sus credenciales universitarias y lo subieron a YouTube. Un alumno de otra institución, añadió su nombre a la lista anunciando "yo soy 132", y de ahí en adelante el movimiento desatado adoptó este nombre.

Con la cercanía de las elecciones presidenciales de julio, y lo que ellos consideraban manipulación mediática de las mismas, las movilizaciones estudiantiles tomaron el estandarte de lanzar una gran campaña en contra del abstencionismo y el voto nulo y promover el voto informado y consciente entre la ciudadanía. Para ello demandaban democratización de los medios de comunicación que hasta ese momento habían favorecido a Enrique Peña Nieto; movilización a nivel de brigadas y personal para proveer información por diferentes vías, no sólo en las redes sociales, para que la ciudadanía conociera los programas de los diferentes candidatos y pudiera votar razonadamente; restructuración de los debates entre los candidatos a la Presidencia logrando organizar un debate extraoficial retransmitido por Internet, en el cual Peña Nieto se negó a participar. Aunque los jóvenes no llamaron a votar por ninguno de los candidatos, sí denunciaron el favoritismo de los medios de comunicación por el candidato del PRI y luego de las elecciones participaron junto a Manuel López Obrador en protestas denunciando supuestas irregularidades cometidas por el PRI como la compra de votos, "fraude electoral", y la "imposición" de Peña Nieto como presidente del país. Sin lugar a dudas, a través del Yo soy 132, la juventud irrumpió en la escena política mexicana para quedarse.

Lo importante de todos estos movimientos estudiantiles es el haber traído a la palestra de la discusión política la equidad en el acceso a la educación así como la preocupación por la calidad de la enseñanza y la decisión de no cejar su lucha hasta conseguir que sus demandas sean escuchadas.

Estos jóvenes que salen a la calle buscando la reivindicación de derechos universales como el derecho a la educación representan futuros ciudadanos concernidos por la participación en la vida pública de la sociedad.

III.4. Desafíos del nuevo milenio

Algunos de los desafíos urgentes de los Gobiernos latinoamericanos en cuanto a la educación para este nuevo milenio son, necesariamente, el aumentar el presupuesto nacional asignado a la educación, el hacerse garantes de la calidad de la educación en todos los niveles y el reevaluar y reestructurar la preparación de su personal docente ya que es axiomático que la capacitación de los maestros y la cantidad, calidad y pertinencia de los recursos disponibles se refleja en los resultados de los alumnos. Es imposible mejorar el rendimiento de los estudiantes si los maestros no están capacitados y si no se dispone de los recursos apropiados.

Es necesario que la educación logre por fin convertirse en elemento de integración y de movilidad social de las poblaciones marginadas para que cumpla su primordial función en la sociedad, pero todo eso depende del estado de la economía y del interés que pongan los gobiernos en reconciliar ese desfase. El eliminar el analfabetismo y alfabetizar a las poblaciones indígenas tanto en español como en sus lenguas maternas es un gran paso inicial hacia la integración, el que tiene que ser seguido de una excelente educación primaria, secundaria y universitaria o de preparación técnica pues es de primordial importancia que la juventud, no importa su estrato social, esté preparada para asumir un rol activo en el desarrollo económico de los países, y así, tener acceso a una vida mejor. La capacitación de los educadores y el proveer oportunidades educativas para la inserción de los jóvenes en el mercado global todavía siguen siendo desafíos de los Gobiernos latinoamericanos en el siglo XXI.

En ese sentido hay dos iniciativas significativas a mencionar: como iniciativa continental para el mejoramiento de la educación universitaria, el presidente Lula, de Brasil, firmó un decreto en el 2010 para crear la Universidad Federal de la Integración Latinoamericana (UNILA). Este centro de estudios ofrece cursos de pregrado y posgrado en español y portugués para alumnos de todo el continente. Ahí se forman especialistas para llenar las necesidades actuales y futuras de Latinoamérica, como desarrollo rural, gestión de recursos hídricos, derechos humanos, políticas lingüísticas y relaciones internacionales. La mitad de los alumnos y docentes son brasileños, y el resto, de otros países latinoamericanos.

La segunda iniciativa, el Encuentro de Universia, comenzó hace cinco años en Sevilla, España y tuvo su segunda edición en junio de 2010 en Guadalajara, México. En este encuentro participaron líderes de la educación superior de más de 34 países: 985 rectores y 72 vicerrectores de 1.057 universidades, principalmente de América Latina, España y Portugal quienes, juntos, representan a una comunidad de 14 millones de estudiantes y académicos. ¿Su objetivo?: construir la universidad del siglo XXI, desarrollar "un espacio iberoamericano del conocimiento socialmente responsable".

Pero esta iniciativa de grandes sueños se ve enfrentada a una cruda realidad: miseria, hambre analfabetismo (50% de desnutrición infantil en Guatemala, entre 18 y 26% de analfabetismo adulto en cuatro países centroamericanos representados en el encuentro, umbral de pobreza de 50,7% en Honduras y 47,9% en Nicaragua); desigualdad en el acceso a la educación universitaria, disparidad en la calidad de enseñanza. El camino no se vislumbra libre de obstáculos; la agenda para los próximos años de trabajo antes del tercer encuentro programado para el 2015 en Brasil, apunta a impulsar el intercambio de alumnos, profesores e investigadores, a lograr la convergencia y reconocimiento de programas y títulos y al establecimiento de un sistema de evaluación de la calidad de los estudios ofrecidos y de acreditación de los mismos, así como al desarrollo de redes de investigación internacionales.

III.5. Grandes educadores latinoamericanos

A. Eugenio María de Hostos (1839-1903)

A Eugenio María de Hostos se le considera uno de los más influyentes pedagogos y teóricos latinoamericanos de la sociología de la educación de todos los tiempos. Nació en Puerto Rico, pero fue residente de muchos países Hispanoamérica entre ellos Cuba, la República Dominicana y Chile en donde en el año 1888 fue invitado por el gobierno para reorganizar el sistema educativo de ese país, y allí permaneció por nueve años. Ardiente luchador de la independencia de Cuba y Puerto Rico, le llegó la muerte sin que sus sueños se hicieran realidad.

Su pensamiento filosófico de una educación para la libertad del individuo influyó en los respectivos sistemas educativos de los países latinoamericanos en donde vivió y por ello se le conoce como "ciudadano de América". El mismo Hostos definía así el rol del maestro: "Antes que nada, el maestro debe ser educador de la conciencia infantil y juvenil; más que nada, la escuela es un fundamento moral" (Hostos: 1982: 224). Del mismo modo que para Hostos la integración de todas las razas era necesaria para lograr el progreso, también consideraba que sin la integración intelectual de la mujer a la sociedad, el progreso de nuestros países quedaría rezagado.

Para Hostos, en la medida en que la mujer recibiera una educación científica podría, a su vez, educar a sus hijos de una manera científica enseñándoles a respetar los ideales de la razón y del progreso. Aunque su posición no puede interpretarse necesariamente como a favor de un cambio radical en el rol tradicional de la mujer dentro de la sociedad, representó un gran paso adelante al proponer su derecho a tener acceso a una educación que le permitiera que su rol dejara de ser visto como inferior y confinado solamente al hogar, y se convirtiera en una compañera del hombre en su labor de construcción de una sociedad de hombres justos y luchadores por la libertad y el progreso de los pueblos. Dice en su ensayo "La educación científica de la mujer:" "Reconstituyamos la personalidad de la mujer, instituyamos su responsabilidad ante sí misma, ante el hogar, ante la sociedad; y para hacerlo, restablezcamos la ley de la naturaleza, acatemos la igualdad moral de los dos sexos, devolvamos a la mujer el derecho de vivir racionalmente…"

En la República Dominicana, Hostos fundó la Escuela Normal, y en estrecha colaboración con la también maestra **Salomé Ureña de Henríquez** (1850-1897), logró el que se abrieran sus puertas a las mujeres. La cita siguiente hace parte del discurso de Hostos cuando se graduaron de maestras las primeras diez alumnas, y confirma el ideario educativo de Hostos en el que razón, sensibilidad, belleza, bien moral, equidad, justicia y libertad son piedras angulares: "Sois las primeras representantes de vuestro sexo que venís en vuestra patria a reclamar de la sociedad el derecho de serle útil fuera del hogar, y venís preparadas por esfuerzos de la razón hacia lo verdadero, por esfuerzos de la sensibilidad hacia lo bello, por esfuerzos de la voluntad hacia lo bueno, por esfuerzos de la conciencia hacia lo justo…Vais a ser… educadoras de la sensibilidad, para enseñarla a sólo amar lo bello cuando es bueno; educadoras de la voluntad para fortalecerla en lucha por el bien; educadoras de la conciencia para doctrinarla en la doctrina de la equidad y la justicia, (…) y la doctrina del derecho y la libertad".

Dada la enorme importancia que Hostos le concedía al maestro dentro de la sociedad, toda su vida abogó por que éste tuviera el reconocimiento social que tal posición merecía.

B. Gabriela Mistral (1889-1957)

Todos conocemos a la Gabriela Mistral poeta o a la Gabriela Mistral Premio Nobel de literatura, la primera entre los escritores latinoamericanos en recibir el tan codiciado galardón en 1945. Sin embargo, pocos conocen de sus inicios como humilde maestra rural en el norte de Chile. Por años se desempeñó como maestra de escuela primaria a través de los cuales fue desarrollando una trascendental visión pedagógica. Por sus grandes aportes a la educación chilena y latinoamericana, en 1923, el Rector de la Universidad de Chile, Gregorio Amunátegui, le propuso al Consejo de Instrucción Primaria que se le concediera a Gabriela Mistral el título de Profesora de Castellano.

Se dice que a Mistral no le gustaba ayudar en los quehaceres del hogar pues desde su perspectiva, en cuanto vieran que era útil para la casa, "estaba perdida". Sin embargo, su poesía es un canto de amor a la maternidad representada no sólo por la madre, sino también por la maestra. Es una oda de amor por los niños: "Piececitos de niño/azulosos de frío/¿Cómo os ven/y no os cubren/Dios mío?" Es igualmente un canto de amor por el campesino y por los desfavorecidos de la tierra, lo que también se refleja en su labor educativa.

En 1922, José de Vasconcelos, secretario de Educación del entonces presidente mexicano Álvaro Obregón, conoce a Gabriela Mistral en Brasil. Queda tan impresionado con sus ideas sobre la educación que la invita a formar parte del plan de reestructuración del sistema educativo público mexicano que incluía además la apertura de bibliotecas públicas. El gobierno de Obregón quería erradicar el problema de analfabetismo en el pueblo mexicano. Ya no se trató para Mistral de educar únicamente a los niños, ahora se trataba también de alfabetizar adultos y de formar los maestros que colaborarían con ella y que continuarían la ardua tarea.

En México como en Chile y como en todos los países donde residió, Mistral se identificó plenamente con los humildes, y convencida de que la educación era la única puerta de salida a una vida mejor, se entregó en cuerpo y alma para entregarles las herramientas que les ayudaran a vencer la ignorancia.

Entre 1930 y 1933 ocupó puestos de profesora de literatura en Barnard College, Middlebury College, Vassar College y la Universidad de Puerto Rico. En 1957 murió de cáncer en Nueva York.

C. Paulo Freire (1921-1997)

Producto del siglo XX lo fue el educador brasileño Paulo Freire. El hecho de haber conocido desde temprana edad la realidad de una de las regiones más pobres del Brasil le hizo tomar conciencia de las injusticias sociales que se producían en su país y le dio la determinación para luchar por la transformación de esa sociedad en una verdaderamente democrática y justa y de la cual desaparecieran discriminación y desigualdad. Para lograr esos cambios Freire no veía otra vía que la educación, pero un tipo de educación diferente; aquella que le permitiera al individuo tomar conciencia de su situación social y le proveyera los instrumentos para cambiarla. Sus revolucionarias ideas le valieron la persecución y el encarcelamiento, pero a pesar de ello la influencia de sus teorías educativas alcanzó a todas partes del mundo.

Para Freire el proceso educativo debe concienciar al estudiante, hacerlo pensar y cuestionarlo todo, pero sobre todo, convertirlo en sujeto de su propio mundo. La relación entre alumno y maestro debe ser democrática y no autoritaria, tanto alumno como maestro deben aprender el uno del otro; enseñar, para Freire, da la oportunidad al maestro de reaprender lo que ya sabe. La experiencia educativa debe implicar igualmente humildad por parte del educador, así como respeto y amor por el educando. Decía Freire que "nadie lo sabe todo, nadie lo ignora todo", no importa cuán pobres o desfavorecidos seamos. El conocimiento y respeto del maestro por las condiciones de vida del estudiante, de aquello que, al determinar su diario vivir determina su ser, es para él de suma importancia en el proceso educativo.

Según Freire, la elite tiende a pensar, como algo natural, que "diferente" es sinónimo de inferior, lo que para él denota intolerancia pues de esa mentalidad se desprende que a la elite no le interesa ser igual a quienes son diferentes, es decir, inferiores, pero tampoco acepta que éstos sean iguales a ella. Por el contrario, le interesa mantener la dominación sobre aquellos que considera inferiores por ser diferentes.

En ese sentido, Freire considera que el maestro que se considere a sí mismo progresista no debe sentirse inferior a los estudiantes hijos de miembros de la clase dominante, sobre todo en los colegios privados, pero tampoco debe sentirse superior a los estudiantes de los barrios pobres que asisten a las escuelas del sistema público.

Dentro de sus teorías pedagógicas, Freire propone que la lectura, la escritura y la comprensión son destrezas cuyo aprendizaje no debe darse aisladamente. El ejemplo que ofrece para mostrar su teoría es la frase "Eva vio la uva". Para él es una frase sencilla que cualquier estudiante puede aprender a leer, pero para poder conocer el verdadero sentido de las palabras y para que las mismas aporten verdadero conocimiento al estudiante, éste último deberá situar al sujeto Eva y al objeto uva en su contexto social; deberá preguntarse, por ejemplo, quién produjo la uva y quién se benefició de ese trabajo de producción. Ello lo llevará a leer y comprender más allá de un simple reconocimiento de las palabras, y sobre todo, le dará la posibilidad de ver el mundo desde otra perspectiva.

La comprensión de lectura no se produce, según Freire de manera milagrosa; es producto de arduo trabajo, de paciencia y de perseverancia acompañadas de la utilización de herramientas que faciliten la comprensión como diccionarios, tesauros y enciclopedias. En ello estriba la diferencia entre leer para memorizar datos, lo que él llama la "educación bancaria" y leer para adquirir conocimientos, lo que él denomina "educación para la libertad".

Su filosofía educativa está contenida en dos libros: *Educación para la libertad* publicado en 1967 y *Pedagogía del oprimido* publicado en 1970, un año después de haber sido invitado como profesor visitante a la Universidad de Harvard. Paulo Freire es considerado uno de los teóricos en educación más influyentes del siglo XX.

Preguntas de comprensión y repaso

III.1. La educación en la época colonial

1. En un comienzo, ¿de qué manera se garantizaban los colonizadores la obediencia y sometimiento de los indígenas?

2. ¿Tenían los indígenas talento para las lenguas?

3. ¿Dónde se fundó la primera escuela y para quién?

4. ¿Había diferencia entre la educación que recibían las niñas y aquella que recibían los niños en el periodo colonial? ¿Qué piensa Ud. que reflejaba el tipo de educación que se ofrecía de esa sociedad?

5. ¿Qué ventajas tuvo, si alguna, para la preservación de las tradiciones y la literatura prehispánica el que los indígenas fueran alfabetizados en sus lenguas de origen así como en castellano y latín y el que los sacerdotes aprendieran las lenguas indígenas?

6. ¿Qué eran los "hospitales" y quién los fundó?

III.2. La educación de fines del siglo XIX al presente

1. ¿Cómo cambió la situación de la educación con respecto a los siglos anteriores?

2. ¿Qué medidas educativas se tomaron en México a raíz del triunfo de la Revolución?

3. ¿Cuál es el promedio de alfabetización en Latinoamérica? ¿Qué países están por encima del promedio y cuáles están por debajo?

4. ¿Cuál es la estructura básica del sistema educativo latinoamericano?

5. ¿Es obligatoria la escuela primaria? ¿Qué porcentaje de escolaridad hay en este nivel de enseñanza?

6. ¿Es obligatoria la escuela secundaria? Indique si todos los estudiantes que entran terminan sus estudios.

7. Mencione algunos factores que inciden en la no asistencia a un centro de estudio y algunas medidas tomadas por algunos gobiernos para paliar la situación.

8. ¿Hay deserción escolar entre los estudiantes de secundaria? ¿Cuáles son las principales razones?

9. ¿Cómo se puede calificar la calidad de la educación en Latinoamérica y en base a qué se hace normalmente?

10. ¿Cuál es la situación con la preparación del personal docente de acuerdo a los dos ejemplos presentados de Perú y Chile?

11. ¿Cree usted que el ausentismo docente en Argentina tiene algún impacto negativo? ¿Por qué?

III.3. La educación universitaria

1. Compare y contraste el sistema universitario norteamericano y el de América Latina.

2. ¿Qué cambios trajeron las reformas estudiantiles de los años sesenta y setenta?

3. ¿Asisten las mujeres a la universidad en la misma proporción que los hombres?

4. ¿Qué caracteriza los movimientos estudiantiles del siglo XXI en Latinoamérica y los hace diferentes de los movimientos del siglo XX?

5. ¿Qué fue la Reforma Universitaria de Córdoba, cuáles fueron su más significativos logros y cuál fue su impacto en el resto del continente?

6. Describa las fases del movimiento estudiantil chileno partir de la década del 2000 y los logros que han obtenido. ¿Quién es Camila Vallejo?

7. ¿En que otros países ha habido grandes manifestaciones estudiantiles a partir de la década del 2000 y cuáles han sido sus banderas de lucha?

III.4. Desafíos del nuevo milenio

1. ¿Qué desafíos deben enfrentar los Gobiernos latinoamericanos de hoy en día en términos de la educación?

III.5. Grandes educadores latinoamericanos

1. Resuma la filosofía educativa de Eugenio María de Hostos.

2. Explique a qué se refería Hostos con "la educación científica de la mujer".

3. ¿Quién fue y cuál fue la importancia de Salomé Ureña en el campo de la educación?

4. ¿Quién fue y cuál fue la importancia de Gabriela Mistral en el campo de la educación?

5. Explique la sed de justicia social que evocan los versos "piececitos de niños…" de Gabriela Mistral incluidos en el texto.

6. Explique lo innovador de la filosofía pedagógica propuesta por Paulo Freire.

Empareje:
Luego vuelva a la sección **¿Cuánto sabemos?** al comienzo del capítulo para comparar sus respuestas antes de estudiar el capítulo y después.

Atención, tres de los nombres en la columna de la izquierda tienen dos respuestas

_____ 1. Gabriela Mistral

_____ 2. Eugenio María de Hostos

_____ 3. Salomé Ureña

_____ 4. "hospitales"

_____ 5. Franciscanos, dominicos y jesuitas

_____ 6. Paulo Freire

_____ 7. Periodo colonial

_____ 8. Bordado, costura, cocina

_____ 9. Santo Tomás de Aquino

_____ 10. Facultades

_____ 11. Grandes campañas de alfabetización

_____ 12. Sistema de educación laico y público

A. Escuelas asociadas a conventos

B. Niñas época colonial

C. Educación científica de la mujer

D. Humanidades, Ciencias Sociales, Ciencias Médicas, Ciencias Políticas

E. Poblados comunitarios de beneficencia para pobres, viudas y huérfanos

F. Bolivia, Venezuela, Nicaragua

G. Maestra dominicana

H. *Pedagogía del oprimido*

I. Naciones independientes

J. Ciudadano de América

K. Encargados educación en la colonia

L. Pedagoga chilena

M. Primera universidad en Latinoamérica

N. Participó en reforma educativa en México

O. "Nadie lo sabe todo, nadie lo ignora todo"

Más allá de los hechos: temas para pensar, investigar, escribir y conversar

1. Busque información adicional sobre la filosofía educativa de Hostos, Gabriela Mistral y Paulo Freire y escriba un ensayo comparativo sobre los tres.

2. Basado en la información en este capítulo e información adicional que consiga, escriba una semblanza del ideal de maestro propuesto por Hostos o por Freire.

3. Escoja un tema conflictivo y desarrolle un plan de enseñanza de ese tema siguiendo las teorías de Paulo Freire.

4. A la luz de la pedagogía del oprimido de Paulo Freire, discuta la estrategia, y los resultados obtenidos, de los sacerdotes encargados de la educación en la época colonial de alfabetizar a los indios y al mismo tiempo aprender ellos las lenguas indígenas.

5. Busque información adicional actualizada y compare la situación de la capacitación de los docentes en los Estados Unidos con la de Chile o Perú, o algún otro país de Latinoamérica.

6. Reflexione sobre la iniciativa de los biblioburros como manera de fomentar la lectura en las regiones apartadas de los países latinoamericanos.

7. Imagine una manera efectiva de fomentar la lectura entre los niños de su comunidad y describa cómo la pondría en práctica.

8. Discuta su posición frente a los movimientos estudiantiles como motor para hacer avanzar mejoras en la educación de un país.

9. Reflexione en un ensayo sobre el rol que debe tener la educación en la sociedad.

10. Busque información sobre la evolución del rol del maestro dentro de la sociedad y reflexione en un ensayo sobre los cambios que se han producido (si se han producido) y especule el porqué. ¿Ocupa el maestro el mismo sitial dentro de la sociedad hoy en día que en épocas anteriores? ¿Cómo ha cambiado la situación (si ha cambiado) y por qué? ¿Está usted de acuerdo con esos cambios? Si no está de acuerdo, explique su posición y sugiera alternativas.

CAPÍTULO IV

La religión

CAPÍTULO IV
La religión

I. Conteste las siguientes preguntas y luego compare sus respuestas con un compañero/a de clase. Cuando termine de estudiar el capítulo, después de completar la sección **¿Cuánto sabemos ahora?**, vea cuáles de sus respuestas iniciales estaban correctas.

1) El 100% de los latinoamericanos pertenece a la religión católica.

Cierto o Falso

2) Los indígenas tenían una religión politeísta.

Cierto o Falso

3) El sincretismo religioso se produce cuando se mezclan elementos de dos o más religiones.

Cierto o Falso

4) La santería es una religión practicada, en su mayoría, en regiones con alta población de origen indígena.

Cierto o Falso

5) Hoy en día la Iglesia Católica no ejerce influencia alguna en la forma de pensar de la gente en Latinoamérica pues hay separación de poder con el Estado.

Cierto o Falso

6) La teología de la liberación surge de la rebelión de los indígenas cuando los españoles intentaron imponerles la religión católica.

Cierto o Falso

7) El arzobispo Arnulfo Romero fue asesinado por los militares en El Salvador.

Cierto o Falso

8) Ernesto Cardenal, sacerdote y poeta, es nicaragüense.

Cierto o Falso

CAPÍTULO IV
La religión

IV.1 Sincretismo religioso

A. Religiones indígenas y catolicismo

Como viéramos en el capítulo 1 de la primera parte, los pueblos pre-colombinos tenían una religión politeísta que más allá de lo simplemente religioso gobernaba todos los aspectos de su vida. En general, adoraban la tierra, el sol, el agua, las constelaciones, en fin todo aquello de lo que dependía su vida, así como aquellos fenómenos naturales que no podían explicar y que les afectaban positiva o adversamente: el trueno, la lluvia, las tormentas.

Los sacrificios humanos entre los mayas y los aztecas representan un arquetipo de esa relación de dependencia o de interconexión de los dioses con las actividades de la vida diaria de los individuos. Como sabemos, lo relevante del sacrificio humano para los mayas era el desangramiento, el que veían como un intercambio de fluidos: la sangre de los humanos alimentaba a los dioses y éstos, en agradecimiento, les enviaban agua para sus cosechas. Los aztecas, por su parte, hacían sacrificios humanos a Huitzilopochtli, dios del sol y de la guerra porque pensaban que de esta manera, mantenían viva la energía del sol, la que a su vez daría vida a las cosechas, y por consiguiente a los hombres.

Frente a esta cosmogonía y este sistema religioso politeísta tan diferentes de los propuestos por la religión católica, la imposición de su religión por los colonizadores representó para los pueblos precolombinos una ruptura con su mundo y con los valores que habían regido su vida hasta ese momento.

Acostumbrados a un sistema religioso centrado en lo práctico y lo concreto, desde un comienzo los indígenas opusieron resistencia a este complejo y abstracto sistema religioso católico basado en el misterio de la Santísima Trinidad. De igual modo, como la conquista y la evangelización se produjeron de una manera tan violenta, era imposible para ellos entender la ironía en la conducta de estos seres que al mismo tiempo que predicaban venir a liberarlos de los sufrimientos terrestres invadían sus tierras e intentaban someterlos y destruir su cultura. Por ello muchos de ellos se escapaban de las encomiendas, las mitas o reducciones pues "no [querían] ir al cielo si [iban] allí los españoles". Sin embargo, el dominio que ejercían los conquistadores sobre ellos aniquilaba todo tipo de resistencia frontal, entonces, de la necesidad de los indígenas de sobrevivir a esta situación de sometimiento sin tener que renunciar a sus creencias y deidades surgió, como estrategia de supervivencia, el sincretismo religioso.

Lo que facilitó esta reconciliación entre el monoteísmo cristiano y el politeísmo indígena fue el culto a los santos. A medida que la evangelización avanzaba, la mitología indígena y los principios cristianos se fueron confundiendo, y a pesar de su intolerancia inicial, los evangelizadores favorecieron esta práctica por facilitarles su tarea de cristianización. Así, por ejemplo, Viracocha, el padre creador de los incas fue asociado con el Dios Cristiano, creador del universo, y Pachamama, la madre tierra, con la virgen María.

El sincretismo afectó también los rituales. La fiesta del Inti Raymi que los incas celebraban el 24 de junio en honor del dios Sol fue convertida en la fiesta católica de San Juan. De hecho, un tipo de danzas tradicionales que se bailaban para esta fiesta en la región de Imbabura en el Perú fueron llamados San Juanitos para marcar el cambio. Igualmente, la fiesta de Kapak Raymi que celebraban los incas el 21 de diciembre para honrar a la tierra porque es el momento del nacimiento de las cosechas, fue sustituida por la Navidad que representa el nacimiento del niño Dios. Con el tiempo, como manera de integración de las comunidades indígenas les fue asignado un santo patrón que protegía a la comunidad y esto fortaleció el culto a los santos.

En realidad, de acuerdo a los documentos históricos consultados, la tolerancia a este tipo de sincretismo religioso fue mayor o menor dependiendo de la orden religiosa de los misioneros. Por ejemplo, los dominicos fueron completamente intolerantes a la misma y les prohibían a los indígenas pintar representaciones del sol o la luna para impedirles que volvieran a sus antiguas creencias, mientras que los agustinos trataban de que éstos identificaran al sol con Dios y a la tierra con la virgen María (el sol fecundador de la tierra).

B. La santería

El sincretismo religioso se dio también entre la religión católica y las religiones traídas al Nuevo Mundo por los esclavos africanos. El resultado de esta forma particular de sincretismo se llama santería y es practicada mayoritariamente en los países o regiones con una gran concentración de población de origen africano como Cuba, la República Dominicana, Puerto Rico y Brasil. En la misma, santos de las religiones africanas se fundieron con santos católicos de características similares.

Como en el caso de los indígenas, el comienzo de esta práctica puede tener dos orígenes que son intrínsecos, bien sea que los esclavos empezaron a adorar a sus dioses a través de las figuras de los santos católicos como una forma de protección de sus creencias o que con la experiencia indígena fresca, la Iglesia se sirvió del sincretismo religioso para promover la fe entre los esclavos.

En todo caso, el resultado ha sido, como dijéramos la santería, definida por el sacerdote Juan J. Sosa como "la adoración de dioses africanos bajo la apariencia de santos católicos". Entre los santos más famosos podemos mencionar a Babalú Ayé (San Lázaro); Ochún (Virgen de la Caridad del Cobre, patrona de Cuba); Obatalá (Virgen de las Mercedes); Ogún (San Pedro) y Changó (Santa Bárbara).

IV.2. La religión católica como religión oficial del Estado

Durante los siglos que prosiguieron al descubrimiento y conquista de América la religión católica, como religión oficial del Estado, tuvo absoluto control sobre diversos aspectos de la vida en los territorios coloniales a través del control que ejercía sobre la educación, así como por el poderío económico que paralelamente fue acumulando. Ya en la segunda mitad del siglo XVI los conventos fueron autorizados a establecer las primeras escuelas para indígenas donde se les adoctrinaba en la fe católica y en la fidelidad a la Corona. Más adelante se fundaron conventos y escuelas para instruir a la elite criolla en ciernes, y como vimos en el capítulo sobre la educación, el siglo XVI vio también el nacimiento de las primeras universidades.

A pesar de que después de lograda la independencia la tendencia en las recién creadas naciones fue, en general, a mantener separados Estado e Iglesia, la religión católica permanecía como la religión oficial. La influencia ejercida por ésta durante el proceso de evangelización y adoctrinamiento de la colonia fue tal que poco a poco fue logrando, en unos países más que en otros, seguir ejerciendo un poder enorme sobre la gente. Como resultado, aún hoy en día en algunos países las leyes que vayan en contra de los principios de la fe católica muchas veces demoran años en ser aprobadas.

Un caso reciente que muestra esta intromisión de la iglesia en asuntos legales es la ley del divorcio en Chile. En noviembre de 1995 un grupo de diputados presentó la moción a la Cámara para derogar una ley prohibiendo el divorcio que databa de enero de 1884, ciento once años atrás. Demoró nueve años antes de que la ley fuera finalmente aprobada en noviembre de 2004. Según un comunicado de la Biblioteca Nacional de Chile la demora se atribuye a que "varios sectores de la sociedad, entre los que destaca la Iglesia Católica, se oponían férreamente a la idea de imponer en la legislación chilena la idea del divorcio vincular, y expresaban esa opinión a través de los parlamentarios que también estaban en contra del proyecto".

No es un secreto que, históricamente, la Iglesia Católica se ha mantenido aliada a los gobiernos en el poder y alejada de aquellos a quienes debería primordialmente servir: los desfavorecidos.

IV.3. El Concilio Vaticano II: la Iglesia Católica intenta abrirse al mundo moderno

Al alba de los años sesenta, la cabeza de la Iglesia Católica con sede en Roma, cual presintiendo los tiempos de cambios que se avecinaban, sintió la necesidad de realizar un nuevo concilio en el cual se discutieran temas relevantes al presente de la Iglesia, a su participación de la vida comunitaria y a su presencia como fuerza de opinión sobre temas concernientes a la humanidad en general. Así fue como en 1959 el Papa Juan XXIII llamó a la organización del mismo, y entre octubre de 1962 y diciembre de 1965, alrededor de 3,000 obispos de la Iglesia Católica se reunieron en 178 sesiones de discusión. Como cambio significativo con respecto a previos concilios, representantes de las iglesias protestantes y ortodoxas se unieron a éstos en calidad de observadores.

Uno de los logros del Concilio fue el de acercar la Iglesia al pueblo. Se propició y se logró una participación mayor en el acto de las misas al cambiar el idioma del rito del latín a las lenguas vernáculas. Obviamente éstos y otros cambios producidos a raíz del Concilio causaron una división en el seno de la Iglesia. Los tradicionalistas, quienes veían en los concilios demasiada apertura que ponía en peligro los privilegios de la Iglesia, desafiaron estos cambios, y el obispo francés Lefèvre, quien se opuso categóricamente a los cambios propuestos por este segundo concilio, fue expulsado de la Iglesia en 1976 por el Papa Pablo VI.

En América Latina, región de grandes injusticias sociales donde soplaban vientos de lucha, los acuerdos del Concilio Vaticano II encontraron tierra fértil la que propició el nacimiento de lo que se ha denominado la teología de la liberación, una revolucionaria interpretación de la teología cristiana a partir de otras teorías filosóficas, económicas y sociopolíticas del momento, entre ellas el marxismo.

En 1968 el Concilio Episcopal Latinoamericano (CELAM) organizó en Medellín, Colombia una conferencia de obispos del sur del continente para discutir sobre las vías óptimas de aplicación de los acuerdos del Concilio Vaticano II en los países de América Latina. Para poner en marcha la idea de que la iglesia de Dios debía ser la iglesia del pueblo, de los pobres y de los desfavorecidos los sacerdotes debían acercarse a las bases y salir a buscar a los feligreses donde estuvieran pues muchos no asistían a la iglesia por sentirla alejada de su vida diaria y ajena a sus problemas.

Así, el edificio dejó de ser el centro de la religión; los sacerdotes celebraban el ritual de la misa en una casa, en un parque, en una plaza pública. La gente no tenía que vestirse elegantemente para participar del acto ni los sacerdotes estaban obligados a vestirse con sotana para oficiar. Todo lo superfluo que separara al pueblo de la Iglesia fue, poco a poco eliminado. Al acercarse a este pueblo que era la verdadera esencia de la religión, de acuerdo a la teología cristiana, el sacerdote llevaba este pueblo a acercarse a Dios y por consecuencia, él mismo también se acercaba más a Dios.

IV. 4. La teología de la liberación

Dentro de ese marco, la realidad socioeconómica del continente en los años sesenta, se desarrolló en Latinoamérica ese gran movimiento de renovación de la Iglesia: la teología de la liberación. En el capítulo 3 de la primera parte de este texto mencionamos al sacerdote colombiano Camilo Torres, asesinado en 1966 mientras luchaba al lado de la guerrilla. Frente a una Iglesia Católica que seguía representando la opresión de la Conquista, sacerdotes con visión como Camilo, el monseñor Dom Helder Cámara de Brasil, el sacerdote peruano Gustavo Gutiérrez, y Arnulfo Romero en El Salvador, entre muchos otros, favorecieron el fortalecimiento de todo un movimiento de renovación de la Iglesia Católica en Latinoamérica en el que la idea de salvación estaba identificada a la labor de redención realizada por el sacerdote en la tierra. No se trataba solamente de predicar un mundo mejor después de la muerte, se trataba de aliviar los sufrimientos que padecían los pobres en la tierra como consecuencia directa de las injusticias sociales existentes.

Criticaba este movimiento los mecanismos que la Iglesia había utilizado a lo largo de la historia de alianza con el poder para mantener la opresión sobre los pueblos y su privilegiada posición socioeconómica. Hacía un llamado a la iglesia tradicional a favorecer, de forma pacífica, un cambio de las condiciones socioeconómicas de la gente. Para ello, la teología de la liberación postulaba la siguiente premisa: es necesario estudiar y analizar las causas de la pobreza en la sociedad a la luz de los preceptos de la religión cristiana para luego buscar vías de solución a los problemas. Esta innovadora visión del rol de la Iglesia se propagó por toda Latinoamérica en los años sesenta y fue sistematizada por Gustavo Gutiérrez en su libro *Teología de la liberación* publicado en 1971.

Es importante señalar que los practicantes de esta teología no fomentaban la violencia en sí misma, sino que querían que aquellos que detentaban el poder político y eclesiástico comprendieran la necesidad de que la Iglesia sirviera a los necesitados, a los oprimidos y promoviera los cambios que garantizaran la justicia social. Entonces, basándose en las Escrituras, en que Jesús utilizó la violencia en algunas ocasiones (como cuando echó a los mercaderes del templo) algunos de los sacerdotes, sobre todo los más jóvenes, comenzaron a apoyar a los pobres en movimientos de rebelión armada, al ver que por los medios pacíficos no se lograba la justicia social, sino más corrupción, más violencia y más injusticia contra los pobres. Por ello, la teología de la liberación fue condenada por el Vaticano y muchos de sus practicantes fueron ex comulgados. Otros, como el arzobispo Óscar Arnulfo Romero fueron acusados de marxistas y de instar al pueblo a la rebelión, y fueron asesinados. La muerte de Romero en 1980, asesinado mientras celebraba la misa, causó gran conmoción en todo el mundo.

Otro practicante de la teología de la liberación lo fue el sacerdote y poeta nicaragüense, Ernesto Cardenal, quien fue nombrado ministro de Cultura del país cuando el Frente Sandinista de Liberación Nacional subió al poder en 1979. Como respuesta a su participación activa en la vida política, el papa Juan Pablo II le prohibió oficiar misa. Uno de sus poemas más conocidos es "Oración por Marilyn Monroe" en el que enjuicia a la sociedad por la muerte de tantas marilynes que no somos capaces de salvar.

Ernesto Cardenal

"Oración por Marilyn Monroe"
recibe a esta muchacha conocida en toda la tierra con el
nombre de Marilyn Monroe
aunque ese no era su verdadero nombre
pero Tú conoces su verdadero nombre, el de la huerfanita
violada a los 9 años
y la empleadita de tienda que a los 16 se había querido matar
y que ahora se presenta ante Ti sin ningún maquillaje
…
Perdónala Señor y perdónanos a nosotros
por nuestra 20th Century
por esta Colosal Super-Producción en la que todos hemos trabajado
Ella tenía hambre de amor y le ofrecimos tranquilizantes

IV.5. La realidad religiosa en el presente

Con la separación de poderes (Iglesia y Estado) fue más plausible la pluralidad religiosa que hoy caracteriza el continente latinoamericano y otras religiones coexisten con la Católica en los diferentes países, en algunos casos, por la llegada de emigrantes de religión judía o musulmana o por misioneros que países como los Estados Unidos envían constantemente. Mientras hacen labor social, estos grupos introducen también sus principios religiosos. Como ejemplo, podemos mencionar la existencia en Chile de una cantidad significativa de testigos de Jehová y pentecostales, de mormones en El Salvador, de diversos grupos protestantes en el Perú y de grupos evangélicos entre las comunidades indígenas del estado de Chiapas, al sur de México.

A pesar de que la mayoría de los latinoamericanos se declaran católicos en los censos (en el 2010 el 39% de los católicos del mundo vivían en la región de Latinoamérica y el Caribe), es más bien por costumbre, y muchos de ellos no son verdaderos practicantes. En ese mismo año se calculaban 432 millones de católicos en la región, contra 55 millones de evangélicos. También se ha observado la presencia de un porcentaje mínimo de religiones indígenas, sobre todo entre los pueblos de la Amazonía contabilizadas en un 0,3%.

Esta llegada de evangélicos a la región vio su auge a comienzos de siglo. Un caso paradigmático es el de Brasil, donde según el censo del 2010 realizado por el Instituto Brasileño de Geografía y Estadística, los evangélicos en el país aumentaron de 61% en los últimos 10 años. Para contrarrestar la pérdida de fieles, los católicos se han renovado a través de los sacerdotes *popstar*, que según Karla Martins, doctora en Historia de la Iglesia Católica, "tienen éxito porque sintonizan con la sociedad de consumo que se formó en el país".

Ello ha provocado un nuevo auge católico que se traduce en el consumo de la creciente clase media de las pilas de libros, CD y reproducciones en tamaño real de los curas estrella disponibles en los grandes almacenes. Como prueba de ese renacer, cuatro sacerdotes ocuparon los primeros puestos en el *ranking* de ventas de CD en 2011.

Los católicos brasileños han hecho suyos elementos de la Renovación Carismática de los años sesenta como el incluir música popular en la celebración de la misa y los han llevado más lejos creando lo que se ha llamado las macromisas con coreografías, estribillos pegadizos y músicas de los más variados ritmos. Uno de los curas estrellas más conocidos es Marcelo Rossi quien en el 2012 inauguró en São Paulo un macrotemplo con capacidad para 100.000 católicos (20.000 adentro y 80.000 fuera que pueden seguir la celebración de la misa por las ocho pantallas gigantes retransmisoras.

El sacerdote cantante Marcelo Rossi en la inauguración
de su macrotemplo en São Paulo en el 2012

IV.1. Sincretismo religioso

1. ¿Cómo afectó la vida de los indígenas la imposición del catolicismo como única religión?

2. ¿Cuál fue la primera reacción de éstos ante esta imposición?

3. Explique lo que es el sincretismo religioso y por qué se produce. Dé algunos ejemplos de sincretismo de la religión católica y las indígenas.

4. ¿Qué es la santería y en qué regiones se desarrolló? ¿Es practicada hoy en día?

IV.2. La religión católica como religión oficial del Estado

1. ¿En qué se basó el poder de la Iglesia Católica durante la época colonial?

2. Explique y dé algún ejemplo de cómo ese poder todavía se deja sentir a pesar de la separación Iglesia-Estado imperante en nuestras sociedades.

IV.3. El Concilio Vaticano II: la Iglesia Católica intenta abrirse al mundo moderno

1. Discuta lo que fue el Concilio Vaticano II y sus objetivos.

2. Explique lo que fue el Concilio Episcopal Latinoamericano y qué cambios se produjeron en la iglesia a raíz del mismo.

IV.4. La teología de la liberación

1. Explique lo que significa la teología de la liberación y cuál fue su impacto en Latinoamérica. Hable sobre sus iniciadores.

2. ¿Por qué se condenó la teología de la liberación en el Vaticano?

3. ¿Quién fue Ernesto Cardenal?

IV.5. La realidad religiosa en el presente

1. ¿Es América Latina un continente 100% católico?

2. Describa el fenómeno de los sacerdotes *popstars*.

¿Cuánto sabemos ahora?

Utilice el siguiente banco de palabras para contestar las preguntas y luego vuelva a la sección **¿Cuánto sabemos?** al comienzo del capítulo para comparar sus respuestas antes de estudiar el capítulo y después.

Concilio Episcopal Latinoamericano, Oración por Marilyn Monroe, San Juanitos, Concilio Vaticano II, Pachamama-Virgen María, politeísmo, Ochún, teología de la liberación

1. Ejemplo de sincretismo religioso: _____.

2. Creencia en muchos dioses: _____.

3. Nombre dado por los españoles a la danza indígena que se bailaba para la fiesta del Inti Raymi: _____.

4. Nombre de la Virgen de la Caridad, patrona de Cuba en la Santería: _____.

5. Uno de sus logros fue el de acercar la iglesia al pueblo: _____.

6. Buscó maneras para poner en marcha acuerdos del Concilio Vaticano II en Latinoamérica: _____.

7. Innovadora visión del rol de la iglesia: _____.

8. Poema de crítica social del poeta y sacerdote nicaragüense Ernesto Cardenal: _____.

Más allá de los hechos: temas para pensar, investigar, escribir y conversar

1. Consulte el libro *Teología de la Liberación* o busque información adicional sobre este fenómeno que se produjo en la Iglesia. Compare lo que ahí se expone con las enseñanzas de la Biblia cristiana y escriba un ensayo o haga una presentación discutiendo la interpretación de la Biblia que hicieron los teólogos de la liberación.

2. Busque en la biblioteca libros de poesía de Ernesto Cardenal. Escoja varios y haga una presentación a la clase sobre su poesía y cómo se ve reflejada en ella su compromiso social.

3. Busque la película *Romero* de John Duigan (1989). En pequeños grupos, vean la película y hagan un análisis de las dos iglesias que se ven en la misma, la tradicional y la nueva iglesia. Hable sobre los personajes que representan a cada una de ellas y explique cómo lo sabemos; por ejemplo, puede hablar del vestuario, la vivienda, la relación con la gente, el lugar donde celebran la misa, etc. Un grupo puede encargarse de un tipo de iglesia y otro del otro.

4. ¿Cuál cree Ud. debe ser el rol de la iglesia en una sociedad? Explique.

5. ¿Está usted de acuerdo en la separación de Estado e Iglesia? ¿Por qué sí o por qué no?

6. ¿Existe en la actualidad alguna religión que justifique la violencia contra aquellos que considere sus enemigos? ¿Está usted de acuerdo con esa posición? Explique su opinión.

7. Discuta sobre el tema de los curas estrellas y su rol dentro de la iglesia.

CAPÍTULO V

Ciencia y tecnología

CAPÍTULO V
Ciencia y tecnología

¿Cuánto sabemos?

I. Conteste las siguientes preguntas y luego compare sus respuestas con un compañero/a de clase. Cuando termine de estudiar el capítulo, después de completar la sección **¿Cuánto sabemos ahora?,** vea cuáles de sus respuestas iniciales estaban correctas.

1) En Latinoamérica el uso del teléfono celular es muy limitado.

Cierto o Falso

2) El Internet de banda ancha no se conoce en la región.

Cierto o Falso

3) La ciencia es muy importante y se le da prioridad en los programas de estudio.

Cierto o Falso

4) Tantas mujeres como hombres estudian carreras científicas en las universidades.

Cierto o Falso

5) El desarrollo de las ciencias y la tecnología están atrasados y los Gobiernos no hacen nada para mejorar la situación.

Cierto o Falso

6) Chile es uno de los países del continente más avanzados tecnológicamente.

Cierto o Falso

7) En Cuba no existe Internet.

Cierto o Falso

8) Las cabinas Internet son muy comunes en América Latina.

Cierto o Falso

CAPÍTULO V
Ciencia y tecnología

V.1. Estado actual de la ciencia y la tecnología

De todos es sabido que para medir el desarrollo de un país debemos considerar su capacidad de utilización de los adelantos científicos y tecnológicos para producir la innovación necesaria al desarrollo de su economía. En ese sentido si analizamos las estadísticas publicadas por la Oficina de Patentes y Marcas de Estados Unidos en el 2012 existen razones para afirmar que el desarrollo científico-tecnológico global mantiene a América Latina en constante desafío.

Los últimos veinte años del siglo pasado y las primeras décadas de éste han sido claves en los pasos que los países latinoamericanos han dado para avanzar en un camino en el que estaban definitivamente atrasados. Diversas iniciativas fueron puestas en marcha, unas a nivel continental, otras a nivel nacional para promover el estudio, desarrollo y difusión de las ciencias y la tecnología. También, para fomentar la integración de la mujer a un campo dominado por el género masculino.

No obstante, a pesar de todos los esfuerzos, el presente de las ciencias y la tecnología en la región latinoamericana y del Caribe sigue aún caracterizado por el rezago en cuanto a la innovación científica y tecnológica. Veamos algunos indicadores:

1. el Ranking Global de Innovación 2012 elaborado por la Organización Mundial de la Propiedad Intelectual de Naciones Unidas (OMPI) en conjunto con la sede francesa del Instituto Europeo de Administración de Negocios (INSEAD, por sus siglas en francés). Se clasificaron ciento cuarenta y un países de acuerdo a su capacidad de innovación científica. Entre los cincuenta que lideran la lista sólo hay uno de la región: Chile, en el puesto 39. Le siguen Brasil (59), Colombia (65), Uruguay (67), Argentina (70), Perú (75), Guyana (77), México (79), Paraguay (84), Panamá (87), El Salvador (93), Ecuador (98), Guatemala (99), Nicaragua (105), Honduras (111), Bolivia (114) y Venezuela (118).

2. estadísticas de la Oficina de Patentes y Marcas de Estados Unidos. De acuerdo a las cifras publicados en el 2012, mientras que los países asiáticos patentaron un total de 76.000 nuevos productos, el conjunto de países latinoamericanos alcanzó a patentar apenas 500; mientras que en los últimos diez años los primeros aumentaron en un 73% el número de patentes, los segundos aumentaron de apenas 34%.

3. el informe anual presentado por el Foro Económico Mundial en el que se evalúa la difusión de Tecnologías de la Información y Comunicación a nivel mundial en el 2010-2011. Para establecer su ranking este organismo

toma en consideración una amplia variedad de productos y herramientas tecnológicas que ayudan a administrar, distribuir y procesar con mayor eficiencia la información, entre ellos celulares, computadoras portátiles, cámaras digitales, conectividad a Internet, etc. Sólo los siguientes países de América Latina estuvieron entre los primeros 50 de los 138 evaluados en cuanto al índice de disponibilidad de red para el uso de la tecnología de la información: Chile, en el puesto 39, Puerto Rico, en el 43, Uruguay, en el 45 y Costa Rica, en el 46. Como punto de comparación, en primer lugar figuró Suecia y en quinto, los Estados Unidos. Los otros países de la región clasificaron en los siguientes puestos: Brasil subió al puesto 56, Uruguay al 57y Colombia al 58; Panamá, 60; Colombia, 58; Brasil, 56; República Dominicana, 79; México, 78; El Salvador, 92; Guatemala, 94; Argentina, 96; Perú, 89; Honduras, 103; Ecuador, 108; Venezuela (uno de los países con mayor descenso desde el 2006)del 86 bajó al 119; Nicaragua, 128; Paraguay, 127. Prácticamente cerrando la lista, Bolivia, en el puesto 135.

4. el informe de la Red Iberoamericana de Ciencia y Tecnología para el Desarrollo (CYTED): mientras el 38% de los investigadores a nivel mundial se encuentra en Europa, el 30% en Asia, el 26% en Estados Unidos y Canadá, sólo el 2,7% del total está en América Latina. Solamente África, con el 2%, y Oceanía con el 1%, están por debajo de Latinoamérica. El mismo informe indica que América Latina es la región que menos aporta al presupuesto mundial de inversión en la investigación científica: Estados Unidos y Canadá concentraron el 43% del total, la Unión Europea el 25%, Japón 16%, otros países de Asia en conjunto 10,3%, América Latina solo el 1,7%.

5. informe de la UNESCO, en el 2007 (año más reciente disponible): Latinoamérica y el Caribe representaban el 8,6% de la población mundial, pero solamente el 2,5% de los científicos provenían de la región; dato interesante, de ese 2,5%, el 46% eran mujeres mientras que en el resto del mundo la cifra de mujeres científicas alcanzó escasamente el 29%. La razón de mayor peso ofrecida para explicar esta situación es el hecho de que en Latinoamérica, la mayoría de los científicos hombres abandonan sus países, muchas veces contratados por compañías extranjeras, mientras que las mujeres tienden a permanecer en sus países de origen, en general en el servicio público y la docencia.

A. Causas del rezago

¿Cuál es la causa de ese rezago y qué deben hacer los países latinoamericanos para desbloquear esa situación? ¿Se observan variantes entre los diferentes países?; ¿a qué obedecen? ¿En qué sentido podrían esos datos presagiar el futuro de la economía de la región?

Es evidente que la causa de ese atraso está conformada por la confluencia de un conjunto de factores que incluyen:

-el limitado porcentaje del Producto Interno Bruto (PIB) y la insuficiente inversión privada dedicados al desarrollo de las ciencias y la tecnología

-la reducida cantidad de científicos, ingenieros y técnicos especializados existente y el insuficiente fomento y preparación de los alumnos para estudiar carreras científicas o tecnológicas y la fuga de cerebros

-los escasos programas de intercambio de científicos y de colaboración entre las universidades de investigación nacionales con las de otros países

-la desconexión del ámbito académico y la industria, o mejor aún, de los centros de investigación y la empresa privada

Si estas deficiencias no son tomadas en cuenta y corregidas en su conjunto será muy difícil para Latinoamérica avanzar y llegar a ser competitiva en este mundo globalizado.

B. Ejemplos emblemáticos de iniciativas nacionales puestas en marcha

Los indicadores arriba mencionados muestran que el desarrollo científico-tecnológico en la región varía de país en país, en general por las mismas razones ya mencionadas. De ese mismo modo cambia la manera en que las diferentes economías están enfrentando el desafío, algunos países atacando una de las causas en particular, otros el conjunto.

Como ejemplo: Brasil, Argentina, Chile y México han comenzado por aumentar, en los últimos años, el presupuesto dedicado a la investigación científico-tecnológica y a su difusión. En el 2012, Brasil dedicaba (1,2%), Argentina (0,6%), México y Chile (0,4%). Sin embargo, ese aumento aún resulta insignificante frente al 3,5% que dedicaban Japón y Corea del Sur, por ejemplo, o el promedio de entre 2,5 a 4% invertido por otros países desarrollados.

El gobierno brasileño ha atacado igualmente el aspecto de la formación de profesionales a través del programa "Brasil sin Fronteras" administrado por el Ministerio de Ciencia y Tecnología el que otorgará 75.000 becas de posgrado para que estudiantes brasileños se formen como científicos e ingenieros en las mejores universidades del mundo para lo cual ya han firmado acuerdos con Harvard, Stanford, Princeton, Columbia y MIT en los Estados Unidos, y Cambridge, Oxford y el Imperial College en Gran Bretaña. A las becas del Estado se sumarán 25.000 financiadas por la empresa privada. De igual modo, "Brasil sin Fronteras" tiene como objetivo paralelo atraer al país a 1200 prestigiosos científicos para establecer colaboraciones de desarrollo técnico-científico.

Chile puso en marcha la "Iniciativa Científica Milenio" en 1999 bajo el gobierno del presidente Eduardo Frei la que ha contribuido significativamente a la incrementación del número de investigadores, a la articulación de la investigación con la práctica en beneficio del desarrollo social y económico del país y a la difusión del producto de sus investigaciones. La "Iniciativa" es un proyecto experimental que incluye tres Institutos y cinco Núcleos Científicos cuyo objetivo es realizar investigación científica de punta comparable a la realizada en laboratorios de países desarrollados.

La "Iniciativa Científica Milenio" busca establecer equipos de investigadores compuestos sobre todo por estudiantes de posgrado y posdoctorado que trabajen en colaboración e interacción con redes de investigadores y laboratorios de excelencia académica en condiciones de igualdad a los países desarrollados. Con ello se espera lograr limitar la fuga de cerebros y estimular a los científicos chilenos que viven fuera a regresar a Chile y contribuir con sus experiencias al desarrollo científico-tecnológico del país. También se espera atraer científicos extranjeros interesados en las investigaciones que allí se llevan a cabo.

A once años de creada esta institución, el balance, de acuerdo a los informes realizados por los científicos independientes extranjeros a cargo de los mismos ha sido muy positivo. Entre otros logros se incrementó el número de estudiantes con título graduado y post-graduado en el país; se contribuyó a mejorar los planes de estudio de los programas de biología en las escuelas secundarias gracias a la preparación de alrededor de 3.000 maestros; aumentó la publicación de artículos por científicos chilenos en revistas especializadas; y se establecieron contactos con laboratorios de otros países como Estados Unidos, Japón y la Unión Europea.

El balance de esta experiencia ha resultado muy positivo pues se está creando un núcleo nacional de científicos altamente calificados que contribuyen con sus conocimientos a desarrollar los sectores públicos y privados del país. Prueba de ello es que el 90% de los investigadores que trabajan en Chile son chilenos. El otro 10% son investigadores extranjeros de peso invitados al país para desarrollar centros de investigación de excelencia.

En el 2011, y con el objetivo de convertir a Chile en la vanguardia de la innovación en América Latina, la Corporación de Fomento de la Producción (Corfo) inició el establecimiento de diversos centros de excelencia independientes de las universidades para desarrollar nuevos proyectos y tecnologías en sectores específicos, como minería, alimentación, computación y biotecnología. Estas fueron las primeras cuatro áreas de lanzamiento escogidas por lo que las mismas significan para el desarrollo del país.

La idea de los centros de excelencia independientes, intermediarios entre las empresas y las universidades surgió de la constatación de que la conexión directa entre las universidades y las empresas no estaba dando el resultado esperado en los plazos de tiempo deseados ya que había más énfasis en las publicaciones que en lo pragmático. El objetivo de los centros es la formación de científicos que después de cuatro años salgan a las industrias y que los centros entreguen servicios y productos que tengan impacto directo en la actividad económica del país.

C. Ejemplos emblemáticos de iniciativas a nivel continental

Entre las iniciativas desarrolladas a nivel de continente podemos mencionar las siguientes:

-"Innoversia.net": primer portal de innovación abierta de América Latina desarrollado por la empresa chilena NEOS en conjunto con la red de universidades Universia. El objetivo es poner en contacto investigadores y empresas para crear oportunidades de cooperación, desarrollo científico-tecnológico, comercialización de productos y transferencia de servicios. Los científicos de todo el continente pueden inscribirse gratuitamente para tener acceso a los beneficios de "Innoversia" entre ellos contactos con organizaciones o empresas, financiamiento para proyectos, oportunidades de desarrollo conjunto con colegas de otros países. De acuerdo a información en su portal, en el 2012, Argentina lideraba el ranking de inscripción de investigadores con 1.456 registrados seguido por México (...), Chile (1.340), Perú (1.085) y Colombia (1.018).

NEOS nació en el año 2000 como un agente de consultoría y asesoramiento para investigadores, empresarios e innovadores y con los años se ha convertido en agente conector de universidades, centros tecnológicos de investigación, empresas y gobiernos. Entre los organismos con quienes tiene afiliación destacan Universia, la más importante red de universidades de habla hispana y portuguesa formada por 1.232 universidades socias representativas de 23 países iberoamericanos, que representan a 14,3 millones de profesores y estudiantes universitarios

2. "RED-POP" red interactiva establecida en 1990, que cuenta con unos setenta miembros de todo el continente y del Caribe; el Acuerdo de Cooperación firmado en 1998 y ratificado en el 2005 para la "Promoción de las Ciencias Nucleares y la Tecnología en América Latina y el Caribe" (AR-CAL); y el Instituto para la Conectividad en las Américas (ICA) creado en Canadá durante la Cumbre de las Américas realizada en Québec en abril de 2001 cuyo objetivo es promover las tecnologías de la información y la comunicación para conectar diferentes sectores sociales con el fin de implementar redes estratégicas y desarrollar iniciativas de tecnologías innovadoras que establezcan la colaboración entre los países de la región para el desarrollo social y económico de los pueblos. Desde su creación este instituto ha financiado sesenta de las aproximadamente cuatrocientas propuestas de proyectos recibidas.

3. Organización intergubernamental Red de Información Tecnológica Latinoamericana (RITLA), de la que forman parte Argentina, Brasil, México, Nicaragua, Panamá y Venezuela.

4. La Escuela Virtual Mercosur, iniciativa que hace parte del proyecto MERCOSUR Digital para desarrollar un programa de capacitación en red sobre temas relacionados con la Sociedad de la Información, en especial con Comercio Electrónico. De acuerdo a los organismos auspiciadores, sus prin-

cipales objetivos son "generar nuevas capacidades, competencias y conocimientos en los países del Mercosur, promover la disminución de las asimetrías entre estos países, colaborar en la formulación de estrategias comunes en materia de comercio electrónico y negocios por Internet, facilitar el desarrollo y la utilización de infraestructura y servicios de apoyo para el comercio electrónico y negocios por Internet por parte de empresas, profesionales y emprendedores relacionados".

Las actividades de la Escuela Virtual son abiertas a todos los interesados e incluyen tanto servicios informativos como boletines electrónicos, eventos, mediateca, biblioteca, herramientas de autodiagnóstico y foros consultivos como cursos prácticos de formación con tutores especializados, cursos de autoformación, talleres, seminarios, foros y otras actividades en la red.

V.2. La tecnología y la educación

A partir de la popularización de los computadores, de los teléfonos y pizarras inteligentes y finalmente de las tabletas, las nuevas tecnologías entraron a nuestras vidas y a las aulas para revolucionarlas. Sin embargo, a pesar de los grandes esfuerzos de los gobiernos latinoamericanos para hacer las nuevas tecnologías accesibles a todos a través de la implementación de equipos digitales en las facilidades escolares, aún conviven las escuelas y colegios completamente equipados con la más alta tecnología y las más rápidas conexiones con los que carecen de todo. A ello se suma el problema de la falta de preparación tecnológica de muchos profesores que en ocasiones están a la zaga de los alumnos todos nacidos en la era digital.

Veamos ejemplos de la situación en algunos países. Según datos de la Organización para la Cooperación y el Desarrollo Económicos (OCDE), Chile es el país latinoamericano con mayor conectividad en las escuelas: en agosto del 2012, nueve de cada diez estudiantes chilenos (92%) tenían acceso a banda ancha en sus planteles, promedio superior al de Japón y sólo un punto por debajo del de los países de la OCDE. En cuanto a los hogares, el 53,6% tenía conexión a Internet. Datos de la OCDE indicaron igualmente que gracias a la gran penetración en conectividad que tenía el país, el 49% de los chilenos ocupaba la red social Facebook, lo que lo colocaba a la cabeza en la utilización de redes sociales en la región y en séptimo lugar a nivel mundial por sobre España, Portugal e Israel.

En Colombia el gobierno implementó el programa "Computadores para educar" del que en el 2012 se habían beneficiado 7 millones de niños, en 28.000 planteles públicos, pero para la misma época, todavía existían 8.000 escuelas (23%) que aún no contaban con un computador. La iniciativa gubernamental comprendió la instalación de equipos digitales, así como la conexión a Internet, softwares educativos y entrenamiento docente para la incorporación de la tecnología a la enseñanza. Para el 2012, Colombia aspiraba a elevar a 45.000 el número de profesores titulados en tecnologías de información y comunicación (TIC).

Según estadísticas gubernamentales, a junio del 2011 en México, de un total de 198.896 escuelas del sistema público comprendiendo los niveles de primaria y secundaria, sólo 84.157 tenían computadores, y sólo dos de cada 10 estaban conectados a Internet. Si dividimos la cantidad total de alumnos: 25 millones, entre los 1.025.629 computadores disponibles, resulta una proporción de un computador por cada 25 usuarios.

En cuanto a la Argentina, cifras disponibles del ministerio de Educación indicaban que en el 2012, dos de cada tres planteles públicos contaban con computadores, con un promedio de 40 alumnos por computador en las escuelas, y que sólo el 29% de las instituciones tenía acceso a Internet.

Cifras oficiales de Brasil, país que ha conocido grandes avances de desarrollo económico, indican que existe un promedio de 23 computadores por escuela (la mayoría en laboratorios de informática) y que de ellos, 18 están en funcionamiento para servir a cerca de 800 alumnos por plantel lo que representa un gran desfase. El país ha realizado estudios para medir la preparación de los profesores para el uso de la tecnología en el aula los que han indicado que un 64% de los docentes entrevistados mencionaron que los alumnos tienen más conocimiento que ellos sobre el uso de las nuevas tecnologías de información y comunicación TIC y un 28% afirmó preferir los métodos tradicionales de enseñanza.

En Uruguay, el gobierno lanzó el "Plan Ceibal" (2005-2010) que consistía en entregar un computador portátil a cada alumno de las escuelas públicas, tanto de primaria como de secundaria gracias a lo cual, cuatro de cada diez hogares uruguayos que contaban con un computador en el 2012, tenían uno del "Plan Ceibal". Sin embargo, a pesar de que la relación tecnología-usuario aumentó en el país entre el 2001 y el 2010 (85% en Montevideo y 215% para el resto del país), existía aún en el 2012 una enorme brecha en el acceso a Internet, una diferencia del 50% entre los hogares del nivel socio-económico más alto (98%) y el más bajo (49%).

Los datos de Perú reflejan una realidad similar a las descritas en los otros países del continente: solo el 19,8% de los estudiantes de educación primaria utilizan Internet. El promedio aumenta en los niveles superiores: 37,5% en secundaria, 60% en educación superior no universitaria y 81,6% en la superior universitaria. Sin embargo sólo el 8,3% de estudiantes de seis años en adelante se conecta a Internet desde su establecimiento educativo, mientras que el 56,1% se conecta desde una cabina pública, y el 36% desde su casa, cifras que muestran la falta de equipo y la baja conectividad con que cuentan las instituciones educativas.

De los anteriores datos por país podemos inferir que a excepción de Chile, la región enfrenta el reto no solamente de aumentar el acceso a las TIC y la conectividad en las escuelas para que sus alumnos dispongan de las herramientas que les darán una formación que les permita ser más competitivos en el mundo de hoy y del mañana, sino también el de preparar a los docentes para que contribuyan al desarrollo de sus alumnos a través de la incorporación de la tecnología a la enseñanza.

V.3. Internet y telecomunicaciones

La conexión a Internet y la brecha entre pobres y ricos en cuanto a acceso, uso y manejo de las nuevas tecnologías de comunicación es profunda. Las compañías privadas proveedoras de este servicio no quieren invertir en hacerlo llegar a las zonas pobres por falta de rentabilidad. Por ello, es indispensable que los gobiernos inviertan más en establecer la infraestructura necesaria para democratizar el uso de la tecnología, con lo que garantizan al mismo tiempo, el desarrollo de los países.

El promedio de conexión a Internet en América Latina es extremadamente bajo a juzgar por diversos estudios realizados incluyendo el del Foro Económico Mundial. Según los estudios, sólo el 18% de la población continental, es decir, sólo 18 de cada 100 habitantes, tienen algún tipo de conexión a la red. Si comparamos este porcentaje con, por ejemplo, el de los Estados Unidos en que es un 60%, éste resulta muy bajo. En cuanto a la utilización de la banda ancha el promedio de uso en el continente es de menos del 0.8%.

Un estudio publicado en el 2010, reveló que Chile está a la vanguardia de los países latinoamericanos en el acceso a Internet de alta velocidad (37% de conectividad utilizando banda ancha en diciembre 2009) superando a Argentina (30%) y a Brasil (20,5). Entre los otros países del mundo hispano, México, tiene un 15,1% de este tipo de conectividad y Colombia 11,5%.

La baja penetración de Internet en Sur América en comparación con Norte América o Europa se debe al alto costo del servicio. Mientras que en estas regiones hay una malla de fibra óptica que permite mantener bajos costos, a Latinoamérica llegan solamente dos fibras ópticas, una por el océano Pacífico y otra por el Atlántico, lo que quintuplica los precios.

Para fines del año 2009 los siguientes países latinoamericanos habían alcanzado el 100% de tele densidad gracias al crecimiento de la telefonía móvil: Argentina, Brasil, Chile, Colombia, Ecuador, El Salvador, Guatemala, Panamá, Paraguay, Puerto Rico, República Dominicana, Uruguay y Venezuela. Ello prueba la explosión que se está produciendo con este medio de comunicación en el continente. Como arquetipo, en el 2012 en Chile había 23 millones de celulares activos en una población de alrededor de 17 millones. El uso del celular debe su popularidad a que su costo inicial es más barato y es más fácil de obtener que una línea de teléfono fijo, las que son muy costosas debido a la geografía tan accidentada de los países.

A. Algunos ejemplos de situación por países

Presentaremos a continuación un breve panorama del estado de desarrollo de las tecnologías de la comunicación en varios países. Como la tecnología es algo que cambia día a día, nos permitimos referirles al portal de la Comisión Económica para América Latina y el Caribe (CEPAL) el que representa una excelente fuente de información y de data estadística sobre Latinoamérica (http://www.eclac.org/).

Chile

Aunque en ventaja sobre el resto de los países de América Latina en cuanto al uso de la tecnología, Chile está consciente de sus deficiencias con respecto al resto del mundo. Para contrarrestar esta carencia el Gobierno chileno puso en marcha "Microsoft Plan Bicentenario", ambicioso proyecto de desarrollo con el respaldo económico de Microsoft. $US 6 millones han sido invertidos por esta compañía en Chile para subvencionar la incorporación de tecnología digital de punta en sectores como la educación, el gobierno, las pequeñas y medianas empresas y los servicios públicos y privados.

El objetivo es una más amplia democratización de la tecnología y reducir las desigualdades sociales al acceso de las TIC con el fin de que el país se convierta en uno más competitivo a nivel mundial capaz de ofrecerles a sus habitantes mejores oportunidades. El plan está fundado en la formación de desempleados y en la capacitación de maestros en alfabetización digital. Ciudadanos mejor preparados tecnológicamente podrán a su vez hacer innovaciones en las diferentes áreas de la economía en que se desenvuelvan lo que redundaría en mayor producción y competitividad.

Perú

También con la ayuda de inversión extranjera, particularmente española, el Perú dio crecimiento a la infraestructura para el desarrollo de las telecomunicaciones digitales. En 1994 Telefónica de España compró la Compañía Peruana de Teléfonos (CPT) y la Empresa Nacional de Telecomunicaciones (ENTEL). La espera para la conexión de un teléfono se redujo de 18 meses a 15 días, lo que redundó en un gran incremento en el número de líneas fijas que benefició no solo a la capital sino a comunidades del interior del país.

Gracias a la diversificación en los proveedores de servicio de Internet aumentó el acceso a, y el uso del mismo. Como sólo 4.79 de cada 100 habitantes (Red Científica Peruana) posee una computadora en su casa, comenzaron a proliferar por todo el país las Cabinas Internet, algo que se ha repetido en los diferentes países de América Latina, donde por el equivalente de cincuenta y tres centavos la hora se puede acceder a Internet. Las Cabinas

Internet pueden encontrarse tanto en las calles de Lima como colgando de las faldas de las montañas que rodean la ciudad de Cusco.

El alto costo para establecer líneas fijas de teléfono en las áreas rurales debido a la topografía del terreno y a la demografía en estas zonas hace que se ha optado por la ampliación de servicios de telecomunicaciones celulares. Entonces no resulta nada raro que una persona tenga teléfono celular y no posea línea fija de teléfono en su casa.

Cuba

En Cuba en el año 2002, por cada 1.000 habitantes existía un número de líneas de teléfono fijo de 44, solamente 1 suscriptor a teléfono celular y un promedio de 10.7 computadoras. Esta situación cambió vertiginosamente cuando la restricción existente desde enero de 2002 en que por orden del Ministerio de Comercio Interior se prohibía la venta a particulares de computadoras, impresoras, fotocopiadoras, cualquier otro equipo de impresión masiva así como de teléfonos celulares a menos que se tuviera una autorización oficial del gobierno, fue levantada por el presidente Raúl Castro en marzo de 2008 como parte de las medidas de democratización de su gobierno.

Para enero del 2009 la penetración de la telefonía móvil alcanzaba el 67,33% del territorio cubano y el 75,80% de la población. Sin embargo, el precio de los celulares es casi tan elevado como el salario promedio mensual cubano, entonces, sólo los cubanos que tienen acceso a divisas pueden realmente comprarlos y pagar por el servicio. Y en cuanto al comercio por Internet, tan extendido en todas partes, recién en el 2010 el Gobierno se abrió al mismo.

No empero esos cambios, la falta de libertad de expresión imperante, se ve reflejada en el uso de Internet. Cuba es uno de los diez países del mundo más represivos en cuanto al uso y acceso a la red. En el 1996 el gobierno pasó un decreto sobre la utilización de la red informática global que establecía que el acceso a la misma se concedía prioritariamente a entidades e instituciones cuyo objetivo fuera contribuir a la vida y desarrollo de la nación, entre ellas las universidades e institutos tecnológicos.

Para poder tener acceso a Internet los cubanos tienen que hacer una solicitud al Gobierno la que es concedida en base a la validez de las razones que el candidato exponga en su solicitud. Igual que para obtener una línea de teléfono, la solicitud debe ser aprobada por la ETEC SA, única compañía operadora de telecomunicaciones en el país y por el Comité de Defensa de la Revolución del barrio donde viva el solicitante. Internet, entonces, está controlada y, en el caso de individuos, reservada a una elite cercana al poder. Como regla general se permite el acceso solamente a una Intranet "Mi isla" que filtra el acceso a la red global.

En agosto del 2012 se inauguró un cable submarino de fibra óptica financiado por Venezuela que provee Internet de banda ancha a Cuba. Sin embargo el gobierno cubano reiteró que la conexión será priorizada de manera organizada para garantizar un "uso social" de las ventajas del cable lo que indica que no estará exento de control gubernamental.

Frente a todas estas restricciones, el *blogueo* se ha convertido rápidamente en una opción para desafiar la falta de libertad y la censura en el país. Hay varios *blogs* conocidos, entre ellos "Generación Y", "Potro salvaje", "PenultimosDias" y la revista "DesdeCuba". Entre éstos, "Generación Y", mantenido por Yoani Sánchez, licenciada en filología, es el que más reconocimiento internacional ha logrado y Yoani firma con su verdadero nombre, no con pseudónimo.

Albergado por un servidor alemán, en su *blog*, Yoani critica, con cierta dosis de humor, la situación del país y la apatía de la que padecen muchos cubanos. En un comienzo, www.desdecuba.com/generacion podía ser leído al interior así como en el extranjero, pero fue censurado por el Gobierno y criticado por el propio Fidel Castro. Para poder publicar sus entregas y mantener su blog, Yoani debía hacer todo el trabajo de redacción en un ordenador, luego, hacerse pasar por turista para entrar en los café Internet en los hoteles y ahí pagar el equivalente a $6.00 la hora para poder publicar.

Si pensamos que el salario mensual promedio en Cuba es de $19.50 nos damos cuenta lo difícil que debe ser para Yoani y los otros *blogueros* independientes el mantener sus *blogs*, sin contar con la preocupación de ser descubiertos editando un sitio en la red sin autorización gubernamental. En 2008, Yoani recibió el Premio Ortega y Gasset de Periodismo Digital en España. Desde ese momento, tanto su *blog* como los otros han encontrado dificultades para ser leídos al interior del país (aparecen errores que no permiten el acceso a los mismos). Otras distinciones importantes obtenidas son: Mejor Weblog, Premios The Bobs, de la Deutsche Welle alemana 2008 y estar entre los 25 Mejores Blogs TIME-CNN 2009.

Es evidente que el gobierno cubano está consciente de la necesidad de formación en las nuevas tecnologías de sus futuros profesionales, pero como el acceso a la información o difusión de la información puede llegar a ser ilimitado, contradictoriamente, se ve obligado a limitarlo como regla de supervivencia. Ello hace que, en un juego de poder y desafío al poder, mientras el Gobierno intenta poner freno a la libertad de prensa, los *blogueros* invaden el espacio cibernético abriendo, en palabras de Yoani, "una ventana para que a través de ella podamos salir al mundo."

México

En el año 2001 el gobierno mexicano lanzó el proyecto "E-México" cuyo objetivo es convertir al país en una economía digital. El proyecto combina esfuerzos de agencias gubernamentales y del sector privado para patrocinar el desarrollo de la industria tecnológica mexicana. Se pretende con este proyecto incitar a desarrollar un mercado interno para los productos de esta industria, promover el desarrollo del comercio electrónico y digitalizar los servicios gubernamentales. El portal de "E-México" es de tipo informativo, pero el proyecto pretende también crear la infraestructura para establecer centros comunitarios en las escuelas, centros de salud, etc. que den acceso a la red a aquéllos que por restricciones económicas o geográficas no tienen acceso al mismo desde sus casas. El proyecto tiene como objetivo que para el 2025 el 98% de los mexicanos tenga acceso a la red.

Algo significativo del portal de "E-México" es que contiene versiones en español, pero también en maya y nazahua, las dos lenguas indígenas dominantes en el país, así como en inglés y francés. Algunos piensan que el ofrecer servicios básicos al público por Internet puede ayudar a eliminar la corrupción. Es más fácil evitar el tener que pagar por el servicio si no hay contacto con una tercera persona que quiera hacer pagar por el mismo de manera extraoficial o cobrando una coima para acelerar el proceso.

Bolivia

Para entender mejor la situación boliviana veremos algunos datos generales que necesariamente inciden en el estado de las telecomunicaciones en ese país. El 58,6% de la población es considerado pobre con un 16% de los hogares considerados indigentes. En las áreas rurales el porcentaje de individuos considerados pobres es del 82%.

El 92% de la población urbana y sólo el 44% de la población rural tienen acceso a agua potable; el 97% de la población urbana y sólo el 26% de la población rural cuenta con servicio de electricidad.

Actualmente existen en Bolivia aproximadamente 60.000 usuarios suscritos a la red de los cuales el 90% está concentrado en las tres ciudades principales. Este número corresponde al porcentaje de personas con acceso a Internet en su casa u oficina. Bolivia cuenta con sólo 1,20 computadoras por cada 1.000 individuos. Como en el Perú y la mayoría de los países del continente, un número significativo de personas acude a las cabinas públicas de Internet lo que incrementa el número de usuarios. El comercio electrónico en el país es extremadamente limitado, casi inexistente y en la actualidad Bolivia cuenta solamente con 60 sitios web del sector público de los cuales aproximadamente 52 son simplemente portales de presencia, no de servicios.

En cuanto al uso de computadoras y acceso a Internet en las escuelas y universidades, éstos varían enormemente entre las instituciones públicas y privadas. En La Paz el 85% de los colegios privados tiene computadoras contra solamente el 13% de los colegios públicos. En el caso de las universidades, el 100% de ellas tiene computadoras que pueden ser usadas por profesores y estudiantes, sin embargo su utilización es aún incipiente.

Consciente de la necesidad vital de entrar en el mundo competitivo de la tecnología digital, en el 2002 el Gobierno de Bolivia elaboró un plan llamado "Lineamientos para la Estrategia de Bolivia en la Era Digital", donde se reconoce la precaria situación del país con respecto al uso de las comunicaciones digitales y se establece un plan para mejorarla, se aprobó la creación de BOLNET, registrador de dominio Internet y se pasó una resolución obligando a los servidores públicos a contar con un correo electrónico.

Es evidente que la erradicación del analfabetismo ayudará enormemente a la alfabetización tecnológica lo que será un gran paso para garantizar el desarrollo de la nación y para la integración de la población boliviana a la vida económica del país.

V.4. A modo de conclusión: logros y retos

Aunque todavía queda mucho camino por recorrer en el camino de la popularización de los programas de ciencias en escuelas y universidades, así como en alcanzar el grado de desarrollo científico-tecnológico de los países desarrollados, es evidente que éstas representan preocupaciones compartidas por todos los gobiernos latinoamericanos y desafíos que deben enfrentar en aras de su desarrollo económico y social.

Sin embargo no se debe permitir que los retos escondan completamente los logros alcanzados en las últimas décadas. Pese a sus evidentes deficiencias la región ha logrado posicionarse destacadamente a nivel internacional en el desarrollo de algunas tecnologías de vanguardia. Tal es el caso de Brasil quien ocupa el décimo octavo puesto mundial por el número de publicaciones sobre nanotecnologías, convirtiéndose además en el país que más etanol produce, después de Estados Unidos. En cuanto a Cuba, la isla se encuentra a la vanguardia de las tecnologías de producción de vacunas; del mismo modo se ha servido de la ciencia y la tecnología para erradicar enfermedades prevenibles. Chile, Puerto Rico, Uruguay y Costa Rica, por su parte, han desarrollado una industria de tecnología de la información que los ha colocado a la cabeza de los otros países del continente.

Otro importante logro científico para la región fue el de Chile en el 2010 cuando fue seleccionado por la Organización Europea para la Investigación Astronómica en el Hemisferio Austral (ESO, siglas en inglés) para la instalación del telescopio más grande del mundo en la región de Antofagasta, al norte del país. Ello representa, para la Comisión Nacional de Investigación Científica y Tecnológica (CONICYT) y la comunidad científica chilena, una gran oportunidad para el desarrollo no solamente de la astronomía, sino también de otras áreas relacionadas con las ciencias como lo son la ingeniería, las ciencias de la computación, las matemáticas y la física lo que, en forma evidente, favorecerá la consolidación de una significativa red internacional de investigación científica. Gracias a los grandes telescopios localizados en el norte del país, en diez años más, Chile poseerá el 70% de la superficie recolectora de datos espaciales del mundo.

Foto de lo que será el gigantesco telescopio una vez finalizado en el 2018

Según Ricardo Ferraro, profesor de la Facultad Latinoamericana de Ciencias Sociales en Argentina y experto en políticas científicas, la labor de los gobiernos no es simplemente apoyar a la ciencia, sino por sobre todo, apoyarse en la ciencia, y ése es el mayor reto que enfrenta el continente latinoamericano hoy en día en lo que respecta a su desarrollo técnico-científico.

Ha llegado el momento que junto al innegable compromiso económico que los gobiernos latinoamericanos han manifestado en apoyo de las ciencias se establezcan las bases para una política global que tienda puentes entre los investigadores, las empresas y los gobiernos para que la ciencia, la tecnología y la innovación jueguen el rol que les corresponde en el desarrollo económico. Será ese desarrollo el que contribuya a aumentar la creación de empleos relevantes a esta nueva realidad y a preparar el capital humano requerido para actuar sobre ella haciendo así a estos países competitivos a nivel internacional y mejorando la calidad de vida de la gente.

Ha llegado también el momento en que se tomen medidas para ir más allá del acceso a la información y tecnología existentes y su transformación en valor económico y social, sino también llegar a producir su propia tecnología, es decir, no solamente ser receptores, sino actores dentro de su propia realidad.

Dado el nivel diferente de desarrollo económico y de acceso a la educación en general y a la capacitación en el uso de los medios digitales de comunicación y de la tecnología en cada país, el eliminar esa brecha implica un desafío que los gobiernos latinoamericanos de hoy deben estar dispuestos a afrontar. Por ello, y partiendo de su realidad inmediata, es imperativo también que los gobiernos, con importante apoyo del sector privado, se comprometan a invertir en dotar a sus países de la tecnología de avanzada necesaria que permita realizar las investigaciones que contribuyan al desarrollo sustentable de cada país.

Preguntas de comprensión y repaso

V.1. Estado actual de la ciencia y la tecnología

1. ¿Cuál es el estado de la ciencia y la tecnología en Latinoamérica en el 2012? ¿Con qué indicadores contamos para medirlo?

2. ¿Por qué en el 2007 había un porcentaje mayor de mujeres científicas en Latinoamérica que en el resto del mundo?

3. Resuma las causas para el rezago.

4. Mencione y describa iniciativas puestas en marcha a nivel nacional para afrontar esa situación.

5. Mencione y describa iniciativas puestas en marcha a nivel continental.

V.2. La tecnología y la educación

1. Describa la situación de las TIC con respecto a la educación en Latinoamérica.

V.3. Internet y telecomunicaciones

1. ¿Qué muestra el informe anual del Foro Económico Mundial sobre la situación de la tecnología en los países latinoamericanos?

2. ¿Cuáles son los países latinoamericanos que mayor conexión a Internet tienen?

3. Explique la importancia para Chile del éxito del "Microsoft Plan Bicentenario".

4. ¿Qué razones han hecho que el uso de teléfono celular se haya expandido tanto en los últimos años en Latinoamérica?

5. Explique por qué el acceso y uso de Internet es muy limitado para los cubanos y comente también sobre el problema de la libertad de expresión en el país.

6. ¿Cómo los *blogs* han desafiado la censura gubernamental en Cuba?

7. ¿Cuáles son las expectativas del proyecto "E-México?"

V.4. A modo de conclusión: logros y retos

1. Mencione algunos de los logros alcanzados por algunos países.

2. ¿Por qué es urgente que los gobiernos inviertan en el desarrollo de la tecnología y en su democratización? ¿Qué importancia tiene esto para el desarrollo de los países?

¿Cuánto sabemos ahora?

Empareje:
Luego vuelva a la sección **¿Cuánto sabemos?** al comienzo del capítulo para comparar sus respuestas antes de estudiar el capítulo y después.

_____ 1. "Iniciativa Científica Milenio"

_____ 2. Escuela Virtual Mercosur

_____ 3. Teléfono celular

_____ 4. "E-México"

_____ 5. BOLNET

_____ 6. Innoversia.net

_____ 7. "Brasil sin fronteras"

_____ 8. RED-POP

_____ 9. "Mi Isla"

_____ 10. Cabinas Internet

_____ 11. Yoani Sánchez

A. bloguera que critica lo que sucede en Cuba

B. Promoción de las Ciencias Nucleares y la Tecnología en América Latina y el Caribe

C. Servicios informativos y cursos prácticos en la red

D. Intranet cubana

E. Muy comunes en los países latinoamericanos donde hay baja penetración de conectividad

F. Su uso ha aumentado drásticamente en los últimos años

G. Portal del gobierno mexicano

H. Primer portal de innovación abierto a toda Latinoamérica

I. Registrador de dominio Internet boliviano

J. Chile: equipos de investigadores/establecer puente entre investigación y práctica

K. plan de becas de posgrado para estudiantes brasileños

Más allá de los hechos: temas para pensar, investigar, escribir y conversar

1. Sabemos que la tecnología cambia segundo a segundo. Busque información en Internet sobre el estado de desarrollo de las tecnologías digitales de comunicación en Latinoamérica o en algún país en específico y compárelo con el estado al momento de publicación de este libro.

2. Busque información sobre Bolivia y vea si después de asumir el poder el gobierno de Evo Morales se han puesto en marcha algunos proyectos para mejorar la precaria situación del desarrollo tecnológico en ese país.

3. Usted ha sido invitado a un país latinoamericano a dar una charla para convencer al Gobierno de las ventajas de la tecnología y la importancia de tener acceso a ella. Partiendo de su experiencia de persona nacida y criada en una sociedad donde la tecnología es parte integral de todos los aspectos de la vida diaria, escriba un ensayo argumentativo donde usted los convenza de ello.

4. Escoja un país, busque información adicional y escriba un ensayo proponiendo un plan de desarrollo de la tecnología digital de comunicaciones para ese país.

5. Trabaje con uno o dos compañeros y cree un *blog* en español sobre algún tema relacionado con Latinoamérica. Presente el *blog* a la clase e invite a sus compañeros a comentar sobre las entregas publicadas.

6. Venezuela financió por un total de $US 70 millones un cable submarino de fibra óptica que provee de banda ancha la isla de Cuba. Dadas las relaciones privilegiadas de Venezuela con ese país, reflexione sobre las implicaciones políticas de esta cooperación.

CAPÍTULO VI

La música

VI.1. Expresión del alma de un pueblo

A. La música precolombina
B. Aporte español
C. Aporte africano
D. No hay revolución sin música
   1. Música de la Revolución mexicana
   2. La nueva canción
E. Música latinoamericana de hoy y de siempre
   1. El bolero
   2. El tango
   3. La bossa nova
   4. La salsa
   5. El merengue y la bachata
   6. El reguetón

CAPÍTULO VI
La música

¿Cuánto sabemos?

I. Conteste las siguientes preguntas y luego compare sus respuestas con un compañero/a de clase. Cuando termine de estudiar el capítulo, después de completar la sección **¿Cuánto sabemos ahora?**, vea cuáles de sus respuestas iniciales estaban correctas.

1) La música latinoamericana tiene origen solamente indígena.

Cierto o Falso

2) La salsa es de origen sudamericano.

Cierto o Falso

3) La bossa nova se originó en Brasil.

Cierto o Falso

4) Llamamos "nueva canción" a la música que es combinación de la música española e indígena.

Cierto o Falso

5) El reguetón se originó en Puerto Rico.

Cierto o Falso

6) El tango es de origen argentino.

Cierto o Falso

7) La salsa tiene influencia del jazz.

Cierto o Falso

8) Los indígenas no conocían los instrumentos de cuerda.

Cierto o Falso

CAPÍTULO VI
La música

VI.1. Expresión del alma de un pueblo

Decía el político y poeta cubano José Martí: "un pueblo sin música es un pueblo sin alma; la música es el alma de los pueblos". Si algo representa el carácter intrínseco del latinoamericano es su música, producto de la fusión de tres culturas: la indígena, la española y la africana. Asimismo, tanto la música popular como la danza están íntimamente relacionadas como dos expresiones que alimentan su alma y liberan su espíritu. Necesariamente, con el pasar de los años y el contacto con otras culturas, la música latinoamericana se ha enriquecido de otras tradiciones musicales como la del jazz, el rock y el reggae, entre otras.

A. La música precolombina

Más que de las crónicas de los conquistadores, la información que se tiene de la música prehispánica proviene de los códices o de las cerámicas o pinturas en que muchas veces se ven pintados los artistas y sus instrumentos. También, de los instrumentos encontrados en tumbas. Asociadas a la naturaleza como su religión, la música, la danza y la poesía formaron parte de la vida diaria de todas las culturas precolombinas. Esa debe ser quizás la razón por la cual, en muchas de sus lenguas, no existía una palabra específica que hiciera referencia solamente a la música, sino palabras que pueden ser equivalentes más bien a nuestro vocablo "fiesta" y que incluyen la danza, la música, el canto, el teatro, la poesía.

No solamente los indígenas bailaban y cantaban como manifestación de alegría, sino también como parte de sus ritos en homenaje a sus dioses, y como una manera de preservar sus tradiciones. Los aztecas, por ejemplo, pensaban que la ejecución imperfecta de la música era una ofensa para sus dioses y por ello escogían a los más talentosos en la música y el canto y los preparaban como músicos profesionales siguiendo un rígido entrenamiento. Esto hacía que tanto músicos como cantantes disfrutaran de un inusitado prestigio dentro de la sociedad y estuvieran exentos del pago de tributos. Este privilegio no implicaba de ninguna manera un ascenso en su rango social; se les seguía considerando parte del servicio doméstico de los señores. Los mayas también poseían escuelas especializadas para preparar a sus músicos y cantantes.

Los instrumentos musicales prehispánicos pueden ser clasificados en instrumentos de viento y de percusión. En general los sonidos producidos por éstos imitaban los sonidos de la naturaleza. Los instrumentos de viento incluían todo tipo de flautas y silbatos hechos de arcilla, concha de tortugas, huesos humanos o de animales o de madera, en general de árbol de pan, o de caña entre los incas y otras culturas del altiplano andino. También incluían el potuto o fotuto, un enorme caracol de mar con un sonido grave y profundo.

Flautas de pan

Potuto o fotuto

Los instrumentos de percusión incluían tambores hechos de madera, algunos cubiertos con piel de puma en el altiplano, o de chivo en el Caribe, y de huesos. También comprendían campanas de metal, raspadores, o racimos de semillas secas como las que los danzantes incas se ataban alrededor del pie para sus ceremonias. Los incas también poseían unos tambores pequeños que sólo eran tocados por las mujeres. Otro instrumento de percusión utilizado era el que ha llegado a nosotros como sonajero o maraca, hecho de una calabaza con semillas adentro.

Tambores

B. Aporte español

La mayor influencia de los españoles en la música latinoamericana fue la introducción de los instrumentos de cuerda, en específico la guitarra, el violín y el arpa. A partir de éstos se fueron desarrollando instrumentos típicos como el cuatro, en Venezuela y Puerto Rico, el guitarrón, en México y el charango del altiplano andino. También, añadieron un aspecto de fiesta no necesariamente relacionado a la religión, es decir la música, el baile, la danza y la poesía dejaron de ser un acto comunitario para pasar a ser un acto más bien de tipo social. Hubo entonces música sacra que se tocaba o cantaba en las misas o festividades religiosas, pero también música secular que se tocaba para el entretenimiento y el esparcimiento.

En cuanto a los bailes, se desarrollaron por todos los países los bailes en pareja generalmente bailados acompañados de un pañuelo y marcando el ritmo con una especie de taconeo. Ejemplos de diferentes variantes son la cueca en Chile, Bolivia y Perú; el seis en Puerto Rico; el punto en Cuba; el joropo en Venezuela y los desafíos en Brasil. En general estos son bailes en que se ve el proceso de enamoramiento de una pareja; mientras el hombre expresa claramente sus intenciones, la mujer al mismo tiempo que indica interés, muestra recato. En el caso de la cueca, el baile representa los movimientos de seducción del gallo alrededor de la gallina.

Baile peruano

En lo que concierne a los versos, también influyeron aportando la tradición del trovador que a su vez ellos habían adoptado de los franceses y que se desarrolló, entre otros, en la décima cubana y puertorriqueña, los corridos mexicanos, los vallenatos colombianos.

C. Aporte africano

El elemento africano se hizo presente en la música con la introducción de los esclavos, por ello la influencia africana se encuentra mayormente presente en las regiones de mayor población negra: las islas del Caribe, incluyendo las regiones colombianas y venezolanas de la cuenca del Caribe, en las costas sur central y norte del Perú y en Brasil. También tuvo una vertiente religiosa, como la música que se toca en las ceremonias de santería cubana o en el candombe brasileño, y una vertiente secular.

Los instrumentos de percusión representan el mayor aporte de la música africana: las congas, marimbas, maracas, la clave, y en el Caribe no hispánico, los tambores hechos de barriles de metal. La influencia africana dio variantes como la samba en Brasil, la rumba en Cuba y la bomba en Puerto Rico llegando a ser uno de los ingredientes intrínsecos de la conocida música de salsa del siglo XX.

La combinación de la percusión africana con los instrumentos melódicos europeos dio géneros bailables como el merengue dominicano, la plena puertorriqueña, las cumbias colombianas y panameñas y la guaracha y el son cubanos. Igualmente, la tradición de duelo oral común a las tradiciones musicales africanas fue retomada en diferentes países. En este fascinante tipo de ejercicio musical uno o más trovadores improvisan sus canciones siguiendo un patrón de rima y métrica determinado que puede ser sobre un tema libre o sobre el llamado pie forzado en que cada estrofa debe terminar en un verso específico impuesto.

D. No hay revolución sin música

1. Música de la Revolución mexicana

En todo tipo de revolución social la cultura se hace presente. La primera gran revolución social de Latinoamérica después de la independencia fue la Revolución mexicana. En esta época los corridos, que hasta cierto punto documentaban lo que estaba ocurriendo en la guerra, eran muy famosos. Se cree que los corridos encuentran su origen de contar una historia en los romances traídos por los españoles en el siglo XVI. Un ejemplo de corrido es el siguiente que fue considerado como el Himno Zapatista porque casi siempre se cantaba en los campamentos zapatistas para enardecer en los hombres el deseo de lucha, la lealtad a su líder, Emiliano Zapata y la confianza en el triunfo de la Revolución.

"Soy zapatista del estado de Morelos"
Letra y música: Marciano Silva

Soy zapatista del estado de Morelos,
porque proclamo el Plan de Ayala y de San Luis,
si no le cumplen lo que al pueblo le ofrecieron,
sobre las armas los hemos de hacer cumplir.
Soy zapatista del Estado de Morelos... (se repite)
Para que adviertan que al pueblo nunca se engaña,
ni se le trata con enérgica crueldad,
si *semos* hijos, no entenados de la Patria,
los herederos de la paz y libertad.
Sublime general, patriota guerrillero,
que *pelió* con gran lealtad por defender su patrio suelo;
espero que ha de triunfar por la gracia del Ser Supremo,
para poder estar en paz en el estado de Morelos.
Sublime general... (se repite)

2. La nueva canción

Se conoce como nueva canción a la música popular con contenido social que se desarrolló en Latinoamérica a partir de los años setenta producto, como el nuevo cine, del compromiso social y político de los artistas populares con los movimientos revolucionarios de los pueblos. Los antecedentes de la nueva canción se sitúan en los años cincuenta y sesenta en Argentina y Chile cuando cantantes como Atahualpa Yupanqui y Violeta Parra alzaban sus voces contra la injusticia y la opresión del campesino y abogaban por un cambio social.

Inolvidables son las palabras de la canción de Yupanqui que recorrió todo el mundo:

> Las penas y las vaquitas
> se van por la misma senda
> las penas y las vaquitas
> se van por la misma senda.
> Las penas son de nosotros
> las vaquitas son ajenas.

La representatividad de Violeta dentro de la cultura chilena se ve reflejada en la proliferación de homenajes que se le dedicaron en el 2010, año en que se celebró el bicentenario de la independencia de Chile: 5 proyectos hicieron revivir a Violeta para las generaciones que no la conocieron: una película autobiográfica titulada "Violeta se fue a los cielos"; una grabación de su conocido tema "Gracias a la vida" interpretado por las reconocidas voces internacionales de Beto Cuevas, Juanes, Alejandro Sanz, Juan Luis Guerra, Laura Pausini, Fher (Maná), Shakira, Michael Bublé y Miguel Bosé; un tributo discográfico realizado por su nieta Javiera Parra; la restauración de la casa natal de la cantautora que sufrió los estragos del terremoto y será convertida en monumento histórico nacional; un megaconcierto "Hecho en Chile" en el teatro griego de Pompeya, Italia, en el que reconocidos cantantes chilenos interpretaron sus canciones, y finalmente, la construcción de un museo dedicado a la artista y su obra y la publicación de sus obras completas por el Fondo de la Música del Consejo Nacional de la Cultura y las Artes.

La llegada al poder de Salvador Allende en Chile dio un gran impulso al desarrollo de la nueva canción. Las canciones de la nueva canción le añaden contenido político a una tradición musical autóctona y ven la música como un instrumento al servicio de las causas revolucionarias. Las canciones de Víctor Jara, Isabel y Ángel Parra, Patricio Manns y de grupos como Quilapayún e Inti-Illimani son representativas de la nueva canción chilena.

"La plegaria a un labrador" de Víctor Jara muestra la sed de justicia y el llamado a la participación, violenta si necesario, en el proceso de cambio.

> Líbranos de aquél que nos domina en la miseria.
> Tráenos tu reino de justicia e igualdad.
> Sopla como el viento la flor de la quebrada.
> Limpia como el fuego el cañón de mi fusil.

Sin duda, la canción de la nueva canción más cantada en todo el mundo fue la compuesta por el músico chileno Sergio Ortega e interpretada por el grupo Quilapayún, "El pueblo unido". Resonó en Chile durante el gobierno de Salvador Allende, y su estribillo se hizo eco en voces solidarias del mundo entero que denunciaban y repudiaban el golpe militar de Augusto Pinochet y que llamaban al pueblo chileno a resistir: "¡El pueblo, unido, jamás será vencido!" Hoy, en todas las manifestaciones en Latinoamérica se escucha el grito que comenzara en las primeras manifestaciones de apoyo a Allende, "¡El pueblo, unido, jamás será vencido!"

En Cuba este género musical fue conocido como la nueva trova. Nombres como Carlos Puebla, Silvio Rodríguez y Pablo Milanés, cantautores cubanos son producto de esta generación de artistas que hicieron parte del Grupo de Experimentación Sonora del ICAIC, (Instituto Cubano del Arte e Industria Cinematográficos) fundado en marzo de 1959 por el gobierno revolucionario de Fidel Castro.

Ninguna historia de la nueva canción latinoamericana estaría completa si dejáramos de mencionar a la cantante argentina Mercedes Sosa, sin duda una de las voces más grandes que ha dado al mundo América Latina. Tampoco podemos dejar de mencionar a Soledad Bravo de Venezuela o a la cubana Omara Portuondo y la costarricense Guadalupe Urbina.

De Uruguay, al cantautor Daniel Viglietti cuya canción "A desalambrar" se convirtió en himno de batalla del campesinado latinoamericano.

¡A desalambrar, a desalambrar!
que la tierra es nuestra,
es tuya y de aquel,
de Pedro, María, de Juan y José.

De Nicaragua, Luis Enrique Mejía Godoy, fundador del movimiento de la nueva canción costarricense y luego de la nueva canción en Nicaragua, su país de origen. De Bolivia, el anteriormente mencionado Benjo Cruz.

E. Música latinoamericana de hoy y de siempre

Hoy en día cuando se habla de música latinoamericana hay ciertos bailes que inmediatamente vienen a la mente ya que han traspasado las barreras geográficas y temporales.

1. El bolero

Algo en lo que los musicólogos están de acuerdo es en que el bolero es la música romántica por excelencia de todo el continente, la que en su época de gloria, entre los años treinta y cinco y sesenta y cinco, cruzando fronteras, llegó hasta los más apartados rincones desde la Patagonia hasta México influyendo incluso la música norteamericana.

El origen de esta música se encuentra en un baile español del mismo nombre de fines del siglo XVIII. El bolero tomó el nombre del ritmo español y conservó también el uso de la guitarra como instrumento principal, pero con la mezcla de culturas en América, evolucionó añadiendo la percusión característica a los ritmos africanos: bongoes y maracas, hasta adquirir la forma que conocemos hoy día, una música bailable cuyo romanticismo estriba en su ritmo lento y en el lirismo de la letra que acompaña a la música. Los boleros cuentan historias que pueden ir de la descripción del sentimiento puro del primer amor a la representación del más profundo dolor por desengaño. Existe básicamente un bolero para cada momento de la vida.

Algunas fuentes trazan el origen del bolero americano a Cuba en las últimas décadas del siglo XIX como evolución de la contradanza, la trova y la habanera, ritmos muy populares en esa época. Se dice que la famosa "Habanera" que nos deleita en la ópera *Carmen* de Georges Bizet, estrenada en París en 1875, es una adaptación de una habanera cubana llamada "El arreglito" compuesta por Sebastián Yradier, el mismo autor de otra habanera muy conocida, "La paloma", que estuvo de moda en México, Cuba y los Estados Unidos a fines del mismo siglo. Diversas fuentes identifican al bolero "Tristezas" del cubano Pepe Sánchez, escrito en 1883 o 1885 (las fuentes no se ponen de acuerdo) como el primero de su género.

Entre los compositores de bolero más famosos se encuentran Agustín Lara y Armando Manzanero de México; Ernesto Lecuona y Miguel Matamoros de Cuba y Rafael Hernández y Pedro Flores de Puerto Rico. También hubo mujeres compositoras de bolero como María Grever y Consuelo Velázquez mexicanas, y Sylvia Rexach, puertorriqueña. Entre los intérpretes: el Trío Los Panchos, Daniel Santos, María Luisa Landín, Bobby Capó, Lucho Gatica, Marco Antonio Muñiz, Gilberto Monroig, Chucho Avellanet, Tito Rodríguez, Olga Guillot, La Lupe, Chavela Vargas entre tantos otros.

Se dice que la bachata dominicana tiene sus orígenes en el bolero.

2. El tango

Tango en un mercado de Buenos Aires (1930)   Tango moderno, La Boca, Argentina

El tango argentino ocupa, sin lugar a dudas uno de los lugares prominentes dentro de la música bailable universal. Según Julián Graciano, especialista y profesor de la Universidad Nacional del Tango en Argentina, el tango nació en la década de 1870 como una mezcla de danzas europeas con movimientos y gestos del candombe bailado por los negros traídos a América. Al principio se bailaba sólo en los prostíbulos; las chicas de "buena sociedad" no lo practicaban, porque no era bien visto. Como los hombres necesitaban entrenarse para poder acercarse a las mujeres en los cabarets, muchos practicaban entre ellos en lugares privados. Otros lo bailaban en la calle para mostrar su habilidad y su destreza lo que llevó a concluir que originariamente se trataba de una práctica entre hombres.

Nacido en los arrabales rápidamente conquistó los salones elegantes de todo el mundo siendo uno de sus intérpretes más reconocidos Carlos Gardel, apodado el zorzal criollo. El tango encierra un gran erotismo, pero al mismo tiempo una gran nostalgia. Carlos Gardel murió en un accidente de avión en Medellín, Colombia el 24 de junio de 1935. Apareció en nueve películas siendo las más conocidas *Luces de Buenos Aires* (filmada en París), *Melodía del arrabal*, *Cuesta abajo* y *El día que me quieras*.

3. La bossa nova

La bossa nova, aunque considerada elitista por muchos, representó un fenómeno que dio reconocimiento internacional a la música brasileña de lo cual da fe la famosa "Chica de Ipanema" de Antonio Carlos Jobim. En un comienzo el valor de la bossa nova residió en la música, combinación de jazz con ritmo de samba, no en la letra de las canciones. En los años sesenta una nueva generación de artistas, entre los más destacados, Chico Buarque de Holanda, pusieron contenido en las letras de la bossa nova y ésta se encontró con la nueva canción en su rol de concienciación sobre los problemas sociales y políticos del Brasil.

4. La salsa

La salsa tiene sus raíces en ritmos cubanos como la rumba, el mambo y el cha cha cha, pero se desarrolló en los Estados Unidos como una expresión musical de la comunidad hispánica, sobre todo puertorriqueña, de la urbe neoyorquina por los años sesenta. Sin embargo, la destreza de improvisación vocal y musical la heredó del jazz. Este género mezcla el sonido de instrumentos de viento como la trompeta y la flauta; la percusión; las cuerdas: la guitarra eléctrica y el bajo. Entre los músicos de salsa más conocidos a través de la historia podemos mencionar a la reina de la salsa, la única, Celia Cruz (cantante); Tito Puente (director de banda y timbalero); Eddie Palmieri (director de banda); Willie Colón (trombonista); Johnny Pacheco (flautista); Ray Barreto (percusionista) y Héctor Lavoe (cantante). La salsa ha influenciado a su vez el rock y el jazz en generaciones de músicos contemporáneos. Las letras de las canciones son en general en español. El baile conquistó a la juventud norteamericana con su contagioso ritmo y atrevidos movimientos.

La música de salsa, que hasta los años setenta, donde tuvo su apogeo, estuvo caracterizada por su calidad musical, pero su falta de contenido en las líricas se vio renovada por el músico panameño Rubén Blades. Blades integró al maravilloso ritmo de la salsa el compromiso social y político de las letras poéticas y sofisticadas de la nueva canción latinoamericana y la nueva trova cubana. En colaboración con Willie Colón, músico puertorriqueño que vivía en Nueva York, lograron elevar la música de salsa a otro nivel y sus composiciones que llamaban a la unidad de los pueblos latinoamericanos como alternativa frente al imperialismo norteamericano sirvieron de himno a miles:

> Oye latino, oye hermano, oye amigo
> nunca vendas tu destino por el oro ni la comodidad
> nunca descanses pues nos falta andar bastante
> vamos todos adelante para juntos terminar
> con la ignorancia que nos trae sugestionados
> con modelos importados que no son la solución...
> (de: *Plástico*)

5. El merengue y la bachata

El merengue y la bachata son dos tipos de música y baile de origen dominicano, pero cada uno con características propias. El merengue, de ritmo más acelerado, es considerado el baile nacional del país. En los instrumentos típicos que se utilizan en el mismo se combinan las tres culturas que dieron origen a la cultura dominicana: la europea en el acordeón, la africana en las tamboras y la indígena en el güiro.

Escena típica representando el baile del merengue

El merengue como lo conocemos hoy en día ha cambiado desde sus inicios en el siglo XIX. Al igual que el tango, tuvo orígenes humildes y paulatinamente se fue labrando un lugar en los bailes de la alta sociedad dominicana. Las orquestas que durante todo el siglo XX lo hicieron famoso más allá de las fronteras de la República Dominicana, añadieron a los típicos, el uso de otros instrumentos sobre todo de viento. El merengue es un ritmo para bailar, la letra de las canciones ocupa un segundo lugar.

Entre sus más celebrados exponentes a través de la historia se encuentran Luis Alberti, autor del emblemático "Compadre Pedro Juan", Johnny Ventura, Félix del Rosario, Wilfrido Vargas, Juan Luis Guerra, el Conjunto Quisqueya, las Chicas del Can, Patrulla 15 y Milly Quezada.

La bachata también tuvo orígenes humildes como el merengue o el tango, y como éstos se hizo camino hacia la urbe, en específico a raíz de las olas de migración rural-urbana en los años sesenta. Su ritmo y las letras de las canciones evocan la nostalgia y los sentimientos de amor y despecho característicos del bolero, y también como en el bolero, la guitarra es un instrumento privilegiado, acompañado de percusión: maracas, claves, bongoes, raspadores, marimba.

La bachata ha ido evolucionando por la influencia de diferentes artistas que han cultivado el género pasando en los años ochenta a ser llamada bachata rosa —por su combinación con la balada romántica— de Juan Luis Guerra y Víctor Víctor, en los noventa a una versión influenciada por el rock, el jazz y la instrumentación electrónica, representada por Sonia Silvestre como intérprete y el compositor Luis Díaz, y en el siglo XXI, a una versión de la bachata influenciada por formas digitalizadas de música con exponentes como Monchy y Alexandra, Xtreme, Prince Royce y Grupo Aventura.

6. El reguetón

Después de la salsa, el ritmo de música latinoamericana que mayor impacto ha tenido en el mundo, sobre todo entre los jóvenes, es el reguetón el que se ha manifestado muy controversial por las letras de manifiesto contenido sexual y machista de las canciones y por el baile asociado a esta música, el perreo, baile de movimientos explícitamente sexuales. Se disputan su origen Panamá y Puerto Rico, pero fue en Puerto Rico donde este tipo de música tuvo el mayor desarrollo y desde donde se exportó al resto del mundo. Como el tango, surgido en los arrabales de Buenos Aires, el reguetón surgió al interior de los barrios de viviendas públicas más pobres en los suburbios de San Juan, Puerto Rico. Al igual que el tango, que a pesar de su origen humilde conquistó los más grandes salones y ha permanecido como música universal y de todos los tiempos, el reguetón ya tiene una trayectoria que lo perfila como una música que no está pronta a desaparecer.

Desde sus comienzos en los años noventa el reguetón se ha expandido a muchos países incluyendo Latinoamérica, el Caribe, las comunidades hispanas y no hispanas en los Estados Unidos, Canadá, Europa y Japón en los primeros años del nuevo milenio. El reguetón tiene influencia de la música reggae jamaiquina, del hip hop y de ritmos afroamericanos como la bomba y la plena de Puerto Rico.

La popularidad del reguetón entre los jóvenes de América Latina es inmensa. Como dato anecdótico, y para mostrar la importancia y el poder que tiene la música en la sociedad latinoamericana, uno de los candidatos a las elecciones presidenciales del Perú en el 2006, Alan García participó en un acto público bailando reguetón para ganar la simpatía de los votantes jóvenes, y el himno de su campaña es un reguetón llamado "Marca la estrella". Como resultado, el porcentaje de intención de votos favorables a su candidatura entre los jóvenes aumentó en las semanas siguientes y siguió aumentando durante toda la campaña al punto que en la primera vuelta de las elecciones alcanzó el segundo lugar, dejando en tercer lugar, al igual que en las elecciones anteriores, a Lourdes Flores Nano quien al comienzo de la campaña parecía ser la favorita. Alan García, como ya lo vimos, fue elegido presidente del Perú en la segunda vuelta en el mes de junio del 2006.

Hacia fines de la década del 2000 se notó una evolución en el reguetón: de un género casi exclusivamente de violencia y sexo explícito en la letra de sus canciones, pasó a dar acogida a letras más románticas. Incluso el cantante español Julio Iglesias, conocido por sus canciones de corte romántico tradicional, grabó una canción de reguetón junto a Daddy Yankee, intérprete del mundialmente conocido reguetón "La gasolina".

El reguetón fue también integrando instrumentos de diferentes países lo que transformó igualmente las melodías y el ritmo. Esta apertura a evolucionar es la que le ha permitido mantener su popularidad y seguir el camino recorrido por el tango, rompiendo así los presagios de que estaba destinado a desaparecer rápidamente.

VI. La música: expresión del alma de un pueblo

1. ¿Qué culturas están a la base de la música latinoamericana?
2. ¿De qué otras tradiciones musicales se ha enriquecido?
3. ¿Cuál era el rol de la música al interior de las culturas prehispánicas?
4. ¿Qué tipo de instrumentos poseían?
5. ¿Cuál fue el mayor aporte de la cultura española a la música y los bailes en Latinoamérica? Mencione algunos bailes en que se mezclan elementos indígenas y españoles para crear bailes típicos latinoamericanos.
6. ¿Cuál fue el aporte de la cultura africana en términos de instrumentos y bailes?
7. ¿Cuál fue uno de los roles de la música durante la Revolución mexicana?
8. ¿A qué se le conoce como la "nueva canción" y qué la diferenciaba de la música anterior? Mencione algunos pilares de la nueva canción.
9. Describa lo que son el bolero, el tango, la bossa nova, el merengue, la bachata y la salsa. ¿Por qué cree Ud. que esta música no pasa de moda?
10. ¿Qué es el perreo? ¿Qué es el reguetón y porqué se ha hecho tan popular entre los jóvenes? ¿Qué lo asemeja al tango?

Empareje:

Luego vuelva a la sección **¿Cuánto sabemos?** al comienzo del capítulo para comparar sus respuestas antes de estudiar el capítulo y después.

_____ 1. Reguetón	A. Instrumentos de cuerda
_____ 2. Tango	B. Asociada a la religión
_____ 3. Nueva canción	C. Música popular entre los jóvenes a partir de los años noventa
_____ 4. Salsa	D. Música Revolución mexicana
_____ 5. Música precolombina	E. Expresión musical comunidad hispánica de NY
_____ 6. Herencia africana	F. Baile en pareja originado en Argentina
_____ 7. Bossa nova	G. Baile asociado al reguetón
_____ 8. Corridos	H. Contenido social
_____ 9. Herencia española	I. Instrumentos de percusión
_____ 10. Perreo	J. Se origina en Brasil

Más allá de los hechos: temas para pensar, investigar, escribir y conversar

1. Consiga la letra de alguna de las canciones de Rubén Blades ("Plástico", "Tiburón", "Maestra vida", "Pablo Pueblo", "El monaguillo Andrés"). Escúchela, analícela y explique, basándose en la letra, por qué se puede decir que pertenece a la nueva canción latinoamericana.

2. Busque información y material audiovisual sobre alguno de los tipos de música latinoamericana y preséntelo a la clase. Puede también aprenderlo a bailar y hacer una demostración.

3. Busque información adicional y escriba un ensayo sobre el rol de la música en las sociedades latinoamericanas a través de las épocas.

4. Busque información adicional y material sonoro sobre los orígenes de la salsa, su desarrollo, sus influencias, cantantes representativos, etc. y haga una presentación para la clase.

5. ¿Tienen talento musical? Escojan un tema y, en pequeños grupos, escriban una canción de reguetón e interprétenla frente a la clase.

6. Escoja un intérprete de música popular o un músico o compositor famoso de los aquí mencionados y escriba una semblanza del mismo. Si tiene talento musical puede hacer una imitación del talento de ese personaje para la clase.

CAPÍTULO VII

La literatura

CAPÍTULO VII
La literatura

¿Cuánto sabemos?

I. Conteste las siguientes preguntas y luego compare sus respuestas con un compañero/a de clase. Cuando termine de estudiar el capítulo, después de completar la sección **¿Cuánto sabemos ahora?,** vea cuáles de sus respuestas iniciales estaban correctas.

1) Gabriel García Márquez es el autor de *Cien años de soledad*.

Cierto o Falso

2) Isabel Allende es una escritora chilena.

Cierto o Falso

3) Ningún escritor latinoamericano ha ganado el Premio Nobel de literatura.

Cierto o Falso

4) El realismo mágico caracterizó un periodo de la literatura hispanoamericana.

Cierto o Falso

5) La generación *crack* toma su nombre del uso de drogas por parte de los escritores.

Cierto o Falso

6) La generación McOndo satiriza con su nombre a la sociedad globalizante en que vivimos.

Cierto o Falso

7) Sor Juana Inés de la Cruz es una de las grandes poetas hispanoamericanas de todos los tiempos.

Cierto o Falso

8) La calidad de la literatura hispanoamericana es reconocida en el mundo entero.

Cierto o Falso

CAPÍTULO VII
La literatura

VII.1. Siglos XVI y XVII

Durante la época colonial, por razones obvias, Latinoamérica consumió más literatura de la que produjo. Las capitales de los virreinatos, sobre todo de Nueva España y Perú se convirtieron en centros de la actividad intelectual de las colonias en el siglo XVII. En esta época los conventos eran grandes centros de difusión cultural.

La literatura que comenzó a surgir estuvo influenciada por los movimientos literarios de moda en la madre patria. Se han encontrado "romances" latinoamericanos que siguen la forma del romance español que fuera traído por los conquistadores y que datan del siglo XVI. Los había de temática histórica como "El rescate de Atahualpa" y literaria como "Las señas del esposo" ambos anónimos como la mayoría de los romances.

Importante nombre a retener de este siglo es el de Garcilaso de la Vega, el Inca. Su importancia estriba en haber sido el primer escritor mestizo de Latinoamérica, hijo natural de una princesa inca y de padre español. En sus dos volúmenes de crónicas *Comentarios reales* podemos ver por primera vez la historia del imperio incaico y la visión de la conquista del Perú desde el punto de vista del mestizo.

La escritora latinoamericana más destacada y más versátil del siglo XVII fue Sor Juana Inés de la Cruz, que como Garcilaso fue hija natural, de padre español y madre criolla. Escribió tanto obras de carácter religioso como seculares e incursionó en varios géneros: el drama, la poesía, el ensayo, etc. La influencia de la literatura del Siglo de Oro español se deja sentir en sus obras. Sus poemas en defensa de los derechos de la mujer, entre los cuales "Hombres necios que acusáis" es el más conocido, sentaron base para el desarrollo del feminismo en América Latina, y no hay escritora latinoamericana contemporánea que no se reclame su heredera intelectual.

Sor Juana Inés de la Cruz

En el siglo XVIII Lima y Ciudad de México pierden su calidad de monopolio intelectual; la actividad cultural comienza a desarrollarse también en Quito, Ecuador; Colombia; Caracas, Venezuela y Buenos Aires.

VII.2. Siglo XIX

A. Romanticismo

Con las luchas por la independencia, política y literatura se compenetraron. Hombres como José Martí, Simón Bolívar y José Joaquín Olmedo lucharon por la independencia no sólo con el fusil, sino también con la pluma por lo que se les recuerda tanto como políticos que como poetas.

En cuanto a la novela hispanoamericana, sus orígenes se remontan a *El periquillo sarniento* publicada en 1816 por el escritor y periodista mexicano José Joaquín Fernández de Lizardi. A pesar de que la poesía de esta época comenzaba a tomar distancia de la producción poética de la península para brillar con luz propia –como presagiando el nacimiento del modernismo– la novela en sus albores sigue las corrientes europeas. *El periquillo* es una crítica social al México del siglo XIX siguiendo las líneas de la novela picaresca.

El romanticismo europeo, sobre todo francés, también influyó en la obra de poetas y prosistas latinoamericanos de este siglo. Entre otros poetas de esta época influenciados por el romanticismo podemos mencionar al cubano José María Heredia, quien tradujo al español a poetas franceses como Víctor Hugo y Chateaubriand.

En cuanto a la prosa, muchas de las obras escritas en este periodo estuvieron también influenciadas por el movimiento romántico y reflejaban las ideas de base que lo caracterizaron: subjetividad, independencia, sentimientos personales y libertad, añadiéndoles un toque local al adaptar estas características a la realidad social de lucha por la independencia nacional que se estaba viviendo: costumbrismo, desarrollo de temas e introducción de personajes relacionados con lo nacional como el gaucho, el esclavo, el indígena, y el deseo de libertad no solamente individual sino nacional.

La llamada literatura gauchesca florece en este periodo. Ejemplos de estas obras son: la novela de tema antiesclavista *Sap*, de la cubana Gertrudis Gómez de Avellaneda, publicada en 1841, nueve años antes que *La cabaña del tío Tom*; *Facundo o civilización y barbarie* (1845) del argentino Domingo Faustino Sarmiento; *Martín Fierro* (1862) del argentino José Hernández; *La peregrinación de Bayoán* (1863) del puertorriqueño Eugenio María de Hostos; *María* (1867) del colombiano Jorge Isaacs, considerada la obra maestra del romanticismo hispanoamericano; y el ciclo de *Tradiciones peruanas* (1872-1910) de Ricardo Palma.

B. Realismo y naturalismo

La influencia de estos dos movimientos se sintió en la novela, género que tuvo gran desarrollo en esta época. Irrumpió con el autor chileno Alberto Blest Gana y su novela *Martín Rivas* publicada en 1862 en la cual podemos ver la influencia del autor francés Honoré de Balzac.

Una de las autoras de este periodo que marcó un hito dentro de la literatura hispanoamericana fue la peruana Clorinda Matto de Turner considerada la precursora del realismo en el Perú. Su novela *Aves sin nido* (1889) presenta una mirada crítica a la situación de explotación que sufría el indígena y al abuso de las mujeres por parte de los sacerdotes católicos de la región. Su obra comenzaba así: "Si la historia es el espejo donde las generaciones por venir han de contemplar la imagen de las generaciones que fueron, la novela tiene que ser la fotografía que estereotipe los vicios y las virtudes de un pueblo, con la consiguiente moraleja correctiva para aquéllos y el homenaje de admiración para éstas". A raíz de la publicación de su novela Matto fue perseguida por las autoridades eclesiásticas coloniales y su obra fue prohibida.

En la novelística, el naturalismo tuvo como representante máximo al argentino Eugenio Cambaceres. La influencia de las novelas experimentales de Émile Zola se refleja en su obra. Sus novelas *Pot-pourri* (1881), *Música sentimental* (1884), *Sin rumbo* (1885) y *En la sangre* (1887) cargadas de escenas de una violencia y bestialidad desgarradoras, son retratos de la sociedad argentina de fin de siglo realizados bajo la lupa objetiva de la ciencia. También se destacó el puertorriqueño Manuel Zeno Gandía con su novela *La charca* (1894) en que hace una crítica a la sociedad puertorriqueña del siglo XIX. *La charca* es un análisis científico (Zeno Gandía era médico de formación) del subdesarrollo del campesinado, del autoritarismo de los explotadores, de la ruptura de los códigos de conducta moral, de la falta de solidaridad y de la violencia exacerbada en el Puerto Rico de la época.

En el relato corto se distinguió el chileno Baldomero Lillo, quien publicó en 1904 *Sub terra*, colección de cuentos sobre los mineros.

El naturalismo encontró tierra fértil también en el teatro. Las obras del uruguayo Florencio Sánchez, –quien en la práctica producía una por año– *M'hijo el dotor* (1903); *La gringa* (1904); *Barranca abajo* (1905) y *Los derechos de la salud* (1907) son las más representativas.

VII. 3. Siglo XX

A. Modernismo

Aunque hubo otros poetas modernistas de talla como José Martí y José Asunción Silva, se considera al poeta nicaragüense Rubén Darío el padre del modernismo. Las publicaciones en 1888 de su libro *Azul* y luego de *Prosas profanas* (1896) dieron nacimiento y solidez, sin duda alguna, al movimiento literario más importante dentro de la literatura hispanoamericana, el que marcó un giro y cambió las reglas del juego del mundo literario. De ese momento en adelante la literatura hispanoamericana dejó de mirar hacia los movimientos literarios europeos buscando modelos a imitar y comenzó a utilizar las influencias de estos mismos movimientos para crear modelo. Influido por el parnasianismo francés (rechazo de los excesos emocionales del romanticismo y defensa del "arte por el arte") y por las corrientes simbolistas (uso de símbolos que evocaran estados de ánimo y emociones, musicalidad en el verso) en boga en Europa, el modernismo logró darse un carácter único mezclando lo clásico con lo moderno y lo nacional con lo extranjero o exótico buscando siempre la perfección en el estilo así como la musicalidad y la evocación de todo tipo de imágenes sensoriales en el verso. Así llegó a ser el primer movimiento literario que cruzaba el Atlántico en dirección contraria, convirtiéndose en modelo a imitar en Europa.

Aunque envolvió la renovación de todos los géneros literarios, afectó sobre todo la poesía. Como dice Pat O'Brien en su ensayo "'Sonatina': Manifesto of Modernism", el poema de Darío "Sonatina", incluido en *Prosas profanas* desde sus dos primeras estrofas sintetiza todas las características de renovación que este movimiento introdujo en la poesía:

> La princesa está triste... ¿Qué tendrá la princesa?
> Los suspiros se escapan de su boca de fresa,
> que ha perdido la risa, que ha perdido el color.
> La princesa está pálida en su silla de oro,
> está mudo el teclado de su clave sonoro,
> y en un vaso, olvidada, se desmaya una flor.
>
> El jardín puebla el triunfo de los pavos reales.
> Parlanchina, la dueña dice cosas banales,
> y vestido de rojo piruetea el bufón.
> La princesa no ríe, la princesa no siente;
> la princesa persigue por el cielo de Oriente
> la libélula vaga de una vaga ilusión.

El desarrollo del modernismo se vio favorecido por las momentáneas estabilidad política y prosperidad económica de las que disfrutaron los criollos inmediatamente después de las guerras de independencia. La literatura dejó de verse menos como un instrumento al servicio de una causa y se buscó más la renovación del lenguaje poético, el desarrollo de la perfección estética formal, la musicalidad en el verso y la construcción de imágenes evocadoras.

Lo que representó Darío para la poesía modernista lo representó Horacio Quiroga para la prosa con la publicación de su libro *Los arrecifes de coral* en 1901, libro que seguía la estructura del *Azul* de Darío. Más adelante estableció su nombre como cuentista al publicar sus colecciones *Cuentos de amor, de locura y de muerte* (1917) y *Cuentos de la selva* (1919).

B. Post-modernismo

Habíamos mencionado que la estabilidad política y la prosperidad económica luego de la independencia habían sido momentáneas ya que esta última no alcanzó a todas las capas de la población, lo que produjo movimientos de revolución social como la Revolución mexicana de 1910. Este contexto dará otro giro a la literatura que se desarrollará en el siglo XX. El post-modernismo es rico en tendencias literarias; volverá a retomar la bandera del arte como compromiso social en un comienzo, pero también se ocupará del ser humano, sus preocupaciones y sus problemas.

1. Prosa

Surgen escritores en México a lo largo de todo el siglo que retoman la Revolución como tema de sus obras, los unos desde la perspectiva del que participó en la misma, los otros, años más tarde, como ojo crítico hacia el pasado. Entre los primeros, el máximo representante es Mariano Azuela con *Los de abajo* (1915); entre los segundos se encuentran Juan Rulfo con sus dos obras *El llano en llamas* (1953) y *Pedro Páramo* (1955); Carlos Fuentes con *La muerte de Artemio Cruz* (1962) y Elena Poniatowska con *Hasta no verte Jesús mío* (1969).

La novela telúrica o de la tierra se desarrolla en otros países. En Colombia se publica *La vorágine* (1924) de José Eustasio Rivera y en Venezuela, *Doña Bárbara* (1929) de Rómulo Gallegos. Es importante mencionar la novela del argentino Ricardo Güiraldes, *Don Segundo Sombra* (1926), también de esta época, la que cerró el ciclo de la novela gauchesca. En estas novelas la naturaleza y la barbarie se enfrentan al hombre, a lo moderno y a la civilización al mismo tiempo que ponen énfasis en la descripción de la naturaleza y cómo ésta afecta la vida de la gente del lugar en que se desarrollan: la selva colombiana y los trabajadores en las explotaciones de caucho en el caso de *La vorágine*, los llanos venezolanos en el caso de *Doña Bárbara* y la pampa argentina en el caso de *Don Segundo Sombra*.

Otra corriente, la novela indigenista se expande por toda la primera mitad del siglo y la caracterizan la descripción de las condiciones de vida de los pueblos indígenas y la crítica a las injusticias sociales de las que son objeto. Está representada por las obras *Raza de bronce* (1919) de Alcides Argueda, boliviano; *Huasipungo* (1934) de Jorge Icaza, ecuatoriano; *El indio* (1935) de Gregorio López, mexicano; *El mundo es ancho y ajeno* (1941) de Ciro Alegría, peruano; *Yawar fiesta* (1941) y *Los ríos profundos* (1958) del también peruano José María Arguedas; y *Balún-Canán* (1957) de la mexicana Rosario Castellanos. Más adelante en su carrera literaria Rosario Castellanos abandonó la temática regionalista y se dio a conocer como defensora y luchadora por los derechos de la mujer dentro de la sociedad mexicana de lo que dan fe su poesía, su conocido cuento "Lección de cocina" incluido en la colección *Ál-*

bum de familia (1971) y su famoso ensayo *Mujer que sabe latín...* (1974).

Otra tendencia en la novelística será la psicológica en la que se describen los conflictos espirituales o psicológicos de los personajes. Entre los escritores que siguen esta tendencia encontramos a dos chilenos, Eduardo Barrios con *El hermano asno* (1922) y María Luisa Bombal con sus dos novelas cortas *La última niebla* de 1934 y *La amortajada* de 1938. María Luisa Bombal, sin embargo, combina lo psicológico y lo fantástico al presentar personajes cuyo discurso se mueve entre la realidad y el sueño.

Sin lugar a dudas el mayor exponente del cuento fantástico lo fue el argentino Jorge Luis Borges. En este tipo de cuentos el autor entremezcla elementos reales con elementos sobrenaturales del mundo de los sueños y juega con dimensiones extra naturales de tiempo y espacio. Al final del relato el lector no puede decidirse entre una explicación real o sobrenatural de los hechos. "El milagro secreto" y "El sur", incluidos en su libro *Ficciones* (1944), son magistrales ejemplos.

Varios autores mexicanos se encuentran en medio de diferentes tendencias que incluyen la psicológica, la regionalista y la fantástica. Entre ellos podemos mencionar a José Revueltas, *El luto humano* (1943); Agustín Yáñez, *Al filo del agua* (1947); y Carlos Fuentes, *La región más transparente* (1958).

En la tendencia existencialista encontramos al uruguayo Juan Carlos Onetti con *El astillero* (1960); al argentino Ernesto Sábato quien se hiciera famoso con su novela *El túnel* publicada en 1948, novela cuyo tema es la incomunicación y soledad que vive el ser humano; al chileno Manuel Rojas con *Hijo de ladrón* (1951) y al también uruguayo Mario Benedetti con *La tregua* (1960). Otros temas tratados por los autores existencialistas son el tema de lo absurdo de la vida y el cuestionamiento de la libertad o del significado del tiempo.

Adolfo Bioy Casares, argentino, fue el pionero de la novela de ciencia ficción con *La invención de Morel* (1940), y Enrique Amorim, uruguayo inició la novela policíaca con *El asesino desvelado* (1945).

Obras de transición entre el post-modernismo y lo que se ha llamado el *boom* de la literatura hispanoamericana son *El señor presidente* (1946) del guatemalteco Miguel Ángel Asturias quien recibiera el Premio Nobel de Literatura en 1967 y *El reino de este mundo* (1949) del cubano Alejo Carpentier.

Siguiendo las huellas de Florencio Sánchez, el post-modernismo desarrolla también su dramaturgia. Surgen autores como Osvaldo Dragún en Argentina, Jorge Díaz y Sergio Vodánovic en Chile y Enrique Buenaventura en Colombia.

2. Poesía

Por su pureza lírica y contenido social el post-modernismo es terreno fértil para la poesía femenina de protesta. A mediados de siglo comienzan a afianzarse en su quehacer literario mujeres poetas como Alfonsina Storni,

Juana de Ibarbourou, Delmira Agustini, Julia de Burgos y Gabriela Mistral. De ellas, Gabriela Mistral fue la que mayor reconocimiento internacional conoció habiendo sido, como ya dijéramos, el primer escritor latinoamericano en obtener el Premio Nobel de literatura en 1945.

Otro tipo de protesta social que se da en la poesía de la época es el de la reivindicación de las raíces africanas en lo que se llamó poesía negra, afroantillana o afrocaribeña. Los máximos exponentes de esta corriente son Luis Palés Matos de Puerto Rico y Nicolás Guillén de Cuba. Esta reivindicación se manifiesta no sólo en el contenido, sino también en la forma. La poesía afroantillana incorpora vocablos que provienen de las lenguas africanas habladas por los antiguos esclavos y al mismo tiempo apela a la sensualidad y al ritmo de la música característica de este grupo étnico. Veamos como ejemplo, la primera estrofa del poema "Majestad negra" de la colección *Tuntún de pasa y grifería* (1937) de Palés Matos:

Por la encendida calle antillana
va Tembandumba de la Quimbamba
-Rumba, macumba, candombe, bámbula-
entre dos filas de negras caras.
Ante ella un congo - gongo y maraca-
ritma una conga bomba que bamba.

La corriente vanguardista está representada por la poesía de Jorge Luis Borges, de Argentina, a pesar de que a Borges se le conoce más por ser un maestro del cuento fantástico; Vicente Huidobro de Chile, César Vallejo, del Perú y Octavio Paz de México (Premio Nobel de literatura en 1990). A Huidobro se le atribuye ser el padre del "creacionismo" el que veía el acto de creación completamente ajeno a la realidad exterior.

Casa de Neruda en Isla Negra

El caso de Pablo Neruda es singular pues su poesía fue muy rica tanto en forma como en contenido. Por su variada temática se le consideraba el poeta del amor y del pueblo. Como dato anecdótico, todos los años se celebraba en Chile la carrera de los canillitas o vendedores de diarios, para la que Neruda siempre daba la partida. Antes, leía poemas teniendo como telón de fondo el mercado central de Santiago, de donde salía la carrera. Ello muestra el lado humano y comprometido de Neruda, el Neruda cercano a su pueblo, el Neruda que alimentaba su poesía de los humildes.

Neruda fue el segundo poeta chileno, después de Gabriela Mistral en obtener el Premio Nobel de literatura, el que le fue conferido en 1971. Las colecciones de poemas dedicados al tema del amor forman un ciclo en su carrera poética: *Veinte poemas de amor y una canción desesperada* su primera colección publicada en 1924, *Los versos del capitán* publicada en 1952 y *Cien sonetos de amor* publicada en 1959. Entre *Veinte poemas...* y *Cien sonetos...* el amor se desbordó en su pueblo, los oprimidos de la tierra y en la belleza de las cosas simples de lo que son reflejo *Residencia en la tierra* (1935); *Tercera residencia* (1947) la que incluye su poema "España en el corazón" inspirado por los terribles acontecimientos de la Guerra Civil Española; *Canto general* (1950) que incluye el extenso poema "Alturas de Machu Picchu"; *Canción de gesta* (1960), homenaje a la Revolución cubana; y la serie de odas *Odas elementales* (1954); *Nuevas odas elementales* (1956) y *Tercer libro de odas* (1957).

El joven Neruda cuando aún firmaba con su nombre de pila, Neftalí Reyes

Neruda grabando en la Biblioteca del Congreso

VII.4. La literatura del *boom* y el realismo mágico

Este periodo de la literatura hispanoamericana está caracterizado por un enorme incremento en la cantidad y la calidad de la producción literaria, sobre todo en la narrativa. Este *boom* o explosión responde a los cambios que se habían ido produciendo en el mundo editorial en esa época; corrían los años sesenta y con ellos el establecimiento de nuevas casas de edición y mayor difusión en los medios de comunicación para las obras literarias. Este periodo es corto, en general se marca entre 1960 y 1970. Y así como la Revolución mexicana influyó en la literatura de comienzos de siglo, el espíritu de optimismo que acompañó los primeros años de la Revolución cubana influyó en la literatura del *boom*, y la mayoría de los escritores e intelectuales apoyaron en aquel momento el gobierno de Fidel Castro.

La novelística del *boom* tuvo repercusión internacional y por lo tanto produjo representantes en diversos países: México, *La muerte de Artemio*

Cruz (1962), Carlos Fuentes; Argentina, *Rayuela* (1963), Julio Cortázar; Perú, *La ciudad y los perros* (1963), Mario Vargas Llosa; Colombia, *Cien años de soledad* (1967) Gabriel García Márquez, ganador del Premio Nobel en 1982; Chile, *El obsceno pájaro de la noche* (1970) José Donoso. Muchos de estos autores fueron publicados, además de en sus países, en España, sobre todo Barcelona, lo que facilitó la distribución y reconocimiento de sus obras en Europa.

La novelística del *boom* experimenta con la forma para representar una compleja realidad social. La caracteriza una clara ruptura del tiempo cronológico y del plano espacial en la narración, el juego con diversos puntos de vista y la utilización de la magia o lo maravilloso para explicar una realidad tan absurda que a veces resulta incomprensible. De igual modo, aunque se partía de una realidad inmediata, se trascendían las barreras geográficas, ideológicas y estéticas y las obras eran capaces de tocar un público mucho más amplio. Para los escritores del *boom* el lector era una parte integral del proceso creativo y por lo tanto se esperaba de él una actitud activa frente al texto literario. A esta nueva manera de explorar, más que de presentar la realidad, se le llamó realismo mágico. Con las obras mencionadas y muchas otras de la misma época, la literatura hispanoamericana ganó un sitial preponderante en el mundo de las letras universales.

VII.5. El post-*boom*

Al igual que el post-modernismo fue una reacción al modernismo, el post-*boom* fue una reacción al *boom*. El marco sociopolítico del post-*boom* son las numerosas dictaduras de derecha que se establecen en Latinoamérica en los años setenta y las consecuencias que éstas tuvieron sobre los creadores opuestos a estos regímenes de barbarie. Muchos de ellos fueron encarcelados y torturados, otros tuvieron que partir al exilio donde desarrollaron sus carreras literarias. Otra característica del post-*boom* es el incremento en la producción literaria femenina. La mujer como escritora deja de ser contrapunto para pasar a ocupar lugar prominente dentro del mundo de la literatura al punto que se comienza a hablar en estos años de una literatura femenina hispanoamericana.

La literatura del post-*boom* tiende a romper con la tradición de la narrativa del *boom* de destrucción del tiempo cronológico y los planos espaciales. Estos autores le dan primordial importancia a la historia en sí, por lo tanto les interesa crear una línea narrativa que sea fácil de seguir para el lector.

Los autores más difundidos como iniciadores del post-*boom* son los chilenos Antonio Skármeta, *Soñé que la nieve ardía* (1975) y *Ardiente paciencia* (1985) e Isabel Allende, *La casa de los espíritus* (1982), y el cubano Severo Sarduy, *Cobra* (1972) pues fueron los que primero ganaron fama internacional. Sin embargo, también podemos incluir en esta literatura del post-*boom* poetas como Alejandra Pizarnik, argentina; Oscar Hahn, chileno; José Emilio

Pacheco, mexicano, Nancy Morejón, cubana y Gioconda Belli, nicaragüense. Dentro de la narrativa es imperativo mencionar *The Buenos Aires Affair* (1973) del argentino Manuel Puig, así como *Yo el supremo* (1974) del paraguayo Augusto Roa Bastos; *La guaracha del macho Camacho* (1976) del puertorriqueño Luis Rafael Sánchez, *Tantas veces Pedro* (1977) del peruano Alfredo Bryce Echenique, *Maldito amor* (1986) de la puertorriqueña Rosario Ferré, *Los nudos del silencio* (1988) de la paraguaya Renée Ferrer y *Como agua para chocolate* (1989) de la mexicana Laura Esquivel.

Un tema que ha permanecido, con sus variantes, en la literatura latinoamericana desde fines de los sesenta es el personaje del guerrillero, que en cierto modo va dando cuenta de lo que ha ido sucediendo en la realidad. En sus comienzos, vemos un guerrillero estoico de grandes ideales en obras como: *País portátil* (1968), del venezolano Adriano González León; *Los fundadores del alba* (1969), del boliviano Renato Prado Oropeza; *Guerra en el paraíso* (1991), del mexicano Carlos Montemayor. El acercamiento al personaje del héroe cambiará a fines de siglo y comienzos del siglo XXI como veremos.

VII.6. La generación McOndo y la generación del *crack*

El año de 1996 volvió a marcar un hito, esta vez por partida doble, en la literatura hispanoamericana. Mientras en marzo dos escritores chilenos, Alberto Fuguet y Sergio Gómez lanzaban al mercado *McOndo*, una antología de cuentos de varios escritores latinoamericanos, en México, cinco jóvenes escritores: Ignacio Padilla, Jorge Volpi, Eloy Urroz, Vicente Herrasti y Ricardo Chávez Castañeda lanzaban en una revista un manifiesto literario en el que abogaban por una ruptura (de ahí el nombre de *crack*) con la literatura "bananera" y una vuelta a la literatura del *boom* latinoamericano. Según ellos había que "recuperar el respeto que por el lector inteligente" tenían las primeras obras de aquel hoy ya mítico momento de las letras hispanoamericanas.

Si las revoluciones o dictaduras marcaron los movimientos literarios anteriores, estas nuevas generaciones de escritores están influenciadas por la globalización y por los nuevos medios de comunicación. El nombre McOndo es una sátira que encierra todo lo que la globalización ha representado para los países latinoamericanos: McDonald, McIntosh, Condo's; etc. "Si hace años la disyuntiva del escritor joven estaba entre tomar el lápiz o la carabina,' dicen en el prólogo al libro, 'ahora parece que lo más angustiante para escribir es elegir entre Windows 95 o Macintosh".

Los autodenominados autores de la generación McOndo trazan sus orígenes a una antología de jóvenes escritores chilenos publicada en 1993 por la Editorial Planeta de Chile, *Cuentos con walkman*, de la cual también fueron editores. Varios años antes, en 1989 el mismo Fuguet había publicado su primer libro de cuentos, *Sobredosis* y en 1991 su novela *Mala onda* y otro joven escritor también chileno, Jaime Coyllor había publicado un manifiesto llamado "Casus Belli, todo el poder para nosotros" en el que ya exponía muchas de las ideas que retomaron los mcOndianos. Decía Coyllor en su manifiesto: "somos cosmopolitas y universales, internacionalistas, hasta la médula [...] El *boom* de la literatura hispanoamericana ha muerto, ¡qué viva el *boom!*" Sin embargo este manifiesto no tuvo la relevancia internacional que tuvo *McOndo* cuyos representantes, como dijéramos, rechazaban la herencia del realismo mágico, considerándolo más bien un estigma, al mismo tiempo que rechazaban la literatura comprometida, y exaltaban una nueva literatura latinoamericana globalizada con fuerte influencia norteamericana. Según Fuguet, "América Latina es un lugar donde el siglo XIX se mezcla con el siglo XXI. Más que mágico, éste es un lugar extraño. El realismo mágico reduce demasiado una realidad que es muy compleja y la hace atractiva. América Latina no es atractiva" (Bazán: 2004).

McOndo, según Fuguet y Gómez pretendía ser un *Cuentos con walkman* internacional, dándole cabida a autores de lengua española, no exclusivamente latinoamericanos, y como ellos mismos dicen, dándole voz a una nueva generación de escritores que es "post-todo: post-modernista, post-yuppie, post-comunista, post-babyboom, post-capa de ozono, donde no hay realismo mágico sino realismo virtual".

Algo interesante a notar es que esta antología, editada por Alberto Fuguet y Sergio Gómez y que pretende ser post-todo, parece ser también post-literatura femenina pues no contiene cuentos de ninguna escritora. Entre los autores contenidos en la antología se encuentran Fuguet y Gómez, Rodrigo Fresán y Martín Rejtman de Argentina, Santiago Gamboa de Colombia, Jaime Bayly del Perú, Edmundo Paz Soldán de Bolivia y Gustavo Escanlar del Uruguay.

Otros libros publicados por Fuguet son: *Por favor, rebobinar* (1994); *Tinta roja* (2001) y *Las películas de mi vida* (2005) y como co-editor junto a Edmundo Paz Soldán, escritor boliviano que también pertenece a la generación McOndo, *Se habla español, voces latinas en USA* (2000). Sergio Gómez, por su parte, obtuvo en el 2002 el Premio Lengua de Trapo con su novela *La obra literaria de Mario Valdini*. Edmundo Paz Soldán a quien los críticos ven como uno de los escritores más sólidos de la generación ha publicado, entre otros, *Sueños digitales* (2001) y *La materia del deseo* (2004) y ha sido ganador de varios premios importantes como el de cuento Juan Rulfo 1997 y finalista del Premio de Novela Rómulo Gallegos.

En cuanto a la generación del *crack* la caracteriza en primer lugar el que agrupa exclusivamente a escritores mexicanos. Las primeras obras de autores de esta generación fueron *El temperamento melancólico* de Jorge Volpi; *Memoria de los días* de Vicente Arrasti; *Si volviesen sus majestades* de Ignacio Padilla; *La conspiración idiota* de Ricardo Chávez y *Las rémoras* de Eloy Arroz, las que no tuvieron repercusión sino nacional. El reconocimiento les llegaría cuando en 1999 Jorge Volpi ganó el Premio Biblioteca Breve de Seix Barral con *En busca de Klingsor*. Luego en el 2000 Ignacio Padilla ganó el Premio Primavera con su obra *Amphitryon*. De ahí en adelante el reconocimiento a esta nueva generación de escritores no se hizo esperar contando tanto con defensores como detractores.

VII.7. La literatura de escritores indígenas

En los últimos años de la década del 2000 se han estado dando a conocer nuevas voces de escritores indígenas quienes escriben tanto en español como en su lengua originaria. Chile es testigo de un fuerte movimiento de poesía mapuche; asimismo han surgido escritores zapotecas, huicholas y descendientes mayas en México; guaraníes en Paraguay; kunas en Panamá; arawacos, caribes, mayúus, chibchas y yanomamis en Venezuela y quechuas en Perú y Bolivia quienes intentan reivindicar sus lenguas y tradiciones.

La difusión de estas nuevas voces ha sido posible gracias a la organización de concursos y encuentros de poetas indígenas en distintos países; la apertura de espacios de difusión para estas corrientes por parte de instituciones universitarias; la acogida que las mismas han recibido en las ferias internacionales de libros.

Por ejemplo, a la Feria Internacional del Libro en Guadalajara en el 2007 fueron invitados a leer su trabajo tres escritores originarios colombianos: Abadio Green, de origen kuna, Hugo Jamioy Juagibioy del Valle de Sibundoy en el Putumayo y Miguel Ángel López (Vito Apüshana) de origen wayúu.

En Colombia, la Universidad Javeriana ofrece una cátedra sobre literaturas indígenas y en la Universidad de Antioquia se ofrecerá una Licenciatura en "Pedagogía de la Madre Tierra".

En Chile, la Asociación de Academias de la Lengua Española, aceptó como miembro al escritor mapuche Elikura Chihuailaf cuya obra ha sido traducida a varios idiomas.

Aunque todos éstos pueden parecer acontecimientos aislados, lo cierto es que todos apuntan al reconocimiento de las voces indígenas del continente.

Lo que caracteriza a esta generación de escritores, en su mayoría poetas, es el biculturalismo; mientras que están inmersos y mantienen viva la tradición oral de sus ancestros, tienen a su vez una formación académica ortodoxa y han recibido la influencia de poetas como Borges, Cernuda, Neruda o Vallejo. Sus voces, según Miguel Ángel López, intentan encontrar en la escritura estructuras y ritmos de la tradición oral. Para Hugo Jamioy su literatura es un puente entre la sabiduría de los pueblos originarios y el mundo occidental.

Entre los textos de Hugo Jamioy se encuentran: *Mi fuego y mi humo, mi tierra y mi sol*; *No somos gente* y *Danzantes del viento*. Éstos han sido traducidos al inglés, francés, italiano y portugués. Por su parte, Miguel Ángel López ganó el Premio Casa de las Américas en el 2000 con la obra *Encuentros en los senderos de Avya Yala*.

VII.8. La literatura latinoamericana en el siglo XXI

En la década del 2000 aparece el desencanto; como dijéramos, el héroe del siglo pasado es despojado de su aura y una realidad (y un personaje) más complejos aparecen en: *La materia del deseo* (2001), del boliviano Edmundo Paz Soldán; *Los ejércitos* (2006), del colombiano Evelio Rosero. En estas dos novelas la desmitificación del guerrillero va mucho más allá, al establecer un paralelismo entre todo tipo de violencia y el autoritarismo. Las novelas argentinas *Muertos de amor* (2007) de Jorge Lanata; y *A quien corresponda* (2008) de Martín Caparrós, sin embargo, aunque también desmitifican la figura del guerrillero, lo presentan como un ser, en principio, con buenas intenciones.

Entre los años noventa y comienzos del nuevo siglo XXI, siglo de la era digital, se asentaron otros nombres como los de los chilenos Luis Sepúlveda (RIP), Roberto Bolaño (RIP), Hernán Rivera Letelier, Arturo Fontaine Talvera y Diamela Eltit; Fernando Ampuero, Santiago Roncagliolo y Jaime Bayly del Perú; Eloy Tomás Martínez (RIP) de Argentina; Fernando Vallejo, William Ospina, Laura Restrepo y Consuelo Triviño de Colombia; y Mayra Santos Febres de Puerto Rico, por sólo nombrar algunos.

Todavía es muy pronto para llegar a conclusiones de lo que el nuevo siglo depara para las letras latinoamericanas. Tal vez las palabras de Roberto Bolaño sobre uno de los escritores que se destacan en estos comienzos de siglo nos puedan servir de faro: "la literatura del siglo XXI pertenecerá a Neuman y a unos pocos de sus hermanos de sangre". Se refería Bolaño al escritor Andrés Neuman, nacido en Argentina, pero criado en España. Neuman cultiva la poesía, el cuento y la novela. Sus dos novelas: *El viajero del siglo* (2009) y *Cómo viajar sin ver* (2010) sirven de paradigma a su dualidad hispano-argentina. En la primera encontramos un paralelismo entre la Europa posnapoleónica y la actual, y en la segunda, nos sumimos en un vertiginoso viaje por una América Latina que se mueve al compás de las contradicciones provocadas por la globalización.

Como prolongación de la literatura escrita por la generación McOndo se está produciendo una ficción urbana muy personal cuyo objetivo es más bien reflexionar sobre las relaciones humanas entre individuos de clase media/media alta y sus maneras de enfrentar sus sentimientos de pérdida, sufrimiento, soledad, pertenencia, aislamiento, por ejemplo, en algunas obras de los chilenos Carla Guelfenbein, Alejandro Zambra y del peruano Santiago Roncaglio. Algunas de las obras representativas son: *La vida privada de los árboles* (2007) de Zambra, *El resto es silencio* (2009) de Guelfenbein, *Pudor* (2004) de Roncaglio.

Otra tendencia reciente es la de volcarse sobre la niñez para pasar revista a un pasado inmediato con el objetivo de entender el presente de una generación apática en oposición al intelectual con compromiso social que representaron sus progenitores fuera que lucharan contra gobiernos dictatoriales y defendieran los grandes ideales revolucionarios, fuera que apoyaran a los dictadores de derecha. Estas novelas, en general, representan una especie de arreglo de cuentas con aquella generación que prometió un hombre y un mundo nuevo y no cumplió. Algunas obras representativas son: *Bosque quemado* (2007) de Roberto Brodsky, *El espíritu de mis padres sigue subiendo en la lluvia* de Patricio Pron, *Canción de tumba* (2011) de Julián Herbert, *El cuerpo en que nací* (2011) de Guadalupe Nettel, *En voz baja* (2010) de Alejandra Costamagna, *Formas de volver a casa* (2011) de Alejandro Zambra.

VII.9. La literatura hispana en los Estados Unidos: en busca de identidad

En nuestros días, un panorama de la literatura hispanoamericana no está completo si no se habla de los llamados *latino writers*, es decir, los escritores provenientes de diversos grupos étnicos latinos en los Estados Unidos cuyas raíces pueden trazarse a países donde el español es la lengua oficial; latinos nacidos y/o criados en los Estados Unidos, hijos de emigrantes llegados a este país a tierna edad.

Con el crecimiento de la población de origen hispano en el censo de 1980 fue incluida una nueva categoría de autodefinición, "Spanish-Hispanic origin". Sin embargo, el 96% de las personas que podían autodefinirse como "Hispanas" optó por la categoría de "otro". Es obvio que la gente necesitaba de más precisiones para autodefinirse las que luego fueron presentadas de la siguiente manera: "¿Es esta persona de origen o descendencia hispana?": "No"; "Sí, mexicano, mexicoamericano, chicano"; "Sí, puertorriqueño"; "Sí, cubano"; "Sí, de otro origen español-hispánico". Gracias a la lengua común, los hispanos en los Estados Unidos se convierten en una especie de nación dentro de la nación. Como dice Marta Giménez, el término "hispano" despoja a la gente de su identidad histórico-geográfica particular y la viste de unidad cultural y lingüística.

La mayoría de los escritores clasificados como *latino* o *latina* escriben predominantemente en inglés pues es el idioma en que han crecido y han obtenido la educación formal, aunque algunos han desarrollado la escritura bilingüe en que pasan de un idioma al otro sin transición lo que refleja la realidad del mundo hispano familiar en que viven y el ámbito público de la sociedad norteamericana en que se desenvuelven. Por ello, la mayoría de ellos explora o ha explorado el tema de la identidad, racial en algunos casos, de género en otros, y el tema de la pertenencia. A través de sus obras nos muestran los problemas que han enfrentado como latinos creciendo en una sociedad diferente y cómo han copado con éstos.

El tema de búsqueda de identidad está reflejado, por ejemplo en los poemas "Bilingual Blues" del escritor de origen cubano, profesor de literatura en la Universidad de Columbia en Nueva York, Gustavo Pérez-Firmat y "Where you from?" de Gina Valdés, méxico-americana nacida en Los Ángeles y criada en la frontera entre México y los EEUU. Veamos unas estrofas significativas de los mismos:

Bilingual Blues

...

I have mixed feelings about everything.
Soy un ajiaco de contradicciones.
Vexed, hexed, complexed,
Hyphenated, oxygenated, illegally alienated,
Psycho soy, cantando voy:

...

Soy un ajiaco de contradicciones,
Un puré de impurezas
A little square from Rubik's Cuba
Que nadie nunca acoplará.
(Cha-cha-cha.)

de *Bilingual Blues* (1995)

Where you from?

Where you from?
Soy de aquí
y soy de allá
from here
and from there
born in L.A.
del otro lado
y de éste
crecí en L.A.
y en Ensenada
my mouth
still tastes
of naranjas
con chile
soy del sur
y del norte
...
where you from?
soy de aquí
y soy de allá
I didn't build
this border that halts me
the word fron
tera splits
on my tongue

449

También está presente el tema de la búsqueda de identidad y de la discriminación en el libro *Yo, Alejandro, the Story of a Young Latino Boy Struggling Through Life* (2000) de Alejandro Gac-Artigas (1988-). El caso de Gac-Artigas es particular; de padre chileno y madre puertorriqueña llegó a los Estados Unidos cuando apenas tenía dos años y medio. Publicó éste, su primer libro a la edad de doce, con excelente acogida de la crítica especializada. *Booklist*, la revista de la asociación de bibliotecas de los Estados Unidos se refirió a él como un escritor prometedor cuyo libro valía la pena ser saboreado incluso por lectores adultos; el Centro para Jóvenes Superdotados de la Universidad Johns Hopkins lo incluyó en su lista de libros recomendados para los estudiantes de quinto al octavo grado y cientos de escuelas del país y algunas universidades comenzaron a incluirlo en sus programas de lecturas. Por los logros alcanzados, Alejandro se convirtió en modelo para los niños latinos, de otras minorías, u otros niños que como él, también habían sido discriminados por una u otra razón.

Tras la publicación de su libro empezó a ser invitado a las escuelas y a conferencias nacionales a dar charlas sobre cómo combatir la discriminación de una manera positiva. Termina su libro con una fuerte afirmación de quién es y del rol que la generación que él representa jugará dentro de esta sociedad: "Quizás aún no me quieren, pero tienen que tomarme en cuenta, puesto que existo. Yo, Alejandro", (nuestra traducción). Entre los premios obtenidos por su labor literaria y social se encuentran el "Princeton University Prize on Race Relations" (2004) y la Medalla de Plata de Periodismo del "Hispanic Heritage Youth Award" (2005). Alejandro publicó un segundo libro, *Off to Catch the Sun* (2002), colección de cuentos y poemas. En el año 2009 se graduó de la Universidad de Harvard. Hoy en día dirige su propia organización no lucrativa *Springboard Collaborative*, programa de verano de seis semanas que combina enseñanza de lectura a niños de kínder a tercer grado en barrios desfavorecidos, entrenamiento a los padres para que puedan convertirse en segundos maestros de los niños en casa y entrenamiento a los maestros, así como incentivos para quienes alcancen o superen las metas de lectura que se les asigne al comenzar el programa. El objetivo es cerrar la brecha de alfabetización que se produce en esos grados entre estos niños y los de niveles socioeconómicos superiores.

Las chicanas Gloria Anzaldúa (1942-2004) y Cherríe Moraga (1952) se han distinguido no sólo por su labor literaria sino por su activismo político en defensa de la igualdad de género y racial, y de los derechos de los homosexuales en particular las lesbianas. Juntas coeditaron tres libros que se han convertido en indispensables a la difusión de la literatura femenina de minorías mestizas y negras en los Estados Unidos y de un marco teórico para el estudio de la misma: *This Bridge Called My Back: Writings by Radical Women of Color* (1981); *Making Face, Making Soul/Haciendo Caras: Creative and Critical Perspectives by Women of Color* (1990); y *This Bridge We Call Home: Ra-*

dical Visions for Transformation (2002). Anzaldúa también publicó, entre otros, *Borderlands/La Frontera: The New Mestiza* (1987) y Moraga, *Waiting in the Wings: Portrait of a Queer Motherhood*, memoria (1997).

Uno de los escritores que ha logrado mayor reconocimiento es Junot Díaz, de origen dominicano quien en el 2008 ganara el Premio Pulitzer a la mejor obra de ficción por su novela *The Brief Wondrous Life of Oscar Wao* basada en sus propias experiencias como joven latino. Díaz nació en 1968 en la República Dominicana y desde la edad de seis años reside en los Estados Unidos adonde emigró con su familia. Tiene a su haber, además, dos colecciones de historias cortas: *Drown* (1996) y *This is How You Lose Her* (2012). En adición del Pulitzer ha obtenido, entre otros premios, una de las codiciadas becas de la Fundación Gugghenheim, el premio Roma de la Academia Americana de Artes y Letras, miembro del jurado del Premio Pulitzer, nombrado "MacArthur Fellow" en el 2012. Actualmente, Díaz se desempeña como profesor de escritura creativa en el Instituto de Tecnología de Massachusetts (MIT) y paralelamente desarrolla su activismo político a través de su participación en diversas organizaciones de la comunidad dominicana en Nueva York, entre ellas, el Partido de los Trabajadores Dominicanos, la Unión de Jóvenes Dominicanos y Pro-Libertad.

Otros escritores que se han distinguido en los últimos años son Julia Álvarez, Sandra Benítez, Ana Castillo, Sandra Cisneros, Cristina García, Judith Ortiz-Cofer, Esmeralda Santiago y Helena María Viramontes. *La casa en Mango Street* (1983) de Cisneros, *Cómo las García perdieron su acento* (1991) de Álvarez, *Soñar en cubano* (1993) de García y *Cuando era puertorriqueña* (1994) de Santiago marcan un hito dentro de la historia de la literatura latina en los Estados Unidos pues por muchos años permanecieron en el ambiente literario como las representantes de la experiencia del hispano en los Estados Unidos desde diferentes puntos del espectro geográfico-histórico latinoamericano, contada desde la perspectiva de una chicana, una dominicana, y una cubana ambas refugiadas políticas y de una puertorriqueña emigrante. En todas las obras está presente la búsqueda de identidad y las dificultades de crecer en una sociedad diferente.

No podemos dejar de mencionar algunos nombres de pilares a la base de la literatura latina en los Estados Unidos como lo son los poetas chicanos Ricardo Sánchez (1941-1995), Lalo Delgado (1930-2004) y Rolando Hinojosa-Smith (1929-) y el poeta puertorriqueño Pedro Pietri (1944-2004).

Preguntas de comprensión y repaso

VII. La literatura

VII.1. Siglos XVI y XVII

1. ¿Quiénes tenían a cargo la difusión cultural en la época colonial?

2. ¿Cuál es la importancia de *Comentarios reales* de Garcilaso de la Vega, el inca?

3. ¿Qué importancia tiene Sor Juana Inés de la Cruz dentro de la literatura hispanoamericana?

VII.2. Siglo XIX

A. Romanticismo

1. Explique el lugar que tiene *El periquillo sarniento* dentro de la letra hispanoamericana.

2. Mencione algunas de las obras más representativas del romanticismo en Hispanoamérica.

B. Realismo y naturalismo

1. Explique la importancia de *Aves sin nido*.

2. Mencione las obras representativas del naturalismo.

3. Sitúe las obras de teatro representativas del naturalismo.

VII.3. Siglo XX

A. Modernismo

1. ¿Quién es considerado el padre del modernismo?

2. ¿Quién fue Horacio Quiroga y en qué sentido se le compara a Rubén Darío?

B. Postmodernismo

1. Mencione algunas de las tendencias de la prosa y la poesía durante el periodo llamado posmodernista con ejemplos de obras.

VII.4. La literatura del *boom* y el realismo mágico

1. ¿A qué se le llamó la literatura del *boom*?

2. Describa lo que fue el realismo mágico y dé nombres de autores y obras.

VII.5. El post-*boom*

1. ¿Qué caracteriza la literatura del post-*boom*?

VII.6. La generación McOndo y la generación del *crack*

1. Describa lo que es la generación McOndo y por qué se autodenominan así.

2. Describa la generación del *crack* y dé nombres de autores y obras.

VII.7. Literatura de escritores indígenas

1. ¿Qué caracteriza a esta literatura? ¿Cuándo comienza a tener reconocimiento? ¿Qué ha contribuido a su difusión?

VII.8. La literatura latinoamericana en el siglo XXI

1. ¿Qué se puede decir de la literatura latinoamericana en el siglo XXI?

VII.9. La literatura hispana en los Estados Unidos: en busca de identidad

1. Describa lo que caracteriza a grandes rasgos la literatura hispana en los Estados Unidos y dé nombres de autores y obras significativas.

Empareje:

Luego vuelva a la sección **¿Cuánto sabemos?** al comienzo del capítulo para comparar sus respuestas antes de estudiar el capítulo y después.

_____ 1. *Aves sin nido*		A. *Cómo las García perdieron su acento*
_____ 2. *La charca*		B. Garcilaso de la Vega, el Inca
_____ 3. *María*		C. Denuncia abuso mujeres por sacerdotes
_____ 4. *El periquillo sarniento*		D. Su autor dirige *Springboard Collaborative*
_____ 5. *Azul*		E. Poeta chileno de poesía muy variada
_____ 6. Generación McOndo		F. Primera gran poeta latinoamericana
_____ 7. Horacio Quiroga		G. Novela romántica por excelencia
_____ 8. Pablo Neruda		H. *La casa de los espíritus*
_____ 9. Gabriela Mistral		I. La experiencia puertorriqueña
_____ 10. *Cien años de soledad*		J. Al cuento lo que Darío a la poesía
_____ 11. *Yo, Alejandro*		D. Escritoras y activistas políticas
_____ 12. Generación del *crack*		K. Naturalismo
_____ 13. Isabel Allende		L. Novela indigenista
_____ 14. Pérez-Firmat y Valdés		M. Fuguet y Gómez
_____ 15. *Yawar fiesta*		N. Andrés Neuman
_____ 16. *Doña Bárbara*		O. Primer escritor latinoamericano en recibir Premio Nobel de literatura (1945)
_____ 17. Sor Juana		P. Premio Pulitzer
_____ 18. *Comentarios reales*		Q. Poesía afroantillana
_____ 19. Guillén y Palés Matos		R. Búsqueda de identidad
_____ 20. Sandra Cisneros		S. Da inicio al modernismo
_____ 21. *Cómo viajar sin ver*		V. La experiencia chicana
_____ 22. Junot Díaz		T. Novela telúrica
_____ 23. Julia Álvarez		T. Gabriel García Márquez
_____ 24. Esmeralda Santiago		U. Novela picaresca
_____ 25. Anzaldúa y Moraga		V. Ruptura con literatura "bananera"

Más allá de los hechos: temas para pensar, investigar, escribir y conversar

1. Lea algunos de los cuentos de los escritores de la generación McOndo o de la generación del *crack*; busque información adicional sobre el reguetón, y escriba un ensayo comparativo sobre este tipo de música y este tipo de literatura.

2. Lea los sonetos de Sor Juana "Hombres necios que acusáis" y "En perseguirme, mundo, ¿qué interesas?" Analícelos y escriba un ensayo corto sobre el feminismo en la poesía de Sor Juana.

3. ¿En qué sentido la literatura hispanoamericana ha estado vinculada a la realidad político-social del momento? Busque información adicional y escriba un ensayo o haga una presentación a la clase.

4. Según Alberto Fuguet de la generación McOndo "América Latina es un lugar donde el siglo XIX se mezcla con el siglo XXI. Más que mágico, éste es un lugar extraño. El realismo mágico reduce demasiado una realidad que es muy compleja y la hace atractiva. América Latina no es atractiva". ¿Está Ud. de acuerdo con él o no? Escriba un ensayo exponiendo su opinión.

5. Consiga alguno de los textos mencionados escrito por alguno de los autores latinos de Estados Unidos. Léalo y haga una presentación a la clase de los temas presentes en el mismo y muestre cómo tanto temas como estilo en el texto se enmarcan dentro de la llamada "literatura latina en los Estados Unidos".

CAPÍTULO VIII

Las artes

¿Cuánto sabemos?

I. Conteste las siguientes preguntas y luego compare sus respuestas con un compañero/a de clase. Cuando termine de estudiar el capítulo, después de completar la sección **¿Cuánto sabemos ahora?,** vea cuáles de sus respuestas iniciales estaban correctas.

1) Las líneas de Nasca se encuentran en Perú.

Cierto o Falso

2) Uno de los siguientes fue un famoso pintor mexicano que no pintó murales:
   a) Diego Rivera
   b) Rufino Tamayo
   c) David Alfaro Siqueiros

3) Frida Kahlo fue una gran pintora mexicana de comienzos del siglo XX.

Cierto o Falso

4) Wilfredo Lam fue un famoso pintor uruguayo.

Cierto o Falso

5) El indigenismo es un estilo de pintura autóctono de Latinoamérica.

Cierto o Falso

6) En la época colonial el arte servía para evangelizar a los indígenas.

Cierto o Falso

7) Un famoso pintor colombiano contemporáneo hizo una serie de pinturas inspirado en los horrores de Abu Grhaib en Irak.

Cierto o Falso

8) Latinoamérica aún no ha logrado tener expresiones artísticas propias.

Cierto o Falso

9) Se llamó barroco mestizo a la pintura latinoamericana de la época colonial.

Cierto o Falso

10) Hasta bien adentrado el siglo XX no hubo ningún pintor latinoamericano que se destacara internacionalmente.

Cierto o Falso

CAPÍTULO VIII
Las Artes

VIII.1. Periodo prehispánico

En el primer capítulo de este libro vimos que para las culturas prehispánicas la expresión artística representó una extensión de su vida cotidiana y otra manifestación de su conexión con la naturaleza y adoración a sus dioses. Por ello la arquitectura, que incluyó la construcción de templos, pirámides y palacios; la escultura; y el desarrollo de la cerámica y los tejidos fueron las expresiones artísticas de las que nos han llegado las representaciones más impresionantes. Al gran sentido artístico y estético de estas civilizaciones también debemos el desarrollo de la orfebrería, de la que han llegado a nosotros asombrosos ejemplos de adornos hechos en metal ornamentados con plumas o piedras preciosas.

Como presagiando el futuro de su civilización, los olmecas dejaron sus gigantescas cabezas humanas talladas en piedra basáltica que pareciera quisieran permanecer como testigos de la historia y que nos miran desde la eternidad de sus ojos abiertos y su colosal tamaño. Estas cabezas tienen una altura que va de los 2,4 a los 3,6 metros (7' 10 ½" - 11' 9 ¾").

La cultura nasca, antes de ser conquistada por los incas, dejó las fabulosas líneas de Nasca. El conocer hoy en día sobre esta maravilla data de 1939 y lo debemos a su descubridor, Paul Kosok, científico norteamericano y a su asistente alemana, María Reiche, quien dedicó gran parte de su vida (desde 1940 hasta su muerte en 1998) al estudio, desciframiento, fotografía y análisis de lo que hoy ha sido clasificado por la UNESCO como patrimonio cultural de la humanidad.

Figura de astronauta sobre la piedra

Las líneas de Nasca no pueden apreciarse en su magnitud sino vistas desde una altitud aproximada de 1500 pies. Están compuestas por una enorme red de líneas y figuras geométricas que forman, entre otras, claras representaciones de animales: pájaros, un lagarto, un mono, una araña; hay

457

también una figura que parece representar a un astronauta. Están localizadas en la zona desértica, hacia la costa sur del Perú, sobre la pampa, árida y seca, que se extiende entre los pueblos de Palpa y Nasca. Aún hoy en día las líneas de Nasca siguen siendo un enigma y las teorías sobre su significado abundan, desde la de María Reiche de que representan un calendario astronómico a la del escritor suizo, Erich von Daniken quien en su libro *Chariots of the Gods* publicado en 1968 exponía su teoría de que representaban un campo de aterrizaje para naves extraterrestres. En lo que todo el mundo coincide, es en su majestuosidad.

Los mayas nos dejaron el complejo arqueológico de Chichén Itzá, así como pinturas murales que representaban tanto escenas mitológicas de la cosmogonía maya como de su vida diaria. Dejaron igualmente muestras de esculturas en las que sobresale la utilización de la técnica del bajo relieve.

La civilización azteca aportó importantes muestras de arquitectura y escultura, siendo su gigantesco calendario en piedra el más impresionante ejemplo de sus extraordinarias habilidades artísticas y también científicas.

En cuanto a los incas, es evidente que Machu Picchu y el complejo arqueológico del Valle Sagrado son la representación sin par de la combinación de sus extremadamente avanzadas habilidades arquitectónicas y de ingeniería donde lo estético y lo práctico se complementan. Puentes colgantes, canales de regadío, terrazas para la siembra, templos y palacios forman el conjunto del legado artístico y cultural incaico.

Puente colgante sobre el río Apurímac

Las culturas de las Antillas aportaron piezas en cerámica, barro y madera, así como esculturas de tamaño normal. Uno de los complejos arqueológicos mejor conservados es el centro ceremonial indígena de Caguana en Utuado, Puerto Rico, legado de los indios taínos. El mismo fue descubierto a comienzos del siglo XX y a través de los años su conservación y restauración han estado a cargo del Instituto de Cultura Puertorriqueña. El centro está conformado por doce bateyes delimitados por petroglifos (piedras con diseños simbólicos grabados). Algunos de estos bateyes estaban destinados al juego de la pelota, otros a ceremonias religiosas.

VIII.2. Época colonial

Las muestras más representativas del arte en el periodo colonial pertenecen a la arquitectura y a la pintura pues ambas estuvieron vinculadas a la evangelización de los pueblos conquistados. El arte representó una manera de romper la barrera del idioma y, evidentemente, facilitó el hacerles entender a los nativos los conceptos abstractos de la religión católica. La construcción de catedrales, iglesias y monasterios en las ciudades importantes de los virreinatos fue parte de la estrategia evangelizadora, así como las pinturas de ángeles, vírgenes, santos y mártires que adornan sus paredes. Siendo en sus comienzos los europeos tanto maestros como modelos, la pintura de esta época estuvo influenciada por las modas del viejo mundo. Los españoles importaron obras de arte europeas para que sirvieran de modelo e igualmente trajeron maestros italianos para establecer los primeros talleres de formación artística. Con el correr de los años y el sincretismo como estrategia evangelizadora la pintura fue adquiriendo un color local en el que se mezclan las creencias religiosas de ambos mundos en la temática así como estilos de ambos lados en la técnica. Se pintaba sobre madera y en tela, pero en regiones como la andina, donde la madera no era fácil de conseguir, floreció la pintura mural.

Puerta de entrada a la Iglesia de San Francisco en La Paz, Bolivia, ejemplo del barroco mestizo en la arquitectura

La Escuela de Cusco es la mejor representante del estilo barroco mestizo en la pintura, el que comienza a desarrollarse a partir de los años 1650 y tiene su apogeo en el siglo XVIII. Sus dos mayores representantes lo fueron los pintores de origen indígena Diego Quispe Tito y Basilio de Santa Cruz Pumacallao. Una de las características de este estilo mestizo es el uso de la técnica del brocateado, es decir, aplicar pintura dorada o plateada sobre las imágenes religiosas (las ropas, los halos, los cortinajes de trasfondo) para hacerlas resaltar o producir efectos visuales. En el barroco mestizo encontramos las bases de la pintura latinoamericana moderna.

El siglo XIX vio nacer a Francisco Oller, quien llegaría a convertirse en el único pintor hispanoamericano en jugar un rol importante en el desarrollo del impresionismo en la pintura. Nació en 1833 en Bayamón, Puerto Rico; a los 18 años salió de la Isla para estudiar pintura en Madrid, y siete años más tarde, en 1858 se estableció en París en donde frecuentó otros pintores que residían en la ciudad luz como Picasso, Renoir y Monet. De hecho, tuvo exposiciones conjuntas con estos dos últimos y otros pintores de la época. Su cuadro "El estudiante" se encuentra en el museo d'Orsay en París; su cuadro "El velorio" forma parte de la colección del museo de la Universidad de Puerto Rico en Río Piedras. Oller murió en San Juan en 1917.

El velorio, Francisco Oller

VIII.3. El arte después de la independencia

La iconografía religiosa de la colonia dio paso a un arte de afirmación de lo nacional; ya no se trataba de evangelizar sino de asentar las bases de las nacientes repúblicas. En ese sentido, el marco de la Revolución mexicana a comienzos de siglo se manifestó muy propicio al desarrollo de las artes en Latinoamérica. Un gran artista mexicano, José Guadalupe Posada (1852-1913), sobresalió durante este momento histórico en la técnica del grabado de crítica social y política.

La muerte, José Guadalupe Posada

En sus grabados dejó ilustradas la vida, costumbres y momento político del México convulso en que le tocara vivir. Sus caricaturas políticas son muy famosas, así como sus representaciones de la muerte, tan presente en la cultura del pueblo mexicano. Su trabajo influyó a los grandes muralistas post-revolucionarios Diego Rivera y José Clemente Orozco.

VIII.4. Siglo XX

A. El muralismo mexicano

En 1922, varios años después del fin de la Revolución, José Vasconcelos, Secretario de Instrucción Pública bajo el gobierno de Álvaro Obregón, dio a las artes el mismo impulso que a la educación en un proyecto que pretendía contrarrestar el serio problema de analfabetismo que sufría el pueblo mexicano en esa época. Patrocinó la creación de murales que cual inmensos libros pictóricos representaran la mexicanidad, entendida como el mexicano mestizo, y en cuyas imágenes el hombre del pueblo se viera reflejado. De aquí surgió el muralismo, el que gracias al talento de los artistas alcanzó reconocimiento internacional en sólo unas décadas; para los años treinta el muralismo servía de parámetro en Estados Unidos y Europa para evaluar cualquier obra o artista que viniera de Latinoamérica.

Sus principales artífices lo fueron José Clemente Orozco (1883-1949), Diego Rivera (1886-1957) y David Alfaro Siqueiros (1896-1974). Una de las características substanciales del muralismo lo fue su profundo contenido político y su estilo narrativo en los que el pueblo mexicano podía leer una parte de su historia. Por ejemplo, algunos de los murales de Rivera trataban temas precolombinos o representaban la mexicanidad como "La gran Tenochtitlán" (1945) o la "Épica del pueblo mexicano" (1034-35), pero también pintó algunos que reflejaban acontecimientos de la época desde su punto de vista y celebraban la muerte del capitalismo y el triunfo del socialismo, como "Hombre en una encrucijada" (1934) que pintara en el Rockefeller Center y que fuera destruido ese mismo año por contener una imagen de Lenin que Rivera se negó a eliminar.

Hombre en una encrucijada, Diego Rivera

Los tres muralistas compartieron la participación activa en la política de su país y los ideales socialistas lo que se ve reflejado en sus obras. Sobre el arte muralista decía Diego Rivera que era como "[e]scribir en enormes murales públicos la historia de la gente iletrada que no puede leerla en libros" (Monsiváis). De hecho, los críticos consideran que la idea de la Revolución mexicana como un movimiento social único tiene su base en los murales de Rivera. Por su parte, José Clemente Orozco consideraba que "la forma pictórica más alta, la más pura, es el mural. Es también la forma más desinteresada, porque no puede ser asunto de ganancias privadas, no puede esconderse para beneficiar a unos cuantos privilegiados. Es para el pueblo. Es para todos" (Monsiváis).

B. Repercusión del muralismo mexicano en Latinoamérica

El muralismo mexicano tuvo influencia en otros países del continente, siendo Brasil y Colombia los países en que más rápido esa influencia se dejó sentir. En Brasil, el gobierno de Getúlio Vargas patrocinó un gran movimiento de realismo social para promover la unidad nacional bajo el emblema del mestizaje. Un pintor se destacó, Cándido Portinari (1903-1962) que como los muralistas mexicanos defendía ideas comunistas. Su más famosa pintura lleva el significativo título de "Mestizo".

En Colombia el muralista más destacado lo fue Pedro Nel Gómez (1899-1994), quien dejara murales pintados en diversos edificios públicos, entre ellos el Palacio Municipal y la Escuela de Minas de Medellín y en el Aula Máxima de la Facultad de Química de la Universidad de Antioquia. Además de artista Gómez ocupó puestos importantes en la docencia; fue director de la Escuela de Bellas Artes de Medellín y fundador de la Facultad de Arquitectura de la Universidad Nacional de Colombia. Ello le permitió ejercer una gran influencia en los artistas de la época.

El muralismo como expresión artística continuó vivo durante todo el siglo XX tomando auge en diferentes países en momentos revolucionarios cuando, como después de la Revolución mexicana, hubo apoyo gubernamental a las artes. En Bolivia se desarrolló a partir de la llegada al poder del gobierno revolucionario de Víctor Paz Estenssoro en 1952. Sus principales representantes lo fueron Miguel Alandia Pantoja (1914-1975); Walter Solón Romero (1925-); y Gil Imana (1933-). Estos tres artistas fundaron el Grupo Anteo cuyo objetivo, al igual que lo fue el del muralismo mexicano, era el de promover las artes para el pueblo. El muralismo en Bolivia fue prohibido por el gobierno militar que sucedió a Paz Estenssoro por su manifiesto compromiso social con los indígenas, los obreros y en general las clases desfavorecidas.

En Chile el muralismo comenzó a florecer a comienzos de los setenta, justo antes de la llegada al poder del presidente socialista Salvador Allende. En un comienzo los murales llevaban un mensaje propagandístico y luego de concienciación. Más que a través de pintores individuales el muralismo chileno se distinguió por las brigadas, siendo una de las más reconocidas la Brigada Ramona Parra. Al igual que en Bolivia, el muralismo chileno quedó trunco debido al golpe de Estado de 1973.

C. El indigenismo

Del muralismo surgió el indigenismo, estilo de pintura típicamente americano que se propagó por todos los países donde la población indígena era numerosa. Aunque la gran mayoría de pintores indigenistas provenían, en general, de la clase media urbana, se nutrían de las tradiciones y culturas indígenas y dentro del movimiento de afirmación nacional buscaron reivindicar los derechos de este sector de la población. Siguiendo esta corriente, en Ecuador se destacó Oswaldo Guayasamín (1919-1999) quien decía sobre su obra: "Mi pintura es para herir, para arañar y golpear en el corazón de la gente. Para mostrar lo que el Hombre hace contra el Hombre".

Guayasamín: *Las manos de la ternura*

Su estilo es uno muy particular donde se mezclan características del

463

realismo social, el expresionismo y el cubismo y donde las manos, las caras, las bocas gritan su dolor o expresan su ternura a través de la luz, del color y de gestos cargados de profundo dramatismo. Sobresalen entre sus obras tres grandes colecciones que abarcan su vida como pintor: *Huacayñan (El camino de las lágrimas,* en quechua) que pintara entre 1946 y 1952 y que está compuesta de 103 cuadros y un mural. En éstos se ve reflejado el mestizaje entre las culturas indígenas y negras en el Ecuador; *La edad de la ira* (1961-1990), 150 cuadros que denuncian la violencia ejercida por el hombre contra su propio hermano en la época moderna; y *La edad de la ternura* (1988-1999) un homenaje a su madre y a través de ella a todas las madres del mundo en tanto dadoras, y protectoras, de vida.

El máximo representante del indigenismo en Bolivia lo fue Cecilio Guzmán de Rojas (1900-1950) quien, como podemos ver, tuvo una vida muy corta, pero extremadamente productiva. Dos de sus más famosos cuadros son "El triunfo de la naturaleza" y "El Cristo Indio".

D. La Escuela del Sur

El caso del pintor uruguayo Joaquín Torres García (1874-1949) y su Escuela del Sur es muy singular. Torres García no solamente fue artista sino que reflexionó y escribió mucho sobre arte. Fue el creador de la teoría de la corriente estética que él llamara universalismo constructivo a través de la cual buscaba sentar las bases para el desarrollo de la unidad y la identidad cultural de esta América mestiza resultado de la mezcla del indígena, el africano y el europeo en la cual la cultura europeizante tendía a ser predominante. Torres García sentía gran admiración por las civilizaciones prehispánicas y su simbología religiosa reflejada en sus creaciones artísticas. Pensaba que los artistas latinoamericanos debían identificarse con el sentimiento de unidad que emanaba de éstas donde naturaleza y espíritu se manifestaban a través del hombre y su expresión artística. De acuerdo a esta estética el artista debía expresar en sus obras la comunión del hombre con el cosmos. En su búsqueda de un lenguaje al mismo tiempo americano y universal, moderno y eterno, las obras del universalismo constructivo utilizaban la simbología para expresar la realidad, bien fueran figuras geométricas como el círculo o el triángulo; o símbolos abstractos como la luz y el color; o símbolos marcados de eternidad como los encontrados en las esculturas, cerámicas u otras piezas de arte prehispánico; o símbolos de la modernidad como las máquinas o los relojes.

En 1935 Torres García escribió el manifiesto estético de la Escuela del Sur en el que decía: "He dicho Escuela del Sur; porque en realidad, nuestro norte es el Sur. No debe haber norte, para nosotros, sino por oposición a nuestro Sur. Por eso ahora ponemos el mapa al revés, y entonces ya tenemos justa idea de nuestra posición, y no como quieren en el resto del mundo. La punta de América, desde ahora, prologándose, señala insistentemente el

Sur, nuestro norte". Es interesante notar que el actual presidente de Venezuela, Hugo Chávez, retomó el lema de "nuestro norte es el sur" para la cadena de televisión Telesur, uno de cuyos fines es la integración sudamericana.

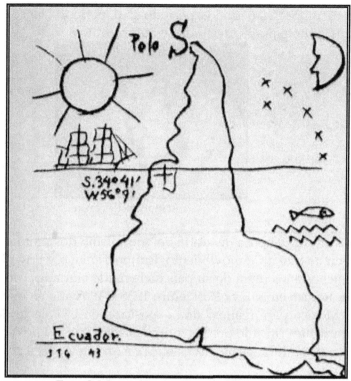

Foto © Museo Torres García. 2005
Cortesía de la Fundación Torres García <www.torresgarcia.org.uy>

Demás está decir que en un principio Torres García y su Escuela tuvieron sus detractores. En su defensa, el gran poeta chileno y padre del creacionismo, movimiento de vanguardia en la poesía, Vicente Huidobro (1893-1948), escribió una "Salutación a Joaquín Torres García" en la que decía: "Nada es tan mezquino como negar a un hombre la talla esencial de su alma. Podemos discutir sobre los problemas del agrado personal, pero no podemos borrar por antojos de cabeza embarazada el significado de una obra que resume la dedicación entusiasta de la vida entera de un hombre de alto espíritu… La obra de este gran pintor es una célula viva en medio de tantas cosas muertas… Ella inspira confianza en todo un continente, inspira fe en toda una raza y esperanzas en el futuro del hombre".

E. Otros grandes pintores del siglo XX

Ninguna historia de la pintura latinoamericana estaría completa sin, entre muchos otros, los nombres de Armando Reverón, venezolano (1889-1954); Rufino Tamayo, mexicano (1899-1991); Wilfredo Lam, cubano (1902-

1982); Frida Kahlo, mexicana (1907-1954); Roberto Matta, chileno (1911-2002); José Balmes y Gracia Barrios, chilenos (1927-) y Fernando Botero, colombiano (1932-).

Reverón es considerado el mejor pintor venezolano del siglo XX. Su pintura pasó por tres periodos: periodo azul, periodo blanco y periodo sepia en los que pintó paisajes, desnudos y autorretratos.

Armando Reverón

Durante la época de gloria del muralismo dos pintores se destacaron al margen de este gran movimiento, Rufino Tamayo y Frida Kahlo. Tamayo vivió muchos años fuera de su país incluyendo ciudades como París y Nueva York. Radicó en Nueva York entre 1936 y 1948 año en que regresó a Ciudad de México para realizar una exposición en el Palacio de Bellas Artes. Fue duramente criticado por los muralistas por su falta de compromiso político y por su pintura lejana a la estética de un arte de fácil acceso a un público popular.

Frida Khalo

La vida de Kahlo ha estado siempre asociada a la de Diego Rivera por haber sido compañeros en la vida personal y artística, y por haber compartido los mismos ideales políticos. Sin embargo, la pintura de Frida es muy diferente de la de Diego. El dolor físico y emocional fueron parte inherente de su vida y de su arte; 53 de sus 143 cuadros son autorretratos en los que se refleja su pena. También encontramos en su pintura una profunda preocupación por los problemas de la mujer y un estilo que ha sido clasificado por muchos como surrealista y onírico con clara presencia de elementos de su herencia indígena en los brillantes colores y en la simbología.

Frida Khalo y Diego Rivera circa 1932

Lo que representaron Nicolás Guillén y Luis Palés Matos en la poesía, lo representó Wilfredo Lam en la pintura, la reivindicación de la cultura negra. Hijo de padre inmigrante chino y madre afrocubana su herencia jugó un rol importante en la temática de su pintura. Quizás su interés por la cultura africana provino de la influencia de su abuela materna, practicante de la santería. Al igual que su contemporáneo Roberto Matta, su estilo estuvo muy influenciado por el movimiento surrealista y cubista; también como Matta, viajó mucho y estuvo en contacto con grandes pintores e intelectuales de la época como Picasso (quien le instara a desarollar su interés en las máscaras y el arte primitivo africano), Diego Rivera, Frida Kahlo, André Breton, Claude Lévi-Strauss, Aimé Césaire (martiniquense, padre del movimiento literario de la negritud) y Alejo Carpentier (escritor cubano, uno de los iniciadores del movimiento del realismo mágico en la literatura que él llamara "lo real maravilloso").

El enigma2 Wilfredo Lam

El arte de Roberto Matta estuvo influenciado en sus comienzos por el surrealismo europeo. Entre los años 1933 y 1938 viajó por toda Europa y estuvo en contacto con grandes arquitectos, artistas e intelectuales de la época como Lecorbusier, Federico García Lorca, Pablo Neruda, Salvador Dalí, André Breton, Marcel Duchamp, Picasso. El año de 1938 fue crucial en su carrera pues marcó su paso del dibujo a la pintura y fue el inicio de su vida en los Estados Unidos. Su primer cuadro en óleo se llamó "Crucifixión". Matta fue uno de los primeros pintores chilenos del siglo XX en alcanzar reconocimiento internacional.

Las vidas de José Balmes y Gracia Barrios tienen algunos aspectos en común con las de Diego y Frida con la diferencia de que el matrimonio de Balmes y Barrios no ha tenido el carácter tormentoso del de Rivera y Kahlo. Luego del golpe de Estado de 1973 Balmes y Barrios tuvieron que partir al exilio a París, donde permanecieron por más de una década. La pintura de Balmes está marcada por un hondo contenido social. Un ejemplo característico de su obra es "Camino de victoria" (1976). Un cuadro de Balmes refleja lo que según él era la característica esencial de un buen afiche, ser un grito en la pared. La pintura de Barrios, aunque también marcada por una profunda preocupación social, es al mismo tiempo más íntima y reflexiona sobre la vida cotidiana del hombre dentro de la sociedad. La mujer es tema central de muchos de sus cuadros. Durante su época de exilio sus pinturas estaban pobladas de rostros divididos, separados, que miraban, que buscaban sin encontrar; casi sombras en colores deslustrados que reflejaban la terrible realidad del exilio.

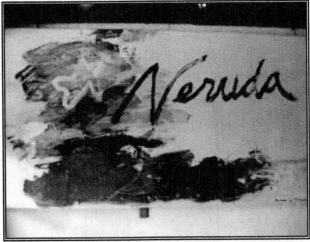

Neruda. José Balmes, Casa de Neruda en Isla Negra

En cuanto al colombiano Fernando Botero, su obra se separa completamente de la de sus contemporáneos. La caracterizan la profusión de figuras humanas infladas, el humor y la crítica social. Como ejemplos de sus pinturas mencionaremos su versión de la "Monalisa" (1977) y su colección basada en los actos de tortura cometidos en la prisión de Abu Grhaib en Irak

(2005). Interrogado sobre sus razones para pintar esta serie Botero respondió: "Por la ira que sentí y que sintió el mundo entero por este crimen cometido por el país que se presenta como modelo de compasión, de justicia y de civilización".

"Monalisa", Fernando Botero

En este momento histórico en que se está dando una profusión de literatura y cine indigenistas, resulta pertinente citar las palabras de Botero cuando fue honrado con el grado de Doctor Honoris Causa por la Universidad de Nuevo León, México en enero del 2008 sobre el futuro de las artes plásticas en Latinoamérica. En su discurso de aceptación del grado instó a sus colegas en las artes a regresar a sus orígenes precolombinos con el fin de crear obras que enriquezcan a la población y que sean perdurables. "El retorno a las raíces, los colores de América Latina y el arte prehispánico pueden alentar la fuerza creativa de los artistas latinoamericanos", concluyó.

Si tomamos en cuenta que a través de la historia las diferentes manifestaciones artísticas han recorrido caminos que se intersecan, las palabras de Botero nos permiten presagiar las nuevas tendencias que marcarán las artes plásticas latinoamericanas en el siglo XXI.

VIII.1. Periodo prehispánico

1. ¿Cuál fue el legado cultural de las civilizaciones prehispánicas?
2. ¿Qué son las líneas de Nasca y qué representan?
3. ¿Qué son los petroglifos y dónde podemos encontrar algunos en el área del Caribe?

VIII.2. Época colonial

1. ¿Por qué las artes que más se desarrollaron durante este periodo fueron la arquitectura y la pintura?
2. ¿Qué fue la Escuela de Cusco y quiénes fueron sus máximos representantes? ¿Qué es el brocateado?
3. ¿Quién fue Francisco Oller y cuál fue su importancia?

VIII.3. El arte después de la independencia

1. ¿Qué caracterizó el arte después de la independencia?
2. ¿Quién fue José Guadalupe Posada?

VIII.4. Siglo XX

1. Describa qué fue y qué representó el muralismo mexicano. ¿Qué pintores lo representaron y qué había en común entre ellos?
2. ¿Qué diferencia existe para José Clemente Orozco entre un mural y una pintura?
3. ¿Tuvo el muralismo influencia en otros países de Latinoamérica? Dé ejemplos.
4. Describa la pintura indigenista.
5. Explique la importancia de Joaquín Torres García y la Escuela del Sur.
6. Mencione algunos pintores famosos del siglo XX y dé ejemplos de sus obras.

Empareje:
Luego vuelva a la sección **¿Cuánto sabemos?** al comienzo del capítulo para compara sus respuestas antes de estudiar el capítulo y después.

_____ 1. Oswaldo Guayasamín
_____ 2. Machu Picchu
_____ 3. Cabezas colosales
_____ 4. Calendario
_____ 5. José Balmes
_____ 6. Fernando Botero
_____ 7. Muralismo mexicano
_____8. Centro ceremonial Caguana
_____ 9. Frida Kahlo
_____10. José Guadalupe Posada
_____ 11. Wilfredo Lam
_____ 12. Roberto Matta
_____ 13. Joaquín Torres García
_____ 14. Gracia Barrios
_____ 15. Rufino Tamayo
_____ 16. Líneas de Nasca
_____ 11. Francisco Oller
_____ 12. Brocateado
_____ 13. Escuela de Cusco
_____14. Pintura y arquitectura colonial
_____ 15. Cecilio Guzmán de Rojas

A. Olmecas
B. Juego de pelota y culto a los dioses
C. Pintó los horrores de Abu Grhaib
D. "Crucifixión"
E. Obra refleja realidad del exilio
F. Paul Kosok, María Reiche
G. Barroco mestizo
H. Historia contada en enormes libros pictóricos
I. Escuela del Sur
J. Autorretratos reflejan el drama de su vida
K. Legado en piedra azteca
L. Adornar con pintura dorada
M. Evangelización
N. Caricatura de crítica social
O. "El Cristo indio"
J. Legado cultural del pueblo inca
K. Indigenismo en pintura en Ecuador
L. "Camino de victoria"
M. Criticado por los muralistas
N. Reivindicación raíces negras en pintura
O. Movimiento impresionista hispanoamericano

Más allá de los hechos: temas para pensar, investigar, escribir y conversar

1. Visite el siguiente enlace de la base de datos LANIC con museos de Latinoamérica: <http://icom.museum/vlmp/latin-america.html>
Busque información adicional sobre alguno de los artistas mencionados en este capítulo y prepare una presentación creativa sobre su obra.

2. Como viéramos en este capítulo, entre las diversas interpretaciones del enigma de las líneas de Nasca están la de María Reiche para quien representan un calendario astronómico y la de Erich von Daniken para quien representan un campo de aterrizaje para naves extraterrestres. Busque información adicional sobre estas líneas y elabore su propia teoría sobre su significado o argumente a favor o en contra de una de las anteriores.

3. Busque información adicional sobre el poeta chileno Vicente Huidobro y el creacionismo en la poesía y sobre el universalismo constructivo de Joaquín Torres García y escriba un ensayo comparando y contrastando ambas propuestas artísticas.

4. Escriba un ensayo sobre el rol que ha jugado el arte en Latinoamérica a través de las épocas.

5. Busque información adicional sobre el muralismo en Latinoamérica y escriba un ensayo estableciendo los objetivos de este tipo de arte y el momento político en el que en general se produce y argumentando a favor o en contra de este tipo de expresión artística.

6. Piense en un tema controversial; busque información adicional sobre el grabado de crítica social de José Guadalupe Posada y elabore una caricatura original que refleje su opinión crítica sobre el tema.

7. Escoja un pintor latinoamericano, busque información sobre su obra y pinte un cuadro original siguiendo su estilo. Preséntelo a la clase y pida que adivinen qué estilo está imitando.

CAPÍTULO IX

El cine

CAPÍTULO IX
El cine

¿Cuánto sabemos?

I. Conteste las siguientes preguntas y luego compare sus respuestas con un compañero/a de clase. Cuando termine de estudiar el capítulo, después de completar la sección **¿Cuánto sabemos ahora?,** vea cuáles de sus respuestas iniciales estaban correctas.

1) El cine llegó a Latinoamérica en los últimos años del siglo XIX.

Cierto o Falso

2) Debido al machismo, en las primeras películas latinoamericanas las mujeres tenían prohibido actuar.

Cierto o Falso

3) De los países de Latinoamérica el único que no ha desarrollado significativamente la industria del cine es Cuba.

Cierto o Falso

4) En los países latinoamericanos no se produjo ninguna película muda por lo tarde que llegó a estos países el cine.

Cierto o Falso

5) Hasta ahora, ninguna película latinoamericana ha sido ganadora del Oscar.

Cierto o Falso

6) *Amores Perros* es una realización:
 a) argentina
 b) mexicana
 c) cubana

7) En Latinoamérica todavía no se han hecho películas que traten una temática relativa a la población LGBT.

Cierto o Falso

8) *María llena eres de gracia* es una coproducción colombo-americana.

Cierto o Falso

9) Antonio Banderas es un conocido actor latinoamericano.

Cierto o Falso

10) El llamado "nuevo cine" es el que se produjo en Cuba después de la Revolución.

Cierto o Falso

CAPÍTULO IX
El cine

IX.1. Antecedentes históricos

Para entender el renacimiento del cine como industria en Latinoamérica a partir de los años noventa y la creatividad y efervescencia que en los comienzos del siglo XXI exhibe, es preciso echar un vistazo a los orígenes. El cinematógrafo llegó al continente latinoamericano en el 1897 cuando los equipos enviados por los hermanos Lumière llegaron a hacer propaganda para su nuevo invento. Entre los países visitados estuvieron México, Argentina y Cuba. En sus comienzos, el cine que se produjo fueron cortometrajes de tipo documental y cuando se comenzó a hacer ficción se hacían películas cuyos temas y personajes estaban asociados al desarrollo de una identidad nacional como los charros mexicanos o los gauchos argentinos.

Uno de los obstáculos que limitó el desarrollo del cine en sus comienzos fue el costo de producción y la falta de un público suficientemente amplio que absorbiera esos costos. Sólo países como Argentina, México y Brasil, con una gran población urbana podían, en un comienzo, afrontar esa situación. Como apunta Michael Chanan en su artículo "Cinema in Latin America"sobre la correlación entre el colonialismo económico y la producción cinematográfica: "en la novela de Gabriel García Márquez, *Cien años de soledad*, el cine llega a Macondo en los mismos trenes que traen a la United Fruit Company".

Para los años veinte, justo cuando el cine local había comenzado a llegar a las clases populares en los grandes países, el mercado fue copado por películas producidas en Hollywood. Empresas norteamericanas, entre las cuales podemos mencionar a Fox, Samuel Goldwyn y Paramount, en busca de nuevos mercados después de la Primera Guerra Mundial, habían hecho de Brasil y Argentina mercados privilegiados para sus películas en desmedro de la producción nacional.

La llegada del cine sonoro hizo que la música popular y algunos cantantes famosos llegaran al celuloide. El primer gran cantante en protagonizar películas de largo metraje fue el argentino, Carlos Gardel célebre cantante de tangos cuya fama llegó a ser internacional.

Carlos Gardel, el zorzal criollo

En Brasil fue Carmen Miranda. Este tipo de películas, con cantantes como parte del elenco, lo veremos en más detalle en el panorama de cada país.

El cine que se produjo en los sesenta en los diferentes países compartía una estética de crítica social y de compromiso con los pueblos y sus valores que el cine latinoamericano no había conocido hasta ese momento. De ahí que se comenzara a llamarle "nuevo". Estas películas reflejaban los movimientos políticos y sociales de cambio que caracterizaron esos años. Además, marcaron una ruptura con la industria de cine influenciada por las producciones norteamericanas oponiéndole a ésta un cine de auténtica identidad nacional. Quizás ayudó también en la adjudicación del adjetivo nuevo la creación en Cuba del ICAIC (Instituto Cubano del Arte e Industria Cinematográficos) en marzo de 1959 y más adelante de la Escuela de Cine, Televisión y Video de San Antonio de los Baños que contó con el apoyo financiero del escritor colombiano, Premio Nobel de literatura, Gabriel García Márquez. La escuela ofrece educación universitaria en todas las áreas de la cinematografía.

El prestigio que el cine producido en la Cuba revolucionaria ganó en el exterior motivó a muchos estudiantes de los diferentes países latinoamericanos a ir a estudiar a Cuba. En adición, el Festival Internacional del Nuevo Cine Latinoamericano establecido en La Habana en 1979 se convirtió en foro de aprendizaje y de difusión de lo mejor de la producción cinematográfica latinoamericana de esa época. Al ICAIC también se le atribuye el haber ayudado a la promoción de las películas a través del desarrollo de afiches artísticos.

Antes que el Festival de La Habana, ya se habían inaugurado dos otros importantes festivales, el de Cartagena, Colombia, en 1960 −el más antiguo del continente− y el de Viña del Mar, Chile, en 1967. El mismo rol de difusión jugado por estos primeros festivales lo han tenido los que se fueron estableciendo a través de los años a lo largo de los diferentes países, entre ellos el Festival Internacional de Cine de Mar del Plata; la Mostra Internacional de Cinema São Paulo; el Festival de Cine de Bogotá; el Festival Internacional de Cine de Santo Domingo; el Festival Cinematográfico Internacional de Montevideo y el Festival de Caracas.

Los festivales permitieron igualmente establecer que el llamado nuevo cine latinoamericano estuvo compuesto de nuevos cines nacionales que compartían algunas características generales en común, pero que al mismo tiempo conservaban sus peculiaridades regionales; por ello se puede hablar del *cinema novo* en Brasil, o el nuevo cine cubano, o colombiano, o argentino y todas esas tendencias cabrían bajo la amplia sombrilla del nuevo cine latinoamericano.

IX.2. El cine latinoamericano alcanza mayoría de edad

El cine llegó, y se desarrolló como industria artística en forma diferente en cada país de Latinoamérica, sus avances o estancamiento siempre moviéndose al compás de la economía y las políticas culturales nacionales. Por un lado existen países como México, Argentina y Brasil que conocieron, con sus altas y bajas, un significativo desarrollo del cine como industria desde que se introdujera el cinematógrafo en 1897, y por otro, países como Uruguay, Paraguay, Ecuador y algunos países de América Central y del Caribe cuya producción de largometrajes no ha tenido el mismo nivel de relevancia. Entre estos dos extremos, existen países como Cuba, Venezuela, Chile y Colombia que no produjeron películas destacadas a nivel internacional por muchos años, pero que en las últimas décadas han conquistado su espacio dentro de la producción cinematográfica actual.

Hoy, un siglo después, podemos afirmar sin temor a equivocarnos, que el cine latinoamericano en su conjunto ha alcanzado su mayoría de edad. En la segunda década del siglo XX, la presencia de películas latinoamericanas en la escena internacional tanto compitiendo en festivales como haciendo coproducciones con países de la región o europeos ha sido continua y va en incremento lo que atesta del buen estado de la industria cinematográfica. Muestra reciente del alcance de estas coproducciones, en marzo del 2013 comenzará la filmación, en la selva peruana, de *El ardor*, dirigida por el argentino Pablo Fendrik, protagonizada por el mexicano Gael García Bernal (el chamán) y la brasileña Alice Braga (su hija) y coproducida por México, Brasil, Italia y Francia.

El reconocimiento regional e internacional de los cineastas latinoamericanos y de sus obras muestra que la calidad de los filmes se apoya no solamente en la diversidad de temáticas exploradas, sino sobre todo en la creatividad estética de lograr que estos temas les hablen a audiencias variadas. En mayo del 2010 la prensa internacional destacó como hecho significativo la presencia de más de 20 filmes provenientes de siete países diferentes de Latinoamérica en la 63 edición del reconocido Festival de Cannes, algunos como parte de la competencia oficial, otros fuera de competencia.

La presencia mexicana fue significativa y abarcó diferentes aspectos. En primer lugar, el reconocido actor mexicano Gael García Bernal fue nombrado presidente del jurado que concedió la Cámara de Oro, el premio al mejor largometraje, lo que representa de por sí un reconocimiento. En segundo lugar, de las 20 películas en representación de Latinoamérica, la mayoría fueron mexicanas, entre ellas, *Biutiful*, dirigida por Alejandro González Iñárritu que compitió por la Palma de Oro y cuyo protagonista, Javier Badem, recibió el premio a la mejor interpretación masculina; *Abel*, dirigida por Diego Luna; *Revolución*, (distintos directores) 10 miradas a la Revolución mexicana en su centenario; *Año bisiesto* de Michael Rowe, premio Cámara de oro; y *Señora Pájaro*, cortometraje de Veronique Decroux y Julio Bárcenas. Sin duda, México se encamina a recuperar el sitial de meca del cine que conoció en la primera mitad del siglo XX.

Argentina estuvo presente con *Los labios*, de Iván Fund y Santiago Loza, cuyas protagonistas, Adela Sánchez, Eva Bianco y Victoria Raposo, recibieron el premio a la mejor interpretación femenina; *Carancho*, de Pablo Trapero y *La mirada invisible* de Diego Lerman. Perú estuvo representado por *Octubre*, ópera prima de los hermanos Daniel y Diego Vega, premio del jurado; y Uruguay, por Gustavo Hernández con *La casa muda*. Brasil marcó su presencia con *Alegría*, de Marina Meliande y Felipe Braganza; y *5xFavela*, combinación de cinco cortos de realizadores brasileños de las favelas formados por el realizador Carlos Diegues; y Chile con *Nostalgia de la luz*, de Patricio Guzmán.

De los 9 cortometrajes de entre 10 y 15 minutos que compitieron por la Palma de Oro, cuatro fueron latinoamericanos: *Blokes*, de la chilena Marialy Rivas, *Maya* del cubano Pedro Pío Martín Pérez, *Rosa*, de la argentina Mónica Lairana y *Estaçao* de la brasileña Marcia Faria.

Aunque todavía es muy temprano para llegar a conclusiones sobre lo que caracterizará esta nueva etapa de la industria del cine en Latinoamérica, ya se pueden demarcar tres vertientes principales en cuanto a temática que están sirviendo de modelo: el cine indigenista, el cine LGBT y el cine de reflexión que da una mirada a eventos individuales aparentemente insignificantes en busca de explicación a un cierto pasado colectivo. De esas tres vertientes nos ocuparemos a continuación.

A. Cine indigenista

En las postrimerías del siglo XX y comienzos del siglo XXI ha tomado auge en Latinoamérica el cine de temática indígena. Este tipo de películas tiene como objetivo presentar y defender la cultura, las tradiciones y los derechos de los pueblos aborígenes de aquellos países con una actual población indígena de importancia: Bolivia, Brasil, Chile, Colombia, Ecuador, Guatemala, México y Perú.

Entre los filmes a temática indígena destacan *Venciendo el miedo*, una obra de ficción de María Morales de la comunidad aimara en Bolivia, que cuenta la historia de una mujer cuya familia abandona el altiplano en busca de una vida mejor. Teniendo como eje central la problemática boliviana de la coca tenemos *En nombre de nuestra coca*, de Humberto Claros (quechua/aimara), que narra la historia de un joven de la región de Chapareque quien debe servir en el ejército y asistir en la erradicación de la hoja de coca.

En Brasil se produce *Mi primer contacto* de Mari Correa y Kumaré Txicao, un recuento de la primera vez que el pueblo brasileño Ikpeng vio al "hombre blanco" en 1965 y del impacto irreversible que tuvo ese momento en la vida de este pueblo. También se produce *Cascada del jaguar* que relata cómo los líderes de la comunidad indígena Tariano del noroeste del Amazonas reviven sus prácticas sagradas años después de la evangelización de las misiones cristianas.

De México cabe resaltar *La cumbre sagrada* de Mariano Estrada (Tzeltal), producida por el Comité de Defensa de la Libertad Indígena Xinich, que aborda los conflictos sobre la tierra y los derechos de los pueblos indígenas de Chiapas, y *La tierra es nuestra esperanza: resistencia al Plan Puebla Panamá*, una mirada a la construcción de la carretera en el Istmo Huatulco, en Oaxaca, la que tendrá un impacto destructivo sobre miles de indígenas. En *Guardianes del maíz*, documental del realizador mexicano Guillermo Monteforte, se presenta el daño de la agricultura y la salud relacionadas con la incorporación de maíz modificado genéticamente en la Sierra Madre de Oaxaca.

De Chile podemos mencionar *De la tierra a la pantalla* de Juan Francisco Salazar, una coproducción con Australia, sobre tres comunicadores mapuches que exponen sus ideas a través de la radio, vídeo e Internet. Otra producción chilena es *Popol Vuh: mito de creación quiché maya*, animación con ilustraciones basadas en el arte maya.

De Perú vale destacar *Lima ¡Was!* de Alejandro Rossi. La misma presenta la competencia de baile hauylarsh, que celebra un antiguo ritual quechua aún practicado en estas comunidades.

De Colombia, el vídeo *Pa' poder que nos den tierra*, sobre la lucha del pueblo nasa por recuperar sus tierras.

Finalmente, para cerrar este panorama del cine indígena de comienzos de siglo mencionaremos *Soy defensor de la selva* del ecuatoriano Eriberto Gualinga (sarayaku kichwa) sobre cómo las mujeres indígenas del Amazonas ecuatoriano están a la vanguardia de la resistencia a la exploración de petróleo por una compañía argentina, y *Sipakapa no se vende* del guatemalteco Álvaro Revenga que retrata el alto costo ambiental y de fuerza humana que la explotación minera del oro representa para las comunidades del municipio de Sipakapa, Guatemala.

B. Cine LGBT

Como vimos en el capítulo dedicado a la realidad de esta población en Latinoamérica, éste es un grupo en creciente expansión en nuestro continente y muy activo en luchar por sus derechos. La presencia de una temática LGBT en el cine ha ido aumentando a través de los años, en gran parte, gracias a la difusión que los festivales LGBT han dado a estas películas y a la calidad artística de muchas de ellas que más allá de la temática novedosa o atrevida que presentan las lleva a ser premiadas por festivales internacionales de cine. Hay que hacer notar, además, el apoyo que representa para este cine la aprobación de las leyes sea contra la discriminación o garantizando el matrimonio gay en diversos países.

Argentina, México y más recientemente Chile son los países donde más películas que tratan la temática de la realidad de la población homosexual, o que incluyen personajes gays se han producido. Un ejemplo paradigmático es precisamente el de Chile puesto que a pesar de que la ley contra la discriminación incluyendo la discriminación por orientación sexual recién fue aprobada en el 2012, la producción de películas con reconocimiento internacional que tocan el tema es alta. Cabe notar que en el festival internacional LGBT celebrado en el 2011 en Santiago, de 18 películas exhibidas, 5 eran chilenas y trataban una gama amplia de la diversidad representada por esta población.

El lesbianismo fue abordado en *Locas mujeres* de María Elena Wood, documental sobre la relación entre la poeta Premio Nobel de Literatura Gabriela Mistral, y su secretaria Doris Dan (Premio del Público en Sanfic 2011), y en *Mapa para conversar* de Constanza Fernández sobre el viaje en velero de una mujer, su novia y su madre (Premio al Mejor Director en Sanfic 2011). La homosexualidad masculina fue desarrollada por Julio Jorquera en *Mi último round*, historia de amor entre un boxeador y un asistente de cocina en el sur de Chile (Festival de Valdivia 2010, Festival de Quilpué 2011, Festival de Kashish, Mumbai, 2012). Finalmente, la transexualidad estuvo representada en dos cortometrajes: *La visita* de Mauricio López, el viaje de Paula, transgénero que regresa a la casa familiar tras la muerte de su padre (premios Diva Film Festival 2011 y Festival Internacional de Cine y Video Independiente de Nueva York) y *Traje de caballero* de Francia Rosales, sobre los conflictos y emociones de un hombre, Michel Riquelme, que durante muchos años vivió en el cuerpo de una mujer, Aracely.

Especial mención merece la película de Marialy Rivas: *Joven y alocada* ganadora del premio al mejor guión en el Festival Sundance y del premio a la película que mejor refleje la realidad del colectivo homosexual y transexual del Festival de San Sebastián. Daniela, chica de 17 años, se debate entre los principios de la moral evangélica conservadora que le impone su familia y la natural rebeldía de su edad que la lleva a experimentar con el sexo tanto heterosexual como lésbico.

En años precedentes se produjeron películas que trataron situaciones particulares a las personas gays al interior de familias y sociedades que todavía muestran poca tolerancia hacia las mismas. En algunos casos los personajes son jóvenes explorando su sexualidad o presas de una situación económica tan precaria que los lleva a todo tipo de prostitución, pero en otros son adultos que se atreven a romper con una vida de frustraciones e intentan asumir y desafiar a los otros a respetar su diferencia.

Entre estas películas podemos mencionar las siguientes: *No se lo digas a nadie* (1998) dirigida por Francisco Lombardi basada en la novela de Jaime Bayly sobre el ser gay y de buena familia en Perú o en cualquier país de Latinoamérica; *Tan de repente* (2002) dirigida por Diego Lerman, basada en la novela *La prueba* de César Aira, sobre una ingenua joven vendedora de ropa interior femenina que se ve envuelta con una pareja de lesbianas y las vidas de las tres se ven afectadas de maneras inesperadas; *El niño pez* (2009) de Lucía Puenzo, historia de amor entre Lala, chica de clase alta y la Guayi, su empleada doméstica paraguaya, la que enmarcada en leyendas guaraníes aborda además el tabú del incesto; *Ronda nocturna* (2005) dirigida por Edgardo Cozarinsky sobre la historia de un adolescente de la calle enfrentando peligros inexplicables; *La virgen de los sicarios* (2000) dirigida por Barbet Schroeder y basada en el libro semiautobiográfico de Fernando Vallejo sobre un escritor adulto y su relación amorosa con un joven sicario asociado al narcotráfico en Medellín, Colombia; *Otra historia de amor* (1986) dirigida por Américo Ortiz de Zárate sobre un joven que se enamora de su jefe, hombre de negocios casado y con dos hijos; *Adiós, Roberto* (1985) dirigida por Enrique Dawi sobre la vida de un hombre que al separarse de su mujer necesita un lugar donde quedarse y va a vivir con Marcelo desconociendo la orientación sexual del mismo; *Plata quemada* (2000) dirigida por Marcelo Piñeyro y basada en un hecho real sobre una pareja, Nene y Ángel, dos gánsteres y amantes, que llevan a cabo el asalto más grande de la historia de Argentina.

Ha habido proliferación igualmente de películas de ficción o documentales de tipo más bien informativo como *Muxes, auténticas, intrépidas buscadoras de peligro* (2005) dirigida por Alejandra Islas sobre la vida de un grupo de homosexuales zapotecas de Juchitán, México, quienes intentan conservar su identidad como zapotecas gays y luchar contra el SIDA en Oaxaca; *Un año sin amor* (2005) dirigida por Anahí Berneri, basada en la novela de Pablo Pérez, sobre un escritor con SIDA en busca de una cura y de relaciones humanas en los hospitales y clubes gays de Buenos Aires; *Unipersonal* **(2005)** dirigida por Dennis Smith: 6 cortos reunidos bajo la temática "unipersonal"; y *Sensaciones: historia del SIDA en la Argentina* (2006) documental del director Hernán Aguilar.

Una de las películas de ficción y a la vez informativas más interesantes es *XXY* (2007) dirigida por Lucía Puenzo de Argentina y que presenta la problemática del hermafrodismo. En ella se aborda la historia de una adolescente intersexual y cómo su familia trata de entender y de hacer frente a esta situación. Esta película ganó el premio de la crítica del Festival de Cannes en 2007 y más de 10 otros premios internacionales.

C. Cine de reflexión sobre el pasado

En adición a la temática indigenista que representa una búsqueda de preservación de raíces y del cine LGBT que busca traer a la palestra la realidad de esta población y su búsqueda de respeto y aceptación, hay un tercer punto de encuentro en el cine que se está realizando actualmente en el continente y que se está dando igualmente en la literatura: la reflexión sobre un pasado reciente vivido por la generación anterior a los realizadores en busca de piezas que completen el inconexo rompecabezas de su presente que no logran comprender. Esta tendencia, que comenzó a definirse a mediados de la década pasada —muchas de las películas presentadas en el Festival de La Habana del 2006 lo desarrollan— rescatan momentos individuales o eventos históricos que marcaron un hito en la vida de los personajes los que son utilizados para tratar de explicar un pasado social y establecer una identidad colectiva.

Entre los filmes destacados presentados en La Habana en 2006 podemos mencionar *Crónica de una fuga* de Adrián Caetano, argentino, basado en un episodio de la represión militar en Argentina, el cual ganó el premio a la mejor edición. Un tema trillado, podemos pensar a primera vista, sin embargo Caetano lo vuelve único al presentarlo a través de la historia de un arquero de un equipo de fútbol quien es encerrado en una casa y obligado a escaparse desnudo junto a otros tres presos en medio de una tormenta.

También, el ganador al tercer premio en documental: *Arcana*, del director chileno Cristóbal Vicente, quien partiendo del modo de vida que existía en el último año antes de que la cárcel de Valparaíso cerrara en abril de 1999 rinde homenaje a los tantos hombres que habitaron sus celdas en los 150 años que permaneció abierta.

En el mismo estilo se producen tres filmes en Cuba: *La edad de la peseta* dirigida por Pavel Giroud, en coproducción de Cuba, España y Venezuela, la historia de un niño de diez años que se asoma por primera vez al amor dentro del marco de los acontecimientos de la Revolución cubana. Igualmente *Páginas del diario de Mauricio* de Manuel Pérez Paredes en la que a través de momentos de la vida del personaje penetramos al interior de las diversas crisis que ha atravesado Cuba en los últimos años. Y finalmente el documental *Existen*, ganador del premio a la mejor obra experimental, de Esteban Insausti que nos hace conocer la locura que se pasea por La Habana de comienzos del siglo XXI a través del discurso de un enfermo mental.

Tres filmes de Brasil son también representativos de esta particular búsqueda de identidad: el tercer premio en la categoría de animación, *Los tres cerditos* de Claudio Roberto Guimaraes, el cuento infantil adaptado a la realidad brasileña; *Los 12 trabajos* de Ricardo Elias en el que un chico recién salido de un reformatorio intenta rehacer su vida y a través de su primer día de trabajo conocemos la realidad social y las redes que conectan a una amplia gama de personajes de Sao Paulo, desde los más anodinos hasta los más peligrosos: profesores, funcionarios públicos, abogados, policías y traficantes de droga entre otros; y finalmente, *De restos y soledades*, mención especial en la categoría documental de Petrus Carirg donde a través de una anciana de setenta años vemos pasar el presente y pasado inmemorial de la ciudad fantasma de Cococi.

Un último ejemplo de este tipo de cine de los filmes presentados en el Festival de La Habana es la coproducción de España y Perú *Mariposa negra* dirigida por Francisco Lombardi la que parte del deseo de una mujer de descubrir la verdad sobre la muerte de su novio, un juez, y nos lleva al mundo de la corrupción administrativa que atraviesa el Perú.

Entre el 2008 y el 2012 se produjeron otros filmes que continuaron esa tendencia. Entre los más representativos se encuentran:

2008: *Che, el argentino* (Steven Soderbergh) con Benicio del Toro como el Che, actuación que le valió el premio al mejor actor en Cannes; *Tony Manero* del chileno Pablo Larraín, ambientada en Chile en 1979, en plena dictadura militar del general Pinochet, la historia de un hombre de unos 50 años obsesionado con el personaje del mismo nombre representado por John Travolta en la película "Saturday Night Fever", y dedicado a imitarlo; *El camino*, opera prima de la cineasta costarricense Ishtar Yacin, donde se mezclan la ficción y el documental en la historia de una niña de 12 años que escapa de su Nicaragua natal en busca de su madre quien emigró a Costa Rica; *Rudo y cursi* de Carlos Cuarón, la historia de dos hermanos que trabajan en una platanera en un pueblo de México, uno soñando con convertirse en futbolista y el otro con ser un reconocido cantante; *Desterrados*, cortometraje de 43 minutos de Juan Mejía Botero, documental que le pone un rostro humano a la tragedia de los desplazados en Colombia a través de la lucha de una madre, Noris Mosquera, por ayudar a su hijo a realizar su sueño de dejar el campo de refugiados donde viven para probar suerte jugando fútbol en Bogotá; *La Rabia*, cuarto film de la directora argentina Abertina Carri que trata de la historia de una niña muda y su vecinito, un niño que intenta protegerla a pesar de la oposición de los padres, en al marco de la belleza rústica del campo.

2009: *El secreto de sus ojos* de Juan José Campanella – la película más taquillera en Argentina en el 2009 y la segunda más taquillera en la historia del cine argentino– que ganó, entre otros premios, el Oscar (segunda película latinoamericana y argentina en recibir el galardón), el Goya y el Ariel a la mejor película extranjera y el Premio especial del jurado en el Festival de La Habana; *La nana*, de Sebastián Silva (Chile), que describe el día a día de Raquel, una criada introvertida en la casa de una familia de clase alta chilena. Cuando su patrona contrata otra nana para que la ayude, Raquel le hará la vida imposible a ella y a la siguiente, hasta que la tercera criada contratada, Lucy, le cambia la vida; *La teta asustada* de Claudia Llosa, Perú, la historia de Fausta, quien padece de una rara enfermedad llamada en los Andes la enfermedad de la teta asustada que le fuera transmitida por su madre. Según la comunidad, esta enfermedad era transmitida por la leche materna de mujeres que habían sido violadas durante la gestación y la lactancia en la época del terrorismo en Perú; *El traspatio*, dirigida por Carlos Carrera, mexicano, (*El crimen del padre Amaro*): dos mujeres independientes: Blanca Bravo, policía idealista, recién llegada a Ciudad Juárez, enfrentada a la epidemia local de jóvenes muertas, se avoca a investigar los asesinatos con tesón, lo que la lleva a descubrir una sociedad enferma en la que pocos quieren abrir los ojos y ver qué sucede a su alrededor y a encontrarse con Juanita Sánchez, de 17 años, quien llega de Cintalapa, Tabasco, a trabajar en la maquila; *Viajo porque necesito, vuelvo porque te amo* (Brasil), de Marcelo Gómes y Karim Aïnouz, la historia de un geólogo de 35 años, José Renato, quien es enviado a una expedición a Sertão, un área árida del noreste de Brasil con el objetivo de evaluar posibles rutas para la construcción de un acueducto para el único río de la región aún con agua lo que para muchos de los habitantes de la región representa la posibilidad de un futuro más próspero mientras que para aquellos que viven cerca del canal, implica expropiación y pérdida; *Huacho*, de Alejandro Fernández Almendras (Chile), una mirada a la vida del campesino del sur de Chile, huacho (abandonado) a su suerte y espíritu de supervivencia frente al progreso que ha conocido el país; *El vuelco del cangrejo*, de Oscar Ruiz Navia, Colombia: en un alejado pueblo del Pacífico colombiano, Cerebro, líder de los nativos afrodescendientes, mantiene fuertes enfrentamientos con El paisa, terrateniente que planea la construcción de un hotel en la playa. Daniel, un turista extraño y silencioso, queda atrapado en el sitio esperando una lancha clandestina que pueda sacarlo del país; *Rabia*, del ecuatoriano Sebastián Cordero, adaptación de la novela homónima de Sergio Bizzio que cuenta la historia de José María y Rosa, inmigrantes suramericanos en España, él albañil y ella empleada doméstica; la huida de José tras la muerte accidental del capataz donde trabaja y su lucha por un amor imposible.

2010: *Post mortem* de Pablo Larraín (Chile), el testimonio del encargado de transcribir los informes de autopsias en la morgue en el momento del golpe militar de 1973 en Chile y su búsqueda de una bailarina con la que estaba envuelto románticamente desaparecida misteriosamente el 11 de septiembre.

2011-2012: *En el camino*, adaptación de la novela homónima de Jack Kerouak publicada en 1957 sobre sus viajes por Estados Unidos y México entre 1947-1951, dirigida por el brasileño Walter Salles; *Post Tenebras Lux* del mexicano Carlos Reygadas, ambas compitiendo por la Palma de Oro del

Festival de Cannes 2012. *Post Tenebras Lux*, que nos presenta la historia de Juan, un mexicano de la ciudad y los conflictos que se suceden cuando éste junto a su familia hacen el viaje inverso de abandonar la ciudad y trasladarse al campo, recibió el premio a la mejor dirección; **La noche de enfrente**, película póstuma del chileno Raúl Ruiz donde al evocar su infancia en Chile, reflexiona sobre la muerte y el tiempo; **La sirga**, de William Vega, ganadora de varios premios entre ellos el del Festival de Cine de Lima y **La playa**, de Juan Andrés Arango, que tratan de maneras diferentes el tema de la violencia y los desterrados en Colombia. *La sirga* es la historia de Alicia, quien va a vivir al decadente hostal del único familiar que le queda con vida y la amenaza de la guerra reaparece en su vida, y *La playa*, la de Tomás, joven afro descendiente quien abandona la costa pacífica huyendo de la guerra y llega a Bogotá, ciudad marcada por el racismo y la exclusión; **Distancia** de Joaquín Ruano Tomás, ganadora del Primer Premio Coral a la mejor opera prima del Festival de La Habana, la historia de Choc campesino guatemalteco que está a dos días y ciento cincuenta kilómetros de ver nuevamente a Lucía, su única hija, después de veinte años de haber sido secuestrada por el ejército a la edad de tres años; **Habanastation** del cubano Ian Padrón, retrato de las inequidades socioeconómicas existentes en Cuba visto a través de la amistad de dos niños y su pasión por los videojuegos; *No*, dirigida por Pablo Larraín con Gael García Bernal en el rol protagónico sobre un publicista que desarrolla la campaña a favor del "No" en el plebiscito de 1988 en Chile para impedir que el general Pinochet permaneciera en el poder; **Las malas intenciones** de Rosario García Montero (Perú) que dentro del marco de la lucha subversiva protagonizada por Sendero Luminoso en los años ochenta, cuenta la historia de una niña de 8 años que se refugia en un mundo fantástico donde sus héroes son próceres de la historia patria.

IX.3. Panorama histórico por países

Como el desarrollo del cine dependió y todavía depende de las circunstancias políticas y económicas propias a cada país proponemos el siguiente panorama breve del desarrollo y el estado actual del cine en diversos países. Primero hablaremos en detalle de México, Argentina y Brasil y luego de una manera menos detallada de los otros países.

A. México

Fue el primer país latinoamericano en desarrollar una fuerte y reconocida industria de cine. Una razón que se esgrime para ello es la cercanía con Hollywood, donde estaban localizadas las más importantes compañías de filmación norteamericanas. Cuando el cine hablado comenzó, estas compañías comenzaron a hacer versiones al español de las películas producidas para competir en los crecientes mercados latinoamericanos y contrataban mucho personal del otro lado de la frontera el que se fue formando en la técnica, la que fueron exportando a su país.

Algunos de los primeros cineastas mexicanos lo fueron Salvador Toscano (desde 1898); Guillermo Becerril (desde 1899); los hermanos Stahl y los hermanos Alva (desde 1906) y Enrique Rosas (desde 1906). Dentro del marco de la Revolución mexicana se desarrolló la filmación; éste fue el primer gran acontecimiento histórico que se documentó en la pantalla y el que se mantuvo, por así decirlo, en cartelera durante el lapso de alrededor de diez años que duró la Revolución.

La primera película de ficción del cine mudo filmada en México data de 1907, *El grito de Dolores o La independencia de México* de Felipe de Jesús Haro. El primer largometraje fue *La luz, tríptico de la vida moderna* de J. Jamet probablemente el seudónimo de Manuel de la Bandera, que data de 1917 y que basaba su argumento en un personaje femenino, la "diva". Esta película llevó a la fama a la actriz mexicana Emma Padilla. Pero la que se recuerda como la más célebre película del cine mudo mexicano data de 1919, *El automóvil gris*, último filme de Enrique Rosas.

Se cree que la primera directora de películas del cine mexicano fue Mimí Derba quien en 1917 fundó una compañía de producción que más tarde se conocería como Azteca Films junto con el camarógrafo Enrique Rosas. *La tigresa* (1917) fue la única película en que Derba no actuó por lo que muchos historiadores del cine piensan que fue su directora. En los años veinte encontramos a las hermanas Adriana y Dolores Elhers quienes filmaron documentales.

No es sino hasta 1931 que se realiza la primera película sonora en México, una película llamada *Santa* con la actriz Lupita Tovar. Entre 1932 y 1936 la incipiente, pero firme industria nacional del cine produjo alrededor de cien películas. La película que le dio carácter definitorio al cine de la llamada "época de oro del cine mexicano" fue *Allá en el Rancho Grande* (1936) de Fernando de Fuentes. El filme contenía los ingredientes de lo que definiría una producción con éxito de taquilla asegurado: melodrama y canciones rancheras que punteaban la acción. Este fue el primer filme mexicano en tener exposición y reconocimiento internacional ganando el premio a la mejor fotografía del Festival de Venecia en 1938. También se presentó en los Estados Unidos en una versión con subtítulos.

Dos mujeres directoras de los años treinta fueron Adela Sequeyro con *Más allá de la muerte* (1935), *La mujer de nadie* (1937) y *Diablillos de arrabal* (1938); Elena Sánchez Valenzuela con *Michoacán* (1936) y Matilde Landeta con *Adán, Eva y el diablo* (1944) como asistente de dirección y *Lola Casanova* (1948) como directora. Antes de 1944 Landeta fue asistente de dirección en tres películas por las que no se le dio crédito.

La Segunda Guerra Mundial benefició el panorama del cine mexicano pues la competencia del cine norteamericano era menos fuerte. Esto contribuyó al surgimiento de nuevos directores y sobre todo de una pléyade de actores, representantes de la cultura popular, que engalanaron las pantallas del cine mexicano, y que lo popularizaron en todos los países de habla hispana, entre ellos María Félix, Mario Moreno "Cantinflas", Pedro Armendáriz, Jorge Negrete, Sara García, Fernando y Andrés Soler, Arturo de Córdova, Dolores del Río y la argentina Libertad Lamarque.

El cine entre 1940 y 1950 estuvo marcado por un tema recurrente: la chica de provincia que llega a la capital en busca de mejores oportunidades, cae víctima de la maldad imperante en la gran urbe y es condenada a prostituirse para sobrevivir hasta que finalmente es redimida por un alma buena. Dos de las más famosas películas de esta época tienen títulos muy sugestivos, *Nosotros los pobres* y *Ustedes los ricos* ambas de 1947 y ambas teniendo como protagonista a Pedro Infante.

La llegada de la televisión en la década del cincuenta, en cierto sentido dio muerte a esta época de oro del cine; un nuevo tipo de cine comenzó a surgir influenciado por la presencia en México del cineasta español Luis Buñuel así como por los programas de lucha libre en la televisión que le dieron a ese deporte carácter de espectáculo. En México Buñuel realizó algunas de sus más logradas películas: *Los olvidados, Susana (Carne y demonio)* (1950), *Subida al cielo* (1951), *Él* (1952), *La ilusión viaja en tranvía* (1953), *Ensayo de un crimen* (1955), *Nazarín* (1958) y *El ángel exterminador* (1962).

A partir de los sesenta la influencia de Hollywood se dejó sentir a nivel del público, las salas que pasaban películas mexicanas se vaciaron y las películas norteamericanas ganaron al público nacional, a excepción de los sectores más cultos de la población que favorecían el cine europeo. Fue para estos años, en 1963 precisamente que se fundó la primera escuela oficial de cinematografía en el país, el Centro Universitario de Estudios Cinematográficos que dependía de la Universidad Nacional Autónoma de México (UNAM).

Así comenzó a surgir en el ambiente mexicano un cine independiente experimental que tendría su apogeo en los años setenta y ochenta. Esta década vio la estatización de la industria cinematográfica mexicana. En 1972 se reconstituyó la Academia Mexicana de Artes y Ciencias Cinematográficas y se estableció la entrega de un premio nacional, el Ariel; en 1974 se inauguró la Cinemateca Nacional; y en 1975 se creó el Centro de Capacitación Cinematográfica y se fundaron tres empresas de producción: Conacine, Conacite I y Conacite II.

Las películas producidas en esta década rompen con estereotipos anteriormente establecidos y buscan la compatibilidad entre calidad y éxito de taquilla. Entre los filmes de éxito de esta década podemos destacar *El castillo de la pureza* de Arturo Ripstein y *El rincón de las vírgenes* de Alberto Isaac (1972); *Canoa* de Felipe Cazals, *La pasión según Berenice* de Jaime Humberto Hermosillo y *El apando* (1975) de Felipe Cazals; *Actas de Marusia* del director chileno Miguel Littin (1975) y *Los albañiles* de Jorge Fons

(1976).

A mediados de los setenta y comienzos de los ochenta se produjeron dos fenómenos, el primero, lo que los críticos han llamado el "cine fronterizo" o "cabrito western" que reflejaba la realidad particular de la gente que vive en la frontera entre México y los Estados Unidos. Este cine, influenciado por los famosos "westerns" americanos no se distinguió por la calidad artística de las películas sino por el arraigo que causaba en su audiencia la que llenaba las salas. Películas como *Contrabando y traición* (1976) de Arturo Martínez (1976), *Pistoleros famosos* de José Loza Martínez (1980), *Lola la trailera* de Raúl Fernández (1983) y *El traficante* de José Luis Urquieta (1983) pertenecen a esta época.

El segundo fenómeno que se produce es el surgimiento de un número significativo de directoras, entre ellas Marcela Fernández Violante cuya primera película importante fue *Cananea* filmada en 1976.

La crisis económica de los ochenta tuvo su incidencia en la industria cinematográfica. Se produjeron escasas películas de calidad artística. La gran mayoría de las películas en ganar el prestigioso premio Ariel en muchas ocasiones no alcanzaron a exhibirse en cines comerciales; no había público para ellas. A pesar de la crisis el número de mujeres cineastas aumentó en esta década. Podemos mencionar a María Elena Velasco Fragoso, Dana Rotberg Goldsmith, Guita Schyfter Lepa y Marise Sistache Perret cuya producción se prolongó durante las décadas posteriores.

En el 1992, aparece una luz al final del túnel la que pone al cine mexicano otra vez sobre sus rieles. La película *Como agua para chocolate* de Alfonso Arau basada en la novela del mismo título de Laura Esquivel y ganadora del Ariel rompió record de taquilla tanto en la capital como en otras ciudades importantes. Esta película dio la vuelta al mundo y marcó un viraje en el cine mexicano no sólo hacia un cine de calidad sino hacia un reencuentro con el público nacional.

A *Como agua para chocolate* le siguieron otras películas dignas de mención como *La tarea* de Jaime Humberto Hermosillo (1990), *Danzón* de María Novaro (1991), *La mujer de Benjamín* de Carlos Carrera (1991), *Sólo con tu pareja* de Alfonso Cuarón (1991), *Cronos* de Guillermo del Toro (1992), *Miroslava* de Alejandro Pelayo (1993), *Entre Pancho Villa y una mujer desnuda* de Sabina Berman e Isabelle Tardán (1995), *En el país de no pasa nada* de María del Carmen de Lara Rangel (2000) y *Sin dejar huella* de María Novaro (2000), una coproducción con la televisión española que tuvo distribución internacional.

Este renacer, sin embargo vino acompañado del siguiente problema: algunos de los cineastas más talentosos que triunfaron en el exterior como lo hiciera Alfonso Arau, abandonaron el país para desarrollar una carrera en el extranjero. Entre los más reconocidos directores mexicanos del momento, algunos viviendo en México, otros en el extranjero, se encuentran: Alejandro

González Iñárritu (*Amores perros*, 2000; *21 gramos*, 2003; *Babel* 2006, *Biutiful*, 2010), Alfonso Cuarón (*Y tu mamá también*, 2001; *Harry Potter y el prisionero de Azkaban*, 2004; *Paris, je t'aime*, segmento "Parc Monceau", 2005; *Hijos de los hombres*, 2006), Carlos Carrera (*El crimen del Padre Amaro*, 2002), Guillermo del Toro (*Blade II*, 2002; *Hellboy*, 2004; *El laberinto del fauno*, 2006) y Luis Mandoki (*Cuando un hombre ama a una mujer*, 1994; *Mensaje en una botella*, 1999; *Atrapada*, 2003; *Voces inocentes*, 2004; *Fraude: México 2006*, documental, 2007).

Lo mismo ha sucedido con un significativo número de actores que han emigrado a los Estados Unidos por las oportunidades de trabajo que se han producido gracias a la nueva estrategia de mercadeo del cine hollywoodense de incluir personajes de descendencia latina en sus películas o hacer películas sobre personajes históricos o legendarios latinoamericanos como *Frida*, basada en la vida de Frida Khalo o *Zorro*.

Esto ha provocado lo que el crítico mexicano Gustavo García ha descrito como cine mexicano "en el exilio"; en el 2007 hubo un total de 16 nominaciones para el Oscar de directores, actores, fotógrafos y guionistas mexicanos. Alejandro González Iñárritu fue nominado como mejor director por *Babel*, película que tuvo nominaciones en seis otras categorías incluyendo las de mejor película y mejor guión (de Guillermo Arriaga), y la de la actriz Adriana Barraza como mejor actriz de reparto. *El laberinto del fauno*, de Guillermo del Toro, optó al Oscar de mejor película de habla no inglesa y *Los hijos de los hombres*, de Alfonso Cuarón al premio de mejor guión adaptado y mejor fotografía por un trabajo de Emmanuel Lubezki quien competirá también con Guillermo Navarro, fotógrafo de *El laberinto del fauno*. Aunque en el certamen no todos los nominados fueron galardonados (de los mencionados solo Guillermo del Toro obtuvo la estatuilla a la mejor fotografía) la nominación muestra el reconocimiento al talento mexicano en el extranjero.

Sin embargo, a pesar de esta deserción, el cine mexicano hecho en México sigue vivo. En la ceremonia de entrega de premios Ariel del 2006 participaron 16 películas producidas en México, tres de las cuales estuvieron nominadas al Ariel de oro. Entre los directores emergentes que se destacan están: Antonio Serrano: *Sexo, pudor y lágrimas* (1999), *La hija del caníbal* (2003) y *Cero y van cuatro* (2004); Juan Carlos de Llaca, *Por la libre* (2000); Carlos Reygadas: *Japón* (2001), *Batalla en el cielo* (2005), *Luz silenciosa* (2007), premio del jurado del Festival de Cannes y Premio Coral del Festival de La Habana 2007; Julián Hernández: *Mil nubes de paz cercan el cielo, amor, jamás acabarás de ser amor* (2002), *Cielo roto* (2006); Fernando Eimbcke: *Temporada de patos* (2004), Premio Ariel a la mejor película, *Perro que ladra* (2005) y *Lake Tahoe* (2008); Ricardo Benet: *Noticias lejanas* (2004), ganadora del Astor de Oro en el Festival de Mar del Plata en el 2006; Amat Escalante: *Amarrados* (2002), *Sangre* (2004) y *Los bastardos* (2008) y Paul

Leduc: *Bartolo y la música* (2003) y *Cobrador: In God We Trust* (2006); Gael García Bernal, en su debut como director: *Déficit* (2007).

Una nueva tendencia del cine mexicano es la que aborda la temática del narcotráfico, problema que desangra al país, la misma que se ha desarrollado en la música con los narcocorridos. *El infierno* (2010) de Luis Estrada, Primer Premio Coral al mejor largometraje del Festival de La Habana y *Miss Bala* (2011) dirigida por Gerardo Naranjo son ejemplos representativos.

El cine mexicano actual mantiene una fuerte presencia dentro de la cinematografía internacional. Una iniciativa que fortalecerá, sin duda, la industria cinematográfica mexicana será la concretizada por Alfonso Cuarón, Guillermo del Toro y Alejandro González Iñárritu durante el Festival de Cannes en el 2007: la fundación de la compañía productora CHA, CHA, CHA films la cual firmó un contrato comercial con Universal Pictures para el financiamiento de sus primeras cinco películas.

B. Argentina

Los historiadores del cine mudo en Argentina coinciden en que se filmaron en el país alrededor de doscientas películas durante esa época, es decir desde la llegada del cinematógrafo a fines del siglo XIX hasta fines de los años veinte. Entre éstas cabe destacar *La muchacha del arrabal* y *Buenos Aires, ciudad de Ensueño* (1922), y *La costurerita que dio aquel mal paso* (1926) todas dirigidas por el "Negro" Ferreyra. El tema de la chica provinciana pobre que llega a la ciudad y es devorada por la misma, que tan famoso se hizo en el cine mexicano de los años cuarenta fue anteriormente explotado en Argentina en la época del cine mudo. En 1931, Ferreyra hizo una película llamada *Muñequitas porteñas* en la que experimentó con el uso del sonido sincronizado grabado en discos fonográficos.

Sin embargo, aunque durante esta época se filmaron tantas películas, no fue sino hasta la llegada del cine sonoro en 1933 que comenzó a surgir en el país una verdadera industria de cine la que se cotizó altamente en todos los países de habla hispana. Es en ese año que nace la compañía de producción Argentina Sono Film que debuta con la producción de la película *Tango* de Luis Moglia Barth, la que resultó ser el primer largometraje sonoro argentino y en la que comenzara su brillante carrera Libertad Lamarque quien llegó a ser conocida como "la novia de América".

En los años cuarenta, para contrarrestar la invasión de películas producidas en los Estados Unidos y fortalecer la industria nacional se aprobaron leyes en defensa del cine que establecían obligatorio el presentar películas argentinas y el contratar exclusivamente personal técnico y artístico nacional. El gobierno de Juan Domingo Perón en su primera etapa (1946-55) puso por su parte en vigor una especie de censura al contenido de las películas. En 1942 se filmó *La guerra gaucha* de Lucas Demare que se convirtió en un clásico del cine argentino. Para que apreciemos la calidad del cine argentino de esta época es importante mencionar que la película *Dios se lo pague* de Luis César Amadori filmada en 1948 fue la primera película en la historia del cine de este país en ser nominada al codiciado Oscar.

La primera escuela de cine, el Instituto Nacional de Cinematografía se funda en 1957, seis años antes que en México; al igual que en México, la llegada de la televisión afectó adversamente la industria del cine.

Uno de los directores argentinos y latinoamericanos más importantes actualmente es Fernando Birri, quien debutó en el cine en 1955. Luego de estudios en Italia y de alcanzar un cierto reconocimiento internacional por su trabajo fue nombrado en 1986 director de la Escuela Internacional de Cine de Cuba. La primera película que dirigió allí se llamó *Un hombre muy viejo con unas alas enormes* (1988) basada en el cuento del mismo título de Gabriel García Márquez.

Los años sesenta y setenta, marcados por la dictadura que se instaló en el país no fueron muy favorables al cine, pero los años ochenta, con el regreso de la democracia, fueron testigos de un resurgimiento del cine de calidad. Hace su aparición, además una directora, María Luisa Bemberg cuya película *Camila* (1984) tuvo un gran éxito comercial y también fue nominada para el Oscar. Otras películas de María Luisa Bemberg son *Miss Mary* (1986) *Yo la peor de todas* (1991) basada en la vida de la primera gran escritora latinoamericana, la monja mexicana Sor Juana Inés de la Cruz, y *De eso no se habla* (1993). Sus películas nos presentan mujeres de extraordinaria personalidad.

Al año siguiente salieron *Hombre mirando al Sudeste* de Eliseo Subiela y la primera película argentina en ganar el Oscar a la mejor película extranjera, *La historia oficial* que trata el doloroso tema de los desaparecidos bajo la dictadura militar, y *La noche de los lápices* de Héctor Olivera (1987).

De los años noventa y comienzos del siglo XXI mencionaremos algunos cineastas que se han distinguido: Marcelo Piñeyro: *Tango feroz* (1992), *Caballos salvajes* (1995), *Cenizas del paraíso* (1997), *Plata quemada* (2000), *Kamchatka* (2001) y *El método* (2005); Juan José Campanella: *El hijo de la novia* (2001), *Luna de Avellaneda* (2004); Albertina Carri: *Los Rubio* (2003), *Géminis* (2004); Paula de Luque: *El vestido* (2008); Paula de Luque y Sabrina Farsi: *Cielo azul, cielo negro* (2003); Daniel Burman: *El abrazo partido* (2004), *Derecho de familia* (2006), *Encarnación* (2007); Ariel Rotter: *Sólo por hoy* (2001) y *El otro* (2007), ganadora del tercer lugar en el XXIX Festival de La Habana; y Lucrecia Martel: *La ciénaga* (2001), premio NHK del Festival de Cine Independiente de Sundance, el Grand Prix del Festival de Cine Latinoamericano de Toulouse y el premio a mejor película y mejor director del Festival de Cine de La Habana, *La niña santa* (2004), *La mujer sin cabeza* (2008). Entre el 2000 y el 2008 se dan también las excelentes producciones de Alberto Lecchi: *Nueces para el amor* (2000); *El juego de Arcibel* (2003) y *Una estrella y dos cafés* (2006) Premio de la Crítica especializada, Premio Especial del Público y Premio del Jurado en el Festival de cine de Viña del Mar en el 2006; *No mires para abajo* de Eliseo Subiela (2008); *Un cuento chino* de Sebastián Borensztein (2011), premios Marc'Aurelio d'Oro del jurado y del público al mejor film del Festival de Roma, Premio Goya a la mejor película hispanoamericana; *Las acacias* de Pablo Giorgelli (2011), Premio de la Asociación Cubana de la Prensa Cinematográfica del Festival de La Habana; *El estudiante* (2011) de Santiago Mitre, ganadora del premio India Catalina a la mejor película del Festival de Cartagena, Colombia; *De martes a martes*, ópera prima de Gustavo Triviño (2012) Gran Premio El Abrazo del Festival de Biarritz.

Son estas películas todas representativas de la vitalidad y la alta calidad que recuperó el cine argentino con el regreso a la democracia y que lo sigue distinguiendo a nivel internacional.

C. Brasil

Brasil fue el tercer país latinoamericano en conocer un gran desarrollo de la industria cinematográfica. En los años de 1900 el país ya contaba con veintidós salas de cine en la capital lo que en esa época representaba un número importante.

Una de las características del cine mudo brasileño es la ausencia de negros en las películas. En las décadas de los treinta y los cuarenta eso cambió un poco y vemos sobre la escena actores negros y mulatos como el "Gran Otelo" en roles de malandro (pícaro brasileño) y la exótica Carmen Miranda quien en 1933 protagonizó *La voz del Carnaval* para los estudios Cinedia de Río de Janeiro.

Como parte de la política hollywoodense de búsqueda de mercado en Latinoamérica para sus películas, Carmen Miranda hizo una carrera exitosa en Hollywood; quienes han visto sus películas la recordarán por sus llamativos sombreros adornados de frutas tropicales y su voz y bailes con ritmo de conga. Su primera película para la Twentieth Century Fox fue *Serenata argentina* de Irving Cummings (1940). En esta época surgió también la chanchada, versión brasileña de la comedia musical.

Para reconocimiento más allá de sus fronteras el cine brasileño tuvo que esperar más que el mexicano o el argentino. La primera película brasileña en ser exhibida internacionalmente, luego de haber ganado el premio a la mejor música en el festival de Cannes fue *O Cangaceiro*, de Lima Barreto, 1953.

En 1958 una coproducción franco-brasileña bajo la dirección de Marcel Camus llevó al cine *Orfeo Negro* basada en la obra teatral *Orfeu do Carnaval* de Vinicius de Moraes que a su vez retomaba el mito griego de Orfeo y lo situaba en el contexto de la sociedad brasileña. A pesar de que esta película todavía jugaba con el Brasil tropical estereotipo de "tarjeta postal", ritmo, samba, hermosos paisajes y carnaval, fue un éxito de taquilla y al igual que *O Cangaceiro* contribuyó al reconocimiento internacional del cine hecho en Brasil. Además ganó varios premios como mejor película, entre ellos del Festival de Cannes y del de Venecia en 1959, así como el Oscar a la mejor película extranjera ese mismo año. Las películas producidas a partir de los sesenta acrecentaron el reconocimiento internacional del cine, pero esta vez por diferentes razones, las que llevaron más adelante a llamar esta cinematografía cinema novo.

El cinema novo, como mencionáramos anteriormente favorece una temática relacionada a la pobreza en Brasil situando las películas sobre todo en las grandes ciudades y en la seca y pobre zona nordeste del país. Sabemos que los años sesenta en el mundo entero fueron años de movimientos revolucionarios por la reivindicación de los derechos de los grupos desfavorecidos en la sociedad. El cinema novo se hace eco de ese sentimiento sirviendo así de modelo a cineastas de otros países latinoamericanos. La pobreza se presenta como parte de una realidad tal como es y afecta a quienes la viven, y no sublimizada, como dentro del cine mexicano. Fue un mensaje que inspiraría a directores latinoamericanos, como por ejemplo el chileno Miguel Littin, a plasmar en la pantalla el dolor colectivo de la América Hispánica.

Entre los directores conocidos de estos primeros años se encuentran Anselmo Duarte, *El Pagador de Promesas*, ganadora de la Palma de Oro en el festival de Cannes en 1962, Glauber Rocha; *Dios y el diablo en la tierra del sol*, 1964; *Tierra en transe*, 1967; *Antonio das Mortes*, 1969; Nelson Pereira dos Santos, *Vidas secas*, 1963, Ruy Guerra, *Los fusiles*, 1963; y Joaquim Pedro de Andrade *Macunaíma*, 1969.

Ni los años setenta marcados por dictaduras militares ni los ochenta del gobierno civil de Fernando Collor de Mello fueron favorables al desarrollo del cine brasileño.

A fines de los setenta y durante los ochenta se distinguieron algunos directores como Bruno Barreto, *Doña Flor y sus dos maridos*, 1976, teniendo como protagonista a Sonia Braga; Carlos Diegues, *Bye Bye Brazil*, 1980 y *Vendrán días mejores*, 1989; Héctor Babenco, *Pixote* (1981). Tanto Barreto como Braga dejaron el país y vinieron a los Estados Unidos donde han desarrollado sus carreras.

Películas representativas de los noventa son sin duda *Tierra extranjera* de Walter Salles y Daniela Thomas, 1995; *Anahy de las Misiones*, 1997 y *Central de Brasil*, 1998, ganadora del Oscar a la mejor película extranjera, de Sérgio Silva.

Frente a un panorama de casi desaparición del cine brasileño por falta de apoyo financiero, el gobierno de Lula da Silva decretó la ley audiovisual que, entre otras cosas, les dio incentivos fiscales de reducción de impuestos a las empresas que inviertan en el cine nacional. También se ha invertido bastante en la promoción en el extranjero de las películas brasileñas. Hoy en día se producen en Brasil entre 40 y 50 películas al año, y una nueva generación de cineastas y cosecha de películas de calidad artística reconocida a nivel internacional comienza a producirse. Dos ejemplos son *El hombre que copiaba* de Jorge Furtado, 2002 y *El otro lado de la calle* de Marcos Bernstein, 2003. En el 2008 Brasil participó en el XXIX Festival Internacional del Nuevo Cine Latinoamericano realizado en La Habana con 34 películas. El filme *El año que mis padres salieron de vacaciones* de Cao Hamburguer ganó el segundo premio a la mejor película; *La casa de Alice*, de Chico Texeira, recibió el premio Coral a la mejor ópera prima. Igualmente, dos jóvenes cineastas comienzan a hacer camino de paso firme por el mundo cinematográfico internacional: Marcelo Gomes (1962) y Karim Aïnouz (1966). La primera película de Gomes, *Cinema, aspirinas e Urubus* fue inaugurada en el Festival de Cannes del 2005 y ha sido ganadora de más de cincuenta premios internacionales. El primer largometraje de Aïnouz, *Madame Satã*, se inauguró en Cannes, y *El cielo de Suley*, su segundo largometraje, se presentó en Venecia. Juntos dirigieron la ya mencionada *Viajo porque necesito, vuelvo porque te amo* (2009) que ya ha obtenido premios internacionales.

En el 2011 se distinguió *Tropa de Elite 2 - O inimigo agora é outro* de José Padilha, Premio Coral de dirección y Premio Roque Dalton, otorgado por Radio Habana Cuba, Festival de la Habana.

D. Cuba

Como México, Argentina y Brasil, Cuba también tuvo su periodo de cine silente y conoció el desarrollo de un cine nacional que en sus comienzos fue, como en los otros países, nacionalista y patriótico. En 1930, Ramón Peón, uno de los pilares del cine silente cubano dirigió *La virgen de la Caridad*, considerada por algunos historiadores uno de los filmes latinoamericanos más importantes de estos años. La primera película sonora fue *Serpiente roja* dirigida por Ernesto Caparrós en 1937.

Los filmes de los años cuarenta y cincuenta siguieron el patrón de la época en Latinoamérica, filmes con música e imagen turística de tarjeta postal para los que los melodramas mexicanos o argentinos eran modelo a imitar. Cuba también fue en esta época lugar favorito de productores norteamericanos para filmar películas.

A partir de los años cincuenta un grupo de cineastas en ciernes: Julio Espinoza García, Tomás Gutiérrez Alea, Alfredo Guevara y José Massip comenzaron a proponer un cine crítico y de contenido social diferente. Ésta sería la semilla del cine que comenzaría a producirse en Cuba después del triunfo de la Revolución. Realizan en 1954 un documental titulado *El mégano* sobre la vida difícil de los fabricantes de carbón del sur de La Habana. El documental fue estrenado en la Universidad de La Habana y rápidamente confiscado por el gobierno dictatorial de Batista por lo que no pudo ser exhibido comercialmente.

Como ya dijéramos, el gobierno de Castro desde sus comienzos dio apoyo al desarrollo de las artes y la cultura y la fundación del ICAIC representó la infraestructura para el desarrollo del cine cubano. La producción del ICAIC iba en tres direcciones: películas didácticas, documentales y de ficción. Gutiérrez Alea se convertiría en el más destacado cineasta cubano con películas como *Historias de la Revolución* (1960), *La muerte de un burócrata* (1966), *Memorias del subdesarrollo* (1968), *La última cena* (1977).

En los años ochenta sus películas no escatimaron la crítica a problemas que aún no se habían solucionado bajo el nuevo sistema socialista como por ejemplo el problema del machismo en *Hasta cierto punto* (1983); la prostitución, el dogmatismo político y la intolerancia en *Fresa y chocolate* (1993) y la burocracia en *Guantanamera* (1995), su última película. Estas películas están impregnadas de profundo humor, frescura y al mismo tiempo de una sátira mordaz.

Fresa y chocolate recibió una gran acogida a nivel internacional y mereció la nominación para el Oscar como mejor película extranjera. Antes de morir en 1996 Gutiérrez Alea reafirmó su posición con respecto al régimen cubano diciendo que no se consideraba un disidente sino un ojo crítico al interior de la Revolución cuyo objetivo era mejorarla, perfeccionarla y de ningún **modo, destruirla. Las películas de crítica al sistema de la cual** *Se permuta* de Juan Carlos Tabío (1984) es otro ejemplo, no fueron muchas y se produjeron en general a partir de los ochenta. En la misma línea de crítica mordaz pero presentada con humor, en el 2007 Tabío dirigió *El cuerno de la abundancia* basada en un hecho real sobre la quimera del oro que se desató en la Isla por una supuesta herencia depositada en un banco en el extranjero la que los descendientes de una familia podían cobrar.

El cine producido por el ICAIC tuvo dos vertientes fuertes, la histórica, y la de temática relacionada con problemas vigentes dentro de la sociedad cubana. *Cecilia*, dirigida por Humberto Solás (1982), que se sitúa en la Cuba de 1830, representa el máximo logro de la vertiente de películas históricas; por su parte *Lucía*, también de Solás (1969) y *Retrato de Teresa* de Pastor Vega (1979) representan la vertiente de problemática contemporánea, tratando ambas el tema de la mujer dentro de la nueva sociedad. La industria del cine cubano se convirtió en una fuerte y de reconocimiento internacional, tanto en el área de los documentales como en el área de la ficción.

En el siglo XXI Cuba continúa produciendo películas reconocidas internacionalmente por su calidad, en lo que tanto la escuela de cine como el ICAIC siguen jugando un rol predominante. Dos ejemplos de películas recientes lo son *Habanastation* (2011) dirigida por el joven cineasta Ian Padrón y *Juan de los muertos* (2011), primera película cubana sobre zombis, dirigida por Alejandro Brugués.

E. Chile

Anteriormente mencionamos que algunos países no habían conocido una industria cinematográfica de larga trayectoria, sin embargo, hay nombres dentro del cine de otros países que no podemos dejar de mencionar, como tampoco podemos dejar de hablar de la situación actual del cine en algunos países que están desarrollando una cinematografía de calidad.

Dentro del cine chileno podemos mencionar a Miguel Littin y Raúl Ruiz (RIP), dos de los más prolíficos cineastas que desarrollan sus carreras influenciados por el nuevo cine. En las películas y documentales de Littin siempre están presentes la preocupación social y política en términos de contenido, y la experimentación en cuanto a la estética que caracterizaron al nuevo cine latinoamericano. Su primera película de éxito fue *El chacal de Nahueltoro* (1969).

Bajo el corto gobierno de Salvador Allende, Littin fue presidente de la compañía nacional de producción cinematográfica del país, Chile Films. Después del golpe de Estado salió al exilio y durante el exilio realizó *Actas de Marusia* (1976); *El recurso del método* (1978), basada en la novela de Alejo Carpentier; *La viuda de Montiel*, basada en un cuento de García Márquez (1980) y *Alsino y el cóndor*, basada en la obra del mismo nombre de Pedro Prado, en coproducción de Nicaragua, México y Costa Rica (1982), película que fuera nominada al Oscar como mejor película extranjera ese año.

En el 1985 regresó clandestino a Chile y lo que filmó se convirtió en un documental *Acta general de Chile* (1986). En el año 1990 filmó *Sandino* sobre la vida del héroe nicaragüense César Augusto Sandino; en 1994 realizó *Los náufragos*, sobre el proceso de retorno desde el exilio y en el 2000 *Tierra del Fuego*. Su más reciente película, *La última luna* (2005) refleja la continuidad de su interés por la problemática política pues trata sobre el conflicto del Medio Oriente.

Raúl Ruiz también tuvo que partir al exilio en los setenta. Sus películas son de un género más intelectual y de mayor experimentación artística que las de su compatriota Littin. Su fama internacional como cineasta se produjo a partir de los años ochenta teniendo a su haber más de cincuenta películas. Su primer largometraje fue *Tres tristes tigres* en 1968. Diez años más tarde realizó en Francia la primera película que le daría fama internacional, *Hipótesis de un cuadro robado*, película en blanco y negro. Entre sus más recientes filmes destacan *Días de campo* (2004); *El dominio perdido* (2005) y *Klimt* (2006), basada en la vida del pintor austriaco Gustavo Klimt; *Misterios de Lisboa* (2010); *La noche de enfrente* (2012), su obra póstuma.

Al igual que en otros países, la dictadura chilena también dejó sentir su efecto en la industria del cine; durante los años de 1973 al 1985 se produjeron en Chile solamente nueve películas, pero a fines de los ochenta el cine comenzó a renacer y a adquirir reconocimiento internacional.

En la actualidad el cine chileno es muy sólido y de una calidad artística indiscutible gracias a directores como Silvio Caiozzi, *Julio comienza en julio* (1979), la que en una encuesta realizada por el periódico *El Mercurio* y la municipalidad de Santiago fuera votada como "la mejor película chilena del siglo"; *La luna en el espejo* (1990); *Coronación* (2000); *Cachimba* (2004) todas las que han ganado diferentes premios internacionales; Ricardo Larraín, *La Frontera* (1991) y *El entusiasmo* (1998); Gustavo Graef Marino, *Johnny cien pesos* (1995), que describe el proceso de transición del país hacia la democracia; Cristián Galaz, *El chacotero sentimental* (1999), película que no solamente ganó premios internacionales sino un éxito de taquilla nacional sin precedentes; Gonzalo Justiniano, *Amnesia* (1994) cuyo personaje central es un militar que recuerda y olvida a la vez su "trabajo" en el desierto en los primeros años del gobierno militar y *B-Happy* (2004); Andrés Word: *Historias de Fútbol* (1997); Orlando Lübbert: *Taxi Para Tres* (2002); León Errázuriz: *Mala Leche* (2004); Andrés Wood: *Machuca* (2004); Rodrigo Sepúlveda: *Padre nuestro* (2005); Luis R. Vera: *Fiestapatria* (2006); Patricio Guzmán: *Nostalgia de la luz* (2011).

El desarrollo del cine como industria implica también el desarrollo de una audiencia. En este sentido el gobierno regional de la ciudad capital chilena propuso en diciembre del 2006 la firma de un convenio para incorporar el cine y la creación audiovisual a la educación básica y media en las escuelas en la región metropolitana. De acuerdo a este convenio, llamado "La escuela al cine', y firmado por el Consejo Regional de la Cultura y las Artes, la Cineteca Nacional del Centro Cultural Palacio La Moneda, la Secretaría Ministerial de Educación y la Cámara de Exhibidores de Multisalas se establecerán en 23 escuelas cine clubs para lo cual, al momento de la firma del convenio ya se habían capacitado 33 maestros en la metodología de apreciación audiovisual. Como beneficio adicional, los estudiantes y maestros de estas escuelas tendrán la posibilidad de asistir a funciones matinales en las salas de cine comerciales. Se espera que este convenio, endosado por la Secretaría Ministerial de Educación, sea eventualmente expandido a todo el país.

F. Bolivia

En la historia del cine boliviano destaca Jorge Sanjinés. Junto a Oscar Soria funda el grupo fílmico Ukamau y la Escuela Fílmica Boliviana, la que permaneció abierta apenas cinco meses ya que el Instituto Cinematográfico Boliviano les negó acceso a la utilización de equipo. Entre sus largometrajes podemos mencionar *Ukamau* (1968); *Yawar Mallku* (1969) que denuncia la esterilización de campesinas bolivianas por miembros del Cuerpo de Paz, el que posteriormente fue expulsado de Bolivia; *El coraje del pueblo* (1971); *El enemigo principal* (1973), cuyo gran acierto cinematográfico fue servirse de un recurso teatral brechtiano, un narrador que anticipa los eventos, para que el espectador pueda seguirlos de manera crítica y distanciada; *Banderas del amanecer* (1984); *La nación clandestina* (1989) y *Para recibir el canto de los pájaros* (1995). En los últimos años, varias películas bolivianas han tenido resonancia internacional: *Los Andes no creen en Dios* (2007) de Antonio Equino, *El estado de las cosas* (2006), documental de Marcos Loayza y *Cocalero* de Alejandro Landes (2007).

G. Perú

De Perú mencionaremos a tres de sus más destacados realizadores del presente: Francisco J. Lombardi, con una gran trayectoria que comienza en el 1977 con *Muerte al amanecer*, Alberto "Chicho" Durant, y Fabrizio Aguilar, quien debuta con *Paloma de papel* (2003).

La cinematografía de Lombardi incluye *Muerte de un magnate* (1980); *Maruja en el infierno* (1980); *La ciudad y los perros* (1985), adaptación parcial de la novela de Vargas Llosa; *La boca del lobo* (1988); *Sin compasión* (1986); *Caídos del cielo* (1991); *Bajo la piel* (1996); *No se lo digas a nadie* (1998); *Pantaleón y las visitadoras* (1999–2001), filme que obtuvo los premios a mejor película, mejor director, mejor actor y el premio FIPRESCI en el festival de cine de Gramado, Brasil y el premio a la mejor película del Cuarto Encuentro Latinoamericano de Cine, Elcine de Lima; *Tinta roja* (2002) y *Mariposa Negra* (2006).

Junto a Lombardi, Durant es uno de los cineastas más prolíficos del Perú. Entre sus películas se cuentan *Ojos de perro* (1982); *Malabrigo* (1986); *Alias la gringa* (1991); *Coraje* (1998); *Doble juego* (2004) que al igual que la opera prima de Aguilar, desarrolla un momento de la historia nacional: los últimos momentos del gobierno de Alberto Fujimori y la corrupción en el país; y *El premio* (2007).

En cuanto a Aguilar, su primera película como director, *Paloma de papel* nos presenta, desde el punto de vista de un niño, el horror del periodo histórico marcado por la guerra civil que se desató en el Perú en los años ochenta entre el gobierno institucional y el movimiento de guerrilla Sendero Luminoso.

Un fenómeno interesante que se está produciendo en la región amazónica del Perú es el cine alternativo independiente. Los cineastas de provincia han tenido que sortear todo tipo de obstáculo para producir sus películas: falta de presupuesto, de escuelas de actuación para preparación de sus actores, de salas de cine donde exhibir sus películas. Sin embargo, esto no los ha limitado para producir filmes que han tenido el patrocinio de la audiencia provinciana y despertado el interés de la audiencia capitalina e incluso internacional. Películas como *Chullachaqui* de Dorian Fernández o *El Misterio del Kharisiri*, de Puno Henry Vallejos son representativas de este cine provinciano que quiere rescatar viejos mitos de la selva amazónica para llevarlos a la pantalla con la máxima calidad técnica posible para competir con lo mejor del cine realizado en Lima.

El promedio de largometrajes realizados a nivel nacional en Perú es de 4 películas por año. En el 2008, el Consejo Nacional de Cinematografía (Conacine), fundado en 1996, recibió, por primera vez, un 40% del presupuesto que por ley debería proporcionarle el Estado. Se espera que con esto pueda aumentar la cantidad de proyectos cinematográficos subvencionados.

Una mujer cineasta que se ha revelado en los últimos años es la premiada Claudia Llosa (1976). Tiene a su haber: *Madeinusa*, ganadora del mejor guión de cine no publicado en el Festival Internacional de Cine de La Habana en el 2003, y de *La teta asustada* (2009), primera película peruana nominada para el Golden Bear Award, el cual ganó y también fue nominada a los Oscares en la categoría de películas extranjeras.

H. Colombia

De los años ochenta en que se produjeron relativamente muchas películas, no podemos dejar de mencionar directores como Gustavo Nieto Roa, *El taxista millonario* (1979); Francisco Norden *Cóndores no entierran todos los días* (1984); y Lisandro Duque Naranjo, *Milagro en Roma* (1988).

La gran producción de cine de los años sesenta a los ochenta se redujo enormemente en los años noventa por la desaparición en diciembre de 1992, por decreto gubernamental, de FOCINE, el Instituto Nacional del Cine Colombiano. La última película producida por FOCINE fue *La estrategia del caracol* de Sergio Cabrera (1993). La desaparición de FOCINE marcó el camino de la industria cinematográfica de ahí en adelante. En los últimos años el cine colombiano ha estado caracterizado por las coproducciones internacionales como manera de sufragar los gastos de la producción fílmica lo que si bien es cierto le ha dado exposición mundial a las películas, según los críticos, le ha hecho sacrificar un poco la identidad nacional para favorecer un cierto carácter internacional necesario a satisfacer el mercado.

Entre las coproducciones de los noventa y de comienzos de milenio podemos mencionar *Edipo Alcalde*, de Jorge Alí Triana, adaptación del mito de Edipo a ambiente latinoamericano, con libreto de Gabriel García Márquez (México, con aportes adicionales de Venezuela, Francia, España, Italia y Canadá), 1996; *La montaña del tiempo*, de Raúl García (Bulgaria y España); *Ilona llega con la lluvia* de Sergio Cabrera (España e Italia), 1996; *La virgen de los sicarios* de Barbet Schroeder (España, Francia), 2000; *Bolívar soy yo* de Jorge Alí Triana (Francia), 2002; *María Full of Grace* de Joshua Marston (USA), 2004.

Sin embargo, en la década del 2000, Colombia comienza a tener una producción de cine estable de alrededor de 8 películas por año y ello gracias a la conjugación de varios factores. En primer lugar, en 1998, el gobierno del presidente Uribe abrió una sección de cine en Colcultura la que provee fondos para la producción de cine del país. De manera similar a lo que hizo el presidente Lula en Brasil, las compañías colombianas que deseen invertir en la industria cinematográfica se benefician de una reducción de impuestos, lo que las ha estimulado a la inversión.

Igualmente, la televisión está invirtiendo en la producción de películas. Un ejemplo de ello es la producción cinematográfica de la internacionalmente exitosa telenovela de Caracol TV *Sin tetas no hay paraíso* que se rodó en la ciudad de Girardot en junio de 2008. La misma cuenta la historia de una joven obsesionada con hacerse un implante de senos con la idea de conseguir los favores de importantes narcotraficantes que le permitan salir de la pobreza. La trama que se desarrolla alrededor de este punto de partida es una radiografía del mundo de pobreza en que vive la mayoría de la población colombiana y la falta de opciones reales que proponen la prostitución, el narcotráfico y la violencia como posibilidades de escapar hacia una vida mejor. La telenovela ha sido también adaptada a la realidad española y china.

Un último factor importante ha sido la fundación de Dynamo Capital S.A., Sociedad Gestora del Fondo de Capital Privado de Cine Hispanoamericano cuyo objetivo es invertir sus recursos financieros en proyectos cinematográficos a nivel iberoamericano. El fondo, establecido por antiguos banqueros, es diferente a fondos en otros países en que no se recaudan fondos por proyecto. Los fondos ya existen y cuando encuentran un proyecto que les parece interesante lo financian. Dynamo Capital está dirigido por miembros del mundo cinematográfico, Rodrigo Guerrero y Andi Baiz, ambos ex alumnos de la Tisch School of the Arts de New York University y ya han subvencionado muchos proyectos colombianos.

Todo este esfuerzo se ha visto coronado por un significativo respaldo del público a las películas nacionales. Algunas de las películas más taquilleras en el 2008 en el país lo fueron: *Paraíso Travel* **(2006), de Simón Brand, Muertos de Susto (2007) de Dago García,** *Soñar no cuesta nada* (2006) de Rodrigo Triana y *Rosario Tijeras* (2005) de Emilio Maillé, basado en el libro de Jorge Franco.

En el 2007 Colombia presentó a competencia en el XXIX Festival de La Habana cuatro guiones inéditos, dos documentales: *El corazón de Diego* de Diego García Moreno y *Pucha vida* de Nazly López Díaz, coproducción colombo-cubana, una película animada: *Una de espantos* de Andrés Felipe Zuluaga y un largometraje: *Como un atardecer de sábado* de Alejandro Rey.

En el 2008, Colombia también tuvo un lugar preponderante en el Festival de Cannes. Las películas *Bluff* (2006) de Verónica Orozco, *Al final del espectro* 2006) de Juan Felipe Orozco, la ya mencionada *Soñar no cuesta nada* y *La sombra del caminante* (2004) de Ciro Guerra participaron en la sección oficial no competitiva "Todos los Cines del Mundo". También fue presentado el cortometraje *Hoguera*, dirigido por Andi Baiz.

El cortometraje documental *La corona*, dirigido por Amanda Micheli y la colombo-venezolana residente en Los Ángeles, Isabel Vega estuvo entre los finalistas para el Oscar en el 2008. El mismo, filmado en la cárcel de mujeres El Buen Pastor, en Bogotá, trata sobre el reinado de belleza que las reclusas celebran cada año siguiendo las rigurosas reglas de todo certamen de belleza.

Otras películas recientes lo son *Esto huele mal* (2007) dirigida por Jorge Alí Triana y *Noche Buena* (2008) de Camila Loboguerrero. *Saluda al diablo de mi parte* de Carlos Esteban y Juan Felipe Orozco y *Del amor y otros demonios*, basada en la obra de García Márquez y dirigida por la costarricense Hilda Hidalgo, están programadas para ser estrenadas en el 2009.

I. Venezuela y Uruguay

Para terminar este panorama del cine queremos hacer honor a varias cineastas mujeres cuyas películas han tenido reconocimiento internacional, las venezolanas Fina Torres, Solveig Hoogesteijn, Mariana Rondón y Marite Ugáz, y la uruguaya Beatriz Flores Silva. También, mencionar algunas de las más recientes películas venezolanas y uruguayas.

Fina Torres es autora, directora y productora de *Oriana*, ganadora del premio Cámara de oro del Festival de Cannes en 1985, de una coproducción franco-belga-española-venezolana *Mecánicas Celestes* (1996) y de *Las mujeres arriba* (2000), con Penélope Cruz como protagonista. Sus películas presentan mujeres en busca de su identidad y de establecerse como individuos libres dueños de su propio destino.

Por su parte Solveig Hoogesteijn dirigió, entre otras, *Macu, la mujer del policía* (1987); *Santera* (1994) y *Maroa* (2005) y Beatriz Flores Silva codirigió una coproducción belga venezolana *Los siete pecados capitales* en 1992 y muchos años más tarde escribió, dirigió y produjo *En la puta vida* (2001) y *Polvo nuestro que estás en los cielos* (2008).

Mariana Rondón dirigió (junto a Marite Ugáz) *A la media noche* (1999), *Lo que se hereda no se hurta* (2007) y *Postales de Leningrado* (2007).

Otros directores y películas venezolanas actuales son: Fernando Peña quien dirigió *Amor en concreto* (2005); José Velasco, *La ciudad de los escribanos* (2005); Carlos Azpúrua, *Mi vida por Sharon* (2006); Alejandro García Wiederman, *Plan B* (2006); Olegario Barrera, *Una abuela virgen* (2007); Freddie Fadel, *13 segundos* (2007); y Marcos Linares y Carlos Villegas *Al borde de la línea* (2007).

Otras películas uruguayas recientes son, *Ruido* (2004) de Marcelo Bertalmío, *Whiskey* (2004) de Pablo Stoll y Juan Pablo Rebolleda y *El baño del Papa* (2006) de Enrique Fernández y César Charlone.

Si bien es cierto que el desarrollo del cine en Latinoamérica sigue siendo disparejo y que mientras algunos países producen casi cien películas al año otros no producen ninguna, el cine latinoamericano a través de las épocas ha marcado presencia dentro de la historia de la cinematografía mundial gracias al talento de sus realizadores incluyendo directoras mujeres, las que como vimos han estado presentes desde los comienzos del cine mudo.

Preguntas de comprensión y repaso

IX.1. Desarrollo de una industria
1. Mencione los países latinoamericanos que tuvieron un gran desarrollo en la industria del cine y cuáles no.
2. ¿Cómo llegó el cinematógrafo a Latinoamérica?
3. ¿Qué dos factores limitaron el desarrollo del cine en sus comienzos?
4. ¿Qué sucedió en los años veinte que empeoró la situación para el desarrollo de un cine nacional?
5. Explique lo que caracterizó al "nuevo cine latinoamericano".
6. ¿Qué es el ICAIC y cuál ha sido su contribución al desarrollo del cine latinoamericano a partir de los sesenta?
7. Mencione algunos ejemplos de festivales de cine en Latinoamérica.

IX.2. El cine latinoamericano en el siglo XXI
1. Resuma los puntos de encuentro en cuanto a la temática del cine que se ha estado realizando en los distintos países de Latinoamérica de fines del siglo XX a comienzos del siglo XXI.

IX.3. Panorama histórico por países
A. México
1. ¿Por qué se cree que México fue el país en desarrollar más rápidamente la industria del cine?
2. ¿Qué caracterizó el cine mudo mexicano?
3. Mencione algunas realizadoras mexicanas de la primera mitad del siglo XX.
4. ¿Cuál es la importancia del filme *Allá en el rancho grande* dentro de la cinematografía mexicana?
5. ¿Cuál es el tema recurrente en las películas de los años cuarenta?
6. ¿Cómo se vio afectada la industria del cine en los años cincuenta?
7. Describa la situación del cine en los sesenta, en los setenta y en los ochenta.
8. ¿Qué es el "cabrito western?"
9. ¿En qué momento surge un número considerable de realizadoras?
10. ¿Qué película viene a representar "la luz al final del túnel" durante la crisis económica de los ochenta en México?
11. ¿Qué se produce en los primeros años del nuevo milenio que afecta adversamente al cine mexicano que estaba saliendo de la crisis?
12. ¿Cuál es el estado actual del cine en México?

B. Argentina
1. ¿Qué caracterizó el cine mudo de los años veinte?
2. ¿Quién fue "la novia de América?"
3. ¿Cuál fue la primera película argentina en ser nominada para el Oscar?

4. Diga quién es Fernando Birri.

5. Mencione la importancia de María Luisa Bemberg dentro de la cinematografía argentina.

6. ¿Qué película argentina fue la primera en ganar un Oscar?

C. Brasil

1. ¿Quién fue Carmen Miranda?

2. ¿Qué cosa es la chanchada?

3. ¿Cuál fue la importancia del filme *O Cangaceiro*? ¿Y la de *Orfeo Negro*?

4. ¿Ha tenido el cine brasileño películas que hayan ganado un Oscar?

5. Explique la ley audiovisual decretada por el gobierno socialista de Lula da Silva.

D. Cuba

1. ¿Cuál fue la primera película cubana con sonido?

2. ¿Qué caracterizó el cine de los cincuenta?

3. Comente la carrera de Tomás Gutiérrez Alea dentro del cine cubano.

4. ¿Qué representan los filmes *Cecilia*, *Retrato de Teresa* y *Lucía* dentro de la filmografía cubana?

E. Chile

1. Resuma la trayectoria de Miguel Littin y de Raúl Ruiz y comente qué diferencia su trabajo y qué comparten en común.

2. A juzgar por la cantidad de películas producidas en los últimos años, ¿cómo cree Ud. que es la situación actual del cine chileno?

3. ¿Qué gran impulso le ha dado el gobierno chileno al mejoramiento de la educación y la formación de un público educado para el cine?

F. Bolivia

1. Describa el cine de Sanjinés.

G. Perú

1. Diga los nombres de los cineastas peruanos mencionados y sus películas.

H. Colombia

1. ¿Qué ha caracterizado al cine colombiano después de la desaparición de FOCINE?

I. Venezuela y Uruguay

1. Mencione las tres realizadoras a quienes se les hace homenaje en esta sección y sus películas.

Utilice el siguiente banco de palabras para contestar las preguntas y luego vuelva a la sección **¿Cuánto sabemos?** al comienzo del capítulo para comparar sus respuestas antes de estudiar el capítulo y después.

Central de Brasil, Fernando Berri, "cabrito western", televisión, Miguel Littin, *Amores perros*, Adela Sequeyro, Raúl Ruiz, *María llena eres de gracia*, Fina Torres, Elena Sánchez Valenzuela, Carmen Miranda, *Fresa y chocolate*, Luis Buñuel, *Como agua para chocolate*, ICAIC, Jorge Sanjinés, *Paloma de papel*, Solveig Hoogesteijn, *La historia oficial*, María Luisa Bemberg

1. Dos realizadoras mexicanas de los años treinta fueron: _____ y
_____.

2. En los años cincuenta, la llegada a los países de la _____ influyó adversamente el desarrollo de un cine nacional.

3. Un cineasta español que influyó el cine mexicano lo fue _____.

4. Tipo de cine fronterizo: _____.

5. Película que dio nueva vida al cine mexicano en los noventa:
_____.

6. Película dirigida por un mexicano que ahora vive en los Estados Unidos:
_____.

7. Realizador argentino que fue director de la Escuela Internacional de Cine de Cuba: _____.

8. Realizadora argentina contemporánea una de cuyas películas fue nominada al Oscar en 1984: _____.

9. Actriz y cantante brasileña que se hizo famosa en películas de Hollywood:
_____.

10. Película brasileña ganadora de un Oscar a la mejor película extranjera:
_____.

11. Organismo que ha ayudado a la difusión del cine latinoamericano:
_____.

12. Película de crítica social cubana: _____.

13. Realizadores chilenos de renombre internacional: _____ y _____.

15. Realizador boliviano que denunció la esterilización de las campesinas por miembros de los Cuerpos de Paz: _____.

16. Película peruana que se sitúa en los años ochenta: _____.

17. Coproducción colombo-americana: _____.

18. Importantes realizadoras venezolanas contemporáneas: _____ y _____.

19. Primera película argentina en ganar el Oscar a la mejor película extranjera: _____.

Más allá de los hechos: temas para pensar, investigar, escribir y conversar

1. Escriba un ensayo sobre el rol del cine a través de la historia en América Latina.

2. Escoja uno de los realizadores o realizadoras de cine, busque información adicional y escriba un ensayo sobre los aspectos importantes de su obra cinematográfica. Presente sus hallazgos a la clase. Trate de mostrar un segmento de alguna película.

3. Alquile una película latinoamericana o vaya a ver alguna que se esté exhibiendo y haga una presentación a la clase exponiendo sus impresiones sobre la misma.

4. Busque información sobre la mujer como realizadora dentro de la historia del cine latinoamericano y prepare una presentación sobre el tema. Puede incluir segmentos de filmes y hablar sobre los temas que estas realizadoras tocan en sus películas.

CAPÍTULO X

De gustos y sabores

X.1. Refranes

X.2. Piropos

X.3. Trabalenguas

X. 4. Comidas - recetas

CAPÍTULO X
De gustos y sabores

X.1. Refranes

El uso de refranes es muy común en el mundo hispano. Algunos los consideran parte de la filosofía popular porque suelen encerrar enseñanzas y consejos morales resultado de la observación de la conducta humana y de hechos, que, al repetirse en similares condiciones, confirman iguales resultados.

Otros dicen que su carácter popular se lo da el hecho que se les identifique con verdades del hablar cotidiano y que muchas veces se les emplee para defender puntos de vista en una discusión.

En general son frases cortas que recurren a un cierto ritmo consonante o asonante para facilitar su memorización.

Sin intentar hacer un tratado, quedémonos con la definición que de ellos hace Cervantes en *El Quijote* "los refranes son sentencias breves, sacadas de la experiencia y especulación de nuestros antiguos sabios" (Segunda parte, capítulo LXVII); y de cuya utilidad da fe diciendo "cualquiera de los que has dicho [Sancho,] basta para dar a entender tu pensamiento" (Segunda parte, capítulo LXVII).

Los refranes pueden tener un origen culto derivado generalmente de los sermones de la Edad Media, o pueden nacer de creencias y supersticiones del pueblo.

Pero, "para muestra, un botón":

Refranes comunes	Explicación
Quien mucho abarca, poco aprieta.	Quien emprende muchas cosas a un tiempo, generalmente no desempeña ninguna bien.
En casa de herrero, cuchillo de palo.	Falta algo en el lugar donde menos se espera debiera faltar.
A mal tiempo, buena cara.	No hay que dejarse abatir por la adversidad.
A falta de pan, buenas son las tortas.	Cuando falta algo, se valora lo que se tiene.
Unos nacen con estrella y otros nacen estrellados.	Unos nacen con suerte, otros con mala suerte.

Por la boca muere el pez.	Es peligroso hablar más de lo necesario.
A palabras necias, oídos sordos.	No hay que hacer caso del que habla sin razón.
Nadie diga: de esta agua no he de beber.	Nunca sea categórico en decir no, las circunstancias pueden hace que mañana haga lo que hoy día no acepta.
No se debe escupir al cielo.	Se termina escupiéndose a sí mismo.
Cuatro ojos ven más que dos.	Dos personas tienen mejor juicio que una sola.
Ojos que no ven, corazón que no siente.	No se sufre por lo que no se sabe.
Al ojo del amo engorda el ganado.	Conviene que el dueño cuide y vigile sus negocios.
Quien tiene tienda, que la atienda (y si no que la venda).	Cada uno debe vigilar bien sus negocios.
Perro que ladra, no muerde.	Los que hablan mucho, suelen hacer poco.
A cada chancho (puerco) le llega su San Martín.	A todos les llega la hora de rendir cuentas.
A quien madruga, Dios lo ayuda.	Quien empieza temprano tiene éxito.
Al perro flaco no le faltan pulgas.	Al que le ha ido mal se le juntan todos los males.
A buen entendedor, pocas palabras bastan.	La persona inteligente, comprende rápido lo que se quiere decir.
Genio y figura hasta la sepultura.	No es fácil cambiar el carácter de una persona.

En todas partes se cuecen habas.	Puede sucederle a cualquiera y en cualquier lugar.
Quien siembra vientos cosecha tempestades.	Quien le hace mal a otros será pagado con la misma moneda.
A caballo regalado no se le miran los dientes.	Un regalo no se mide por su precio.
Matar dos pájaros de un tiro.	Resolver dos problemas con una misma acción
Más vale pájaro en mano que cien volando.	Más vale lo seguro que proyectos prometedores pero irrealizables.
Cuando menos se piensa, salta la liebre.	Cuando menos se espera, ocurren las cosas.
Mucho ruido y pocas nueces.	Se aplica a quien habla mucho y obra poco.
Haz bien sin mirar a quien.	El bien hay que hacerlo desinteresadamente.
Hombre prevenido vale por dos.	El que actúa con cautela tendrá mejores resultados.
Más vale maña que fuerza.	Se obtienen mejores resultados con habilidad que a la fuerza.
Más vale poco que nada.	No hay que despreciar las cosas aunque sean pequeñas.
La caridad empieza por casa.	Lo natural es pensar en las necesidades propias antes que en las ajenas.
Quien mal anda, mal acaba.	Quien vive desordenadamente, generalmente termina mal.
En boca cerrada no entran moscas.	Es mejor callar que hablar sin pensar.
Mal de muchos, consuelo de tontos.	Consolarse porque a otros les suceda la misma desgracia es una tontería.

No por mucho madrugar amanece más temprano.

A veces, vale más la dedicación y la calidad, que la rapidez.

Contigo, pan y cebolla.

Si estás con la persona amada, no importa el ser pobre.

Aquí hay gato encerrado.

Algo no está claro, y hay que desconfiarse.

No dejes para mañana lo que puedas hacer hoy.

No hay que postergar lo que tienes que hacer.

Dios castiga pero no a palos.

A todos llega la justicia divina.

El que las hace, las paga.

Siempre llega el momento de rendir cuentas.

Ser la última rueda del carro.

Uno al que no lo tienen en cuenta para nada.

A lo hecho, pecho.

Hay que enfrentar las consecuencias de sus actos.

No hay mal que por bien no venga.

A veces, algo negativo trae consecuencias positivas.

La mona, aunque se vista de seda, mona se queda.

Una persona no cambia porque cambie de vestido.

Refranes en latín

Corruptissima republica plurimae leges.

La república más corrupta es la que tiene más leyes.

Divide et impera.

Divide y vencerás.

Ira furor brevis est.

El furor de la ira es breve.

Margaritas ante porcos.

Echar margaritas a los cerdos (algo es demasiado bueno para alguna gente y no lo sabrán aprovechar).

Vox populi, vox Dei.

Voz del pueblo, voz de Dios. Lo dice la mayoría por lo tanto se considera cierto.

X.2. Piropos

Los piropos son frases cortas halagadoras, en general dirigidas a una mujer. La etimología de la palabra se remonta a los griegos y viene de pyr: "fuego" y ops: "cara", es decir fuego en la cara.

Los romanos tomaron la palabra griega y la convirtieron en latín en pyropus que quiere decir "rojo fuego". La utilizaron para calificar piedras finas de color rojo como el rubí, piedra que los enamorados les regalaban a sus damas. Se dice que los que no tenían dinero para regalar rubíes, regalaban palabras bonitas. Entonces, un piropo son palabras gentiles y bonitas para enamorar a una dama, palabras que por el mensaje que llevan hacen que su cara arda en fuego.

En su mayoría son gentiles, pero algunos pueden rayar en lo grosero. Por razones obvias, aquí incluiremos solamente una muestra de piropos gentiles.

Si la belleza matara, tú no tendrías perdón de Dios.

Señorita, usted es una ladrona. Me ha robado el corazón.

Si todos los ángeles son como tú, me moriría ahora mismo.

Qué Dios te guarde y me dé la llave.

Me gustaría que nuestro amor fuese como el mar, que se viera el principio pero no el final.

Entre rosas he nacido, entre espinas moriré, pero a ti, amor mío, jamás te olvidaré.

¿Crees en el amor a primera vista o tengo que volver a pasar delante de ti?

Ojos de mantequilla, boquita de requesón, envuelto en una tortilla te mando mi corazón.

Mírame un poco que me estoy muriendo de frío.

Dios debe estar distraído, porque los ángeles se le están escapando.

Si la belleza fuera pecado, tú ya estarías en el infierno.

Si fueras una lágrima no lloraría por miedo a perderte.

¿De qué juguetería te escapaste, muñeca?

¡Quién fuera bizco para verte dos veces!

Carro viejo, pero bien tenido. (A una mujer madura, pero de buen cuerpo.)

Y luego dicen que los monumentos no andan.

Debes estar cansada ya que has estado dando vueltas en mi cabeza todo el día.

¿Sabes qué hora es? Quiero decirle a mi analista el momento exacto en que perdí la razón.

Si Cristóbal Colón te viese diría: ¡Santa María, pero qué Pinta tiene esta Niña!

Para divertirnos un poco

R con R cigarro,
R con R barril,
rápido corren los carros
por sobre los rieles del ferrocarril.

De tres tristes platos de trigo,
tres tristes tigres comían trigo
en un trigal.

Pablito clavó un clavito,
un clavito clavó Pablito.
¿Qué clase de clavito clavó Pablito?

Pedro Pérez pintor peluquero
pinta preciosos paisajes
por poco precio para personas pobres
porque piensa partir para París pronto.

Me han dicho que has dicho un dicho que yo he dicho.
Ese dicho está mal dicho, pues si yo lo hubiera dicho,
estaría mejor dicho que el dicho que a mí me han dicho
que tú has dicho que yo he dicho.

Pancha plancha con cuatro planchas
¿Con cuántas planchas plancha Pancha?

El cielo está encancaranublado
¿Quién lo encancaranublaría?
Quien lo encancaranubló
Buen encancaranublador sería.

X.4. Comidas – recetas

En general podemos decir que la comida llamada criolla, es decir las comidas típicas de América Latina, no difiere tanto en sus componentes entre los diferentes países y es el resultado de una mezcla de la cocina indígena y la cocina española. Por ello encontraremos repetidos en los países el pan o sus sustitutos, tortillas, arepas, tortillas al rescoldo y las sopas en diferentes formas de cazuelas o cocimientos de verduras y finalmente acompañando a la infaltable carne sea de ave, res, llama, cuy o cordero, las papas, yucas, maíz, y venidos de muy lejos los tallarines (originarios de la China y no de Italia como se cree).

Los dulces y postres generalmente nos vienen de la repostería española, muchas veces enseñadas las recetas a aquellas que servirían en las casas como empleadas por las religiosas que llegaron tras la conquista, de donde el dicho, "esta torta parece hecha por mano de monja".

Los pueblos costeros, en forma evidente, desarrollaron los platos con pescado y mariscos, elementos que no resistían el traslado al interior de los países. Allí nacieron los ceviches, y los curanto en hoyo, cocimiento de mariscos que se hace en Chiloé en el sur de Chile, en el que en un hoyo se ponen brazas, luego piedras y luego se alternan capas de todo tipo de carnes y mariscos, hoyo que se tapa de manera que los vapores y jugos se vayan mezclando creando un manjar de dioses.

Los pueblos del Caribe, con su herencia africana, añadieron, entre otros, los plátanos y bananos, verdes y maduros, cocidos de diferente manera y utilizados tanto en las comidas como en los postres. Si desconoce alguno de los ingredientes, puede consultar el **Diccionario de términos gastronómicos y equivalencias** en la siguiente dirección:
<http://www.euroresidentes.com/Alimentos/diccionario_equivalencias/>

Por ser el 2010 el año en que muchos países celebran el bicentenario de la independencia del Imperio español, nuestro recetario comenzará con recetas que también celebran sus doscientos años de existencia.

Menú bicentenario

Chiles en Nogada: para celebrar la Independencia de México

Como dijimos, la receta fue creada por las monjas del convento de Santa Mónica hace 200 años para festejar la recién lograda Independencia. Las mismas no sólo se preocuparon de utilizar ingredientes de la región, sino de darle un carácter simbólico al plato al elegir los colores de la nueva bandera del México independiente: el verde, representado en los chiles, el rojo en la granada y el blanco en la salsa de nuez de castilla.

Ingredientes
12 chiles poblanos
600 gramos de carne molida (mitad lomo de cerdo, mitad lomo de res.)
2 dientes de ajo picado
½ cebolla picada
¼ de taza de aceite de maíz
1 taza de manzana picada
1 taza de durazno (melocotón) picado
1 taza de pera picada
½ taza de pasitas
½ de taza de piñones
½ de taza de almendras fileteadas
un acitrón en cubitos (no lo use si no le gustan muy dulces)
sal y pimienta al gusto
2 tazas de granada

Para el capeado (es opcional)
1 taza de harina
8 huevos (separar las claras de las yemas)
sal al gusto
2 tazas de aceite

Para la nogada
200 gramos de nuez pelada y picada
300 gramos de queso crema
leche y azúcar al gusto

Preparación
Para limpiar los chiles, primero se ponen a tostar en el fuego, luego se dejan sudar 10 minutos dentro de una bolsa de plástico para que sea más fácil quitarles la piel. Después de pelarlos se les hace una cortada a lo largo para retirar las semillas y las venas.
* Tres recomendaciones para que los chiles no queden muy picantes: 1) Al elegirlos huélalos, los chiles que tienen un aroma fuerte suelen ser los más picantes; 2) Remójelos un rato en leche antes de cocinarlos; 3) Quíteles muy bien las venas.

El capeado
En una sartén grande, se vierte el aceite y se deja acitronar el ajo y la cebolla. Luego se pone la carne a freír. Cuando esté bien cocida, se agregan las frutas y se deja cocer un par de minutos más antes de incorporar las pasas, las almendras, los piñones y el acitrón. Se sazona con sal y pimienta a gusto y se deja cocer unos minutos a fuego medio para que los sabores se concentren.

Cuando el picadillo esté listo, se deja enfriar y luego se rellenan los chiles. Se pueden utilizar palillos para cerrarlos.

La nogada
Se baten las yemas un poco y las claras a punto de listón. Después se mezclan envolviéndolas suavemente. Se enharinan los chiles, se mojan en la mezcla de huevo y se ponen freír en el aceite caliente. Una vez capeados, los chiles se colocan sobre servilletas para escurrir el exceso de grasa. Se licúan todos los ingredientes y se agrega la leche poco a poco, procurando que la salsa no quede aguada.

Decoración
Se colocan los chiles en el plato, se vierte la salsa y se decora con la granada (también se puede utilizar perejil).
Sírvalos fríos.

Chiles en nogada: ¡Buen provecho, y viva México!

Asado: 200 años de un plato que une a los argentinos
Proveniente del ámbito rural, de las costumbres gauchas, el asado se convirtió en el plato nacional argentino por excelencia. El asado es la cocción a las brasas de distintas carnes: res, cerdo, cordero, etc. (en tiras de asado o costillares), chorizos, morcillas, riñones mollejas y chinchulines. En un comienzo, en la Pampa, la carne se asaba en estacas, pero hoy en día, la forma más común de hacerlo es sobre parrillas, y por eso, el asado también se conoce como parrillada. Según documentos históricos, era el plato predilecto del argentino Juan Manuel de Rosas, uno de los primeros caudillos latinoamericanos del siglo XIX. En un principio, el asado se acompañaba solamente con pan. Hoy en día se acompaña con vegetales y pimientos morrones asados, papas al barro, cebollas al fuego, o con una ensalada mixta de lechuga, tomate y cebolla.

La costumbre del asado también toma en consideración los momentos anteriores a la comida, conocidos como "la picada", compuesta de una combinación de empanadas, quesos, fiambres y aceitunas que sirven para abrir el apetito.

La carne puede ser servida con chimichurri, salsa típicamente argentina a base de ajos, perejil, ají picante, aceite de oliva y vinagre, que se usa como aderezo.

Obviamente, para acompañar un buen asado argentino no puede faltar un buen vino tinto.

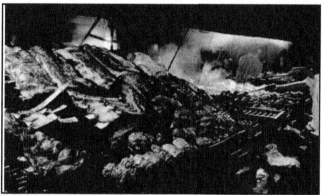

Asado argentino

Receta del chimichurri

Ingredientes
1 cucharada sopera de ají molido
1 cucharada sopera de orégano
1 cucharada sopera de pimiento dulce
8 dientes de ajo
2 tazas de perejil
4 hojas de albahaca
sal y pimienta al gusto
½ taza de aceite de oliva
1 puñado de romero
2 cucharadas de limón o de vinagre

Preparación
Picar el perejil, los dientes de ajo, el Albahaca y el pimentón dulce. Mezclarlo todo con el aceite de oliva. Luego agregar la sal y la pimienta. Rectificar y corregir con sal y pimienta si fuera necesario.

Arroz con leche: bicentenario de un postre favorito en toda Latinoamérica

El arroz con leche, es un postre considerado típico en casi todos los países. En los países del Caribe, se prepara una variante con leche de coco.

Ingredientes
1 litro de leche
1 litro de agua
250 gramos de arroz
100 gramos de azúcar
1 limón
1 canela en rama
2 cucharadas de canela en polvo

Preparación
(Tiempo estimado: 20 minutos)

Se pone el agua y el arroz en una cacerola y se lleva a ebullición. Cuando comienza a hervir, se aparta del fuego, se pasa por agua fría y se cuela. A continuación, se pela el limón y se pone la cascara en una cacerola junto con el arroz, la leche y la canela, y se deja cocer lentamente mientras se va removiendo suavemente. A mitad de cocción, se agrega el azúcar y se remueve bien para asegurar que se disuelva. Cuando el arroz está cocido (los granos están blanditos) se retira del fuego, se vierte en una fuente llana y se espolvorea con un poquito de canela molida. Es importante que el arroz no quede excesivamente cocido; los granos deben quedar sueltos, pero no duros.

Arroz con leche, postre favorito en toda Latinoamérica

Tras abrir el apetito, hagamos un viaje gastronómico por el continente con comidas, postres y bebidas típicas.

Argentina: alfajores

Ingredientes
1 2/3 tazas de harina (200 grs.)
2 1/2 tazas de almidón de maíz (maicena 300 grs.)
1/2 cucharadita de bicarbonato de sodio
2 cucharaditas de polvo de hornear
200 g. de manteca

3/4 taza de azúcar (150 grs.)

3 yemas de huevo

1 cucharadita de coñac

1 cucharadita de esencia de vainilla

1 cucharadita llena de ralladura de limón

Dulce de leche para rellenar. (Manjar blanco en Chile) *

Coco rallado en cantidad suficiente

Preparación

Tamizar el almidón de maíz (maicena) con la harina, el bicarbonato y el polvo de hornear. En un bol, batir la manteca con el azúcar, agregar las yemas de a una, mezclando bien cada vez, luego el coñac y poco a poco los ingredientes secos ya tamizados. Incorporar la esencia y la ralladura de limón y mezclar bien. Formar una masa, sin amasarla, y estirar de 1/2 cm. de espesor sobre una mesa espolvoreada con harina. Cortar medallones de unos 4 cm. de diámetro. Colocar sobre un molde sin engrasar y cocinar en horno moderado durante 15 minutos. Desmoldar y enfriar, formar los alfajores, uniéndolos de a dos con dulce de leche en el medio. Pintarles el borde con dulce y pasarlos por coco rallado.

*Para preparar el dulce de leche (manjar blanco) en forma rápida: ponga en una olla a presión tres tarros de leche condensada y cúbralos con agua (un dedo sobre los tarros). Ponga a fuego fuerte y baje el fuego una vez que la olla comience a sonar. Deje cocinar por **55** minutos. Saque la olla del fuego, eche agua fría sobre ella. Cuando no salga más vapor ábrala y eche agua fría sobre los tarros de leche hasta que se enfríen. NUNCA abra los tarros mientras estén calientes, le pueden explotar en la cara. ¿Tres tarros? Por economía, mientras no los abra puede conservarlos por mucho tiempo.

Bolivia: picante de pollo

Ingredientes

1½ kilos de pollo despresado

½ taza ají colorado molido

2 tazas de cebolla blanca picada en bastoncitos finos

1 taza de tomate pelado y picado finamente

1 locoto (ají) picado finamente

1 taza de arvejas verdes peladas

½ taza perejil picado finamente

1 cucharadita de comino molido

1 cucharadita de orégano desmenuzado

½ cucharadita de pimienta negra molida

1 cucharada de sal o sal al gusto

3 dientes de ajo tostado, pelado y picado

3 tazas de caldo o agua

2 cucharadas de aceite

Preparación

En una olla poner el pollo despresado y todos los demás ingredientes juntos. El caldo o agua deberá cubrir los ingredientes completamente.

Dejar cocer a fuego fuerte hasta que hierva, y a fuego lento después, por lo menos una hora y media hasta que el pollo esté muy suave. Mover de vez en cuando.

Si con el cocimiento ha disminuido mucho el jugo, aumentar un poco más de caldo para que al servir tenga bastante jugo.

En un plato hondo servir el picante de pollo con una papa blanca, cocida aparte y salsa cruda encima*.

Finalmente poner bastante perejil sobre el picante de pollo.

*Salsa Cruda

Ingredientes:

½ taza cebolla blanca, picada finamente

½ taza de tomate, pelado picado finamente

1 locoto, picado finamente

1 cucharadita de perejil, picado finamente

1 cucharadita de sal

½ cucharadita de pimienta molida

Preparación:

Mezclar todos los ingredientes. Agregar unas gotas de aceite si se desea.

Brasil: feijoada

Ingredientes

1 kilo de frijoles negros

200 gramos de lomo de cerdo salado

1 pie de cerdo salado y 1 lengua de cerdo

1 oreja de cerdo no muy grande y salada

2 rabos pequeños salados

2 paios (especie de chorizo de cerdo)

1 salchicha grande

200 gramos de salchicha fresca delgada

800 gramos de tocino ahumado magro

200 gramos de costillas ahumadas

1/2 kilo de lomo de cerdo fresco

2 hojas de laurel

3 dientes de ajo

2 cucharadas (de sopa) de aceite

Sal

Preparación

Lave los frijoles y póngalos a remojar el día anterior. Haga lo mismo y por separado con el lomo salado. Limpie y lave la lengua de cerdo, el pie, la oreja y los rabos. Limpie la carne y el lomo de cerdo. Ponga los frijoles a cocer cubriéndolos en bastante agua (2 a 3 dedos). Después de una hora de hervor vaya añadiendo las carnes. Añada agua caliente a medida que vaya siendo necesario, para mantener las carnes permanentemente cubiertas por el caldo. Durante la cocción retire la espuma de la feijoada. Cuando los granos estén blandos y el caldo más o menos espeso, condimente los frijoles con 3 dientes de ajo bien machacados, dorados en 4 cucharadas de sopa de aceite. Compruebe la sal y retire la espuma una vez más para retirar cualquier exceso de grasa. Acompañe los frijoles de arroz blanco.

Chile: empanadas de horno

Ingredientes para el pino: para cuatro personas
1/2 Kg. de asiento en cuadrito o carne molida
2 cebollas picadas en cuadritos
1/8 aceite
1/2 cucharadita(s) ají de color
1 huevo duro en láminas
1 cuadradito de caldo de res
sal, orégano, pimienta
4 aceitunas negras grandes
2 cucharadas de pasas

Preparación del pino
Fría la cebolla en el aceite caliente y cocine a fuego suave hasta que esté blanda, agregue el ají de color y la carne, luego los condimentos, añada el caldo de vacuno disuelto en agua tibia, deje 5 a 10 minutos a fuego suave. Deje enfriar y rellene las empanadas. Para quitarle lo fuerte a la cebolla puede agregar una cucharadita de azúcar al pino.

Ingredientes para la masa
2 1/2 tazas de harina
30 grs. de polvos de hornear
1/2 cucharadita de sal
65 grs. de manteca
1/2 taza de leche

Preparación de la masa
Una la harina con los polvos de hornear y la sal, luego agregue la manteca derretida, mezcle hasta que esté granulosa, agregue la leche caliente mezclada con agua uniendo sin amasar.
Cubra la masa con un paño y deje reposar unos 20 minutos y luego uslerear sobre superficie enharinada dejándola de 2 o 3 cm. de grosor. Corte la masa en círculos de 20 cm. de diámetro aproximadamente. Rellene las empanadas coloque una cucharada de pino, una aceituna, dos pasas, un pedazo de huevo duro en cada una. Humedezca los bordes de la masa con un poco de agua tibia, doble la masa y cierre la empanada en semi-círculo. Pase sobre la

superficie un pincel untado en yema de huevo. Hornee a temperatura moderada por unos 40 minutos.

Colombia: bandeja paisa (Antioquia – Caldas)

Generalmente consiste en una porción de frijoles (con una cuchara de hogao* encima), arroz blanco seco, carne molida, chicharrón, chorizo, morcilla, patacones de plátano verde, tajadas de plátano maduro, un huevo frito, tajadas de aguacate y arepas, servido todo junto en una bandeja.

* HOGAO:
2 cebollas cabezonas, peladas y picadas finas
4 tallos de cebolla larga, picados finos
2 tomates maduros, pelados y picados
1/2 cucharadita de tomillo
1/4 cucharadita de orégano
Pimienta y sal al gusto.
2 cucharadas de aceite. (Se sofríe todo revolviendo, hasta tener una salsa suave).

Ecuador: ceviche de camarones

Ingredientes: 4 porciones
1 kilo de camarones medianos
1 cebolla cortada en rodajas finas
6 limones verdes
2 tomates maduros
1 ají pimiento verde
10 ramas de cilantro
3 cucharaditas de salsa de tomate
sal y pimienta al gusto

Preparación

Lave y pele los camarones. Hierva en una olla la cáscara de los camarones con muy poquita agua por espacio de 10 minutos. Cierna para extraer las cáscaras y luego hierva en esa agua los camarones por 2 minutos. Inmediatamente retire la olla del fuego y vacíe los camarones con el jugo en un recipiente. Deje enfriar. Corte la cebolla en rodajas finas, y colóquela cubierta de agua fría en un recipiente. Agréguele 2 cucharadas de sal, mezcle y cierre herméticamente este recipiente por un espacio de 15 minutos. Luego lave bien la cebolla con agua fría y exprima los 6 limones y vuelva a colocar en el recipiente por espacio de otros 15 minutos. Corte en tiritas el pimiento verde y pique los tomates y las ramas de cilantro. Por último, agregue la cebolla curtida, el pimiento verde, el tomate y el cilantro picado a la fuente donde colocó los camarones, agregue la salsa de tomate, la sal y pimienta a gusto. Mezcle bien y ponga a enfriar por un mínimo de dos horas antes de servirlo. Se puede acompañar con pan o maíz cocido.

Perú: papas a la huancaína

Ingredientes: 6 porciones
3-4 Kg. de papas o 6 papas medianas
1 lechuga (sólo se necesitan 6 hojas)
3 huevos duros
1 paquete de queso fresco. Puede combinar añadiendo un tercio de queso de cabra.
2 ajíes frescos
1/4 taza de aceite
1 lata de leche evaporada
1 paquete de galletas de sal (crackers)
aceitunas negras
Achiote (sirve para darle color, no es necesario)
sal y pimienta al gusto

Preparación de las papas
Cocine las papas con una pizca de sal. Una vez cocidas pélelas y córtelas en rodajas medianamente delgadas.

Preparación de la crema
Fría el aceite con el achiote hasta que el aceite tome un color rojizo. Deje enfriar y saque los residuos de achiote. Corte el ají fresco en tajadas verticales y quítele las venitas. Ponga el ají, el aceite rojizo, la sal, la pimienta y el queso fresco en la licuadora y licúelo hasta que esté completamente homogéneo. Añada la yema de los tres huevos. Agregue la leche evaporada y las galletas hasta que quede una crema no muy espesa.

Presentación
En un plato pequeño, ponga una hoja de lechuga. Ponga tres o cuatro rodajas de papa y cúbralas con crema. Si gusta, puede agregar una aceituna por plato.

Perú: ceviche

Ingredientes
1 kilo de pescado
12 limones
3 ajíes monito
1/2 kilo de cebolla
3 dientes de ajo molido, sal y pimienta al gusto
6 camotes medianos
6 papas
3 choclos tiernos (mazorcas de maíz)
unas ramitas de cilantro
1 rocoto

Preparación

Corte el pescado en cuadraditos pequeños, lávelo con agua con sal, enjuague varias veces y acomódelo en una fuente espolvoreándolo con sal. Exprima los limones en un tazón procurando que no caigan las pepas. Lave bien el cilantro y córtelo finamente encima del ceviche. Agregue el ají, el jugo, los ajos molidos y la pimienta. Agregue esta preparación al pescado moviéndolo varias veces, luego añada la cebolla cortada en pluma delgada. Deje macerar por 1 o 2 horas, cuando el pescado esté cocido sirva acompañado con los choclos, las papas y los camotes.

Venezuela: arepas

Ingredientes para 4 a 6 arepas
2 tazas de harina de maíz blanco precocida
1 cucharadita de Sal
Agua
Aceite

Preparación

Vierta aproximadamente una taza y media de agua en un bol, agregue la sal y un chorrito de aceite, agregue progresivamente la harina diluyéndola en el agua, evitando que se formen grumos, amase con las manos agregando poco a poco harina y agua hasta obtener una masa suave que no se pegue a las manos. Forme bolas medianas y aplánelas creando un redondel un poco grueso y simétrico. Caliente una plancha y engrásela con un poquito de aceite, coloque las arepas y cocine por ambos lados, (hasta que se despeguen solas de la plancha), luego lleve al horno previamente caliente a 350° y déjelas hasta que al retirarlas las golpee levemente y suenen a "hueco", y se tornen abombadas y doraditas. Se sirven al momento, acompañadas o rellenas con queso, mantequilla, huevos revueltos, etc.

Bebidas

Cuba: mojito

Ingredientes
- 2 cucharaditas de azúcar
- 2 ramitas de hierbabuena (menta)
- 1 copa de ron blanco
- Soda
- Jugo de limón
- Hielo

Preparación

En un vaso se colocan dos cucharaditas de azúcar. Se humedece con jugo de limón. Luego se agregan 2 ramitas de hierbabuena (menta). Se machacan sin romper las hojas. Luego se agrega soda hasta la mitad, hielo, un poco de ron blanco, se mezcla todo y listo.

Puerto Rico: coquito

Ingredientes

1 tarro de crema de coco

½ tarro de leche condensada

1 tarro de leche evaporada

Hierva una copa de agua con canela, clavos de olor y nuez moscada

1 copa de ron

canela en polvo

Preparación

Mezcle los ingredientes en la licuadora, recuerde de filtrar el agua aromática, añada más ron de acuerdo a su gusto. Ponga a enfriar en el refrigerador. Sirva bien frío espolvoreado con canela.

La población hispana en los Estados Unidos

I. Antecedentes históricos

II. Panorama actual

La población hispana en los Estados Unidos

I. Antecedentes históricos

Los términos *Hispanic* o *Latino* nacen como gentilicio en los Estados Unidos de una necesidad política, y no responden necesariamente al sentimiento de identidad de las personas a quienes pretende identificar. Aunque a menudo los términos *Hispanic* y *Latino* se intercambian como sinónimos, *Hispanic* es utilizado de preferencia en el este, y *Latino* en el oeste del país, pero aunque sean los términos oficiales de identificación, en los individuos se mantiene un fuerte sentido de identidad nacional geográfica que se expresa al referirse a sí mismos como mexicanos, puertorriqueños, dominicanos, cubanos, guatemaltecos, salvadoreños, argentinos, chilenos, españoles, etc. como veremos más adelante.

El término *Hispanic* se acuñó para el censo poblacional de 1970 para clasificar étnicamente a los habitantes cuyos orígenes podían trazarse a algún país de lengua y cultura hispana ya que en ese momento existía una gran población de habla hispana residiendo en los Estados Unidos resultado de las grandes olas migratorias que se fueron produciendo a partir de los años cuarenta del siglo pasado. En censos subsiguientes la clasificación se expandió; en el censo del 2010, por ejemplo, aparece: *Hispanic/Latino or Spanish Origin*, tal vez porque la mayoría de los emigrantes de origen hispano en los Estados Unidos son provenientes de Latinoamérica, no de España, y aunque hablen español no se sienten españoles, como el término *Hispanic* parece indicar, sino latinoamericanos lo que es más certeramente representado por la palabra *Latino*.

Es pertinente recordar que la presencia hispana en lo que hoy conocemos como los Estados Unidos de América no se origina en la emigración masiva que comenzó a producirse a mediados del siglo XX. En el 1513, en busca de la famosa fuente de la juventud, Juan Ponce de León llegó a las costas de lo que bautizó la Florida; en 1565 se fundó la ciudad de San Agustín. Durante los siglos XVI, XVII y XVIII, nuevos asentamientos surgieron por el Suroeste: Nuevo México, Texas, Arizona y California. El triunfo de los Estados Unidos en sucesivas guerras contra México entre 1836 y 1848 produjo la anexión a la unión de lo que hoy es Texas, Arizona, California, Colorado, Nevada, Nuevo México y Utah, es decir, más de la mitad del antiguo territorio mexicano. Ello explica la fuerte presencia hispana (mayoritariamente de origen mexicano) en esa región, presente, más allá de en su población, en los nombres de sus calles, pueblos y ciudades; en su arquitectura; en su cultura.

La idea de que los mexicanos no son extranjeros en esas tierras pues estaban allí primero es recogida en el corrido del grupo musical Los Tigres del Norte en su canción *Somos más americanos:* "Ya me gritaron mil veces que me regrese a mi tierra porque aquí no quepo yo. Quiero recordarle al gringo: yo no crucé la frontera, la frontera me cruzó. América nació libre. El hombre la dividió. Ellos pintaron la raya para que yo la brincara y me llaman invasor. Es un error bien marcado. Nos quitaron ocho Estados. ¿Quién es aquí el invasor? Soy extranjero en mi tierra. Y no vengo a darles guerra. Soy hombre trabajador. Nos compraron sin dinero las aguas del río Bravo y nos quitaron Tejas, Nuevo México, Arizona y Colorado... Yo soy la sangre del indio. Soy latino. Soy mestizo. Indios de dos continentes, mezclados con español. ¡Somos más americanos que el hijo de anglosajón!"

II. Panorama actual

De acuerdo a cifras del censo del 2010, de los 309 millones de habitantes que conforman la población de los Estados Unidos de América, 50.5 millones se identificaron como hispanos, es decir el 16% o uno de cada seis. La proporción es aún mayor entre los jóvenes: de los 30 millones de estadounidenses entre 18 y 24 años, el 20%, seis millones, también son hispanos.

El 63% se declaró mexicano, el 9% puertorriqueño, y el 4% cubano. El 24% restante declaró venir de otros países de habla hispana. La mayoría de esta población se concentra en los estados del suroeste, antiguos territorios mexicanos: California, Texas, Arizona, Nevada y Nuevo México. Sin embargo, encontramos también grandes concentraciones en el noreste (Nueva York, Nueva Jersey y Pensilvania) y en el sureste, en la Florida, la mayoría cubanos.

Al ritmo de crecimiento mostrado por la población hispana en los últimos censos, se proyecta que para el 2050 ésta será de 102,6 millones, es decir, 24,4% de la población total del país.

Identidad

En una encuesta realizada por el *Pew Hispanic Center* en el 2009 entre los jóvenes de 16 y 25, a la pregunta de cuál es el término con que mejor se identifican, el 52% expresó que el del país de origen, el 20% se identificó como *Hispanic or Latino* y el 24% como *American*. Sin embargo, estos números fluctúan dependiendo de si pertenecen a la primera, segunda o tercera generación.

1era. Generación: 72% país de origen; 22% *Hispanic or Latino*; 3% *American*
2da. Generación: 41% país de origen; 21% *Hispanic or Latino*; 33% *American*
3era. y más allá: 32% país de origen; 15% *Hispanic or Latino*; 50% *American*

De estas cifras sobresale que incluso la tercera generación se identifica más, sea con el país de origen de los padres o con su país de nacimiento, no como *Hispanic or Latino*. De hecho, esta identificación queda claramente reflejada en la creación de apelativos como mexicoamericanos o chicanos, *newyoricans*, cubano-americanos, etc.

¿Monolingüismo o bilingüismo?

En términos del idioma utilizado para comunicarse, en general, la primera generación se comunica en español entre ellos, y el inglés, cuando se aprende, es por razones de trabajo o de supervivencia cuando se vive en una comunidad no hispana. La segunda generación tiende a ser completamente bilingüe utilizando el español en el marco del hogar y el barrio, si se vive en una comunidad preponderantemente hispana, y el inglés en la escuela, entre hermanos y amigos y en el lugar de trabajo. En la tercera generación, los niños crecen sintiéndose parte de una cultura hispana que se refleja mayoritariamente en los valores y en los gustos: la comida, la música, el orgullo por una herencia cultural, pero sus destrezas lingüísticas en español son pobres comparadas con su dominio del inglés. Esta tercera generación tiende a ser monolingüe, con el inglés como lengua materna, y en ocasiones se comunica en *spanglish* o en el español coloquial escuchado entre los adultos de las generaciones precedentes.

Educación

En la encuesta mencionada anteriormente, el 89% de los jóvenes entre 16 y 25 años declaró que una educación universitaria es importante para triunfar en la vida, sin embargo sólo el 48% de ellos declaró tener planes de conseguir un título universitario.

Según el censo del 2010, de los tres grupos de hispanos más grandes en los Estados Unidos, el porcentaje mayor de jóvenes que terminan la escuela secundaria al igual que una carrera universitaria recae en los cubanoamericanos: 81,4% la secundaria, 26,2 la universidad, seguidos de los puertorriqueños: 74,8% y 17,5% respectivamente y finalmente los mexicoamericanos: 57,4% y 10,6%.

Igualmente, de acuerdo al censo, los Latinos nacidos en Estados Unidos abandonan la escuela antes de la graduación con más frecuencia que los blancos o los afroamericanos: sólo un 57% de los Latinos con 25 años o más terminaron la secundaria, comparado con un 84% de la población general estadounidense.

Esta situación parece ir revertiéndose en los últimos años: según el *Pew Hispanic Center*, en el 2010, cerca de 835.000 estudiantes hispanos se matricularon para grados asociados o diplomas de dos años en diferentes universidades públicas del país, superando por primera vez a los afroamericanos (630.000), y en el 2011, apenas un año después, la brecha entre un grupo y otro se había ampliado: 908.000 estudiantes hispanos contra 564.000 afroamericanos.

Ello no es indicativo de un aumento en los índices de graduación. Éstos siguen siendo inferiores al de otros grupos de población: mientras que el 21,7% de la población general completa un diploma de dos años, sólo el 13,2 de los hispanos lo completa y mientras que un 11,7% termina un diploma de 4 años de universidad, sólo el 8,5% de los hispanos lo completa. Se aduce que la mayoría de los hispanos desconoce la disponibilidad de becas u otra ayuda financiera y que por lo tanto, muchos abandonan sus estudios por dificultades económicas, porque los padres no saben cómo guiarles para que sigan el proceso de admisión o porque al ser muchos de ellos indocumentados, no tenían la posibilidad real de llegar a la universidad.

Esas cifras podrían cambiar en el futuro próximo gracias a la ordenanza promulgada por el presidente Barack Obama a pocos meses de las elecciones del 2012 bajo la cual todos los 'dreamers' (soñadores) – su total se estima en unos 800.000– inmigrantes indocumentados que llegaron a Estados Unidos antes de cumplir 16 años y que en el 2012 fueran menores de 30 años no serían deportados y tendrían acceso a papeles temporarios (por dos años), pero renovables para trabajar y estudiar legalmente. Otras condiciones también aplicaban: que hubieran estado en el país al menos durante cinco años continuados; que no tuvieran historial delictivo y que estuvieran estudiando o se hubieran graduado en la enseñanza secundaria, o que sirvieran en las filas del Ejército.

Los hispanos: un elemento a tomar en cuenta en el mapa político norteamericano

En las elecciones del 2012 que culminaron con la reelección del presidente Barack Obama votaron alrededor de 12 millones de latinos sobre un potencial de 20 millones de votantes hispanos, y tres de cada cuatro votaron por Obama. Los resultados de este proceso electoral demarcaron los sectores demográficos que moldearán el mapa del electorado estadounidense en los años a venir: minorías mujeres y jóvenes. En tanto primera minoría del país (alrededor de 50 millones) y la de mayor y más rápido crecimiento los latinos representan el 15% de la votación total transformándose en un bloque cuyos intereses, preocupaciones y potencial tienen que hacer parte de cualquier programa de gobierno.

Su peso fue reconocido por el Presidente en su discurso tras el triunfo planteando que en una sociedad tan heterogénea como lo es la norteamericana había que tomar en consideración a todos sus miembros, y por ende se necesitaba encontrar una política de inmigración justa. La reacción republicana no se hizo esperar; dos días más tarde, John Boehner, portavoz de la Cámara de Representantes, afirmó que el debate sobre inmigración había durado demasiado tiempo, y que ya era hora de encontrar una solución. "Confío en que el presidente, yo mismo y el resto de los legisladores podemos encontrar puntos de acuerdo para resolver este asunto de una vez por todas," declaró.

Como dato interesante vale la pena hacer notar que tras estas elecciones hay 29 hispanos en el Congreso de los cuales 3 en el Senado.

Solución a los crucigramas

1.- Primeras civilizaciones
Horizontales: **3.** Llama, **4.** Juracán, **6.** Araucanos, **8.** Quetzalcoátl, **11.** Quipu, **12.** Curare, **13.** Códices, **14.** Incas, **15.** Taíno, **16.** Machi.
Verticales: **1.** Kukulkán, **2.** Mayas, **5.** Chasquis, **7.** Aztecas, **9.** Tawantinsuyo, **10.** Caribes, **13.** Cusco, **14.** Inti.

2.- Descubrimiento, conquista y colonización
Horizontales: **2.** Malinche, **4.** ElDorado, **6.** Criollo, **7.** LeyendaNegra, **10.** NuevaGranada, **11.** Moctezuma, **13.** LasCasas, **14.** Mulato.
Verticales: **1.** Tenochtitlán, **2.** Mestizo, **3.** Colón, **5.** Pizarro, **8.** Guacanagarí, **9.** Atahualpa, **12.** Cortés.

3.- De la independencia al presente
Horizontales: **2.** Bogotá, **4.** México, **7.** Túpac Amaru, **9.** Martí, **11.** Titicaca, **13.** El Salvador, **15.** Quito, **17.** Bolívar, **18.** Chile, **19.** Hidalgo.
Verticales: **1.** SanMartín, **2.** Bolivia, **3.** Costa Rica, **5.** Panamá, **6.** Amazonas, **8.** Puerto Rico, **10.** Maceo, **12.** Cuba, **14.** Venezuela, **16.** Perú.

4.- El nuevo mapa económico de América Latina
Horizontales: **4.** Bachelet, **5.** AnilloEnergético, **8.** Evo, **9.** Chávez, **12.** Uruguay, **13.** MERCOSUR, **14.** Alba.
Verticales: **1.** Kirchner, **2.** Brasil, **3.** Chile, **6.** Lula, **7.** NuevaIzquierda, **10.** Humala, **11.** Camisea.

5.- Mujeres
Horizontales: **3.** Alfonsina Storni, **4.** Flora Tristán, **10.** Policarpa Salavarrieta, **12.** Anacaona, **13.** Violeta Barrios, **14.** Lourdes Flores.
Verticales: **1.** Lolita Lebrón, **2.** Domitila Barrios, **5.** Rigoberta Menchú, **6.** Juana Azurduy, **7.** Michelle Bachelet, **8.** Fresia, **9.** Micaela Bastidas, **11.** Isabel Perón.

Glosario

abanico: *fan*
abastecimiento: *supply*
abdicar: *to abdicate*
abogar: *to advocate/plead*
abonar: *to fertilize*
abrazar: *to embrace*
acatemos: acatar: *to respect*
acoplar: *to fit together*
acrecentar: *increase*
acuerdos: *agreements*
adentrado: adentrar/se en: *to go/get into*
adversamente: *negativamente*
afán: *urge, desire*
afiche: *poster*
afrenta: *affront, insult*
afrontar: *face*
agobiadas: *worn out, tired*
agotados: *finished, exhausted*
ahogados: *drowned*
ajiaco: literalmente: *a potato and chile stew*
albores: *dawn*
alejada: *away from*
alfabetización: *literacy*
alfabetizar: *to teach to read and write*
aliada: *allied*
aliviar: *to relieve*
alma: *soul*
alzamientos: *uprisings*
amedrentamiento: *intimidation*
ampliación: *enlargement*
analfabeta: *illiterate*
aniquilar: *to destroy*
antojos: *whims*
antropofagia: *cannibalism*
apertura: *opening*
aplastar: *to crush*
aportes: *contributions*
apostar: *to bet*
aprovechar: *to take advantage*
apuntar: *to point out*
araña: *spider*
arcilla: *clay*
arco *bow*
arder: *to burn*
ardua: *ardous, hard, tough*
arrabales: *slums*
arraigada: *rooted*
arrasadas: *destroyed*
arrastrar: *to drag along*
arrendadas: arrendar: *to rent*
artífices: *architects*
asentamiento: *settlement*

asentándose: asentarse : *to settle*
asombro: *astonishment*
astros: *stars*
atado: atar: *to tie*
atestiguar: *to attest*
auspicios: bajo los...: *under the sponsorship*
autoconsumo: *personal consumption*
avecinaban: avecinar/se: *to approach*
banda ancha: *broadband*
bandos: *parties, factions*
batir: *to beat/mix*
belicoso: guerrero: *warlike*
bichos: *insects*
bienestar: *wellbeing*
bizco: *cross-eyed*
boga (en...): *in fashion*
bonetes: *hats*
bordado: *embroidery, neddlework*
brecha: *gap*
brocados: *brocades*
buen trecho: *a good way*
bulbos de la cebolla: *onion bulbs*
caballerizo: *groom*
cacao: *cocoa*
cachorros: *cubs*
caduco: *obsole*
calabaza: *pumpkin, gourd*
caldo: *broth*
camellones: *ridges*
caña de azúcar: *sugar cane*
cancha: *court*
cañonazo: *cannonshot*
caoba: *mahogany*
carencia: *scarcity*
carga: *load*
caricatura: *caricature, cartoon*
carilampiños: *smooth-faced*
carrera: *career*
castigo: *punishment*
caucho: *rubber*
cazar: *to hunt*
célebre: *famous*
celuloide: *celluloid*
centrado en: *centered/based on*
cestas: *baskets*
chivo: *goat*
chusma: *rabble*
cicatrices: *scars*
ciernes: en ... *in blossom*
cine mudo: *silent movie*
cinematógrafo: *cinema*
circunnavegar: *sail around*

clave: *concussion sticks*
clave: *key*
cobriza: *copper-colored*
códices: *ancient manuscripts*
codicia: *greed*
codiciar: *to covet*
coima: *bribe*
cola: *tail*
cólera: *anger*
colgando de las faldas de las montañas: *hanging from the mountains*
como lo estimen más conveniente: *as they deem fit*
complotando: complotar: *to plot*
concha de tortugas: *turtle shell*
conchas: *shells*
condenados a la hoguera: *sentenced to be burned alive at the stake*
conducta: *behavior*
conmoción: *commotion*
contramaestre: *warrant officer*
contrapunto: *counterpoint*
contrarrestar: *to counteract/offset*
convulso: *convulsed, revolutionary*
copar: *to cope*
correo: *postal services*
corteza: *bark*
cosechas: *crops*
cosmogonía: *cosmogony, a specific theory of the origin*
costura: *sewing*
cotorras: *parrots*
coyuntura histórica: *historical moment*
crispada: *tense*
crudos: *raw*
cuentas de vidrio: *glass vedas*
cundir: *to spread, to multiply*
curanderas: *women healers*
dados: *inclined to*
databa: datar de: *to date from*
debacle: *disaster*
decepcionados: decepcionar: *to deceive*
decreto: *decree, parliamentary act*
demorar: *to delay*
deponer: *to remove*
derecho: *law*
derogar: *to abolish*
desafiar: *to defy, to challenge*
desafío: *challenge*
desangrar: *to bleed*
desatarse: *to unleash*
descamisados: *without shirts, ragged*
desciframiento: *decoding*

descuartizado: descuartizar: *to quarter*
desembarcó: desembarcar: *to land*
desenfrenado: *wild, uncontrolled*
desfase: *difference*
desfavorecidos: *underprivileged*
desgarrador: *heartbreaking*
deslustrado: *tarnished, dull*
desmedro, en... de: *against*
desmenuzar: *to chop up/shred*
desmesurado: *immeasurable*
desnudos: *naked*
despojar: en sentido figurado: *to strip of*
despresar: *to cut up*
destacamento: *military detachment*
destituido: *impeached*
destreza: *skill*
desvalidos: *handicapped*
deteriorados: *in bad shape*
detractores: *slanderers*
diablillos: *little devils*
diestros: *skillful*
diezmar: *to decimate*
dimitir: *to resign*
dioses: *gods*
discrepancia: *discrepancy*
diseminar: *to disseminate/spread*
disparejo: *unequal*
divisas: *foreign exchange*
docencia: *teaching*
docilidad: *docility, gentleness*
dominicos: *Dominicans*
dotar: *to equip with*
duras jornadas de trabajo: *hard working days*
Edad Media: *Middle Ages*
eje: *axis*
elenco: *cast*
emblema: *device, emblem*
emplumada: *with feathers*
empresa: *enterprise*
en sentido figurado: *a mix-up, a mess*
enardecido: enardecer: *to inflame*
encendido encender *to light up*
enderezar: *to straighten out*
engalanar: en sentido figurado: *to adorn*
engrosar: aumentar: *to increase*
enjuiciar: *to judge, prosecute and sentence*
enredadera: *vine*
enriquecimiento: enriquecerse: *to get rich*
enseñanza: *teaching*
entendimiento: *understanding*
entrecruzamiento de razas: *ethnic interbreeding*

envenenar: *to poison*
envuelto: *wrapped*
equidad: *equity*
equipo: *team, crew*
erradicado: erradicar: *to eradicate/uproot/eliminate*
erudición: *erudition, great learning*
escalonado: *in a series of steps*
escasear: *to get scarce*
Escrituras: las...: *the holy Scriptures*
esgrimir: ... un argumento: *to argue*
espera: *wait*
espinas: *thorns*
estación: *season*
Estado Libre Asociado: *Commonwealth*
estandarte: *banner*
estaño: *tin*
estribar (en): *to rest (up)on*
estupefacción: *stupefaction*
evocadoras: *evoking, eliciting*
excedente: *surplus*
exentos: *exempt*
exigirle cuentas: *to call to account*
fábrica: *factory*
fallido: *unsuccessful*
feligreses: *parishioners*
férreamente: fuertemente
férreas garras: *iron claws*
finamente: *thin*
flotas: *fleets*
flujo: *flow, flux*
forjar: *to shape*
formación: *training*
fortalecer: *strengthen*
franciscanos: *Franciscans*
fuego sagrado: *holy fire*
fuerte: *fort*
fundió: fundir *to blend*
galardón: *literary award*
galeones: barcos: *ships*
gallo: *rooster*
ganadería: *cattle raising*
globo de carne morada: *a purple flesh balloon*
golpear: *to make an impression on*
grabado: *engraving, print*
Grito: *proclamation*
grumos: *clots*
guardar: *to keep safe/guard*
habilitación: habilitar: *to enable, to authorize*
hachas: *axes*
halagadoras: *flattering*

hastiado: cansado: *tired*
heredamos: heredar: *to inherit*
herejía: *heresy*
herir: *to hurt*
hermandad: *brotherhood*
herraduras: *horseshoes*
herramientas: *tools*
hito: *landmark*
hondas: *slings*
hondo: *deep*
hospitalario: *welcoming*
hueco: *hollow*
huérfanos: *orphans*
huesos duros de roer: *hard nuts to crack*
huesos: *bones*
huéspedes: *guests*
huestes: *troups*
humilde: *humble*
hurgar: *to dig*
idioma: *idiom, language*
imagen y semejanza: *own image*
imperante: imperar, reinar: *to reign, to prevail*
impuestos: *taxes*
impurezas: *impurities*
incidir: *to influence/affect*
incremento: increase
infladas: *inflated*
influyente: *influential*
infructuosamente: *unsuccessfully*
infundada: *groundless* de que estaba
instar: *to urge/ press*
insufribles: *unbearable*
inundables: *liable to flooding*
inusitado: *unusual*
ir y venir: *to-and-fro movement*
ira: *anger*
jesuitas: *Jesuits*
juguetería: *toyshop*
labranza: *agriculture*
ladrillero: *brick maker*
ladrón: *thief*
lagarto: *lezzard*
laicos: no religiosos
lanchas: *rafts*
lanzas: *spears*
largo metrajes: *full-length films*
leguas: *leagues; one league equals to ~ 3 miles*
levantamiento: *revolt*
libreto: *script*
llave: *key*
lucha libre: *wrestling*

540

luz: a la luz de: *in the light of*
macerar: *to macerate/soften*
machacar: *to crush*
madera: *timber*
maltrato: *mistreatment*
malversación: *embezzlement*
mansedumbre: *gentleness*
mantequilla: *butter*
marimbas: *thumb piano*
mas: *but*
médula (hasta la...): *to the core*
mercado negro: *black market*
mezquino: *mean*
miras: con ... a: *with the intention of*
misa: *mass*
misiones: *missions*
moler: *to grind*
moneda: *currency*
mono: *monkey*
mordaz: *pungent*
movilidad social: *social mobility*
municiones: *amunitions*
naciente: *nascent*
naufragó: naufragar: *to shipwreck*
negar: *to deny/refuse*
obligatoria: *obligatory*
olla a presión: *pressure cooker*
onírico: *oneiric, dream*
orbe: *globe, world*
orfebrería: *craftsmanship in precious metals*
oriundos: *native*
palo: *stick*
panadero: *baker*
paño: *cloth*
pantalla: *screen*
pantanos: *swamps*
pares: revisadas por sus...: *peer reviewed*
parnasianismo: *late 17th century poetry movement which emphasizes form over content*
partido: *match, game*
pastor: *shepherd*
patalear: *to kick one's legs in the water/air*
patria: *motherland*
patrocinar: *to sponsor/patronize*
pauperización: *impoverishment*
paupérrimas: *terrribly poor*
pavor: *terror*
pecado: *sin*
pelearse: *to fight*
pelota vasca: *racketball*
pelotazo: *fierce shot*
pena: dolor, sufrimiento
pena: *sentence*

pensiones: *pensions*
per se: *in itself*
percatarse: darse cuenta: *to find out, to notice*
perder la razón: *to lose your mind*
perdida: *lost*
pereciendo: perecer, morir: *to die*
perreo: *doggystyle*
pertenencia: sentido de...: *sense of belonging*
pescar: *to fish*
pese: *though*
picar: cortar
piedrecitas: *pebbles*
pincel: *paint-brush*
piropo: *flirtatious remark*
pléyade: *group*
pluma: *pen*
poderosa: *powerful*
policromados: *multicolored*
polvo de hornear: *baking powder*
poner en jaque: *to checkmate*
por consiguiente: *consequently, therefore*
por las dudas: *just in case*
por señas: *making signs*
precepto: *precept, rule*
prendas de vestir: *articles of clothing*
presintiendo: presentir: *to have a presentiment of*
previsión: *precautionary measure*
primer mandatario: *president*
probo y austero: *upright and austere*
programas: *shows*
promover: *to promote*
propiciar: *to promote and facilitate*
proveer: *to provide*
pudrirse: *to decompose*
puentes colgantes: *hanging bridges*
puerto franco: *free port*
quehaceres del hogar: *household chores*
quemar: *to burn*
quiteña: *a woman born in Quito, Ecuador*
rango social: *social claas*
raspadores: *scrapers*
recato: *shyness*
recaudar: *collect*
reclamar(se): *to claim*
reclutando: reclutar: *to recrute*
recompensados: recompensar: *to reward*
redimida: *redeemed*
redoblar: *to increase*
reducciones: *reservations*
redundó: redundar: *to redound to*

reforzando: reforzar: *to reinforce/boost/strengthen*
refranes: *proverbs, sayings*
refuerzos: *reinforcements*
regadío: *irrigation*
reguetón: *reggaeton*
rehén: *hostage*
reivindicación: *vindication, defense*
relegado: estar relegado: *to be at a less prominent position*
relevarlo: relevar: *to remove*
remontarse: *to go back*
renovable: *renewable*
rentable: *profitable*
requesón: *cottage cheese*
requisito: *requirement*
rescataron: rescatar: *to rescue*
rescate: *ransom*
resentimiento: *resentment*
resentir: *to feel bitter about*
resplandecientes
restauración: *restaurant industry*
resurgimiento: *resurgence*
reveladora: *significativa*
rezagar: *to pospone/leave behind/*
rieles: sobre sus rieles: *on track*
robar: *to steal*
rocoto: *large pepper*
sabios: *wise men*
saborear: *to taste/ enjoy*
sacra: *sacred, holy*
salir perdiendo/ ganando: *to lose/ to win*
salsa: literally *sauce; a popular form of Latin-American dance music*
salvar: *to save/rescue*
Santísima Trinidad: *holy Trinity: the unity of Father,*
se aprovechó: aprovecharse: *to take advantage*
se percataron: percatarse: *to notice*
secuestrar: *to kidnap*
semillas: *seeds*
Sendero Luminoso: *Shining Path*
seno: en el ...: al interior
sentar las bases: *to lay the foundations*
ser: no ser capaces: *to be: unable*
siembra: *sowing*
siglo: *century*
sitiar: *to besiege*
soborno: *bribery*
sogas: *ropes*
solía jugar: soler + infinitivo: *to be in the habit of*

sometimiento: *subjugation*
Son and Holy Spirit as three persons in one Godhead
sonajero o maraca: *rattle*
sonido: *sound*
soplar vientos de lucha: *to blow winds of change*
sospecha: *suspicion*
sospechar: *to suspect*
sotana: *garment worn by Catholic priests*
súbditos: *vassals*
subvencionar: *subsidize*
suelo: *ground*
sufragar: *to defray*
sumisos: *subdued*
superponerse: *to superimpose*
tambores hechos de barriles de metal: *steel drums*
tamizar: cerner: *to sieve/sift*
taparrabos: *loincloth*
taquilla: *box-office*
tardanza: *delay*
tarros: *pots, jars*
tejidos: *textiles*
temblor: *tremor*
temidos: *dreaded*
tender: *to lay*
tenderos: *grocers*
tener la sonrisa a flor de labios *to be ready to smile*
teocracia: *theocracy: government ruled by or subject to religious authority*
tez: *complexion*
tierra firme: *continental land*
tormentoso: *stormy*
torvos: *grim . . .*
trabajador: *worker*
trabajar por cuenta propia: *self-employment*
tragaban: tragar: *to swallow*
traición: *treason*
transporte terrestre / ferroviario: *ground/ railway*
tregua: *truce*
trepanaciones: *trephination: operation of the skull*
tributos: *taxes*
trincheras: *trenches*
tripulación: *crew*
trocha: *narrow path*
trueno: *thunder*
trueque: *exchange*
tucanes: *toucans*
tumbas: *tombs*

turbante: *turban*
unilaterales: *one-sided*
untar: *to smear/dab*
uslero: *rolling-pin*
útil: *useful, helpful*
vacuno: *bovine*
vale un Perú": *this is worth a Peru*
vejar: *to vex*
vencer: derrotar: *to defeat*
vengarse: *to take revenge*
verdad: *truth*
vigor: poner en...: *to enforce*

vinculadas: *linked*
viraje: *turn*
visar: *to aim*
viudas: *widows*
yacimientos de oro: *gold deposits*
yelmos: *helmets*
zarpó: zarpar: *to weigh anchor*
zorzal: *thrush*

Obras consultadas

A Century of U.S. Military Interventions. International A.N.S.W.E.R.
    (http://www.internationalanswer.org/pdf/usmilitaryinterventions.pdf)
Asociación Latinoamericana de Integración.
(http://www.aladi.org/).
Asociación Latinoamericana de Libre Comercio - Asociación Latinoamericana de Integración: ALALC – ALADI.
    (http://mx.geocities.com/gunnm_dream/aladialalc.html).
Ayala Marín, Alexandra. "Periodismo feminista y periodistas feministas".
(http://www.unifemandina.org/unifem/02_03/pandora.htm).
"Bachelet Victory in Chile " ZNet, January 16, 2006.
(http://www.zmag.org/content/showarticle.cfm?ItemID=9536).
Bailey, Thomas A. *A Diplomatic History of the American People.* New York: Appleton-Century-Crofts, 1970.
Balta Campbell, Aída. *Presencia de la mujer en el periodismo escrito peruano* (1821-1960). Perú, Universidad de San Martín de Porres, 1998.
Barnet, Miguel. "Cultos Afrocubanos. Regla de Ocha. Regla de Palo Monte". Editorial Unión: La Habana, 1995.
Bazán, Ignacio. "Latin America Is Not Cute. How globalization overtook magical realism in South America". September 16, 2004.
(http://www.maisonneuve.org/index.php?&page_id=12&article_id=43)
Biblioteca del Congreso Nacional de Chile (http://www.bcn.cl/portada.html)
Blum, William. *Killing Hope: US Military and CIA Interventions since World War II.* Monroe, Maine: Common Courage Press, 1995.
Bolívar, Simón. *Doctrina del libertador.* Prólogo de Augusto Mijares, compilación, notas y cronología de Manuel Pérez Vila. Biblioteca Virtual Miguel de Cervantes, p. 18.
(http://www.cervantesvirtual.com/servlet/SirveObras/01145856442929384654102/p0000001.htm#I_4_).
Bonilla, A., Páez, A. "Populismo y caudillaje: una vieja historia".
    (http://www.flacso.org.ec/docs/artpopycau.pdf).
Burbach, Roger. "Latin America Shifts Left". January 16, 2006.
(http://www.zmag.org/content/showarticle.cfm?SectionID=52&ItemID=9562 znet).
Casa de las Américas. (http://www.casa.cult.cu/).
Casas, Bartolomé de las. *Brevísima relación de la destrucción de las Indias.* Madrid: Editorial Tecnos, 1992.
CEMAL: Centro de Estudios de la Mujer en la Historia de América Latina. http://webserver.rcp.net.pe/cemhal/capitulo1.html#_ftnref30
Chanan, Michael. "New Cinemas in Latin America", *The Oxford History of World Cinema,* ed. Geoffrey Nowell-Smith. New York: Oxford University Press, 1996:744.
Chiappa R., Olivares E. "Desempleo cae a 7,3% y gobierno rediseña planes de emergencia" *La Tercera* 29-03-2006.

Colón, Hernando. *Vida del Almirante Don Cristóbal Colón.* México-Buenos Aires: Fondo de Cultura Económica, 1947.

Cortés, Hernán: *Cartas de Relación de la Conquista de México*, 3ª Edición, Buenos Aires-México: Espasa Calpa 1989.

"Corridos Zapatistas (de la Revolución mexicana, de principios del siglo". (http://www.macalester.edu/courses/span54/CORRIDOS.pdfo XX).

Country Studies/Area Handbook Series on Internet. Library of the Congress. (http://countrystudies.us/).

Dávalos Orozco, Federico. *Albores del cine mexicano*. Editorial Clío: México, 1996.

Davies, Catherine "Recent Cuban Fiction Films: Identification, Interpretation, Disorder". *Bulletin of Latin American Studies* Vol. 15 No. 2 ,1996:184.

Debray, Regis. *The Chilean Revolution: Conversations with Allende*. New York: Pantheon, 1972.

"Democracy in Latin America: Towards a Citizens' Democracy". Lima, Peru, 21 April 2004.

(http://www.undp.org/dpa/pressrelease/releases/2004/april/0421prod al.html).

Diario Yucatán. *Constitución política de los Estados Unidos Mexicanos*. http://www.yucatan.com.mx/especiales/constitucion/presentacion.asp Díaz del Castillo, Bernal. *Historia verdadera de la conquista de la Nueva España*. Edición, índices y prólogo de Carmelo Sáenz de Santa María, Madrid: Alianza Editorial, 1989.

"Documentos dicen que EE.UU. apoyó guerra sucia argentina". (http://www.terra.com/actualidad/articulo/html/act166852.htm).

Domínguez Ortiz, Antonio. *Carlos III y la España de la Ilustración*. Madrid. Alianza Editorial, 1990.

Epelbaun, Yoyo".Breve historia de las Madres de Plaza de Mayo". (http://www.webmujeractual.com/noticias/madresmayo.htm).

Escobedo, Raquel. *Galería de Mujeres Ilustres*. Editores Mexicanos Unidos, S. A., 1967.

"El Estado latinoamericano en perspectiva. Figuras, crisis, prospectiva". en: *Pensamiento Iberoamericano*. Revista de Economía Política, n° 5a (1984), pp. 39-74.

Estelle, P., Silva F., Silva O., Villalobos, S. *Historia de Chile*. Santiago de Chile: Editorial Universitaria, 1980.

Finsterbusch, M., Villalobos, S. *Historia de mi país*. Santiago de Chile: Editorial Universitaria, 1992.

Freire, Paulo. *Pedagogy of the Opressed*, Translated by Myra Bergman Ramos. The Continuum Publishing Corporation: New York, NY, 1987.

Freire, Paulo. *The Politics of Education - Culture, Power, and Liberation*, Translated by Donoldo Macedo. Bergin & Garvey: New York, NY, 1985.

Frente Sandinista de Liberación Nacional. (http://www.fsln-nicaragua.com/).

Galeano, Eduardo. *Memorias del fuego I Los nacimientos*. México, Siglo XXI Editores, 1982.

_____. "Where the People Voted Against Fear". November 18, 2004. (http://www.zmag.org/content/showarticle.cfm?ItemID=6683).

_____. "The Second Founding of Bolivia". February 19, 2006. (http://www.zmag.org/content/showarticle.cfm?SectionID=52&ItemID=9 757).

Ganson, Barbara. "Following Their Children into Battle: Women at War in Paraguay, 1864-1870".In *The Americas 46*, 1990: 335-71.

Gantier, Joaquin. *Doña Juana Azurduy de Padilla*. Buenos Aires: Imprenta Lopez, 1946.

García Goyco, Osvaldo. *Influencias mayas y aztecas en los taínos de las Antillas Mayores*. San Juan, Puerto Rico: Ediciones Xibalbay, 1984.

"Gueiler Tejada, Lidia". (http://es.wikipedia.org/wiki/Lidia_Gueiler_Tejada).

Guevara, Che. *Reminiscences of the Cuban Revolutionary War*. London: Allen & Unwin, 1968.

Gugliotta, Bobette. *Women of Mexico: The Consecrated and the Commoners, 1519-1900*. Encino, CA: Floricanto Press, 1989.

Gutiérrez Alea,Tomás. "El verdadero rostro de Calibán", *Cine Cubano* 126. 1989:12-22.

Guzmán, G. *El desarrollo latinoamericano y la CEPAL*. Barcelona: Planeta, 1976.

Hauser, Thomas. *Missing: The Execution of Charles Horman*. New York: Simon & Schuster, 1983.

Henderson, James D. y Linda Roddy Henderson. *Ten Notable Women of Latin America*. Chicago: Nelson-Hall Inc., 1978.

Herrera-Sobek, Maria. *The Mexican Corrido: A Feminist Analysis*. Bloomington: Indiana University Press, 1990.

Herring, Hubert. *A History of Latin America*. Third Edition. New York: Knopf, 1968.

Hidalgo Vega, David. "El hombre que sabe de incas". *El comercio*, Lima, miércoles, 18 de Mayo de 2005. (http://www.elcomercioperu.com.pe/EdicionImpresa/Html/2005-05-18/impCronicas0308132.html#).

"Historia del cine argentino" (http://www.surdelsur.com/cine/cinein/)

"Historia del cine mexicano". (http://lanic.utexas.edu/la/region/cinema/).

"History of Brazilian Cinema" (http://www.brazilbrazil.com/cinema.html)

"Iglesia-Estado: repasando la historia". (http://www.envio.org.ni/articulo/337).

Indice Cuarta Parte. "Realidad y problemática del proceso de formación de promotores: evaluación critica de la experiencia de formación de promotores en la operación ALFIN". (http://atzimba.crefal.edu.mx/bibdigital/acervo/retablos/RP16/cuarta.pdf).

"Iniciativa Científica Milenio". (http://www.mideplan.cl/milenio/evaluacion.htm).

Innes, Hammond. *The Conquistadors*. London: Collins, 1969.

Jaiven, Ana Lau and Ramos Escandon, Carmen. *Mujeres y Revolución: 1910-1917*. Mexico City: Instituto nacional de Estudios Historicos de la Revolución mexicana, 1993.

Knaster, Merl. *Women in Spanish America: An Annotated Bibliography from Pre-Conquest to Contemporary Times*. Boston: G. K. Hall, 1977.

Kinzer, Stephen. "The Illinois Congressman and the Dictator's Daughter". *The New York Times*, Saturday, July 10, 2004: A 12.

Kornbluh, Peter. *The Pinochet File: A Declassified Dossier on Atrocity and Accountability*.

Kennedy, Robert F. *Thirteen days, A Memoir of the Cuban Missile crisis*. New York: W. W. Norton & Co., 1969.

LaFebber, Walter. *The Panama Canal, The Crisis in Historical perspective*. New York: Oxford University Press, 1978.

_____. *Inevitable Revolutions: The United States in Central America*. New York: W.W. Norton, 1984.

Lara-Braud, Jorge. "Monsenor Romero: Model Pastor for the Hispanic Diaspora". *Apuntes* Fall 1981: 15-21.

Lechner, N. *Estado y política en América Latina*. México: Siglo XXI, 1983.

León, Nicolas. *Aventuras de la Monja Alférez*. Mexico, DF: Complejo Editorial Mexicano, 1973.

Leslie, Wirpsa. "No-nonsense Regime of Salvador's Saenz: Cardinal Puts Brakes on Option for the Poor in Post-Romero Church". *National Catholic Reporter*, 11 April 1997, 9-13.

"Lineamientos para la Estrategia de Bolivia en la Era Digital". (http://www.aladi.org/nsfaladi/ecomerc.nsf/wvestudios/E8147919B55D97A4032 56BEA004D2EDA/$File/lineamientos.pdf?OpenElement).

Lockwood, Lee. *Castro's Cuba, Cuba's Fidel*. New Cork: Macmillan Company, 1967.

Loprete, C., McMahon, D. *Iberoamérica, síntesis de su civilización*. New York: Charles Scribner's Sons, 1965.

Luna, Lola. "Los movimientos de mujeres: feminismo y feminidad en Colombia (1930-1943)". *Boletín Americanista*, Universidad de Barcelona, N°35, Año XXVII, 1985: 169-190.

Macias, Anna. *Against All Odds: The Feminist Movement in Mexico to 1940*. Westport, CT: Greenwood Press, 1982.

Madariaga, Salvador de. *Le déclin de l'empire espagnol en Amérique*. Paris: Editions Albin Michel, 1986.

Martí, José. *Nuestra América*. Caracas, Venezuela: Biblioteca Electrónica, (http://www.analitica.com/bitblioteca/jmarti/nuestra_america.asp).

Moneda, el periódico financiero. "Centroamérica mira economía chilena como modelo de desarrollo". Centroamérica, lunes 19 al viernes 23 de julio de 2004, año 2004, número 158.

(http://moneda.terra.com.pa/moneda/noticias/mnd17797.htm).

Moore, Evelyn. "Girl of the Underground: La Pola, Heroine of Colombia's Struggle for Independence".*Americas* 5, 1953: 20-23, 27-28.

Morley, M., Petras J. *The United States and Chile: Imperialism and the Overthrow of the Allende Government*. NY: Monthly Review Press, 1975.

Neruda, Pablo. *Confieso que he vivido*. Buenos Aires: Alianza Editorial, 2003.

Newland, C. "La educación elemental en Hispanoamérica: desde la independencia hasta la centralización de los sistemas educativos nacionales", In: *Hispanic American Historical Review*, n° 71, 1991:335-364.

¡Nunca más!. Informe de la Comisión Nacional sobre los Desaparecidos. (http://www.desaparecidos.org/arg/conadep/nuncamas/nuncamas.html).

O'Donnell, Pacho. *Juana Azurduy, La Teniente Coronela*.Buenos Aires: Planeta, 1994.

Osborne, Harold. *South American Mythology*. Verona, Italy: The Hamlyn Publishing Group Ltd, 1968.

Pardo, Adolfo. "Historia de la Mujer en Chile: La Conquista Los Derechos Políticos (1900-1952), 1995". (http://www.critica.cl/html/pardo_01.html).

Pereda Rodríguez, Justo Luis. "Eugenio María de Hostos: precursor de la sociología de la educación latinoamericana". (http://www.cied.rimed.cu/revistaselec/ciencias/ano4/articulos/html/articulo11.htm).

Perkins, Dexter. *A History of the Monroe Doctrine*. New York: Little, Brown Company, 1955.

Perez, Esther R., James Kallas, and Nina Kallas. *Those Years of the Revolution, 1910-1920: Authentic Bilingual Life Experiences as Told by Veterans of the War*. San Jose: Aztlan Today, 1974.

Picó, Fernando. *Historia General de Puerto Rico*. San Juan, Puerto Rico: Ediciones Huracán. 1988.

Plenn, J. H. "Forgotten Heroines of Mexico: Tales of the Soldaderas, Amazons of War and Revolution". *Travel* 66, 1936:24-2.

Portal ALBA. (http://www.alternativabolivariana.org/modules.php?name=Content&pa=showpage&pid=1).

Precursoras del feminismo en América Latina. Número especial de Mujer/Fempress: Santiago de Chile, 1991.

Prieto Osorno, Alexander. "Chile, *McOndo* y los supervivientes". In: *Nueva Narrativa Latinoamericana*: Centro Virtual Cervantes. Viernes, 28 de mayo 2004. (http://cvc.cervantes.es/el_rinconete/anteriores/mayo_04/28052004_01.htm).

"Proyecto Desaparecidos". (http://www.desaparecidos.org/arg/).

Ramos Escandon, M. "Mujer y sociedad novohispana". In ISIS. *Nuestra memoria, nuestro futuro: mujeres e historia. America Latina y el Caribe*. Santiago de Chile, Andromeda, 1988:21-33. (Ediciones de las Mujeres N°10).

Rauber, Isabel. "Mujer y revolución en los barrios cubanos". (http://www.iued.unige.ch/information/publications/pdf/yp_creativite_femmes_dev/10-crea_isarau.pdf).

"Red Científica Peruana" (http://www.yachay.com.pe/especiales/Internet/).

Reyes de los, Aurelio. Cine y sociedad en México 1896-1930: Vivir de sueños/Bajo el cielo de México. Instituto de Investigaciones Estéticas de la UNAM: México, 1983.

Rojas, Marta and Mirta Rodriguez Calderon, Eds. *Tania: The Unforgettable Guerilla*. New York: Random House, 1971

Rodean, Selden. *South America of the Poets*. New York: Hawthorn Books Inc., 1970.

Romero, Oscar, and Brockman, James (ed). *The Violence of Love*. San Francisco: Harper & Row, 1988.

Salas, Elizabeth. *Soldaderas in the Mexican Military: Myth and History*. Austin: University of Texas Press, 1990.

Silva, Ana Josefa. "Cine-Chile-Historia: Tres palabras indisolubles". (http://www.elojoquepiensa.udg.mx/espanol/numero01/cinejournal/04_cinechile.html)

Silva Campos, Armando. *Episodios nacionales*. Santiago de Chile: Gráfica Caran, 1991.

Smith, Christian. *The Emergence of Liberation Theology*. Chicago: U of Chicago Press, 1991.

The Participation of Women in the Wars for Independence in Northern South America 1810-1824. Minerva: Quarterly Report on Women and the Military, 1993: 11.3-4.

Tickell, Sophia. "Domitila – the forgotten activist".
(http://www.newint.org/issue200/domitila.htm)

"University of Texas' Latin American Network Information Center - LANIC.
(http://lanic.utexas.edu/project/tilan/)

U.S. Congress, Senate Committee on Foreign Relations, United States and Chile during the Allende Years, 1970-1973. Washington D.C: U.S Government Printing Office, 1975.

Valencia Vega, Alipio. *Manuel Ascencio Padilla y Juana Azurduy : los esposos que sacrificaron vida y hogar a la obra de creación de la patria*. Colección Tradición historia. La Paz, Bolivia: Librería Editorial Juventud, 1981

Wepman, Dennis. *World Leaders Past and Present: Simon Bolivar*. New York: Burke Publishing Co. Limited, 1988.

Worldwide Guide To Women In Leadership.
http://www.guide2womenleaders.com/index.htm

Wyden, Peter. *Bay of Pigs, The Untold Story*. New York: Simon And Schuster, 1979.

*Zapatista Women * Mujeres Zapatistas*.
(http://www.actlab.utexas.edu/~geneve/zapwomen/enter.html).

La Dra. Priscilla Gac-Artigas es profesora titular en el Departamento de Lenguas Extranjeras de la Universidad de Monmouth en Nueva Jersey, departamento del que fue directora del 2002 al 2008. Especialista en literatura hispanoamericana, es la editora desde 1998 de la página en la red *Reflexiones, ensayos sobre escritoras hispanoamericanas contemporáneas*, enciclopedia virtual con la bio-bibliografía y ensayos críticos de alrededor de ochenta escritoras.

http://bluehawk.monmouth.edu/~pgacarti/index.html

Gac-Artigas es también autora de numerosos artículos publicados en revistas de los Estados Unidos, México y Europa. Igualmente ha participado en congresos de investigación en diferentes países y ha sido invitada como oradora a encuentros de creación literaria junto a escritoras de la talla de Gioconda Belli, Angélica Gorodischer y Nancy Morejón.

Ha publicado

Libros de texto:

¡A la perfección! Para dominar la mecánica de la escritura Nueva Jersey: ENE-Academic Press, nov. 2008. ISBN: 1-930879-55-5
Cuaderno de ejercicios, ISBN 1-930879-56-3

Nos tomamos la palabra, Antología crítica de textos de 28 escritoras latinoamericanas contemporáneas. Reader. Nueva Jersey: ENE-Academic Press, sept. 2005. Editora. ISBN: 1-930879-41-5

Tabla de contenido

**Herederas de la prosa:
cuentistas contemporáneas**

Reflexiones, ensayos sobre escritoras hispanoamericanas contemporáneas, 2 Vols., Madrid, España: Sánchez & Sierra Editores, 2003/2006. Primera edición, Nueva Jersey: Ediciones Nuevo Espacio, Colección Academia, 2002. Editora y colaboradora. Reseñado en *Críticas*, an "English speaker's guide to the latest Spanish language titles" asociada a *The Library Journal* y *Publishers Weekly*:

"The topics within these essays are as rich and diverse as the list of writers. . . . [T]he essays in these collections illuminate and open new research perspectives. Highly recommended for academic and public libraries with strong collections of Latin American women writers". Lourdes Vázquez, Rutgers University, New Brunswick, NJ. *Críticas*: Vol. 2, # 5: pp 56-57, September-October, 2002.

Reseñado también en: *The Hispanic Outlook in Higher Education*. Volumen 14, Número 10, febrero 23, 2004: 54; y en *Hispania*, marzo 2004.

3. *Directo al grano: a Complete Reference Manual for Spanish Grammar*, New Jersey: Prentice Hall, College Division, November 1999, To the Point Books, First Ed., 1996, Second Ed., 1997.

4. *Sans Détour: a Complete Reference Manual for French Grammar*, New Jersey: Prentice Hall, College Division, November 1999. To the Point Books, First Ed., 1996, Second Ed., 1997.

5. *To the Point: inglés para hispanohablantes*, New Jersey: To the Point Books, First Ed., 1996, Second Ed., 1997.

Ficción:
Melina, conversaciones con el ser que serás. Nueva Jersey: Ediciones Nuevo Espacio, 2000.

En preparación: *Cuentos para despertar a la vida* (colección de cuentos para niños).

CPSIA information can be obtained at www.ICGtesting.com
Printed in the USA
BVOW08s0458091214

378199BV00005B/56/P

9 781930 879607